国家卫生健康委员会"十三五"规划教材配套

妇产科学
住院医师规范化培训习题集

主　编　余艳红　郑勤田　杨慧霞

副主编　钟　梅　王沂峰　狄　文

人民卫生出版社

图书在版编目（CIP）数据

妇产科学住院医师规范化培训习题集 / 余艳红，郑
勤田，杨慧霞主编 . —北京：人民卫生出版社，2019
　ISBN 978-7-117-29047-0

　Ⅰ.①妇…　Ⅱ.①余…②郑…③杨…　Ⅲ.①妇产科
学 – 岗位培训 – 习题集　Ⅳ.①R71-44

中国版本图书馆 CIP 数据核字（2019）第 231098 号

人卫智网	www.ipmph.com	医学教育、学术、考试、健康，
		购书智慧智能综合服务平台
人卫官网	www.pmph.com	人卫官方资讯发布平台

妇产科学住院医师规范化培训习题集

主　　编：余艳红　郑勤田　杨慧霞
出版发行：人民卫生出版社（中继线 010-59780011）
地　　址：北京市朝阳区潘家园南里 19 号
邮　　编：100021
E - mail：pmph @ pmph.com
购书热线：010-59787592　010-59787584　010-65264830
印　　刷：河北新华第一印刷有限责任公司
经　　销：新华书店
开　　本：787×1092　1/16　　印张：21
字　　数：564 千字
版　　次：2019 年 12 月第 1 版　2019 年 12 月第 1 版第 1 次印刷
标准书号：ISBN 978-7-117-29047-0
定　　价：69.00 元
打击盗版举报电话：010-59787491　E-mail：WQ @ pmph.com
质量问题联系电话：010-59787234　E-mail：zhiliang @ pmph.com

编　委

前　言

　　由杨慧霞和狄文教授主编的"国家卫生和计划生育委员会住院医师规范化培训规划教材"《妇产科学》业已出版，教材采用 PBL（problem based learning，基于问题的学习）的教学方法，体现了住院医师教育的特色，深受妇产科住院医师的欢迎。为配合该教材，我们编写了这本《妇产科学住院医师规范化培训习题集》，并由余艳红、郑勤田和杨慧霞教授担任主编。

　　本书章节设置基本与住培教材《妇产科学》的章节相呼应，读者可以先进行《妇产科学》的学习，然后辅以习题，加强记忆。另外，本书也可以作为独立的学习资料，因为每个习题都有详细的解析，涵盖了《妇产科学》的主要内容，便于读者在短时间内准备妇产科相关的理论考试。

　　在设计这本妇产科习题集期间，我们参考了美国 *Personal Review of Learning in Obstetrics and Gynecology*（*PROLOG*）习题集的写作方法。*PROLOG* 是美国妇产科住院医师常用的习题集之一，其主要特点是每个习题的解析都全面且详尽，甚至涉及相关疾病的病因、病理和诊疗方法，目的是帮助住院医师系统地复习妇产科知识。住院医师在培训期间工作繁忙，很难有时间系统地阅读教科书，而习题的系统解析对快速掌握妇产科知识很有帮助。此外，我们仅借鉴了 *PROLOG* 的写作风格，但并没有照搬其中的内容，因为美国妇产科临床处理方式与国内不同。本书的解析紧密结合我国妇产科的实际情况，紧扣住培教材《妇产科学》的内容；负责各个章节编写工作的专家都严格把关，使得本册习题集既能帮助住院医师强化妇产科基本知识，其中一定难度的题目又能挑战住院医师的临床思维。

　　妇产科学涉及的知识面极广，在住培有限的三年内完全掌握理论知识很难。对住院医师来讲，跟随带教老师在临床反复磨炼，并结合患者情况进行学习，无疑是提高临床技能的最好方法。但是，临床病例数目毕竟有限，任何一家培训基地都难以提供所有病例以满足住院医师的培训需求。一本好的习题集可以囊括很多常见和不常见的病例，通过这些设计完好的模拟病例，尤其是通过对每个病例所涉及习题的详细解释，住院医师可以逐步提高疾病诊断能力和解决实际问题的能力。

　　我国住培考核主要分两部分：第一部分是专业理论考核，试题来自国家设立的理论考核题库，题型为选择题；第二部分为临床实践能力考核，在培训基地进行，根据临床病例及模拟操作进行面试。为使这本习题集满足住院医师的切实需求，我们访谈了许多刚刚完成妇产科国家结业考核的住院医师，确保习题形式和内容接近最新的考核要求。我们希望这本习题集能帮助住院医师更好地学习妇产科知识，顺利通过国家结业考核。

　　尽管汇集了许多妇产科专家参与本书的编写，但疏忽之处在所难免。此外，虽然作者竭尽全力，但部分习题的解析仍难免与最新的循证医学和其他教科书有所冲突，所以我们殷切希望读者积极反馈，使本书日臻完善。

主编　余艳红　郑勤田　杨慧霞

副主编　钟　梅　王沂峰　狄　文

题型介绍

全国住院医师规范化培训理论考核试题全部采用客观选择题形式,目前题型分为Ⅰ型题、Ⅱ型题和Ⅳ型题三大类。考生在答题前应仔细阅读题型说明,以便在考试时能顺利应答。

Ⅰ 单选题(A1、A2 型题)

由一个题干和五个备选答案组成,题干在前,选项在后。选项 A、B、C、D、E 中只有 1 个为正确答案,其余均为干扰答案。干扰答案可以部分正确或完全不正确,考生在回答本题型时需对备选答案进行比较,找出最佳的或最恰当的备选答案,排除似是而非的选项。

例如:二尖瓣狭窄患者最常见的早期症状为

A. 阵发性夜间呼吸困难　　　　　　　B. 端坐呼吸

C. 咯血　　　　　　　　　　　　　　D. 劳力性呼吸困难

E. 声音嘶哑

Ⅱ 共用题干单选题(A3/A4 型题)

以叙述一个以单一患者或家庭为中心的临床情景,提出 2~6 个相互独立的问题,问题可随病情的发展逐步增加部分新信息,每个问题只有 1 个正确答案,以考查临床综合能力。答题过程是不可逆的,即进入下一问后不能再返回修改所有前面的答案。

例如:(1~4 题共用题干)

患者,男性,40 岁。1 年来进行性心慌气短,腹胀,下肢水肿。体格检查:一般状况好,心脏叩诊浊音界向两侧扩大,心尖搏动及第一心音减弱,心尖部有 3/6 级收缩期杂音,心率 100 次/min,律齐,双肺底湿性啰音,颈静脉怒张,肝肋下 4cm,脾未及,双下肢水肿(+),血压 130/90mmHg,心电图示完全性右束支传导阻滞。

  1. 该病例最可能的诊断是

    A. 风湿性心脏病、二尖瓣关闭不全　　B. 高血压心脏病

    C. 冠心病伴乳头肌功能不全　　　　　D. 扩张型心肌病

    E. 缩窄性心包炎

  2. 该病例主要与下列疾病相鉴别的是

    A. 心包积液　　　　　　　　　　　　B. 冠心病

    C. 限制型心肌病　　　　　　　　　　D. 缩窄性心包炎

    E. 肥厚型心肌病

  3. 为进一步确诊应进行的检查是

    A. 动态心电图　　　　　　　　　　　B. 胸部 X 线片

C. 超声心动图   D. 心肌酶谱

  E. 红细胞沉降率

4. 下列治疗措施中**不适合**用于该患者的药物是

  A. 钙通道阻滞剂   B. 利尿剂

  C. 硝酸盐类制剂   D. β 受体阻滞剂

  E. 血管紧张素转化酶抑制剂

Ⅳ 案例分析题

  案例分析题是一种模拟临床情境的串型不定项选择题,用以考查考生在临床工作中所应该具备的知识、技能、思维方式和对知识的综合应用能力。侧重考查考生对病情的分析、判断及其处理能力,还涉及对循证医学的了解情况。考生的答题情况在很大程度上与临床实践中的积累有关。

  试题由一个病例和多个问题组成。开始提供一个模拟临床情境的病例,内容包括:患者的性别、年龄(诊断需要时包括患者的职业背景)、就诊时间点、主诉、现病史、既往疾病史和有关的家族史。其中主要症状不包括需体格检查或实验室检查才可得到的信息。随后的问题根据临床工作的思维方式,针对不同情况应该进行的临床任务提出。问题之间根据提供的信息可以具有一定的逻辑关系,随着病程的进展,不断提供新的信息,之后提出相应的问题。

  每道案例分析题下设多个提问,每问的答案个数不定(≥ 1)。考生每选对一个正确答案给 1 个得分点,选错一个扣 1 个得分点,直至扣至本问得分为 0,即不含得负分。案例分析题的答题过程是不可逆的,即进入下一问后不能再返回修改所有前面的答案。

  例如:患者,男性,66 岁。因"嗜睡、意识模糊 4 小时并两次抽搐后昏迷"来院急诊。近 1 周因受凉后发热、咳嗽,经当地卫生院静脉滴注葡萄糖液及肌内注射庆大霉素等治疗 3 天后,出现乏力、口干、多饮多尿等症状并日渐加剧。体格检查:体温 38.8℃,脉搏 108 次/min,血压 150/110mmHg。肥胖体形,唇舌干燥,皮肤弹性差,无面瘫体征,颈无抵抗,左下肺可闻及湿啰音。

  提问 1:急诊先重点检查的项目有

  A. 血清钾、钠、氯、钙   B. 腰椎穿刺脑脊液检查

  C. 血气分析   D. 尿糖

  E. 血脂   F. 血糖

  提问 2:急诊应作出的判断是

  A. 重度昏迷   B. 糖尿病酮症酸中毒昏迷

  C. 糖尿病高渗性无酮症性昏迷   D. 脑血管意外

  E. 糖尿病乳酸性酸中毒昏迷   F. 2 型糖尿病

  提问 3:急诊应作出的处理是

  A. 静脉滴注 5% 葡萄糖液

  B. 静脉滴注 5% 碳酸氢钠液

  C. 静脉滴注 0.9% 氯化钠液或 0.45% 氯化钠液

  D. 静脉滴注 1.87% 乳酸钠液

  E. 应用 20% 甘露醇脱水

  F. 皮下注射胰岛素

  提问 4:目前以下处理措施,正确的是

  A. 静脉补钾   B. 继续静脉滴注 0.45% 氯化钠液

  C. 静脉滴注 5% 葡萄糖液   D. 可静脉滴注血浆或全血

E. 可静脉滴注 25%人血白蛋白   F. 继续每小时静脉滴注胰岛素 4~6 单位

提问 5：下一步治疗应作出的调整有

A. 皮下注射胰岛素控制血糖   B. 皮下注射低精蛋白锌胰岛素控制血糖

C. 按糖尿病要求控制饮食   D. 口服磺脲类降血糖药

E. 口服双胍类降血糖药   F. 继续静脉滴注胰岛素

目　　录

第一章　女性生殖系统解剖及生理⋯⋯⋯⋯⋯⋯⋯⋯⋯⋯⋯⋯⋯⋯⋯⋯⋯⋯⋯⋯⋯1
　第一节　女性生殖系统解剖⋯⋯⋯⋯⋯⋯⋯⋯⋯⋯⋯⋯⋯⋯⋯⋯⋯⋯⋯⋯⋯⋯⋯1
　第二节　女性生殖系统生理⋯⋯⋯⋯⋯⋯⋯⋯⋯⋯⋯⋯⋯⋯⋯⋯⋯⋯⋯⋯⋯⋯⋯4

第二章　产前保健及孕期保健⋯⋯⋯⋯⋯⋯⋯⋯⋯⋯⋯⋯⋯⋯⋯⋯⋯⋯⋯⋯⋯⋯8
　第一节　产前检查⋯⋯⋯⋯⋯⋯⋯⋯⋯⋯⋯⋯⋯⋯⋯⋯⋯⋯⋯⋯⋯⋯⋯⋯⋯⋯⋯8
　第二节　孕期监护⋯⋯⋯⋯⋯⋯⋯⋯⋯⋯⋯⋯⋯⋯⋯⋯⋯⋯⋯⋯⋯⋯⋯⋯⋯⋯12
　第三节　妊娠期用药原则及安全性的评价⋯⋯⋯⋯⋯⋯⋯⋯⋯⋯⋯⋯⋯⋯16

第三章　妊娠并发症⋯⋯⋯⋯⋯⋯⋯⋯⋯⋯⋯⋯⋯⋯⋯⋯⋯⋯⋯⋯⋯⋯⋯⋯⋯21
　第一节　妊娠剧吐⋯⋯⋯⋯⋯⋯⋯⋯⋯⋯⋯⋯⋯⋯⋯⋯⋯⋯⋯⋯⋯⋯⋯⋯⋯21
　第二节　流产⋯⋯⋯⋯⋯⋯⋯⋯⋯⋯⋯⋯⋯⋯⋯⋯⋯⋯⋯⋯⋯⋯⋯⋯⋯⋯⋯24
　第三节　妊娠高血压疾病⋯⋯⋯⋯⋯⋯⋯⋯⋯⋯⋯⋯⋯⋯⋯⋯⋯⋯⋯⋯⋯29
　第四节　妊娠期肝内胆汁淤积症⋯⋯⋯⋯⋯⋯⋯⋯⋯⋯⋯⋯⋯⋯⋯⋯⋯35
　第五节　产前出血⋯⋯⋯⋯⋯⋯⋯⋯⋯⋯⋯⋯⋯⋯⋯⋯⋯⋯⋯⋯⋯⋯⋯⋯37
　第六节　羊水量异常⋯⋯⋯⋯⋯⋯⋯⋯⋯⋯⋯⋯⋯⋯⋯⋯⋯⋯⋯⋯⋯⋯⋯43
　第七节　胎膜早破⋯⋯⋯⋯⋯⋯⋯⋯⋯⋯⋯⋯⋯⋯⋯⋯⋯⋯⋯⋯⋯⋯⋯⋯48
　第八节　脐带异常⋯⋯⋯⋯⋯⋯⋯⋯⋯⋯⋯⋯⋯⋯⋯⋯⋯⋯⋯⋯⋯⋯⋯⋯52
　第九节　早产⋯⋯⋯⋯⋯⋯⋯⋯⋯⋯⋯⋯⋯⋯⋯⋯⋯⋯⋯⋯⋯⋯⋯⋯⋯⋯55
　第十节　过期妊娠⋯⋯⋯⋯⋯⋯⋯⋯⋯⋯⋯⋯⋯⋯⋯⋯⋯⋯⋯⋯⋯⋯⋯⋯58
　第十一节　双胎妊娠⋯⋯⋯⋯⋯⋯⋯⋯⋯⋯⋯⋯⋯⋯⋯⋯⋯⋯⋯⋯⋯⋯⋯60
　第十二节　胎儿生长受限⋯⋯⋯⋯⋯⋯⋯⋯⋯⋯⋯⋯⋯⋯⋯⋯⋯⋯⋯⋯65
　第十三节　胎儿窘迫⋯⋯⋯⋯⋯⋯⋯⋯⋯⋯⋯⋯⋯⋯⋯⋯⋯⋯⋯⋯⋯⋯68
　第十四节　死胎⋯⋯⋯⋯⋯⋯⋯⋯⋯⋯⋯⋯⋯⋯⋯⋯⋯⋯⋯⋯⋯⋯⋯⋯⋯72

第四章　妊娠合并症⋯⋯⋯⋯⋯⋯⋯⋯⋯⋯⋯⋯⋯⋯⋯⋯⋯⋯⋯⋯⋯⋯⋯⋯⋯78
　第一节　妊娠合并心脏病⋯⋯⋯⋯⋯⋯⋯⋯⋯⋯⋯⋯⋯⋯⋯⋯⋯⋯⋯⋯78
　第二节　妊娠合并肝脏疾病⋯⋯⋯⋯⋯⋯⋯⋯⋯⋯⋯⋯⋯⋯⋯⋯⋯⋯81
　第三节　妊娠合并糖尿病⋯⋯⋯⋯⋯⋯⋯⋯⋯⋯⋯⋯⋯⋯⋯⋯⋯⋯⋯85
　第四节　妊娠合并甲状腺疾病⋯⋯⋯⋯⋯⋯⋯⋯⋯⋯⋯⋯⋯⋯⋯⋯88
　第五节　妊娠合并血液系统疾病⋯⋯⋯⋯⋯⋯⋯⋯⋯⋯⋯⋯⋯⋯⋯93

第六节 妊娠合并急性肾盂肾炎 96
第七节 妊娠合并系统性红斑狼疮 101
第八节 妊娠合并外科急腹症 104

第五章 遗传咨询、产前筛查、产前诊断、胎儿干预 107
第一节 遗传咨询 107
第二节 产前筛查 113
第三节 产前诊断 118
第四节 胎儿干预 121

第六章 正常分娩 125
第一节 分娩期监护 125
第二节 正常产程的监测要点及规范处理 127

第七章 异常分娩 130
第一节 产力异常 130
第二节 产道异常 134
第三节 胎位异常 137
第四节 产程异常 141

第八章 分娩并发症 148
第一节 产后出血 148
第二节 羊水栓塞 154
第三节 子宫破裂 161

第九章 新生儿疾病 165
第一节 新生儿窒息 165
第二节 新生儿黄疸 167

第十章 产褥期疾病 171
第一节 晚期产后出血 171
第二节 产褥感染 174
第三节 产褥期抑郁症 178

第十一章 外阴上皮内非瘤样病变 181

第十二章 外阴及阴道炎症 184

第十三章 子宫颈炎症 189

第十四章 盆腔炎性疾病 192

第十五章　外阴恶性肿瘤···197

第十六章　宫颈肿瘤··203
　　第一节　宫颈鳞状上皮内病变··203
　　第二节　宫颈癌··207

第十七章　子宫肿瘤··214
　　第一节　子宫肌瘤··214
　　第二节　子宫肉瘤··217
　　第三节　子宫内膜癌··219

第十八章　卵巢肿瘤··226

第十九章　异位妊娠··235

第二十章　妊娠滋养细胞疾病··241

第二十一章　子宫内膜异位症及子宫腺肌病··247
　　第一节　子宫内膜异位症··247
　　第二节　子宫腺肌病··250

第二十二章　盆腔功能障碍性及生殖器官损伤疾病··································254
　　第一节　盆腔器官脱垂··254
　　第二节　压力性尿失禁··259
　　第三节　生殖道瘘··263

第二十三章　生殖内分泌疾病··268
　　第一节　功能失调性子宫出血··268
　　第二节　闭经··271
　　第三节　多囊卵巢综合征··273
　　第四节　绝经综合征··279

第二十四章　女性生殖器官发育异常··284

第二十五章　性分化与发育异常··288

第二十六章　不孕症与辅助生殖技术··293

第二十七章　计划生育··296
　　第一节　避孕··296
　　第二节　避孕失败的补救措施··299

第二十八章　妇科手术前准备及术后处理 ·· 303

第二十九章　妇产科内镜 ··· 311

第三十章　妇科恶性肿瘤化学治疗和放射治疗 ·· 317

第一章　女性生殖系统解剖及生理

第一节　女性生殖系统解剖

【A1 型题】

1. 维持子宫在盆腔内正常位置的是
   - A. 骨盆底肌肉及其上下筋膜的支托作用
   - B. 膀胱和直肠的支撑
   - C. 子宫四对韧带及盆底组织的支托作用
   - D. 子宫四对韧带的作用
   - E. 腹腔压力的作用

2. 下列选项中叙述正确的是
   - A. 前庭大腺开口于大小阴唇间沟,大小约 1~2cm
   - B. 子宫体与子宫颈长度比例,婴儿期为 1:1,成年为 2:1
   - C. 子宫内膜功能层与基底层厚度比例约为 4:1
   - D. 成年女性输卵管间质部与峡部长度比约为 1:(2~3)
   - E. 成年女性卵巢重约 3~4g

3. 关于女性生殖系统淋巴,叙述错误的是
   - A. 分为髂淋巴、腰淋巴、腹股沟浅淋巴和腹股沟深淋巴组
   - B. 子宫体部两侧淋巴沿圆韧带汇入腹股沟浅淋巴结
   - C. 阴蒂淋巴结、股静脉区淋巴结被腹股沟深淋巴结收纳
   - D. 阴道上段淋巴回流基本与宫颈回流相同,大部分汇入髂内和闭孔淋巴结
   - E. 附件的淋巴结大部分汇入腰淋巴结

4. 子宫动脉来自于
   - A. 髂内动脉
   - B. 髂外动脉
   - C. 髂总动脉
   - D. 股主动脉
   - E. 腹主动脉

5.【答案】C
【解析】卵巢表面无腹膜,覆盖一层单层扁平或立方上皮,称为表面上皮,上皮下方为薄层致密结缔组织构成的白质。再往内为卵巢实质,分为外层的皮质和内层的髓质。

6.【答案】C
【解析】骨盆入口平面指真假骨盆的交界面,呈横椭圆形。其前方为耻骨联合上缘,两侧为髂耻缘,后方为骶岬前缘。中骨盆平面为骨盆最小平面,最狭窄,呈前后径长的椭圆形,其前方为耻骨联合下缘,两侧为坐骨棘,后为骶骨下端。骨盆出口平面即骨盆腔的下口,由两个在不同平面的三角形所组成。前三角顶端为耻骨联合下缘,两侧为耻骨降支;后三角顶端为骶尾关节,两侧为骶结节韧带。

7.【答案】C
【解析】中骨盆平面为骨盆最小平面。中骨盆横径也称"坐骨棘间径"。两坐骨棘间的距离,平均值约为10cm,是胎先露部通过中骨盆的重要径线,其长短与胎先露内旋转关系密切。中骨盆前后径平均约为11.5cm。

8.【答案】C
【解析】男性骨盆出口后矢状径较短,呈漏斗状,常导致难产。

1.【答案】A
【解析】子宫颈癌的淋巴结转移分为两级:一级组包括子宫旁、闭孔、髂内、髂外、髂总、骶前淋巴结;二级组包括腹股沟深浅淋巴结及腹主动脉旁淋巴结。

2.【答案】B
【解析】骨盆内测量包括:测量对角径、中骨盆前后径、出口前后径、出口后矢状径、坐骨结节间径及耻骨弓角度等;检测骶岬是否突出、坐骨切迹宽度、坐骨棘突出程度、骶凹弧度及骶尾关节活动度。扁平骨盆:对角径 <11.5cm,骶岬突出为骨盆入口平面狭窄。均小骨盆:骨盆三个平面各径线均比正常值小 2cm 或更多。通过测定坐骨结节间径、出口后矢状径、耻骨弓角度、坐骨棘突出程度及坐骨切迹宽度,间接判断中骨盆狭窄程度。坐骨棘间径 <10cm,坐骨结节间径 <8cm,坐骨结节间径与后矢状径之和 <15cm,耻骨弓角 <90°,坐骨切迹宽度变窄,为中骨盆平面和出口平面狭窄,属于漏斗骨盆。

5. 卵巢表面覆盖有
　　A. 浆膜　　　　　　　　　B. 结缔组织
　　C. 表面上皮　　　　　　　D. 卵巢间质
　　E. 卵巢白质

6. 中骨盆平面为
　　A. 横椭圆形　　　　　　　B. 圆形
　　C. 纵椭圆形　　　　　　　D. 漏斗形
　　E. 以上均不是

7. 骨盆腔的最短经线是
　　A. 入口前后径　　　　　　B. 入口斜径
　　C. 中骨盆横径　　　　　　D. 出口前后径
　　E. 中骨盆前后径

8. 关于女性骨盆对分娩的影响,叙述错误的是
　　A. 真骨盆是胎儿娩出的骨产道
　　B. 阴道分娩时胎儿循骨盆轴娩出
　　C. 男性骨盆出口前矢状径较短,呈漏斗状,常导致难产
　　D. 耻骨弓角度影响分娩
　　E. 坐骨棘位于真骨盆中部,是判断胎先露下降程度的重要标志

【A2 型题】

1. 女性,60 岁,绝经 5 年,反复阴道流血 2 年余,阴道镜活检提示宫颈癌,若出现淋巴转移,一级组不包括
　　A. 腹股沟浅淋巴结
　　B. 髂外淋巴结
　　C. 髂内淋巴结
　　D. 宫旁淋巴结
　　E. 闭孔淋巴结

2. 初产妇,28 岁,骨盆内外测量结果如下:坐骨棘间径 <10cm,坐骨结节间径 <8cm,耻骨弓角度 <90°。应属于哪种类型骨盆
　　A. 扁平骨盆
　　B. 漏斗骨盆
　　C. 均小骨盆
　　D. 类人猿型骨盆
　　E. 骨软化病骨盆

3. 患者,女,15 岁,骑自行车时不慎摔伤,自觉外阴部胀痛难忍,最可能的诊断是
   A. 小阴唇裂伤   B. 大阴唇血肿
   C. 处女膜破裂   D. 会阴体损伤
   E. 前庭大腺出血

4. 45 岁女性,因"多发性子宫肌瘤"行腹式全子宫切除术,在处理宫旁组织哪些部位时最容易损伤输尿管
   A. 骨盆漏斗韧带、主韧带、圆韧带
   B. 主韧带、骨盆漏斗韧带、子宫动脉
   C. 子宫动脉、宫底韧带、卵巢固有韧带
   D. 输卵管系膜、卵巢固有韧带、子宫动脉
   E. 圆韧带、宫底韧带、子宫动脉

5. 29 岁初产妇,阴道分娩时行会阴侧切,切断的肌肉**不包括**
   A. 会阴浅横肌
   B. 坐骨海绵体肌
   C. 部分会阴深横肌
   D. 球海绵体肌
   E. 部分肛提肌

【A3/A4 型题】

(1~3 题共用题干)

患者,女,29 岁,孕 2 产 2。近半年外阴部发现肿块,两日前出现疼痛,活动后加重。体格检查:体温 38℃,于左侧大阴唇后见一囊性肿物,约 7cm×5cm×4cm,表面红、肿、热,触痛明显,有波动感。

1. 本例最可能的诊断是
   A. 前庭大腺炎
   B. 外阴囊肿
   C. 前庭大腺囊肿
   D. 外阴肿瘤
   E. 前庭大腺脓肿

2. 本例最恰当的处理是
   A. 观察
   B. 局部用抗生素湿敷
   C. 局部热敷
   D. 切开引流术并用抗生素控制感染
   E. 抗生素控制感染,暂不考虑行切开引流术

3. 本例**不恰当**的处理是
   A. 中药活血化瘀治疗
   B. 卧床休息

3 【答案】B
  【解析】外生殖器的范围和组成外生殖器的组成为:①阴阜;②大阴唇,两侧大阴唇前端为子宫圆韧带的终点,皮下富含脂肪组织和静脉丛等,局部受伤后易形成血肿;③小阴唇;④阴蒂,具有勃起性的海绵体组织,阴蒂头富含神经末梢,极为敏感;⑤阴道前庭。前庭大腺位于阴道前庭内,又称巴氏腺,若因感染腺管口闭塞,易形成脓肿或囊肿。

4 【答案】B
  【解析】输尿管在子宫动脉的后方与之交叉,又经阴道侧穹窿顶端绕向前方入膀胱壁,妇科手术时易损伤输尿管的部位是主韧带、骨盆漏斗韧带、子宫动脉。

5 【答案】B
  【解析】狭义的会阴指阴道口与肛门之间的皮肤、肌肉及筋膜等软组织,是骨盆底的一部分,厚约 3~4cm,又称会阴体。由表及里分为:皮肤,皮下脂肪、筋膜、部分肛提肌和会阴中心腱。会阴中心腱联合一对肛提肌和筋膜,会阴浅横肌、球海绵体肌和肛门外括约肌亦与此腱会合。会阴的伸展性很大,妊娠后组织变松软,有利于分娩,但分娩时往往会发生裂伤,故会阴保护或适时切开为助产的必要步骤之一。坐骨海绵体肌始于坐骨结节内侧,沿坐骨升支及耻骨下支前行,向上止于阴蒂海绵体。

1 【答案】E

2 【答案】D

3 【答案】E
  【解析】前庭大腺立于大阴唇后部,腺管向内侧开口于阴道前庭后方小阴唇与处女膜之间的沟内。正常情况下不能触及此腺,病原体侵入可引起炎症,因腺管口闭塞,可形成囊肿或脓肿。本例已形成脓肿,需切开引流并用抗生素控制感染。前庭大腺脓肿,一般做造口术而非囊肿剥除术。

提问1:【答案】CE

　　【解析】子宫附件为女性生殖器官,在女性子宫左右两侧的输卵管和卵巢统称为"子宫附件",简称"附件"。

提问2:【答案】BCD

　　【解析】阴道位于真骨盆下部中央,呈上宽下窄状,前壁长为7~9cm,并且与膀胱和尿道相邻;后壁长为10~12cm,并与直肠相邻,是胎儿娩出的软产道。

提问3:【答案】ACD

　　【解析】骨盆被斜行的界线(后方起于骶骨岬,经髂骨弓状线,髂耻隆起、耻骨梳、耻骨结节,耻骨嵴到耻骨联合上缘连线)分为两部分:界线以上为大骨盆,又称假骨盆,其骨腔是腹腔的髂窝部,大骨盆参与腹腔的组成;界线以下为小骨盆,又称真骨盆,其内腔即盆腔,前界为耻骨和耻骨联合,后界为骶、尾骨的前面,两侧为髋骨的内面、闭孔膜及韧带,侧壁上有坐骨大、小孔。骨盆腔呈前浅后深的形态,其中轴为骨盆轴,分娩时胎儿沿此轴娩出。

提问4:【答案】ACDE

　　【解析】女性尿道短而直,易引起泌尿系感染。膀胱位于耻骨联合后、子宫前,由于膀胱充盈可影响子宫及阴道,故妇科检查及手术前必须排空膀胱。输尿管在子宫动脉的后方与之交叉,又经阴道侧穹窿顶端绕向前方入膀胱壁。妇科手术时易损伤输尿管。子宫全切术时易损伤输尿管的部位的情况主要有三种:切断结扎主韧带、子宫骶骨韧带、卵巢漏斗韧带时。直肠上段有腹膜遮盖,至直肠中段腹膜折向前上方,覆盖于宫颈及子宫后壁,形成直肠子宫陷凹。妇科手术及分娩处理时均应注意避免损伤直肠。阑尾位于右髂窝内,妊娠期阑尾的位置又可随妊娠月份的增加而逐渐向上外方移位,女性患阑尾炎时有可能累及子宫附件。妊娠晚期子宫轻度右旋,与乙状结肠占据盆腔左侧有关。妊娠期肾盂及输尿管自妊娠中期起轻度扩张,且右侧输尿管常受右旋妊娠子宫的压迫,可致肾盂积水。

C. 选用广谱抗生素

D. 确定病原体

E. 囊肿剥除

【案例分析题】

案例　女性,32 岁,孕1产1,因常规体检行妇科检查。

提问1:子宫附件指

A. 子宫角

B. 宫颈口

C. 卵巢

D. 宫颈

E. 输卵管

提问2:以下关于阴道的叙述中,正确的是

A. 一般下端宽上端窄

B. 是胎儿娩出通道

C. 一般上端宽下端窄

D. 位于真骨盆下部

E. 一般阴道前壁长于后壁

提问3:下列关于真骨盆的叙述,正确的是

A. 是胎儿娩出的通道

B. 假骨盆是其一部分

C. 有骨盆入口和出口

D. 又称骨产道

E. 骨盆呈前深后浅的形态

提问4:对于女性生殖系统解剖的描述,下列哪些叙述正确

A. 女性的尿道短而直,易引起泌尿系感染

B. 妊娠期增大的子宫常压迫左侧的输尿管

C. 异常分娩时出现损伤可引起膀胱阴道瘘

D. 阑尾炎和右侧的附件炎可以相互影响

E. 施行子宫切除结扎子宫动脉时容易损伤输尿管

（余艳红　朱嘉钰）

第二节　女性生殖系统生理

【A1 型题】

1.【答案】D

　　【解析】月经来潮时伴有明显下腹疼痛称痛经,非正常现象,答案D不恰当。痛经可分为原发性和继发性。原发性痛经指患者没有引起下腹疼痛的器质性病变,多见于青少年女性,发病机理与子宫内膜内前列腺素 F2α 和前列腺素 E2 过度增高有关。继发性痛经多见于30~40岁的女性,常见器质性病变包括子宫内膜异位症、子宫腺肌病或子宫肌瘤等。月经初潮是青春期发育的重要标志。营养状况和体重指数对月经初潮的年龄有很大影响。答案 A、B、C 和 E 正确描述了月经初潮和正常月经的情况。

1. 下列对于正常月经的描述,哪项**不恰当**

A. 体质强壮及营养良好者月经初潮常提早

B. 体弱或营养不良者月经初潮常推迟

C. 月经第一次来潮称月经初潮

D. 月经来潮时伴有明显下腹痛是正常现象

E. 正常月经包括月经周期、经量及经期均正常

2. 关于女性一生各阶段的生理特点,下列哪项描述**不恰当**
   - A. 儿童期儿童体格及内外生殖器同时发育
   - B. 月经初潮标志青春期开始
   - C. 子宫内膜规律的周期性脱落及出血标志生殖功能成熟
   - D. 围绝经期一般历时 10 余年
   - E. 月经完全停止 1 年以上为绝经

3. 受雌激素影响而发生周期性脱落的子宫组织结构是
   - A. 黏膜层　　　　B. 肌层　　　　C. 浆膜层
   - D. 基底层　　　　E. 功能层

4. 符合雌激素生理作用的是
   - A. 降低妊娠子宫对缩宫素的敏感性
   - B. 使子宫内膜增生
   - C. 使宫颈黏液减少变稠,拉丝度减少
   - D. 使阴道上皮脱落加快
   - E. 通过中枢神经系统有升温作用

5. 关于着床后子宫内膜的变化,下列说法正确的是
   - A. 受精完成后,子宫内膜迅速发生蜕膜化
   - B. 按照行程的先后顺序,将蜕膜分为 3 部分
   - C. 底蜕膜以后发育成胎盘
   - D. 约在妊娠 28 周,包蜕膜和真蜕膜相贴近,子宫腔消失
   - E. 真蜕膜是底蜕膜和包蜕膜以外覆盖子宫腔的蜕膜

【A2 型题】

1. 患者女,月经规则,月经史:13岁$\frac{5}{26}$d,排卵时间一般在月经周期的
   - A. 第 5 天　　　B. 第 12 天　　　C. 第 14 天
   - D. 第 16 天　　　E. 第 19 天

2. 患者女,初潮 13 岁,周期 24~28d,经期 4~5d,应简写为
   - A. 13 岁$\frac{4\sim5}{24\sim28}$d　　　　B. 13 岁$\frac{24\sim28}{4\sim5}$d
   - C. $\frac{13岁(24\sim28)}{4\sim5}$d　　　　D. $\frac{13岁}{(24\sim28)(4\sim5)}$d
   - E. $\frac{24\sim28d}{(4\sim5d)13岁}$

3. 女,25 岁,月经周期为 28d,目前为月经干净后第 8 天,宫颈黏膜片检查结果提示典型羊齿叶状结晶,表明其所处的阶段为
   - A. 月经期　　　B. 月经前　　　C. 排卵期
   - D. 已妊娠　　　E. 接近排卵

2.【答案】A
【解析】从出生 4 周至 12 岁左右称儿童期。儿童生殖器为幼稚型,未发育,故答案 A 错误。在儿童后期(约 8 岁以后)卵巢内的卵泡有一定发育并分泌少量激素,但仍达不到成熟阶段此时女性特征开始呈现。世界卫生组织(WHO)规定的青春期为 10~19 岁。月经初潮是青春期开始的一个重要标志,此时中枢对雌激素的正反馈机制尚未成熟,即使卵泡发育成熟也不能排卵,故月经周期常不规律,多为无排卵月经。性成熟期又称生育期,一般自 18 岁左右开始,历时约 30 年。本时期女性性功能旺盛,卵巢功能成熟并分泌激素,已建立规律的周期性排卵。围绝经期定义为从卵巢功能开始衰退直至绝经后 1 年内的时间。围绝经期可始于 40 岁,历时短至 1~2 年,长至 10~20 年。一般 60 岁后女性进入老年期,卵巢功能已衰竭,生殖器官进一步萎缩。

3.【答案】E
【解析】子宫内膜分为功能层和基底层。功能层是胚胎植入的部位,受卵巢激素变化的调节,具有周期性增值、分泌和脱落性变化,故选择答案 E。基底层靠近肌层,不受卵巢激素的周期性调节,不发生剥脱,在月经来潮后再生并修复子宫内膜创面,重新形成功能层。

4.【答案】B
【解析】雌激素可以促进子宫发育,使子宫内膜增生,增加对缩宫素敏感性;宫颈黏液分泌增加,质变稀薄,易拉成丝状,使阴道上皮细胞增生和角化;孕激素兴奋下丘脑体温调节中枢,使体温升高。答案 A、C、D、E 符合孕激素的生理作用。

5.【答案】E
【解析】受精卵着床后,子宫内膜迅速发生蜕膜变,故答案 A 错误。按蜕膜与囊胚的位置关系,将蜕膜分为 3 部分,故答案 B 错误。包括:①底蜕膜,指与囊胚及滋养层接触的子宫肌层之间的蜕膜,以后发育成为胎盘的母体部位,答案 C 说法不准确;②包蜕膜,指覆盖在囊胚上面的蜕膜,在妊娠 14~16 周包蜕膜和真蜕膜相贴近,子宫腔消失,故答案 D 错误;③真蜕膜,指底蜕膜及包蜕膜以外覆盖子宫腔的蜕膜,答案 E 正确。

1.【答案】C
【解析】卵细胞和它周围的一些细胞一起被排出的过程称为排卵,导致排卵的内分泌调节为排卵前血黄体生成素(LH)促卵泡激素(FSH)峰的出现,排卵多发生在下次月经来潮前 14d 左右,故选择 C。

2.【答案】A
【解析】月经史的写法为:初潮年龄$\frac{月经期}{月经周期}$d

3.【答案】C
【解析】宫颈黏液受卵巢激素影响有明显的周期性改变。月经干净后,体内雌激素水平低,宫颈分泌黏液量很少;随雌激素水平不断提高,黏液分泌量增加,黏液稀薄透明,拉丝度可达 10cm 以上,涂片可见明显的羊齿植物叶状结晶,到排卵期最清晰,故选择 C;排卵后受孕激素影响黏液分泌量减少,质地黏稠浑浊,拉丝度差,易断裂,涂片结晶逐渐模糊。至第 22 天左右完全消失,代之以排列成行的椭圆体。

4.【答案】C

【解析】WHO 规定的青春期为 10~19 岁,12 岁女童尚处于青春期,此时中枢对雌激素的正反馈机制尚未成熟,即使卵泡发育也不能排卵,多为无排卵月经,故月经周期不规律,经 5~7 年建立规律的周期性排卵后,月经才会逐渐正常。

5.【答案】C

【解析】14 岁女性初潮后 1 年,处于青春期,下丘脑-垂体-卵巢轴激素间的反馈调节尚未成熟,大脑中枢对雌激素的正反馈作用存在缺陷,FSH 呈持续低水平,无促排卵 LH 峰形成,故选项 A 正确。卵泡发育到一定程度即发生退行性变,形成闭锁卵泡,无排卵发生,故月经周期不规律,经 5~7 年建立规律的周期性排卵后,月经才逐渐正常,故选项 B、D、E 正确。女性一般在 18 岁左右开始进入性成熟期,卵巢功能成熟并且分泌性激素,建立规律的周期性排卵,生殖系统功能发育已完整,具有生殖能力,故选项 C 错误。

1.【答案】E

2.【答案】B

3.【答案】A

【解析】见本节 A2 型题第 2 题。

4.【答案】C

5.【答案】E

【解析】绝经前期,过去用于指绝经前 1 或 2 年,现改为绝经前整个生殖期。绝经过渡期指从开始出现绝经趋势直至最后一次月经的时期。围绝经期定义为从卵巢功能开始衰退直至绝经后 1 年内的时期,分为 3 阶段:绝经前期,月经周期不规律,常为无排卵性月经,卵泡数目明显减少且易发生卵泡发育不全,卵巢功能逐渐衰退;绝经期,指生命中最后一次月经;绝经后期,指最终月经后的时期,不论人工或自然绝经,卵巢进一步萎缩,生殖器官开始萎缩。该女性处于绝经前期。

4. 女,12 岁,月经来潮 1 年,但只来潮 3 次,经期 7d,周期 2~6 个月,月经色红,无血块,每次用卫生巾 1 包半,经期有腰痛。下述哪种处理是恰当的
   A. 雌激素、孕激素周期治疗
   B. 少量雌激素周期治疗
   C. 经期适当休息,勿做剧烈运动
   D. 经期口服止痛药
   E. 经期服用丹参片

5. 女,14 岁,13 岁月经初潮,现月经周期无规律性,下列说法错误的是
   A. 可能是因为雌激素水平不足以引起 LH 的高峰
   B. 初潮后最初 2 年无排卵性月经周期常见
   C. 已初步具有生育能力,生殖系统功能发育已完善
   D. FSH 可逐渐升高出现正反馈
   E. 该患者无须用药物治疗

【A3/A4 型题】

(1~3 题共用题干)

某女性的月经周期为 13 岁 $\frac{3~5}{29}$ d,末次月经是 10 月 21 日。

1. 她的月经周期是
   A. 3~5d   B. 24~26d   C. 13d
   D. 28d   E. 29d

2. 其初潮年龄是
   A. 3~5 岁   B. 13 岁   C. 24 岁
   D. 29 岁   E. 30 岁

3. 其经期是
   A. 3~5d   B. 11d   C. 13d
   D. 29d   E. 30d

(4~5 题共用题干)

47 岁女性,14 岁月经初潮,既往月经规律,周期 28~30d,持续 5d,近 1 年月经周期不规则,20~35d 行经一次,持续 7~12d 干净;经量多,每次需用卫生巾 2 包。

4. 目前该女性处于
   A. 性成熟期   B. 绝经前期   C. 绝经过渡期
   D. 绝经期   E. 绝经后期

5. 目前该女性的卵巢状况为
   A. 卵巢功能属于成熟阶段
   B. 常为有排卵性月经
   C. 卵巢内卵泡已耗竭

D. 卵巢内剩余卵泡完全丧失对垂体促性腺激素的反应

E. 卵巢内卵泡数明显减少且易发生卵泡发育不良

【案例分析题】

案例 女性,24岁,青春期后无月经不规律,13岁 $\dfrac{5\sim7}{30\sim60}$ d,因计划结婚生育来妇科诊治。

提问1:关于该患者是否有排卵需要做哪些检查

  A. FSH

  B. LH

  C. 颅脑 CT 检查

  D. 雌激素

  E. 染色体

提问2:关于排卵的机制叙述下列哪些正确

  A. LH/FSH 高峰促使纤维酶蛋白酶生成

  B. 前列腺素增多

  C. 组胺生成增多

  D. 卵巢皮质及外膜平滑肌纤维收缩

  E. 是 AMPS 的作用

提问3:关于雌激素的叙述哪些正确

  A. 雌激素为 18 个碳原子化合物

  B. 雌激素主要在肝脏代谢

  C. 代谢产物经肾脏排泄

  D. E_2 作用最强

  E. 代谢产物为 E_3

(余艳红 朱嘉钰)

提问1:【答案】ABD

 【解析】该女性月经不规律,与卵巢功能有关,监测性激素有助于判断。

提问2:【答案】ABCD

 【解析】排卵前,出现 LH/FSH 峰,LH 峰是即将排卵的可靠指标,出现于卵泡破裂前 36h。LH/FSH 峰与孕酮协同作用,激活卵泡液内蛋白溶酶活性。卵泡液中前列腺素显著增加,排卵时达高峰。前列腺素可促进卵泡壁释放蛋白溶酶,也促使卵巢内平滑肌收缩,有助于排卵。酸性黏多糖(AMPS)是雌激素作用下子宫内膜间质细胞产生的一种和蛋白质结合的碳水化合物,雌激素可使其在子宫内膜间质中浓缩,称为起基础物质,对增殖期子宫内膜的生长起支架作用,故选项 E 错误。

提问3:【答案】ABCDE

第二章 产前保健及孕期保健

第一节 产前检查

【A1 型题】

1. 首次产前检查最恰当的时期应是
    A. 停经 6 周
    B. 停经 8 周
    C. 停经 10 周
    D. 停经 12 周
    E. 确诊早孕时

2. 关于四步触诊法,以下项目哪项**不正确**
    A. 了解子宫大小、胎产式和胎先露情况
    B. 第一步是双手置于子宫底部,判断是胎头还是胎臀
    C. 第二步是双手分别置于腹部两侧,辨别胎背方向
    D. 第三步是双手置于耻骨联合上方,了解先露是头还是臀
    E. 第四步是双手置于胎先露两侧,沿骨盆入口向下深按,进一步核实先露部,并确定入盆的程度

【A2 型题】

1. 22 岁孕妇,孕 1 产 0,孕 12 周,初次来门诊产检。患者平素健康。首次产前检查的内容**不包括**
    A. 产科检查
    B. 询问病史
    C. 全身检查
    D. 血常规、尿常规、血型（ABO 和 Rh）、空腹血糖、肝功和肾功、乙型肝炎表面抗原、梅毒螺旋体和 HIV 筛查
    E. OGTT

1.【答案】E
【解析】首次产检的时间应从确诊早孕时开始,其目的如下:①确定孕妇及胎儿的健康状况,如排除异位妊娠及确定胚胎发育情况;②估计和核对孕龄;③制订产前检查计划及健康教育指导,包括改善生活方式、补充叶酸以预防神经管缺陷 (neural tube defect, NTD) 以及在妊娠 11~13^{+6} 周筛查胎儿染色体非整倍体异常,早孕期可进行母体血清学和超声胎儿颈项透明层(NT)测量的联合筛查,有条件者也可用母体血检测胎儿游离 DNA(cfDNA);④常规实验室检查,如血常规、血型、肝肾功能、空腹血糖、HBsAg、梅毒及人类免疫缺陷病毒(HIV)筛查,沿海地区进行地中海贫血筛查。

2.【答案】D
【解析】四步触诊法 (leopold maneuvers) 是通过判断子宫的大小、胎产式、胎先露及入盆的情况,来辅助判断胎儿生长情况、是否存在合并症如羊水过多以及是否胎位异常等。行四步触诊时,检查者站在孕妇右侧,前三步检查者面向孕妇头部,第四步检查者面向孕妇足端。第三步的正确手法是检查者右手拇指与其他四指分开,置于耻骨联合上方握住胎先露部,进一步查清是胎头或胎臀,判断先露入盆情况。四步触诊法判断胎先露并不十分准确,孕妇肥胖时触诊更为困难。如果在孕 35~36 周不能确定胎先露部位,应及时行超声检查。胎儿为臀先露或横产式者,可安排在孕 37 周进行外转胎位。

1.【答案】E
【解析】首次产检内容包括详细询问病史,如现病史、月经史、孕产史、既往史、家族史和遗传疾病史等,并进行系统的全身检查、产科检查和必要的辅助检查。口服葡萄糖耐量试验(OGTT)一般是在孕 24~28 周时检查。

2. 25 岁初产妇第一次到产检门诊就诊,平素月经不规律,末次月经为 2017 年 6 月 1 日至 6 月 5 日,患者曾在外院做过两次超声检查,第一次超声检查报告预产期为 2018 年 3 月 22 日,第二次超声检查报告预产期为 2018 年 3 月 25 日。此次在产检门诊做了第三次超声,报告预产期为 2018 年 3 月 26 日。该孕妇的预产期应该是

A. 2018 年 3 月 8 日

B. 2018 年 3 月 12 日

C. 2018 年 3 月 22 日

D. 2018 年 3 月 25 日

E. 2018 年 3 月 26 日

3. 孕 35 周初产妇,常规产检,孕 32 周超声未提示胎盘位置异常,臀先露。拟行四步触诊法,以下准备工作哪项**不正确**

A. 孕妇排尿后仰卧在检查床上

B. 头部去枕平卧

C. 暴露腹部

D. 注意保暖及隐私的保护

E. 双腿略屈曲稍分开

【A3/A4 型题】

(1~2 题共用题干)

早孕就诊经产妇,哺乳期受孕,月经尚未来潮。2017 年 8 月 27 日超声提示宫内活胎,孕 8 周大小。

1. 该孕妇首次就诊时,最重要的一项工作是

A. 确定孕周,推算预产期

B. 复查超声判断胚胎发育情况

C. 夫妻双方染色体检查

D. 常规妇科检查

E. 早期唐氏筛查

2. 孕 12 周时按照医生的预约再次产检,此时最重要的一项检查是

A. 血 β-hCG

B. 孕酮

C. 胎儿染色体非整倍体异常的筛查

D. 血常规

E. 心电图

(3~4 题共用题干)

孕 16 周经产妇第二次医院产检,既往有早产病史,早期染色体检查正常,产妇 24 周复诊时空腹血糖为 6.0mmol/L。

2【答案】C

【解析】推算预产期(expected date of confinement,EDC 或 estimated date of delivery,EDD)是最重要的产检项目之一。推算预产期主要依据以下几种情况:①平素月经规律的孕妇一般按末次月经(LMP)的第 1 天算起,月份减 3 或加 9,天数加 7。②月经不规律、月经不详或哺乳期月经未来潮即受孕者可利用孕早期超声确定预产期。头臀径(crown rump length,CRL)估算孕龄误差最小,如 CRL 为 35mm,孕周即为(3.5+6.5)周=10 周。③辅助生殖技术受孕者,如体外受精胚胎移植术(IVF-ET),则需要了解胚胎植入的日期和胚泡的天数,植入胚胎可以是新鲜的,也可以是 3d 或 5d 大小。例如,2017 年 6 月 18 日植入 3d 大小的胚胎,相当于 6 月 15 日受孕,按照月经周期是 28d 计算,排卵期为下次月经来潮之前的第 14 天,则可推算 LMP 相当于 2017 年 6 月 1 日,预产期则为 2018 年 3 月 8 日。根据 LMP 推算的 EDC 需要经早期超声核实,本题中根据 LMP 推算的预产期与超声测量的预产期相差太大,此时需要采用超声测量的预产期。妊娠早期超声确定的预产期最准确,一旦确定,不要根据后来的超声检查更改预产期。本患者做了 3 次超声,预产期应采用第 1 次超声报告的预产期。

3.【答案】B

【解析】妊娠 35 周孕妇,既往超声提示臀先露,近足月需给孕妇制订分娩计划,明确胎儿先露部分很关键,需行规范的四步触诊及适时的超声确认。但在给孕妇行四部触诊前,回顾既往超声检查胎盘位置的结果很重要,尤其对于中央型前置胎盘患者,行四步触诊检查需谨慎。此外行常规的准备工作,如检查前嘱孕妇排空膀胱,头部稍垫高,双腿略屈曲稍分开,旨在使孕妇腹部肌肉放松,便于检查者操作,而不引起孕妇不适。同时,要注意保护患者隐私,天气冷时注意保暖。

1.【答案】A

2.【答案】C

【解析】哺乳期月经未来潮之前受孕的孕妇无法根据末次月经推算预产期,此时,需要根据超声确定孕周和预产期。NT 联合母体血清学筛查染色体非整倍体异常多在孕 11~13+6 周进行。这种联合筛查可以筛查 85% 以上的唐氏综合征,假阳性率为 5%。母体血 cfDNA 筛查对唐氏综合征敏感性更高,且假阳性率很低,但必须明确母体血 cfDNA 检测仍属于筛查,而不是诊断方法。筛查结果阳性者,需行有创性的产前诊断,如绒毛膜活检或羊水穿刺。孕期产检时,几项比较重要的检查时机分别为:①孕 11~13+6 周,胎儿染色体非整倍体异常的母体血清学筛查和胎儿 NT 测定;②孕 16~18 周,孕口测母体血 AFP 测定筛查胎儿开放性神经管缺陷(NTD);③ 20~24 周,胎儿系统结构畸形筛查;④ 24~28 周,OGTT。

3.【答案】B

4.【答案】C

【解析】孕妇既往有早产病史,属于早产的高危人群。孕 16 周开始行阴道超声检查宫颈长度,必要时使用孕酮预防早产。国际妊娠合并糖尿病研究组(IDAPSG)和美国糖尿病协会(ADA)提出:①有糖尿病高危因素的孕妇在首次产检时就要用标准的糖尿病诊断标准筛查 2 型糖尿病;首次血糖无异常者,则于妊娠 24~28 周时再行 75g OGTT 进行妊娠期糖尿病(GDM)检查;②建议所有孕妇在妊娠 24~28 周进行 75g OGTT 筛查。孕中期是孕妇体重变化最大的阶段,也是妊娠期糖代谢开始出现明显变化的时期,此期检查有助于诊断 GDM。24 周后空腹血糖 ≥ 5.1mmol/L 者可以直接诊断 GDM,不必再做 75g OGTT。

提问 1:【答案】CF

【解析】患者有抑郁症(C 项),曾住院治疗,发现怀孕后自己停服抗抑郁药物,这意味着妊娠期间和产后的抑郁症复发风险很高。即使目前患者自己感觉良好,仍需密切观察。患者需要继续到精神科复诊,根据病情,决定是否恢复抗抑郁治疗。右半侧头痛,呈跳动性,声响和光线使头痛加重,这提示患者有偏头痛,需要及时处理。偏头痛在孕早期常会加重,但妊娠中期和晚期可能部分缓解,有些患者偏头痛发作在孕期无变化。妊娠期间不建议使用非甾体抗炎药(NSAIDs),但可使用对乙酰氨基酚,比较顽固的偏头痛可能需要新型的选择性 5-HT1 受体激动剂治疗和预防发作。

妊娠期间,母体解剖、生理及新陈代谢发生巨大变化。产科医生必须了解这些变化才能区分妊娠期生理性还是病理性改变。受孕后,母体血液循环阻力下降,血压也逐渐下降,血压下降可出现在孕 8 周或更早。妊娠期血容量平均增加 40%~50%,由于血流量增加而血流动性增加和主动脉瓣扩张时可出现收缩期杂音,一般小于Ⅲ级。

由于妊娠早期 hCG 和雌激素迅速升高,大多数孕妇出现乳房胀痛、恶心和呕吐。此患者有恶心,无严重呕吐,目前可以观察。无论孕期还是非孕期,宫颈柱状上皮异位都是生理现象,不需要处理。妊娠期因雌激素水平高,宫颈柱状上皮异位可能表现更明显。除答案 C,F 之外,其他项目均属正常妊娠生理改变。

提问 2:【答案】DEGHI

【解析】产前检查是女性健康保健的重要部分。产检可以降低孕产妇死亡率和新生儿畸形发生率,但产检的项目、次数及间隔并没有很强的循证医学证据,每个国家和地区都不完全相同。我国因地区经济发展悬殊,产检项目也分为必查项目和备查项目。题中的 D、E、G 和 H 均属于必查项目。中国和美国在产检项目方面有许多不同之处。例如,美国不常规筛查肝功能和肾功能,但常规筛查沙眼衣原体、淋病、B 族链球菌(GBS)和结核病。美国不常规做 NST、胆汁酸测定、心电图和宫颈长度测量,胎儿纤维连接蛋白(FFN)检测仅用于有早产征兆的孕妇,不用于早产高危孕妇的筛查。任何一种筛查都可能伤害患者,这方面我们常常认识不足。例如,用宫颈长度或 FFN 筛查早产,必然有部分正常孕妇被误认为早产,导致不必要的干预;同样,过早使用 NST 常规筛查胎儿窘迫可能会将正常胎儿误认为状况不良,通过干预治疗会导致早产。我国在孕 37 周后常规使用 NST。毫无疑问,疾病筛查也会增加医疗费用。

3. 以下哪项处理**不必要**

A. 建议开始补充多糖铁复合物 150mg/d,开始补充钙剂 600mg/d

B. 羊膜腔穿刺检查胎儿染色体

C. 阴道超声测定宫颈长度

D. 早产的认识与预防宣教

E. 母体血甲胎蛋白(AFP)测定筛查胎儿开放性神经管缺陷(NTD)

4. 该孕妇孕 24 周时复诊时,以下哪项处理**不必要**

A. 早产的认识与预防宣教

B. 胎儿系统结构筛查

C. 预约 OGTT

D. 营养与生活方式的指导

E. 近期血糖的情况

【案例分析题】

案例 孕妇 24 岁,初产妇,初次到医院门诊产检。平素月经规律,根据末次月经推算,现在是 10^{+6} 周。发现怀孕后,患者时感恶心和乳房胀痛,但无呕吐。该孕妇曾有抑郁症并住院治疗,发现怀孕后自己立即停止服用抗抑郁药物,目前否认任何抑郁症状。有时感觉头痛,多位于右半侧,头痛呈跳动性,声响和光线使头痛加重。体格检查:体重 56kg,身高 160cm,体温 36.8℃,心率 62 次 /min,呼吸 12 次 /min,血压 88/58mmHg,心尖区可闻及Ⅱ级收缩期杂音,双肺未闻及啰音,腹部无压痛,肾区无叩痛,下肢无水肿。外阴道检查无异常,阴道见正常分泌物,宫颈见颗粒状柱状上皮外翻,无出血。双合诊显示子宫前倾前屈位,约 11 周大小,无压痛。可在耻骨联合上方听到胎心率 165 次 /min。

提问 1:病史和体检中哪些项目不正常,需要密切关注或治疗

A. 胎心率 165 次 /min

B. 宫颈柱状上皮外翻

C. 抑郁症病史

D. 血压 88/58mmHg

E. 呼吸 12 次 /min

F. 右半部头痛

G. 心尖区Ⅱ级收缩期杂音

H. 乳房胀痛

I. 恶心

提问 2:下列哪些项目属于孕期必查项目

A. 心电图

B. 甲状腺功能筛查

C. 超声测量宫颈长度

D. Rh 血型检测

E. HIV 筛查

F. 宫颈阴道分泌物 FFN 检测,用于预防早产

G. 梅毒筛查

H. 75g OGTT 筛查糖尿病

I. 无应激试验(NST)

提问 3:患者初次产检后的实验室检查结果如下,哪些项目**不正常**或者需要特别关注和进一步处理

A. 血色素 110g/L

B. 血型 O 型,Rh 阴性

C. HCV 抗体阳性

D. 宫颈刮片结果 ASCUS,HPV 阴性

E. 尿常规发现尿糖阳性

F. 尿液培养见大肠杆菌 >10 万 CFU/ml

G. 风疹抗体阴性

H. 血小板 150×10^9/L

I. 沙眼衣原体 PCR 检查阳性

提问 4:妊娠期间下列哪些建议**不正确**

A. 孕晚期应避免性生活,以预防早产

B. 如果孕期参加社交活动,可以少量饮用红酒

C. 妊娠期间孕妇不能吸烟,性伴侣也应该戒烟

D. 妊娠期间可以适量饮用咖啡和茶

E. 孕期应尽量减少活动

F. 孕期不要使用跑步机锻炼身体

G. 孕期可以服用维生素和叶酸

H. 为减轻不适,孕期可以热水泡浴,每天半小时

I. 为帮助提高胎儿神经系统发育,建议孕妇服用鱼肝油

提问 5:妊娠期间下列哪些治疗和预防措施正确

A. 如果感觉腰背疼痛,可以服用布洛芬

B. 妊娠期可以注射流感疫苗

C. 妊娠前可以注射麻疹疫苗

D. 妊娠期可以注射百白破疫苗

E. 患者有关节疼痛,可以服用对乙酰氨基酚止痛

F. 患者因腹痛做了腹部 X 线平片检查,随后发现尿妊娠试验阳性,超声证实孕 8 周。该患者应该终止妊娠

G. 患者因睡眠困难而服用地西泮,之后超声发现妊娠 6 周,这种情况应建议患者终止妊娠

（郑勤田　方大俊）

提问 3:【答案】BCFGI
【解析】妊娠期虽然红细胞数量增加,但血浆容量增加远大于红细胞量增多,所以孕妇血红蛋白和血细胞比容下降。血红蛋白 110g/L 和血小板 150×10^9/L 属于妊娠期正常范围,不需要特殊处理。几乎所有孕妇的尿葡萄糖排出量都会增加,尿糖阳性很常见,所以尿糖不用于筛查妊娠糖尿病。中国为糖尿病高发国家,应该对所有孕妇均做 75g OGTT 筛查。患者仅 24 岁,宫颈刮片结果为非典型鳞状细胞,不能明确意义(ASCUS),但人乳头瘤病毒(HPV)阴性,根据美国阴道镜和宫颈病理学会(ASCCP)指南,这种情况不需任何处理,以后常规筛查即可。尿液培养见大肠杆菌 >10 万 CFU/ml 和沙眼衣原体聚合酶链反应(PCR)检查阳性均需要立即处理。尿细菌培养阳性即使患者无症状,也需要抗生素治疗,否则有可能发生肾盂肾炎。妊娠期沙眼衣原体阳性者需要严格治疗,不仅患者需要治疗,性伴侣也需要同时治疗,双方治疗后还需要再次检测,确保治愈。血型 O 型、Rh 阴性者处理较为复杂。如果患者的确是初产妇,母体血中 RhD 抗体应是阴性,也就是说没有致敏,这些患者需要在孕 28 周左右接受抗 D 免疫球蛋白 300μg 注射。丙型肝炎病毒(HCV)抗体阳性提示患者有丙型肝炎,有可能发生母胎垂直传播,需要严密监测。风疹抗体阴性者对风疹缺乏免疫力,风疹病毒感染可导致严重的胎儿畸形,患者孕期应注意自我保护,产后一定要注射 MMR 疫苗(麻疹 / 腮腺炎 / 风疹联合疫苗)。

提问 4:【答案】ABEFHI
【解析】答案 A,B,E,F,H 和 I 没有循证医学支持,某些建议甚至可能侵害孕妇。妊娠期间孕妇不能吸烟,性伴侣也应该戒烟(C 项),妊娠期间可以适量饮用咖啡和茶(D 项)以及服用维生素和叶酸(G)。妊娠期间绝对禁酒,胎儿酒精暴露可造成智力障碍,也可增加流产、死胎和早产的风险。酒精具有很强的致畸作用,可导致胎儿酒精综合征,包括面部畸形、生长发育缺陷、神经发育障碍以及视觉、骨骼和心脏多系统异常。妊娠期间锻炼身体有助于孕妇身心健康,不会导致早产和其他母体不良结局。孕早期不建议在热水中洗浴时间过长,体内温度升高可能与胎儿畸形有关。2017 年美国妇产医师学会(ACOG)的第 8 版 *Guidelines for Perinatal Care* 中指出,桑拿时间不应超过 15min;浴盆洗浴时最好不要把上身泡在热水里,而且时间不应超过 10min。

提问 5:【答案】BDE
【解析】妊娠期流行性感冒可导致严重的母胎不良结局,甚至母胎死亡。建议所有孕妇接种流感疫苗,整个孕期都可接种。妊娠期间也应该接种百日咳 / 破伤风 / 白喉三联疫苗(Tdap)。但妊娠期间禁用减毒活疫苗,包括 MMR 疫苗和水痘。减毒活疫苗应在产后使用。对乙酰氨基酚是妊娠期间最常用的止痛药,正常剂量对母胎都安全。NSAIDs 包括布洛芬,孕早期应避免使用,此类药物孕早期可能增加流产风险,孕 30 周后可能导致动脉导管狭窄、肺动脉高压、胎儿尿量下降和羊水减少。NSAIDs 的并发症多在长期使用时发生。吲哚美辛可以短期使用,用于抑制早产的宫缩。F 和 G 涉及药物和放射线致畸问题。不少少女在早期不知道怀孕,服用药物或接受 X 线检查后通常十分焦虑,有些甚至选择人工流产;妊娠期绝大多数药物很安全,一次影像学检查的放射量也不会致畸。为避免医疗纠纷,育龄女性进行影像检查和用药前,应排除妊娠。F 和 G 项中,药物和放射线暴露均发生于胚胎前 8 周,此时胎儿器官开始分化形成,对致畸因素敏感。但单次 X 线检查和地西泮不可能导致胎儿畸形,建议终止妊娠不妥。

1.【答案】C

【解析】胎儿宫内监护内容,孕中期应当包括:尺测宫底高度和腹围,判断胎儿大小及是否与孕周相符;监测胎心率;应用 B 型超声检测胎头发育、结构异常的筛查与诊断;胎儿染色体异常的筛查与诊断。而胎动计数是孕晚期孕妇自测评价胎儿宫内情况的有效方法之一。

2.【答案】E

【解析】早孕期 NT 超声的头臀长 CRL 是目前最可靠的判断实际胎龄的指标,故当 CRL 推算的孕龄与根据末次月经推算的孕龄相差 5d 以上时,建议以 CRL 推算的为准,A 选项正确;测量 NT 是早孕期超声最主要的目的之一,B 选项正确;对于双胎妊娠,单绒毛膜双胎比双绒毛膜双胎妊娠具有更高的围产儿发病率与死亡率,因此明确双胎的绒毛膜性至关重要,此外,在孕中期之后由于绒毛膜与羊膜会融合,超声诊断绒毛膜困难增加,因此在孕 11~13^{+6} 周,通过超声查看羊膜隔与胎盘交界处膜的特征("T 征"或"λ 征")协助判断双胎的绒毛膜性,C 选项正确;NT 联合 β-hCG、妊娠相关蛋白(PAPP-A)是早孕期非整倍体筛查的主要手段之一,D 选项正确;早孕期相当比例的胎盘位置可达宫颈内口,对前置胎盘的诊断没有意义,E 选项错误。

3.【答案】C

【解析】早孕期联合 NT 的唐氏综合征筛查、系统超声筛查、糖尿病筛查(或 OGTT)及血液学检查均为孕期保健的主要内容。针对贫血孕妇建议查血清铁蛋白水平指导补铁,而不是全面普查,也不是血清铁。

4.【答案】E

【解析】根据 2009 年 ACOG 颁布的三类胎心监护分类系统,Ⅲ类胎心监护是指胎心率基线变异缺失伴频发晚期减速、或频发变异减速、或胎心过缓、或正弦波型。而孤立存在的频发晚期减速或变异减速并不符合Ⅲ类胎心监护的特点。

1.【答案】C

【解析】高龄孕妇,妊娠糖尿病血糖控制不佳,属严重高危妊娠。临产、潜伏期,宫缩压力试验(CST)提示频发晚期减速,Ⅱ类胎心监护,考虑胎盘功能不全,短时间不能经阴道分娩,存在高危因素,宜尽快剖宫终止妊娠。

第二节 孕 期 监 护

【A1 型题】

1. 妊娠中期胎儿监测的内容**不包括**
   A. 宫高、腹围的测量
   B. 胎心率监测
   C. 胎动计数
   D. 超声评估胎儿发育及结构异常筛查
   E. 胎儿染色体异常的筛查和诊断

2. 关于妊娠 11~13^{+6} 周的超声检查意义,以下哪项**错误**
   A. 根据胚胎头臀径核对实际胎龄
   B. 测量胎儿颈项透明层厚度
   C. 协助判断双胎妊娠的绒毛膜性
   D. 联合血清学检测进行非整倍体筛查
   E. 根据胎盘附着位置协助诊断前置胎盘

3. 以下检查项目除了哪项外均为低危孕妇孕期保健常规筛查的项目
   A. 妊娠 11~13^{+6} 周 NT 及早期唐氏综合征筛查
   B. 孕早期首次产检血尿常规及病毒性肝炎筛查
   C. 妊娠 16~20 周检测血清铁,及时发现及纠正妊娠期缺铁性贫血
   D. 妊娠 18~24 周系统超声筛查胎儿畸形
   E. 妊娠 24~28 周进行妊娠糖尿病筛查

4. 以下为Ⅲ类胎心监护特点的是
   A. 延长减速
   B. 频发晚期减速
   C. 频发变异减速
   D. 胎心过缓
   E. 胎心率基线变异缺失伴频发晚期减速,或正弦波型

【A2 型题】

1. 孕妇 41 岁,孕 4 产 1,经产妇,妊娠糖尿病,血糖控制不满意,11 年前足月阴道分娩 1 次,现孕 39 周伴阵发性腹痛 2h 入院。查体未见异常,产科检查:宫高 36cm,有自发的规律宫缩,宫口开大 1cm。下列提示胎儿胎盘功能不全,需急诊剖宫产的是
   A. 超声示羊水指数为 5cm

B. 胎心监护出现变异减速

C. 胎心监护出现频发晚期减速

D. 胎心监护出现早期减速

E. 宫缩时无明显胎心加速

2. 22 岁初产妇,孕 38 周,常规门诊产检。平素胎动如常,行 NST 发现胎儿心率减慢,最低至 100 次 /min 左右,无宫缩,减慢发生至最低的时间为 10s,恢复快,恢复后的基线变异及加速都正常,最有可能的原因是

A. 胎头受压

B. 脐带受压

C. 胎盘功能不全

D. 胎盘早剥

E. 胎儿宫内缺氧

3. 孕 37 周无高危因素孕妇,常规产检,平素胎动正常,门诊 20min NST 提示基线变异为 5 次 /min,未见明显加速,以下措施中**不必要**的是

A. 延长 NST 的时间

B. 吸氧改变体位

C. 摇晃胎头或声音刺激

D. 行超声生物物理评分

E. 立即收入院行剖宫产终止妊娠

【A3/A4 型题】

(1~3 题共用题干)

孕 35 周的经产妇,定期医院产检,既往足月分娩一男婴,新生儿有早发型 GBS 感染史。

1. 评估胎儿宫内安危最简单的方法是

A. 听胎心

B. 超声检查

C. 自数胎动

D. 胎儿头皮血 pH 值测定

E. NST

2. 该孕妇孕 37 周产检的内容**不包括**

A. 行生物物理评分

B. NST

C. 尿常规

D. 测量血压

E. 尺测宫高

3. 为了预防早发型新生儿 B 族链球菌感染,下列哪项措施恰当

A. 孕 35 周行 GBS 检查

B. 孕 35 周即开始使用青霉素直至分娩

2.【答案】B

【解析】胎儿在宫内环境中,各种原因均可能导致胎儿心率的改变,如脐带的受压、直立性低血压、各种内外科合并症或妊娠并发症导致的胎盘功能不全等。无高危因素存在下,胎动正常,胎儿出现一过性的胎儿心率减慢,符合变异减速的特点,常见于脐带受压;胎心恢复后加速与变异均正常,不存在宫内缺氧与胎儿酸血症的可能性。

3.【答案】E

【解析】正常胎儿睡眠周期在 20~40min 不等,处于睡眠期的胎儿 NST 无反应型不代表异常,需要全面评估胎儿状况,比如延长 NST 的时间至少至 40min,吸氧、刺激胎儿。若 40min 后仍然无好转则可行生物物理评分,及时终止妊娠,是否需要行剖宫产需要结合宫颈情况、孕周及 CST 等的结果。

1.【答案】C

【解析】评估胎儿宫内安危的方法很多,有孕妇自数胎动、NST、生物物理评分(BPP)、彩超监测胎儿血流等。一般而言,当胎儿出现宫内缺氧时会出现胎动的变化,在以上监护手段中,孕妇会第一时间察觉的是胎动异常,除了关注胎动以外,其他的监测方法在平素的产检中无法满足时效性,且需在医疗机构进行。

2.【答案】A

【解析】根据我国《孕前及孕期保健指南》意见,孕 37 周每周一次行血压、体重、宫底高度、血尿常规及 NST 检查,只有当 NST 经刺激后仍未无反应型时才考虑行 BPP。

3.【答案】D

【解析】根据 2017 年 9 月 RCOG 发布的早发型新生儿 B 族链球菌病预防的最新指南意见,对于既往有新生儿早发型 GBS 感染病史者,此次妊娠无需再行 GBS 的检测,即使需要检测应是阴道下段及肛门同时取材;为了预防再次新生儿早发型 GBS 的感染,需在临产或破膜之后尽早静脉使用青霉素(过敏时考虑使用其他抗生素)直至分娩,无须提前使用,口服抗生素无效。

C. 胎膜早破或临产尽早使用口服抗生素

D. 胎膜早破或临产尽早静脉使用青霉素直至分娩

E. 行 GBS 检查时,只需取阴道下段分泌物送检

【案例分析题】

案例一　孕妇 41 岁,9 年前孕 40 周阴道足月分娩 1 次,新生儿出生后 5d 死亡,具体原因不明。目前孕龄 37^{+3} 周,首次本院产检,门诊行胎心监护 20min,胎心基线 140 次 /min,基线变异 5 次 /min,胎心加速 1 次,约 10 次 /min,持续 10s。

提问 1:下一步适当的处理是

A. 吸氧后复查

B. 延长 NST 时间至 40min

C. 全面复习孕妇病史资料

D. 收住入院继续监测

E. OCT

F. 考虑胎儿宫内窘迫,立即住院行剖宫产术

G. 不宜继续妊娠,考虑尽早终止妊娠

H. 声音刺激胎儿

I. 摇晃胎儿先露部

提问 2:若经过相应的处理,NST 检查仍然为可疑胎心监护,患者进一步需要做的检查包括哪些

A. 超声检查胎儿呼吸、胎动、张力、羊水量等指标

B. 超声检查胎儿血流动力学指标

C. OCT

D. 无需处理,嘱孕妇严密监护胎动,定期产检

E. 吸氧、输液、改变体位

F. 考虑胎儿宫内窘迫,立即住院行剖宫产术

G. 不宜继续妊娠,考虑尽早终止妊娠

H. 继续声音刺激胎儿

I. 收住入院继续监测

提问 3:上述检查均正常,孕妇无其他妊娠期合并症及内外科疾病,再次检查 NST 正常,如何进行和指导后续的孕期监护

A. 骨盆外测量

B. 指导孕妇严密监测胎动

C. 每周产检,行 NST

D. 监测脐血流 S/D 值

E. GBS 检查

F. 测量宫高

G. 尿常规检查

H. 测血压

I. 宫颈阴道分泌物 FFN 检测

提问 1:【答案】BCHI

【解析】高危孕妇行 NST 检查,20min 内结果不满意,并不说明胎儿宫内缺氧或胎儿窘迫,有可能胎儿处于睡眠周期,应当延长监护时间至 40min,或声音刺激、摇晃胎儿先露部唤醒胎儿,而无须吸氧或即刻终止妊娠。胎心监护图形必须联合孕妇高危因素的全面评估,因此对病史和高危因素的了解十分关键。

提问 2:【答案】ABC

【解析】足够长时间的 NST 不可靠,存在高危因素,应考虑胎儿有缺氧、酸中毒等异常的风险。需进一步进行生物物理相评分、脐血流、大脑中动脉血流等检测协助诊断。必要时可予以缩宫素激惹试验(OCT),了解胎儿宫内储备状况,故选 A,B,C。而吸氧、输液、改变体位等处理是用于产时胎心异常的宫内复苏手段,故不选 E。单一的无反应型 NST 不代表胎儿宫内缺氧或窘迫,可以进一步评估,并不需要即刻终止妊娠。

提问 3:【答案】BCDEFGH

【解析】骨盆外测量为孕期不推荐常规检查项目;该孕妇为高龄、高危因素明确,妊娠晚期要谨防发生死胎,其中最有效简单的方法就是胎动计数,故选 B;高危孕妇,至少每周一次 NST 及脐血流监测,故选 B,C;曾有新生儿死亡史,原因不明,不能排除感染问题,有检查 GBS 的明确指征,故选 E。高龄发生高血压风险增加,需要关注血压及尿蛋白情况,孕妇已足月而且既往无早产病史,无须行 FFN 检测。

案例二 孕妇 26 岁,孕 1 产 0,孕 41⁺¹ 周,缩宫素引产,现宫口开大 3cm,宫缩 6 次 /10min,强度中,胎心监护提示基线 130 次 /min、中等变异,部分宫缩后出现胎心减速。

提问 1:以下哪项是胎心变异减速的特征

    A. 与宫缩有固定的关系

    B. 从开始到最低点的时间 ≥ 30s

    C. 从开始至最低点的时间 <30s

    D. 减速持续时间 <2min

    E. 减速持续时间 >15s

    F. 胎心减速幅度 ≥ 15 次 /min

    G. 胎心减速幅度 <15 次 /min

    H. 与脐带受压有关

提问 2:晚期减速的特点与临床意义是

    A. 胎心减慢与恢复呈均匀渐进过程

    B. 从开始到最低点的时间 ≥ 30s

    C. 持续时间 >2min

    D. 减速迟于宫缩

    E. 通常与胎盘功能低下有关

    F. 无临床意义,可按正常产程处理

    G. 胎心减速幅度 ≥ 15 次 /min

    H. 胎心减速幅度 <15 次 /min

    I. 为胎头受压所致

提问 3:该产妇胎心监护提示反复胎心变异减速,中等变异,此时应当采取的措施有

    A. 吸氧

    B. 侧卧位或俯位

    C. 补液

    D. 停止使用缩宫素

    E. 做好剖宫产的准备

    F. 继续加强宫缩,加快产程

    G. 即刻行急诊剖宫产术

    H. 行宫口探查,排除脐带脱垂

    I. 无需任何处理

提问 4:经积极处理,产妇胎心监护提示正常,宫缩强度"中 - 强",约 3 次 /10min。继续观察产程,3.5h 后再次出现反复变异减速,胎心基线 125 次 /min,基线变异缺失,阴道检查宫口开全,先露 S+3,LOA,此时以下哪些处理较为恰当

    A. 指导用力,继续阴道试产

    B. 紧急剖宫产

    C. 做好新生儿复苏的准备

    D. 产钳助产

    E. 胎头吸引产

提问 1:【答案】CDEFE

【解析】根据变异减速的特点,指突然的、显著的胎心率急速减慢,胎心率下降 ≥ 15 次 /min,持续时间 >15s 但 <2min;与宫缩无固定的关系,但也有可能像早期减速那样,与宫缩相对应。其特征包括:胎心率减慢迅速(变异减速从开始到最低点的时间 <30s),恢复也很快,往往与脐带受压有关。选项 A,B 均是早期减速和晚期减速的特征,持续时间超过 2min 为延长减速的特点。变异减速需要强调持续的时间与幅度在于,少部分情况下,胎动比较频繁时胎儿心率会一过性监测不到,或者胎儿自行刺激到脐带会表现出一过性的所谓胎心减慢,而非真正意义上的变异减速,大多数情况不具备临床意义。

提问 2:【答案】ABDE

【解析】晚期减速是指伴随宫缩出现的减速,通常是对称的缓慢下降到最低点再恢复到基线,开始到最低点的时间 ≥ 30s,减速的最低点通常延迟于宫缩峰值。C 为延长减速的特征,出现晚期减速多代表胎盘功能低下、胎儿缺氧可能,需要进行宫内复苏,必要时尽早终止妊娠。

提问 3:【答案】ABCDEH

【解析】当胎心基线正常,中等变异,出现反复变异减速,宫缩 >5 次 /10min,诊断宫缩过频、Ⅱ类胎心监护图形。应当立即停用宫缩剂,进行宫内复苏(包括吸氧、改变体位、补液、必要时予以宫缩抑制剂)。根据胎心监护转归情况,决定继续分娩或终止妊娠,因此在宫内复苏同时予以剖宫产的准备工作,而无需即刻行剖宫产术,此外,少数脐带脱垂并不一定表现出典型的延长减速,仍需要阴道检查予以排除。

提问 4:【答案】CDEFG

【解析】胎心变异缺失、反复变异减速,提示为Ⅲ类监护图形,必须短时间终止妊娠。宫口开全,先露 S+3 左枕前位(LOA),具备阴道助产条件,无需行剖宫产术,同时做好新生儿复苏的准备,孕妇予吸氧,胎儿分娩后行脐血血气分析,指导后续新生儿复苏的救治。

1.【答案】D

【解析】孕妇体内孕激素、松弛素大量增加使胃肠蠕动减慢,胃排空时间延长,故口服药物达峰时间延迟。由于妊娠期血容量增加以及胎儿胎盘循环的建立,使孕妇的药物分布容积增加,如果与非妊娠期相同剂量给药,孕妇血药浓度降低。妊娠期肾血浆流量、肾小球滤过率明显增加,使药物经肾脏排泄速度加快,药物半衰期缩短,故孕妇用药频率需增加。胎儿吸收药物主要经过胎盘、脐静脉进入体内,一部分药物经羊膜进入羊水,胎儿吞咽羊水后胃肠道吸收药物,而药物经肾脏再排泄到羊水中,可再经胎儿的吞咽重复吸收,形成羊水-肠道循环。因胎儿血液循环特点,药物在胎儿体内的分布不均匀,肝、脑分布较多,而肺则很少。由于胎儿的血浆蛋白含量较少于成人,药物结合游离状态的药物增多,加上胎儿肝脏微粒体酶活性低,代谢药物的能力差,而且药物通过胎盘进入胎体的速度远大于通过胎盘排出的速度,故胎儿体内的药物容易蓄积。

2.【答案】B

【解析】人类宫内发育过程分为三个时期。①胚胎前期:指排卵后17d内,这一时期的任何不利因素的作用表现为"全"或"无"现象,即或者发生胚胎的死亡、流产或再吸收,或通过全能细胞的增殖作用完全修复而不出现异常。②胚胎期:指受精后15~54d,组织分化迅速,对药物最为敏感,受到有害药物作用后,即可出现形态异常导致畸形,且任何异常均不可修复,是导致先天畸形危险性最大的时期,因而称为"致畸高度敏感期"。受到影响的时间越早,出现的异常就越严重。③胎儿期:指受精后8周至足月分娩。这一时期的药物可以通过胎盘影响胎儿的生长和发育,造成中枢神经系统损害或胎儿生长受限、远期功能行为异常等,而往往并不导致严重的结构畸形。

3.【答案】B

【解析】由于各器官分化和发育迟早不一,不同时间暴露受累,畸形的器官有所不同。人类受精后21~40d时,胚胎心脏发育最易受累;受精后24~46d,四肢和眼睛易受影响;此外,由于各器官致畸敏感期有交叉,常可出现多发性畸形或综合征。

4.【答案】C

【解析】由于胚胎对有害因子较成人敏感,故当致畸因素的强度对母体尚未引起明显毒性作用时,可能已对胚胎产生不良影响。剂量受到母婴两方面多种因素的影响,包括剂量-效应关系、药物代谢动力学特征、孕妇本身代谢状态、胎盘转运效率、胎盘上的特殊受体、母亲基因型、药物在胎儿体内的分布情况等。胎盘上有多种内源性、外源性受体表达,受体的存在可导致胎盘转运量。胎盘的生物转化作用可使某些药物的中间产物或终产物获得致畸活性。如苯妥英、利福平、抗组胺药、己烯雌酚等。孕期使用己烯雌酚可导致青春期后阴道腺病。也有药物经胎盘转化失活,对胎儿影响小,如皮质醇、泼尼松等,而地塞米松则不经胎盘代谢直接进入胎体。早孕女性口服沙利度胺可造成胎儿短肢畸形。风疹活疫苗接种后3个月内不宜妊娠。

F. 吸氧

G. 胎儿分娩后行脐血血气分析

H. 会阴侧切后行腹部加压帮助分娩

I. 继续宫内复苏,等待胎心转归为正常

(漆洪波 周玮)

第三节 妊娠期用药原则及安全性的评价

【A1 型题】

1. 以下关于妊娠期母、儿药物代谢动力学特点描述中,错误的是
   - A. 孕妇口服药物达峰时间延迟
   - B. 与非妊娠期相同剂量给药,孕妇血药浓度降低
   - C. 经肾脏排泄的药物在妊娠期半衰期缩短,孕妇用药频率需增加
   - D. 药物在胎儿体内分布不均匀,肝、脑分布较少,而肺则很多
   - E. 药物通过胎盘进入的速度远大于通过胎盘排出的速度,胎儿体内药物容易蓄积

2. 致畸高度敏感期是指
   - A. 胚胎前期
   - B. 胚胎期
   - C. 胎儿期
   - D. 早孕期
   - E. 整个孕期

3. 胚胎心脏发育最易受累时期是
   - A. 排卵后 17d 内
   - B. 受精后 21~40d
   - C. 受精后 24~26d
   - D. 受精 8 周后
   - E. 中孕期

4. 以下关于药物对胎儿的影响,描述错误的是
   - A. 早孕女性口服沙利度胺可造成胎儿短肢畸形
   - B. 苯妥英、利福平、抗组胺药经过胎盘的生物转化作用形成的产物具有致畸活性
   - C. 泼尼松、地塞米松不经胎盘代谢直接进入胎体
   - D. 风疹活疫苗接种后 3 个月内不宜妊娠
   - E. 孕期使用己烯雌酚可导致青春期后阴道腺病

【A2 型题】

1. 24 岁女性,当日自测早孕试纸阳性,2d 前口服利巴韦林,以下哪项处理**不恰当**
- A. 仔细询问病史,核对末次月经及同房时间
- B. 行血 β-hCG 及超声检查
- C. 立即终止妊娠
- D. 继续妊娠,常规产检
- E. 核对药物名称、使用时间及剂量

2. 30 岁外地农村孕妇,自述怀孕 2 个月余,超声提示宫内单胎(70d 左右),近期因 "低热、盗汗" 于外地诊断为肺结核,以下说法**不正确**的是
- A. 立即终止妊娠
- B. 妊娠期活动性肺结核的治疗原则是早期、联合、适量用药
- C. 乙胺丁醇是 B 类药物,孕期可使用
- D. 产后抗结核治疗期间并非母乳喂养的禁忌
- E. 活动性肺结核产后禁止哺乳

3. 38 岁女性,孕 1 产 0,现孕 28 周,产检发现 24h 动态血压偏高,以下哪个药物妊娠期**不能**使用
- A. 肼屈嗪
- B. 拉贝洛尔
- C. 甲基多巴
- D. 硝苯地平
- E. 卡托普利

4. 25 岁女性,停经 40d,因 "发热伴鼻塞流涕 3d" 来院就诊,以下关于孕期用药描述**错误**的是
- A. 必须明确指征,避免不必要的用药
- B. 生育年龄女性用药前应了解月经史,以免在不知情的情况下 "不恰当用药"
- C. 必须用药时首先核对孕周,早孕期若病情允许,尽量推迟到妊娠中晚期再用药
- D. 尽量选择新上市药而不用老药
- E. 应选择最小治疗剂量、最短持续时间,可单用一用药不合并用药

【A3/A4 型题】

(1~2 题共用题干)

28 岁女性,孕 1 产 0。现孕 36^+4 周,单胎头位。发热 1d,最高体

1.【答案】D
【解析】妊娠期用药是否对胚胎、胎儿产生不良影响,一方面取决于药物,另一方面的关键因素是接触药物的时间。必须核实孕同及用药的剂量、时间以便准确判断药物影响。利巴韦林对孕妇和准备妊娠的女性来说均列为禁忌。

2.【答案】A
【解析】对肺结核的女性应加强宣教,在肺结核活动期应避免妊娠。若已妊娠,应在妊娠 8 周内行人工流产,1~2 年后再考虑妊娠。妊娠期活动性肺结核的治疗和处理原则与非妊娠女性相同:早期治疗、联合、适量用药。完善、规律及全程用药是治疗的关键。首选药物为异烟肼、利福平、维生素 B₆,乙胺丁醇在妊娠期间不可使用。产后抗结核治疗期间并非母乳喂养的禁忌。哺乳女性应继续服抗结核药,每次喂奶前要戴口罩。活动性肺结核产后应禁止哺乳,新生儿应隔离。

3.【答案】E
【解析】肼屈嗪对母儿双方副作用都较小,目前并无先天缺陷的报道,是理想的降压药;妊娠期高血压性心脏病心力衰竭者,不宜应用此药。不良反应为头痛、心率加快等;但也有个别由于血压急骤下降而导致急性胎儿窘迫的情况发生,因此用药开始时应反复测试血压。患有心绞痛、冠状动脉硬化的孕妇不宜使用。拉贝洛尔为 α、β 受体阻滞剂,降低血压但不影响肾及胎盘血流量;该药显效快,不引起血压过低或放射性心动过速,已广泛用于妊娠高血压疾病的治疗。常见副作用有眩晕、乏力、幻觉、胃肠道障碍等;妊娠期患者忌用静脉注射治疗。甲基多巴(B 类)作用机制为兴奋中枢 α 受体,降低末梢血管抵抗力,常用于妊娠期高血压疾病,对母婴副作用较小,未发现会造成胎儿畸形,长期服用比较安全,但也有报道称其可引起胎盘血流量减少,从而引起胎儿震颤和对刺激过敏;另外,甲基多巴可使胎儿脑脊液中去甲肾上腺素减少,影响胎儿组织单胺代谢途径,因此近年已较少使用。硝苯地平为钙离子拮抗剂,能松弛血管平滑肌,扩张周围小动脉,降低外周血管阻力从而使血压下降。常用于妊娠合并高血压或高血压并发子痫前期的患者。但目前有关药物对母儿影响报道不多。血管紧张素转换酶抑制剂有卡托普利、依那普利、贝那普利等,本类药对胎儿有损害,在妊娠期禁用。临床第二代血管紧张素转换酶抑制剂群多普利拉,不仅妊娠效果好,而且尚未见到有对胎儿不利的报道,但能否用于妊娠高血压的治疗,还需进一步探索。

4.【答案】D
【解析】药物对胎儿的影响复杂。同一种药物的不同剂量、用药途径、用药孕周等因素的不同,对生长发育影响可以完全不同,妊娠期各种原发疾病的存在也增加了安全性评估的复杂性。任何科室对任何生育年龄的女性进行药物治疗时,均应考虑有无受孕可能,以免在不知情的情况下 "不恰当的用药"。药物暴露后是否发生不良反应,需要流行病学的研究,但可能因研究中的各种偏倚而误解。新药不断上市,但其远期效应无法得到及时评价,故产科倾向于用老药。

1.【答案】B

2.【答案】D

【解析】产前发热可以通过胎盘、胎膜等传至宫腔内，导致宫内胎儿体温升高，胎儿体温无法扩散，热量在胎儿体内积聚，引起胎儿心动过速、宫内窘迫等症状，严重者可引起早产、死胎等不良后果。一旦发生产前发热，应尽快明确发热病因，尽快控制感染，保证母儿安全。产前发热可分为非感染因素和感染因素两类。非感染性因素大多是由产科硬膜外镇痛引起，临床较少见。感染因素分为上呼吸道感染和下生殖道上行感染。引起产前发热的病原体多来自于细菌与病毒，以细菌感染为主，对母儿影响相对较大。如必须控制感染时，妊娠期抗感染药物的选择应考虑妊娠期用药安全性。青霉素是妊娠期常用的一种抗感染药，在妊娠期内任何时期用药均对母儿无害。除早期妊娠外，药物能很快通过胎盘达到胎儿体内及羊水内。氨苄西林与蛋白结合率低，可以通过胎盘，治疗胎儿宫内感染的效果好。头孢菌素产科领域应用广泛，目前无对母儿有害报道。由于药物应用时间不长，尚无大量病例分析报道。药物能很快通过胎盘，胎儿体内及羊水中有足够的杀菌浓度。氨基糖苷类药物包括链霉素、阿米卡星、庆大霉素、卡那霉素、新霉素等。氨基糖苷类药物的毒副作用主要有耳毒性、肾毒性等。喹诺酮主要为诺氟沙星(诺氟沙星)、环丙沙星、左氧氟沙星等。主要机制为抑制细菌DNA旋转酶，影响胎儿软骨发育，孕期禁用。

3.【答案】B

4.【答案】D

【解析】妊娠剧吐至今病因不明。可能与上述因素有关。①内分泌因素:鉴于早孕反应出现与消失的时间与孕妇血hCG值上升与下降的时间一致，加之葡萄胎、多胎妊娠孕妇血hCG值明显升高，剧烈呕吐发生率也高，说明妊娠剧吐可能与hCG水平升高有关。60%的妊娠剧吐患者可伴发短暂的甲状腺功能亢进，患者呕吐的严重程度与游离甲状腺激素呈显著相关。②精神、社会因素:精神过度紧张、焦虑、忧虑及生活环境和经济状况较差的孕妇易发生妊娠剧吐，提示此病可能与精神、心理等因素有关。③其他因素:妊娠剧吐也可能与维生素B₁缺乏、过敏反应、幽门螺杆菌感染有关。妊娠剧吐发生于妊娠早期，以严重的恶心、呕吐为主要症状，伴有孕妇脱水、电解质紊乱和酸中毒。常规治疗包括纠正水、电解质紊乱和酸碱平衡失调以及加用维生素B₆、维生素C。及时、早补充维生素B₁可有效防止Wernicke(韦尼克)脑病。甲氧氯普胺(胃复安)属B类药，流行病学调查及动物实验尚未发现有致畸作用。多潘立酮(吗丁啉)用于孕妇的经验有限，尚不清楚其对人体的潜在危害;但在一项用大鼠进行的研究中，在对母体产生毒性的较高剂量(人体推荐剂量的40倍)下，多潘立酮显示了生殖毒性，因此，对于孕妇，只有在权衡利弊后，才可谨慎使用。

5.【答案】E

【解析】药物对胎儿的影响复杂。同一种药物的不同剂量、用药途径、用药孕周等因素的不同，对生长发育影响可以完全不同。临床评估药物对胚胎、胎儿的安全性需要考虑药物暴露于药物时所处的发育阶段、药物本身的因素、药物疗程的长度及暴露剂量以及遗传易感性。

温 37.8℃，门诊胎心率 150~170 次/min，现以"产前发热"收入院进一步诊治。

1. 该孕妇住院后，以下哪项处理**不恰当**
   A. 完善检查，寻找发热原因
   B. 立即终止妊娠
   C. 左侧卧位休息、吸氧
   D. 清淡饮食，补液支持
   E. 加强胎心监护

2. 入院后血常规提示白细胞计数 11.48×10^9/L，中性粒细胞百分比 85.8%，C 反应蛋白(CRP)12mg/L，考虑抗感染治疗，以下哪种药物**不适合**孕期使用
   A. 青霉素
   B. 头孢唑林
   C. 头孢拉定
   D. 左氧氟沙星
   E. 头孢西丁钠

(3~4 题共用题干)

26 岁女性，孕 3 产 1，现孕 9 周，超声提示双胎妊娠，现因"恶心呕吐 7d 加重 1d"来院就诊。

3. 以下哪项**不是**妊娠剧吐的病因
   A. 人绒毛膜促性腺激素水平增高
   B. 甲状腺功能减退
   C. 维生素 B_1 缺乏
   D. 幽门螺杆菌感染
   E. 过度紧张、焦虑

4. 尿常规提示尿酮体(++++)，以下哪项处理**不恰当**
   A. 检查肝功能、血电解质、甲状腺功能
   B. 补充维生素 B_1 预防 Wernicke 脑病
   C. 纠正水电解质紊乱及酸碱平衡失调
   D. 多潘立酮止吐
   E. 补充维生素 C、维生素 B_6

(5~6 题共用题干)

33 岁女性，停经 60d，平素月经欠规则，月经周期 30~45d，近 1 周服用抗过敏药物，来院咨询孕期用药。

5. 临床评估药物对胚胎、胎儿的安全性需要考虑以下哪项
   A. 暴露于药物时所处的发育阶段
   B. 核对药物的孕期安全数据
   C. 药物疗程的长度及暴露剂量
   D. 遗传易感性
   E. 以上均是

6. 以下说法错误的是

    A. 氯雷他定在早孕期可以使用

    B. 氯苯那敏产前 2 周用药可能使晶状体后纤维组织形成

    C. 阿司咪唑在孕期可以使用

    D. 受精后 2 周内任何不利因素的作用表现为"全"或"无"

    E. 已用某种可能致畸的药物,早孕阶段用药一般应考虑终止妊娠

【案例分析题】

案例一 35 岁孕妇,30^{+3} 周。3 年前孕 20 周难免流产。孕期定期产检,OGTT(−),胎动无异常,下腹阵发性腹痛伴少量阴道见红 3h 入院。查体:体温 37.3℃,血压 133/83mmHg,心肺(−),呼吸 29 次 /min。产科检查:宫底高度为 31cm,扪及宫缩间隔 3~4min,宫体间歇期张力如常,无压痛,胎心率波动于 140~150 次 /min。阴道检查:宫口 4cm,宫颈容受 100%,先露头 −2。

提问 1:可能的诊断为

    A. 早产临产

    B. 先兆早产

    C. 胎膜早剥

    D. 先兆流产

    E. 胎膜早破

    F. 前置胎盘

提问 2:入院后正确的处理是

    A. 硫酸镁预防脑瘫

    B. 地塞米松促胎肺成熟

    C. 胎儿监护

    D. 联合硝苯地平抑制宫缩

    E. 终止妊娠,以剖宫产为宜

    F. 联系儿科医生,新生儿应当按照早产儿处理

案例二 40 岁孕妇,31 周,单胎妊娠,既往无特殊病史。孕期定期产检,无明显异常发现。近 2 周食欲缺乏,伴恶心、呕吐,近 1 周双下肢水肿明显,头痛不适。急诊就诊,查体:体温 37.3℃,呼吸 23 次 /min,血压 150/92mmHg,心肺(−),脉搏 92 次 /min,胎心率正常。尿蛋白(−)。

提问 1:最可能的诊断为

    A. 病毒性肝炎

    B. 肝内胆汁淤积综合征

    C. 妊娠合并慢性高血压

    D. 妊娠期高血压

    E. 重度子痫前期

    F. 子痫

6.【答案】C

【解析】常用的抗组胺药中,氯苯那敏无明显致畸作用,但产前 2 周用药可能使产儿晶状体后纤维组织形成。氯雷他定流行病学调查及动物实验尚未发现有致畸作用,孕期可以使用,且随乳汁分泌少,哺乳期用药是安全的。阿司咪唑在大样本的人群试验中,不增和胚胎异常。但在一项动物实验中,在给大剂量时对大鼠胚胎有毒性作用,因此妊娠期应权衡利弊使用。

提问 1:【答案】A

【解析】妊娠满 28 周至不满 37 周,出现规律宫缩(每 20min 4 次或每 60min 8 次),伴有宫颈管进行性缩短(宫颈管消退 80%)、宫颈扩张,诊断为早产临产。符合早产孕周,虽有上述规律宫缩,但宫颈尚未扩张,而经阴道超声测量宫颈长度(CL ≤ 20mm 为先兆早产。

提问 2:【答案】ABCF

【解析】治疗主要是防止即刻早产,抑制宫缩,完成促胎肺成熟,硫酸镁保护胎儿中枢神经系统,控制感染,赢得转运时间。避免两种或两种以二宫缩抑制剂联合使用,不宜 48h 后持续使用宫缩抑制剂。应根据孕妇及胎儿的情况权衡利弊,合理选择分娩方式。

提问 1:【答案】E

【解析】没有蛋白尿的孕妇,出现高血压同时伴以下任何一个表现,仍可诊断为子痫前期:血小板减少(血小板计数 <100×10^9/L);肝功能损害(血清转氨酶水平为正常值 2 倍以上);肾功能损害(血肌酐 ≥ 97.2μmol/L 或为正常值 2 倍以上);肺水肿;新发的脑功能或视觉障碍。重度子痫前期:子痫前期患者出现下述任一不良情况可诊断为重度子痫前期。①血压持续升高:收缩压 ≥ 160mmHg 和 / 或舒张压 ≥ 110mmHg;②血小板减少(血小板计数 <100×10^9/L);③右上腹或上腹部疼痛,肝功能损害(血清转氨酶水平为正常值 2 倍以上);④肾功能损害(血肌酐 ≥ 97.2μmol/L 或为正常值 2 倍以上);⑤肺水肿;⑥新发生的脑功能或视觉障碍如头痛、视力模糊、盲点、复视等;⑦胎儿生长受限(FGR)。

提问2：【答案】BCDEF

　　【解析】子痫前期的治疗包括降压、预防子痫、镇静等，密切监测母胎情况，适时终止妊娠。孕28~34周重度子痫前期，如病情不稳定，经积极治疗24~48h病情仍加重，促胎肺成熟后终止妊娠；如病情稳定，可考虑期待治疗。期待治疗期间出现需要终止妊娠的指征，应及时终止妊娠。应重视降压和硫酸镁治疗的指征。降压治疗的目的是预防心脑血管意外等严重母胎并发症。收缩压≥160mmHg和/或舒张压≥110mmHg的患者应予降压治疗。降压过程力求血压下降平稳。

提问3：【答案】BCDEFGH

　　【解析】硫酸镁是子痫治疗的一线药物，也是预防子痫发作的预防用药。正常孕妇血清镁离子浓度为0.75~1mmol/L，治疗子痫前期和子痫的有效血镁离子浓度为2~3.5mmol/L，超过3.5mmol/L即可出现中毒症状：首先表现为膝反射减弱或消失，继之出现全身肌张力减退、呼吸困难、复视、语言不清，严重者可出现呼吸肌麻痹，甚至呼吸停止，心脏停搏，危及生命。镁离子中毒时停用硫酸镁并静脉缓慢推注(5~10min)10%葡萄糖酸钙10ml。如患者同时合并肾功能不全、心肌病、重症肌无力等，则硫酸镁应慎用或减量使用。预防子痫发作硫酸镁一般每日静脉滴注6~12h，24h总量不超过25g。用药期间每日评估病情变化，决定是否继续用药。用药时限一般为24~48h，禁止超过5~7d。产后24~48h应停用硫酸镁。

G. 急性胃肠炎

H. 妊娠期急性脂肪肝

提问2：入院后正确的处理是

A. 立即终止妊娠

B. 地塞米松促胎肺成熟

C. NST检查

D. 严密监测生命体征

E. 腹部超声了解胎儿情况

F. 硫酸镁解痉治疗

G. 立即静脉降压

H. 经积极治疗后尽快终止妊娠

提问3：以下关于硫酸镁解痉描述中，正确的是

A. 硫酸镁中毒首先出现的表现是呼吸抑制

B. 用药时限一般为24~48h，不建议超过5~7d

C. 建议产后继续治疗24~48h

D. 正常孕妇血清镁离子浓度为0.75~1mmol/L

E. 预防子痫发作24h总量不超过25g

F. 孕期镁离子的有效治疗浓度为2~3.5mmol/L

G. 镁离子中毒时可用葡萄糖酸钙治疗

H. 肾功能不全者硫酸镁应慎用或减量

（段涛）

第三章 妊娠并发症

第一节 妊娠剧吐

【A1 型题】

1. 妊娠剧吐一般发生于
   A. 妊娠 1~5 周　　　　　　B. 妊娠 6~10 周
   C. 妊娠 10~15 周　　　　　D. 妊娠 20~25 周
   E. 妊娠 25 周以后

2. 以下哪项**不是**妊娠剧吐可能出现的临床表现
   A. 水及电解质紊乱　　　　B. 代谢性碱中毒
   C. 体重减轻　　　　　　　D. 血压下降
   E. 肝功能异常

3. 下列属于妊娠呕吐并发症的是
   A. Sheehan 综合征　　　　B. Asherman 综合征
   C. Wernicke 综合征　　　　D. Meigs 综合征
   E. Turner 综合征

4. Wernicke 综合征是以下哪种维生素缺乏所致
   A. 维生素 B_1　　　　　　B. 维生素 B_6
   C. 维生素 C　　　　　　　D. 维生素 D
   E. 维生素 A

5. 关于妊娠剧吐所致的 Wernicke 脑病的临床表现,以下哪项**不正确**
   A. 眼球震颤
   B. 视力障碍
   C. 共济失调
   D. 凝血功能障碍
   E. 急性期言语增多

1.【答案】B
【解析】妊娠剧吐指妊娠早期孕妇出现严重持续的恶心、呕吐,并引起脱水、酮症甚至酸中毒,需要住院治疗者。有恶心呕吐的孕妇中通常只有0.3%~1.0%发展为妊娠剧吐。大多数妊娠剧吐发生在妊娠10周以前,典型表现为妊娠6周左右出现恶心、呕吐并随诊断妊娠进展逐渐加重,至妊娠8周左右发展为持续性呕吐、不能进食,导致孕妇脱水、电解质紊乱甚至酸中毒。

2.【答案】B
【解析】严重呕吐引起脱水及电解质紊乱,机体消耗体内脂肪导致中间产物丙酮聚积,引起代谢性酸中毒,而不是代谢性碱中毒。因此选项B错误,其他均正确。

3.【答案】C
【解析】妊娠剧吐可致维生素 B_1 缺乏,临床表现为眼球震颤、视力障碍和共济失调。急性期言语增多,以后逐渐发生精神迟钝和嗜睡,个别患者出现木僵或昏迷,临床上称为韦尼克(Wernicke)综合征。其他综合征与妊娠剧吐和维生素缺乏无关,故不正确。

4.【答案】A
【解析】维生素 B_1 缺乏可导致Wernicke 综合征,临床表现为中枢神经功能障碍。妊娠剧吐和酒精滥用患者可能发生这一严重疾患。其他维生素的缺乏与 Wernicke 综合征无关。

5.【答案】D
【解析】答案A,B,C和E均为中枢神经系统表现,Wernicke脑病患者均可发生。凝血功能障碍是妊娠剧吐导致的维生素 K 缺乏所致,与维生素 B_1 缺乏的 Wernicke 脑病无关。因此选项D不正确。

6.【答案】E

【解析】早孕反应出现与消失的时间与孕妇 hCG 水平上升与下降时间一致，葡萄胎、多胎妊娠孕妇血 hCG 水平明显升高，剧烈呕吐发生率也高，提示妊娠剧吐可能与 hCG 水平升高有关。60% 的妊娠剧吐患者可伴发短暂的甲状腺功能亢进，呕吐严重程度与游离甲状腺素显著相关。精神过度紧张、忧虑、焦虑及生活环境和经济状况较差的孕妇易发生妊娠剧吐。

1.【答案】C

【解析】关于妊娠剧吐，至今病因不明（A 项正确）。鉴于早孕反应出现于消失的时间与孕妇血 hCG 值上升与下降的时间相一致，加之葡萄胎、多胎妊娠孕妇血 hCG 值明显升高，剧烈呕吐发生率也高，说明妊娠剧吐可能与 hCG 水平升高有关（B 项正确）。妊娠早期雌二醇水平急剧升高与恶心和呕吐相关，恶心和呕吐也是服用雌激素的常见副作用。恶心和呕吐不会因雌激素水平升高而减少（C 项错误）。60% 的妊娠剧吐患者可伴发短暂的甲状腺功能亢进，呕吐严重程度与游离甲状腺素显著相关（D 项正确）。精神过度紧张、焦急、忧虑及生活环境和经济状况较差的孕妇易发生妊娠剧吐，提示此病可能与精神、社会因素有关（E 项正确）。

2.【答案】B

【解析】治疗持续性呕吐合并酮症的妊娠剧吐孕妇需要住院治疗，包括静脉补液、补充多种维生素、纠正脱水及电解质紊乱、合理使用止吐药物、防治并发症。

1.【答案】A

【解析】妊娠剧吐指妊娠早期孕妇出现严重持续的恶心、呕吐，并引起脱水、酮症甚至酸中毒，需要住院治疗。

2.【答案】C

【解析】应完善的辅助检查包括：①尿液检查。饥饿状态下机体动员脂肪组织供给能量，使脂肪代谢的中间产物酮体聚积，尿酮体检测阳性；同时测定尿量、尿比重，注意有无蛋白尿及管型尿；中段尿细菌培养以排除泌尿系统感染。②血常规。因血液浓缩致血红蛋白水平升高，可达 150g/L 以上，红细胞比容达 45% 以上。③生化指标。血清钾、钠、氯水平降低，呈代谢性低氯性碱中毒，67% 的妊娠剧吐孕妇肝酶水平升高，但通常不超过正常上限值的 4 倍或 300IU/L；血清胆红素水平升高，但不超过 4mg/dl（1mg/dl=17.1μmol/L）；血浆淀粉酶和脂肪酶水平升高可达正常值 5 倍；若肾功能不全则出现尿素氮、肌酐水平升高。④动脉血气分析。二氧化碳结合力下降至 22mmol/L 以下。上述异常指标通常在纠正脱水、恢复进食后迅速恢复正常。⑤眼底检查。妊娠剧吐严重者可出现视神经炎及视网膜出血。⑥超声检查可排除葡萄胎，并可与可致呕吐疾病的消化系统疾病鉴别。

6. 妊娠剧吐的病因**不包括**
   A. 甲状腺功能亢进
   B. 葡萄胎
   C. 多胎妊娠
   D. 精神紧张
   E. 慢性肠胃炎

【A2 型题】

1. 患者，女，25 岁，孕 6 周，初孕，近日来频繁呕吐，无食欲，尿酮体阳性，诊断为妊娠呕吐。关于本病病因，以下哪项叙述**错误**
   A. 至今病因不明
   B. 可能与 hCG 水平升高有关
   C. 随雌激素水平升高，呕吐症状减少
   D. 可能与游离甲状腺激素升高有关
   E. 可能与精神社会因素有关

2. 患者，女，孕 12 周，孕 3 产 1，近两周来频繁呕吐，体重下降 5%，尿酮（++++），以下治疗措施中最合理的是
   A. 立即终止妊娠
   B. 止呕、静脉补液
   C. 口服治疗心律失常的药物
   D. 行肾穿刺
   E. 门诊观察

【A3/A4 型题】

(1~2 题共用题干)

女，停经 9⁺ 周，伴明显的恶心、呕吐，体重较 2 个月前下降 6%，近日出现嗜睡，精神迟钝，前来就诊。

1. 以下最可能的诊断是
   A. 妊娠剧吐
   B. 妊娠糖尿病
   C. 妊娠期甲状腺功能减退
   D. 妊娠期肝内胆汁淤积症
   E. 妊娠期高血压

2. 入院后应完善相关检查，其中**不包括**
   A. 尿液检查
   B. 血常规
   C. 胃镜肠镜
   D. 血气分析
   E. 超声检查

【案例分析题】

案例一 患者,26 岁孕 1 产 0,孕 7 周,近 2 周频繁恶心呕吐,每日呕吐 6 次左右,呕吐物中有胆汁,体重较妊娠前下降 6%。

提问 1:为明确诊断,下列最有意义的检查是

    A. 血常规

    B. 腹部超声

    C. 尿液检查

    D. 血气分析

    E. 眼底及神经系统检查

提问 2:诊断为妊娠呕吐后,以下处理**不恰当**的是

    A. 经检查若出现水及电解质紊乱,应酌情补充水和电解质

    B. 使用维生素 B_6- 多西拉敏复合剂

    C. 若不能进食,可选择鼻饲管或中心静脉全胃肠外营养

    D. 对合并有代谢性酸中毒者,可给予碳酸氢钠或乳酸钠纠正

    E. 广谱抗生素预防感染

    F. 若情绪不稳定,给予心理治疗,解除其思想顾虑

    G. 使用甲氧氯普胺止呕

提问 3:该孕妇出现下列情况应考虑终止妊娠,**除外**哪项

    A. 持续黄疸

    B. 持续蛋白尿

    C. 血压升高

    D. 体温升高,持续在 38℃ 以上

    E. 心动过速(≥ 120 次 /min)

    F. 伴发 Wernicke 综合征

    G. 出现颅内或眼底出血经治疗不好转者

案例二 患者,女,已婚,25 岁,来门诊就诊,自述近 1 周来无明显诱因频繁呕吐,呕吐物为胃内容物。

提问 1:针对该患者,问诊中最有价值的是

    A. 停经史

    B. 既往用药情况

    C. 既往手术史

    D. 家族史

    E. 呕吐后是否有腹痛,及与腹痛的关系

提问 2:若患者诉停经 40^+d,应完善的检查中**不包括**

    A. 查早孕超声   B. 查尿常规

    C. 查孕酮与 hCG   D. 查肝肾功能

    E. 行胃镜检查

提问 1:【答案】C

提问 2:【答案】E

    【解析】妊娠剧吐指妊娠早期孕妇出现严重持续的恶心、呕吐,并引起脱水、酮症甚至酸中毒,需要住院治疗者。治疗原则包括静脉补液、补充多种维生素、纠正脱水及电解质紊乱、合理使用止吐药物、防治并发症。

提问 3:【答案】C

    【解析】因妊娠剧吐,需要终止妊娠的指征为:①体温持续高于 38℃;②卧床休息时心率 >120 次 /min;③持续黄疸或蛋白尿;④出现多发神经炎及神经性体征;⑤有颅内或眼底出血经治疗不好转者;⑥出现 Wernicke 脑病。

提问 1:【答案】A

提问 2:【答案】E

提问3:【答案】C
　　【解析】因育龄期女性,无诱因的频繁呕吐,首先考虑是否为早孕反应,因此询问停经史尤为重要。早孕期的各类检查,胃镜没有必要,且孕妇慎行。妊娠期呕吐的临床表现中,呕吐严重时会出现尿比重升高。

提问3:经检查,该患者诊断为妊娠期剧吐,以下关于该诊断可能的临床表现中,**错误**的是
　　A. 呕吐开始时以晨间、餐后为重
　　B. 严重者可出现持续黄疸
　　C. 呕吐严重者尿比重降低
　　D. 严重者可能出现酸中毒
　　E. 严重者可能出现凝血功能障碍

（李力）

第二节 流 产

【A1 型题】

1. 先兆流产的诊断依据**不包括**
　　A. 停经后少量阴道流血
　　B. 下腹坠痛
　　C. 尿妊娠试验阳性
　　D. 子宫大小与停经时间相符
　　E. 子宫颈口扩张

2. **不属于**复发性流产原因的是
　　A. 染色体异常
　　B. 宫腔粘连
　　C. 宫颈内口松弛
　　D. 黄体功能不足
　　E. 缺铁性贫血

【A2 型题】

1. 30岁已婚女性,停经50d后出现阴道出血,量多,有肉样组织流出。检查宫口未开,子宫小于停经天数。超声提示宫内可见一液性暗区,双附件区未见明显包块;β-hCG为1 534.76IU/L。本例最可能的诊断是
　　A. 异位妊娠流产　　　　B. 葡萄胎
　　C. 完全流产　　　　　　D. 难免流产
　　E. 不全流产

2. 一已婚女性,25岁,停经60d,阴道流血2d,色鲜红,伴下腹阵发性剧烈疼痛8h。检查宫口开大1cm,子宫增大如孕2个月,既往2个月流产1次。最可能的诊断是
　　A. 先兆流产　　　　　　B. 难免流产
　　C. 不全流产　　　　　　D. 稽留流产
　　E. 复发性流产

1.【答案】E
　　【解析】由于无妊娠物排出,故子宫颈口未开、子宫大小与停经时间相符,故选项E是错误的。hCG是合体滋养层细胞合成的,而尿妊娠试验检测的就是hCG。先兆流产时由于妊娠物尚在体内,因此尿妊娠试验多为阳性;但出现流产的临床症状,如少量阴道流血、下腹坠痛或腰背痛等。

2.【答案】E
　　【解析】复发性流产的原因包括:①染色体异常;②黏膜下肌瘤或肌壁间肌瘤;③中隔子宫、宫腔粘连;④宫颈功能不全;⑤抗磷脂抗体阳性;⑥黄体功能不全;⑦甲状腺功能低下;⑧同种免疫性流产。综上所述,缺铁性贫血并非复发性流产的原因。

1.【答案】C
　　【解析】①流产分为4种基本类型,即先兆流产、难免流产、不全流产和完全流产。先兆流产无妊娠物排出,宫口未开,子宫大小与妊娠天数相符。完全流产妊娠物完全排出,宫口已关闭,但子宫大小正常。难免流产与不全流产宫口均扩张。②异位妊娠流产常有腹腔内出血征象,下腹痛明显;结合辅助检查,可排除。葡萄胎多表现为子宫大于停经天数。见表3-1。

2.【答案】B
　　【解析】见表3-1。

3. 经产妇,28岁,停经6周,下腹阵发性剧烈疼痛10h伴多量阴道流血,超过月经量。检查宫口开大近2cm。本例最正确的处置应是
   A. 静脉滴注止血药物　　B. 口服硫酸沙丁胺醇
   C. 肌内注射硫酸镁　　　D. 肌内注射孕酮
   E. 行负压吸宫术

4. 一已婚女性,38岁,停经48d,阴道少量流血7d,色鲜红,伴轻度下腹阵发性疼痛。检查宫口闭,子宫增大如孕1^+个月。超声提示,宫内可见一大小约$2cm \times 2cm \times 2cm$孕囊,可见原始心管搏动。最可能的诊断是
   A. 先兆流产　　　　　　B. 难免流产
   C. 不全流产　　　　　　D. 稽留流产
   E. 复发性流产

5. 初孕妇,停经5周时出现阴道断续少量流血来院就诊。妇科检查:子宫大小与停经周数相符,软,宫口未开,见少许新鲜血液自宫口流出。尿妊娠试验阳性。正确的处理应是
   A. 引产　　　　　　　　B. 药物流产
   C. 肌内注射止血药物　　D. 安静卧床
   E. 清宫术

6. 26岁女性,停经48d,下腹痛及阴道多量流血已10h。妇科检查:子宫稍大,宫口有胎盘组织堵塞。本例最有效的止血措施是
   A. 肌内注射止血药物
   B. 肌内注射维生素 K_1
   C. 肌内注射或静脉滴注缩宫素
   D. 纱布填塞阴道压迫止血
   E. 尽早行刮宫术

【A3/A4 型题】

(1~3题共用题干)
患者,女,28岁,停经3个月,早孕反应消失,阴道少量流血2d。妇科检查:宫口闭,子宫如妊娠8周大,质软,双侧附件区未触及异常。
1. 为明确诊断,首选的检查是
   A. 腹部CT检查　　　　B. 彩色多普勒超声检查
   C. 超声检查　　　　　D. 诊断性刮宫
   E. 血孕酮测定
2. 该患者最可能的诊断是
   A. 完全流产　　　　　B. 难免流产
   C. 流产感染　　　　　D. 稽留流产
   E. 先兆流产

3【答案】E
【解析】①妊娠早期下腹痛＋阴道流血多为流产所致;妊娠晚期下腹痛＋阴道流血多为胎盘早剥;妊娠晚期无下腹痛＋阴道流血多为前置胎盘。本例孕6周＋下腹痛＋阴道流血,应首先考虑流产。本例妇检宫口开大,应诊断为难免流产或不全流产。无论难免流产,还是不全流产,一经确诊,均应尽快行负压吸宫术,清除宫腔妊娠物(E项)。②不全流产时,妊娠物残留宫腔,子宫收缩不良,即使使用止血药物仍难以止血。③硫酸沙丁胺醇为β_2肾上腺素受体激动剂,可抑制宫缩,常用于早产的治疗。硫酸镁也可抑制子宫平滑肌收缩,多用于早产、妊娠高血压综合征的治疗。孕酮多用于习惯性流产的治疗。

4.【答案】A
【解析】见表3-1。

5.【答案】D
【解析】宫口未开,少量出血,与妊娠周数相符,说明先兆流产可能性大,但应该与异位妊娠鉴别,可在一周后到医院复查。出现腹痛、阴道流血增多等症状时,应及时就诊(故应选D);难免流产或不全流产时应药物流产或清宫术。引产应在妊娠12周后进行,本例仅5周。

6.【答案】E
【解析】宫口扩张,有胎盘组织阻塞,阴道流血及下腹痛,说明为不全流产,应尽早行刮宫术。

1.【答案】C
【解析】孕12周前终止妊娠称为早期流产。患者停经3个月,阴道少许流血,应考虑早期流产。为明确诊断,首选超声检查。腹部CT检查有放射性,一般不用于诊断早期流产。彩色多普勒超声主要用于检查组织器官的血流速度和血流状态。诊断性刮宫主要适用于不全流产者。血孕酮测定主要用于判断先兆流产的预后。

2.【答案】D
【解析】稽留流产为胎死宫内未能及时排出,常表现为早孕反应消失,宫口闭合,子宫较停经周数小,不能闻及胎心。本例宫口已闭,子宫小于妊娠周数,但大于正常子宫,应诊断为稽留流产。完全流产表现为宫口闭合,但子宫如正常大小,故A项错误。难免流产表现为宫口扩张,故B项错误。流产感染表现为阴道长时间流出脓血性物,寒战、高热等,故C项错误。先兆流产表现为宫口闭合,但子宫大小与妊娠周数相等,故E项错误。

3.【答案】D

【解析】稽留流产的处理原则为：先口服炔雌醇，以提高子宫肌对缩宫素的敏感性；子宫<12孕周者可行刮宫术；子宫>12孕周者，可使用米非司酮＋米索前列醇，或静脉滴注缩宫素，促使胎儿、胎盘排出。本例子宫如妊娠8周大，故应在雌激素治疗后刮宫（D项正确）。

4.【答案】C

【解析】患者妊娠早期阵发性下腹痛＋阴道流血，应考虑流产。患者宫颈口未开，应考虑先兆流产或完全流产而不是难免流产、不全流产，因为难免流产或不全流产宫口均应开大。患者子宫较正常稍大，应诊断为先兆流产而不是完全流产，因为完全流产子宫小于孕周。复发性流产是指自然流产3次或3次以上。

5.【答案】D

【解析】难免流产多在先兆流产基础上发展而来，表现为阴道流血增多，下腹疼痛加剧，宫颈口扩张，胚胎组织堵塞宫颈口，故本例应诊断为难免流产。虽然不全流产也可有宫颈口扩张，宫颈妊娠物堵塞，但下腹痛常减轻而不是加剧，因此本例只能诊断为难免流产而不是不全流产。先兆流产常表现为宫颈口闭合。稽留流产又称过期流产，常为胎死宫内。复发性流产是指自然流产3次或3次以上。

6.【答案】A

7.【答案】C

【解析】对于难免流产，应尽早行刮宫术，使胚胎及胎盘组织完全排出。若不彻底清除宫腔内残留组织，则子宫收缩不良，出血不止，即使应用止血药物或阴道纱布填塞，效果均不好。本例早孕仅46d，胚胎很小，压迫下腹部，不可能排出胚胎组织。

8.【答案】C

【解析】见本部分4~5相关解析。

3. 该患者正确的处理措施是
   A. 继续观察1周
   B. 孕激素保胎治疗
   C. 静脉滴注缩宫素引产
   D. 雌激素治疗后刮宫
   E. 孕激素治疗后刮宫

（4~7题共用题干）

已婚女性，停经46d，下腹部轻度阵发性疼痛及阴道少量流血10h。妇科检查：子宫稍大，宫口未开。

4. 本例最可能的诊断是
   A. 不全流产
   B. 稽留流产
   C. 先兆流产
   D. 难免流产
   E. 复发性流产

5. 若2d后阴道流血量增多，下腹部阵发性疼痛明显加重。妇科检查：宫口通过1指，宫口处见胚胎组织堵塞。此时最可能的诊断是
   A. 不全流产
   B. 稽留流产
   C. 先兆流产
   D. 难免流产
   E. 复发性流产

6. 若半天后出现阴道大量流血，下腹痛减轻或伴有腰痛及下坠感，畏寒、发热，查体：血压11.4/8kPa，脉搏110次/min，体温38.5℃。妇科检查：外阴有活动性流血；子宫如孕40d大小，压痛明显；宫口检查可容1指，有组织堵塞。双侧附件（－）。实验室检查：血红蛋白88g/L，白细胞计数$18×10^9$/L，中性粒细胞百分比0.85。此时最可能的诊断是
   A. 不全流产伴感染
   B. 稽留流产
   C. 先兆流产
   D. 难免流产
   E. 复发性流产

7. 本例此时最有效的处理措施是
   A. 肌内注射巴曲酶
   B. 纱布条填塞阴道压迫止血
   C. 尽早行刮宫术
   D. 肌内注射维生素 K_1
   E. 压迫下腹部，排出胚胎组织

（8~9题共用题干）

25岁已婚女性，停经75d，阴道中等量流血4d伴发热。昨日阴道排出一块肉样组织，今晨突然阴道大量流血。查血压80/60mmHg，体温38.2℃，脉搏116次/min。子宫如妊娠2个月大，有压痛，宫口通过1指余，阴道分泌物伴明显臭味。血白细胞计数$22×10^9$/L，血红蛋白68g/L。

8. 本例应诊断感染合并
   A. 先兆流产
   B. 难免流产

C. 不全流产　　　　　　　D. 稽留流产

E. 完全流产

9. 本例除抗休克、抗感染外,还需进行的紧急处理是

A. 大量输液、输血　　　　B. 注射宫缩剂

C. 口服米非司酮　　　　　D. 钳夹出宫腔内妊娠物

E. 立即进行彻底清宫

9.【答案】D

【解析】流产合并感染时,治疗原则为迅速控制感染,尽快清除宫内残留物。刮宫时可用卵圆钳夹出残留组织,忌用刮匙全面搔刮,以免感染扩散。

(10~11题共用题干)

已婚女性,因停经58d,阴道出血1周;次日腹痛伴阴道流血增多,如厕时见有组织物排出,阴道出血减少,腹痛明显减轻。

10. 最可能的诊断是

A. 难免流产　　　　　　　B. 不全流产

C. 完全流产　　　　　　　D. 稽留流产

E. 先兆流产

10.【答案】C

【解析】患者妊娠旦期下腹痛 + 阴道流血,应考虑流产。组织物排出,腹痛减轻,阴道出血减少,应考虑完全流产。

11. 此时最恰当的处理是

A. 清宫

B. 超声检查宫腔有无残留胚胎,然后决定处理方案

C. 缩宫素静脉滴注

D. 抗炎 + 观察

E. 宫腔镜检查

11.【答案】B

【解析】对于完全流产患者,症状消失、超声检测宫腔内无残留物,如无感染,可不予特殊处理。

(12~13题共用题干)

29岁,已婚女性,停经9周,活动后下腹部阵发性剧痛6h伴阴道多量流血,色鲜红,超过月经量,且腹痛症状有所加剧。体格检查:心率80次/min,腹部微隆起,下腹部有压痛。妇科检查:外阴发育正常,阴道通畅,有少许鲜红色出血,子宫口开大2cm,质软,子宫后位,如孕8周大小,软,活动好。超声示:子宫后位,如孕8周大小,近宫颈内口可见一27mm×21mm大小的孕囊,内可见少许胎芽,未见原始心管搏动。

12. 该患者最可能的诊断是

A. 难免流产　　　　　　　B. 不全流产

C. 完全流产　　　　　　　D. 稽留流产

E. 先兆流产

12. [答案] A

[解析]患者妊娠早期下腹痛 + 阴道流血,阴道流血量增多,腹痛加剧,宫口开,子宫较妊娠周数标准略小,应考虑难免流产。

13. 该患者应该如何处理

A. 抗炎　　　　　　　　　B. 清宫术

C. 孕酮20mg肌内注射　　D. 卧床休息

E. 进行药物流产

13.【答案】B

【解析】对于难免流产应彻底清除宫腔内残留组织,即立即行清宫术。

【案例分析题】

案例一　女,28岁,已婚,因停经62d,阴道流血2d加重伴下腹痛6h入院。2d前无诱因阴道少量流血,量少于平时月经,无腹痛,未予重视。当日早上阴道流血突然增多,如平时月经量2倍,伴

下腹阵发性隐痛。既往体健,月经规则,孕3产2,均为顺产。查体:体温 37℃,脉搏 110 次/min,血压 80/50mmHg,神志尚清,急性病容,贫血貌,双肺无异常,心率 110 次/min,腹平软,无压痛,肝脾未扪及,脊柱四肢无畸形。妇科检查(消毒下):外阴大量血迹,阴道内见多量的血液及血块,宫颈着色,光滑,大小正常,宫口松,有血液自宫口流出,无举痛,宫体前位,如孕 40⁺d 大小,软,活动,无压痛,双附件(−)。尿 hCG 阳性。血白细胞计数 18×10^9/L,血红蛋白 80g/L。

提问1:最可能的诊断是

A. 难免流产　　　　　B. 不全流产

C. 失血性休克　　　　D. 稽留流产

E. 异位妊娠　　　　　F. 完全流产

G. 先兆流产

提问2:诊断依据是

A. 停经 62d,子宫孕 40⁺d

B. 尿 hCG 阳性

C. 阴道流血 2d 加重伴下腹痛 6h

D. 宫口松,有血液自宫口流出,子宫如孕 40⁺d 孕

E. 急性病容,贫血貌

F. 腹平软,无压痛

G. 体温 37℃,心率 110 次/min

提问3:下一步应如何处理

A. 开放静脉通道,输液、输血

B. 立即钳夹宫腔组织

C. 尽快清除残留胚胎组织物及血块

D. 积极予抗生素预防感染

E. 抗休克治疗

F. 缩宫素静脉滴注

G. 剖腹探查

案例二 33 岁,已婚女性,月经规律。停经44d,下腹微痛及阴道不规则出血 6d。尿 hCG(+),给予孕酮 20mg/d,3d 后血止。此后间断出血至 2 个月余,未治疗。停经 4⁺ 个月无胎动感,来院检查。一般情况好,生命体征正常。既往 3 次早孕期间胚胎停育史。妇科检查:外阴已婚未产型;阴道畅;宫颈光滑,闭合;子宫前位,如孕 13 周大小,软;附件扪不清。超声提示胎儿顶臀径 6cm,未见胎心搏动。

提问1:本病的初步诊断

A. 复发性流产　　　　B. 不全流产

C. 休克早期　　　　　D. 稽留流产

E. 难免流产　　　　　F. 完全流产

G. 先兆流产

提问1:【答案】BC

提问2:【答案】ABCDE

提问3:【答案】ABCDE
　【解析】对于不全流产应该尽快清除胚胎组织,应用钳夹清除宫腔组织,忌用刮匙全面搔刮,以免感染扩散;同时因有感染及失血性休克,所以应该行抗感染及补血补液抗休克治疗。

提问1:【答案】AD
　【解析】稽留流产:指宫内胚胎或胎儿死亡后未及时排出者。典型表现是有正常的早孕过程,有先兆流产的症状或无任何症状,随着停经时间的延长,子宫不再增大或反而缩小,子宫小于停经时间,宫口未开。复发性流产:在我国,通常将3次或3次以上在妊娠28周之前的胎儿丢失称为复发性流产。

提问 2：入院后应完善何种检查

  A. 血常规、凝血功能、肝肾功能、D- 二聚体

  B. 夫妻双方染色体检测

  C. 胚胎染色体检测

  D. 抗心凝脂抗体、抗 β2 糖蛋白抗体等

  E. 心电图、X 线胸片

  F. 盆腔 CT

  G. 盆腔 MRI

提问 3：入院后拟行米非司酮配伍米索前列醇药物流产，下列说法正确的是

  A. 米非司酮 200mg 顿服

  B. 米非司酮 100mg，1 次 /d，口服 2d

  C. 米非司酮给药后 36~48h，米索前列醇 400μg 口服，间隔 3h 给药一次

  D. 米非司酮给药后 36~48h，米索前列醇 600μg 阴道给药，间隔 6h 给药一次

  E. 米索前列醇最多用药次数 ≤ 4 次

  F. 米索前列醇最多用药次数 ≤ 6 次

  G. 米索前列醇最多用药次数无上限，直到排出胎儿

表 3-1　流产的分类及临床表现

项目	先兆流产	难免流产	不全流产	完全流产
出血量	少	中→多	少→多	少→无
下腹痛	无或轻	加剧	减轻	无
组织排出	无	无	部分排除	全部排出
宫颈口	闭	扩张或妊娠物堵塞	扩张或有妊娠物堵塞	闭
子宫大小	与妊娠周数相符	与妊娠周数相符或略小	小于妊娠周数	正常或略大于妊娠周数

（李力）

第三节　妊娠高血压疾病

【A1 型题】

1. 妊娠期高血压疾病的基本病理生理变化是

  A. 过度水钠潴留

  B. 全身小动脉痉挛

  C. 慢性弥散性血管内凝血

  D. 肾素 - 血管紧张素 - 前列腺素系统平衡失调

  E. 血液高度浓缩

提问 2：【答案】ABCDE

  【解析】稽留流产一旦确诊，应尽快终止妊娠。死亡胎儿及胎盘组织在宫腔内稽留过久，可导致严重凝血功能障碍及弥散性血管内凝血(DIC)的发生，因此应完善相关评估。复发性流产病因十分复杂，主要包括遗传因素、解剖因素、内分泌因素、感染因素、免疫功能异常、血栓前状态、孕妇的全身疾病及环境因素等。因此应进行相关病因的筛查。

提问 3：【答案】ABCEE

  【解析】请参考中华医学会计划生育学分会颁布的《米非司酮配伍米索前列醇终止 8~16 周妊娠的应用指南》。

1.【答案】B

  【解析】妊娠期高血压疾病的基本病理生理变化是全身小血管痉挛，故正确答案为 B。由于小动脉痉挛，造成官腔狭窄，周围阻力增大，内皮细胞损伤，通透性增加，液体和蛋白质渗漏，全身各器官组织因缺血和缺氧而受到损害。

2.【答案】D
　【解析】硫酸镁是治疗子痫的一线用药。镁离子抑制运动神经末梢与肌肉接头处钙离子和乙酰胆碱释放，阻断神经肌肉接头间的信息传导，使骨骼肌松弛。治疗子痫前期和子痫的有效血镁离子浓度为1.8~3.0mmol/L，超过3.5mmol/L即可出现中毒症状。首先表现为膝反射减弱或消失，继之出现全身肌张力减退、呼吸困难、复视、语言不清，严重者可出现呼吸肌麻痹，甚至呼吸停止、心脏停搏，危及生命。

3.【答案】D
　【解析】妊娠期高血压疾病的孕妇并发症包括：子痫、胎盘早剥、弥散性血管内凝血、肾衰竭、肝出血或衰竭、颅内出血、高血压脑病、失明、肺水肿、心功能衰竭、孕产妇死亡。胎儿并发症有：胎儿生长受限、羊水过少、早产、胎儿窘迫、胎儿神经系统损伤、胎儿死亡。

1.【答案】A
　【解析】该患者为妊娠状态，主要表现为血压增高，蛋白尿，伴有新发的脑功能障碍。考虑诊断为子痫前期重度，该患者2h前出现突发抽搐，在子痫前期的基础上发生孕妇抽搐，应考虑子痫可能性大。

2.【答案】E
　【解析】该患者为妊娠状态，主要表现为血压升高，蛋白尿及剧烈头痛，诊断为子痫前期重度。子痫前期的治疗原则为解痉、降压、镇静、利尿、密切监测母胎情况、适时终止妊娠。该患者剧烈头痛为颅内压升高表现，甘露醇主要用于脑水肿，属于高渗性利尿剂，患者心力衰竭或潜在心力衰竭时禁用。故应选择E(解痉和降低颅内压)。

1.【答案】A
　【解析】既往有无高血压病史对于该患者的诊断有鉴别作用。而B、C、E选项可帮助评估患者是否有子痫前期高危因素。

2.【答案】C
　【解析】对于妊娠期高血压疾病患者，规律的体育锻炼有助于健康。该类孕妇血栓形成风险增加，严格卧床休息不但无益，可能导致血栓发生。

2. 硫酸镁中毒时最早出现的是
　A. 全身肌张力减退　　B. 尿量减少　　　　C. 呼吸减慢
　D. 膝反射消失　　　　E. 心率增快

3. 下列哪项不是妊娠期高血压疾病的并发症
　A. 脑溢血　　　　　　B. 视网膜剥离　　　C. 肾功能衰竭
　D. 巨大儿　　　　　　E. 胎盘早剥

【A2型题】

1. 26岁，孕1产0，妊娠36周。头痛5d，加重3h，2h前突发抽搐一次。查体：血压165/120mmHg，尿蛋白(+)。该患者最可能的诊断是
　A. 子痫　　　　　　　　　　　B. 妊娠合并癫痫
　C. 脑出血　　　　　　　　　　D. 脑血栓形成
　E. 颅内感染

2. 初产妇，28岁，妊娠33^{+2}周。剧烈头痛并呕吐3次。查体：血压170/110mmHg，尿蛋白(++)，双下肢轻度水肿。胎心率138次/min，无宫缩。该患者应立即采取的措施是
　A. 静脉滴注缩宫素
　B. 人工破膜后静脉滴注缩宫素
　C. 立即行剖宫产术
　D. 肌内注射哌替啶
　E. 静脉滴注硫酸镁及快速静脉滴注甘露醇

【A3/A4型题】

(1~2题共用题干)

42岁女性，孕3产1，20年前顺产一次。现妊娠28周，体重74kg，身高155cm。产前检查发现血压升高，为142/94mmHg，双下肢水肿明显。

1. 最具有参考价值的病史是
　A. 既往有无高血压病史
　B. 家庭经济条件情况
　C. 前次分娩时是否发生产科并发症
　D. 是否有胎儿畸形
　E. 是否有胎儿生长受限

2. 关于该孕妇的生活健康指导，错误的是
　A. 鼓励患者控制BMI
　B. 加强筛查及自我健康管理，监测血压情况
　C. 患者血压升高，不能进行体育锻炼，建议严格卧床休息
　D. 需进行血常规、尿常规、血肌酐、肝功等检查
　E. 鼓励健康的饮食及生活习惯

(3~4 题共用题干)

21 岁女性,孕 2 产 1,既往行剖宫产一次。现妊娠 36⁺³ 周,无明显诱因突发剧烈腹痛伴阴道流血入院。入院时查血压 159/102mmHg,心率 120 次 /min,尿蛋白(++)。子宫表面张力高,未扪及明显宫缩。累积阴道流血约 600ml。急诊行超声检查可见胎盘后方异常低回声,胎心率 98 次 /min,估计胎儿体重 1 900g。

3. 该患者最可能的诊断为
   A. 前置胎盘出血   B. 前置血管出血
   C. 子宫破裂   D. 胎盘早剥
   E. 宫颈撕裂

4. 关于该孕妇的下一步治疗方案,**错误的**是
   A. 给予补液、抗休克后积极引产,经阴道分娩为最佳分娩方式
   B. 配血,做好输血准备
   C. 分娩后需给予硫酸镁静脉滴注
   D. 通知儿科医生做好新生儿复苏措施
   E. 监测凝血功能,若出现异常积极纠正

【案例分析题】

案例一 初孕妇,27 岁。妊娠 30⁺⁵ 周,因头痛伴呕吐 1 次来院。自述既往体健,孕期行不规律产前检查,未见明显异常。入院查体:血压 165/99mmHg,心率 85 次 /min。尿蛋白(+),双下肢轻度水肿。腹膨隆,腹部未扪及宫缩,胎心率 138 次 /min。

提问 1:该患者入院后需继续完善哪些辅助检查
   A. 血常规、尿常规、肝肾功能
   B. 静脉泌尿系造影
   C. 超声心动图及心功能测定
   D. 超声检查胎儿生长发育状况
   E. 超声等影像学检查肝、肾等器官及胸腹水情况

提问 2:关于该患者的处理,正确的是
   A. 休息、镇静、监测母胎情况
   B. 给予硫酸镁静脉滴注预防子痫
   C. 行开颅减压手术
   D. 给予地塞米松促胎肺程度
   E. 给予厄贝沙坦控制血压

提问 3:对于该患者硫酸镁的使用,以下说法正确的是
   A. 静脉用药负荷剂量为 4~6g,继而 1~2g/h 静脉滴注维持
   B. 一般每天静脉滴注 6~12h,24h 总量不超过 25g
   C. 硫酸镁长期应用会对胎儿钙水平和骨质造成影响
   D. 镁离子中毒时应给予 10% 葡萄糖酸钙处理
   E. 治疗期间镁离子有效浓度为 3.5~4.0mmol/L

3.【答案】D
【解析】该患者有血压升高,尿蛋白阳性,需考虑妊娠期高血压疾病可能。妊娠期高血压疾病的严重并发症之一为胎盘早剥,表现为腹痛伴阴道流血,超声可协助诊断。可伴有胎儿窘迫,故选 D。

4.【答案】A
【解析】该患者为子痫前期重度、胎盘早剥。阴道出血多,评估短时间不能经阴道分娩,应选择剖宫产终止妊娠。

提问 1:【答案】ACDE
【解析】A,C,D,E 所提及的辅助检查对妊娠期高血压疾病的病情评估及诊治均有一定意义。静脉泌尿系造影主要用于了解泌尿系统器官功能、形态、位置、通畅情况,对子痫前期病情评估及诊治无帮助。

提问 2:【答案】ABD
【解析】患者头痛为子痫前期重度的严重表现,应积极治疗原发病情,可给予硫酸镁静脉滴注预防子痫,选项 C 不恰当。厄贝沙坦为血管紧张素 Ⅱ 受体抑制剂,妊娠中晚期禁用,选项 E 不恰当。

提问 3:【答案】BCD
【解析】A 选项为控制子痫抽出时所使用剂量。该患者尚未发生子痫,预防子痫发作的负荷剂量为 2.5~5.0g,维持剂量与控制子痫抽搐相同。硫酸镁的有效镁离子浓度为 1.8~3.0mmol/L,超过 3.5mmol/L 即可出现中毒症状,故 E 选项也不正确。

提问4:【答案】ADE
　　【解析】硫酸镁应用期间应监测镁离子浓度,病情稳定后在使用5~7d后停用硫酸镁,不可长时间持续使用。该患者为子痫前期重度,目前孕周为30⁺⁵周,对于孕28~34周,如果积极治疗后病情稳定,可继续期待治疗至34周。妊娠≥34周的子痫前期重度患者应考虑终止妊娠。

提问1:【答案】BCDE
　　【解析】辅助生殖技术、初产妇、多胎妊娠、高龄、肥胖、子痫前期病史及家族史、慢性高血压、慢性肾病等均为高危因素。经产妇不是子痫前期的高危因素。

提问2:【答案】ABD
　　【解析】尿蛋白、血压及器官受累均为子痫前期的诊断依据。

提问3:【答案】AE
　　【解析】因产后仍有发生子痫可能,故建议给予硫酸镁治疗。子痫前期患者产时、产后不可应用任何麦角新碱类药物。哺乳期应选择产前使用的降压药物,禁用血管紧张素转换酶抑制剂(ACEI)和血管紧张素受体阻滞药(ARB)类降压药。

提问4:【答案】D
　　【解析】该患者在子痫前期重度的基础上发生抽搐,应首先考虑子痫的诊断。产后的患者仍有可能发生子痫。

提问4:入院经过相应处理,1d后该患者血压波动在130~139/80~89mmHg,未再出现头痛、呕吐等不适,关注下一步治疗方案,恰当的是

A. 提前转至早产儿救治能力较强的医疗机构
B. 持续硫酸镁静脉滴注直至妊娠足月
C. 立即行引产或剖宫产终止妊娠
D. 可考虑继续期待治疗
E. 妊娠至≥34周考虑终止妊娠

案例二　患者,女,40岁,初产妇,双胎妊娠,孕期建档并行规律产检。孕前体重70kg。

提问1:有关子痫前期的高危因素包括

A. 经产妇
B. 体外受精胚胎移植受孕
C. 多胎妊娠
D. 高龄(≥40岁)
E. 肥胖

提问2:该孕妇妊娠至35周时发现血压升高,为139/86mmHg,患者无特殊不适。若需明确诊断,还应完善以下哪些病史或检查

A. 24h尿蛋白定量或随机尿蛋白
B. 监测血压
C. 双下肢静脉超声
D. 肝功能检查
E. 心肌核素显像

提问3:该患者入院监测血压波动在135~120/86~68mmHg,尿蛋白(+)。待产期间未使用硫酸镁。后因胎膜早破、脐带脱垂,急诊行剖宫产术,术中监测血压波动在180~145/110~97mmHg,且患者自觉头部闷胀感明显。关于术后处理正确的是

A. 术后应使用硫酸镁至少24~48h
B. 终止妊娠后无需继续监测血压
C. 积极预防产后出血,可给予麦角新碱
D. 产后可使用ARB类降压药
E. 应备开口器于床旁

提问4:该患者剖宫产后监测血压,血压升高至179/114mmHg。给予镇静处理后血压下降至145/101mmHg。术后4h患者突发全身抽搐,牙关紧闭,伴意识模糊,口唇发绀。随后抽搐强度减弱,鼾声大作,但仍烦躁不安。此时应考虑诊断

A. 低血糖
B. 癫痫发作
C. 低钙血症
D. 产后子痫
E. 颅内出血

案例三 女,40岁,因"妊娠29^{+6}周,头昏、头痛2^{+}d,全身皮肤黄染1d"入院。孕4产1,人工流产2次,9年前足月顺娩一活男婴,健在。否认乙肝病史。孕期未行产前检查。半月前双下肢水肿,未在意。2^{+}天孕妇自觉头昏、头痛,无眼花及视物模糊,未予重视。今晨发现全身皮肤黄染,外院测血压204/116mmHg,尿蛋白(++++),给予口服硝苯地平10mg,复测血压158/102mmHg,考虑重度子痫前期。当地医院给予硫酸镁解痉,硝苯地平片降压处理。孕妇自觉胃痛、胃胀不适。

提问1:该患者完善以下辅助检查,哪些支持该患者妊娠期高血压并发溶血、肝酶升高、血小板减少(HELLP综合征)这一诊断

    A. 肝酶升高:谷丙转氨酶285.67IU/L,谷草转氨酶627.63IU/L

    B. 血小板减少:血小板55×10^9/L

    C. 胆红素升高:97.22μmol/L

    D. 贫血:血红蛋白88g/L

    E. 低血糖:血糖2.1mmol/L

提问2:HELLP综合征需与哪些疾病鉴别

    A. 血栓性血小板减少性紫癜

    B. 膜性肾炎

    C. 溶血性尿毒症性综合征

    D. 妊娠期急性脂肪肝

    E. 病毒性肝炎

提问3:该患者治疗原则以下**错误**的是

    A. 该患者可门诊密切随访,无需收治入院

    B. 给予积极保肝、升血小板治疗后,血压可自行下降至正常

    C. 患者出现黄疸的原因为消化系统受累

    D. 尽快终止妊娠

    E. HELLP为阴道分娩绝对禁忌证

提问4:关于降压药物,说法正确的是

    A. 拉贝洛尔为α、β肾上腺素受体阻滞剂,用法为50~150mg口服,3~4次/d

    B. 硝苯地平与拉贝洛尔同为α、β肾上腺素能受体阻滞剂

    C. 硫酸镁也属于降压药物的一种

    D. 妊娠中晚期不使用血管紧张素Ⅱ受体拮抗剂

    E. 硝普钠降压效果明显,为降压一线用药

提问1:【答案】ABCD
    【解析】HELLP综合征以溶血、肝酶水平升高及低血小板计数为特点,可以是妊娠期高血压疾病的严重并发症。确诊主要依靠实验室检查。

提问2:【答案】ACD
    【解析】HELLP综合征应与血栓性血小板减少性紫癜、溶血性尿毒症性综合征、妊娠期急性脂肪肝进行鉴别。主要根据发病时间、主要损害器官、血小板、血糖、肌酐、胆红素、血氨等进行鉴别。

提问3:【答案】ABCE
    【解析】HELLP患者必须住院治疗,并尽快终止妊娠。HELLP综合征不是阴道分娩的绝对禁忌证,但可酌情放宽剖宫产指征。

提问4:【答案】AD
    【解析】硝苯地平是钙离子通道阻滞剂。硫酸镁作为解痉及预防子痫,并非降压药物。硝普钠是强效血管扩张剂,但孕期仅适用于其他降压药物无效的高血压危象孕妇,且产前应用时间不宜超过4h。

案例四 患者41岁,因"妊娠29^{+2}周,发现血压增高10d,加重2d"入院。24周出现双下肢膝以下凹陷性水肿,休息后稍有减轻。26周开始口服阿司匹林50mg/d至今。10d前出现血压增高,为临界高血压,无头昏、眼花等不适,未特殊治疗。2d前血压增高

提问 1:【答案】ABDE

　　【解析】对于子痫前期患者，不建议限制食盐摄入。降压过程力求下降平稳，不可波动过大，且血压不可低于 130/80mmHg，以保证子宫 - 胎盘血流灌注。硫酸镁是重度子痫前期预防子痫发作的预防用药，应及时应用。子痫患者确实存在血液浓缩，但除非有严重的液体丢失，血容量相对不足后高凝状态，一般不推荐扩容治疗，避免发生肺水肿。

提问 2:【答案】ABCD

　　【解析】期待治疗期间终止妊娠的指征包括血压持续不降、子痫前期症状反复发作、进行性肾功能不全、持续性血小板减少、HELLP 综合征、肺水肿、子痫、疑似胎盘早剥、临产、胎膜早破。胎儿指征有：≥ 34 周、严重 FGR、持续性羊水过少、脐动脉舒张末期反流、死胎等。促胎肺成熟治疗后若病情平稳，可考虑继续期待治疗。

提问 3:【答案】ABC

　　【解析】胎儿畸形和脐带脱垂不是子痫前期的胎儿并发症。

提问 4:【答案】AD

　　【解析】子痫前期孕妇产后 3~6d 使产褥期血压高峰期，高血压、蛋白尿等症状仍可反复出甚至加重。产时、产后不可应用任何麦角新碱类药物，慎用前列腺素药物。

显著(160/100mmHg)，并伴有头昏眼花症状及球结膜水肿，门诊给予硝苯地平片 30mg，1 次 /d，血压控制不佳。

提问 1:该患者入院后治疗方案中**错误**的是

　　A. 保证摄入足量的蛋白质和热量，避免摄入食盐

　　B. 积极降压，力求在最短时间内将血压降至 120/80mmHg 以下

　　C. 保证充足睡眠，必要时术前可口服地西泮 2.5~5.0mg

　　D. 该患者目前无头痛、视物模糊等症状，可暂时不使用硫酸镁

　　E. 因子痫前期患者存在血液浓缩，故应给予扩容处理

提问 2:患者入院后积极给予降压、解痉、促胎肺成熟等治疗。治疗期间若出现以下哪些情况，应考虑终止妊娠

　　A. 经积极处理后血压继续升高

　　B. 进行性肾功能不全

　　C. 肺水肿

　　D. 头痛、眼花、少尿等症状反复发作

　　E. 促胎肺成熟疗程结束后

提问 3:以下哪些胎儿异常与子痫前期相关

　　A. 胎儿生长受限

　　B. 胎盘早剥

　　C. 脐血流异常

　　D. 胎儿畸形

　　E. 脐带脱垂

提问 4:积极治疗一周，患者血压控制可。超声监测胎儿状况时发现胎儿脐动脉舒张末期血流信号消失，考虑胎儿窘迫终止妊娠。目前该患者为产后，血压为 152/112mmHg，产后 2h 阴道出血 300ml。以下说法**错误**的是

　　A. 终止妊娠后高血压及尿蛋白等症将逐渐好转，不可能出现反复

　　B. 产后血压升高若 ≥ 150/100mmHg 应继续给予降压治疗

　　C. 产后 6 周若患者血压仍未恢复时应于产后 12 周再次复查，以排除慢性高血压

　　D. 目前患者出血多，可给予麦角新碱和卡前列素处理

　　E. 子痫前期患者因血血液浓缩，血容量较正常少，应积极扩容处理

（漆洪波）

第四节　妊娠期肝内胆汁淤积症

【A1 型题】

1. 关于妊娠期肝内胆汁淤积症,下列叙述**不恰当**的是
   A. 临床上以皮肤瘙痒和黄疸为特征
   B. 是妊娠中晚期特有的并发症
   C. 此病对孕妇的危害大于对胎儿的危害
   D. 病因目前尚不清楚
   E. 发病率与季节有关,冬季高于夏季

2. 有关妊娠期肝内胆汁淤积症,以下哪项说法**错误**
   A. 皮肤瘙痒一般在分娩后 1~2d 消退,肝功能在分娩后 4~6 周恢复正常
   B. 妊娠 24 周,空腹血清总胆汁酸(TBA)38.0μmol/L,根据 ICP 诊疗分度为轻度
   C. 遗传因素决定患者的易患性
   D. 高雌激素水平是导致本病的唯一因素
   E. 非遗传因素决定此病的严重程度

3. (　　)是妊娠期特有的疾病,首先出现瘙痒症状
   A. 妊娠糖尿病　　　　　　B. ICP
   C. 妊娠期高血压疾病　　　D. HELLP 综合征
   E. 重症肝炎

【A2 型题】

1. 妊娠中晚期孕妇出现皮肤瘙痒,既往无皮肤及其他肝脏疾病,为协助诊断,首先应做的检查是
   A. 血清结合胆红素
   B. 血胆固醇
   C. 血清总胆汁酸
   D. 尿胆原
   E. 血清总胆红素

2. 24 岁经产妇,妊娠 28 周开始出现皮肤瘙痒,无其他不适,辅助检查提示 TBA 30μmol/L,肝炎相关指标及肝脏超声未见明显异常,首选使用以下哪种药物
   A. 硫酸镁　　　　　　B. 硝苯地平
   C. 熊去氧胆酸　　　　D. 地屈孕酮
   E. 地塞米松

1.【答案】C
【解析】妊娠期肝内胆汁淤积症的病因目前尚不清楚,是妊娠中晚期特有的并发症。主要危害胎儿,使围产儿死亡率增高,可影响孕妇凝血功能,导致产后出血,故选项 C 描述不合当。临床上以皮肤瘙痒和黄疸为特征,以长江流域发病率最高,冬季高于夏季。

2.【答案】D
【解析】对所有疑似妊娠期肝内胆汁郁积症(ICP)的孕产妇产后必须进行修复诊断,一般情况下,皮肤瘙痒一般在分娩后 1~2d 消退,肝功能在分娩后 4~6 周恢复正常。根据目前临床指南,ICP 诊疗指南分度为:①轻度。生化指标,血清总胆汁酸 10~39μmol/L,总胆红素 <12μmol/L,结合胆红素 <6μmol/L;临床症状以瘙痒为主,无明显其他症状。②重度。生化指标,血清总胆汁酸 ≥40μmol/L,和/或总胆红素 ≥12μmol/L,结合胆红素 ≥6μmol/L;临床症状严重,伴有其他症状者包括早发型 ICP(孕周 <28 周)、合并多胎妊娠、妊娠期高血压疾病、复发性 ICP。高雌激素水平不是 ICP 致病的唯一因素,可能与雌激素代谢异常及肝脏对妊娠期生理性增加的雌激素高敏感性有关。

3.【答案】B
【解析】ICP 主要发生在妊娠中晚期,是妊娠期特有的并发症,以皮肤瘙痒和胆汁酸增高为主要特征,分娩后瘙痒症状消失,肝功能恢复正常。HELLP 综合征以溶血、肝酶升高及血小板减少为特点,常危及母儿安全。

1.【答案】C
【解析】妊娠中晚期皮肤瘙痒,既往无基础疾病,用其他原因无法解释的反肤瘙痒和肝功能异常,首先考虑 ICP。ICP 最重要的生化指标为血清总胆汁酸增高,可伴血清总胆红素水平升高,以结合胆红素为主。

2.【答案】C
【解析】本例考虑 ICP。血清总胆汁酸增高是其特征性变化。推荐熊去氧胆酸作为本病治疗的一线药物,可缓解皮肤瘙痒、改善肝功能、延长孕周、改善母儿预后。地塞米松主要用于促胎肺成熟,预防新生儿急性呼吸窘迫综合征(ARDS)的发生。

1.【答案】D
【解析】妊娠中晚期出现的皮肤瘙痒和黄染，首先考虑ICP，而诊断ICP最重要的生化指标为TBA；超声和胎心监护是监测胎儿宫内情况措施，与诊断无直接关联；肝炎全套及肝胆超声未鉴别性检查与检测，可以排除其他基础性疾病，但并非最有效的辅助检查方法。

2.【答案】D
【解析】ICP患者皮肤瘙痒的顺序为：手掌、脚掌、脐周，逐渐加剧延至四肢、躯干、颜面部，大多在分娩后数小时或数日消失。

3.【答案】B
【解析】本例TBA≥40μmol/L，既往死胎病史，考虑重度ICP。熊去氧胆酸推荐作为ICP治疗的一线药物，可缓解皮肤瘙痒、改善肝功能、延长孕周、改善母儿预后。现孕33⁺周，考虑重度ICP，有随时终止妊娠可能性，根据指南推荐重度ICP终止孕周34~37周，现胎心监护反应型，暂可完善地塞米松促胎肺成熟后终止妊娠。

4.【答案】A
【解析】本例考虑重度ICP，既往死胎病史，反复复查TBA≥40μmol/L，根据指南推荐重度ICP终止孕周34~37周，终止妊娠方式宜选择剖宫产。在国外，该患者也可进行促宫颈成熟，阴道试产。

提问1:【答案】D
【解析】妊娠中晚期出现的皮肤瘙痒、黄疸，瘙痒以脐周和四肢为主，大多数ICP患者ALT和AST轻至中度升高，为正常的2~10倍，一般不超过1 000IU/L，以上均符合ICP的临床特征。

【A3/A4型题】

(1~4题共用题干)

女性，36岁，孕3产1，现孕33⁺⁵周，1周前开始出现皮肤瘙痒，巩膜轻微黄染，无恶心、呕吐等其他症状。既往孕36周胎死宫内引产一次。胎心监护反应型。

1. 为明确诊断，以下项目中最有效的是
    A. 肝炎全套检测
    B. NST
    C. 超声检查评估胎儿宫内情况
    D. TBA
    E. 肝胆超声

2. 若明确诊断ICP，关于其瘙痒的特征性描述正确的是
    A. 以四肢瘙痒为主
    B. 四肢、躯干瘙痒，向腹部蔓延
    C. 全身瘙痒严重，皮肤抓痕
    D. 出现于手掌、脚掌、脐周，逐渐加剧延至四肢、躯干、颜面部
    E. 全身轻度瘙痒，无皮损

3. 实验室检查：谷草转氨酶（ALT）320IU，谷丙转氨酶（AST）100IU，总胆汁酸（TBA）45μmol/L，直接胆红素（DBIL）38μmol/L。以下处理措施中**错误**的是
    A. NST及超声监测胎儿宫内情况
    B. 即刻剖宫产终止妊娠
    C. 地塞米松促胎肺成熟
    D. 口服熊去氧胆酸
    E. 护肝治疗

4. 若现孕34⁺²周，复查TBA 60μmol/L，适宜终止妊娠的时机及方式为
    A. 即刻剖宫产终止妊娠
    B. 即刻缩宫素引产终止妊娠
    C. 期待治疗至37周以上剖宫产终止妊娠
    D. 期待治疗至37周缩宫素引产终止妊娠
    E. 期待治疗至39周以上缩宫素引产终止妊娠

【案例分析题】

案例 女性，28岁，孕3产0，停经24周，恶心、呕吐伴四肢皮肤瘙痒2周，查体巩膜略黄染，血压120/80mmHg，全身可见散在抓痕，以脐周和四肢为主，无瘀斑、丘疹等。ALT 170IU/L，AST 80IU/L，TBA 51μmol/L，DBIL 44μmol/L。

提问1:本例最可能的诊断是
    A. 妊娠期高血压疾病引起肝损
    B. 急性病毒性肝炎

C. 妊娠期急性脂肪肝

D. 妊娠期肝内胆汁淤积症

E. 药物性肝炎

提问2:诊断妊娠期肝内胆汁淤积症的临床依据有

A. 子痫

B. 瘙痒

C. 阴道出血

D. 黄疸

E. 恶心、呕吐

提问3:对该患者的治疗目标包括

A. 缓解瘙痒症状

B. 降低血胆汁酸水平

C. 硫酸镁解痉治疗

D. 改善肝功能

E. 延长孕周

提问4:妊娠期肝内胆汁淤积症对孕妇的影响下列叙述正确的是

A. 脂溶性维生素 K 吸收减少

B. 部分患者血清胆红素轻 - 中度升高,其中以间接胆红素为主

C. 大多数患者 AST、ALT 轻 - 中度升高

D. 肝组织活检可见明显的炎症表现

E. 可出现糖、脂代谢紊乱

(钟梅)

第五节　产前出血

【A1 型题】

1. 下列与Ⅲ级胎盘早剥的临床表现**不相符**的是

A. 阴道少量出血

B. 血压下降,脉搏细数

C. 子宫不能松弛

D. 胎位和胎心清楚

E. 剧烈腹痛

2. 前置胎盘最主要的症状是

A. 妊娠晚期无痛性反复阴道出血

B. 多在妊娠早期出现阴道出血

C. 完全性前置胎盘通常出血量不多

D. 出血量与前置胎盘的类型无关

E. 常易造成胎膜早破

提问2:【答案】BDE

【解析】ICP 临床表现为:①皮肤瘙痒为主要的首发症状,初起为手掌、脚掌或脐周瘙痒,可逐渐加剧而延及四肢、躯干、颜面部;瘙痒程度各有不同,夜间加重,严重者甚至引起失眠。70%以上发生在妊娠晚期,平均发病孕周为 30 周,也有少数在孕中期出现瘙痒的病例。瘙痒大多在分娩后 24~48h 缓解,少数在 48h 以上缓解。②黄疸,出现瘙痒后 2~4 周内部分患者可出现黄疸,黄疸发生率较低,多数仅出现轻度黄疸,于分娩后 1~2 周内消退。③皮肤抓痕,ICP 不存在原发皮损,但因瘙痒抓挠皮肤可出现条状抓痕,皮肤组织活检无异常发现。④其他表现,少数孕妇可有恶心、呕吐、食欲缺乏、腹痛、腹泻、轻微脂肪痢等非特异症状,极少数孕妇出现体重下降及维生素 K 相关凝血因子缺乏,而后者可能增加产后出血的风险。

提问3:【答案】ABDE

【解析】妊娠期肝内胆汁淤积症治疗目标是缓解瘙痒症状,降低血胆汁酸水平,改善肝功能;延长孕周,改善妊娠结局。

提问4:【答案】ACE

【解析】患者脂溶性维生素 K 的吸收减少,致使凝血功能异常,导致产后出血,也可发生糖、脂代谢紊乱;一般而言,血清总胆红素水平正常或轻度升高,直接胆红素水平升高为主;谷丙转氨酶、谷草转氨酶、血清 α 谷胱甘肽转移酶在 ICP 表现为轻度升高;肝组织活检见肝细胞无明显炎症或变性表现,仅肝小叶中央区胆红素轻度淤积,毛细胆管胆汁淤积及胆栓形成。电镜切片发现毛细胆管扩张合并微绒毛水肿或消失。

1.【答案】D

【解析】胎盘早剥Ⅲ级时子宫呈板状,胎位扪不清,胎心消失,胎儿死亡。故 D 选项不符合。胎盘早剥的疾病严重程度与胎盘剥离面有关,其严重程度与失血丢失成比例,但与阴道出血量不一定相符合。根据胎盘早剥的临床分级,Ⅲ级胎盘早剥患者可能有外出血,阴道出血量与临床症状不相符;持续性腹痛,子宫强直性收缩明显,触诊呈板状,宫缩间歇时不能松弛;孕妇出现四肢湿冷、血压下降、脉搏细数等失血性休克表现;胎位扪不清,胎心消失,胎儿死亡;30% 的产妇有凝血功能指标异常。

2.【答案】A

【解析】妊娠晚期或临产时,突发无诱因、无痛性阴道出血是前置胎盘的典型症状,故选项 A 正确。妊娠晚期附着于子宫下段及宫颈内口的胎盘不能相应伸展,与其附着处错位而发生剥离,致血窦破裂而出血。初次出血量一般不多,偶有初次即发生致命大出血。前置胎盘出血时间、出血频率、出血量多少与前置胎盘的类型有关。完全性前置胎盘初次出血时间较早,多发生在妊娠 28 周左右,出血频繁,出血量较多;边缘性前置胎盘初次出血时间较晚,往往发生在妊娠末期或临产后,出血量较少;部分性前置胎盘的初次出血时间及出血量介于以上两者之间。前置胎盘较少发生胎膜早破。

1.【答案】D
【解析】根据病史妊娠晚期特发的无痛性阴道出血应考虑前置胎盘。确诊前置胎盘主要是依据经阴道超声检查，超声可清楚显示子宫壁、宫颈及胎盘的关系，为目前诊断前置胎盘最有效的方法，准确率在95%以上。超声诊断前置胎盘还需考虑孕龄。

2.【答案】D
【解析】腹部外伤为胎盘早剥常见诱因，即使是钝器撞击腹部也可能引起胎盘早剥的发生，孕妇发生腹部外伤时均需要排除胎盘早剥。但外伤导致的胎盘早剥并不一定立即出现典型的临床症状，若外伤后出现阴道出血、频繁宫缩等临床表现，需住院严密观察24~48h。若无上述症状，持续胎心监护4h无异常可回家观察。本病例中孕妇外伤后出现典型的胎盘早剥症状及体征，伴有胎儿宫内状况异常，考虑胎儿窘迫，应立即终止妊娠、抢救胎儿。患者为初产妇，宫口尚未扩张，短时间内无法经阴道分娩，终止妊娠方式以剖宫产为宜。综上所述，D为正确选项。

3.【答案】A
【解析】前置胎盘由于胎盘附着于子宫下段，低于先露部，可有胎头高浮、臀先露或胎头跨耻征阳性。常合并胎方位异常。选项A描述先露已衔接，可能性最小。

4.【答案】E
【解析】前置胎盘的处理原则是抑制宫缩、止血、纠正贫血和预防感染。缩宫素激惹试验为诱发宫缩，会加重出血，故不正确。

5.【答案】B
【解析】前置胎盘一旦发生严重出血而危及孕妇生命安全时，不论胎龄大小均应立即剖宫产。前置胎盘根据阴道流血量、有无休克、妊娠周数、胎儿是否存活、是否临产及前置胎盘的类型而采取相应的处理。若阴道流血量不多或无产前流血者，生命体征平稳、胎儿存活、胎龄<36周、胎儿体重不足2 300g的孕妇，可行期待治疗，在孕妇安全的前提下尽可能延长孕周，以提高围生儿存活率。对于无阴道流血的前置胎盘，尽量延长孕周至足月后终止妊娠；若有少量阴道出血，完全性前置胎盘可在孕36周后、部分性前置胎盘及边缘性前置胎盘可在孕37周后终止妊娠；若阴道流血量较多，胎肺不成熟者，可经短时间促肺成熟后终止妊娠

【A2 型题】

1. 31 岁经产妇，孕 36 周，早晨起床时发现阴道流血，量中等，无腹痛，为确诊需参考的辅助检查结果是
   A. 血压高
   B. 胎心听不清
   C. 子宫有局限性压痛
   D. 超声提示胎盘下缘部分覆盖宫颈内口
   E. 贫血程度与阴道流血量不相符

2. 37 岁初产妇，孕 35 周，跌倒后发生持续性下腹疼痛，查体：子宫张力大，不能完全松弛，胎心监护见频发晚期减速，内诊：宫颈管未完全消退，宫口未开。恰当的处理是
   A. 静脉滴注硫酸镁
   B. 静脉滴注缩宫素引产
   C. 给予镇静药等待产程发作
   D. 立即剖宫产
   E. 给予止痛药

3. 31 岁经产妇，妊娠 34 周，清晨醒来发现大量出血，查血压 80/40mmHg，脉搏 120 次 /min，神清，胎心 170 次 /min，阴道活动性流血。本例可能性**最小**的胎方位是
   A. 枕右前位，先露已衔接
   B. 枕左前位，胎头高浮
   C. 肩先露
   D. 枕右后位，先露未入盆
   E. 臀先露

4. 27 岁初产妇，孕 39 周，无诱因出现阴道流血，多于月经量，查体：腹软，未及明显宫缩。此时最**不需要**的检查项目是
   A. 备血
   B. 血常规
   C. 凝血功能检查
   D. B 型超声检查
   E. 缩宫素激惹试验

5. 35 岁经产妇，孕 5 产 1，剖宫产 1 次，孕 35 周，夜间突发阴道流血多于月经量，急诊来院。查体：血压 90/60mmHg，心率 120 次 /min，神清，四肢湿冷，心肺（-），腹软，子宫软，未及明显宫缩，胎心 160 次 /min。此时最恰当的处理应是
   A. 止血、输液、等待足月终止妊娠
   B. 纠正休克同时行急诊剖宫产术

C. 输血补液,待血压、心率稳定,胎心正常后行剖宫产术

D. 争取破膜后胎头压迫止血

E. 输血同时根据胎产式及胎方位决定分娩方式

【A3/A4 型题】

(1~2 题共用题干)

28 岁孕妇,孕 2 产 0,孕 39 周,剧烈持续腹痛伴少量阴道流血 4h 入院。查体:贫血貌,血压 90/50mmHg,心率 120 次 /min,腹部触及低张性子宫收缩,子宫有局限性压痛,胎位不清,胎心遥远,胎心率 130 次 /min,宫口未开。

1. 最有可能的诊断是

    A. 前置胎盘

    B. 胎盘早剥

    C. 先兆临产

    D. 先兆子宫破裂

    E. 妊娠合并急性阑尾炎

2. 为明确诊断,最有价值的辅助检查是

    A. 超声检查

    B. 胎心监护

    C. 血型检查

    D. 血常规

    E. 肝肾功能

(3~4 题共用题干)

25 岁孕妇,IVF-ET 术后,孕 32 周,因阴道出血 2h 就诊。查体:血压 120/88mmHg,心率 98 次 /min,腹部无压痛及反跳痛,宫高 30cm,腹部可触及不规律宫缩,胎心率 150 次 /min,自感胎动如常。超声检查:宫颈长 1.8cm,胎盘下缘局部剥离可能。以"先兆早产,胎盘早剥"收入院进一步诊治。

3. 胎盘早剥与下列哪些因素**无关**

    A. 重度子痫前期

    B. 胎膜早破

    C. 辅助生育技术

    D. 妊娠期肝内胆汁淤积综合征

    E. 妊娠合并子宫肌瘤

4. 该患者入院后,哪项处理**不恰当**

    A. 地塞米松促胎肺成熟

    B. 应用宫缩抑制剂

    C. 卧床休息

    D. 监测胎心

    E. 行宫颈环扎术

1.【答案】B

【解析】本病例中患者血压降低,心率增快,贫血貌,不排除失血性休克可能,外出血量少,与全身失血症状不相符合;持续性腹痛,有宫缩并伴有局部压痛;胎位扪不清,胎心遥远,胎儿尚存活,考虑胎盘早剥可能性大(选项 B 符合)。本病例尚需与其他产前出血病因相鉴别。前置胎盘临床表现为无痛性阴道出血,与本题口的腹痛症状不相符合。先兆子宫破裂的患者临床表现为腹痛伴有少量阴道出血,腹部触诊可触及强烈的宫缩,胎位尚清楚。

2.【答案】A

【解析】胎盘早剥的超声表现包括:胎盘异常增厚,胎盘与宫壁之间底蜕膜回声带消失,表现为不规则无回声区或杂乱回声团。目前尚无敏感的检查对是否发生胎盘早剥进行评估。有研究报道 CA125、AFP、D- 二聚体等生化指标对预测或诊断胎盘早剥有一定的意义,但并未在临床中得到广泛应用。目前临床采用最多的辅助检查依旧是超声,超声检查对胎盘早剥的诊断特异性约为 93%,而敏感性仅为 25% 左右。超声检查阴性时也不能排除胎盘早剥可能,超声检查的价值在于同前置胎盘的鉴别诊断及采守治疗时的病情监测。

3.【答案】D

【解析】肝内胆汁淤积综合征并非胎盘早剥的高危因素。故选择 D。胎盘早剥的病因及机制尚不清楚,其高危因素包括:①孕妇血管病变,妊娠期高血压疾病、慢性肾脏疾病或全身血管病变孕妇;②妊娠晚期或临产时子宫静脉压升高;③机械因素,腹部外伤,分娩过程中脐带过短或相对过短;④宫腔内压力骤减,妊娠足月前胎膜早破,双胎分娩时第一儿娩出过快,人工破膜后羊水流出速度过快;⑤其他因素,包括高龄多产、人工辅助生育技术助孕、前次胎盘早剥病史、子宫肌瘤病史、吸烟、可卡因滥用等。

4.【答案】E

【解析】患者超声提示胎盘早剥可能,有阴道出血,无腹痛,无胎儿窘迫表现,胎盘早剥分级 0~Ⅰ级,孕周 32 周,可采取保守治疗。妊娠不满 34 周,应给予类固醇皮质激素促胎肺成熟。在保守治疗过程中,应密切观察母胎情况,积极进行超声随访,一旦出现明显阴道出血、凝血功能障碍或胎儿窘迫时应及时终止妊娠。患者有不规律宫缩,超声提示宫颈管缩短,应按早产治疗原则进行处理,给予抑制宫缩治疗。

5. 【答案】D

【解析】胎盘早剥主要的病理改变为底蜕膜出血并形成血肿,使得胎盘自附着处剥离(选项D)。妊娠期高血压疾病为胎盘早剥常见的危险因素。本病例中妊娠期高血压疾病患者出现头痛症状,提示血压控制不良,在此基础上继发持续性下腹痛及阴道出血,提示胎盘早剥可能。

6. 【答案】C

【解析】胎盘早剥的并发症包括:①胎死宫内,胎盘剥离导致胎儿缺血缺氧,剥离面积大时,胎儿可发生宫内死亡;②DIC,约1/3伴有死胎的胎盘早剥患者可发生凝血功能障碍;③产后出血,内出血发生子宫胎盘卒中时,子宫肌层收缩受影响易导致产后出血,也可能发生在凝血功能障碍时;④急性肾衰竭,大量出血引起肾灌注受损,导致肾皮质或肾小管缺血坏死;⑤羊水栓塞,羊水成分通过胎盘剥离面开放的血管进入母体血液循环,栓塞肺血管导致。

提问1:【答案】BE

【解析】妊娠晚期无痛性阴道出血为前置胎盘的特点。查体未及明显宫缩,子宫无压痛,胎盘早剥不能诊断。若持续胎心听诊,胎心率<110次/min 或>160次/min 时应考虑胎儿窘迫可能。前置胎盘极少发生胎膜早破,且无明显阴道流液,胎膜早破无法诊断。

提问2:【答案】ABCDE

【解析】前置胎盘的病因尚不清楚。高龄孕妇(>35岁)、经产妇或多产妇、吸烟或吸毒女性为高危人群。其原因可能为子宫内膜损伤或病变、胎盘异常、受精卵滋养层发育迟缓。

提问1:【答案】BDE

【解析】妊娠晚期无痛性阴道出血应考虑为前置胎盘,查体血压下降、脉搏增快根据其值可诊断失血性休克,胎心率<110次/min,可考虑胎儿窘迫。胎盘早剥的临床表现为妊娠20周后或分娩期由于正常位置的胎盘于胎儿娩出前全部或部分从子宫壁剥离。可表现为子宫硬如板状,压痛,子宫往往大于妊娠月份。先兆子宫破裂为临产后,胎先露下降受阻时发生,可见病理性缩复环,产妇表现为烦躁不安、呼吸心跳加快、下腹剧痛难忍、排尿困难、血尿。

(5~6题共用题干)

24岁孕妇,妊娠34周,发现血压升高半月,口服降压药控制,昨日夜间开始感头痛,今晨突发持续性剧烈下腹痛,伴阴道出血,检查子宫板状硬。

5. 该病主要病理变化是

　　A. 胎盘边缘血窦破裂

　　B. 胎盘血管痉挛

　　C. 包蜕膜出血

　　D. 底蜕膜出血

　　E. 真蜕膜出血

6. 该病的并发症**不包括**

　　A. 胎儿宫内死亡

　　B. 凝血功能障碍

　　C. 子宫破裂

　　D. 产后出血

　　E. 急性肾功能衰竭

【案例分析题】

案例一 经产妇,38岁,孕5产1,停经29周,阴道流血2d,无腹痛,孕期未规律产检,现阴道少量流血。入院查体:血压100/70mmHg,心率80次/min,心肺(-),腹软,未及明显宫缩,无压痛,胎心率140次/min。超声提示胎盘完全覆盖宫颈内口,胎方位横位。胎儿大小与孕周相符。

提问1:可能的诊断

　　A. 胎盘早剥

　　B. 前置胎盘

　　C. 胎儿宫内窘迫

　　D. 胎膜早破

　　E. 横位

提问2:患者发生上述疾病的可能原因

　　A. 高龄孕妇

　　B. 经产妇

　　C. 多次刮宫

　　D. 受精卵滋养层发育迟缓

　　E. 子宫内膜损伤或病变

案例二 28岁经产妇,妊娠37周,阴道无痛性大量流血5h入院。查血压80/60mmHg,脉搏110次/min,无宫缩,宫底在剑突下2指,臀先露,胎心率94次/min,骨盆外测量正常。

提问1:本例的诊断应是

　　A. 胎盘早剥

　　B. 胎儿窘迫

C. 先兆子宫破裂

D. 前置胎盘

E. 失血性休克

提问 2：本例最恰当的处理办法是

A. 立即输血、纠正失血性休克

B. 输血的同时立即行急诊剖宫产术

C. 期待治疗

D. 静脉滴注缩宫素

E. 人工破膜

案例三 25 岁初产妇，孕 36 周，晚 10 时突然无痛性阴道大出血入院，血压 100/70mmHg，心率 90 次 /min，子宫软，胎方位枕左前，胎心 160 次 /min。

提问 1：入院后应做哪些检查

A. 阴道检查

B. 胎心监测

C. 血常规、凝血功能

D. 备血

E. 超声检查

提问 2：下列处理哪些<u>不正确</u>

A. 静脉滴注缩宫素

B. 人工破膜

C. 立即行剖宫产术

D. 根据胎方位及胎产式决定分娩方式

E. 止血、输液、等待足月终止妊娠

案例四 40 岁孕妇，孕 5 产 2，流产 2 次，阴道顺产两次，孕 24 周，因下腹痛伴阴道流血 5h 入院。患者自诉发现血压高 2 年，孕前口服降压药，血压维持在 150/100mmHg，孕后停用降压药，未监测血压，5h 前无明显诱因出现腰背部疼痛，疼痛呈持续性，并逐渐加重，伴阴道大量流血 2 次，每次均可见凝血块，无头晕头痛、胸闷心慌、恶心呕吐等不适。

提问 1：该孕妇产前出血的原因可能是

A. 营养不良

B. 高龄产妇

C. 胎盘异常

D. 子宫内膜病变

E. 孕妇血管病变

F. 羊膜腔压力增高

G. 胎膜受力不均

H. 受精卵滋养层发育迟缓

提问 2：【答案】AB

【解析】前置胎盘若阴道流血量不多或无产前流血者、生命体征平稳、胎儿存活、胎龄 <36 周、胎儿体重不足 2 300g 的孕妇，可行期待治疗，在孕妇安全的前提下尽可能延长孕周，以提高围儿存活率。对于无阴道流血的前置胎盘，尽量延长孕周至足月后终止妊娠；若有少量阴道出血，完全性前置胎盘可在孕 36 周后、部分性前置胎盘及边缘性前置胎盘可在孕 37 周后终止妊娠；若阴道流血量较多，胎肺不成熟者，可经短时间促肺成熟后终止妊娠；一旦前置胎盘发生严重出血而危及孕妇生命安全时，不论胎龄大小均应立即剖宫产。

提问 1：【答案】BCDE

【解析】前置胎盘伴出血患者入院应立即行血常规、凝血功能、备血等检查，一般不做阴道检查以防附着于宫颈内口处的胎盘剥离而发生大出血。超声检查为诊断前置胎盘最有效的方法。

提问 2：【答案】ABDE

【解析】前置胎盘若阴道流血量不多或无产前流血者、生命体征平稳、胎儿存活、胎龄 <35 周、胎儿体重不足 2 300g 的孕妇，可行期待治疗，在孕妇安全的前提下尽可能延长孕周，以提高围儿存活率。对于无阴道流血的前置胎盘，尽量延长孕周至足月后终止妊娠；若有少量阴道出血，完全性前置胎盘可在孕 36 周后、部分性前置胎盘及边缘性前置胎盘可在孕 37 周后终止妊娠；若阴道流血量较多，胎肺不成熟者，可经短时间促肺成熟后终止妊娠；一旦前置胎盘发生严重出血而危及孕妇生命安全时，不论胎龄大小均应立即剖宫产。

提问 1：【答案】BE

【解析】该患者合并慢性高血压，持续性下腹痛疼伴阴道出血，考虑胎盘早剥可能。孕妇血管病变是胎盘早剥最常见的危险因素，包括子痫前期、慢性高血压疾病或慢性肾脏疾病等，底蜕膜动脉发生病理性改变导致胎盘微循环障碍，进而发展为胎盘后血肿，胎盘与子宫壁剥离，形成胎盘早剥。慢性高血压孕妇中胎盘早剥的发生率约为正常孕妇的 3 倍，尤其是慢性高血压合并子痫前期时，其发生风险约为正常孕妇的 7.7 倍。除此以外，本病例中符合胎盘早剥的高危因素还有高龄多产。

提问2：【答案】ABC

　　【解析】怀疑胎盘早剥时，应完善的检查包括：①超声检查，协助了解胎盘位置，排除前置胎盘出血可能；②实验室检查，了解贫血情况及凝血质量，同时还应该检测肝肾功能、电解质等，了解病情严重程度；③胎心监护，适用于孕晚期，用于判断胎儿宫内状况，有无胎儿窘迫表现。应注意的是，在排除前置胎盘之前，应尽量避免阴道检查。

提问1：【答案】ABF

　　【解析】胎盘早剥患者终止妊娠方式需根据患者病情轻重、胎儿宫内情况、产程进展情况等综合考虑。阴道分娩指征：I 级胎盘早剥，显性出血为主，宫口已开大，经产妇一般情况较好，估计短时间内能够实施人工破膜减压，促进产程进展。缩宫素的使用应慎重，以防子宫破裂。产程中建议全程行胎心电子监护，及时了解胎儿宫内情况，同时应备足血制品。患者目前一般情况可，无活动性大量阴道出血，可暂不输血，但应做好相关急救准备。

提问2：【答案】B

　　【解析】产后检查胎盘及胎膜对于产前出血疾病有诊断意义。产后检查胎盘母体面有凝血块及压迹即可诊断胎盘早剥，胎膜破口距胎盘边缘距离 >7cm 可排除前置胎盘。

提问1：【答案】ABDEFH

　　【解析】胎盘早剥的治疗原则为早期识别、纠正休克、及时终止妊娠、控制 DIC 和减少并发症。本病例中患者宫底高度明显高于孕周，全身湿冷，血压下降，考虑胎盘隐性剥离导致失血性休克可能，应立即建立静脉通道，迅速补充血容量。胎心率异常考虑胎儿宫内窘迫可能，胎盘早剥临床分级 II ~ III 级，应在纠正休克的同时尽快、果断进行剖宫产，以降低胎儿死亡率。

提问2：下一步需进行的检查包括

　　A. 超声
　　B. 血常规
　　C. 凝血功能检查
　　D. pH 试纸检测
　　E. C 反应蛋白
　　F. 胎心监护
　　G. 羊膜腔穿刺
　　H. 胎盘功能检查
　　I. 阴道检查

案例五 40 周经产妇，因"规律宫缩 4h，宫口开大 6cm"入产房待产，1h 后突发较多阴道出血 1 次，色鲜红。阴道内诊：先露头，S+1，宫口开大 8cm，胎膜存。产妇神清，一般情况可，规律宫缩 40~50s/4~5min，胎心率 125 次 /min。

提问1：此时恰当的处理包括

　　A. 建立静脉通道
　　B. 人工破膜
　　C. 立即转剖宫产
　　D. 给予缩宫素静脉滴注
　　E. 给予地西泮镇静
　　F. 继续观察产程
　　G. 给予氨甲环酸止血
　　H. 产钳助产

提问2：胎儿胎盘娩出后检查，见胎盘边缘 4cm×2cm 大小凝血块及压迹，胎盘大小 17.0cm×15.0cm×2.5cm，胎膜破口距离胎盘边缘距离 8cm，脐带附着于胎盘正中，脐带长度 55cm。阴道出血最有可能的原因为

　　A. 前置胎盘　　　　　　B. 胎盘早剥
　　C. 前置血管破裂　　　　D. 胎盘边缘血窦破裂
　　E. 先兆子宫破裂　　　　F. 帆状胎盘
　　G. 脐带过长

案例六 24 岁初产妇，孕 5 次，流产 4 次，妊娠 33 周，下腹剧烈疼痛 4h，无阴道流液及流血。入院查体：体温 37℃，心率 100 次 /min，呼吸 25 次 /min，血压 70/40mmHg，精神差，痛苦面容，全身湿冷，腹部隆起，腹肌紧张，压痛明显。产科检查：宫底剑突下 2 指，胎心率 170~180 次 /min，宫颈管未完全消退，宫口可容一指，先露臀，S-2。

提问1：下列处理中合理的为

　　A. 开放静脉通道
　　B. 输注浓缩红细胞及新鲜冰冻血浆

C. 腹部 CT

D. 急查血常规、凝血功能

E. 胎心监护

F. 促胎肺成熟

G. 应用宫缩抑制剂

H. 产科超声

提问2:经过上诉检查后行急诊剖宫产,术中见胎盘后方 9cm × 7cm 血肿,胎盘剥离面积大于 1/2,胎盘边缘见 10cm × 7cm 压迹,子宫局部蓝紫色。下一步处理正确的是

A. 行子宫切除术

B. 缩宫素 20IU 静脉滴注

C. 按摩子宫

D. 注射抗 D 免疫球蛋白

E. B-Lynch 缝合

F. 硫酸镁静脉滴注

G. 卡前列醇素氨丁三醇宫体注射

(邹丽)

第六节 羊水量异常

1. 适龄初产妇,妊娠 35 周,LSA,为评估该孕妇羊水量,最有价值的检测项目是

A. 羊水指数

B. 直接测量羊水量

C. 羊水池最大垂直深度

D. 测量羊水池的两个直径

E. 测量羊水池的四个直径

2. 孕早期发生重度羊水过少的后遗症中最常见、最严重的是

A. 法洛四联症

B. 胎儿骨骼畸形

C. 胎儿肺部发育不全

D. 胎儿生长受限

E. 胎儿神经管发育异常

3. 关于吲哚美辛治疗羊水过多错误的是

A. 原理为抗利尿作用

B. 原理为增强肾近端小管对水和钠的重吸收作用

C. 具体用量为 1~2mg/(kg·d)

D. 用药期间必须监测羊水量

E. 应限于 32 周前使用

F. 副作用有羊水过少

提问2:【答案】BCG

【解析】患者出现子宫胎盘卒中表现,易发生子宫收缩乏力,予致产后出血。应积极给予促宫缩药物,如缩宫素、前列腺素制剂等。持续子宫按摩促进子宫收缩,同时针对性补充血制品。通过积极处理,多数子宫收缩转佳,若发生难治性产后出血,可行子宫切除术。

1.【答案】A

【解析】羊水量异常的定义基于超声诊断。半定量方法包括羊水池最大垂直深度(DP)测量和羊水指数(AFI)测量。AFI 是四个区的羊水池最大垂直深度之和,是妊娠期测量羊水量更为敏感的指标。因为 DP 不适用于胎位不称,且随着孕龄增加,AFI 的衰退曲线与羊水量的衰退曲线在图形上有相似性,所以,与 DP 相比更多人更倾向于选择 AFI。故 A 选项正确;C、D、E 选项错误。直接测量羊水量是指破膜时以容器置于外阴收集羊水或剖宫产时用吸引器收集羊水,缺点是不能作为早期诊断,本题中孕妇停经 35 周无破水指征,故 B 选项不作为首选。

2.【答案】C

【解析】长期羊水过少的常见并发症包括肺发育不良和骨骼畸形,其中肺发育不良与胎儿胸廓受压肺扩张受限,羊水过少时羊膜腔压力低下(≤1mmHg),导致肺内液大量外流有关。而且,羊水过少出现孕周越早、越严重、持续时间越长,肺部发育不良风险越高、程度越严重,故 C 选项正确,B 选项不作为首选。

3.【答案】C

【解析】吲哚美辛为前列腺素合酶抑制剂,治疗羊水过多的主要原理是通过抗利尿激素作用抑制胎儿捞尿,增强肾近端小管对水和钠的重吸收作用,通过以上两者或两者之一的机制减少尿量,故 A、B 描述正确。吲哚美辛的使用剂量为每天 50~200mg,具体剂量根据超声评估的羊水量多少来决定,且必须监测羊水量以避免羊水过少的发生。故 C 描述错误;D、F 描述正确。因为有妊娠晚期使用吲哚美辛发生新生儿动脉导管提前关闭、新生儿肾功能损伤的报道,所以多数学者主张在孕龄为 32~35 周停止使用吲哚美辛,故 E 描述正确。本题正确答案为 C。

4.【答案】E

【解析】泡沫试验、振荡试验均是一种快速简便测定羊水中肺泡表面活性物质的方法,如试管内液体上布满泡沫则为阳性,表示胎肺已成熟;如出现泡沫但未布满则可疑;如没有泡沫则为阴性,胎肺未成熟,出现羊水混有血液或胎粪时不适宜,故A,B选项不作为首选。羊水中肌酐、胆红素、脂肪细胞含量测定分别用于检测胎儿肾脏、肝脏以及皮肤是否发育成熟的方法,故C,D,F选项错误。卵磷脂与鞘磷脂比值(L/S)测定相比较磷脂酰甘油测定特异性相对较低,糖尿病时,即使L/S值>2而未出现磷脂酰甘油,则胎儿肺部仍有可能尚未成熟,故G选项不作为首选,E选项为本题正确答案。

1.【答案】C

【解析】急性羊水过多时羊水量常在数日内急剧增多,常伴有孕妇腹部不适、呼吸困难等压迫症状;腹部检查提示:子宫明显大于孕周,胎位不清,胎心遥远或听不清。与题干所述相符合,故羊水过多诊断成立,C选项为本题正确答案。

2.【答案】A

【解析】正常胎儿孕9周可辨认出颅骨,孕12周颅骨清晰并可辨认出中线,最早可在此期间检出无脑儿。中枢神经系统疾病如无脑儿羊水吞咽能力受损可导致羊水过多,其发生率为65%,故C描述正确。此外无脑儿导致羊水过多可能的发生机制还有:①过多的液体从暴露的神经组织如脑膜流到羊膜腔,即脑脊液漏出,羊水产生过多,故B,E描述正确;②下丘脑抗利尿激素缺乏,胎儿尿产过多,羊水产生过多,故D描述正确。母体糖尿病时胎儿血糖增高,产生高渗性利尿,同时伴有胎盘胎膜渗出增多,导致羊水过多,故渗透性利尿是妊娠糖尿病合并羊水过多的发生机制,故A是本题正确答案。

3.【答案】E

【解析】该孕妇孕期定期产检未见明显异常,孕38周超声检查提示羊水过少,不能排除胎盘功能低下所致,羊水过少的孕妇有顺产意愿,必须详细告知羊水过少是胎儿危险的信号,易并发胎儿窘迫与新生儿窒息,增加围产儿死亡率,可放宽剖宫产指征。入院后应立即完善常规检查及电子胎心监护,评估胎盘功能,如:胎儿生物物理监测、脐动脉血流S/D值测定。故A,B,E选项描述正确。行缩宫素激素试验了解胎盘在子宫收缩时一过性缺氧的负荷变化,测定胎儿的储备能力或行无应激实验了解胎儿储备能力等都是必要的试产前准备,当OCT或NST显示频繁变异减速、基线变异异差、晚期减速时建议行剖宫产终止妊娠,故C,D选项描述正确。该孕妇停经38周,孕期检查未见明显异常,糖耐量检查(-),孕晚期糖化血红蛋白测定正常,妊娠已足月,基本排除胎儿未成熟可能。故选项E价值最小,是本题正确选项。

4. 为了解妊娠糖尿病患者胎儿肺部发育成熟度,最敏感的检查方法是
A. 泡沫试验
B. 振荡试验
C. 肌酐含量测定
D. 胆红素含量测定
E. 磷脂酰甘油测定
F. 脂肪细胞含量测定
G. 卵磷脂与鞘磷脂比值(L/S)测定

【A2型题】

1. 25岁女性,停经32周,定期产检未见明显异常,妊娠24周OGTT(-)。腹胀、行动困难2周,半卧位,腹膨隆,宫底剑突下2指,宫高32cm,腹围100cm,胎心遥远,胎位无法确认。最可能的诊断是
A. 羊水过少
B. 正常妊娠
C. 羊水过多
D. 双胎妊娠
E. 巨大胎儿

2. 孕妇40岁,甲状腺功能减退合并妊娠,孕期不定期产检,妊娠26周行超声检查提示:胎儿头端可见一"瘤结"状物,颅骨环呈不完全圆形图像,羊水池最大垂直深度:14cm,羊水指数:29cm。诊断:胎儿神经系统畸形:无脑儿可能;羊水过多;高龄妊娠。请分析,中枢神经系统病变如无脑儿发生羊水过多的机制中可能性最小的是
A. 渗透性利尿
B. 脑脊液漏出
C. 吞咽功能受损
D. 抗利尿激素缺乏导致胎儿尿量增多
E. 过多液体从暴露的脑膜流到羊膜腔内

3. 孕妇30岁,孕1产0,因"停经38周,超声提示羊水过少半天"入院。孕期定期产前检查未见异常,孕中期糖耐量检查(-),孕晚期糖化血红蛋白测定:4.0%。今停经38周,产检发现近2周腹围、宫高无明显增长,且子宫较敏感,行超声检查提示:胎儿大小相当于孕38周,未见明显畸形,羊水指数5.0cm,胎盘成熟度Ⅱ~Ⅲ度。目前诊断:孕1产0,妊娠38周,LOA,单活胎;羊水过少。该孕妇有顺产意愿,入院后价值最小的辅助检查是
A. 电子胎心监护

B. 胎儿生物物理监测

C. OCT

D. NST

E. 胎儿成熟度检查

【A3/A4 型题】

(1~2 题共用题干)

孕妇 28 岁,孕 5 产 1,顺产 1 次,社会因素人工流产 3 次。因"妊娠 43^{+1} 周伴羊水过少"收住入院。孕妇本次孕期检查未见明显异常,入院前行超声检查提示:羊水池最大垂直深度 1.5cm,羊水指数 5cm,余未见明显异常。

1. 该病例出现羊水过少最可能的原因是

A. 胎儿畸形

B. 胎膜早破

C. 胎盘功能障碍

D. 妊娠糖尿病

E. 母亲血容量降低

2. 孕妇有阴道顺产意愿,入院后最有价值的辅助检查是

A. 电子胎心监护

B. 胎儿生物物理监测

C. OCT

D. 胎盘功能检查

E. 胎儿成熟度检查

【案例分析题】

案例一 孕妇 39 岁,孕 2 产 1,停经 34 周,孕期无化学性药物、毒物接触史。因高龄行羊水穿刺,染色体核型分析、排畸超声筛查未见异常。早孕空腹血糖 5.87mmol/L,孕 28 周行 OGTT 提示:6.02mmol/L –11.40mmol/L –10.07mmol/L。诊断为妊娠糖尿病,予以饮食、运动控制,自行监测血糖,空腹在 6~7mmol/L,餐后 2h 在 9~11mmol/L。自觉腹胀,呼吸困难,双下肢水肿 1 个月余,胎心闻及不清,超声检查示:羊水池最大垂直深度 15cm,羊水指数 45cm,未见明显胎儿畸形。NST 反应型。

提问 1:该孕妇发生羊水过多最可能的原因是

A. 胎盘胎膜渗出增多

B. 胎儿发育不成熟,吞咽功能尚未完善

C. 胎儿心房肽分泌增多导致胎儿尿量增多

D. 胎儿抗利尿激素分泌不足导致胎儿尿量增多

E. 胎儿血糖增高,高渗性利尿导致胎儿尿量增多

F. 肾小球增大和远端肾小管扩张导致胎儿尿量增多

1.【答案】C

【解析】孕中期出现羊水过少常合并胎儿发育异常,孕晚期羊水过少多为胎盘功能不良或羊水外漏(胎膜早破),本病例中孕妇本次孕期检查未见明显异常,且无阴道流血、流液的主诉,故 A,B,D,E 选项暂不考虑。过期妊娠并发羊水过少的原因有:胎儿肾小管对抗利尿激素的敏感性增高、胎儿脱水、胎盘功能减退、灌注不足、羊膜上皮细胞萎缩、微绒毛肿胀等。故 C 选项正确。

2.【答案】C

【解析】该孕妇妊娠 43^{+1} 周,超声检查提示羊水过少,考虑胎盘功能低下所致。羊水过少孕妇有顺产意愿,必须详细告知羊水过少是胎儿危险的信号,易并发胎儿窘迫与新生儿窒息,增加围产死亡率,应放宽剖宫产指征。建议进一步完善缩宫素激惹试验了解胎盘于宫缩时一过性缺氧的负荷变化,测定胎儿的储备能力或行无应激试验了解胎儿储备能力等都是必要的试产前准备,当 OCT 或 NST 显示频繁变异减速、基线变异差、晚期减速时建议行剖宫产终止妊娠,故 C 选项描述正确。

提问 1:【答案】AE

【解析】引起羊水过多的常见原因包括:①母体因素,糖尿病、滥用药物、锂治疗;②胎儿因素,胃肠道梗阻、肠闭锁(常见于十二指肠)、继发于胸廓或纵隔肿瘤的食管狭窄(包括膈疝)、吞咽神经受损、中枢神经系统病变(如无脑畸形)、染色体异常(如 13-三体综合征)、肌营养不良、胎儿多尿、双胎输血综合征、巴特(Batter)综合征、胎儿贫血症、骶尾畸胎瘤、绒毛膜血管瘤、宫内感染(如梅毒、肝炎病毒)。正常妊娠时,停经 20 周末开始出现吞咽、排尿功能,该孕妇停经 34 周孕期基本排除胎儿畸形,胎儿吞咽功能已发育完善,故 B 选项排除。心房肽分泌增加、肾小球增大和远端肾小管扩张是双胎输血综合征孕妇受血儿发生多尿产生羊水过多的原因,故 C,F 选项排除。下丘脑抗利尿激素缺乏导致胎儿产尿过多是中枢神经系统疾病如无脑儿发生羊水过多的原因之一,故 D 排除。该孕妇孕中期 OGTT 示:6.02mmol/L –11.40mmol/L–10.07mmol/L,诊断妊娠糖尿病;自行监测空腹在 6~7>mmol/L,餐后 2h 在 9~11mmol/L,显示控制不佳,母本糖尿病时胎儿血糖增高,产生高渗性利尿,同时伴有胎盘胎膜渗出增多,导致羊水过多,故 A,E 选项是本题正确答案。

提问2:【答案】CDE

【解析】对妊娠中期或妊娠晚期初期阶段出现的羊水过多以治疗通常是必要的,治疗指征包括母体自觉症状严重,AFI>40cm或DP>12cm(重度羊水过多),故A选项错误。因为有妊娠晚期使用吲哚美辛发生新生儿动脉导管提前关闭、新生儿肾功能损伤的报道,所以多数学者主张在孕龄为32~35周停止使用吲哚美辛,故B选项错误。舒林酸虽然较吲哚美辛安全,妊娠中晚期长期使用舒林酸可减少羊水量,而且没有致动脉导管狭窄的证据,故C选项可作为备选答案。该孕妇为妊娠糖尿病患者且血糖控制不满意,对于妊娠期期血糖控制不满意以及需要提前终止妊娠者,应在计划终止妊娠前48h促胎儿肺成熟,故F选项错误,D选项可作为备选答案。有条件者行羊膜腔穿刺术抽取羊水了解胎儿肺成熟度,同时羊膜腔内注射地塞米松10mg,故E选项为首选处理方法。本题正确答案为C,D,E。

提问3:【答案】ABC

【解析】当AFI超过40~45cm,DP超过12cm,或羊膜腔压力超过临界参考值时,早产和胎膜破裂的危险性增加,建议重复抽取羊水,必要时3~4周后再次放羊水,甚至连续操作以降低宫腔压力。故A,B选项正确。为防止由于宫腔压力迅速降低继发胎盘早剥,经腹羊膜腔穿刺放羊水时速度不宜过快,每小时约500ml,一次放羊水量不宜过多(不超过1 500ml),故E选项错误,C选项正确。操作过程注意严格的消毒,预防感染,密切观察孕妇血压、心率、呼吸变化,监测胎心,酌情予以镇静剂,预防早产,故D,F项错误。本题正确答案为A,B,C。

提问1:【答案】AD

【解析】羊水过少的定义为:妊娠晚期羊水量少于300ml。B型超声检查AFV≤2cm或AFI≤5cm可作为诊断,该孕妇超声检查提示:羊水池最大垂直深度2cm,故羊水过少诊断成立。胎儿生长受限指妊娠37周以后,胎儿出生体重小于2 500g或低于同孕龄平均体重的两个标准差或在同孕龄正常体重的第10个百分位数以下,该孕妇超声检查提示:双顶径:77mm,头围:270mm,腹围:240mm,股骨长:55mm,相当于孕30周大小,故胎儿宫内发育迟缓诊断成立。本题正确答案为A,D。

提问2:【答案】ABCEF

【解析】羊水过少根据胎儿有无畸形以及孕周大小治疗方案不同,故A选项正确。羊水过少合并胎儿畸形者应尽早终止妊娠,故B选项正确。羊水过少合并正常胎儿者应寻找并去除病因,定期监测羊水量。对于妊娠未足月、胎肺不成熟者,可增加羊水量行期待治疗,延长妊娠期,故C,E选项正确,D选项错误。对于已足月、胎儿可宫外存者应及时终止妊娠;羊水过少是胎儿危险的信号,易并发胎儿窘迫与新生儿窒息,增加围产儿死亡率,可放宽剖宫产指征,故F选项正确。本题正确答案为A,B,C,E,F。

提问2:考虑孕妇血糖控制不佳,建议使用胰岛素治疗,同时请内分泌科会诊指导胰岛素应用,下列处理原则包括

A. 密切监测血糖,无需处理

B. 吲哚美辛治疗 3~7d

C. 舒林酸治疗 3~7d

D. 促胎肺成熟后提前终止妊娠

E. 羊膜腔穿刺放羊水,同时腔内注射地塞米松 10mg

F. 高位破膜,尽快终止妊娠

提问3:对于羊膜腔穿刺术,操作过程中应注意

A. 必要时可重复操作

B. 必要时持续性操作

C. 严格控制放液速度

D. 术前必须予以保胎药物治疗

E. 一次放出羊水量最多 2 500ml

F. 术后必须予以保胎药物治疗

案例二 孕妇 30 岁,孕 1 产 0,妊娠 34^{+5} 周,月经规律,宫高及腹围小于同期妊娠,胎动时自觉腹痛剧烈。入院查体:宫高 28cm,腹围 86mm,胎心率 150 次/min。超声检查提示:双顶径 77mm,头围 270mm,腹围 240mm,股骨长 55mm,羊水池最大垂直深度 2cm,双侧肾脏结构显影欠清,膀胱空虚,看不到尿液。

提问1:根据上述病史,可能的诊断是

A. 胎儿宫内发育迟缓

B. 胎儿心动过速

C. 正常妊娠

D. 羊水过少

E. 正常妊娠

提问2:关于羊水过少的处理原则,正确的是

A. 根据胎儿有无畸形以及孕周大小治疗方案不同

B. 羊水过少合并胎儿畸形者应尽早终止妊娠

C. 羊水过少合并 FGR,应期待治疗、延长孕龄

D. 孕中期并发羊水过少应及时终止妊娠

E. 孕晚期并发羊水过少应定期监测羊水量

F. 羊水过少可放宽剖宫产指征

案例三 孕妇 27 岁,停经 24 周,1 周前于当地医院行超声检查提示羊水过少,现为求进一步诊治就诊于我院。入院专科查体提示:宫高 17cm,腹围 78cm,胎位不清,胎心率 150 次/min,未扪及宫缩。辅助检查提示:血尿常规,肝肾功能等检查未

见明显异常。外院超声提示:宫内妊娠 20 周,臀位,羊水池最大垂直深度 2cm,羊水指数 4cm,胎儿双肾、膀胱、胃泡显示欠清。

提问 1:该孕妇既往无急慢性病史,无传染病史,孕期无化学、毒物接触史,无药物服用史,无输血史。推测该孕妇羊水过少的可能原因是

A. 胎膜早破

B. 胎儿生长受限

C. 药物影响

D. 孕妇低血容量

E. 胎儿畸形

F. 胎儿重度缺氧

G. 胎盘功能低下

提问 2:孕妇入院后复查超声提示:宫内单活胎,根据胎儿双顶径、头围、腹围、股骨径等测量结果推算胎儿大小约 21 周,羊水过少,AFI 为 3cm,胎儿脐血管,大脑中动脉血流指数未见明显异常,双肾偏大,回声偏强,考虑婴儿型多囊肾可能。下列对婴儿型多囊肾和成人型多囊肾鉴别诊断中正确的有

A. 婴儿型多囊肾预后相对较差

B. 婴儿型多囊肾常合并有羊水过少

C. 婴儿型多囊肾发病基因位于 6 号染色体

D. 婴儿型多囊肾发病基因位于 16 号染色体

E. 成人型多囊肾多有家族史

F. 二者超声表示相似

提问 3:与孕妇及家属交代病情后,表示了解并要求终止妊娠,针对该孕妇可选择何种引产方式

A. 超声引导下羊膜腔内注射依沙吖啶

B. 米非司酮 + 米索前列醇

C. 超声引导下胎儿心脏注射氯化钾

D. 人工破膜术

E. Foley 导管或水囊引产

F. 剖宫取胎术

提问 4:3d 后成功引产出一死男胎,外观无明显畸形,羊水极少,尸检报告提示:胎儿双侧肾脏增大,病理报告提示:双肾增大,双肾实质内集合管呈囊状扩张,符合婴儿型多囊肾改变。夫妇双方下次妊娠时建议使用的产前诊断有

A. 孕 11~13^{+6} 周行早孕 NT 检查

B. 孕 11~13^{+6} 周行早孕唐氏筛查

C. 孕 11~14 周行绒毛取样核型分析

D. 孕 15~20 周行中孕唐氏筛查

E. 孕 17~22 周行羊水穿刺核型分析

提问 1:【答案】BEG

【解析】正常妊娠 24 周时宫底高度在:脐上 1 横指 /24cm 左右。该孕妇停经 24 周宫高偏低,根据超声检查结果,羊水过少诊断明确。羊水过少常见原因有:胎膜早破、FGR、过期妊娠、药物影响、孕妇低血容量以及胎儿泌尿系统畸形等。无论孕中期还是孕晚期的羊水过少,均应排除胎膜早破可能,但该孕妇未诉阴道流血、流液等不适,胎膜早破的可能性不大,故 A 选项排除。超声检查胎儿大小约 20 周,FGR 可能,故 B 选项正确。该孕妇既往无急慢性病史,无服药史,停经 24 周出现羊水过少,过期妊娠、药物影响(C)、孕妇低血容量(D)等可能性不大。故 C,D 选项排除。胎儿缺氧严重时胎儿体内各个脏器的血流重新分布,心、脑及肾上腺等的血流明显增加,肺、肠及肾等的血流量明显减少,从而影响胎儿尿液生产,但该孕妇超声检查并未提示上述表现,故胎儿重度缺氧暂不考虑,F 选项排除。通常胎盘功能低下引起慢性缺氧时常合并胎儿生长受限,该孕妇超声检查提示胎儿大小约 20 周,故胎盘功能低下可能,G 选项正确。孕中期羊水过少常合并胎儿发育异常,该孕妇超声检查提示:胎儿双肾、膀胱显示欠清,考虑先天性畸形可能,故胎儿畸形可能性最大,E 选项正确。本题正确答案为 E,E,G。

提问 2:【答案】ABCEF

【解析】婴儿型多囊肾又称常染色体隐性遗传性多囊肾,其发病基因位于 6 号染色体短臂端,其病因是原发性集合管缺陷,肾实质内集合管呈小囊样扩张,产前超声改变主要是双肾对称性增大,回声增强和羊水过少。婴儿型多囊肾预后与肾脏病变的严重程度有关,发病越早预后越差,胎儿期发病者预后极差。故选项 A,B,C 正确,选项 D 错误。成人型多囊肾又称常染色体显性遗传性多囊肾,其发病基因位于 16 号染色体短臂端,其病理特征是肾单位的囊状扩张,但并不累及所有集合管,超声表现与婴儿型多囊肾相似,但由于成人型多囊肾不引起胎儿肾功能不全,一般不合并羊水过少。故选项 E,F 正确。本题正确答案为 A,B,C,E,F。

提问 3:【答案】ABC

【解析】婴儿型多囊肾在婴儿期发病者预后极差,一经诊断建议终止妊娠。该孕妇羊水过少,羊膜腔穿刺难度较大,可在超声引导下行羊膜腔注射依沙吖啶(A 项)和 / 或胎儿心脏注射氯化钾(C 项)引产术。人工破膜术可刺激内源性前列腺素和缩宫素释放,从而诱发宫缩,适用于宫颈条件成熟并且胎先露已衔接者,且尚未足够证据证实单独使用人工破膜术的疗效和安全性,该孕妇同时合并羊水过少,故选项 D 排除。选项 E(Foley 导管或水囊)适用于妊娠 28 周后的晚期妊娠,需要在阴道无感染及胎膜完整时才能使用,主要通过机械性刺激宫颈管,促进内源性前列腺素合成与释放而促宫颈成熟,该孕妇妊娠 24 周,暂不考虑使用 Foley 导管或水囊,故选项 E 排除。除非孕妇合并严重的合并症、并发症,如胎盘早剥、中央性前置胎盘、重度子痫前期、先兆子宫破裂等需尽快终止妊娠才采取剖宫取胎术,否则一般不主张采取剖宫取胎术。该孕妇生命体重稳无明显合并症及并发症,故暂不考虑剖宫取胎术(F 选项),故选项 F 排除。针对该孕妇合并羊水过少、胎儿畸形,可使用米非司酮 + 米索前列醇(B 选项)引产。本题正确答案为 A,B,C。

提问4：【答案】CEG

【解析】对于有胎儿畸形者建议下次妊娠时行遗传咨询。针对该孕妇夫妻双方建议继续完善肾脏超声检查、染色体检查等。下次妊娠时应常规完善产前筛查如：母血清学筛查胎儿非整倍体异常和影像学筛查胎儿结构异常，包括：早孕期NT检查、早孕唐氏筛查、中孕唐氏筛查、三级排畸超声检查等。故A、B、D、F选项均为常规产前筛查项目，不是该题正确选项。绒毛穿刺活检指征：孕妇年龄≥35岁，孕妇曾生育过染色体异常患儿史，夫妇一方为染色体结构异常携带者，孕妇曾生育过单基因病患儿或遗传性代谢病患儿史，早孕期筛查高风险，针对该孕妇既往生育婴儿型多囊肾患儿病史建议孕11~14周行绒毛取样核型分析，尽早发现胎儿畸形，错过绒毛穿刺活检时间可于中孕或晚孕期再行羊水或脐带血穿刺。本题正确答案为C、E、G。

1.【答案】D

【解析】临产前发生胎膜破裂称为胎膜早破(PROM)，是常见的妊娠并发症，是早产的主要原因之一。依据发生时的孕周分为足月胎膜早破(TPROM)及未足月胎膜早破(PPROM)。妊娠满37周发生者称为足月胎膜早破，未满37周则称为未足月胎膜早破。足月单胎妊娠胎膜早破发生率为8%，单胎妊娠未足月胎膜早破发生率为2%~4%，双胎妊娠未足月胎膜早破发生率为7%~20%。故描述不正确的为D选项。

2.【答案】D

【解析】足月胎膜早破者，无剖宫产征，可在破膜后2~12h内积极引产，可减少绒毛膜羊膜炎、产褥感染风险，不增加剖宫产率及阴道助产率及其他不良结局的发生率，故选项A不正确。未足月胎膜早破者，孕周<24周为无生机儿阶段，由于需期待数周才能获得生存可能，早产儿不良结局发生率高，母儿感染风险大，不主张继续妊娠，以引产为主，故选项B描述不正确。孕28~34周如无妊娠禁忌证应保胎，延长孕周至34周，保胎过程中应给予抗生素预防感染，其胎肺未成熟者予糖皮质激素促胎肺成熟治疗，密切监测母胎状况，胎肺成熟后可考虑终止妊娠，选项C和E不正确。胎膜早破后，一旦发现宫内感染，无论孕周大小需立即终止妊娠，正确答案为D选项。

3.【答案】B

【解析】胎膜早破不会影响产程进展，且会促进产程进展，故正确答案为B。胎膜早破后阴道内病原微生物易上行感染，导致宫内感染，感染程度与破膜时间有关，破膜时间越长临床绒毛膜羊膜炎风险越大，超过24h，感染率增加5~10倍。未足月胎膜早破最主要的并发症是早产，早产儿易发生呼吸窘迫综合征，合并绒毛膜羊膜炎是易引起新生儿吸入性肺炎。胎位不正(如横位或臀位)、胎先露衔接不佳时发生胎膜早破其脐带脱垂。胎膜早破导致羊水过少、脐带受压甚至脐带脱垂，进而会引起胎儿窘迫甚至胎死宫内。胎膜破裂会刺激宫缩内源性前列腺素和缩宫素释放，进而诱发宫缩因而使产程开始或促进产程进展。

4.【答案】D

【解析】胎膜早破后易发生羊膜腔感染，若：①羊水细菌培养出细菌；②羊水涂片革兰氏染色检查出细菌；③羊水IL-6测定≥7.9μg/L、血C反应蛋白>8mg/L(D选项)、降钙素原≥0.5μg/L，均提示羊膜腔感染存在。

F. 孕18~22周行产科三级排畸超声检查

G. 孕24周后行脐带血核型分析

（王志坚）

第七节 胎膜早破

【A1型题】

1. 关于胎膜早破，下列说法**不正确**的是
   A. 胎膜早破是导致早产的原因之一
   B. 未足月胎膜早破是指妊娠未满37周，临产前发生的胎膜破裂
   C. 足月胎膜早破是指妊娠满37周，临产前发生的胎膜破裂
   D. 单胎妊娠中，足月胎膜早破发生率2%~4%，未足月胎膜早破发生率为8%
   E. 双胎妊娠中，未足月胎膜早破发生率为7%~20%

2. 下列关于胎膜早破的处理，正确的是
   A. 妊娠>37周者若无明确剖宫产指征可在破膜后4~24h内引产
   B. 妊娠<28周者应终止妊娠
   C. 妊娠28~36周如无妊娠禁忌证，可予期待保胎治疗
   D. 无论任何孕周，一定明确宫内感染，立即终止妊娠
   E. 胎肺未成熟者予动态观察与等待，监测母胎情况，待胎肺自然成熟后可予终止妊娠

3. 胎膜早破对母儿的影响**不包括**
   A. 宫内感染
   B. 影响产程进展
   C. 胎儿宫内窘迫
   D. 脐带脱垂
   E. 诱发早产

4. 以下哪项**不提示**胎膜早破合并羊膜腔感染
   A. 羊水细菌培养有细菌生长
   B. 羊水涂片革兰氏染色检查出细菌
   C. 羊水IL-6测定：10μg/L
   D. 血C反应蛋白：7mg/L
   E. 降钙素原：1μg/L

【A2 型题】

1. 28 岁初产妇,孕 38 周,晨起发现阴道流液,量中,无臭,无明显腹痛,胎心 146 次 /min,宫颈管未消退,宫口未开,为确诊需首选参考下列哪些检查
   A. 阴道液 pH>7
   B. 阴道涂片出现羊齿状结晶
   C. 阴道液中胎儿纤连蛋白含量 >0.05mg/L
   D. 阴道窥器检查见后穹窿有混有胎质的液池形成
   E. 阴道液中 IGFBP-1、PAMG-1 检测阳性

2. 32 岁经产妇,孕 3 产 1,既往均因胎膜早破晚期流产 1 次,早产 1 次,现孕 15 周,为预防胎膜早破,下列**不恰当**的处理措施为
   A. 妊娠期积极治疗阴道炎
   B. 补充锌及铜
   C. 宫颈内口松弛者,妊娠 20~24 周行宫颈环扎术
   D. 妊娠晚期禁性生活
   E. 避免腹部撞击及负重

3. 22 岁单胎初产妇,阴道流液 6h 后出现规律腹痛,入院后 8h 分娩,新生儿阿普加评分为 9-10-10 分,胎膜胎盘送病理检查结果回报绒毛膜羊膜炎。关于胎膜早破后绒毛膜羊膜炎的诊断依据,正确的是
   A. 母体心率 ≥ 110 次 /min
   B. 母体体温 ≥ 39℃
   C. 胎儿心动过速,≥ 160 次 /min
   D. 胎儿心动过缓,≤ 110 次 /min
   E. 母体白细胞计数 ≥ 15 × 10⁹/L,中性粒细胞 ≥ 85%

【A3/A4 型题】

(1~2 题共用题干)
30 岁初产妇,孕 3 产 0,自然流产 2 次,现孕 31 周,间断阴道流液 5h,伴有不规律下腹疼痛,胎心 134 次 /min,阴道检查:宫颈管消退 30%,宫口未开,头先露,阴道液 pH>7。
1. 胎膜早破的病因**不包括**
   A. 钙缺乏
   B. 羊水过多
   C. 宫颈内口松弛
   D. 下生殖道感染
   E. 维生素 C 缺乏

1.【答案】D
【解析】胎膜早破确诊最直接证据为阴道窥视见液体自宫口内流出或后穹窿有液池形成,并见到胎质样物质。故 D 为正确选项。正常阴道液 pH 为 4.5~6.0,羊水 pH 为 7.0~7.5,若 pH ≥ 6.5,提示胎膜早破,敏感度为 90%,但血液、精液、尿液及细菌感染可能导致假阳性。阴道液涂片出现羊齿状结晶提示为羊水,其敏感性为 51%~98%,精液和宫颈黏液可能造成假阳性。胎儿纤连蛋白(FFN)是胎膜分泌的细胞外基质蛋白,当 FFN>0.05mg/L 时,胎膜抗张能力下降,易发生胎膜早破,提示早产风险增加,常用于早产预测,其阴性预测价值大于阳性预测价值。胰岛素样生长因子结合蛋白(IGFBP-1),胎盘 α 微球蛋白 1(PAMG-1)其不受羊水、血液、精液等影响,其有更高的敏感性及特异性,但在有规律宫缩且胎膜完整者中有高达 19%~30% 的假阳性率。

2.【答案】C
【解析】宫颈环扎术,于妊娠 14~18 周实施,故选择 C。针对胎膜早破的预防包括:①尽早治疗下生殖道感染,妊娠期应及时治疗细菌性阴道病、滴虫阴道炎、沙眼衣原体感染等;②注意营养均衡,补充足量的维生素、锌及铜等营养素;③妊娠晚期禁性生活,避免突然腹压增加;④治疗宫颈内口松弛,于妊娠 14~18 周行宫颈环扎术并卧床休息。

3.【答案】ABCE
【解析】绒毛膜羊膜炎是未足月胎膜早破的主要并发症,其诊断依据包括:母体心率 ≥ 100 次 /min、母体体温 ≥ 38℃、胎心心动过速 ≥ 160 次 /min、子宫激惹、羊水恶臭、母体白细胞计数 ≥ 15 × 10⁹/L,中性粒细胞 ≥ 90%,其诊断金标准为产后胎膜及胎盘病理学诊断。

1.【答案】A
【解析】钙缺乏并非胎膜早破的病因,故选择 A。胎膜早破病因众多,常是综合作用的结果。其病因包括:①病原微生物上行感染,可引起胎膜炎,细菌产生蛋白酶、胶质酶、弹力蛋白酶,直接降解胎膜基质和胶质,使胎膜局部抗张能力下降而破裂;②胎膜受力不均,其中宫颈内口松弛可导致前羊膜囊楔入,受压不均导致胎膜破裂;③羊膜腔压力增高,双胎妊娠、羊水过多可使宫腔压力升高,覆盖宫颈内口处的胎膜自然成为最薄弱环节而易发生破裂;④缺乏维生素 C、锌及铜可使胎膜抗张能力下降,易引起胎膜早破。

2.【答案】D

【解析】未足月胎膜早破患者其妊娠 28~34 周如无妊娠禁忌证应保胎,延长孕周至34周。孕妇为未足月胎膜早破,无感染迹象,胎心正常,无保胎禁忌证,治疗原则上应延长孕周保胎治疗,保胎过程中应给予抗生素预防感染,有宫缩者应予宫缩抑制剂,其胎肺未成熟者予糖皮质激素促胎肺成熟治疗,密切监测母胎状况,胎肺成熟后可考虑终止妊娠。

3.【答案】E

【解析】足月胎膜早破者,若无剖宫产指征,2~12h内积极引产可减少绒毛膜羊膜炎的发生。宫颈 Bishop 评分≥6分提示宫颈成熟,<6分提示宫颈不成熟,胎膜早破宫颈成熟者静脉滴注缩宫素是首选方案,静脉滴注缩宫素推荐使用小剂量静脉滴注即缩宫素浓度为 5‰;胎膜早破宫颈不成熟者使用小剂量米索前列醇(25μg)引产是安全有效的。该孕妇目前无感染、胎儿窘迫、头盆不称等情况,暂无剖宫产指征,现胎膜早破达2h无临产征兆,应予引产,其宫颈 Bishop 评分为6分,应予小剂量静脉滴注缩宫素引产。

4.【答案】D

【解析】足月胎膜早破行引产,出现良好的规律宫缩至少 12~18h 如仍在潜伏期考虑引产失败,应改变分娩方式行剖宫产终止妊娠。

5.【答案】A

【解析】孕妇规律宫缩6h,宫口开大8cm,即规律宫缩6h就进入第一产程活跃期,产程进展顺利,胎心监护反应良好,无胎儿窘迫等迹象,可予继续观察产程进展,无需特殊干预。肌内注射哌替啶主要用于协调宫缩,软化宫颈;静脉滴注麦角新碱,麦角新碱可选择性兴奋子宫平滑肌,但剂量稍大即可引起包括子宫体和宫颈在内的子宫平滑肌强直收缩,妊娠后期子宫对其敏感性增强,不可用于催产和引产,只能用于产后止血;会阴侧切术及胎头吸引主要用于第二产程。

2. 该孕妇最恰当的处理是
   A. 行剖宫产终止妊娠
   B. 行引产阴道分娩终止妊娠
   C. 予抗生素预防感染,等待自然分娩,做好接生准备,同时呼叫新生儿科医师到场
   D. 予宫缩抑制剂抑制宫缩,抗生素预防感染,地塞米松促胎肺成熟保胎处理
   E. 抬高臀位,保持外阴干净,等待自然临产

(3~5 题共用题干)

单胎初产妇,27 岁,妊娠 38⁺³ 周,因胎膜早破 2h 入院,查体腹软,未扪及宫缩,宫口未开,宫颈软、中位、消80%、先露头、S-3,羊水清亮;胎心率 145 次/min,胎儿大小与孕周相符,估计约 3.0kg,胎心监护 NST 反应型。

3. 此刻应采取
   A. 继续等待自然分娩
   B. 立即行剖宫产终止妊娠
   C. 小剂量米索前列醇引产
   D. 大剂量米索前列醇引产
   E. 小剂量静脉滴注缩宫素引产

4. 若经上述处理后出现规律宫缩 20h,宫口开大 3cm,S-1,下列处理最合理的是
   A. 继续静脉滴注缩宫素,观察产程进展
   B. 提高静脉滴注缩宫素浓度,观察产程进展
   C. 停用缩宫素后补液、吸氧、左侧卧位,观察产程进展
   D. 立即剖宫产终止妊娠
   E. 行阴道助产加速产程进展

5. 若行引产后出现规律宫缩 6h,宫口开大 8cm,S+1,Ⅰ类胎心监护,此刻需
   A. 继续观察产程进展,无需特殊干预
   B. 立即行剖宫产终止妊娠
   C. 肌内注射哌替啶
   D. 静脉滴注麦角新碱
   E. 行会阴侧切
   F. 胎头吸引加速产程

(6~8 题共用题干)

26 岁,单胎经产妇,妊娠 30⁺¹ 周,阴道流液 3h,不规律下腹紧缩感 1h,体温 36.3℃,心率 77 次/min,血压 107/78mmHg,腹部无压痛,白细胞计数 10.5×10^9/L,中性粒细胞比 67%,超声提示单活胎,胎儿发育与孕周相符,胎方位 LOA,胎心率 138 次/min,羊水最大深度 5.1cm。

6. 对于该孕妇,下列处理**不正确**的是
   A. 卧床休息,保持外阴清洁
   B. 静脉滴注缩宫素引产
   C. 地塞米松促胎肺成熟
   D. 静脉滴注硫酸镁预防胎儿脑瘫
   E. 抗生素预防感染及宫缩抑制剂保胎

7. 对于该孕妇,正确的促胎肺成熟治疗方案是
   A. 肌内注射地塞米松 5mg,每 12h 1 次,共 4 次
   B. 肌内注射地塞米松 6mg,每 12h 1 次,共 4 次
   C. 肌内注射地塞米松 5mg,每 12h 1 次,共 6 次
   D. 肌内注射地塞米松 6mg,每 12h 1 次,共 6 次
   E. 肌内注射地塞米松 5mg,每 24h 1 次,共 4 次
   F. 肌内注射地塞米松 6mg,每 24h 1 次,共 6 次

8. 若保胎至 33 周,体温 38.3℃,心率 111 次 /min,胎心率 172 次 /min,宫底压痛,未扪及宫缩,宫颈 Bishop 评分 2 分,头先露。辅助检查:白细胞计数 19×10^9/L,中性粒细胞比 93%,CRP 109mg/L,PCT 15ng/ml。此时应
   A. 加强抗感染同时立即引产,阴道分娩终止妊娠
   B. 加强抗感染同时行剖宫产终止妊娠
   C. 加强抗感染继续保胎治疗
   D. 温水擦浴降温,口服布洛芬,补液
   E. 静脉大剂量广谱抗生素抗感染

【案例分析题】

案例 单胎经产妇,34 岁,孕 3 产 1,既往剖宫产 1 次,现妊娠 39 周,体温 38.3℃,心率 113 次 /min,血压 125/68mmHg,胎膜破裂 24h,规律宫缩 8h,头先露,宫口开大 3cm。尿色清,宫底压痛,胎心波动 70~170 次 /min,胎心监护提示反复变异减速伴基线微小变异,白细胞计数 18×10^9/L,中性粒细胞百分比 88%。

提问 1:可能的诊断为
   A. 高龄经产
   B. 胎膜早破
   C. 胎儿窘迫
   D. 先兆子宫破裂
   E. 产时感染
   F. 临产
   G. 感染性休克
   H. 瘢痕子宫
   I. 孕 3 产 1,妊娠 39 周,单活胎

提问 2:入院后应给予的措施有
   A. 静脉滴注缩宫素加速产程

6.【答案】B
【解析】未足月胎膜早破,其中妊娠 >28 周未满 34 周者,不伴感染、无胎儿窘迫迹象、羊水量正常者应行期待治疗,保胎至 34 周,保胎治疗期间应:①卧床,保持外阴清洁,避免不必要的阴道及肛门检查;②抗生素预防感染,减少绒毛膜羊膜炎的发生率、降低破膜后 48h 内及 7d 内分娩率,降低胎儿感染、新生儿肺炎、败血症及颅内出血风险;③孕周 <34 周使用糖皮质激素促胎肺成熟,可减少新生儿呼吸窘迫综合征(NRDS)发生率;④对于 <32 周者的未足月胎膜早破,应使用硫酸镁,一方面可抑制宫缩,同时能降低早产儿脑瘫的发生;⑤使用宫缩抑制剂,目的是延长孕周,最大益处可能在于能够延长妊娠时间 48~72h,争取完成糖皮质激素促胎肺成熟治疗,减少 NRDS 发生进而降低新生儿死亡率。

7.【答案】B
【解析】孕周 <34 周,有早产风险者应使用糖皮质激素促胎肺成熟,妊娠 26~32 周前使用了单疗程糖皮质激素治疗又未分娩者,满 32 周后可再次使用一个疗程,总疗程不超过 2 次。具体用法为:地塞米松 6mg 肌内注射,每 12h 1 次,共 4 次。

8.【答案】B
【解析】患者胎膜早破后出现体温升高、心率加快、胎心率增快、子宫有压痛,白细胞及感染指标升高,高度怀疑宫内感染可能,此刻无论任何孕周,应加强抗感染同时立即终止妊娠。Bishop 评分提示宫颈不成熟,估计不能短时间内经阴道分娩,应行剖宫产终止妊娠。

提问 1:【答案】BCDEFHI
【解析】孕妇 <35 岁,非高龄妊娠;该孕妇规律宫缩 8h,宫口开大 3cm,现已临产;胎膜破裂 24h 发生在临产前,胎膜诊断明确;胎膜早破时间长,感染因素存在,目前伴有高热、子宫有压痛、白细胞计数高、胎心减速,应考虑胎产时宫内感染;结合孕妇目前状况,胎心监护提示反复变异减速伴基线微小变异考虑胎儿窘迫可能;患者既往有剖宫产史,瘢痕子宫诊断成立,临产后出现宫底压痛和胎儿窘迫应考虑到先兆子宫破裂可能;患者目前考虑产时感染,目前血压稳定,无休克迹象,暂不考虑感染性休克,但需积极处理预防感染性休克。

提问 2:【答案】BCDFHI

　　【解析】本例考虑胎膜早破、产时感染及胎儿窘迫,且暂不排除先兆子宫破裂可能,应密切监测母胎状况,予持续胎心监测,抬高臀部,减少脐带脱垂,行宫内复苏(补液、吸氧、左侧卧位),抗感染同时积极行剖宫产终止妊娠。

提问 3:【答案】ABCDFGHI

　　【解析】患者出现产时宫腔感染应全程使用广谱抗生素抗感染,同时留取分泌物细菌及药敏培养明确细菌类型指导临床抗生素使用,送检胎盘胎膜明确绒毛膜羊膜炎诊断,术中冲洗盆腔后应充分引流观察引流液情况。因既往有剖宫产史,术中需注意胎盘位置以及有无胎盘植入。术中若发现宫腔、盆腔感染严重、难以控制的出血、胎盘植入严重无法剥离、可视情况决定是否切除子宫。术中术后均需谨防产后出血,根据术中情况给予相关预防措施。因宫腔感染及胎儿窘迫需请新生儿科参与抢救新生儿。本例患者无贫血证据,且高热时不宜输血治疗。

B. 静脉滴注广谱抗生素

C. 行剖宫产终止妊娠

D. 左侧卧位、吸氧、补液

E. 静脉滴注利托君,促胎肺成熟

F. 持续胎心监护

G. 等待自然分娩

H. 采取臀高位,减少脐带脱垂

I. 监护孕妇生命体征

提问 3:现行剖宫产终止妊娠,术中应注意的有

A. 放置盆腔引流管

B. 使用广谱抗生素

C. 留取宫腔分泌物送检

D. 胎膜胎盘送病理检查

E. 输血

F. 请新生儿科到场参与抢救

G. 做好切除子宫准备

H. 注意有无胎盘植入

I. 予缩宫素等措施预防产后出血

(王志坚)

第八节　脐带异常

【A1 型题】

1.【答案】E

　　【解析】脐带由两条动脉和一条静脉构成,妊娠足月的脐带长 30~100cm,平均约 55cm,直径 0.8~2.0cm,表面被羊膜覆盖呈灰白色。

2.【答案】B

　　【解析】若脐带血循环阻断超过 7~8min,则可导致胎死宫内。故 B 选项为正确答案。当脐带脱出于胎先露的下方,经宫颈进入阴道内,甚至经阴道显露于外阴部,称为脐带脱垂。脐带脱垂可导致脐带受压,胎儿血供障碍,发生胎儿窘迫甚至危及胎儿生命。脐带脱垂时,脐带受压于胎先露部与骨盆之间,引起胎儿急性缺氧,胎心率发生改变,甚至完全消失。A,C,D,E 等脐带异常一般不会导致胎儿死亡。

3.【答案】B

　　【解析】脐动脉中的血液是静脉血,带有胚胎的代谢废物和二氧化碳,脐静脉中的血液是动脉血,含有营养成分及氧气。故 B 为正确答案,其他选项的描述均正确。正常脐带彩色多普勒超声示"一红两蓝"或"两红一蓝"的彩色血流信号,呈"麻花状"排列,切面呈"品"字。

1. 脐带过长是指

　　A. <30cm

　　B. ≤ 20cm

　　C. ≥ 32cm

　　D. ≥ 60cm

　　E. >100cm

2. 下列哪种情况最易导致新生儿死亡

　　A. 脐带假结

　　B. 脐带脱垂

　　C. 脐带过长

　　D. 脐带扭转

　　E. 脐带过短

3. 下列哪项描述是错误的

　　A. 脐静脉中的血液是动脉血

　　B. 脐动脉含有营养成分及氧气

　　C. 正常脐带是含两根动脉和一根静脉

D. 脐动脉将胎儿体内代谢废物和代谢产生的二氧化碳运送至胎盘

E. 脐血管切面呈"品"字

【A2 型题】

1. 女性，31 岁，因"停经 37 周，不规律腹痛 1h"入院。入院行产科超声检查提示脐带绕颈 1 周。以下哪一项**不是**导致脐带绕颈的原因

   A. 脐带过长　　　　　　B. 胎动频繁

   C. 羊水过多　　　　　　D. 羊水过少

   E. 胎儿小

2. 女性，27 岁，因"停经 37 周，规律腹痛 3h"入院。入院后行胎心监护提示胎心变异减速，可疑胎儿窘迫。下列导致胎儿窘迫的因素中**错误**的是

   A. 脐带扭转

   B. 胎盘过小

   C. 胎儿严重的心脏病

   D. 胎盘血供不良

   E. 球拍状胎盘

3. 患者 35 岁，停经 24 周，就诊于门诊行四维超声检查提示单脐动脉，以下哪种情况与单脐动脉**无关联**

   A. 染色体异常

   B. 胎儿畸形

   C. 早产

   D. FGR

   E. 羊水异常

【A3/A4 型题】

(1~3 题共用题干)

患者，女，25 岁，因"停经 31^{+3} 周，阴道流液 3h"入院。孕 1 产 0，孕期在门诊规律产检，未见明显异常。入院后查胎心率 80 次 /min，阴道检查可扪及一条索状物体，有搏动感，未扪及宫缩。

1. 目前最应考虑的主要诊断为

   A. 先兆早产　　　　　　B. 脐带脱垂

   C. 脐带先露　　　　　　D. 阴道横隔

   E. 羊水异常

2. 为进一步明确诊断，患者最应完善的检查

   A. 阴道超声检查

   B. 血常规检查

1.【答案】D

【解析】脐带绕颈在产科门诊十分常见，约占分娩总数 20%~25%。发生原因与脐带过长、胎儿小、羊水过多及胎动频繁有关。选项 D 中，羊水过少不是脐带绕颈的原因。多数绕颈 1~2 周，3 周以上少见，文献报道最多达 9 周。脐带有补偿性伸展，缠绕松弛对胎儿影响不大，缠绕过紧及多圈可影响胎儿血供，有造成胎心改变、围产儿缺氧、窒息甚至死亡的风险。

2.【答案】E

【解析】球拍状胎盘即脐带附着于胎盘边缘者，分娩过程中一般对母儿无大影响，多在产后检查时发现异常，故 E 为正确选项。胎盘过大或过小，胎盘形状异常如膜状胎盘、轮廓胎盘均易导致胎儿窘迫。

3.【答案】E

【解析】单脐动脉应视为高危妊娠进行严密的产科评价和随访观察，因为这些胎儿的先天性心脏病、早产、体重低、缺氧、肾病的危险性增加，故正确选项为 E。单脐动脉在单胎活产婴儿中发生率为 0.46%，多胎妊娠中为 0.8%，染色体畸形的新生儿中为 6.1%~11.3%。13 三体和 18 三体最常受累，而 21 三体和性染色体异常很少出现单脐动脉。在伴有单脐动脉的多数非整倍体胎儿中，超声可发现其他结构异常，此时应进行染色体核型分析。

1.【答案】B

【解析】本例患者仅出现阴道流液，无腹痛，未扪及宫缩，不符合诊断先兆早产的条件。因患者胎膜已破，故不能诊断脐带先露。患者阴道可扪及一条索状物体，但其有波动感，故不能诊断为阴道横隔，且同时伴有胎心率的改变，故考虑脐带脱垂可能性大。综上所述，选项 B 为正确答案。

2.【答案】A

【解析】腹部超声检查存在一定的局限性，若怀疑脐带脱垂，应行阴道超声探查是否存在脐带先露或脐带脱垂。故选项 A 为正确答案。此外行阴道检查可以直观地感受的脐带与宫颈口的关系，尽早发现并及时处理。胎心监测对于诊断脐带脱垂有一定的支持作用，但特异性差，需进一步完善检查，找出胎心变化的原因。

3.【答案】B

【解析】指南推荐发生脐带脱垂孕妇的最佳分娩方式：①如果不能很快阴道分娩，建议选择剖宫产，以防胎儿发生缺氧性酸中毒。②如果被确诊为脐带脱垂，且存在可疑性或病理性胎心率异常，应列为"Ⅰ类剖宫产"（直接威胁到产妇或胎儿生命时为Ⅰ类剖宫产），争取在30min内娩出胎儿。③孕妇确诊发生脐带脱垂，胎心率正常，但是必须行持续性胎心率监测，应列为"Ⅱ类剖宫产"（危及产妇或胎儿的安全，但并不造成直接生命威胁时为Ⅱ类剖宫产），如果胎心率或宫缩异常，则应考虑将Ⅱ类剖宫产改为Ⅰ类剖宫产。④应与麻醉医生商讨最适宜的麻醉方式，尽量与经验丰富的麻醉医生讨论后进行局部麻醉。⑤如果宫口开全，预计可以快速、安全阴道分娩者，可尝试阴道分娩，但是必须使用标准规范的技术，注意尽量防止对脐带的压迫。⑥在一些特殊情况下（例如对双胞胎第二个胎儿进行内倒转术后）建议使用臀牵引术。⑦建议有非常熟悉新生儿复苏操作的医务人员参与整个分娩过程。⑧采集配对脐血样本进行pH及剩余碱测定。综上所述，该病例需尽快结束分娩，但其阴道试产短时间内无法结束分娩，为抢救新生儿，需尽快剖宫产终止妊娠，故正确选项为B。

提问1：【答案】ACD

【解析】患者因"停经37⁺³周，不规律下腹痛2h"入院。因患者为孕前发现血糖控制不佳，故诊断为糖尿病合并妊娠，选项C正确。同时因患者已出现不规律下腹痛，但阴道检查提示宫口未开大，故诊断先兆临产，选项A正确。患者孕期超声提示羊水指数25cm，故可诊断羊水过多，选项D正确。

提问2：【答案】ADEG

【解析】脐带脱垂发生初期的最佳处理方式：①孕妇宫口开全前，确诊发生了脐带脱垂，应立即通知助手，做好剖宫产相关术前准备。②不建议为了延长妊娠，人工改变位于胎先露前方脱垂脐带的位置（脱垂脐带的还纳术）。③为了防止血管痉挛的发生，应尽量减少对阴道外脱垂脐带的操作。④使用人工操作或者充盈膀胱等提高胎先露的位置可预防脐带压迫。⑤脐带压迫也可以通过孕妇采用膝胸位或左侧卧位（同时保持头朝下，将枕头放于左髋部下）来预防。⑥如果为防止脐带压迫而进行相关操作后，胎心率持续性异常，尤其是因各种情况引起分娩延迟时，在进行术前准备的同时应行保胎治疗。⑦尽管在术前准备过程中，上述操作存在潜在的益处，但应保证其不会导致不必要的分娩拖延。综上所述，正确选项为A、D、E、G。

C. 骨盆外测量

D. 腹部超声检查

E. 持续胎心监测

3. 患者目前应如何处理

A. 立即催产，阴道分娩终止妊娠

B. 立即剖宫产终止妊娠

C. 继续等待保胎治疗

D. 阴道助产分娩

E. 其他方式

【案例分析题】

案例一 患者23岁，因"停经37⁺³周，不规律下腹痛2h"于2017-08-02 14:50入院。入院后查胎心率127次/min，胎心监护反应型，阴道检查宫口未开，宫颈管未消失，S-3，胎膜未破。既往患者有糖尿病病史，服用口服药物控制血糖，妊娠后先予饮食控制，血糖控制不佳后改用胰岛素控制血糖，目前血糖控制情况可。孕期超声提示羊水指数25cm。

提问1：目前患者诊断为

A. 先兆临产

B. 妊娠糖尿病

C. 糖尿病合并妊娠

D. 羊水过多

E. 胎膜早破

F. 胎儿窘迫

G. 脐带脱垂

提问2：19:30患者宫口开大3cm，胎膜自然破裂，遂嘱患者平卧，同时行阴道检查提示：可扪及一条索状物体，有搏动感，可疑脐带脱垂。此时的最佳处理方式是

A. 做好急诊剖宫产准备

B. 人工改变胎先露前方脐带脱垂的位置

C. 孕妇多下地行走

D. 可通过充盈膀胱，提高胎先露的位置

E. 膝胸卧位或左侧卧位

F. 反复阴道检查

G. 密切胎心监护

提问3：行胎心监护提示偶见变异减速，最低降至70次/min，持续约30~40s，可逐渐恢复，目前患者需要接受的治疗包括

A. 急诊剖宫产

B. 择期剖宫产

C. 呼叫新生儿科

D. 尽快催引产

E. 持续胎心监测，监测胎心变化情况

F. 采集配对脐血样本进行 pH 及剩余碱测定

案例二 患者 37 岁，因"停经 39 周，规律下腹痛 3h"于 2017-10-01 3:50 入院。入院后查胎心率 127 次 /min，胎心监护反应型，阴道检查宫口开 2cm，宫颈管已消失，S–2，胎膜未破，可扪及规律宫缩。孕期检查未见明显异常。超声提示胎儿颈后脐带压迹，呈"W"形。

提问 1：目前患者诊断为

    A. 先兆临产　　　　B. 临产

    C. 脐带绕颈　　　　D. 羊水过多

    E. 胎膜早破　　　　F. 胎儿窘迫

    G. 高龄妊娠

提问 2：5:30 患者宫口开大 3cm，胎膜自然破裂，羊水 Ⅰ 度浑浊，胎心监护提示基线波动于 120 次 /min 左右，偶可见变异减速，最低降至 60 次 /min，持续 30~40s，可逐渐恢复。胎心监护呈变异减速有哪些特点

    A. 突发的、显著的胎心率急速下降

    B. 开始到最低点时间 <30s

    C. 开始到最低点的时间 ≥ 30s

    D. 胎心率下降 ≥ 15 次 /min

    E. 与宫缩之间无规律

    F. 从开始到恢复到基线持续 ≥ 2min 但 <10min

    G. 从开始到恢复到基线持续 ≥ 15s，但 <2min

提问 3：6:00 患者胎心监护出现延长减速 1 次，持续时间约 2.5min，最低降至 59 次 /min，患者需要如何处理

    A. 急诊剖宫产

    B. 择期剖宫产

    C. 呼叫新生儿科

    D. 尽快催引产

    E. 持续胎心监测，监测胎心变化情况

    F. 采集配对脐血样本进行 pH 及剩余碱测定

（钟梅）

第九节 早　产

【A1 型题】

1. 下列哪种**不能**用于先兆早产抑制宫缩治疗

    A. β- 肾上腺素能受体抑制剂

    B. 阿托西班

    C. 前列腺素合成酶抑制剂

    D. 钙离子通道阻滞剂

提问 3：【答案】ACEF
【解析】发生脐带脱垂孕妇处理主要包括：尽快分娩，呼叫新生儿到场，及时抢救新生儿情况，完善返回病床后的准备工作。由于脐带脱垂的新生儿阿普加(Apgar) 评分低于正常值的风险较高(1min 发生率为 21%，5min 发生率为 7%)，所以整个分娩过程需要熟悉新生儿复苏操作的医务人员参与。同时，患者未出现胎心率的改变，也应予持续胎心率监测，及时对症处理。对于胎心率异常的患儿需对其脐血样本进行采集，联合评估患儿分娩后的全身情况，协助治疗。综上所述，正确答案为 A,C,E,F。

提问 1：【答案】BCG
【解析】患者 37 岁，故诊断高龄妊娠，选项 G 正确。因"停经 39 周，规律下腹痛 3h"入院，阴道检查宫口已开，宫颈管已消失，且伴随规律宫缩，故诊断临产，选项 B 正确。超声提示胎儿颈后脐带压迹，呈"W"形，故可诊断脐带绕颈，选项 C 正确。

提问 2：【答案】ABDEG
【解析】变异减速(variable deceleration，VD)：指突发的、显著的胎心率急速下降，大多是宫缩时脐带受压迷走神经兴奋导致。开始到最低点时间 <30s，胎心率下降 ≥ 15 次 /min，持续时间 ≥ 15s，但 <2min。当变异减速伴随宫缩，减速的起始、深度和持续时间与宫缩之间无规律。延长减速从开始到恢复到基线持续 ≥ 2min 但 <10min，如果减速超过 10min，则是基线改变。

提问 3：【答案】ACEF
【解析】发生延长减速的孕妇处理主要包括：立即宫内复苏，尽快结束分娩，呼叫新生儿科到场，及时抢救新生儿情况(选项 A 和 C)。宫内复苏又包括改变体位、吸氧、静脉输液、减慢宫缩频率、停用缩宫素以促宫颈成熟药物。同时也应立即针对患者情况，结束分娩，在结束分娩的过程中，应予持续胎心率监测，及时对症处理(选项 E)。对于胎心率异常的患儿需对其脐血样本进行采集，联合评估患儿分娩后的全身情况，协助治疗(选项 F)。

1.【答案】A
【解析】β- 肾上腺素能受体激动剂才是抑制宫缩的药物，故选项为 A。先兆早产常用的宫缩抑制剂有以下几种：①β- 肾上腺素能受体激动剂，常用的药物为利托君；②硫酸镁；③阿托西班；④钙离子通道阻滞剂，常用的药物为硝苯地平；⑤前列腺素合成酶抑制剂，常用的药物为吲哚美辛。

2.【答案】D
【解析】早产不常规做阴道助产缩短第二产程。早产的分娩处理原则:①大部分早产儿可经阴道分娩,临产后慎用吗啡、哌替啶等抑制新生儿呼吸中枢的药物;②产程中应给孕妇吸氧,密切观察胎心率变化,可持续胎心监护;③为预防早产儿颅内出血,第二产程可做会阴直切或侧切,尽量避免阴道助产;④对于早产胎儿异常者,在权衡新生儿存活利弊基础上,可考虑剖宫产术。

3.【答案】A
【解析】硫酸镁中高浓度的镁离子直接作用于子宫平滑肌细胞,拮抗钙离子对子宫的收缩活动,可抑制子宫收缩。但同时镁离子可以抑制运动神经末梢释放乙酰胆碱,抑制神经肌肉接头之间的信息传导,使骨骼肌松弛。血清镁离子有效治疗浓度1.8~3.0mmol/L,超过3.5mmol/L即可出现中毒,膝跳反射消失是最先出现的中毒症状。

4.【答案】E
【解析】吲哚美辛属于前列腺素合成酶抑制剂,减少前列腺素合成或者抑制前列腺素释放,从而抑制宫缩。因其可以通过胎盘,长期大量使用可以使胎儿动脉导管提前关闭(选项E),导致肺动脉高压,故此类药物仅适用于孕32周前短期(1周内)使用。

【答案】E
【解析】早产临产的诊断需符合下列条件:①出现规律宫缩伴有宫颈管进行性改变;②宫颈扩张1cm以上;③宫颈展平>80%。

1.【答案】ABC
【解析】β-肾上腺素能受体激动剂为子宫平滑肌细胞膜上的β₂受体兴奋剂,可激活细胞内腺苷酸环化酶,促使三磷腺苷合成环磷腺苷(cAMP),降低细胞内钙离子浓度,阻止子宫肌收缩蛋白活性,抑制子宫平滑肌收缩。此类药物抑制宫缩的效果肯定,但在兴奋β₂受体的同时也兴奋β₁受体,其副反应较明显,主要有母胎心率增快、心肌耗氧量增加、血糖升高、水钠潴留、血钾降低等,严重时可出现肺水肿、心力衰竭,危急母亲生命。

E. 硫酸镁

2. 早产分娩期处理以下哪项**不正确**
   A. 大部分早产儿可经阴道分娩
   B. 产程中应持续胎心监护
   C. 第二产程可做会阴直切或侧切,预防早产儿颅内出血
   D. 为避免新生儿窒息,应使用阴道助产,尽量缩短第二产程
   E. 胎位异常者,可考虑剖宫产

3. 硫酸镁抑制宫缩用量过大时,哪项临床表现最先出现
   A. 膝跳反射消失　　　　B. 心率加快
   C. 尿量减少　　　　　　D. 呼吸抑制
   E. 血压下降

4. 32周以后大剂量长期使用吲哚美辛抑制宫缩,可出现
   A. 胎儿心律失常
   B. 胎儿宫内生长受限
   C. 胎儿肾积水
   D. 胎儿心包积液
   E. 胎儿动脉导管提前关闭

【A2 型题】

25岁初产妇,停经34周,少量阴道流血,下腹阵痛3h。查体:胎心率148次/min,腹部可扪及宫缩,间隔5min,持续20s。阴道检查:宫颈管消退,宫口开1cm。主要诊断是
   A. 先兆早产　　　　　　B. 前置胎盘
   C. 晚期妊娠　　　　　　D. 胎盘早剥
   E. 早产临产

【A3/A4 型题】

(1~4题共用题干)
28岁女性,孕2产0,流产1次,停经25⁺³周,因下腹痛半天入院,既往人工流产1次。入院查体:生命体征平稳,腹部可扪及宫缩,间隔10~15min,持续20~30s,强度中,胎心150次/min。阴道窥检:宫颈阴道部长约1.5cm,宫口未开。

1. 利托君作为常用的宫缩抑制剂,临床上可发生的副作用有
   A. 母胎心率增快
   B. 血糖升高
   C. 水钠潴留
   D. 血钾升高
   E. 血压升高

2. 对于早产预测,以下选项正确的是

A. 早产预测的目的在于判断是否需要使用宫缩抑制剂,避免过度用药

B. 阴道后穹窿分泌物 FFN 检测预测早产,可从 16 周开始

C. 宫颈长度 <25mm 或内口漏斗形成,提示早产风险增大

D. FFN>50ng/ml 为阳性,提示早产风险增加

E. FFN 检测阳性预测值比阴性预测值高

3. 对于早产的治疗,以下正确的选项有

A. 已明确宫颈机能不全者,应于妊娠 14~18 周行宫颈环扎术

B. 有宫内感染者,应尽快终止妊娠

C. 对未足月胎膜早破者,必须预防性使用抗生素

D. 妊娠 <34 周,一周内有可能分娩的者,应使用糖皮质激素促胎儿肺成熟

E. 孕周已达 34 周,如无母胎并发症,应停用抗早产药

4. 自发性早产的高危因素包括

A. 生殖道感染

B. 牙周炎

C. 吸烟

D. 多胎妊娠

E. 免疫调节异常

【案例分析题】

案例一 初产妇,28 岁,因"停经 33 周,阴道排液 2h"入院。平素月经规则,早孕期停经 49d 时行阴道彩超提示宫内妊娠 CRL 相当于孕 7 周。定期产检,无特殊。2h 前无诱因出现阴道排液,量中,无明显阴道出血及下腹痛。体格检查:体温 36.6℃,宫高 31cm,腹围 98cm,胎位 LOA,胎心率 150 次/min,未扪及宫缩。阴道检查:阴道内中量清亮液体,pH>7。患者入院 2d 后,孕妇出现不规则宫缩,寒战,测体温 38.1℃,心率 110 次/min。血常规:WBC 18×10^9/L,中性粒细胞百分比 85%。

提问 1:以下处理方案中正确的是

A. 顺其自然,不必干预

B. 地塞米松促胎肺成熟后继续安胎治疗

C. 地塞米松促胎肺成熟后立即终止妊娠

D. 静脉点滴缩宫素引产

E. 立即行剖宫产术

提问 2:进一步处理方案正确的是

A. 予物理降温,维 C 银翘片、小柴胡等药物治疗

B. 静脉抗生素治疗,继续安胎到 34 周

C. 予宫颈扩张球囊促宫颈成熟后静脉点滴缩宫素引产

D. 静脉点滴缩宫素引产

2.【答案】ACD
【解析】对 20 周以后宫缩异常频繁的孕妇,通过预测可以判断是否需要使用宫缩抑制剂,避免过度用药。选项 B 所述为 16 周开始,可予排除。预测早产的方法有:①阴道超声检查,宫颈长度 <25mm,或宫颈内口漏斗形成伴有宫颈缩短,提示早产风险增大。②阴道后穹窿分泌物 FFN 检测,一般以 FFN>50μg/L 为阳性,提示早产风险增加;若 FFN 阴性,则 1 周内不分娩的阴性预测值达 97%,2 周内不分娩的阴性预测值达 95%。因此,FFN 的意义在于其阴性预测价值,故 E 的说法也有错误。

3.【答案】ABCDE
【解析】早产的治疗原则:若胎膜完整,在母胎情况允许时尽量保胎至 34 周。已明确宫颈机能不全者,应于妊娠 14~18 周行宫颈环扎术;有宫内感染者,应尽快终止妊娠;对未足月胎膜早破者,必须预防性使用抗生素;妊娠 <34 周,一周内有可能分娩的者,应使用糖皮质激素促胎儿肺成熟;孕周已达 34 周,如无母胎并发症,应停用抗早产药。

4.【答案】ABCDE
【解析】早产史、妊娠间隔短于 18 个月或大于 5 年、早孕期有先兆流产(阴道流血)、宫内感染(主要为解脲支原体和人型支原体)、细菌性阴道病、牙周病、不良生活习惯(每日吸烟≥10 支、酗酒)、贫困和低教育人群、孕期高强度劳动、子宫过度膨胀(如羊水过多、多胎妊娠)及胎盘因素(前置胎盘、胎盘早剥、胎盘功能减退等),近年发现某些免疫调节基因异常可能与自发性早产有关。

提问 1:【答案】C
【解析】该患者平素月经规则,早期超声与孕周相符,现孕 33 周,发生未足月胎膜早破,因妊娠 <34 周,应予促胎肺成熟治疗。方法:地塞米松注射液 6mg 肌内注射,每 12h 一次共 4 次。未足月胎膜早破,体温升高,血常规指标升高,伴不规则宫缩,考虑感染可能性大,可终止妊娠。

提问 2:【答案】E
【解析】破膜时间越长,绒毛羊膜炎的风险越大。急性临床绒毛羊膜炎的主要表现为孕妇体温升高(≥37.8℃)、脉搏增快(>100 次/min)、胎心率增快(≥160 次/min)、宫底有压痛、阴道分泌物异味、孕妇血白细胞计数升高(≥15×10⁹/L 或核左移)。绒毛膜羊膜炎不易导致母儿不良结局,应尽快终止妊娠,不能短时间内阴道分娩者应选择剖宫产术终止妊娠。

提问1:【答案】A

　　【解析】先兆早产患者,通过适当控制宫缩,能明显延长孕周;但安胎治疗应该权衡利弊,孕周已达34周,如无母胎并发症,应停用抗早产药,顺其自然,不必干预,只需密切监测胎儿情况即可。对于宫颈环扎术后患者,如无明显分娩发动征象时,应择期在37周左右拆除宫颈环扎线。该患者仅有少许阴道血性分泌物,检查无明显宫缩,宫颈环扎线位置正常,宫颈口未开,可密切监测母胎儿情况,无需特殊处理。

提问2:【答案】B

　　【解析】对于宫颈环扎术后患者,如无明显分娩发动征象时,应择期在37周左右拆除宫颈环扎线。拆除宫颈环扎线后,可密切监测母胎儿情况,等待自然临产。

1.【答案】E

　　【解析】妊娠不足28周、胎儿体重不足1 000g而终止者,称为流产。发生在妊娠12周前者,称为早期流产,而发生在妊娠12周或之后者,称为晚期流产;妊娠满28周至不足37周间分娩者称早产;妊娠达到或超过42周尚未分娩者,称为过期妊娠。

2.【答案】D

　　【解析】核实孕周的方法包括:

　　(1)病史。①以末次月经第一日计算:平时月经规则、周期为28~30d的孕妇停经≥42周尚未分娩,可诊断为过期妊娠。若月经周期超过30d,应酌情顺延。②根据排卵日推算:月经不规则、哺乳期受孕或末次月经记不清的孕妇,可根据基础体温提示的排卵期推算预产期,若排卵后≥280d仍未分娩者可诊断为过期妊娠。③根据性交日期推算预产期。④根据辅助生育技术(如人工授精、体外受精和胚胎移植术)的日期推算预产期。

　　(2)临床表现。早孕反应开始出现时间、胎动开始出现时间以及早孕期妇科检查发现的子宫大小,均有助于推算孕周。

　　(3)实验室检查:①根据B型超声检查确定孕周,妊娠20周内,B型超声检查对确定孕周有重要意义。妊娠5~12周内以胎儿顶臀径推算孕周较准确,妊娠12~20周以内以胎儿双顶径、股骨长度推算预产期较好。②根据妊娠初期血、尿hCG增高的时间推算孕周。选项D描述太片面,没有说明适用的孕周的范围。

E. 静脉抗生素治疗同时行剖宫产术

案例二　32岁孕妇,因为既往发生两次中期妊娠无痛性宫口扩张,晚期流产,本次在妊娠14周时行择期宫颈环扎术。至今妊娠35周,出现少量阴道血性分泌物,无明显下腹痛。体格检查:宫底高32cm,LOA,胎心率150次/min,无宫缩,无阴道流液,宫颈环扎线存在,位置正常,宫口未开。

提问1:恰当的处理是

　　A. 密切监测母胎儿情况,无需特殊处理

　　B. 静脉点滴宫缩抑制剂安胎

　　C. 拆除宫颈环扎线,密切监测母胎儿情况

　　D. 拆除宫颈环扎线,人工破膜

　　E. 拆除宫颈环扎线,静脉点滴缩宫素引产

提问2:如该孕妇目前已孕37周,恰当的处理是

　　A. 密切监测母胎儿情况,无需特殊处理

　　B. 拆除宫颈环扎线,密切监测母胎儿情况

　　C. 拆除宫颈环扎线,人工破膜

　　D. 拆除宫颈环扎线,静脉点滴缩宫素引产

　　E. 行剖宫产术,术后拆除宫颈环扎线

　　　　　　　　　　　　　　　　　　(张建平)

第十节　过期妊娠

【A1 型题】

1. 关于妊娠时限的定义,正确的是

　　A. 妊娠达到或超过40周尚未分娩者称过期妊娠

　　B. 妊娠达到或超过41周尚未分娩者称过期妊娠

　　C. 妊娠不足37周分娩者称早产

　　D. 发生在妊娠13周末前的流产称为早期流产

　　E. 发生在妊娠12周或之后的流产称为晚期流产

2. 以下方法可核实孕周,**除外**

　　A. 根据基础体温提示的排卵期推算孕周

　　B. 平素月经规则可根据末次月经推算孕周

　　C. 根据妊娠初期血hCG增高的时间推算孕周

　　D. 根据超声胎儿双顶径、股骨长度推算孕周

　　E. 根据早孕反应开始出现的时间推算孕周

【A2 型题】

30 岁初产妇,停经 41 周,自觉胎动减少 1d。查体:胎心率 148 次 /min,腹部未扪及明显宫缩,阴道检查:宫颈管未消退,先露 S–3。以下哪些处理是**错误**的

    A. 立即剖宫产

    B. 电子胎儿监护

    C. 超声检查

    D. 羊膜镜检查

    E. 促宫颈成熟后引产

【A3/A4 型题】

(1~2 题共用题干)

34 岁女性,停经 41 周,因自觉胎动减少 1d 入院。查体:腹部膨隆,未及宫缩,胎心率 150 次 /min。阴道检查:宫颈管未消退,宫颈中位,质中,宫口未开,先露 S–3。胎心监测 NST 反应型。

1. 判断胎儿宫内安危的方法有

    A. 自我胎动监测

    B. 电子胎心监护

    C. 超声 Manning 评分

    D. 胎儿脐血流监测

    E. 羊膜镜检查

2. 对于过期妊娠的处理,正确的有

    A. 为避免过期妊娠,41 周后应即考虑终止妊娠

    B. 过期妊娠通常胎盘功能下降,应选择剖宫产终止妊娠

    C. 过期妊娠者如宫颈已成熟,可使用静脉缩宫素引产

    D. 宫颈 Bishop 评分 ≥ 5 分,可使用静脉缩宫素引产

    E. 宫颈扩张球囊是常用的促宫颈成熟的方法

【案例分析题】

案例一 初产妇,25 岁,末次月经 2016-07-28,自诉"怀孕 10 个月"于 2017-05-25 就诊咨询分娩时期。平素月经欠规则,停经 9 周时超声提示"宫内早期妊娠,胎儿大小相当于 6 周",之后无规律产检。患者诉近期胎动正常,行 NST 反应型,产科超声提示:宫内妊娠单活胎,胎儿双顶径(BPD)93mm,头围(HC)332mm,腹围(AC)338mm,股骨长(FL)70mm,AFI 100mm,脐血流 PI 值及 S/D 值未见明显异常。

提问 1:以下正确的处理方法是

    A. 等待自然分娩发动

    B. 以宫颈扩展球囊促宫颈成熟后缩宫素引产

    C. 直接缩宫素静脉点滴引产

【答案】A

【解析】无明确胎盘功能低下的证据,不应立即剖宫产,故答案为 A。妊娠 40 周后胎盘功能逐渐下降,在妊娠 41 周后应考虑终止妊娠,尽量避免过期妊娠,应根据胎儿大小,胎儿安危情况,宫颈成熟度综合分析,选择恰当分娩方式,当胎盘功能减退,胎儿储备能力下降时,可适当放宽剖宫产指征。

1.【答案】ABCDE

【解析】判断胎儿安危状况的方法有:①胎动情况:通过胎动自我监测,如胎动明显减少提示胎儿宫内缺氧。②电子胎儿监护:如无应激试验(NST)为无反应型需进一步做 OCT,若多次反复出现胎心晚期减速,提示胎盘功能减退,胎儿明显缺氧。③B 型超声检查:观察胎动、胎儿肌张力、胎儿呼吸运动及羊水量。另外,脐血流仪检查胎儿脐动脉血流 S/D 比值,有助于判断胎儿安危状况。④羊膜镜检查:观察羊水颜色,若已破膜,可直接观察到流出的羊水有无粪染。

2.【答案】ACE

【解析】妊娠 40 周以后胎盘功能逐渐下降,42 周以后明显下降,因此,在妊娠 41 周以后,即应考虑终止妊娠,尽量避免过期妊娠。应根据胎儿安危状况、胎儿大小、宫颈成熟度综合分析,选择恰当的分娩方式。如无胎儿宫内窘迫迹象,可经阴道试产。一般认为,Bishop 评分≥7 分者,可直接引产;Bishop 评分<7 分,引产前先促宫颈成熟。目前,常用的促宫颈成熟的方法主要有:PGE2 阴道制剂和宫颈扩张球囊。宫颈已成熟即可行引产术,常用静脉滴注缩宫素,诱发宫缩直至临产。过期妊娠时,胎盘功能减退,胎儿储备能力下降,需适当放宽剖宫产指征。

提问 1:【答案】A

【解析】该孕妇虽已停经 43 周,但平素月经欠规则,根据早期超声结果推算,就诊日期孕周为 40 周,且孕妇胎动正常,NST 反应型,胎盘功能正常,产科彩超无明显异常,可自然等待分娩。故正确答案为 A。对于过期妊娠的处理,核准孕周和判断胎盘功能是处理的关键。核实孕龄的方法见本节 A1 型题相关解析。

提问 2:【答案】C

【解析】妊娠 40 周以后胎盘功能逐渐下降,42 周以后明显下降,因此,在妊娠 41 周以后,即应考虑终止妊娠,尽量避免过期妊娠。应根据胎儿安危状况、胎儿大小、宫颈成熟度综合分析,选择恰当的分娩方式。一般认为,宫颈 Bishop 评分≥7 分者,可直接引产;Bishop 评分<7 分,引产前先促宫颈成熟。目前,常用的促宫颈成熟的方法主要有 PGE2 阴道制剂和宫颈扩张球囊。如果宫颈已成熟即可行引产术,常用静脉滴注缩宫素,诱发宫缩直至临产。胎头已衔接者,通常先人工破膜,1h 后开始滴注缩宫素引产。人工破膜既可诱发内源性前列腺素的释放,增加引产效果,又可观察羊水性状,排除胎儿窘迫。过期妊娠时,胎盘功能减退,胎儿储备能力下降,需适当放宽剖宫产指征。

1.【答案】C

【解析】两个卵子分别受精形成的双胎妊娠称双卵双胎,双卵双胎各自有自己的血液循环,胎盘可以为两个,也可融合成一个;双卵双胎发生率约占双胎妊娠 70%;双卵双胎各自有自己的绒毛膜及羊膜囊;单绒毛膜双胎若分裂发生有在桑葚期(早期胚泡,受精 3 日内),可形成独立的两个受精卵、两个绒毛膜、两个羊膜囊;单绒毛膜双胎由于会发生一系列的并发症,如双胎输血综合征(TTTS),双胎动脉反向灌注序列征及双胎选择性生长不一致等,故单绒毛膜双胎死亡率比双绒毛膜双胎死亡率高 3.6 倍。综上所述,选项 C 为正确答案。

2.【答案】D

【解析】单卵双胎分裂一般有以下几个时间段:①桑葚期(早期胚泡,受精后 3d),分裂为双绒毛膜双胎,发生率约占单卵双胎 30%;②晚期囊胚(受精 4~8d,羊膜囊未形成),分裂为单绒毛膜双羊膜囊双胎,发生率约占单卵双胎 68%;③羊膜囊形成后(受精 9~13d),分裂为单绒毛膜单羊膜囊双胎,发生率约占单卵双胎 1%~2%;④原始胚盘形成后(受精 13d 后),此时机体不能完全分裂成两个,形成连体双胎,极其罕见。

3.【答案】D

【解析】选择性胎儿生长受限(sIUGR)发病的主要原因为胎盘分配不均,FGR 胎儿通常存在脐带边缘附着或帆状插入。正确答案为 D。sIUGR 的诊断依据是根据超声估计 FGR 胎儿体重位于相应孕龄的第 10 百分位以下,和两胎体重相差大于 25%。分为 3 型,Ⅰ型:仅体重出现差别,脐动脉血流频谱正常;Ⅱ型:FGR 胎儿脐血流舒张期缺失或倒置;Ⅲ型:FGR 胎儿出现间歇性脐血流舒张期改变。sIUGR 的主要表现是胎儿体重差异,双胎的羊水量可为正常。

D. 行人工破膜

E. 立即行剖宫产术

提问 2:孕妇 1 周后仍未临产,检查 NST 反应型,下一步处理措施正确的是

A. 等待自然分娩发动

B. 已为过期妊娠,胎盘功能逐渐减退,应立即行剖宫产术

C. 阴道检查宫颈 Bishop 评分 5 分,予促宫颈球囊促宫颈成熟后引产

D. 阴道检查宫颈 Bishop 评分 5 分,予静脉点滴缩宫素引产

E. 阴道检查宫颈 Bishop 评分 5 分,先予人工破膜,1h 后无规律宫则缩静脉点滴缩宫素引产

(张建平)

第十一节　双胎妊娠

【A1 型题】

1. 双卵双胎的特点是
   A. 拥有两个胎盘
   B. 发生率低于单卵双胎
   C. 两胎囊间的中隔由两层羊膜和两层绒毛膜组成
   D. 双绒毛膜双胎一定是双卵双胎
   E. 胎儿死亡率高于单绒毛膜双胎

2. 单卵双胎时,受精卵分裂极少发生在
   A. 桑葚期
   B. 晚期囊胚
   C. 羊膜囊形成后
   D. 原始胚盘形成后
   E. 以上都不是

3. 关于 sIUGR,以下说法正确的是
   A. sIUGR 可分为 4 型
   B. sIUGR 常伴有双胎的羊水量异常
   C. sIUGR 的两个胎儿体重相差 10% 以上
   D. sIUGR 发病的主要原因为胎盘分配不均
   E. 以上都不对

4. 对于无并发症及合并症的双胎妊娠最佳分娩孕周
   A. 单绒毛膜单羊膜囊双胎 32~34 周

B. 单绒毛膜单羊膜囊双胎 33~34 周

C. 双绒毛膜双羊膜囊双胎 36~37 周

D. 单绒毛膜双羊膜囊双胎 33~34 周

E. 以上均不对

5. 关于 TTTS,下列正确的是

A. TTTS 发生于单绒毛膜单羊膜囊双胎

B. 羊水量异常为诊断的必要条件

C. 两个胎儿体重有差异是诊断条件之一

D. 两个胎儿血红蛋白 Hb 相差 5g 是次要诊断标准

E. TTTS 的 Quintero 分期可分为 4 期

【A2 型题】

1. 23 岁农村孕妇,双胎妊娠 24 周,未行早孕超声检查,行彩色多普勒超声排畸发现双胎之一为法洛四联症畸形,并提示一个胎盘,位于后壁,可见两个羊膜囊,现孕妇要求行选择性减胎术,以下处理正确的是

A. 直接行氯化钾选择性减胎术

B. 直接行射频消融选择性减胎术

C. 立即终止妊娠

D. 继续妊娠,常规产检

E. 分清绒毛膜性再决定减胎方式

2. 25 岁孕妇,孕 2 产 1,既往足月顺娩一活女婴,出生体重 3.5kg,本次妊娠为 IVF-ET 术后双胎妊娠 25 周,超声提示孕妇宫颈内口扩张,呈漏斗状,内口分离 11mm,扩张长度 14mm,剩余宫颈长 13mm,孕妇无腹部紧缩感及阴道流血、流液不适。下列处理正确的是

A. 定期产检,随访观察

B. 嘱卧床休息减少双胎早产发生

C. 建议行宫颈环扎预防双胎妊娠早产发生

D. 孕激素口服或阴道给药预防双胎早产发生

E. 以上均不对

3. 38 岁女性,孕 1 产 0,本次自然受孕,单绒毛膜双羊膜囊双胎,现孕 32 周,今日产检行超声检查提示双胎之一胎心率为 0,以下处理正确的是

A. 立即终止妊娠,防止发生急性宫内输血造成存活胎儿神经系统损伤

B. 不需处理

C. 立即检测存活胎儿大脑中动脉的最大收缩期流速峰值(PSV)判断胎儿是否存在严重贫血

4 【答案】A
【解析】2016 年 RCOG 指南指出单绒毛膜单羊膜囊双胎应在 32~34 周实施剖宫产终止妊娠。回顾性研究表明单绒毛膜单羊膜囊双胎在 34 周后发生胎儿宫内死亡率将升高;双绒毛膜双羊膜囊双胎可至孕 38 周时终上妊娠,单绒毛膜双羊膜囊双胎可在严密监测下至妊娠 37 周分娩。

5. 【答案】B
【解析】TTTS 是单绒毛膜双羊膜囊双胎特有并发症。诊断标准为羊水量异常,既往采用的两个胎儿体重有差异和两个胎儿血红蛋白 Hb 相差 5g 的诊断标准已被摒弃。TTTS 的 Quintero 分期可分为 5 期。Ⅰ期:羊水量异常,一胎羊水深度 >8cm (20 周后 >10cm),另一胎儿羊水深度 <2cm;Ⅱ期:超声检查 60min,供血儿膀胱不能显示;Ⅲ期:任一胎儿出现多普勒血流异常,如脐动脉舒张期血流缺失或倒置,静脉导管血流、大脑中动脉血流异常或脐静脉出现搏动;Ⅳ期:任何一胎水肿;Ⅴ期:任何一胎或双胎死亡。

1. 【答案】E
【解析】患者孕 24 周,双胎之一胎儿畸形,减胎指征明确。若为双绒毛膜双胎,可直接行氯化钾选择性减胎术;若为单绒毛膜双胎,由于两个胎儿之间存在交通血管,直接行氯化钾减胎,在减去畸形胎儿的同时会导致正常胎儿死亡。射频消融术适用于单绒毛膜双胎选择性减胎,费用昂贵,技术要求高,手术风险高,在明确了单绒毛膜双胎情况下可实施。患者目前孕 24 周,立即终止妊娠,双胎均无法存活,胎儿畸形已发现,应尽快减胎;若超声根据胎盘无法确定绒毛膜性质可再根据以下进行判断:①胎儿性别(性别相同不一定为双绒毛膜双胎,但性别不同一定是双绒毛膜双胎);②胎儿性别一样时,立即取双胎羊水行胎儿遗传基因快速检测,若遗传基因完全相同可能为单卵双胎,单绒毛膜性可能性大,如果遗传基因不全相同,基本可以确定为双卵双胎,双绒毛膜性。

2. 【答案】A
【解析】既往有早产史是双胎早产独立危险因素,与既往早产时间无关;目前尚无证据证明宫颈长度 <2.5mm 是预测早产的指标,对于既往无早产史双胎孕妇,即使本次妊娠出现宫颈缩短,也未必提示早产。已有多个荟萃分析表明,卧床休息和宫缩监测并不能降低双胎孕妇早产率。无证据表明宫颈环扎可避免双胎妊娠早产的发生,双胎妊娠超声监测提示宫颈短的孕妇即使完成宫颈环扎,其早产风险仍是无宫颈缩短者的 2 倍。临床研究表明孕激素制剂无论阴道给药或者肌肉注射均不能改变早产结局。综上所述,正确答案为 A。

3.【答案】C

【解析】双胎管理指南中提到:发现单绒毛膜双羊膜囊双胎之一胎儿死亡,立即分娩并不能改善存活胎儿预后,理由是神经系统损伤发生在一胎死亡时,另一胎发生一瞬间宫内急性输血,立即分娩不能改善已经发生的存活胎儿的神经系统损伤,反而增加早产的发病率,除非出现胎心监护异常或孕晚期存活胎儿严重贫血。对于存活胎儿,可超声检测胎儿大脑中动脉的最大 PSV 判断胎儿是否存在严重贫血。发生胎死宫内 3~4 周对存活胎儿进行头颅 MRI 检查可能比超声检查更早发现一些严重的颅脑损伤。如果影像学检查发现存活胎儿的神经系统发生病变,需和家属详细讨论胎儿预后。

4.【答案】C

【解析】宫缩抑制剂使用最佳适应证为有早产征象,但宫颈管未消退,宫口未开。宫口已达 3cm 以上,不推荐继续抑制宫缩处理。单羊膜囊双胎存在胎盘间血管交通支,分娩过程中容易发生急性双胎输血,且脐带缠绕发生率高,整个孕期包括围生期均可因脐带缠绕突发胎死宫内,故建议剖宫产终止妊娠。胎心监护出现晚期减速,提示胎儿窘迫,应尽快终止妊娠,目前尚无证据证明吸氧、左侧卧位可以改善胎儿窘迫。

5.【答案】B

【解析】2003 年我国卫生部修订的《人类辅助生殖技术规范》中规定,对于多胎妊娠必须实行减胎术,避免三胎或以上的妊娠分娩。高龄孕妇、瘢痕子宫、子宫畸形、宫颈机能不全者,多胎妊娠均建议减为单胎。

6.【答案】B

【解析】根据 2003 年我国卫生部修订的《人类辅助生殖技术规范》规定,对于多胎妊娠必须实行减胎术,避免三胎或以上的妊娠分娩。对于减胎目标胎儿的选择,对于孕早期含有单绒毛膜性双胎的三胎妊娠,因单绒毛膜性双胎出现异常的风险明显高于双绒毛膜性双胎,因而首选单绒毛膜性双胎作为减胎对象,保留单绒毛膜单胎,以减少产科及胎儿并发症。

1.【答案】C

D. 住院保胎治疗,预防另一胎儿早产

E. 以上处理均不对

4. 25 岁初产妇,孕 1 产 0,单绒毛膜单羊膜囊双胎妊娠 32 周。规律下腹痛 5h,宫口开大 5cm,胎膜已破,羊水清,头先露,S-0,胎心监测提示双胎之一胎心出现晚期减速,以下处理正确的是

A. 妊娠未足月,予积极抑制宫缩保胎处理

B. 待宫口开全,阴道助产,同时做好急诊剖宫产准备

C. 急诊剖宫产终止妊娠

D. 小剂量静脉滴注缩宫素加快产程进展

E. 嘱产妇左侧卧位,吸氧,静脉营养支持

5. 25 岁孕妇,孕 2 产 1,2014 年剖宫产一次,本次为 IVF-ET 术后,放置胚胎 2 枚,孕 9 周超声提示宫内妊娠,见 3 个胚胎,均见胎芽、胎心搏动。以下处理正确的是

A. 建议行减胎术减为双胎

B. 建议行减胎术减为单胎

C. 建议继续妊娠,告知其风险

D. 建议终止妊娠

E. 以上说法均不对

6. 28 岁孕妇,孕 2 产 0,2009 年稽留流产 1 次,本次为 IVF-ET 术后,放置胚胎 2 枚,孕 9 周超声提示宫内妊娠,其中一胎囊为单绒毛膜单胎,另一胎囊为单绒毛膜双胎。孕妇要求行减胎术入院,目标胎儿的选择正确的是

A. 选择单绒毛膜单胎的胎囊为对象,保留单绒毛膜双胎

B. 选择单绒毛膜双胎的胎囊为对象,保留单绒毛膜单胎

C. 建议继续妊娠,告知其风险

D. 建议终止妊娠

E. 以上说法均不对

【A3/A4 型题】

(1~2 题共用题干)

28 岁女性,孕 1 产 0,孕 24 周,双胎妊娠,超声提示双胎羊水深度 1.3cm/9.7cm,且羊水少的胎儿脐血流舒张期断流。

1. 该孕妇考虑诊断为

A. 双胎输血综合征 Ⅰ 期

B. 双胎输血综合征 Ⅱ 期

C. 双胎输血综合征 Ⅲ 期

D. 双胎输血综合征 Ⅳ 期

E. 双胎输血综合征 Ⅴ 期

2. 最佳治疗措施为
   A. 羊水穿刺减量术
   B. 羊膜隔打孔引流羊水
   C. 脐带结扎术
   D. 激光消融脐带吻合支
   E. 以上均不对

(3~4 题共用题干)

26 岁女性,孕 3 产 1,现孕 9 周,超声提示双胎妊娠,现因"恶心呕吐 7d 加重 1d"来院就诊,尿常规尿酮体(++++)。

3. 以下处理**不恰当**的是
   A. 检查肝功能、血电解质、甲状腺功能
   B. 补充维生素 B_1 预防 Wernicke 脑病
   C. 纠正水电解质紊乱及酸碱平衡失调
   D. 补充维生素 C、维生素 B_6
   E. 终止妊娠

4. 经积极治疗后孕妇恶心、呕吐症状无改善,且出现发热,体温高于 38℃,持续 3d,伴皮肤、巩膜黄染,卧床休息时心率 130~140 次 /min。下列处理最恰当的是
   A. 终止妊娠
   B. 予物理降温治疗
   C. 查血培养,尿培养等明确感染源
   D. 予药物退热治疗
   E. 以上均不对

(5~6 题共用题干)

33 岁女性,孕 2 产 1,妊娠 36 周,双胎妊娠,第一胎头先露娩出后,第二胎臀先露助产娩出,胎盘娩出后阴道流血间歇性流血,量约 600ml,伴血凝块,子宫轮廓不清,宫体柔软。

5. 该产妇产后出血主要原因为
   A. 产后宫缩乏力
   B. 软产道裂伤
   C. 凝血功能障碍
   D. 羊水栓塞
   E. 以上均是

6. 以下做法中**不恰当**的是
   A. 立即建立静脉通道、加快补液
   B. 按摩子宫
   C. 使用强有力宫缩剂
   D. 宫腔填塞
   E. 切除子宫

2.【答案】D
【解析】关于 TTTS 诊断标准见本节 A1 型题相关解析。指南上针对 TTTS 治疗:对于 Quintero 分期Ⅱ及Ⅱ期以上的孕 16~26 周的 TTTS,应首选胎儿镜技术,与最早的羊水减量术相比,胎儿镜激光凝固胎盘间吻合血管术能明显改善 TTTS 患儿预后。

3.【答案】E

4.【答案】A
【解析】妊娠剧吐发生于妊娠早期,以严重的恶心、呕吐为主要症状,伴有孕妇脱水、电解质紊乱和酸中毒。常规治疗包括纠正水、电解质紊乱及酸碱平衡失调以及加用维生素 B_6、维生素 C。及时、及早补充维生素 B_1 可有效防止韦尼克(Wernicke)脑病。妊娠剧吐经积极治疗后症状仍重,且伴发以下表现时应终止妊娠:①体温持续在 38℃以上;②持续性黄疸或蛋白尿;③心率超过 120 次 /min;④多发神经炎及神经体征;⑤有颅内或眼底出血经治疗不能好转;⑥出现 Wernicke 脑病。

5.【答案】A

6.【答案】E
【解析】胎盘剥离后出血不止,腹部子宫轮廓不清,宫体柔软,经按摩或给予宫缩剂后出血好转者为宫缩乏力导致出血。针对宫缩乏力处理原则:先简单、后复杂,先无创,后有创,其流程如下:子宫按摩 + 宫缩剂→宫腔填塞或 / 和子宫背包缝合或 / 和子宫动脉结扎→子宫动脉栓塞→子宫切除。子宫按摩 + 宫缩剂为最基本的处理,如不能有效,可立即行宫腔填塞和 / 或子宫背包缝合和 / 或子宫动脉结扎等保守手术。如保守手术仍不能奏效,产妇病情稳定可行介入手术,子宫切除术应用于各种保守手术均无效者。

【案例分析题】

案例一 28 岁女性,孕 1 产 0,单绒毛膜双胎妊娠 35^{+4} 周。孕期定期产检,OGTT(−),胎动无异常。规律下腹疼痛 2h 入院。查体:体温 36.3℃,血压 123/73mmHg,心肺(−),心率 79 次 /min。产科检查:宫底高度为 31cm,扪及宫缩 3~4min/ 次,胎心率波动于 140~150 次 /min。阴道检查:宫颈管消失,宫口开 2cm,头先露,S−0,床旁超声提示另一胎儿为臀先露。

提问 1:孕妇要求阴道试产,处理正确的是

    A. 不建议阴道试产,说服孕妇及家属改剖宫产终止妊娠

    B. 充分告知风险,做好阴道助产和急诊剖宫产的准备

    C. 胎儿监护

    D. 妊娠未足月,予抑制宫缩处理

    E. 联系儿科医生,新生儿应当按照早产儿处理

提问 2:3h 后宫口开全,双胎之一胎儿顺利娩出,正确的处理是

    A. 立即采取措施,尽快娩出第二个胎儿

    B. 立即断脐,防止第二胎儿失血

    C. 阴道检查,查明第二胎儿胎位

    D. 定时监测胎心率

    E. 保持纵产式,固定胎儿位置

案例二 29 岁孕妇,孕 1 产 0,31 周,双胎妊娠,既往无特殊病史。孕期定期产检,无异常发现,阴道流液 1h 平车入院。查体:体温 36.5℃,呼吸 19 次 /min,血压 102/78mmHg,心肺(−),心率 92 次 /min,专科检查:宫高 29cm,腹围 102cm,扪及不规则宫缩;胎位:LOA/RSA,胎心率 134~145 次 /min。阴道检查:宫颈管未消失,宫口未开,S−3,头先露。

提问 1:最可能的诊断为

    A. 胎膜早破

    B. 先兆早产

    C. 早产临产

    D. 胎盘早剥

    E. 胎儿窘迫

    F. 双胎妊娠

提问 2:入院后处理正确的是

    A. 立即终止妊娠

    B. 地塞米松促胎肺成熟

    C. NST 检查

    D. 严密监测生命体征

    E. 腹部超声了解胎儿情况

    F. 硫酸镁胎儿脑保护治疗

    G. 抑制宫缩处理

提问 1:【答案】BCE

    【解析】单绒毛膜双胎,第一胎为头先露情况下,在充分知情同意的基础上可考虑阴道分娩。在双胎分娩过程中,产科医师均需做好阴道助产和急诊剖宫产的准备,尤其是第一胎分娩后第二胎可能发生胎位改变。无论双胎还是单胎妊娠,34 周以上的早产临产均不予抑制宫缩干预。

提问 2:【答案】BCDE

    【解析】双胎妊娠第一胎儿娩出后,胎盘侧脐带必须立即夹紧,以防第二个胎儿失血;助手应在腹部固定第二胎儿为纵产式,并密切监护胎心;及时行阴道检查了解胎位及排除脐带脱垂情况;若无异常,等待第二胎儿自然分娩,通常 20min 左右第二胎儿娩出,若等待 15min 仍无宫缩,可行人工破膜、静脉滴注低浓度缩宫素等措施娩出第二个胎儿;若发现脐带脱垂、胎盘早剥、胎位不正等,短时间无法经阴道助产分娩,必要时可采取剖宫产终止妊娠。

提问 1:【答案】ABF

提问 2:【答案】BCDEFGH

H. 抗生素预防感染

提问 3：以下关于糖皮质激素促胎肺成熟治疗，描述**不正确**的是

  A. 双胎妊娠的促胎肺成熟治疗与单胎妊娠相同

  B. 一般采取单疗程治疗

  C. 2 周后若仍不分娩可再次使用 1 个疗程

  D. 不适用于患糖尿病孕妇

（杨慧霞）

第十二节　胎儿生长受限

【A1 型题】

1. 关于胎儿生长受限的诊断标准，下列说法正确的是

  A. 新生儿体重小于 2 500g

  B. 体重低于同胎龄应有体重第 5 百分位数以下

  C. 体重低于同胎龄应有体重第 15 百分位数以下

  D. 体重低于同胎龄平均体重 2 个标准差

  E. 体重低于同胎龄平均体重 1 个标准差

2. 在诊断胎儿生长受限时，哪些检查意义最大

  A. 测量子宫长度、腹围

  B. 孕妇体重变化

  C. 超声

  D. HPL

  E. 脐动脉血流

【A2 型题】

1. 患者，女，24 岁，孕 2 产 0，孕 32 周。定期产前检查：体重 1 个月内未增加，宫高 28cm，双顶径 77mm，最大羊水深度 50mm。血压 140/90mmHg。蛋白尿 (+/–)，其诊断应该是

  A. 羊水过少

  B. 妊娠期高血压

  C. 胎儿生长受限（FGR）

  D. 妊娠期高血压 +FGR

  E. 慢性高血压

2. 患者，女，35 岁，孕 3 产 1，孕 39 周。超声提示胎儿生长发育小于孕周，下列哪项因素**不能**导致胎儿生长受限

  A. 胎盘因素

  B. 母亲患有合并症

  C. 高龄

提问 3：【答案】BCD

【解析】相关指南指出，对早产风险高的双胎妊娠，可按照单胎妊娠的处理方式进行糖皮质激素促胎肺成熟治疗，目前尚无证据支持双胎促胎肺成熟需要重复用药。≤ 34 周无期待保胎治疗禁忌证均应该给予糖皮质激素促胎肺成熟治疗，孕 32 周前使用了单疗程糖皮质激素治疗，孕妇未分娩，在使用 1 个疗程 2 周后，孕周仍不足 32^{+6} 周，估计短时间内终止妊娠者可再次给予 1 个疗程，总疗程不能超过 2 次。对于糖尿病合并妊娠孕妇，使用糖皮质促胎肺成熟治疗无特殊之处，但要注意监测血糖水平，可使用胰岛素调节血糖，防止血糖过高引起酮症。

1.【答案】D

【解析】小于孕龄儿是指出生体重低于同胎龄应有体重第 10 百分位数以下或低于同胎龄平均体重 2 个标准差的新生儿，胎儿生长受限是指无法达到其应有生长潜力的小于孕龄儿。

2.【答案】C

【解析】超声可以测量胎儿生长情况，比如双顶径、头围、腹围、股骨长，了解羊水、胎盘情况，以及其变化，彩色多普勒可以检测脐动脉血流情况，如有无舒张期血流缺失 S/D 值，大脑中动脉血流，对胎儿宫内发育情况评估。

1.【答案】D

【解析】正常孕妇每周体重增重 0.5kg，患者 1 个月内体重未增加，同时宫高、腹围均较相同孕周正常发育胎儿偏小，故考虑胎儿生长受限。同时患者最大羊水深度为 50mm，故羊水量无异常。患者测血压 140/90mmHg，蛋白尿弱阳性，考虑同时合并妊娠期高血压。故选 D。

2.【答案】D

【解析】影响胎儿生长主要危险因素有：

（1）孕妇因素。①营养因素 孕妇偏食、妊娠剧吐以及摄入蛋白质、维生素及微量元素不足。胎儿出生体重与母体血糖水平呈正相关。②妊娠并发症与合并症，如妊娠期高血压疾病、慢性高血压、肾炎、贫血、抗磷脂抗体综合征等，均可使胎盘血流量减少，灌注下降。③其他：孕妇年龄、地区、体重、身高、经济状况、子宫发育畸形、吸烟、吸毒、酗酒、宫内感染、母体接触放射线或有毒物质等。

（2）胎儿因素。胎儿基因或染色体异常、先天发育异常时，也常伴有胎儿生长受限。

（3）胎盘因素。胎盘各种病变导致子宫胎盘血流量减少，胎儿血供不足。

（4）脐带因素。脐带过长、脐带过细（尤其近脐带根部过细）、脐带扭转、脐带打结等。

综上所述，多次孕产史不会导致胎儿生长受限，故正确答案为 D。

D. 多次孕产史
E. 脐带异常

【A3/A4 型题】

(1~2 题共用题干)

36 岁女性,孕 3 产 0,自然流产 2 次,现妊娠 30 周,产前检查发现宫高 24cm,腹围 85cm,均小于相应孕周,以胎儿生长受限收入院进一步诊治。

1. 胎儿生长受限与以下哪些因素无关
   A. 孕妇年龄及营养状况
   B. 孕妇慢性高血压或肾炎等疾病
   C. 孕妇骨盆狭小或胎先露异常
   D. 胎儿可能有先天性畸形
   E. 胎儿可能代谢功能不良

2. 该孕妇住院后,以下哪项处理**不恰当**
   A. 详细检查孕妇,除外内科疾病
   B. 三维彩超检查,除外胎儿畸形
   C. 左侧卧位休息、加强营养
   D. 静脉滴注氨基酸、维生素 C 等
   E. 应维持到足月再终止妊娠

(3~4 题共用题干)

初产妇,30 岁,24 周妊娠,月经周期正常,超声检查:LOA,双顶径 44mm,腹围 40mm,胎动正常,胎心率 124 次 /min,羊水池最大直径 2cm,肾脏结构可见。

3. 本病例可诊断为
   A. 胎儿生长受限,羊水过少
   B. 胎儿窘迫
   C. 正常妊娠
   D. 羊水过少
   E. 胎儿畸形

4. 下一步应该做何检查
   A. 胎心监护
   B. 胎儿生物物理评分
   C. 脐动脉 S/D 和大脑中动脉血流
   D. 系统超声和胎儿染色体核型分析
   E. 羊水穿刺胎儿染色体检查

(5~6 题共用题干)

初产妇,28 岁,26 周妊娠,早孕期超声提示:停经天数与孕周相符,超声检查:LOA,双顶径 50mm,胎动正常,胎心率 145 次 /min,羊水池最大直径 4cm。

1.【答案】C
【解析】胎儿生长受限的病因有孕妇因素、胎儿因素、胎盘因素、脐带因素四方面,详见 A2 型题解析。

2.【答案】E
【解析】胎儿生长受限处理:①积极寻找病因,排除妊娠期高血压疾病,TORCH 检查,抗磷脂抗体检查,排查胎儿畸形,必要时染色体检查;②综合治疗,左侧卧位,吸氧,均衡饮食,静脉补充氨基酸、能量合剂,药物包括低分子肝素、阿司匹林;③监测胎儿宫内状况。终止妊娠指征:治疗后无改善,胎儿生长停止 3 周以上;有胎盘功能不良证据;有胎儿缺氧证据;有妊娠合并症或并发症危及母儿者,以 34 周为界。选项 E 描述太过片面,故不恰当。

3.【答案】A
【解析】孕妇孕 24 周,月经正常,胎儿双顶径 44mm,胎儿生长明显落后于孕周,为胎儿生长受限。羊水池最大直径 2cm,诊断为羊水过少。

4.【答案】D
【解析】孕妇孕中期即出现胎儿生长受限,应该首先寻找病因,寻找病因,在胎儿方面,最重要的是排除胎儿结构异常和染色体异常。孕 24 周已错过羊水穿刺胎儿染色体检查时机,可抽脐带血行胎儿染色体核型分析。

5. 引起该病的病因可能是
   A. 胎儿肺发育不良
   B. 唐氏综合征
   C. 胎儿脑发育不全
   D. 胎儿泌尿系统畸形
   E. 胎儿先天性心脏病

6. 胎儿染色体核型分析为 21 三体,下列哪项处理最合适
   A. 缩宫素引产
   B. 依沙吖啶引产
   C. 宫内营养治疗
   D. 水囊引产
   E. 剖宫产终止妊娠

(7~9 题共用题干)

孕妇 36 岁,初产妇,孕 32 周发现胎儿生长受限。

7. 胎心监护为反应型,羊水量正常,胎动正常,以下哪些治疗**不正确**
   A. 吸氧,左侧卧位
   B. 静脉给予氨基酸
   C. 右旋糖酐 + 丹参
   D. 葡萄糖 + 复合维生素
   E. 人工破膜引产

8. 治疗 1 周后,下列指标**不能确切评估病情**
   A. 双顶径
   B. 羊水指数
   C. 脐动脉 S/D
   D. 孕妇体重变化
   E. 胎动

9. 下列哪种情况,需要终止妊娠
   A. 胎心正常
   B. 一周胎儿略有生长
   C. 胎心监护无反应型
   D. 羊水偏少
   E. 胎儿生物物理评分 6 分

【案例分析题】

案例一　初产妇,28 岁,停经 30 周,平素月经欠规则,宫高 26cm,超声检查:BPD 70mm,羊水指数 30mm。

提问 1:为明确胎儿生长受限的诊断,应询问哪些病史
   A. 胎心监护
   B. 胎动记数
   C. 尿雌三醇测定
   D. 询问月经史,核对末次月经
   E. 胎儿生物物理评分
   F. 脐血流检测
   G. 核对早孕超声
   H. 早孕反应开始时间
   I. 同房日

5. 【答案】B
　【解析】孕中期胎儿受生长受限,应考虑胎儿染色体异常的可能。

6. 【答案】B
　【解析】唐氏综合征患儿给社会和家庭带来极大的负担,一旦产前诊断,应终止妊娠,孕中期引产。子宫对缩宫素不敏感,若无禁忌,可行依沙吖啶引产。

7. 【答案】E
　【解析】胎儿生长受限越早治疗,效果越好,孕 32 周前开始疗效佳。胎儿生长受限的治疗包括:吸氧,左侧卧位,适当卧床休息,母体静脉营养及改善微循环治疗。终止妊娠指征:治疗后无改善,胎儿生长停止 3 周以上;有胎盘功能不良证据;有胎儿缺氧证据;有妊娠合并症或并发症危及母儿者,以 34 周为界。故本病例尚无需立即终止妊娠,故答案为 E。

8. 【答案】D
　【解析】孕妇体重变化干扰因素较多,对病情的评估有局限性。双顶径、羊水指数、S/D、胎儿腹围、胎动是评估胎儿生长和宫内情况的重要指标。

9. 【答案】C
　【解析】胎心监护无反应型,说明胎儿宫内缺氧,需要终止妊娠。

提问 1:【答案】DGHI
　【解析】诊断胎儿生长受限的前提是孕周准确,因此,应该首先核对孕周,核对孕周的方法有:核对末次月经、核对早孕超声、早孕反应开始时间、同房日。

提问2:【答案】ABDFGH

【解析】胎儿生长受限病因主要有孕妇、胎儿因素,胎盘、脐带因素。内因性均称型胎儿生长受限病因包括:基因、染色体异常、病毒感染、接触放射性物质及其他有毒物质,外因性不均称型胎儿生长受限病因包括妊娠期高血压疾病、严重的妊娠糖尿病,外因性均称型胎儿生长受限病因主要是缺乏重要的生长因素,如叶酸、氨基酸、微量元素等。

提问2:下列哪些是胎儿生长受限的病因

A. 基因或染色体异常

B. 重度子痫前期

C. 轻度妊娠糖尿病

D. 多胎妊娠

E. 胎膜早破

F. 病毒感染

G. 胎盘发育异常

H. 脐带过细

I. 脐带脱垂

案例二 初产妇,30岁,孕31周,平素月经规则,宫高26cm,超声检查:BPD 72mm,羊水指数50mm。

提问1:【答案】BGHI

【解析】终止妊娠指征:治疗后无改善,胎儿生长停止3周以上;有胎盘功能不良证据;有胎儿缺氧证据;有妊娠合并症或并发症危及母儿者,以34周为界。胎儿病情重或有缺氧存在时,考虑终止妊娠,应在监测胎儿宫内情况前提下,行宫内营养治疗。

提问1:确诊为胎儿生长受限,下面治疗哪些**不合适**•••

A. 吸氧,左侧卧位

B. 静脉滴注缩宫素引产

C. 静脉给予氨基酸

D. 右旋糖酐 + 丹参

E. 葡萄糖 + 复合维生素

F. 适当卧床休息

G. 羊膜腔灌注

H. 依沙吖啶引产

I. 继续观察

提问2:终止妊娠的指征为

提问2:【答案】CEGH

【解析】治疗后胎儿生长受限无改善,胎儿停止生长3周,有宫内缺氧表现,可考虑终止妊娠。

A. OCT 阴性

B. 脐动脉血流 S/D 2.9

C. 期待治疗3周,胎儿无增长

D. 未足月

E. 胎心监护:无反应型

F. 超声动态检测 BPD 每周增加 1.5cm

G. 胎动消失

H. 脐动脉舒张期血流缺失

1.【答案】A

【解析】急性胎儿窘迫的常见病因有:①前置胎盘、胎盘早剥;②脐带异常,如脐带绕颈、脐带真结、脐带扭转、脐带脱垂、脐带血肿、脐带过长或过短、脐带附着于胎膜等;③母体严重血循环障碍致胎盘灌注急剧减少,如各种原因导致的休克等;④缩宫素使用不当,造成过强及不协调宫缩,宫内压长时间超过母血进入绒毛间隙的平均动脉压;⑤孕妇应用麻醉药及镇静剂过量,抑制呼吸。综上所述,正确答案为A。

I. AFI 70mm

(孙丽洲)

第十三节 胎儿窘迫

【A1 型题】

1. 关于急性胎儿窘迫病因的描述中,正确的是

   A. 脐带真结、脐带脱垂

   B. 母体心功能不全

C. 胎盘功能减退

D. 胎儿宫内感染

E. 母儿血型不合

2. 关于慢性胎儿窘迫病因,叙述正确的是

　　A. 脐带受压

　　B. 胎盘功能减退

　　C. 前置胎盘

　　D. 胎盘早剥

　　E. 脐带先露

3. 慢性胎儿宫内窘迫的临床表现**不包括**

　　A. 胎盘功能正常

　　B. 胎动减少或消失

　　C. 胎儿电子监护异常

　　D. 胎儿生物物理评分低

　　E. 脐动脉多普勒超声提示血流异常

4. 诊断胎儿宫内窘迫的依据**不包括**

　　A. 胎位异常

　　B. 胎儿头皮血 pH<7.20

　　C. 羊膜镜检羊水深绿色合并胎心监护晚期减速

　　D. 胎动频繁

　　E. 胎心率基线 <100 次 /min

【A2 型题】

1. 初产妇,年龄 29 岁,孕 1 产 0,孕 39⁺⁴ 周,宫口开大 3~4cm,胎心 100 次 /min,胎心监测示:频繁的晚期减速,胎儿头皮血 pH=7.16,最恰当的处理为

　　A. 产妇左侧卧位,等待自然分娩

　　B. 吸氧

　　C. 加宫缩抑制剂缓解宫缩

　　D. 等待宫口开全后,阴道助产

　　E. 立即剖宫产

2. 初产妇,28 岁,孕 1 产 0,妊娠 40⁺¹ 周,产程进展顺利,宫口已开全,先露 S+3,突然出现胎心率变化,持续 <100 次 /min,下一步稳妥的处理是

　　A. 吸氧　　　　　　　　 B. 积极寻找原因

　　C. 尽快阴道助产　　　 D. 立即剖宫产

　　E. 左侧卧位

2.【答案】B

【解析】慢性胎儿窘迫的病因包括:①母体血液含氧量不足,如合并先天性心脏病或伴心功能不全、慢性肺功能不全、重度贫血等。②子宫胎盘血管硬化、狭窄、梗死,使绒毛间隙血液灌注不足,如妊娠期高血压疾病、慢性肾炎、糖尿病、过期妊娠等。③胎儿严重的心血管疾病、呼吸系统疾病、胎儿畸形、母儿血型不合、胎儿宫内感染、颅内出血及颅脑损伤,致胎儿运输及利用氧能力下降等。综上所述,正确答案为B。

3.【答案】A

【解析】胎盘功能正常,不能提示胎儿宫内窘迫。故选择A。胎动减少是胎儿缺氧的重要表现,应予警惕。产前胎儿电子监护异常,提示有缺氧可能。胎儿生物物理评分低:≤4分提示胎儿窘迫,6分为胎儿可疑缺氧。脐动脉多普勒超声血流异常:宫内发育受限的胎儿出现进行性舒张期血流降低、脐血流指数升高,提示胎盘灌注不足。严重病例可出现舒张期血流缺失或倒置,提示围产儿预后不良。

4.【答案】A

【解析】急性胎儿窘迫时胎心率高于 160 次 /min 或低于 110 次 /min,均提示胎儿窘迫。胎心率不规则,胎心率减弱,是胎儿严重缺氧的征象,最终胎心率消失,胎儿死亡。缺氧早期,表现为胎动频繁,继而减弱及次数减少,进而消失。破膜后取胎儿头皮血测定 pH 值,进行血气分析,如果其 pH 低于7.20提示胎儿有酸中毒,可诊断为胎儿窘迫。羊水中胎粪污染不是胎儿宫内窘迫的征象,如果胎心监护异常,存在宫内缺氧情况,会引起胎粪吸入综合征,造成不良胎儿结局。

1.【答案】E

【解析】如无法立即阴道分娩,且有进行性胎儿缺氧和酸中毒的证据,一般干预无法纠正者,均应尽快手术终止妊娠。

2.【答案】C

【解析】急性胎儿宫内窘迫,若宫口开全,胎头双顶径已达坐骨棘平面以下,应尽快经阴道助产。

【A3/A4 题型】

(1~2 题共用题干)

患者,女,妊娠 32 周,妊娠合并心脏病,行胎心监护,见胎心率为 120 次/min,基线变异振幅 3 次/min,20min 内有 2 次胎动,胎动时胎心率不加速。

1. 最可能的诊断是
    A. 胎儿储备功能良好
    B. 慢性胎儿窘迫
    C. 急性胎儿窘迫
    D. 胎儿处于睡眠状态
    E. 无法做出诊断

2. 针对患者的处理,**错误**的是
    A. 立即剖宫产
    B. 左侧卧位,定期吸氧
    C. 积极治疗心脏病
    D. 促胎肺成熟,争取胎儿成熟后终止妊娠
    E. 进行胎儿生物物理评分,加强胎儿监护,注意胎动变化

(3~4 题共用题干)

患者,初产妇,26 岁,妊娠 40^{+4} 周,规律宫缩 10h,内诊查宫口 8cm,先露儿头,S0,胎膜未破,骨产道无异常。胎心 136 次/min,给予患者人工破膜,发现羊水为黄绿色,胎心监护反应良好。

3. 最可能的诊断是
    A. 胎儿储备功能良好
    B. 慢性胎儿窘迫
    C. 急性胎儿窘迫
    D. 胎儿酸中毒
    E. 无法做出诊断

4. 最合适的处理是
    A. 严密观察产程,胎心监护,等待自然分娩
    B. 立即剖宫产
    C. 小剂量滴注缩宫素
    D. 持续吸氧
    E. 产钳助产

【案例分析题】

案例一 患者,女,31 岁,主诉:停经 9 个月余,发现血压高 2 周,自觉胎动少 2d。体格检查:体温 36.5℃,心率 80 次/min,呼吸 18 次/min,血压 160/110mmHg,双下肢中度水肿。产科检查:宫高 35cm,腹围 100cm,LOA,胎头未入盆,胎心率 165~170 次/min。消毒内诊:宫颈质中,居后,未消未开。辅助检查:尿蛋白(+++),

---

1. 【答案】B

2. 【答案】A
   【解析】胎心率提示微小变异,胎动时无胎心加速,不除外胎儿宫内窘迫,患者为妊娠合并心脏病,心功能及胎盘功能有可能较差,胎儿长期处于慢性缺氧状态,易出现慢性胎儿宫内窘迫。另外对于孕周小,估计胎儿娩出后存活可能性小,尽量保守治疗延长孕龄,同时促胎肺成熟,争取胎儿成熟后终止妊娠。

3. 【答案】A

4. 【答案】A
   【解析】胎儿在宫内可以排出胎便,影响胎便排出的主要因素是孕周,孕周越大羊水胎粪污染的概率越高。10%~20% 的分娩中会出现羊水胎粪污染,羊水胎粪污染不是胎儿窘迫的征象。出现羊水胎粪污染时,如果胎心监护正常,不需要进行特殊处理,如胎心监护异常,存在宫内缺氧情况,会引起胎粪吸入综合征,造成不良胎儿结局。因而当产程中出现羊水胎粪污染时应密切监护胎儿宫内情况,根据胎心监护情况决定分娩时机和分娩方式。

空腹血糖 7.0mmol/L。否认高血压及糖尿病病史。

提问 1:该患者可能的诊断是

A. 子痫前期轻度

B. 子痫前期重度

C. 胎儿窘迫

D. 慢性高血压合并子痫前期

E. 慢性肾炎

F. 妊娠糖尿病

提问 2:该患者应该完善哪些检查

A. OGTT 试验

B. 胎心监测

C. 胎儿超声及生物物理评分

D. 肝胆脾及泌尿系超声

E. 血常规及凝血五项

F. 胎儿超声心动图

提问 3:患者行 NST 提示胎心快 160~170 次/min,变异差,无明显加速,生物物理评分 6 分,脐动脉 S/D 提示:4.0,胎盘位于后壁,厚 3cm。患者下一步应如何治疗

A. 吸氧

B. 立即行剖宫产终止妊娠

C. 缩宫素静点引产

D. 降压解痉治疗

E. 继续待产至足月

提问 4:新生儿出生后无哭声,四肢较软,下一步正确的是

A. 保持体温   B. 摆正体位

C. 清理呼吸道   D. 给予刺激

E. 气管插管   F. 胸外按压

案例二 初产妇,28 岁,现孕 38 周,阴道大量流液并少量见红,现不规律下腹痛。体格检查:血压 110/70mmHg,心肺未闻及异常。产科检查:宫高 36cm,腹围 97cm,胎心率 140 次/min,LOA,胎头未入盆。阴道口大量水样物,色清,pH 试纸变蓝。宫颈居中,质软,消退 80%,宫口未开。

提问 1:患者目前需完善哪些检查

A. 胎儿超声检查

B. 血常规及 CRP

C. 胎心监护

D. 骨盆内外测量

E. 尿培养

F. 血培养

提问 1:【答案】BCF

【解析】患者血压升高,同时伴有尿蛋白(+++),无高血压病史,应诊断为子痫前期重度;患者空腹血糖 7.0mmol/L,>5.1mmol/L 可以诊断为妊娠糖尿病;患者自觉胎动少 2d,同时胎心快,并且患有妊娠糖尿病及子痫前期重度,均为慢性胎儿窘迫的病因,可以诊断为胎儿窘迫。

提问 2:【答案】BCDE

【解析】主诉胎动少者,应进行全面检查及评估母儿状况,包括 NST 和/或胎儿生物物理评分。左侧卧位,定时吸氧,2~3 次/d,每次 30min。积极治疗妊娠合并症。加强胎儿监护,注意胎动变化。患者子痫前期重度,应全面评估包括:血常规,凝血功能检查,血液生化测定,眼底检查,超声影像学检查肝、胆、胰、脾、肾等脏器,动脉血气分析,超声检查胎儿发育、脐动脉、子宫动脉等血流指数,必要时行头颅 CT 或 MRI 检查。

提问 3:【答案】ABD

【解析】胎儿窘迫终止妊娠的指征:妊娠近足月或胎儿已成熟,胎动减少,胎盘功能进行性减退,胎心监护出现胎心基线异常伴基线波动异常、OCT 出现频繁晚期减速或重度变异减速、胎儿生物物理评分<4 分者,均应行剖宫产术终止妊娠。患者胎动少,脐动脉 S/D 提示明显增高,近足月,子痫前期重度,应在吸氧,降压解痉的同时,尽快剖宫产终止妊娠。

提问 4:【答案】ABCD

【解析】该新生儿应首先进行初步复苏,包括保持体温,摆正体位,清理呼吸道,擦干全身,给予刺激,重新摆正体位,暂时不需要气管插管及胸外按压。

提问 1:【答案】ABCD

【解析】患者胎膜已破,应完善血常规及 CRP,完善胎儿常规超声检查,胎心监测,行骨盆内外测量,判断患者是否可行阴道分娩。

提问2:【答案】ABD

　　【解析】患者胎心监护可见早期减速,超声提示羊水指数3cm,胎儿脐带绕颈2周,可能为脐带受压,让应患者左侧卧位改变体位,吸氧并检测胎心。

提问3:【答案】D

　　【解析】患者出现频繁晚期减速,不能短时间经阴道分娩,应立即剖宫产。

提问4:【答案】BD

提问5:【答案】C

　　【解析】患者羊水少,脐带绕颈2周,发生窘迫应为脐带因素。

1.【答案】C

　　【解析】死胎的定义为妊娠20周后胎儿在子宫内死亡者;死胎最可靠的诊断依据为超声检查未见胎心搏动;宫底停止升高是死胎的临床体征,超声检查未见胎心率搏动是最可靠的诊断依据。颅骨重叠或脊柱成角变曲是死胎的征象。死胎在宫腔内停留过久会引起母体凝血功能障碍,胎儿死亡后约80%在2~3周内自然娩出,若死亡后3周胎儿仍未排出,退行性变的胎盘组织释放凝血活酶进入母体血循环,激活血管内凝血因子,容易引起DIC。雌激素是促进妊娠子宫生长发育的主要因素,大剂量的雌激素可以提高子宫的收缩性,增加子宫平滑肌对缩宫素的敏感性。

提问2:患者现规律腹痛,宫口开大2cm,胎头S-3,胎心监护可见早期减速,超声提示羊水指数3cm,胎儿脐带绕颈两周,应该采取的措施包括

　　A. 左侧卧位

　　B. 吸氧

　　C. 静点缩宫素

　　D. 监测胎心

　　E. 立即剖宫产

　　F. 硫酸镁抑制宫缩

提问3:现患者宫口继续扩大到3cm,胎心监护出现频繁晚期减速,此时应如何选择分娩方式

　　A. 缩宫素引产

　　B. 宫口开全后产钳助产

　　C. 氧气吸入,等待自然分娩

　　D. 立即剖宫产

　　E. 宫口开全后胎吸助产

提问4:该患者的主要诊断是

　　A. 胎盘早剥

　　B. 急性胎儿窘迫

　　C. 脐带脱垂

　　D. 胎膜早破

　　E. 头盆不称

　　F. 慢性胎儿窘迫

　　G. 脐带绕颈

提问5:患者发生胎儿宫内窘迫的主要原因是

　　A. 羊水过少

　　B. 宫缩过强

　　C. 脐带绕颈

　　D. 胎儿疾病

　　E. 胎盘血管硬化

　　F. 母儿血型不合

(刘彩霞)

第十四节　死　　胎

【A1 型题】

1. 有关死胎的叙述中,错误的是

　　A. 死胎是指妊娠20周后胎儿在子宫内死亡

　　B. 胎死宫内3周以上未娩出可引发 DIC

　　C. 宫底停止升高是死胎最可靠的诊断依据

　　D. 雌激素能提高子宫对缩宫素的敏感性

E. 颅骨重叠或脊柱成角变曲是死胎的征象

2. 确诊死胎后,胎儿死亡多长时间易并发凝血功能障碍
   A. 1 周后
   B. 2 周后
   C. 3 周后
   D. 4 周后
   E. 5 周后

【A2 型题】

1. 患者,女,38 岁。孕期未定期产检,停经 26 周,门诊产检诊断考虑早发型子痫及胎儿宫内生长受限,超声提示胎死宫内。为查明胎儿死亡原因,除了胎儿尸体解剖,下面哪项实验室检查最重要
   A. HbA1c
   B. TORCH
   C. LA 和 ACA
   D. TSH
   E. TPPA

2. 患者,女,28 岁。近期足月顺产一活婴,通过其他途径了解到死胎的发生与妊娠间隔时间有关。现门诊咨询下一胎妊娠间隔时间,以下哪项说法正确
   A. 没有证据表明妊娠间隔与死胎的发生有关
   B. 妊娠间隔时间小于 3 个月死胎发生概率增高,间隔超过 3 个月不增加死胎发生概率
   C. 妊娠间隔时间小于 6 个月死胎发生概率增高,间隔超过 6 个月不增加死胎发生概率
   D. 妊娠间隔时间小于 9 个月死胎发生概率增高,间隔超过 9 个月不增加死胎发生概率
   E. 妊娠间隔时间小于 12 个月死胎发生概率增高,间隔超过 12 个月不增加死胎发生概率

【A3/A4 型题】

(1~4 题共用题干)

患者,女,21 岁,既往体健。孕 2 产 1,孕 30+ 周超声提示宫内活胎,现孕 36 周自觉胎动消失 2d 入院。既往因"臀先露、胎儿宫内窘迫"行子宫下段剖宫产术,胎儿体重 2.9kg。

1. 为进一步明确诊断,以下哪项检查最有价值
   A. 超声
   B. 胎心监护
   C. 宫高、腹围
   D. 自身免疫抗体
   E. 糖化血红蛋白

2. 入院后阴道检查:宫口可容 1 指,质硬,宫颈管消退 50%,宫口后位。实验室检测血小板计数、凝血功能等均正常。为尽快引产,以下最适合的方案为
   A. 高剂量缩宫素
   B. 米索前列醇
   C. 前列腺素 E2
   D. Foley 球囊促宫颈成熟
   E. 剖宫产

2.【答案】C
【解析】见本部分第 1 题解析。胎死宫内 3 周以上,DIC 发生机会随之增多。

1.【答案】C
【解析】胎儿宫内生长受限及早发型子痫前期可能与狼疮抗凝物(LA)和抗心磷脂抗体(ACA)等自身免疫抗体有关。糖化血红蛋白(HbA1c)是妊娠糖尿病常用的评估近 4~8 周血糖情况的指标,题干未提示该孕妇有妊娠糖尿病,故排除。TORCH 感染筛查是弓形虫(T)、其他病毒(O)如梅毒螺旋体、微小病毒 B19 等、风疹病毒(R)、巨细胞病毒(C)、单纯疱疹病毒(H)感染筛查的缩写,TORCH 感染可导致流产、早产、死胎等,本题题干未提示宫内感染可能,故排除。促甲状腺激素(TSH)是评估妊娠期甲状腺功能指标,与题干无关,故排除。梅毒螺旋体被动颗粒凝集试验(TPPA)测定血清梅毒特异性 IgG 抗体,一旦感染梅毒,该抗体终身阳性,不能用于观察疗效、鉴别复发及再感染,故本题 E 选项错误。

2.【答案】C
【解析】循证医学证据表明:妊娠间隔时间小于 6 个月死胎发生概率增高,间隔超过 6 个月不增加死胎发生概率

1.【答案】A
【解析】超声检查未见胎心率搏动是死胎最可靠的诊断依据。

2.【答案】D
【解析】死胎引产原则是尽量经阴道分娩,剖宫产仅限于特殊情况使用。患者孕周已达 36 周,高剂量缩宫素、米索前列醇及前列腺素 E2 对于瘢痕子宫引产发生子宫破裂的风险较大,现患者宫颈尚未成熟,应首先考虑 Foley(福莱)球囊促宫颈成熟。

3.【答案】A

【解析】死胎尸检可以识别其外观异常、先天畸形、感染、贫血、胎儿生长受限及大脑肝脏比率异常,可以明确40%的死胎原因,是判断死胎原因的金标准。为进一步明确原因,胎儿组织染色体及基因分析、胎儿组织穿刺活检、胎盘活检以及死胎MRI检查,是推荐的监测内容。对感染高危人群应复查胎儿梅毒及微小病毒B19。其他监测还包括抗体筛查、母胎输血筛查(K-B试验)以及尿液的毒理学筛查。若患者既往有血栓、胎盘不良或反复死胎病史者应加查狼疮抗凝物、抗心磷脂抗体(抗β2糖蛋白-Ⅰ)、Ⅴ因子的 Leiden 突变和凝血酶原基因启动子 G20210A 突变。对于既往有不能解释的复发性流产、早产及胎膜早破病史孕妇,推荐行子宫影像学检查。脐血培养临床上未开展应用。

4.【答案】C

【解析】预防死胎发生包括:加强孕期保健管理和监测,指导孕妇充分了解孕期保健和自我监护的重要性,加强高危妊娠的筛查及重点监测,积极治疗各种母体合并症及并发症,适时终止妊娠。终止妊娠时机应由患者当时的产科因素决定,故C选项错误。

5.【答案】C

【解析】正常胎心基线为110~160次/min,该图提示基线持续位于60次/min,无变异,可疑为母亲心率;结合病史,孕期超声提示胎心心脏严重畸形,现孕妇自觉胎动减少1周,首先应考虑胎死宫内可能。

6.【答案】B

【解析】超声检查为确诊死胎最有价值的检查,故选B。死胎3周未排出可能影响母体的凝血功能,患者自觉胎动减少1d,胎死宫内时间短,凝血功能变化不明显。宫高腹围及母体心率的测量可辅助判断。

3. 为进一步评估胎儿死亡病因,以下哪项检查最有价值
   A. 尸检和包括染色体分析等在内的分子遗传学检查
   B. 抗 β2 糖蛋白 - Ⅰ
   C. 胎儿 Ⅴ 因子 Leiden 突变
   D. K-B 试验
   E. 脐血培养

4. 关于患者下次妊娠预防死胎的发生,错误的是
   A. 加强孕期保健管理和监测
   B. 产前诊断
   C. 积极处理,早期干预,足月后尽快终止妊娠
   D. 积极寻找死胎原因
   E. 高危妊娠筛查及严密监测

(5~8 题共用题干)

女,30岁,孕5产0,因孕35周发现胎动减少1周入院。既往体健,无妊娠相关合并症及并发症。孕期胎儿结构超声及超声心动图提示胎儿脉络膜囊肿及胎儿严重心脏畸形缺陷(图3-1)。未行产前诊断及染色体基因检测。心肺听诊无明显异常,血压110/70mmHg。

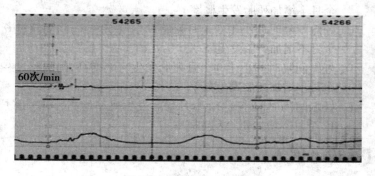

图 3-1 患者胎心监护图

5. 入院后行胎心监护如上图,首先应考虑
   A. 先兆早产
   B. 胎儿宫内窘迫
   C. 胎死宫内
   D. 胎儿代谢性酸中毒
   E. 脐带受压

6. 为进一步明确诊断,以下哪项检查最有价值
   A. 复查胎心监护
   B. 超声
   C. 凝血功能检测
   D. 监测母体心率
   E. 宫高及腹围测量

7. 下列关于死胎原因的检测最相关的是
   A. 蛋白 S 和蛋白 C 水平
   B. 糖化血红蛋白
   C. 羊膜腔穿刺术及行染色体分析等在内的分子遗传学检查
   D. 全血细胞计数（血小板）和肝酶
   E. 母体弓形虫病毒、巨细胞病毒、疱疹病毒、细小病毒组（IgG 和 IgM）
   F. 凝血功能障碍筛查

8. 关于以下处理，**错误**的是
   A. 一旦确诊，应积极引产
   B. 如出现凝血功能异常，应立即引产，防止凝血功能进一步恶化
   C. 若血小板 $<100 \times 10^9$/L，纤维蛋白原 <1.5g/L 时，补充凝血物质，应给予低分子肝素治疗
   D. 可使用水囊引产
   E. 死胎娩出后，检查胎儿及胎盘

【案例分析题】

案例一 患者，女，35 岁，孕 3 产 0，停经 29⁺ 周，既往有糖尿病病史 3 年，孕期未定期产检，感胎动减少到胎动消失 1 周入院。查体：血压 140/100mmHg，心肺（−），宫高 22cm，腹围 80cm。超声提示：胎方位 LSA，宫内死胎，羊水暗区 90mm，羊水指数 220mm。孕妇血型 RH（−），血糖浓度 11mmol/L。

提问 1：与该患者发生死胎的可能原因包括
   A. 脐带因素
   B. 母儿血型不合
   C. 妊娠合并糖尿病
   D. 子痫前期
   E. 羊水过多
   F. DIC

提问 2：该患者引产的方法，以下**不恰当**的是
   A. 急症剖宫取胎
   B. 缩宫素
   C. 球囊引产
   D. 米非司酮 + 米索前列醇
   E. 米索前列醇
   F. 依沙吖啶

提问 3：该患者的正确处理是
   A. 完善辅助检查，特别是凝血功能的检测
   B. 应用胰岛素控制血糖
   C. 死胎 80% 在 2~3 周内自然娩出，应等待自然临产

7.【答案】C
【解析】题干提示胎儿心脏严重畸形，故发生染色体异常可能性大，行染色体分析等在内的分子遗传学检查是寻找胎儿死亡原因最有价值的检查。其余选项是死胎发生的原因之一，但题干未提及，故选择 C。

8.【答案】B
【解析】凡确诊死胎，胎儿尚未排出者，无论胎儿死亡时间长短，均应积极对其处理。胎儿死亡 4 周以上仍未排出者，由于退行性变的胎盘组织释放促凝物质进入母体血液内，激活母体凝血系统而导致 DIC。血小板 $<100 \times 10^9$/L，纤维蛋白原 <1.5g/L 时，补充凝血物质，给予低分子肝素治疗，一般用药 24~48h 后血小板和纤维蛋白原可恢复至有效止血水平，复查凝血功能正常后可引产。超声及超声心动图提示胎儿脉络膜囊肿及胎儿严重心脏畸形缺陷，应积极行产前诊断等相关检测查明胎儿死亡及致畸原因。水囊引产适用于 28 周后的晚期妊娠，现患者无明显感染、胎膜完整可考虑水囊引产。

提问 1：【答案】ABCDE
【解析】孕妇入院时血压为 140/90mmHg，达到妊娠期高血压疾病的诊断标准，故 D 正确；既往有糖尿病病史，且入院血糖 11mmol/L，为糖尿病合并妊娠，且血糖控制欠佳，这也是死胎的原因之一，故 C 正确；孕妇为 Rh（−）血型，且既往有人工流产病史，本次妊娠有可能发生母胎血型不合，从而导致胎死宫内，故 B 选项正确；孕妇自觉胎动减少到消失有 1 周时间，可能发生了脐带扭转等脐带因素导致胎动异常，甚至死胎，故选项 A 正确。DIC 为出现死胎后可能发生的并发症，而不是死胎发生的可能原因。

提问 2：【答案】A
【解析】死胎引产原则是尽量经阴道分娩，剖宫产仅限于特殊情况使用，如胎盘早剥、中央型前置胎盘、重度子痫前期、先兆子宫破裂等。孕妇现一般情况稳定，且无生育史，故首先考虑阴道分娩。A 选项错误。

提问 3：【答案】ABDEF
【解析】死胎在宫腔内停留过久可能引起母体凝血功能障碍，故一经确诊，应尽早引产而不是等待自然娩出，C 错误，同时引产前应完善凝血功能检查，故 A 选项正确；患者有糖尿病病史，合并血压升高，同时为死胎引产，且为稀有血型，存在产后出血的诸多危险因素，故引产前应积极备血，E 正确；入院时随机血糖已达到 11mmol/L，应使用胰岛素控制血糖。患者有胎动减少病史，不排除脐带因素所致死胎，故胎儿娩出后应仔细检查胎盘及脐带，F 正确。

提问4：【答案】ACDEF

【解析】了解胎儿的血型是重要的，如果不能取得脐带血液样本，则需尽快取胎儿娩出后母血，获取胎儿游离 DNA 进行 RhD 分型。分娩或 20 周后的死胎，致敏事件发生后 72h 内，需要做 Kleihauer 抗酸染色法（FMH test），根据检验结果指导用药剂量，因此 Kleihauer 抗酸染色法（FMH test）需重复检测；若果无法行 Kleihauer 抗酸染色法，应至少肌内注射抗 D 抗体 500~1 500IU/72h 内。

提问1：【答案】ABDEF

【解析】胎儿死亡病因学的评估对于复发风险的咨询是必需的，尸检在鉴定胎儿死亡原因上是最有价值的一步，但目前仍然有 50% 左右的死胎原因无法解释。该孕妇未定期产检，未行 OGTT 检测，常规应行糖化血红蛋白等检测，对于超过 48h 未临产者，建议每一周至少复查两次凝血功能等检测预防 DIC 的发生。根据孕妇目前情况，子宫下段剖宫产术手术史，现无合并严重并发症可考虑经阴道引产。

提问2：【答案】B

【解析】根据现患者一般情况考虑重度子痫前期、凝血功能异常，应补充凝血物质和纤维蛋白原恢复后方可予引产，重度子痫前期需尽快终止妊娠，可考虑采取剖宫取胎术。

提问3：【答案】ACDEF

【解析】雌激素不可用来抑制乳汁的产生。死胎不是血栓发生的原因，但是死胎发生后应预防血栓发生。建议定期监测血压血糖，加强生活方式管理，待身体及心理恢复平稳后，再考虑下次妊娠。

D. 死胎一经确诊，应尽早引产

E. 死胎易引起产后出血，术前积极备血

F. 胎盘娩出后，注意检查胎盘、脐带

提问4：关于孕妇 RH（-）血型，以下说法正确的是

A. 抗 D 滴度检测

B. Kleihauer 抗酸染色法（FMH Test）无需重复检测

C. 72h 内完善抗 D 丙种免疫球蛋白注射

D. 若 FMH（feto-maternal haemorrhage）高，则可调整抗 D 丙种免疫球蛋白注射剂量

E. Kleihauer 抗酸染色法（FMH Test）有利于检测 FMH（feto-maternal haemorrhage）

F. 了解婴儿的血型非常重要

案例二 患者，女，42 岁，既往体健，孕 2 产 1，5 年前因引产失败行子宫下段剖宫产术。孕期不规律产检，唐氏筛查提示高风险，行无创 DNA 检测提示低风险，夫妻双方未行地中海贫血检测，孕期未行 OGTT 检测，胎儿中期结构筛查超声提示胎儿发育偏小于孕周 2 周，羊水暗区 20mm。孕 32+ 周超声提示：羊水暗区 13mm，指数 37mm，胎儿腹围 215mm，头围 220mm，子宫动脉舒张期血流缺失。现孕 33+ 周自觉胎动较前减少，无阴道流血流液等。入院后即刻复查超声提示：胎心缺失，诊断胎死宫内。

提问1：以下处理中，恰当的是

A. 详细完善病史，包括家族史、既往史及本次妊娠情况等

B. 建议尸体解剖

C. 立即剖宫取胎

D. 告知即使全面评估，仍有 50% 左右死胎原因无法解释

E. 完善相关实验室检测：糖化血红蛋白、凝血功能等

F. 如患者选择期待自然临产，一周需至少复查两次凝血功能等检测

提问2：现患者出现双下肢水肿，监测血压 144/110mmHg，尿蛋白（+++），伴头晕眼花胸闷及腹痛等不适，行凝血功能检查发现纤维蛋白原 <1.5g/L，下一步处理**不正确**的是

A. 告知患者病情并请示上级医师

B. 立即引产

C. 予评估并纠正凝血功能后引产，必要时剖宫取胎

D. 术前备血

E. 继续监测血小板、凝血功能等

F. 降压治疗

提问3：关于患者分娩后管理，下列说法恰当的是

A. 监测血压及血糖

B. 雌激素可用来抑制乳汁的产生

C. 预防血栓发生

D. 抑制乳汁的分泌,可使排卵更快地恢复

E. 心理咨询

F. 建议推迟再次妊娠时机

(李品 刘慧姝)

第四章 妊娠合并症

第一节 妊娠合并心脏病

【A1 型题】

1. 妊娠合并心脏病最容易发生心力衰竭的时期是
   A. 妊娠 26~28 周　　　　　B. 妊娠 30~32 周
   C. 妊娠 32~34 周　　　　　D. 妊娠 28~32 周
   E. 妊娠 34~36 周

2. 妊娠合并风湿性心脏病,早期心力衰竭的可靠诊断依据
   A. 肺底部持续湿啰音
   B. 心尖部闻及 Ⅱ 级收缩期杂音
   C. 心界扩大
   D. 休息时心率 >100 次 /min
   E. 膝盖以下凹陷性水肿

3. 妊娠合并心脏病心功能 Ⅱ 级的诊断依据是
   A. 能从事强体力劳动
   B. 一般体力活动不受限
   C. 一般体力活动显著受限
   D. 一般体力活动稍受限
   E. 休息时即有心功能不全症状

【A2 型题】

初产妇,26 岁,妊娠 38 周,日常体力劳动时自觉疲劳,心悸、气短。体格检查:血压 120/80mmHg,脉搏 90 次 /min,呼吸 18 次 /min。叩诊心浊音界稍向左扩大,心尖部闻及 Ⅱ 级柔和吹风样收缩期杂音,右肺部闻及湿啰音,咳嗽后消失,踝部轻度水肿。本例最可能的诊断是
   A. 正常妊娠改变

1.【答案】C
【解析】孕妇血容量在妊娠 32~34 周达到高峰,此时期容易发生心力衰竭。

2.【答案】A
【解析】孕妇出现以下症状及体征,应考虑为早期心力衰竭:①轻微活动后即出现胸闷、心悸、气促;②休息时心率 >110 次 /min,呼吸 >20 次 /min;③夜间常因胸闷而坐起呼吸,或到窗边呼吸新鲜空气;④肺底部出现少量持续性湿啰音,咳嗽后不消失。

3.【答案】D
【解析】Ⅱ 级是指:一般体力活动轻度受限制,活动后心悸、轻度气短,休息时无症状。

【答案】A
【解析】正常妊娠的女性可以出现一些心悸、气短、踝部水肿、乏力、心动过速,心脏检查可以有轻度扩大、心脏杂音等,均属妊娠期的生理性变化。

B. 风湿性心脏病合并妊娠

C. 心脏病合并妊娠,性质待查

D. 妊娠期高血压心脏病

E. 围生期心肌病

【A3/A4 型题】

(1~2 题共用题干)

女,28 岁,孕 1 产 0,既往有风湿性心脏病,现妊娠 33 周"着凉"后出现咳嗽、咳白色泡沫痰,感胸闷、气促,尤其是夜间需端坐呼吸。入院时查体:心率 115 次 /min,呼吸 30 次 /min,急性面容,双肺呼吸音粗,双肺底闻及细湿啰音,咳嗽后不消失。

1. 该孕妇的最主要的诊断考虑什么

    A. 上呼吸道感染   B. 支气管炎

    C. 支气管扩张   D. 肺结核

    E. 心力衰竭

2. 该孕妇最佳处理是

    A. 抗心力衰竭治疗

    B. 抗感染治疗

    C. 控制心力衰竭症状后继续妊娠

    D. 控制心力衰竭症状的同时行剖宫产终止妊娠

    E. 控制心力衰竭症状后短时间经阴道试产

(3~4 题共用题干)

女,32 岁,孕 3 产 2,小孩健在。既往有风湿性心脏病,现孕 12 周出现咳嗽咳痰、胸闷、端坐呼吸,肺部听诊细湿啰音。

3. 以下哪种说法正确

    A. 继续妊娠   B. 建议终止妊娠

    C. 看治疗效果再决定   D. 立即终止妊娠

    E. 不需要抗感染治疗

4. 该患者的最佳处理方式是

    A. 先药物流产,再抗心力衰竭治疗

    B. 先人工流产,再抗心力衰竭治疗

    C. 控制心力衰竭症状后行负压吸宫术

    D. 控制心力衰竭症状后行钳刮术

    E. 控制心力衰竭症状后先药物流产,必要时再行清宫术

(5~6 题共用题干)

女,26 岁,13 岁体检时发现"房间隔缺损",未予处理。孕晚期能爬 4 楼,稍有气促,无胸闷、心悸等不适。至今孕 3 产 1,孕 38 周 LOA 单活胎临产,现胎心 142 次 /min,宫缩 50~60s/1~2min,宫口开全 1h,头先露,LOA,S+2,产妇未诉特殊不适。

5. 该产妇正确的处理是

1.【答案】E

【解析】孕妇既往有风湿性心脏病史。若出现下述症状与体征,应考虑早期心力衰竭:①轻微活动后即出现胸闷、心悸、气短等;②休息时心率每分钟超过 110 次,呼吸频率每分钟超过 20 次;③夜间常因胸闷而坐起呼吸,或到窗口呼吸新鲜空气;④肺底部出现少量持续性湿啰音,咳嗽后不消失。

2.【答案】D

【解析】孕妇既往有风湿性心脏病史,该病易导致瓣膜病变,使血流动力学发生改变,其常见发病诱因是感染。孕期血容量增加,心脏容量负荷最大时常在孕 32~34 周、分娩期及产后 24h 内。而现患者孕 33 周,因呼吸道感染而诱发心力衰竭,故应在抗心力衰竭、抗感染治疗的同时立即行剖宫产终止妊娠。

3.【答案】B

【解析】如果患者妊娠早期就发生心力衰竭,说明患者心功能难以耐受继续妊娠,需及时终止妊娠。

4.【答案】E

【解析】妊娠早期合并心力衰竭治疗原则:积极治疗心力衰竭,待心力衰竭好转后终止妊娠。本题中患者为风湿性心脏病,发生咳嗽、胸闷、呼吸困难等,考虑急性心力衰竭,应控制心力衰竭后尽早终止妊娠,负压吸宫术适用于妊娠 10 周以内,钳刮术适用于妊娠 10~14 周。患者现孕 12 周,胎儿骨骼形成,容易造成子宫、宫颈的损伤,故建议先药物流产,如有妊娠组织物残留,再根据具体情况决定是否清宫术。

5.【答案】C

【解析】妊娠合并心脏病阴道分娩过程中,在第二产程应避免产妇用力屏气加腹压,可行会阴侧切、胎头吸引、钳产助产,以尽可能缩短产程。胎儿娩出后严禁使用麦角新碱,以防静

脉压增高。产后 3d 内,尤其是 24h 内仍是发生心力衰竭的危险时期。

A. 立即剖宫产终止妊娠

B. 鼓励产妇尽早用力,缩短第二产程

C. 避免产妇用力屏气加腹压,行阴道助产,尽可能缩短第二产程

D. 胎儿娩出后立即使用麦角新碱加强宫缩,防止产后出血

E. 产后不易出现心力衰竭,不需特别监护

6. 该产妇在早孕期有以下哪种情况需要终止妊娠

A. 心功能 Ⅰ~Ⅱ级

B. 心功能 Ⅲ级

C. 既往无心力衰竭病史

D. 年龄 <35 岁

E. 无心律失常

6.【答案】B

　　【解析】年龄在 35 岁以上、心功能 Ⅲ~Ⅳ级、有心力衰竭病史、严重心律失常的心脏病患者均不宜妊娠。

【案例分析题】

案例一　女,28 岁,20 岁时因室间隔缺损,行封堵术,术后使用抗凝药,无胸闷、心悸、呼吸困难等不适,可进行一般体力活动,工作生活如常。现停经 49d,妇科超声提示宫内早孕,胚胎存活。

提问 1:以下说法正确的是

A. 必须终止妊娠

B. 尽早行药物流产

C. 尽早行负压吸宫术

D. 尽早行钳刮术

E. 可继续妊娠,孕期增加产检次数,定期由心内科、产科医师共同评估心功能

F. 孕妇无其他不适,不需心内科医生定期评估

G. 孕期不需继续抗凝

H. 分娩前需提前住院待产

I. 分娩时必须行剖宫产

提问 1:【答案】EH

　　【解析】目前临床上,孕妇心功能的判断仍然以纽约心脏病协会(NYHA)的分级为标准,依据心脏病患者对一般体力活动的耐受情况,将心功能分为 4 级。Ⅰ级:一般体力活动不受限制;Ⅱ级:一般体力活动略受限制;Ⅲ级:一般体力活动显著受限;Ⅳ级:做任何轻微活动时均感不适,休息时仍有心慌、气急等心力衰竭表现。心脏病妊娠风险分级 Ⅰ~Ⅱ级且心功能 Ⅰ级者可以妊娠至足月。此孕妇心功能为 Ⅰ级。

提问 2:该孕妇可以继续妊娠的条件是

A. 心功能 Ⅰ~Ⅱ级

B. 心功能 Ⅲ~Ⅳ级

C. 无心力衰竭病史

D. 有肺动脉高压

E. 并发感染性心内膜炎

F. 发生过急性心肌炎

G. 经常发生肺部感染

H. 无心律失常

提问 2:【答案】ACH

　　【解析】见 A3/A4 型题第 6 题解析。

案例二　女,28 岁,孕 1 产 0,孕 36$^+$ 周单活胎,早孕产检 1 次,后未产检。自诉既往有风湿病史,1 周前"感冒",自行服药未就诊,

近 2d 出现咳嗽、胸闷、心悸,上楼梯至 2 楼即感呼吸困难,夜间因胸闷坐起来呼吸。2h 前少许阴道流液,伴不规则腹痛,遂至医院就诊,体格检查:面色发绀,呼吸急促,血压 100/60mmHg,心率 114 次 /min,呼吸 30 次 /min,体温 38.2℃。可打及不规律宫缩,胎心率 152 次 /min,规律,头先露,已入盆。消毒后阴道检查:阴道内见清亮的液体流出,pH 试纸变色,宫口未开,消退 60%,LOA,S–3。

提问 1:该产妇可能的诊断有
  A. 风湿性心脏病　　　B. 心力衰竭
  C. 胎膜早破　　　　　D. 先兆早产
  E. 胎儿窘迫　　　　　F. 早产临产
  G. 肺部感染　　　　　H. 心功能 Ⅱ 级
  I. 胎位异常

提问 2:该产妇的处理方式应为
  A. 立即终止妊娠
  B. 控制症状后待产
  C. 控制症状后可以阴道试产,不干预产程
  D. 控制症状后阴道试产,予滴催加快产程
  E. 控制症状的同时行剖宫产终止妊娠
  F. 控制症状后短时间经阴道试产,产程进展慢再改剖宫产
  G. 同时需要抗感染治疗
  H. 控制液体的入量
  I. 鼻导管低流量吸氧

(陈敦金)

第二节　妊娠合并肝脏疾病

【A1 型题】

1. 关于病毒性肝炎对妊娠的影响,下列哪一项是正确的
  A. 病毒性肝炎不增加胎儿畸形的发生率,但流产、早产率增加
  B. 妊娠期肝炎的死亡率同非妊娠期
  C. 仅重症肝炎易发生产后出血
  D. 凝血因子的合成降低
  E. 使血浆醛固酮水平下降

2. 下列哪种情况不引起转氨酶增高
  A. 妊娠剧吐
  B. 妊娠高血压综合征
  C. 妊娠期肝内胆汁淤积症
  D. 过期妊娠
  E. 妊娠期静脉注射四环素数天

提问 1:【答案】ABCDG
　　【解析】孕妇既往有风湿病史。有感冒为诱因,根据本节 A1 型题第 1 题相关解析,应考虑早期心力衰竭;心功能分级详见案例一相关解析。

提问 2:【答案】AEGH
　　【解析】孕妇现在胎膜已破,宫颈管消退,出现心力衰竭表现,不宜继续等待,不宜阴道产产,应在控制症状的同时行剖宫产术,予吸氧,术中应控制液体的入量,抗感染等治疗。

1.【答案】D
　　【解析】妊娠早期患病毒性肝炎,胎儿畸形发生率约升高 2 倍;妊娠基础代谢率增高,各种营养物质需要量增加,胎儿代谢产物部分靠母体肝脏完成解毒,妊娠期产生的大量雌激素需在肝内代谢和灭活,妊娠期内分泌系统变化可导致体内甲型肝炎病毒 (HAV) 再激活,以及妊娠期细胞免疫功能增强,因而妊娠期重症肝炎发生率较非妊娠期增高,妊娠合并重型肝炎病死率高达 60%;妊娠合并病毒性肝炎可使得肝脏对醛固酮的灭活能力下降,血浆醛固酮水平升高。由于肝功能损害使凝血因子减少致凝血功能障碍,尤其是重型肝炎常合并 DIC,故产后出血发生率增加,故答案 A,B,C,E 描述错误,答案 D 正确。

2.【答案】D
　　【解析】除过期妊娠外,其他疾病均可导致肝肾功能损伤,故可导致不同程度的转氨酶升高。过期妊娠会导致胎儿宫内窘迫,甚至胎死宫内,但并不会导致转氨酶升高,故选 D。

3.【答案】E

【解析】在怀孕期间,内分泌功能的改变和全身血液流量的增加,肝功能负担也随着增加。因此孕妇转氨酶高、碱性磷酸酶升高,同时肝脏是影响凝血功能的重要器官,故可能导致纤维蛋白原升高,凝血因子合成明显增加。由于血液稀释导致血清白蛋白浓度下降。故选E。

4.【答案】B

【解析】HAV主要经消化道传播,感染后可获得持久免疫力,不造成慢性携带状态,母婴传播罕见。故B项叙述错误。

1.【答案】B

【解析】母婴传播是我国慢性乙型肝炎病毒(HBV)感染的主要原因,故强调对婴幼儿的预防。HBsAg阳性者(俗称"小三阳")母婴传播率为0~0.5%,而HBsAg及HBeAg均阳性者(俗称"大三阳")为5%~10%。HBV母婴传播有3种途径:宫内传播,可能是胎盘屏障受损或通透性增大引起母血渗漏引起;产时传播,与胎儿通过软产道时吞咽含HBsAg的母血、羊水、阴道分泌物有关,亦可能为胎盘绒毛破裂,母血进入胎儿血液循环所致;产后传播,与接触母乳及母亲唾液有关。综上所述,B项正确。

2.【答案】C

【解析】妊娠合并重型乙型病毒性肝炎应在积极控制24h后迅速终止妊娠。因母儿耐受能力较差,过度的体力消耗可加重肝脏负担,分娩方式以剖宫产为宜。

1.【答案】B

【解析】妊娠剧吐多数在孕6周前后出现,8~10周达到高峰,孕12周左右自行消失。因本患者妊娠33周,故排除此诊断。应与其他可引起肝损害的疾病,如急性脂肪肝、HELLP综合征、妊娠期肝内胆汁淤积症、药物性肝

3. 下列哪一项**不是**妊娠期肝功能生理性变化
   A. 妊娠晚期转氨酶轻度升高
   B. 妊娠晚期碱性磷酸酶升高2倍
   C. 纤维蛋白原升高
   D. 白蛋白降低
   E. 凝血因子降低

4. 关于妊娠合并病毒性肝炎,以下叙述中**错误**的是
   A. HBV DNA主要用于观察抗病毒药物疗效和判断传染性大小
   B. 甲型肝炎易经过胎盘传给胎儿
   C. 乙型肝炎若发生于妊娠早期,可使胎儿畸形的发生率增高
   D. 妊娠期肝炎特别容易转成重症肝炎
   E. 妊娠晚期,其诊断比非孕期困难

【A2型题】

1. 孕妇,26岁,孕1产0,妊娠28周来院行产前检查,ALT 40IU/L,HBsAg(+),HBeAg(+),其他常规检查正常。产科检查正常,其母婴传播的情况可能是
   A. 乙肝病毒不通过胎盘传递给胎儿
   B. 其母婴传播率为5%~10%
   C. 分娩时通过母血传播,但其唾液和汗液不传播给婴儿
   D. 其婴儿将不会成为病毒携带者
   E. 孕中期患急性乙型肝炎者,婴儿感染率为70%

2. 孕妇,30岁,孕1产0,妊娠35周,未临产,恶心、呕吐、乏力伴皮肤黄染、瘙痒1周。结合化验检查诊断为妊娠合并重型乙型病毒性肝炎。除保肝治疗外,应采取的措施是
   A. 静脉滴注缩宫素促进宫颈成熟
   B. 尽快行子宫动脉栓塞术
   C. 积极控制24h后尽快行剖宫产术
   D. 严密监测病情变化,继续妊娠至37周
   E. 尽快行利凡诺羊膜腔内注射引产

【A3/A4型题】

(1~3题共用题干)

孕妇,29岁,孕1产0,妊娠33周,自觉乏力、食欲差伴恶心、呕吐,小便深黄色4~5d,体格检查:体温37.5℃,神志清,全身皮肤黄染,躯干及四肢皮肤可见散在出血点,肝脏肋下可及,有触痛,胎心140次/min。初步印象为妊娠合并病毒性肝炎。

1. 需要与本例进行鉴别的疾病,**不包括**
   A. HELLP综合征

B. 妊娠剧吐

C. 药物性肝脏损害

D. 急性脂肪肝

E. 肝内胆汁淤积症

2. 哪项检查与诊断关系**不密切**

　A. ALT+ 胆红素

　B. 血型 + 血红蛋白

　C. 乙肝五项 +HBV DNA

　D. 胸透

　E. 血小板

3. 下列处理中**错误**的是

　A. 临产时应备好新鲜血

　B. 预防感染常规选用四环素

　C. 使用肝素宜小剂量并据病情调整

　D. 临产期间及产后 12h 内不宜使用肝素

　E. 在保肝及纠正凝血功能后,尽早剖宫产结束分娩

(4~5 题共用题干)

孕妇,32 岁,孕 2 产 1,小孩健在。妊娠 34 周,出现皮肤瘙痒,巩膜发黄一周,无其他不适,血压 120/90mmHg,前次妊娠有同样发作史,产后黄疸自行消退;实验室检查:ALT 140IU/L。

4. 下列哪种诊断可能性最大

　A. HELLP 综合征

　B. 急性病毒性肝炎

　C. 妊娠急性脂肪肝

　D. 妊娠期肝内胆汁淤积症

　E. 药物性肝炎

5. 若是病毒性肝炎,则一般伴有

　A. 黄疸　　　　　　　B. ALT 明显升高

　C. 胆固醇升高　　　　D. HBeAg(+)

　E. HBsAg(+)

【案例分析题】

案例一　孕妇,33 岁,孕 1 产 0,IVF-ET 术后,双胎妊娠,妊娠 32 周,出现皮肤瘙痒 1 周,以手掌、脚掌为著,夜间瘙痒明显,自觉胎动正常。查体:体温 36.5℃,心率 83 次 /min,呼吸 18 次 /min,血压 108/78mmHg,皮肤黏膜黄染,四肢皮肤可见抓痕,宫高 33cm,腹围 96cm,胎心 120~135 次 /min。肝功能:ALT 243IU/L,AST 203IU/L,总胆汁酸 38μmol/L,甘胆酸 44μmol/L,总胆红素 18μmol/L,直接胆红素 10μmol/L。产科超声示:BPD 8.5/8.7cm,FL 5.9/6.0cm,胎位 ROA/LOA,胎心 130~148 次 /min,AFI 18/17cm,S/D 值 2.5/2.8。

损害等疾病相鉴别。

2.【答案】D

　【解析】患者处于妊娠状态应尽可能避免接触射线,同时根据患者目前症状、体征及检查结果,暂不考虑合并肺部相关病,故答案 D 不恰当。

3.【答案】B

　【解析】妊娠合并病毒性肝炎患者分娩期的产科处理:分娩前 3d 肌内注射维生素 K₁20~40mg/d;准备好新鲜血液;防止滞产,宫口开全后可行胎头吸引术或产钳助产术,缩短第二产程;防止产道损伤和胎盘残留。产褥期应用对肝脏损害较小的广谱抗生素预防及控制感染,是防止肝炎病情恶化的关键。四环素具有肝脏毒性,故不选用四环素预防感染。对于有 DIC 者可在凝血功能监测下,酌情应用肝素治疗,用量宜小不宜大;产前 4h 至产后 12h 内不宜应用肝素,以免发生产后出血。经积极控制 24h 后迅速终止妊娠。因母儿耐受能力较差,过度的体力消耗可加重肝脏负担,分娩方式以剖宫产为宜。故选择 B。

4.【答案】D

　【解析】妊娠期肝内胆汁淤积症皮肤瘙痒为首先出现的症状,10%~15% 患者可出现轻度黄疸,大多数人 AST 及 ALT 有轻至中度升高,且该患者前次妊娠有同样发作史,产后黄疸自行消退,故考虑妊娠期肝内胆汁淤积症。患者血压不高,排除 HELLP 综合征。患者无病毒性肝炎相关病史,未提及肝炎标志物阳性,无恶心、呕吐等症状,急性病毒性肝炎可能性不大。妊娠期急性脂肪肝起病时常有上腹部疼痛、恶心、呕吐等消化道症状,尿酸水平明显升高,题目中均为提及,不考虑该诊断。患者无服用对肝脏有损害的药物史,不考虑药物性肝炎。

5.【答案】B

　【解析】血清 ALT 增高,如能除外其他原因引起的升高,特别是数值很高(大于正常 10 倍以上)、持续时间较长时,对肝炎有诊断价值。急性肝炎可分为无黄疸型及黄疸型。胆固醇升高不是诊断标准,病毒性肝炎不只是乙型病毒性肝炎,还有其他类型的病毒性肝炎,故 A,C,D,E 描述均不恰当。

提问1:【答案】ABD

　　【解析】IVF-ET 术后,双胎妊娠为妊娠期 ICP 的高危因素,一般空腹检测血甘胆酸升高 ≥ 10.75μmol/L(正常值 5.61μmol/L)或总胆汁酸升高 ≥ 10μmol/L 可诊断为 ICP,加之该患者典型的瘙痒症状,转氨酶及胆红素均升高,不难诊断为 ICP。

提问2:【答案】BDE

　　【解析】ICP 的住院标准:血甘胆酸 ≥ 21.5μmol/L 或总胆汁酸 ≥ 20μmol/L,ALT>100IU/L 和/或出现黄疸;ICP 患者出现规律宫缩;ICP 患者瘙痒严重者;门诊治疗无效者;伴其他情况需立即终止妊娠者等。根据化验结果,该患者需收住院。对于妊娠 32~34 周的患者需尽早终止妊娠的条件为:重度 ICP,宫缩>4 次/h 或强度>30mmHg,保胎药物无效。该患者无宫缩,无胎儿窘迫征象,故治疗目标为缓解症状,改善肝功能,降低血清总胆汁酸水平,以延长孕周。

提问1:【答案】BE

　　【解析】根据患者目前的检查结果:孕 1 产 0,妊娠 36 周,同时患者查血 HBsAg(+),HBeAg(+),HBcAb(+),HBV DNA 1×10^8 拷贝/ml,ALT 95IU/L,AST 100IU/L,故考虑合并乙型病毒性肝炎。

提问2:【答案】ABCD

　　【解析】该患者转氨酶小于正常值 3 倍,总胆红素小于正常值 2 倍,血清白蛋白>35g/L,考虑为轻度慢性肝炎,对于非重型肝炎妊娠期处理,主要采用护肝、对症、支持疗法,治疗期间严密监测肝功能、凝血功能等指标,患者经治疗后病情好转,可继续妊娠。当血清 HBV DNA 超过 10^6 拷贝/ml 时,可于妊娠晚期行抗病毒治疗。

提问3:【答案】ABC

　　【解析】HBsAg 阳性的孕妇分娩的足月新生儿,应在出生后 24h 内尽早(最好在出生后 12h 内)注射乙型肝炎免疫球蛋白(HBIG),并行 3 针方案注射乙肝疫苗,即 0,1,6 月龄注射 1 次,并于 7~12 月龄随访。若 HBsAg 阴性,HBsAb 阳性,且大于 100IU/L 说明预防成功,应答反应良好,无需特别处理;若 HBsAg 阴性,HBsAb 阳性,但小于 100IU/L 说明预防成功,但对疫苗应答反应较弱,可在 2~3 岁加强接种 1 针,以延长保护年限。预防成功后,无须每年随访。

提问1:根据以上信息,该患者可能的诊断为

　　A. 32 周妊娠,孕 1 产 0

　　B. 双胎妊娠 IVF-ET 术后

　　C. 妊娠特异性皮炎

　　D. 妊娠期肝内胆汁淤积症

　　E. 妊娠期急性脂肪肝

提问2:对于该患者的处理,恰当的是

　　A. 门诊给予护肝药物治疗,一周后复诊

　　B. 入院给予护肝、降低胆汁酸治疗

　　C. 入院及时行剖宫产

　　D. 入院加强胎儿监护

　　E. 行肝胆胰脾超声检查

案例二　孕妇,29 岁,孕 1 产 0,妊娠 36 周,恶心、呕吐进行性加重 5d,明显黄疸 2d。基本生命体征平稳,胎心率 140 次/min。NST(+)。血 HBsAg(+),HBeAg(+),HBcAb(+),HBV DNA 1×10^8 拷贝/ml,ALT 95IU/L,AST 100IU/L,总胆红素 35μmol/L,白蛋白 38g/L。既往乙型肝炎病史 2 年。

提问1:该患者考虑诊断为

　　A. 妊娠期肝内胆汁淤积症

　　B. 36 周妊娠,孕 1 产 0

　　C. 妊娠期急性脂肪肝

　　D. HELLP 综合征

　　E. 妊娠合并乙型病毒性肝炎

提问2:对于该患者的处理,合理的是

　　A. 严密监测肝功能、凝血功能等指标

　　B. 给予护肝、对症、支持治疗

　　C. 可行抗病毒治疗

　　D. 可继续妊娠

　　E. 及时终止妊娠

提问3:经治疗后该患者病情好转,至妊娠 38 周自然临产,怀疑巨大儿行剖宫产分娩,新生儿 Apgar 评分正常,对于该新生儿

　　A. 出生后 12h 内注射乙型肝炎免疫球蛋白

　　B. 采用 0,1,6 方案接种乙肝疫苗

　　C. 注射疫苗后于 7~12 月龄进行随访

　　D. 确定预防免疫成功后,仍需每年进行随访

　　E. 7 月龄随访时,HBsAg(−),HBsAb 90IU/L,则无须进行后续处理

（王谢桐）

第三节　妊娠合并糖尿病

【A1 型题】

1. 关于妊娠糖尿病（GDM），下列哪项叙述**不正确**
   A. 大多数 GDM 者，产后血糖能恢复正常
   B. 产后 6~12 周进行 OGTT
   C. 产后复查 OGTT 正常者，将来患 2 型糖尿病概率仍较高
   D. 产后 OGTT 正常者，仍要定期检查血糖。
   E. 产后 24h 进行 OGTT，如仍异常，即可诊断糖尿病

2. 关于 GDM 的治疗，下列哪项正确
   A. 孕期只需要饮食控制
   B. 糖尿病患者孕期可以继续口服降糖药
   C. 饮食控制后，血糖仍高者需要及时加用胰岛素
   D. 所有 GDM 孕妇均需要胰岛素控制血糖
   E. 如果胎儿体重符合孕周，孕期可以不控制饮食

3. 妊娠合并糖尿病新生儿并发症**不包括**
   A. 新生儿低血糖
   B. 呼吸窘迫综合征
   C. 新生儿红细胞增多症
   D. 新生儿低钙血症
   E. 新生儿出血症

4. GDM 的高危因素**不包括**
   A. 糖尿病家族史
   B. 孕前患有 PCOS
   C. 孕前长期口服短效避孕药
   D. 既往有巨大儿分娩史
   E. 肥胖

5. 妊娠合并糖尿病的分娩方式及时机，下列哪项**不正确**
   A. 无妊娠并发症的 GDM A1 级可经阴道分娩
   B. 无妊娠并发症的 GDM A1 级，严密监测下到预产期终止妊娠
   C. 糖尿病伴微血管病变者可剖宫产终止妊娠
   D. GDM A2 级者需要剖宫产终止妊娠
   E. 血糖控制不好者，终止妊娠前应该促胎肺成熟

6. 孕期血糖控制标准为

1. 【答案】E
   【解析】GDM 孕妇及其子代均是糖尿病患病的高危人群。推荐所有 GDM 女性在产后 6~12 周进行 OGTT 检查，测定空腹及服糖后 2h 血糖水平。

2. 【答案】C
   【解析】对于 GDM 治疗首先应该通过医学营养治疗，在保证孕妇和胎儿的合理营养摄入下，合理安排餐次，少量多餐，定时定量。个体化膳食。并在无禁忌证及避免低血糖的情况下，通过中等强度的运动降低孕妇胰岛素抵抗。孕前停服口服降糖药，孕期血糖控制不佳者及时启用胰岛素。

3. 【答案】E
   【解析】妊娠合并糖尿病新生儿并发症包括：①新生儿呼吸窘迫综合征发生率增高。孕妇高血糖持续经胎盘到达胎儿体内，刺激胎儿胰岛素分泌增加，形成高胰岛素血症。后者具有拮抗糖皮质激素促进肺泡Ⅱ型细胞表面活性物质合成及释放的作用，使胎儿肺表面活性物质产生及分泌较少，致使胎儿肺发育延迟。②新生儿低血糖。新生儿脱离母体高血糖环境后，高胰岛素血症仍然存在，若不及时补充糖，容易发生新生儿低血糖，严重时危及新生儿生命。③低钙血症和低镁血症。糖尿病母亲的新生儿低钙血症的发生率为 10%~15%。一部分新生儿还同时合并低镁血症。④其他：高胆红素血症、红细胞增多症等的发生率，均较正常妊娠的新生儿高。

4. 【答案】C
   【解析】高危因素包括：高龄、多囊卵巢综合征（PCOS）、孕前超重或肥胖、多胎、糖尿病家族史及既往有巨大儿分娩史或 GDM 病史等。

5. 【答案】D
   【解析】非胰岛素治疗且无母儿并发症的 GDM 孕妇可等到预产期终止妊娠。糖尿病合并妊娠（PGDM）及胰岛素治疗的 GDM，如血糖控制良好，在严密监测下，可于孕 39 周终止妊娠；如血糖控制不满意者，及时入院个体化处置。伴微血管病变的 PGDM 或有不良孕史者，终止妊娠时机需要个体化。选择性剖宫产手术指征：糖尿病伴微血管病变、合并重度子痫前期或 FGR、胎儿窘迫、胎位异常、剖宫产史、既往死胎、死产史。

6. 【答案】D
   【解析】中国及 FIGO 指南将 GDM

的血糖控制目标定为:餐前 5.3mmol/L
(95mg/dl);餐后 1h 7.8mmol/L(140mg/dl)
或 者 2h 6.7mmol/L(120mg/dl)。 对于
孕期 1 型或 2 型糖尿病患者,血糖控
制目标是在不增加低血糖风险的前提
下,将餐前、睡前和夜间血糖控制于
3.3~5.6mmol/L(60~99mg/dl);餐后峰值
血糖 5.6~7.1mmol/L(100~129mg/dl);糖
化血红蛋白(HbA1c)<6.0%。 孕早期
的血糖控制目标不宜过于严格。

1.【答案】C
【解析】对于 GDM 首先应该进行
医学营养治疗,在保证孕妇和胎儿的
合理营养摄入下,合理安排餐次,少量
多餐,定时定量。个体化膳食。并通
过中等强度的运动降低孕期胰岛素抵
抗。在调整饮食运动 3~5d 后监测血
糖,控制不佳者及时启用胰岛素。

2.【答案】E
【解析】PGDM 者孕前应评价是否
存在相关并发症,如糖尿病视网膜病
变、糖尿病肾病、神经病变和心血管疾
病等,了解妊娠可能对病情的影响。
孕期应停用妊娠期禁忌药物,如血管
紧张素转换酶抑制剂(ACEI)和血管
紧张素Ⅱ受体拮抗剂等。应用二甲双
胍的 2 型糖尿病患者,需考虑药物的
可能益处或不良反应。如果患者愿意,
可在医师指导下继续应用。PGDM 孕
前尽量控制血糖,HbA1c 应 <7%。

3.【答案】D
【解析】妊娠期间的饮食控制标准:
既能满足孕妇及胎儿能量的需要,又
能严格限制碳水化合物的摄入,维持
血糖在正常范围,而且不发生饥饿性酮
症。孕期每日总热量:1 800~2 000cal
(1kcal=4.184kJ),其中碳水化合物占
50%~60%,蛋白质占 20%~25%,脂肪
占 25%~30%。应实行少量多餐制,每
日分 5~6 餐。饮食控制 3~5d 后测定
24h 血糖(血糖轮廓试验):包括 0 点、
三餐前 0.5h 及三餐后 2h 血糖水平和
相应尿酮体。严格饮食控制后出现尿
酮体阳性,应重新调整饮食。

4.【答案】E
【解析】通过饮食运动管理血糖控
制满意的患者,继续合理的医学营养
管理,监测血糖情况,血糖控制不佳者
需启用胰岛素治疗。

A. 空腹血糖在 7.8mmol/L 以下
B. 餐后血糖在 11.1mmol/L 以下
C. 孕期血糖控制的标准与非孕期相同
D. 空腹及三餐前血糖低于 5.6mmol/L,三餐后 2h 血糖低于 6.7mmol/L
E. 空腹血糖在 6.1mmol/L 以下

【A2 型题】

1. 患者女,30 岁。孕期规律产检,停经 24 周行 OGTT 示空腹、1h 及 2h 的血糖分别为 5.3mmol/L、8.1mmol/L、6.5mmol/L。 以下处理**不正确**的是
   A. 调整饮食
   B. 运动指导
   C. 立即加用胰岛素治疗
   D. 监测血糖情况
   E. 评估胎儿生长速度及羊水情况

2. 35 岁女性,合并糖尿病 2 年余,孕前口服二甲双胍控制血糖,血糖维持在 6~7mmol/L,近期有妊娠计划,孕前评估包括
   A. 眼底检查
   B. 糖化血红蛋白
   C. 心电图
   D. 肌酐
   E. 以上都对

3. 30 岁女性,孕前身高 160cm,体重为 62kg,孕期规律产检,行 OGTT 示空腹、1h 及 2h 血糖分别为 5.1mmol/L、10.2mmol/L、8.4mmol/L,予调整饮食、运动控制血糖,以下指导**不正确**的是
   A. 总的能量摄入为 1 800~2 000cal
   B. 碳水化合物占 50%~60%
   C. 少吃多餐
   D. 因脂肪的摄入会增加酮症,孕期不建议摄入
   E. 餐后 30min 可增加中等强度的运动

4. 26 岁女性,现妊娠 33 周,合并妊娠糖尿病,通过调整饮食血糖水平控制良好、胎儿大小发育正常。下一步的处理是
   A. 给予地塞米松
   B. 每日监测血糖
   C. 加用胰岛素治疗
   D. 口服二甲双胍
   E. 继续控制饮食

【A3/A4 型题】

(1~2 题共用题干)

初产妇,29 岁,孕 2 产 0,平素月经规律,孕期未规律产检,既往孕 24 周因脊柱裂胎儿而行引产 1 次。现妊娠 30 周,行超声检查发现羊水过多,胎儿大于妊娠周数,未见明显畸形。孕妇体态肥胖,近期有多饮、多食、多尿症状。

1. 本例首先考虑的诊断是
   A. 胎儿神经系统发育异常   B. 胎儿消化道发育异常
   C. 妊娠糖尿病   D. 母儿血型不合
   E. 风疹病毒感染

2. 为明确诊断应首选的项目是
   A. 血脂系列检查   B. 夫妇双方血型检查
   C. 血清病毒系列检查   D. 口服葡萄糖耐量试验
   E. 抽取羊水行 AFP 检查

1. 【答案】C

2. 【答案】D
【解析】临床上合并典型的"三多一少",即多饮、多食、多尿,体重减轻症状时,应注意除外是否合并糖尿病可能,血糖控制不佳者,胎儿偏大并可合并羊水过多,应及时行 OGTT 确诊。

(3~4 题共用题干)

30 岁女性,现停经 6 周,孕前合并糖尿病 5 年余,未规律治疗。现随机血糖为 10~11mmol/L,糖化血红蛋白为 8%。

3. 以下情况中,**不属于**立即终止妊娠的指征为
   A. 伴发恶性进展性视网膜炎
   B. 出现酮症酸中毒
   C. 伴发严重的肾功能不全
   D. 孕前口服二甲双胍治疗
   E. 伴发动脉硬化性心脏病

4. 该病对妊娠的影响**无关**的项目是
   A. 难产发生率增高
   B. 胎儿畸形发生率增高
   C. 过期妊娠发生率增高
   D. 妊娠期高血压疾病发生率增高
   E. 围生儿死亡率增高

3. 【答案】D
【解析】糖尿病患者妊娠前进行全面体格检查,包括血压、心电图、眼底、肾功能以及 HbA1c,确定糖尿病的分级,决定能否妊娠。糖尿病患者已并发严重心血管病变、肾功能减退或眼底有增生性视网膜病变者应避孕,若已妊娠,应尽早终止。

4. 【答案】C
【解析】妊娠合并糖尿病患者,巨大儿发生率明显增加。难产、产道损伤、手术产概率增高;严重畸形发生率为正常妊娠的 7~10 倍;发生妊娠期高血压的可能性是非糖尿病孕妇的 2~4 倍,可能与存在严重高胰岛素抵抗有关;围产儿死亡率增加。

(5~6 题共用题干)

30 岁女性,现停经 39 周,规律宫缩临产收入院,孕期诊断为妊娠糖尿病,予饮食运动管理,血糖控制不佳,于妊娠 28 周开始应用皮下胰岛素控制血糖,监测血糖空腹为 5~5.5mmol/L,餐后血糖为 6~7mmol/L。

5. 产程中处理**不正确**的为
   A. 监测血糖、尿酮体情况
   B. 继续应用皮下胰岛素治疗
   C. 如胎儿偏大警惕肩难产
   D. 产程中密切监测胎心变化

5. 【答案】B
【解析】产程中及产后胰岛素的应用:择期剖宫产或临产后,应停用所有皮下注射的胰岛素,密切监测产程中血糖,每 2h 测定血糖,维持血糖在 4.4~6.7mmol/L(80~120mg/dl)。血糖升高时检查血酮体的变化,根据血糖水平决定静脉点滴胰岛素的用量。

E. 如血糖升高可静脉应用胰岛素

6. 新生儿分娩及产后处理**不正确**的为

A. 生后 30min 内测定末梢血糖

B. 提早喂糖水、喂奶

C. 检查血红蛋白、血细胞比容

D. 检测血钾、血钙及镁、胆红素

E. 避免母乳喂养

【案例分析题】

案例 患者,34 岁女性,既往 2 年前于妊娠 20 周胎死宫内后予引产。并发现血糖异常,诊断为糖尿病。孕前改用胰岛素控制血糖。孕期规律产检,血糖监测大致正常。现停经 30 周,2d 前出现腹泻后,食欲下降,自行停用胰岛素治疗,1d 前患者出现恶心、呕吐,乏力、嗜睡症状,查体见患者皮肤干燥,呼吸频促,呼吸中可及烂苹果气味。急诊入院。

提问 1:患者目前考虑的诊断最可能为

A. 酮症酸中毒　　　　B. 子痫前期

C. 颅内出血　　　　　D. 急性胃肠炎

E. HELLP 综合征

提问 2:目前应该进行的检查包括

A. 血糖　　　　　　　B. 尿酮体

C. 血气　　　　　　　D. 胎心监护

E. 心电图　　　　　　F. 电解质

提问 3:目前给予的治疗为

A. 给予胰岛素降低血糖

B. 补液

C. 立即剖宫产终止妊娠

D. pH<7.1,可以给予纠酸治疗

E. 纠正电解质紊乱

F. 监测血糖及尿酮体变化

(杨慧霞)

第四节　妊娠合并甲状腺疾病

【A1 型题】

1. 妊娠期临床甲状腺功能减退的诊断标准正确的是

A. 血清 TSH> 妊娠特异性参考值的上限(第 95 百分位)

B. 血清 TSH>10mIU/L,无论 FT_4 是否降低

C. 血清 FT_4< 妊娠参考值的下限(第 5 百分位)

D. 血清 TSH> 妊娠特异参考值上限(第 97.5 百分位),FT_4 在

左栏答案与解析:

6.【答案】E

【解析】新生儿生后易出现低血糖,出生后 30min 内进行末梢血糖测定。新生儿均按高危儿处理,注意保暖和吸氧等;提早喂糖水、喂奶,动态监测血糖变化以便及时发现低血糖,必要时 10% 的葡萄糖缓慢静脉滴注,常规检查血红蛋白、血细胞比容、血钾、血钙及镁、胆红素,密切注意新生儿呼吸窘迫综合征的发生。

提问 1:【答案】A

提问 2:【答案】ABCDEF

提问 3:【答案】ABDEF

【解析】诱发糖尿病酮症酸中毒的主要原因为感染、饮食或治疗不当及各种应激因素。临床表现有:①糖尿病症状加重,多饮多尿、体力及体重下降的症状加重。②胃肠道症状,包括食欲下降、恶心呕吐。③呼吸改变,部分患者呼吸中可有类似烂苹果气味的酮臭味。④脱水与休克症状,中、重度酮症酸中毒患者常有脱水症状,脱水达 5% 者可有脱水表现,如尿量减少、皮肤干燥、眼球下陷等。脱水超过体重 15% 时则可有循环衰竭,症状包括心率加快、脉搏细弱、血压及体温下降等,严重者可危及生命。⑤神志改变,神志改变的临床表现个体差异较大,早期有头痛、头晕、萎靡继而烦躁、嗜睡、昏迷,造成昏迷的原因包括乙酰乙酸过多,脑缺氧、脱水,血浆渗透压升高,循环衰竭。需要完善血糖、尿酮、血电解质及尿素氮(BUN)、血酸碱度等相关检查。治疗上糖尿病酮症酸中毒一经确诊,应立即进行治疗。治疗目的在于纠正水和电解质失衡,纠正酸中毒,补充胰岛素促进葡萄糖利用,并寻找和去除诱发酮症酸中毒的应激因素。酮症酸中毒不是急诊剖宫产的指征,何时终止妊娠,应结合孕周大小、有无母儿并发症等综合决定。

1.【答案】B

【解析】甲状腺功能减退(简称"甲减")的诊断标准:

正常的参考值范围之内(第 2.5 百分位至第 97.5 百分位)

E. 血清 FT_4 < 妊娠期特异参考值的第 10 或者低 5 百分位,血清 TSH 正常

2. 关于妊娠期甲减治疗**错误**的是

　A. $L-T_4$ 的起始剂量为 50~100μg/d。

　B. 严重的临床甲减患者可于开始治疗的数天内给予 2 倍的替代剂量。

　C. 妊娠期临床甲减的治疗可以使用 $L-T_4$ 治疗,也可以使用 T_3 或者甲状腺粉治疗。

　D. 妊娠期临床甲减,需要定期检测甲状腺功能

　E. 临床甲减确诊后,应立即开始治疗。

3. 孕早期首选的抗甲状腺药物为

　A. 甲巯咪唑

　B. 丙硫氧嘧啶

　C. 复方碘溶液

　D. 甲巯咪唑

　E. 普萘洛尔

【A2 型题】

1. 初产妇,26 岁,孕 10 周,产前检查确诊为妊娠合并甲状腺功能亢进,首选治疗药物为

　A. 碘剂

　B. 丙硫氧嘧啶

　C. 甲巯咪唑

　D. 中成药

　E. 氧化剂

2. 28 岁女性,妊娠 7 个月合并甲亢,甲状腺稍大,有轻度压迫症状,患者孕期尚未进行任何治疗,下列哪种治疗方法应为首选

　A. 抗甲状腺药物治疗

　B. 手术切除大部分甲状腺

　C. 终止妊娠后手术治疗

　D. 终止妊娠后服抗甲状腺药物

　E. 放射性碘治疗

【案例分析题】

案例一　患者,女,停经 50 余天,自觉乏力,食欲减退。实验室检查:尿 hCG(+)。无腹痛及阴道流血。就诊于门诊,体格检查:身高 170cm,体重 65kg,血压 112/86mmHg,心率 58 次/min,体温 36.2℃。患者表情淡漠,言语徐缓,皮肤干燥,呈贫血貌。

(1) 妊娠期临床甲减:① 血清 TSH > 妊娠特异参考值上限(第 97.5 百分位),血清 FT_4 < 妊娠期参考值下限(第 2.5 百分位);② 如果血清 TSH >10mIU/L,无论 FT4 是否降低,按照临床甲减处理。

(2) 妊娠期亚临床甲减:血清 TSH > 妊娠期特异参考值上限(第 97.5 百分位),血清 FT_4 在参考值范围之内(第 2.5 至第 97.5 百分位)。

(3) 低甲状腺素血症:血清 FT_4 水平 < 妊娠期特异参考值的第 10 或第 5 百分位,血清 TSH 正常(妊娠期特异参考值的第 2.5 百分位至第 97.5 百分位)。

2.【答案】C

【解析】治疗药物主要有甲状腺素片(甲状腺粉)和左甲状腺素($L-T_4$)两种。前者系动物甲状腺组织提物,除了 T_4 外,还含有 T_3,且两者的比例不固定。左甲状腺素是人工合成的激素,剂量易于标准化,优于甲状腺素片。目前不建议使用 T_3 或者甲状腺粉治疗。

3.【答案】B

【解析】丙硫氧嘧啶通过胎盘量少、速度慢,能阻止甲状腺激素合成并阻止 T4 转变呈生物学效应更强的 T3,但可增加孕妇肝脏负担,是妊娠前 3 个月的首选药物。甲巯咪唑有致畸风险,只能在妊娠 3 个月后应用,以降低孕妇肝损害风险。

1.【答案】B

【解析】丙硫氧嘧啶能够阻止甲状腺激素合成,并能阻断 T_4 转化为 T_3,能够较快地控制甲状腺功能亢进(简称"甲亢"),且通过胎盘极少,为首选药。

2.【答案】A

【解析】原则上首选药物治疗,丙硫氧嘧啶为首选药物,妊娠期禁止进行 ^{131}I 的检查及治疗,因其放射性有致畸作用。治疗妊娠期甲亢目前很少采用手术方法;但是若抗甲状腺药物治疗效果不佳,不能规律服药,患者对抗甲状腺药物过敏,或者甲状腺肿明显,需要大剂量药物才能控制甲亢时,心理负担重,过度担心药物的副作用时可以考虑手术治疗。手术时机一般选在妊娠 4~6 月,一般采取甲状腺次全切除术。该患者处于妊娠晚期,以前未尝试任何治疗,此时应先使用抗甲状腺药物。

提问1：【答案】BF
　　【解析】患者生育年龄孕早期出血疲乏无力，食欲减退，这些症状不具备特异性，有可能是正常的早孕反应，但也不能除外病理状态，所以要进一步追问病史及进行相关的检查。

提问2：【答案】ADE
　　【解析】妊娠期临床甲减的诊断标准详见A1型题相关解析。

提问3：【答案】BCE
　　【解析】妊娠期临床甲减可以治疗，并且患者发现早，不需要终止妊娠，临床甲减首选L-T₄治疗。治疗目标为孕早期0.1~2.5mIU/L，孕中期0.3~3.0mIU/L，孕晚期0.3~3.0mIU/L。临床甲减孕妇，在妊娠28周前每4周监测1次甲状腺功能，在妊娠28~32周至少监测1次血清甲状腺功能指标，根据血清TSH的控制目标调整L-T₄剂量。

提问4：【答案】DEF
　　【解析】足月新生儿先天性甲减（CH）的筛查应当在产后72h至7d进行，早产儿可以延缓至出生后7d。足跟血TSH的切点值是10~20mIU/L。筛查阳性者立即复查血清甲状腺功能，诊断标准由各地实验室根据本实验室的参考值确定，以血清TSH>9mIU/L，FT₄<7.7pmol/L为参考值。CH诊断确定后需进一步检查病因。CH的治疗应在产后2个月之内开始，越早预后越好。治疗目标是维持血清TSH<5mIU/L。TT₄、FT₄在参考值的50%上限水平。产后6周应复查母体血清TSH水平，调整L-T₄剂量。

提问1：【答案】ACDEGH
　　【解析】患者目前诊断考虑妊娠剧吐，首先应完善尿液检查，血液检查包括血常规、凝血功能、血气分析、血清离子、肝肾功能、甲状腺功能等检查。

提问1：下列处理**错误**的是
　　A. 完善血常规及甲状腺功能检查
　　B. 告知患者为乏力及食欲减退为早孕正常反应，定期产检即可
　　C. 完善子宫附件超声及甲状腺彩超
　　D. 完善肝炎病毒，TORCH等相关检查
　　E. 追问患者月经史等相关病史
　　F. 告知患者单纯补铁治疗即可

提问2：子宫附件超声提示，宫内妊娠，可见胎心胎芽，甲状腺超声未见异常。甲状腺功能检查提示，TSH 13IU/L，FT3 3.71pmol/L，FT₄ 9.27pmol/L，Anti-Tg 0.83IU/ml，Anti-TPO 0.18IU/ml。血常规，血红蛋白76g/L，白细胞及血小板正常。患者的诊断为
　　A. 妊娠期临床甲减
　　B. 妊娠期亚临床甲减
　　C. 低甲状腺素血症
　　D. 早孕
　　E. 轻度贫血
　　F. 重度贫血

提问3：患者下一步的治疗措施正确的是
　　A. 建议患者终止妊娠
　　B. 口服L-T₃治疗
　　C. 口服补铁药物
　　D. 定期检查甲状腺功能至妊娠20周，20周后无需监测
　　E. 严重的甲减患者L-T₄的治疗量可以加量
　　F. 孕期治疗目标为TSH小于2.5mIU/L

提问4：患者孕期遵医生指导，妊娠过程顺利，于妊娠39⁺⁵周，顺利自然分娩一女婴，该患者产后注意事项正确的是
　　A. 产妇应于产后4周复查母体血清TSH，调整L-T₄剂量
　　B. 妊娠期甲减患者产后不需监测和治疗
　　C. 新生儿甲减筛查应在出生后72h内进行
　　D. 新生儿先天性甲减的治疗应在出生后2个月内开始
　　E. 新生儿先天性甲减治疗目标是维持血清TSH<5mIU/L
　　F. 足跟血TSH的切点值是10~20mIU/L

案例二　患者，女性，27岁，停经8周，恶心呕吐10d，加重2d。患者近2d出现呕吐严重不能进食，呕吐物中有咖啡样物，自述体重减轻，无腹痛。检测尿hCG（+），尿酮体（+++），收入院治疗。

提问1：患者首先需完善哪些检查
　　A. 血常规　　　　　　B. 上腹部CT
　　C. 凝血功能　　　　　D. 肝肾功能

E. 甲状腺功能　　　　　F. 胃镜

G. 血气分析　　　　　　H. 血清离子钾钠氯

提问2:患者实验室检查结果提示,甲状腺功能五项:FT$_4$升高,TSH<0.1mIU/L,TPOAb 阴性,TgAb 阴性,肝功能未见异常。体格检查:身高160cm,体重50kg,血压112/86mmHg,心率110 次/min,体温36.8℃,腹软,肝脾肋下未触及,未见突眼等表现。患者目前的诊断正确的是

  A. Graves 病　　　　　B. 妊娠甲亢综合征

  C. 妊娠剧吐　　　　　　D. 急性胃肠炎

  E. 肝炎　　　　　　　　F. 胆囊炎

提问3:关于患者下一步的治疗,**错误**的是

  A. 口服丙硫氧嘧啶

  B. 可使用 β 肾上腺素受体阻断剂

  C. 补液治疗

  D. 维生素 B$_6$ 静脉滴注

  E. 维生素 B$_1$ 肌肉注射

  F. 补充营养

  G. 口服甲巯咪唑

  H. 抗病毒治疗

  I. 切除胆囊

提问4:对于该患者的甲状腺功能异常,说法正确的是

  A. 发生在妊娠前半期,呈一过性,与 hCG 产生增多相关

  B. 应给与患者抗甲状腺治疗

  C. 一般在妊娠 5~6 周发病

  D. 与妊娠剧吐相关

  E. 一般在妊娠 14~18 周,血清甲状腺激素可以恢复至正常

  F. 10%~20% 妊娠剧吐者可以发生

  G. 选丙硫氧嘧啶

案例三　患者,女性,患者妊娠 32 周,自述心悸烦躁 2 周就诊。患者 2 周前出现怕热多汗、食欲旺盛、心悸烦躁易怒。近两周体重未增加。核实孕早期超声提示孕周与停经周数相符。患者现无腹痛及阴道流血,胎动正常,二便正常。

提问1:为了进一步明确诊断,对病情判断有帮助的诊断**不包括**

  A. 体温　　　　　　　　B. 脉搏

  C. 呼吸　　　　　　　　D. 身高

  E. 突眼　　　　　　　　F. 手震颤

  G. 心律不齐

提问2:该患者甲状腺功能提示 TSH<0.1mIU/L,FT$_3$ 及 FT$_4$ 增高,TPOAb 阳性,TgAb 阳性,患者表现为轻度突眼,甲状腺弥漫性肿大,诊断为妊娠期甲亢,应告知此病对母儿的危害,其中叙述**错误**

提问2:【答案】BC

【解析】妊娠期甲亢综合征(SGH)发生在孕早期,与妊娠反应(如妊娠剧吐)相关。呈一过性,与 hCG 产生增多,类似 TSH 过度刺激甲状腺使 T$_4$ 产生增加有关。临床特点为孕妇通常在 8~10 周发病,伴有心悸、焦虑、多汗等高代谢症状,血清 FT$_4$ 和总 T$_4$ 升高,血清 TSH 陷低或不能测及,但甲状腺自身抗体阴性,且过去无甲状腺自身免疫性疾病的病史。

提问3:【答案】AGHI

【解析】对于 SGH 患者,由于没有明显证据表明与不良妊娠结局相关,因此不主张压抗甲状腺药物治疗,以对症支持治疗为主,可考虑用 β 肾上腺素受体阻断剂。

提问4:【答案】ADE

【解析】SGH 发生在妊娠前半期,呈一过性,与 hCG 产生增多,过度刺激甲状腺激素产生有关。临床特点是在妊娠 8~10 周发病,心悸、焦虑、多汗等高代谢症状,血清 FT$_4$ 和 TT$_4$ 升高,血清 TSH 陷低或者不能测及,甲状腺自身抗体阴性。本病与妊娠剧吐相关,30%~60% 妊娠剧吐者发生 SGH。不主张给予抗甲状腺药物治疗,因为一般在妊娠 14~18 周,血清甲状腺激素可以恢复至正常。当 SGH 与 Graves 甲亢鉴别困难时,可以短期使用抗甲状腺药物。

提问1:【答案】D

【解析】对于可疑甲亢的患者应注意监测患者的体温、脉搏、呼吸、血压等,应注意思考是否有皮肤潮红、手震颤、突眼、心律不齐、心界扩大、脉压增大等表现。

提问2:【答案】CG

【解析】控制不佳的甲亢会增加母儿并发症,母体并发症有复发性流产、死胎、早产、妊娠期高血压-子痫前期、感染、胎膜早破、胎盘早剥、贫血、增加剖宫产率、产后出血、心力衰竭以及甲亢危象;对于胎儿或新生儿,可能发生胎儿生长受限、低体重儿、巨大儿、死产、NICU 入住率、低 Apgar 评分、RDS、甲亢或甲减,以及出生缺陷等。

的是

A. 子痫前期   B. 早产、流产

C. 妊娠糖尿病   D. 新生儿甲减

E. 甲亢危象   F. 死胎

G. 胎位异常   H. 感染

提问 3：关于进一步应如何治疗，以下正确的是

A. 抗甲状腺药物（ATD）治疗为首选治疗方法

B. 可给予 L-T_4 治疗

C. 首选手术治疗

D. 可用 ^{131}I 治疗

E. 可使用美托洛尔治疗

F. 药物治疗首选丙硫氧嘧啶

提问 4：患者甲亢控制良好，妊娠 37^{+6} 周，因不规律下腹痛入我院待产，LOA，骨及软产道未见明显异常，无头盆不称，以下叙述**错误**的是

A. 应剖宫产终止妊娠

B. 尽量阴道分娩

C. 缩短第二产程

D. 分娩过程中补充能量

E. 不可行产钳助产

F. 应注意预防产后出血及甲状腺危象

案例四 患者，女性，39 岁，孕 1 产 0。主诉停经 37^{+5} 周，不规律下腹痛 5h。患者不定期产检，胎心正常，胎位为 LOA，5h 前出现不规律下腹痛，无阴道流血流液，自述有甲亢病史 3 年，自行服用丙硫氧嘧啶，自述甲亢控制良好。

提问 1：该患者孕期应增加产检次数，哪些**不是**应重点检查的项目

A. 血压

B. 体重

C. 脉搏

D. 肝、胆、脾超声

E. FT₃、FT₄ 及 TSH 的水平

F. 胎儿生长情况

G. 心电图及超声心动图

H. TORCH

提问 2：给予患者行消毒内诊，考虑患者相对头盆不称，给予患者行剖宫产终止妊娠，术后患者出现血压增高达 180/110mmHg，患者出现烦躁不安，恶心呕吐，大汗淋漓，心率增快达 140 次 /min。以下诊断正确的是

A. 甲亢危象

B. 羊水栓塞

提问 3：【答案】AEF

【解析】原则上首选药物治疗，丙硫氧嘧啶为首选药物，妊娠期禁止进行 ^{131}I 的检查及治疗，因其放射性有致畸作用。普萘洛尔，20~30mg/d，每 6~8h 服用，可控制甲亢患者的高代谢症候群，但长期使用可导致胎儿生长受限、胎儿心动过缓、新生儿低血糖。治疗妊娠期甲亢目前很少采用手术方法。

提问 4：【答案】AE

【解析】妊娠期甲亢患者，如果经过有效治疗后病情控制良好，可于妊娠 37~38 周入院监护，如无产科手术指征，应尽量阴道分娩。临床后给予精神安慰或地西泮 10mg 肌肉注射，减轻疼痛，注意补充能量，缩短第二产程，病情严重者可手术助产。无论选择何种方式分娩，均应预防感染，预防并发症的发生，注意产后出血和甲状腺危象。

提问 1：【答案】DH

【解析】作为高危妊娠，妊娠期甲亢患者应增加产前检查的次数，重点监测孕妇的血压、体重、肝功、白细胞计数和 FT₃、FT₄、TSH 水平，胎儿生长情况等。行心电图及超声心动图检查，排除甲亢性心脏病。

提问 2：【答案】ACG

【解析】甲亢危象是甲亢病情恶化的严重表现，起病急、进展快、发病率低、病死率高。甲亢药物控制不理想、分娩、手术、出血、感染都是可能的诱发因素。临床表现出高热、心动过速、烦躁、嗜睡、呕吐、腹泻、水电解质紊乱、酸碱失衡，严重时黄疸、昏迷、心力衰竭。患者的临床表现符合甲亢危象的表现。

C. 孕 1 产 0,妊娠 37^{+5} 周,LOA,剖娩一活婴

D. 室上性心动过速

E. 妊娠期高血压疾病

F. 妊娠甲亢综合征

G. 妊娠合并甲亢

提问 3:下一步应如何治疗患者,以下说法正确的是

A. 首次给予患者丙硫氧嘧啶 300mg

B. 立即口服复方碘溶液

C. 地塞米松 15~30mg 静脉滴注

D. 补液

E. 纠正水电解质紊乱

F. 给予抗生素预防感染

提问 4:患者经治疗后,病情平稳,予以出院,对于患者下一步治疗**错误**的是

A. 哺乳期患者应继续口服抗甲状腺药物

B. 因抗甲状腺药物,可以经乳汁分泌,哺乳期禁用

C. 产后 3~6 个月患者容易复发

D. 出生后应密切监测新生儿甲状腺功能

E. 哺乳期抗甲状腺药物首选丙硫氧嘧啶

F. 抗甲状腺药应在哺乳前服用

(刘彩霞)

第五节　妊娠合并血液系统疾病

【A1 型题】

1. 有关孕期血液系统的生理性改变,下列哪项正确

A. 血容量自 6~8 周开始增加,32~34 周达高峰

B. 孕期红细胞比容约 0.38~0.47

C. 孕期贫血大多为巨幼细胞贫血

D. 妊娠期间除血小板外,其余凝血因子均增加

E. 白细胞增加明显,主要为淋巴细胞

2. 孕妇缺铁性贫血对母胎可造成下列影响,**不包括**

A. 贫血性心脏病

B. 妊娠期高血压疾病

C. 产褥感染

D. 胎儿生长受限

E. 胎儿神经管缺陷

3. 关于孕期缺铁性贫血指南,正确的是

A. 为大细胞性贫血

提问 3:【答案】CDEF

【解析】甲亢危象应使用大剂量抗甲状腺药物治疗,丙硫氧嘧啶是首选药物,首剂口服或经胃管给予 600~1 200mg,此后以 300~400mg/d 维持,分 3~4 次给药。危象基本控制后减为常规治疗量。在使用丙硫氧嘧啶后 1h,每间隔 6h 口服稀释复方碘溶液 3~6ml。复方碘溶液可以快速抑制与球蛋白结合的甲状腺素水解,减少甲状腺激素向血中释放。危象缓解后 3~7d 停用碘剂。地塞米松或氢化可的松:地塞米松 15~30mg 或氢化可的松 100~300mg 静脉滴注,可阻滞从 T_4 向 T_3 的转化。血浆置换及腹膜透析,可以清除血中过量的甲状腺激素。对症治疗:广谱抗生素治疗,吸氧,物理降温,补液,纠正水电解质紊乱,纠正心力衰竭。

提问 4:【答案】BEF

【解析】哺乳期间适量服用抗甲状腺药物是安全的。因为丙硫氧嘧啶的肝脏毒性原因,应当首选甲巯咪唑。甲巯咪唑剂量达到 20~30mg/d,对于母婴都是安全的。丙硫氧嘧啶可以作为二线药物,300mg/d 也是安全的。服药方法是在哺乳后分次服药。并且监测婴儿的甲状腺功能。

1.【答案】A

【解析】正常孕期血容量自 6~8 周开始增加,32~34 周达高峰,约增加 40%~45%,其中血浆增加 1 000ml,红细胞容量增加 450ml。血液相对稀释,导致血红蛋白低下,约 110g/L(非孕女性约 130g/L),红细胞比容 0.31~0.34(非孕女性约 0.38~0.47),属于缺铁性贫血;白细胞自 7~8 周开始增加,临产及产褥期显著增加,主要为中性粒细胞,淋巴细胞增加不多,单核细胞及嗜酸性细胞几乎无改变;除血小板、XI、XII 因子以外,凝血因子 II、V、VII、VIII、IX、X 均增加。

2.【答案】E

【解析】孕期轻度贫血影响不大,重度贫血时(红细胞计数 $<1.5 \times 10^{12}$/L,血红蛋白 <60g/L,红细胞比容 <0.13)心肌缺氧可导致贫血性心脏病;胎盘缺氧可诱发妊娠期高血压疾病;严重贫血对失血耐受性降低、抵抗力下降,易发生失血性休克及产褥感染;胎儿通过胎盘接受的养分及营养物质不足,从而发生胎儿生长受限、胎儿窘迫、早产甚至死胎。巨幼贫血因叶酸缺乏可导致胎儿神经管缺陷。

3.【答案】C

【解析】世界卫生组织推荐,

Hb<110g/L 诊断为妊娠合并贫血，≥ 100g/L~<110g/L 为轻度贫血，70g/L~<100g/L 为中度贫血，40g/L~<70g/L 为重度贫血，<40g/L 为极重度贫血。血常规提示血红蛋白、平均红细胞体积、平均红细胞血红蛋白含量、平均红细胞血红蛋白浓度均偏低，即小细胞低色素性贫血。铁蛋白<20μg/L 为铁缺乏，若<30μg/L 应及时补充铁剂。轻中度贫血可通过口服铁剂、重度贫血通过静脉注射铁剂、输血提升血色素，极重度贫血者输血一旦达 70g/L，可继续口服或注射铁剂。治疗至正常水平后应口服铁剂 3~6 个月或产后 3 个月。补充铁剂每日 ≥ 200mg 可出现上消化道不适症状。

1.【答案】B
【解析】妊娠期巨幼细胞贫血 95% 是由缺乏叶酸引起，少数患者因缺乏维生素 B_{12} 而发病。摄入不足或吸收不良均可导致叶酸缺乏，包括长期偏食、营养不良、烹饪不当造成食物中叶酸流失、慢性消化道疾病。该孕妇频繁呕吐，食欲缺乏，平均红细胞体积(MCV)>100fl，应首先考虑营养不良导致的巨幼贫。

2.【答案】E
【解析】再生障碍性贫血(简称"再障")包括原发性和继发性两种，是由多种原因引起骨髓造血干细胞增殖与分化障碍，导致全血细胞减少的综合征。发生率为 0.03%~0.08%。目前认为妊娠不是再障的病因，但会加重再障的病情。颅内出血、心力衰竭、感染导致的败血症等常是再障孕产妇的重要死因。再障患者在病情尚未缓解之前应避孕，若已妊娠，应备血后行人工流产，中晚期妊娠若引产，出血及感染的风险极大，应密切监护下继续妊娠，必要时提早终止妊娠。评估病情后，可以阴道试产，有手术指征者应备足血后及时终止。

3.【答案】B
【解析】WHO 资料表明，约 50% 以上的孕妇合并贫血，最常见的原因为缺铁性贫血，巨幼性贫血少见。孕期合并轻中度贫血可通过口服铁剂、重度贫血通过静脉注射铁剂、输血提升血色素，极重度贫血者输血一旦达 70g/L，可继续口服或注射铁剂。治疗至正常水平后应口服铁剂 3~6 个月或产后 3 个月，详见 A1 型题解析。贫血不一定都合并血小板减少。重度贫血可导致贫血性心脏病、心力衰竭，诱发妊娠期高血压疾病、胎盘早剥，易发生失血性休克及产褥感染，对胎儿的影响包括胎儿生长受限、胎儿窘迫、早产甚至死胎。

B. 铁蛋白 <30μg/L 为铁缺乏
C. Hb<110g/L 诊断为妊娠合并贫血
D. 过度补充铁剂不会造成副反应
E. 一旦贫血必须输血

【A2 型题】

1. 患者，女，28 岁，孕产史 "0-0-0-0"（足月产 - 早产 - 流产 - 现存子女），孕 10^{+3} 周，早孕反应严重，食欲缺乏，消瘦。近期产检发现轻度贫血，血红蛋白 93g/L，MCV 110fl。否认既往病史及手术史。最有可能是哪种类型的贫血
A. 缺铁性贫血
B. 巨幼细胞贫血
C. 溶血性贫血
D. 骨髓增生异常综合征
E. 再生障碍性贫血

2. 患者，女，33 岁，孕产史 "0-0-1-0"，孕 39^{+4} 周，2 年前因人工流产时发现白细胞、红细胞、血小板计数下降，诊断为再生障碍性贫血。孕期未正规产检，因阴道见红入院，查白细胞计数 $3.1 × 10^9$/L，血红蛋白 92g/L，血小板计数 $76 × 10^9$/L。下列哪项建议是**错误**的
A. 补充铁剂
B. 联系血库备血
C. 积极预防感染
D. 动态监测血常规
E. 立即行剖宫产终止妊娠

3. 某育龄期女性至孕前咨询门诊就诊，有关妊娠期贫血，作为接诊医生，**不正确**的建议是
A. 孕期常见缺铁性贫血
B. 孕期轻度贫血若无不适，则无须服用铁剂
C. 应积极纠正贫血
D. 严重时可引起心力衰竭
E. 可导致胎儿发育不良

【A3/A4 型题】

(1~4 题共用题干)
患者 28 岁，因"停经 39 周，发现血小板减少数月"入院。孕 9 周时首次发现血小板减少，当时 $80 × 10^9$/L，无明显出血倾向，孕期定期随访，孕 25 周发现全身皮肤、双下肢出血点，牙龈出血，血小板计数降至 $19 × 10^9$/L，血红蛋白 102g/L，肝肾功能正常。追问病史，否认家族史、既往病史、化学物及放射物接触史。

1. 以下哪项检查为首选
    A. 外周血涂片　　　　　B. 超声
    C. 骨髓穿刺　　　　　　D. 血型鉴定
    E. 血清叶酸、维生素 B_{12}
2. 目前最危险的并发症为
    A. 全身瘀斑　　　　　　B. 颅内出血
    C. 消化道出血　　　　　D. 胎儿血小板减少
    E. 感染
3. 经检查血清血小板抗体阳性,血小板减少最可能的原因为
    A. 再生障碍性贫血　　　B. 巨幼细胞贫血
    C. 急性白血病　　　　　D. MDS
    E. ITP
4. 根据以上诊断,首选治疗为
    A. 补充叶酸、维生素 B_{12}
    B. 化疗
    C. 肾上腺皮质激素
    D. 脾切除
    E. 丙种球蛋白

【案例分析题】

案例　孕妇,25 岁,因"停经 17 周,上胸部发现皮肤紫癜 2d"收住院,末次月经 2017-08-28,停经 40d 尿妊娠试验阳性。孕早期无腹痛,无阴道流血流液。近 2d 无明显诱因出现上胸部皮肤紫癜,无头晕、发热等不适。既往史:6 岁时曾出现类似病史,当时诊断为 ITP,应用肾上腺皮质激素治疗血小板恢复正常后一直未予处理。入院查体:体温 36.7℃,脉搏 78 次/min,呼吸 20 次/min,血压 110/80mmHg,发育正常,营养中等,上胸部可见大片皮肤紫癜,心肺正常,腹软,肝脾肋下未触及,下腹部稍膨隆,无压痛。产科检查:宫底脐耻之间,胎方位不清,无宫缩,胎心率 140 次/min,心律齐。实验室检查:血红蛋白 95g/L,红细胞计数 $3.8×10^{12}/L$,白细胞计数 $6.2×10^{12}/L$,中性粒细胞百分比 0.67,淋巴细胞百分比 0.31,血小板计数 $45×10^9/L$,尿常规:尿蛋白阳性,肝肾功能正常,甲状腺功能正常。凝血时间 15min(试管法),毛细血管脆性试验阳性。

提问 1:根据相关病史,目前诊断为
    A. 妊娠合并特发性血小板减少性紫癜
    B. 中期妊娠(妊娠 17 周)
    C. 中度贫血
    D. 过敏性紫癜
    E. 白血病
    F. Evans 综合征
提问 2:妊娠合并特发性血小板减少性紫癜的诊断依据包括

1.【答案】D
【解析】妊娠合并血小板减少,孕期 2 次或以上血常规血小板计数 $<100×10^9/L$ 可确诊。将血小板减少的分度定为:血小板计数 $(50~100)×10^9/L$ 为轻度减少,$<50×10^9/L$ 为重度减少,其中 $<20×10^9/L$ 为极重度减少。若血小板计数 $<20×10^9/L$ 易出现重要脏器自发性出血,危及生命,应立即告病危并预备血小板(定血型)。

2.【答案】B
【解析】妊娠合并重度血小板减少可导致重要脏器如脑、肝肾、消化道等出血倾向,危及母胎生命安全,其中颅内出血是死亡率最高的并发症。

3.【答案】E
【解析】慢性特发性血小板减少性紫癜(ITP)好发于成年女性,尤其是妊娠期,且容易复发。目前认为与雌激素增加血小板吞噬及破坏作用有关。主要表现为皮肤黏膜出血及贫血,骨髓检查巨核细胞正常或增多,但成熟血小板减少。血小板抗体多为阳性。

4.【答案】C
【解析】孕期肾上腺皮质激素为首选治疗药物,能减少血管壁通透性而减少出血,抑制抗血小板抗体合成及阻断巨噬细胞破坏已被抗体结合的血小板;大剂量丙种球蛋白,400mg/(kg·d),一般 5d 为一个疗程;药物治疗无效时可考虑脾切除;输注血小板,因刺激血小板抗体形成而易加速血小板的破坏,只有血小板严重低下,预防重要脏器出血或分娩时应用;免疫抑制剂,因考虑母儿毒性,妊娠期很少用。

提问 1:【答案】ABC
【解析】患者既往有 ITP 病史,ITP 好发于成年女性,尤其是妊娠期,且容易复发,本例 ITP 诊断较明确(A 项)。B 和 C 项根据病史和实验室检查均正确。

提问 2:【答案】BCDEF
【解析】妊娠合并 ITP 的诊断:①临床表现,部分孕前可能已有 ITP 病史。临床表现为皮肤瘀点、紫癜,四肢远端多见,严重者反复鼻出血、血尿或便血,甚至内脏器官出血。②辅助检查,血小板减少,通常 $<50×10g/L$;血小板抗体大部分阳性;毛细血管脆性试验阳性,血块退缩时间、出血时间延长。骨髓象:巨核细胞正常或增多,产板型巨细胞减少。

提问3：【答案】ABCD
　　【解析】慢性 ITP 中，对于血小板 >30×10⁹/L 的无症状患者，除非妊娠早期需进行有创操作或临近分娩，暂不需治疗，但这部分患者需要严密监测，及时发现病情变化。基于疗效和安全性考虑，糖皮质激素（口服泼尼松）和静脉用免疫球蛋白（IVIG）被认为是一线治疗。在准备经阴道分娩而又有鼻衄或皮肤黏膜出血、或是在准备剖宫产时，血小板低于 10×10⁹/L 者，可行血小板输注。脾切除术是难治性患者的另一选择，妊娠早期脾切除流产风险较大，妊娠 29 周以后受增大子宫的影响，脾切除困难，故推荐必要时在妊娠中期行脾切除。ITP 表现为出血和贫血，应补充叶酸、维生素 B₁₂。

1.【答案】D
　　【解析】急性肾盂肾炎是妊娠期最常见的泌尿系统合并症。多为一侧，也可双侧发病。妊娠期子宫增大，右旋压迫右侧输尿管，以右侧发病多见。起病急骤，突然出现寒战、高热，可达 40℃，也可低热。可伴有头痛、恶心、呕吐等全身症状和腰痛、尿频、尿急、尿痛等膀胱刺激征。排尿时常有下腹疼痛，肋腰点有压痛，肾区叩痛阳性。尿常规：白细胞（+），白细胞管型（+），红细胞每高倍视野可超过 10 个。妊娠期常有生理性糖尿，尿中氨基酸、水溶性维生素等营养物质增多，有利于细菌生长，有使无症状菌尿发展为急性肾盂肾炎的倾向，妊娠期 20%～40% 的无症状菌尿会进展为肾盂肾炎。

2.【答案】C
　　【解析】尿沉渣白细胞计数、中段尿细菌培养均有助于诊断泌尿系感染，但不能用于定位。肾盂肾炎和膀胱炎都可以出现血尿，尿蛋白定量用于鉴别肾病综合征等。急性肾盂肾炎患者尿中可见白细胞管型，而急性膀胱炎患者不会出现。

3.【答案】B
　　【解析】急性肾盂肾炎是妊娠期常见的合并症，所致高热可引起流产和早产，若发生在妊娠早期，还可导致胎儿神经管发育障碍，无脑儿发病率增高。妊娠期急性肾盂肾炎易引起败血症，是孕期感染性休克的首位原因。内毒素可引起溶血，约 1/3 患者出现溶血性贫血。妊娠期急性肾盂肾炎患者约 20% 出现肾功能不全，妊娠高血压疾病的发病率也增高。妊娠晚期子宫增大出盆腔后，输尿管受压，张力增加而扩张，由于子宫右旋，右侧输尿管扩张更为常见。

A. 脾脏明显增大
B. 贫血和皮肤黏膜出血
C. 血小板计数小于 100×10g/L
D. 抗血小板抗体为阳性
E. 毛细血管脆性试验阳性，血块退缩时间、出血时间延长
F. 骨髓检查巨核细胞正常或增多，成熟障碍

提问3：目前治疗方式可选择
A. 注射后口服肾上腺皮质激素
B. 大剂量丙种球蛋白
C. 脾切除
D. 补充叶酸、维生素 B₁₂
E. 输注血小板
F. 立即终止妊娠

（林建华）

第六节　妊娠合并急性肾盂肾炎

【A1 型题】

1. 关于妊娠合并急性肾盂肾炎的说法错误的是
A. 最常见的泌尿系统合并症
B. 多起病急骤
C. 轻症者，仅有腰酸痛、低热、尿频及排尿未尽感等症状
D. 单侧时以左侧多见
E. 可由无症状菌尿发展而来

2. 有助于鉴别肾盂肾炎与膀胱炎的尿液检查为
A. 白细胞计数
B. 红细胞计数
C. 白细胞管型
D. 中段尿细菌培养
E. 尿蛋白定量

3. 下列哪项不符合急性肾盂肾炎对妊娠的影响
A. 高热可引起流产、早产
B. 常并发左侧输尿管扩张
C. 孕妇溶血性贫血
D. 易并发妊娠期高血压疾病
E. 败血症、中毒性休克

4. 妊娠合并肾盂肾炎最常见的感染途径是
A. 上行感染

B. 血行感染

C. 淋巴管道感染

D. 外伤直接感染

E. 周围器官组织感染蔓延

【A2 型题】

1. 患者,女,30 岁。停经 28 周,发热、腰痛伴恶心、呕吐、尿频、尿急、尿痛 1d。体格检查:体温 38.5℃,左肾区叩击痛。血常规:白细胞计数 $12.9 \times 10^9/L$,中性粒细胞百分比 0.83。尿常规:红细胞 5~8 个 /HP,白细胞 30~35 个 /HP,可见白细胞管型,尿蛋白 (+)。最可能的诊断是

   A. 急性肾小球肾炎

   B. 急性肾盂肾炎

   C. 急性膀胱炎

   D. 急性胰腺炎

   E. 急性胃肠炎

2. 患者,女,25 岁。停经 6 个月余,尿频、尿急、尿痛 2d,高热、腰痛 1d。体格检查:体温 39℃,肾区叩击痛。尿蛋白 (+),红细胞 (++),白细胞 (++)。抗生素治疗后症状缓解。以下处理正确的是

   A. 体温完全正常后 3~5d 停药观察

   B. 必须静脉注射抗生素 2 周

   C. 完成治疗后 1 周复查尿常规及细菌培养,阴性认为治愈

   D. 孕周较小,治疗结束后应每周复查尿常规及细菌培养,共 2~3 次,6 周后再复查 1 次

   E. 菌尿持续存在,可使用预防性抗生素

【A3/A4 型题】

(1~4 题共用题干)

患者,女性,因"停经 28 周,发热伴腰痛 5h"入院,查体:体温 38.3℃,心肺检查无异常,腹软,双肾区叩击痛。入院初步诊断为:妊娠合并急性肾盂肾炎。

1. 孕妇易患该病的原因**不包括**以下哪项

   A. 增大的子宫压迫输尿管

   B. 输尿管平滑肌松弛,蠕动减少

   C. 膀胱上移,易造成排尿不畅

   D. 妊娠期膀胱对张力敏感性增高,排尿次数增多

   E. 妊娠期尿液中营养物质增多,有利于细菌滋长

   F. 妊娠期胎盘分泌大量雌孕激素

2. 对明确诊断最有意义的检查是

   A. 肾盂造影

4.【答案】A

【解析】以上均是肾盂肾炎的感染途径,其中上行感染最常见,约占 95%,血行感染约占 3%。上行感染指细菌沿尿道上行至膀胱炎、输尿管,甚至沿输尿管或输尿管周围的淋巴管上行到肾盂。妊娠期泌尿系统的生理变化有利于细菌生长和上行感染。

1.【答案】B

【解析】孕妇发热伴尿频、尿急、尿痛和脓尿,应该考虑急性尿路感染。发热和肾区叩痛提示急性肾盂肾炎而不是急性膀胱炎。急性肾盂肾炎可伴有恶心、呕吐。急性肾小球肾炎主要表现为血尿、水肿、高血压、蛋白尿及一过性肾功能减退,一般不会出现脓尿和白细胞管型尿。

2.【答案】E

【解析】静脉抗生素治疗应持续至患者退热 24h 后,最好体温正常 3~5d,临床症状好转后改口服抗生素。完成治疗后 7~10d 复查尿培养,阳性应继续给予 2 周抗生素治疗。疗程结束后,每周复查尿常规及细菌培养,共 2~3 次,6 周后再复查一次,均为阴性者认为治愈。如果孕周较小,此后应每月行尿培养以监测复发,直至妊娠结束。对于复发、持续存在菌尿或者合并泌尿系结石者,整个孕期应该给予预防性抗生素直至产后,但呋喃妥因不宜超过 38 周。

1.【答案】D

【解析】妊娠期胎盘分泌大量雌孕激素,雌激素使输尿管、肾盂、肾盏及膀胱的肌层增生肥厚,孕激素使输尿管平滑肌松弛,蠕动减少,使膀胱对张力敏感性减弱,易发生过度充盈,排尿不完全,残余尿增多,为细菌繁殖创造条件。增大的子宫压迫骨盆入口处输尿管,增大的子宫和抬头将膀胱向上推移变位,易造成排尿不畅。妊娠期常有生理性糖尿,尿中氨基酸、水溶性维生素等营养物质增多,有利于细菌生长,有使无症状菌尿发展为急性肾盂肾炎的倾向。

2.【答案】C

【解析】尿常规示白细胞尿、血尿,提示妊娠合并急性泌尿系感染。但清洁中段尿培养是诊断泌尿系感染最可靠的指标。细菌菌落计数 $\geq 10^5$ 菌落形成单位 /ml 为真性细菌尿,细菌培养结果可以识别病原体并进行抗生素敏感试验。不推荐常规行影像学检查。复发性肾盂肾炎、合并无痛血尿或怀

疑合并有泌尿系结石或梗阻时,影像学检查有意义,尿相差显微镜检查用于鉴别肾小球源性血尿和非肾小球源性血尿。

3.【答案】B
【解析】妊娠合并急性肾盂肾炎一旦确诊应住院治疗。治疗原则是:支持疗法、抗感染、防止中毒性休克。孕妇应卧床休息,并取侧卧位,减少子宫对输尿管的压迫,使尿液引流通畅,体格检查为双侧肾区叩击痛,提示双侧肾盂受累,因此应左右交替卧位休息。鼓励孕妇多饮水以稀释尿液,每天保持尿量达 2 000ml 以上。急性肾盂肾炎的患者一般在体温持续正常,临床症状好转后,可改用口服抗生素,抗生素总疗程为 2 周。

4.【答案】C
【解析】急性肾盂肾炎的抗菌疗程一般为 2 周,急性膀胱炎为 1 周。

5.【答案】A
【解析】急性肾盂肾炎是妊娠期最常见的泌尿系统合并症。起病急骤,突然出现寒战、高热,可达 40℃,也可低热。可伴有头痛、恶心、呕吐等全身症状和腰痛、尿频、尿急、尿痛等膀胱刺激征。排尿时常有下腹疼痛,肋腰点有压痛,肾区叩痛阳性。尿常规可见白细胞(+),白细胞管型,红细胞每高倍视野可超过 10 个。细菌培养多数为阳性。血常规:变动范围很大,白细胞计数可从正常到 17×10^9/L 以上。

6.【答案】E
【解析】妊娠合并急性肾盂肾炎,尿细菌培养多数为阳性,尿路感染常见之病原菌为大肠杆菌,占 75%~90%;其次为肺炎杆菌、变形杆菌、葡萄球菌等。

7.【答案】A
【解析】大肠杆菌对磺胺甲恶唑与一代头孢菌素的耐药率分别达 31% 及 19%,而氨基糖苷类、奎诺酮类、酰胺醇类药物对胎儿存在风险。三代头孢对肠杆菌科细菌有高度抗菌活性,对细菌产生的大多数 β- 内酰胺酶高度稳定,可作为首选用药。

B. 泌尿系超声
C. 清洁中段尿培养 + 药敏
D. 尿相差显微镜检查
E. 尿常规检查
F. 尿蛋白定量

3. 以下治疗措施错误的是
A. 左右交替卧位休息
B. 保持每日尿量 1 500ml 以上
C. 积极退热治疗
D. 首选对革兰氏阴性杆菌有效同时对胎儿、新生儿无不良影响的抗生素
E. 体温持续正常后可改为口服抗生素

4. 一般使用抗生素的疗程是
A. 3d   B. 1 周   C. 2 周
D. 3 周   E. 4 周   F. 6 周

(5~7 题共用题干)
患者,女,28 岁,因"停经 8 个月,发热、右侧腰痛、尿频尿急 1d"入院,体格检查:血压 110/70mmHg,体温 39℃,心肺(−),肋腰点压痛,血常规:白细胞计数增高,尿常规:白细胞 (++),尿红细胞(−)。

5. 初步诊断,哪项可能性最大
A. 妊娠合并急性肾盂肾炎
B. 妊娠合并急性阑尾炎
C. 妊娠合并急性肠梗阻
D. 妊娠合并左侧输尿管结石
E. 妊娠合并急性肠梗阻

6. 如该患者行尿培养,最可能培养出
A. 支原体   B. 衣原体
C. 克雷伯杆菌   D. 金黄色葡萄糖菌
E. 大肠埃希菌   F. 结核分枝杆菌

7. 下列哪种药物可作为首选
A. 三代头孢菌素类   B. 一代头孢菌素类
C. 磺胺甲恶唑   D. 氨基糖苷类
E. 奎诺酮类   F. 酰胺醇类

【案例分析题】

案例一 患者,女性,28 岁。因"停经 32^{+2} 周,腹痛伴发热 6h"就诊。患者平素体健,无重大病史。既往月经规律,常规产检无异常所见。6h 前无明显诱因突发腹痛,阵发性加剧,不能耐受,向右侧腰肋部放射。寒战,高热,自测体温 39.7℃,伴头痛,周身肌肉关节酸痛,伴恶心、呕吐,呕吐物为胃内容物。发病后有肛门排

气,无腹泻,无尿频、尿急、尿痛,无阴道流血、流水。查体:体温38.6℃,心率116次/min,呼吸22次/min,血压135/80mmHg。急性面容,神志清,精神萎靡。心肺(-),腹部膨隆,宫高30cm,腹围90cm,子宫张力不大,未扪及宫缩。胎方位LOA,胎心率160次/min。水肿(+)。

提问1:为进一步明确诊断,最需要进行的检查包括以下哪些

　　A. 血常规　　　　　　B. 尿常规
　　C. 肝功能　　　　　　D. 肾功能
　　E. 产科超声　　　　　F. 凝血四项
　　G. D-二聚体　　　　　H. NST
　　I. 尿培养　　　　　　J. 肝胆胰脾超声
　　K. 心脏大血管超声　　L. 双肾、输尿管、膀胱超声

提问2:相关辅助检查提示:血常规,白细胞计数 16.4×10^9/L,中性粒细胞百分比90%,血小板计数 221×10^9/L,血红蛋白97g/L。尿常规:白细胞、红细胞密布,见白细胞管型。肾功能及血生化正常。双肾、输尿管及膀胱超声检查未见明显异常。依据现有临床资料,患者最可能的诊断为

　　A. 胎盘早剥　　　　　B. 急性阑尾炎
　　C. 急性胆囊炎　　　　D. 急性胃肠炎
　　E. 泌尿系统结石　　　F. 急性肾盂肾炎
　　G. 急性膀胱炎

提问3:下列关于抗生素治疗,正确的是

　　A. 2周疗法　　　　　B. 首选头孢菌素类药物
　　C. 重症者可联合用药　D. 选用红霉素
　　E. 选用喹诺酮类药物　F. 选用呋喃妥因

提问4:该患者对头孢菌素过敏,可考虑哪些抗生素治疗

　　A. 链霉素　　　　　　B. 氧氟沙星
　　C. 氨曲南　　　　　　D. 磷霉素
　　E. 亚胺培南　　　　　F. 氨苄西林
　　G. 氯霉素　　　　　　H. 庆大霉素

案例二　患者,女性,25岁,"停经36⁺⁵周,突发腹痛2d"入院,伴恶心、呕吐、低热、头痛等。查体:体温38.2℃,心率110次/min,无明显宫缩,胎位LOA,胎心率165次/min,腹部无压痛及反跳痛,麦氏点无压痛。肾区叩痛阳性。实验室检查:血红蛋白110g/L,白细胞计数 15.7×10^9/L,中性粒细胞百分比0.85。初步诊断为妊娠合并急性肾盂肾炎。

提问1:该疾病需要与哪些疾病鉴别

　　A. 妊娠合并急性阑尾炎
　　B. 妊娠合并急性肠梗阻
　　C. 妊娠合并泌尿系结石
　　D. 妊娠合并急性胰腺炎

提问1:【答案】ABD、LJ
　　【解析】患者以急性腹痛伴发热就诊,主要需要与常见的急腹症鉴别,排除急性阑尾炎、急性胆囊炎、急性胃肠炎、急性肾脏或输尿管积水、泌尿系统结石等。肝胆胰脾超声有助于鉴别急性胆囊炎和胆囊结石。

提问2:【答案】F
　　【解析】急性肾盂肾炎尿常规可见白细胞(+),白细胞管型,红细胞每高倍视野可超过10个。细菌培养多数为阳性。血常规:变动范围很大,白细胞计数可从正常到高达 17×10^9/L 或 17×10^9/L 以上。肾脏、输尿管超声一般无阳性发现。

提问3:【答案】ABC
　　【解析】原则上根据细菌培养及药敏试验选用抗生素,无病原学结果的患者,因急性肾盂肾炎的致病菌多为大肠埃希菌,经验治疗应首选对革兰氏染色阴性杆菌有效的药物如半合成广谱青霉素、头孢菌素类等。红霉素主要针对革兰氏阳性菌,喹诺酮不推荐常规使用。治疗急性肾盂肾炎的抗菌药物不仅需要在尿中有高浓度,血液中也需要保证较高浓度,呋喃妥因可在尿液中具有很高的浓度,但其血药浓度较低,故不宜选用。孕妇急性膀胱炎多采用1周疗法,急性肾盂肾炎多采用2周疗法。

提问4:【答案】CDE
　　【解析】该患者症状明显,宜静脉用抗生素,由于细菌培养及药敏结果不能及时获得,可经验性选用抗生素抗感染治疗。青霉素、头孢菌素过敏者可考虑选择氨曲南、磷霉素、亚胺培南、美罗培南耐药率也相对较低,可作为经验用药。

提问1:【答案】ABCDEFG
　　【解析】患者以急性腹痛伴发热就诊,主要需要与常见的急腹症鉴别。右上腹痛需排除急性阑尾炎,急性胆囊炎,急性胃肠炎、肠梗阻、泌尿系结石等。产科急腹症还包括子宫肌瘤红色变性,卵巢囊肿蒂扭转或破裂等。

E. 妊娠合并子宫肌瘤红色变

F. 妊娠合并卵巢囊肿蒂扭转

G. 妊娠合并急性胆囊炎

提问2：【答案】ABCDEF

　　【解析】本病多因膀胱上行感染所致，亦可通过淋巴系统或血行感染，偶有由肾周围组织的感染蔓延而来。阴道前庭及会阴部炎症为尿路感染的感染源，女性如患有阴道外周炎、尿道旁腺炎或肛门周围炎均可导致尿路感染。此外，会阴部卫生不洁或不洁性交也是造成尿路感染的诱因。

提问2：妊娠合并急性肾盂肾炎可能病因包括

A. 膀胱上行感染所致

B. 泌尿系结石

C. 肾周围组织的感染蔓延而来

D. 阴道前庭及会阴部炎症

E. 无症状菌尿

F. 不洁性交

提问3：【答案】C

　　【解析】患者出现低体温、低血压，淡漠嗜睡，脉搏细数，血氧饱和度降低，符合感染性休克的表现，妊娠合并急性肾盂肾炎，有约3%可发生感染性休克，应予以重视。

提问3：患者入院后完善相关检查，肝肾功能等血生化正常，腹部及泌尿系彩超未见明显异常。尿培养：大肠埃希菌阳性。给予氨苄西林治疗，治疗48h，患者症状无明显改善。查体：体温40℃，心率118次/min，呼吸23次/min，血压130/81mmHg，应用地塞米松对症处理，2h后患者自述乏力倦怠，胸闷。查体：神志清，精神萎靡，表情淡漠。监测生命体征示：体温36.1℃，心率121次/min，呼吸23次/min，血压86/51mmHg，SaO$_2$ 90%，胎心率155次/min。首先考虑

A. 治疗显效　　　　　B. 低体温

C. 感染性休克　　　　D. 充血性心力衰竭

E. 肺栓塞　　　　　　F. 羊水栓塞

G. 气胸　　　　　　　H. 仰卧位低血压

提问4：【答案】ABCEFGH

　　【解析】患者发生感染性休克，应严密监测生命体征，持续氧气吸入，必要时机械通气，记尿量。首先快速输入晶体液，纠正酸中毒。氨苄西林对革兰氏阴性细菌耐药率的增加，应根据尿培养和药敏试验结果调整抗生素，应用有效的广谱抗生素控制感染。患有肾盂肾炎的患者，常常因为结石、肾周围脓肿、肾蜂窝织炎造成泌尿系统梗阻而引起持续败血症，对于以上情况，经皮肾盂切开或输尿管插管是有效的抢救措施。只有当血容量有效纠正后，为保护肾功能可应用利尿剂。

提问4：应该采取下列哪些处理措施

A. 严密监测生命体征及胎儿状况

B. 吸氧、记出入水量

C. 建立通畅的静脉通路

D. 首先快速输注胶体液

E. 更换有效的抗生素

F. 纠正酸中毒

G. 必要时经皮肾盂切开或输尿管插管

H. 酌情使用利尿剂

提问5：【答案】E

　　【解析】患者已近足月，为挽救胎儿，在病情控制后应尽早行剖宫产术，除非子宫有严重感染，一般不会切除子宫。

提问5：若患者经过上述积极处理后症状改善，以下处理正确的是

A. 放弃胎儿

B. 继续妊娠至自然临产

C. 阴道试产

D. 缩宫素引产

E. 剖宫产终止妊娠

F. 行剖宫产同时切除子宫

（丁依玲）

第七节　妊娠合并系统性红斑狼疮

【A1 型题】

1. 哪一项**不是**活动性红斑狼疮的特点
   A. 肾功能异常
   B. 血小板减少
   C. 抗 dsDNA 抗体水平升高
   D. 补体水平升高
   E. 口腔溃疡

2. 下列哪种自身抗体对诊断 SLE 的特异性最高
   A. 抗 SM 抗体
   B. dsDNA 抗体
   C. ANA
   D. 抗 SSA 抗体
   E. 抗 Jo-1 抗体

3. 下列在 SLE 中哪项损害发生率最高
   A. 肌肉、关节
   B. 肾脏
   C. 皮肤
   D. 心血管
   E. 肺和胸膜

【A2 型题】

1. 女性，32 岁，因"停经 33 周，发热、关节痛 2 周"入院。辅助检查示：白细胞计数 5.6×10^9/L，血红蛋白 96g/L，血细胞计数 108×10^9/L，网织红细胞 3.0%，尿蛋白 (+)、红细胞 5~7 个 /HP。该患者确诊为 SLE，下列辅助检查结果与其病情相符的是
   A. Coombs 试验 (+)
   B. 外周血涂片可见破碎红细胞
   C. 血清抗肾小球基底膜抗体阳性
   D. 尿红细胞位相显示 80% 红细胞形态正常
   E. 红细胞沉降率正常

2. 患者，女性，27 岁，现停经 45d，尿妊娠 (+)，孕 4 产 0，自然流产 3 次，5 年前确诊为 SLE，近 2 年一直口服泼尼松龙 10mg/d，下列哪项**不符合**妊娠合并 SLE
   A. 不影响分娩孕周
   B. 一种自身免疫介导的弥漫性结缔组织病

---

1. 【答案】D
   【解析】凡孕期无皮疹、红斑、脱发、口腔溃疡、关节炎、血管炎、肌炎、浆膜炎、心、脑、肾和神经损害等多种临床表现，实验室指标稳定者，为系统性红斑狼疮 (SLE) 无活动，即 SLE 控制期和稳定期。出现一种或多种 SLE 的临床表现，实验室检查提示血小板、白细胞、红细胞减少，尿蛋白增加。肾功能异常、抗 dsDNA 抗体水平升高、补体水平下降等异常者，为 SLE 活动期。

2. 【答案】A
   【解析】SLE 的免疫学异常主要体现在血清中出现以抗核抗体 (ANA) 为代表的多种自身抗体。ANA 是指抗细胞内所有成分的自身抗体的总称，文献报道 ANA 对 SLE 的诊断敏感性为 95%，特异性相对较低为 65%。ANA 在 SLE 的诊断中有筛查价值，而不能作为 SLE 的确诊条件。ANAs 包括一系列针对细胞核中抗原成分的自身抗体，其中抗 dsDNA、AnuA、抗 SM、ARPA 被认为对 SLE 具有高度特异性。其中抗 SM 抗体与 dsDNA 抗体相比，特异性稍高。

3. 【答案】B
   【解析】SLE 是一种自身免疫性疾病，发病缓慢，隐袭发生，临床表现多样、变化多端，一种涉及许多系统和脏器的自身免疫性疾病，由于细胞和体液免疫功能障碍，产生多种自身抗体。可累及皮肤、浆膜、关节、肾及中枢神经系统等，并以自身免疫为特征，患者体内存在多种自身抗体，不仅影响体液免疫，亦影响细胞免疫，补体系统亦有变化。发病机理主要是由于免疫复合物形成，免疫复合物形成后在肾脏堆积，无法排出，故最易发生肾脏病变。

1. 【答案】A
   【解析】本题考点为 SLE 的发病机制。SLE 是最常见的一种自身免疫性疾病，该 SLE 患者的主要病情是溶血性贫血，继发免疫是其主要的发病机制，因此辅助检查结果 Coombs 试验 (+) 与其病情相符。而其他辅助检查结果均与 SLE 的病情无关。

2. 【答案】A
   【解析】SLE 多见于育龄期女性，是一种自身免疫介导的，以免疫性炎症为突出表现的弥漫性结缔组织病。近年来其发病率有增高趋势，该病好发于育龄女性。目前，妊娠丢失率已经从 43% 下降到 17%，SLE 不是妊娠的

绝对禁忌证,但是妊娠和分娩可导致 SLE 病情活动及恶化,增加了妊娠并发症和母儿不良结局的发生风险。

1.【答案】A

【解析】SLE 患者活动期不适宜妊娠,至少待病情控制 6 个月以上再考虑妊娠。糖激素类药物是治疗妊娠合并 SLE 的主要药物,不但有利于改善 SLE 病情,而且可以减轻胎盘的免疫损伤,降低胎儿丢失的风险。其中泼尼松是首选药物,目前临床上虽未发现泼尼松有导致胎儿致畸作用,仍推荐低剂量(<15mg/d)控制病情,并严密监测 SLE 活动情况,根据病情酌情增减泼尼松用量。为顺利地度过分娩时的应激反应,围生期改为氢化可的松替代治疗,剂量 100~200mg/d,可以有效地预防和控制 SLE 病情复发和恶化。大剂量甲泼尼松龙对治疗重型狼疮和狼疮危象有较好的疗效,但也增加了并发症的风险,包括糖尿病、高血压、子痫前期和胎膜早破等。因此,泼尼松的应用剂量必须在专业临床医生的指导下选择,并根据病情需要合理调整。

2.【答案】A

【解析】患者一旦妊娠,应由风湿病科和高危产科两个医生共同进行密切监测。风湿免疫科每月复诊 1 次,如果出现复发可增加复诊频率。产科 20 周前每月复诊 1 次,20~28 周每 2 周复诊 1 次,28 周后每周 1 次。产检内容:①包括详细的病史与体格检查及专科检查。②实验室检查,血常规、尿酸、BUN、CR、电解质、肝功、尿常规、尿蛋白肌酐比、补体及 dsDNA 抗体等。血液检查应每月 1 次,对疾病的整体情况进行评估。③超声检查,7~13 周核实孕周,16 周后每月复查评估胎儿生长发育情况,排除胎儿发育畸形,如果存在胎儿宫内生长受限或子痫前期可适当增加检查频率。④脐动脉血流速度监测,26 周后每周 1 次。⑤抗 SSA 抗体阳性患者,推荐增加胎儿超声心动图检查,16~26 周每周 1 次,26 周至分娩每 2 周 1 次。

3.【答案】D

【解析】终止妊娠的时机如下:①早孕期出现明显的 SLE 病情活动。②病情进行性加重,出现严重并发症,如子痫前期重度、血液系统受损,心、肾、肺、脑等脏器出现损害等,经积极治疗无好转者,不论孕周大小,都应及时终止妊娠。③免疫学检查异常,如高滴度抗核抗体和补体下降,可影响胎盘功能,胎儿随时可能有宫内缺氧表现,或出现 FGR,妊娠 ≥ 34 周随时结束分娩,<34 可促胎肺成熟后结束分娩。④对于病情平稳者,如果孕龄已满 38 周,建议终止妊娠。

4.【答案】A

【解析】治疗目标在于挽救生命、保护受累脏器,防止后遗症。可使用甲泼尼龙冲击疗法,疗程和间隔期长短具体视病情而定。甲泼尼龙 500~1 000mg,1 次 /d,加入液体 250ml 缓慢静脉滴注 1~2h,连续 3d 为 1 个疗程,甲泼尼龙冲击疗法虽可以帮助患者度过危险期,但只能解决急性期的症状,疗效不能持久,必须与其他免疫抑制剂,如环磷酰胺冲击疗法配合使用,否则病情容易反复,同时要加强抗感染治疗,病情控制稳定后不论孕周,需尽快终止妊娠。

C. 不是妊娠的绝对禁忌证

D. 妊娠和分娩导致 SLE 病情活动及恶化

E. SLE 可增加妊娠并发症发生率

【A3/A4 型题】

(1~4 题共用题干)

患者,女,25 岁,末次月经 2016-01-19,因"停经 32^{+5} 周,确诊 SLE 9 年,双下肢反复水肿 2 周,加重 1d"入院。2012 年底病情稳定后一直口服泼尼松 15mg/d 至妊娠期。

1. 下列哪项叙述正确

A. 糖皮质激素类药物是妊娠合并 SLE 的首选用药

B. 泼尼松可致胎儿畸形

C. 该患者妊娠时不符合妊娠的条件

D. 围生期不可用其他药物替代治疗

E. 大量激素治疗重度狼疮不会增加妊娠并发症的风险

F. 糖皮质激素不会降低胎儿丢失风险

2. 患者孕期应如何进行检测

A. 20 周前每月复诊 1 次

B. 28 周后每 2 周 1 次

C. 超声评估同正常产检相同

D. 血液检查应包括补体成分及 dsDNA 抗体

E. 血液检查应每 3 个月 1 次

F. 抗 SSA 抗体阳性患者,推荐增加胎儿超声心动图检查,每月 1 次

3. 住院后第 2 天凌晨 2:00 诉头痛,测血压 163/93mmHg,下面哪种治疗方案最合理

A. 立即催产,阴道分娩终止妊娠

B. 立即剖宫产终止妊娠

C. 予解痉、降压治疗,待病情稳定后阴道分娩终止妊娠

D. 予解痉、降压治疗,待病情稳定后剖宫产终止妊娠

E. 继续对症治疗至足月阴道分娩终止妊娠

F. 继续对症治疗至足月剖宫产终止妊娠

4. 对于狼疮危象的治疗,哪些是合理的

A. 治疗目标在于挽救生命、保护受累脏器、防止后遗症

B. 甲泼尼龙 500~1 000mg,2 次 /d

C. 激素使用连续 5d 为 1 个疗程

D. 冲击治疗的疗效持久

E. 不需要加强抗感染治疗

F. 一旦发现,立即终止妊娠

【案例分析题】

案例 患者,26 岁,停经 39 周,双下肢水肿 2 个月。半月前孕

检时发现血压为 142/90mmHg, 无症状, 2d 前头痛, 既往健康。查体 : 体温 36.7℃, 脉搏 80 次/min, 血压 150/105mmHg; 轻度贫血貌, 眼睑无水肿, 皮肤见少量皮疹。心肺正常, 肝、脾未触及, 双下肢水肿。产科检查 : 腹围 100cm, 宫高 30cm, 胎心率 140 次/min, 规律。辅助检查 : 超声示妊娠、单胎、头位。尿常规 : 尿蛋白 15.3g/24h。血常规 : 白细胞计数 10.1×10⁹/L, 中性粒细胞百分比 70%, 淋巴细胞百分比 29%, 嗜酸性粒细胞百分比 1%, 血红蛋白 100g/L。凝血时间正常。入院诊断 : 孕 1 产 0, 孕 39 周, LOA, 先兆子痫。遂行子宫下段剖宫产术。术后患者血压为 165/110mmHg, 脉搏 110~128 次/min, 体温 37.3~38.8℃, 并出现严重腹胀, 血钾降低, 尿蛋白 (+), 颗粒管型 0~3 个/低倍镜下, X 线胸片提示肺部感染, 且出现肝区、肾区疼痛, 请泌尿内科医生会诊, 诊断为继发性肾病综合征。因持续蛋白尿, 最后确诊为重型 SLE。

提问 1 : 对 SLE 育龄女性而言, 妊娠规划是至关重要的, 该女性在下列哪些情况下需严格避孕

    A. 严重的肺动脉高压

    B. 重度限制性肺部病变

    C. 心功能衰竭

    D. 慢性肾功能衰竭

    E. 过去 6 个月内出现脑卒中

提问 2 : 下列哪些情况可以妊娠

    A. 病情稳定 ≥ 6 个月

    B. 24h 尿蛋白定量 <2g

    C. 无重要脏器损害

    D. 停用免疫抑制药物如环磷酰胺、甲氨蝶呤、雷公藤、霉酚酸酯等 6 个月以上

    E. 糖皮质激素泼尼松用量为 20mg/d 以下

提问 3 : 患者符合下列哪几项属于重型 SLE

    A. 恶性高血压   B. 发热

    C. 肺炎   D. 皮疹

    E. 肾病综合征

提问 4 : 若出现病情活动以及产科并发症时, 在积极治疗下, 放宽剖宫产指征, 适时终止妊娠。下列哪些情况可以终止妊娠

    A. 早孕期出现明显的 SLE 病情活动

    B. 病情进行性加重, 出现严重并发症

    C. 免疫学检查异常

    D. 24h 尿蛋白定量 3g 以上

    E. 对于病情平稳者, 如果胎龄已满 37 周, 建议终止妊娠

(钟梅)

提问 1 :【答案】ABCDE

【解析】以下情况属于妊娠禁忌证, 需要严格避孕 : ①严重的肺动脉高压(估测肺动脉收缩压 >50mmHg, 或出现肺动脉高压的临床症状); ②重度限制性肺部病变 [用力肺活量(FVC<1L)]。③心功能衰竭; ④慢性肾功能衰竭 [血肌酐(SCr)>247μmol/L]; ⑤既往有严重的子痫前期或即使经过阿司匹林和肝素治疗仍不能控制的 HELLP 综合征; ⑥过去 6 个月内出现脑卒中。⑦过去 6 个月内有严重的狼疮病情活动。

提问 2 :【答案】ACD

【解析】根据我国 2015 年颁布的指南, SLE 患者必须同时满足下述条件才可以考虑妊娠 : ①病情稳定 ≥ 6 个月; ②糖皮质激素泼尼松用量为 ≤15mg/d 以下; ③24h 尿蛋白定量 <0.5g; ④无重要脏器损害; ⑤停用免疫抑制药物如环磷酰胺、甲氨蝶呤、雷公藤、霉酚酸酯等 6 个月以上。对于服用来氟米特的患者, 先进行药物清除治疗后, 并停药至少 6 个月后才可以考虑妊娠。

提问 3 :【答案】ACE

【解析】(1)轻型 SLE。患者症状轻微, 主要表现为光过敏、皮疹、关节炎或轻度浆膜炎, 无明显内脏损害。

    (2)重型 SLE。患者重要脏器受累且其功能受到严重影响, 包括 : ①心脏, 冠状动脉血管受累, Libman-Sacks 心内膜炎, 心肌炎, 心包填塞, 恶性高血压。②肺脏, 肺动脉高压, 肺炎, 肺出血, 肺梗死, 肺间质纤维化。③消化系统, 肠系膜血管炎, 急性胰腺炎。④血液系统, 溶血性贫血, 粒细胞及血小板减少, 动静脉血栓形成。⑤肾脏, 肾小球肾炎持续不缓解, 急进性肾小球肾炎, 肾病综合征。⑥神经系统, 急性意识障碍, 抽搐, 昏迷, 脑卒中等。⑦弥漫性严重皮损、溃疡、大泡, 肌炎, 血管炎。

提问 4 :【答案】ABCD

【解析】终止妊娠的时机如下 : ①早孕期出现明显的 SLE 病情活动。②病情进行性加重, 出现严重并发症, 如子痫前期重度, 血液系统受累, 心、肾、肺、脑等脏器出现损害等, 经积极治疗无好转者, 不论孕周大小, 都应及时终止妊娠。③免疫学检查异常, 如高滴度抗核抗体和补体下降, 可影响胎盘功能, 胎儿随时可能有宫内缺氧表现, 或出现 FGR 妊娠 ≥ 34 周随时结束分娩, <34 周可促胎肺成熟后结束分娩。④出现以下并发症者, 包括重度妊娠高血压、精神和/或神经异常、脑血管意外、弥漫肺部疾病伴呼吸衰竭、重度肺动脉高压、24h 尿蛋白定量 3g 以上。⑤对于病情平稳者, 如果胎龄已满 38 周, 建议终止妊娠。

1.【答案】C
　【解析】如果孕妇有以下情况,有助于诊断阑尾炎:孕妇在孕前曾有急慢性阑尾炎发作史;右下腹的压痛反跳痛,部位较一般为高;外周血白细胞计数 $>15×10^9/L$,体温升高,脉率增快。

2.【答案】A
　【解析】妊娠合并阑尾炎是较常见、且严重的并发症。阑尾的位置在妊娠初期与非妊娠期相似,在右髂前上棘至脐线连线中外 1/3 处,随妊娠子宫的不断增大,阑尾会逐渐向后上、向外移位。在妊娠 3 个月末阑尾位于髂嵴下 2 横指,妊娠 5 个月末在髂嵴水平,妊娠 8 个月末在髂嵴上 2 横指,妊娠足月可达胆囊区。产后 10~12d 回复到非妊娠位置。

1.【答案】A
　【解析】妊娠期盆腔血液及淋巴循环旺盛,毛细血管通透性及组织蛋白溶解能力增强。由于大网膜被增大的子宫推移,难以包裹炎症,一旦穿孔不易使炎症局限,造成弥漫性腹膜炎。若炎症波及子宫浆膜,可诱发子宫收缩,宫缩促使炎症扩散。妊娠分泌类固醇激素增多,抑制孕妇免疫机制,促进炎症的发展。

2.【答案】C
　【解析】妊娠合并急性胰腺炎的患者血栓及 DIC 风险是增高的,因为妊娠本身就是高凝状态,而胰酶激活凝血因子Ⅷ、Ⅵ,促使血小板凝集,损害血管内膜,增加血栓及 DIC 风险。急性胰腺炎时释放卵磷脂酶,可分解肺泡表面活性物质,使气体交换明显下降,而妊娠期膈肌升高,加重肺通气障碍,易导致 ARDS。胰酶产生的蛋白分解产物加重了肾脏负担,血液高凝状态及增大子宫压迫肾脏,使肾脏血流灌注减少,导致肾功能损害。

第八节　妊娠合并外科急腹症

【A1 型题】

1. 如果孕妇有以下哪种情况,可以考虑阑尾炎
   A. 孕妇既往无急慢性阑尾炎发作史
   B. 孕期突然出现上腹痛伴恶心呕吐
   C. 右下腹压痛反跳痛,部位偏高,体温 38.9℃
   D. 外周血白细胞计数为 $12×10^9/L$,体温正常范围
   E. 出现尿频尿急

2. 下列哪项是妊娠合并阑尾炎的阑尾位置特点
   A. 随妊娠子宫的不断增大,阑尾会逐渐向上、向外、向后移位
   B. 在妊娠 3 个月末阑尾位于髂嵴下 1 横指
   C. 妊娠 5 个月末在髂嵴上 2 横指
   D. 妊娠 8 个月末可达胆囊区
   E. 产后 42d 回复到非妊娠位置

【A2 型题】

1. 关于妊娠合并阑尾炎,下列哪项说法不正确
   A. 妊娠期盆腔血液及淋巴循环欠佳
   B. 增大的子宫将腹壁与发炎阑尾分开
   C. 子宫妨碍大网膜游走
   D. 炎症波及子宫诱发宫缩,宫缩促使炎症扩散
   E. 妊娠分泌类固醇激素增多,抑制孕妇免疫机制

2. 下列哪项不是妊娠合并急性胰腺炎的特征
   A. 中上腹偏左或全腹疼痛,多伴有腰背痛、恶心呕吐,进食后加重弯腰时减轻
   B. 有黄疸、发热和消化道出血预示有出血坏死性胰腺炎
   C. 患者血栓及 DIC 风险降低
   D. 易发生 ARDS
   E. 肾功能损害加重

【A3/A4 型题】

(1~2 题共用题干)

女,22 岁,孕 1 产 0,因“停经 10 周,腹痛伴恶心呕吐 1d”入院。初起为上腹部痛,今腹痛加重,并局限在右下腹部,偶有恶心呕吐,伴低热。查体:血压 100/60mmHg,心率 105 次/min,呼吸 22 次/min,体温 38.3℃,右下腹压痛反跳痛,无阴道流血。血常规:白细胞计数 $15.1×10^9/L$,中性粒细胞百分比 0.88。

1. 该产妇主要诊断考虑是

    A. 妊娠剧吐   B. 急性阑尾炎

    C. 急性胃肠炎   D. 急性胰腺炎

    E. 急性肾盂肾炎

2. 接下来处理方法是

    A. 一旦确诊,立即终止妊娠

    B. 先抗感染治疗,待病情好转后再考虑是否手术

    C. 积极抗感染治疗的同时立即剖腹探查或腹腔镜探查

    D. 术中常规放置引流管

    E. 孕期不建议行腹腔镜探查

【案例分析题】

案例一 女,30 岁,孕 2 产 0,因"停经 31^{+2} 周,右下腹部痛伴恶心呕吐 1d"入院。今天为入院第 2 天,现腹痛加重,呕吐胃内容物,伴发热。查体:血压 125/80mmHg,心率 110 次 /min,呼吸 22 次 /min,体温 39.1℃,急性面容,右下腹压痛反跳痛。产科检查:未扪及宫缩,胎心率 152 次 /min,规律。血常规:白细胞计数 19.1 × 10^9/L,中性粒细胞百分比 0.91。

提问 1:该孕妇的诊断是

    A. 急性胃肠炎   B. 急性胰腺炎

    C. 急性阑尾炎   D. 胃肠穿孔

    E. 急性肾盂肾炎   F. 孕 2 产 0,孕 31^{+2} 周

    G. 先兆早产   H. 胎儿窘迫

    I. 十二指肠溃疡

提问 2:此时该孕妇怎样处理

    A. 使用二代头孢抗感染治疗

    B. 使用三代头孢加抗厌氧菌治疗

    C. 先抗感染治疗,待病情好转后再考虑是否手术

    D. 积极抗感染治疗的同时立即剖腹探查

    E. 妊娠中、晚期宜取右侧腹直肌旁切口

    F. 如需剖宫产时则选下腹正中纵切口

    G. 术中常规放置引流管

    H. 炎症严重而局限,阑尾穿孔,盲肠壁水肿才放引流管

    I. 孕期急性阑尾炎不能行腹腔镜手术

案例二 女,38 岁,孕 3 产 2,因"停经 34^{+2} 周,腹痛伴恶心呕吐 1d"入院。今腹痛加重放射到腰背部,呕吐胃内容物。查体:血压 130/85mmHg,心率 115 次 /min,呼吸 25 次 /min,体温 37.8℃,急性面容。产科检查:未扪及宫缩,胎心率 148 次 /min,规律。抽出乳糜样血。

提问 1:该孕妇下列哪些实验室检查是正确的

    A. 血清淀粉酶超过正常值上限 3 倍

1.【答案】B

【解析】急性阑尾炎根据典型症状、体征和实验室检查可明确诊断。详见本节 A1 型题相关解析。

2.【答案】C

【解析】妊娠期急性阑尾炎一般不主张保守治疗。一旦确诊,应在积极抗感染治疗的同时,立即手术治疗,尤其在妊娠中、晚期。为减少对子宫的刺激,最好不放置腹腔引流,以防引起早产。妊娠早期可取麦氏切口,若诊断不能肯定时行下腹正中纵切口,有利于术中操作和探查;也可以行腹腔镜手术。

提问 1:【答案】CF

【解析】详见本节 A1 型题相关解析。

提问 2:【答案】BDEFH

【解析】详见本节 A3/A4 型题相关解析。

提问 1:【答案】ACDFG

【解析】血、尿淀粉酶测定是诊断胰腺炎的重要依据:血清淀粉酶超过正常值 3 倍即可确诊本病;血清淀粉酶一般在发病后 8h 开始增高,24h 达高峰;48~72h 后开始下降,持续 3~5d;尿淀粉酶在发病后 12~24h 升高;血清淀粉酶出现早,维持时间短;尿淀粉酶出现稍晚,维持时间长。尿淀粉酶可受患者尿量影响。血清淀粉酶低于正常值 3 倍,要结合影像学检查才可确诊急性胰腺炎。

B. 血清淀粉酶一般在发病后 6h 增高,48h 达高峰

C. 血清淀粉酶 48~72h 后开始下降,持续 3~5d

D. 尿淀粉酶在发病后 12~24h 升高

E. 尿淀粉酶在发病后 24h 后升高

F. 血清淀粉酶出现早,维持时间短

G. 尿淀粉酶出现稍晚,维持时间长

H. 尿淀粉酶不受患者尿量影响

I. 血清淀粉酶低于正常值 3 倍,就不能诊断

提问2:下一步的处理为

A. 禁食禁水,胃肠减压

B. 补液支持治疗

C. 中心静脉置管

D. 使用吗啡止痛

E. 不需使用抗生素

F. 使用生长抑素

G. 可用哌替啶缓解疼痛

H. 不能手术治疗

I. 经阴道分娩

（陈敦金）

提问2:【答案】ABCFG

　　【解析】本病处理方法:①禁食、胃肠减压。保持胃内空虚、减轻腹胀、减少胃酸分泌,给全胃肠动力药可减轻腹胀。②补液、营养支持和抗休克治疗,中心静脉插管,给予胃肠外高营养,注意维持水、电解质平衡。③缓解疼痛。首选哌替啶 50~100mg;可加用解痉药阿托品、山莨菪碱,禁用吗啡,以免引起 Oddi 括约肌痉挛。④抑制胰腺外分泌及胰酶抑制剂,如生长抑素及其类似物、H2 受体拮抗剂或质子泵抑制剂等。⑤给予大剂量广谱抗生素抗感染。⑥若保守治疗无效,病情不见好转,B 型超声或 CT 提示胰腺周围浸润范围持续扩大者,需行外科手术治疗。⑦多数可自然分娩,重症胰腺炎病情较重,估计胎儿已可存活时,腹腔穿刺有血性腹腔积液合并高脂血症者,可适当放宽剖宫产指征。

第五章 遗传咨询、产前筛查、产前诊断、胎儿干预

第一节 遗传咨询

【A1 型题】

1. 在活产儿中,唐氏综合征的发病率为
   A. 1/800~1/600
   B. 1/10 000~1/20 000
   C. 1/1 000~1/270
   D. 1/5 000~1/1 000
   E. 1/1 500~1/1 000

2. 遗传咨询应包括以下内容
   A. 建议患者进行基因检测
   B. 建议患者进行手术或基因治疗
   C. 推荐治疗遗传病的药品或器械
   D. 收集患者的家族史、生育史
   E. 明确诊断,明确风险

3. 下列哪项**不是**常染色体隐性遗传的特点
   A. 患者父母均可能不发病
   B. 患者的兄弟姐妹中约有 1/4 患病
   C. 患者的父母可能是近亲
   D. 患病者有性别差异
   E. 患者表型正常的兄弟姐妹中约有 2/3 为携带者

4. 下列哪项**不是**常染色体显性遗传的特点
   A. 每一代都有发病患者,无隔代现象
   B. 患病者的任何一个子代都有 50% 的风险遗传到该病征
   C. 非患病者也可能会将病征遗传给其后代
   D. 无性别差异
   E. 致病基因可是父母遗传下来,也可是新发突变

1.【答案】A
【解析】在活产儿中,唐氏综合征的发病率是 1/800~1/600。随着产前筛查和产前诊断的普及,胎儿唐氏综合征常在早期得以诊断,孕妇和家庭多数选择终止妊娠。因此,活产儿中唐氏综合征会逐渐下降。

2.【答案】D
【解析】遗传咨询应在收集患者家族史、生育史等信息的基础上,对患病风险、再发风险进行评估,但不一定能做到明确。可建议进行相关的基因检测或治疗,但检测和治疗的具体操作过程不在遗传咨询过程中进行。

3.【答案】D
【解析】常染色体隐性遗传病(autosomal recessive disorder)致病基因在常染色体上,基因性状是隐性的,即只有纯合子时才显示病状。此种遗传病父母双方均为致病基因携带者,故多见于近亲婚配者的子女。子代有 1/4 的概率患病,子女患病概率均等。系谱中看不到连续传递现象,往往散发病例。患者父母一般不发病,但都是致病基因携带者。

4.【答案】C
【解析】常染色体显性遗传是指一种遗传病或形状的控制基因位于第 1~22 号常染色体上,其突变基因呈显性。显性遗传中非患者不携带致病基因,不会遗传给后代。患者的致病基因多为亲代遗传下来,也有少数父母未患病,由新发突变所致。

1.【答案】B
【解析】45,XO 为 Turner 综合征（Turner syndrome），是性染色体数目异常，患者细胞中少一条 X 染色体，与正常女性 X 染色体存在失活不同。Turner 综合征导致女性性腺不能正常发育，早期卵巢几乎正常，但很快萎缩成条索状而失去正常功能，无法正常分泌雌激素。尽管 Turner 综合征目前没有根治的办法，但早期的激素替代治疗可以促进性腺发育，并维持第二性征。一般在 12 岁以后开始应用雌激素诱导青春期改善第二性征发育，促进月经来潮，防止骨质疏松，促进生长。大部分患者无生育能力。不一定都存在阴道的发育异常。

2.【答案】D
【解析】Klinefelter 综合征中多的一条 X 染色体 46% 为母源性，54% 为父源性。47,XXY，这种现象在遗传上叫非整倍体。非整倍体的产生原因多数是在性细胞成熟过程或受精卵早期卵裂中，发生染色体不分离。性细胞不分离可以发生在减数分裂 I 或者 II 期。发生在受精卵上就是有丝分裂不分离，两条性染色体没有分离，跟正常的 X 或者 Y 结合就成了 XXY。

3.【答案】C
【解析】卵巢早衰（premature ovarian failure，POF）的遗传因素包括 X 染色体异常和一些致病基因突变：如位于 Xq27.3 上的脆性 X 智障基因（FMR1）、Xp11.2 上的骨形成蛋白（BMP15）、5q31.1 上的 GDF9、2p21-p16 上的促卵泡激素受体基因（FSHR）、3q23 上的睑裂狭小基因（FOXL2）。

【A2 型题】

1. 某女性，18 岁，未有月经。身高 1.5m，BMI 24.5，无第二性征发育。现上高中，成绩一般。随家人前来就诊，染色体检查为 45,XO，超声检查示"始基子宫，双侧卵巢发育不良"。合适的咨询为
   A. 无需特殊处理
   B. 激素补充治疗，以促进生长，改善第二性征发育
   C. Turner 综合征患者肯定不能生育
   D. 少一条染色体的机制是 X 染色体失活
   E. 未有月经，是因为存在阴道闭锁

2. 一对夫妇因"婚后不孕 6 年"就诊。病史：结婚 6 年，有性生活，未避孕。女方，身高 1.60m，体重 50kg，发育正常。14 岁初潮，平时月经规律，$\frac{4\sim6}{28\sim30}$ d。妇科检查正常，性激素检查正常，妇科超声检查未见异常。输卵管碘油造影显示双侧输卵管通畅。男方，身高 1.80m，体重 75kg，喉结不明显，精液检查未见精子。夫妇双方染色体检查：女，46,XX；男，47,XXY。以下咨询错误的是
   A. 男方为 Klinefelter 综合征
   B. 无有效的根治方法，但有改善症状的治疗方法，尤其是针对性发育异常的治疗
   C. Klinefelter 综合征是由于双亲配子形成时在减数分裂过程中 X 染色体的同源染色体或姐妹染色单体不分离所致
   D. 多的一条 X 染色体都是母源性的
   E. 该患者无精子，可建议供精人工授精

3. 张某，女，26 岁，因"原发性闭经"就诊。否认特殊病史。家系调查发现其妹妹表现与其一样的月经初潮缺陷。目前已行激素补充治疗。患者体格检查：第二性征和外生殖器发育正常。激素检查：促卵泡激素（FSH）90IU/L，黄体生成素（LH）30IU/L。妇科超声显示卵巢直径：左侧 10mm，右侧 12mm。以下咨询错误的是
   A. 依据病史及检查可临床诊断为卵巢早衰（POF）
   B. POF 的病因包含：遗传因素、环境因素、代谢因素、内分泌因素、免疫因素和感染因素
   C. X 染色体异常可导致 POF 的发生
   D. 患者可行外周血染色体检查，若核型正常则可排除遗传因素
   E. POF 的治疗主要是对症治疗，如采用激素替代疗法

【A3/A4 型题】

(1~3 题共用题干)

患儿,男,4 岁,临床诊断为眼皮肤白化病患儿。父母无白化病表型,无白化病家族史,非近亲结婚。其母亲现在怀孕 12 周,欲对胎儿进行白化病产前诊断。

1. 最合适的处理方式为
   A. 立即对胎儿进行绒毛膜穿刺术取样
   B. 立即对胎儿进行羊膜腔穿刺术取样
   C. 对父母进行染色体核型分析
   D. 对患儿进行相关基因检测
   E. 对胎儿行胎儿镜检查

2. 对该家系白化病相关基因检测结果提示:患儿为 *TYR* 基因致病性 R229H/R116X 突变复合杂合子,其母亲为 *TYR* 基因 R229H 突变杂合子,父亲为 *TYR* 基因 R116X 突变杂合子,胎儿为 *TYR* 基因 R229H 突变杂合子,以下说法**错误**的是
   A. 胎儿是否发病与性别无关
   B. 胎儿携带 R229H 突变,将具有白化病表型
   C. 父母均为致病突变携带者
   D. 该家庭生育表型正常的孩子的概率为 3/4
   E. 该家庭生育基因型正常的孩子的概率为 1/4

3. 该胎儿成年后,生育白化病患儿的风险如何
   A. 1/4   B. 1/2
   C. 与一般人群相同   D. 略高于一般人群
   E. 无法预测

(4~7 题共用题干)

陈某,28 岁,因自然流产 3 次前来咨询。追问患者知其 2013 年孕 9^{+2} 周、2015 年孕 6^{+2} 周和 2016 年 7^{+5} 周胚胎停育后流产。前两次妊娠时都有染发史,最后一次流产组织行染色体检查示三倍体。陈某的丈夫精液检查精子畸形率 92%,弟媳有 1 次自然流产史,舅舅的儿子有智力障碍。因生育要求前来咨询。

4. 前 3 次胚胎停育的最可能的原因是
   A. 染色体异常   B. 染发
   C. 丈夫精液异常   D. 家族遗传
   E. 免疫因素

5. 应建议先做何种检查
   A. 免疫功能检查   B. 男方精液复查
   C. 夫妇双方染色体检查   D. 智障表弟的染色体检查
   E. TORCH 检查

6. 染色体检查结果为陈某染色体 46,XX,t(2 ; 15) (p21 ;q15),丈夫染色体 46,XY。为成功生育,问以下哪项是最合适的选择

1. **【答案】D**
   【解析】白化病为单基因病,在染色体水平上无法进行检测。对于产前诊断病例,在有先证者的情况下,应首先明确先证者的致病基因位点。对先证者进行基因芯片检测,阐述患者基因型,再对其双亲相应基因位点进行检测,明确突变的亲代来源,胎儿镜检查是有创检查,有胎儿丢失风险,且孕 12 周孕周太小,不适合做此检查。

2. **【答案】B**
   【解析】胎儿与母亲基因型相同,是携带者,不具有表型。

3. **【答案】D**
   【解析】*TYR* 基因导致的白化病为常染色体隐性遗传,携带者不发病,其生育患儿的风险,取决于其配偶是否携带 *TYR* 基因致病突变。在未对其配偶进行检测的情况下,生育患儿的风险略高于一般人群。

4. **【答案】A**
   【解析】自然流产 2 次以上为反复流产,导致反复流产的原因复杂,约 40% 为染色体异常,也包含感染、免疫异常等因素。该患者 3 次自然流产,有 1 次已明确为染色体异常三倍体。前 2 次染色体异常的可能大。目前没有证据证明染发会直接导致胚胎停育。丈夫精液畸形率高是受孕率低的原因之一。

5. **【答案】C**
   【解析】因为反复流产,建议首先行夫妇双方染色体检查,排除染色体异常携带。如果染色体正常,再次计划妊娠前可行女方免疫功能检查,男方精液复查。如果担心智力障碍表弟可能的影响,可行基因芯片检查(染色体微阵列分析)。

6. **【答案】C**
   【解析】陈某为染色体平衡易位携带者,其形成的配子与正常的精子结合所形成的合子,1/18 正常,1/18 为携带者,其余为部分单体或三体的异常,故其再次妊娠胚胎染色体异常的概率极高,且其已有 3 次流产史,故最适合的方案应是第三代辅助生殖技术即胚胎植入前诊断。

A. 待自然受孕后产前诊断　　B. 试管婴儿

C. 胚胎植入前诊断(PGD)　　D. 供卵

E. 不建议再妊娠

7. 其弟媳也有自然流产史,应建议做何检查

A. 仅 1 次流产,可能为偶发,不需检查,可再怀孕

B. 应行夫妇双方染色体检查,排除男方染色体异常

C. 再次妊娠后产前诊断

D. 胚胎植入前诊断(PGD)

E. 不建议再妊娠

7.【答案】B

【解析】陈某为染色体平衡易位携带者,其来源可能为父母所遗传,也可能为自身突变所致。如果是父母遗传,则其弟也可能为携带者,故应行染色体检查排除异常。如果染色体均正常,则暂时无需行 PGD。

(8~10 题共用题干)

先证者,男,6 岁,现行走无力,摇摆,鸭步。1 岁 6 个月学会独走,3 岁能跑,但较同龄儿童慢。3 岁时因下楼困难就诊,基因诊断确诊为缺失型 DMD,为 *DMD* 基因第 48~50 外显子缺失。先证者母亲,29 岁,外周血淋巴细胞 DNA 检测未见 *DMD* 基因缺失,现再次妊娠,孕 18 周,前来进行产前咨询。家系中其他成员无 DMD 表型。

8. DMD 的遗传方式为

A. 常染色体隐性遗传　　B. 常染色体显性遗传

C. X 染色体隐性遗传　　D. X 染色体显性遗传

E. 多基因遗传

8.【答案】C

【解析】杜氏进行性肌营养不良 (Duchenne muscular dystrophy,DMD) 为 X 染色体隐性遗传

9. 对于此次妊娠应如何咨询

A. 孕妇不是携带者,不需要产前诊断

B. 孕妇有 DMD 生育史,需要进行产前诊断

C. 无法判断

D. 性别鉴定,胎儿是男孩就放弃

E. 担心再发风险,建议终止妊娠

9.【答案】B

【解析】无法确定孕妇是否为携带者,无论是否为携带者,再次生育均需进行产前诊断。DMD 为 X 染色体隐性遗传,男孩发病风险为 1/2,故男孩也有一半不发病。需产前诊断后可决定是否继续妊娠。

10. 经产前诊断,胎儿跟患儿基因型相同,即为 DMD 患者。最可能的原因是

A. 减数分裂过程中偶发的 2 次同种新生突变

B. 孕妇为生殖腺嵌合体

C. 胎儿的致病突变遗传自父亲

D. 实验室检测错误

E. 无法解释

10.【答案】B

【解析】胚胎组织在发育过程中发生基因突变,可导致嵌合体发生,即一个个体具有 2 个或 2 个以上的细胞系。如果突变只发生在胚胎早期分化为生殖腺的部分细胞上,称为生殖腺嵌合体。父母为生殖腺嵌合体,自身不发病,但可导致子代发生新生突变,1 对没有家族史的夫妇可生育 1 个以上具有相同基因突变的孩子。虽然存在减数分裂过程中偶发的 2 次同种新生突变的可能,但这种概率极低,故不首先考虑答案 A。父亲的 X 染色体正常,不携带致病突变。

(11~13 题共用题干)

孕妇 29 岁,广东番禺人。去年妊娠 27 周因胎儿水肿引产,为男胎。现妊娠 24^{+5} 周,超声胎儿结构筛查时发现胎儿腹腔积液。前来遗传咨询再发风险。孕妇孕 12 周已建围产保健卡进行产检。孕 12 周时查血红蛋白 89g/L,平均红细胞体积 74.3fl,口服铁剂治疗贫血。孕 16 周复查血红蛋白 80g/L,平均红细胞体积 72.8fl。孕妇血型:O 型,Rh 阳性。丈夫血型:B 型,Rh 阳性。

11. 胎儿水肿最可能的原因是
    A. 母儿血型不合（ABO 血型）
    B. 地中海贫血
    C. 染色体异常
    D. 宫内感染
    E. 母亲免疫功能异常

12. 应做什么检查以明确诊断
    A. 复查血常规,如仍为小细胞贫血即可诊断为地中海贫血
    B. 因孕妇为广东人,故孕妇行地中海贫血相关基因诊断即可明确诊断
    C. 夫妇双方行地中海贫血相关基因诊断
    D. 脐带血穿刺胎儿行地中海贫血相关基因诊断
    E. 孕妇免疫功能检查

13. 夫妇双方基因诊断结果:孕妇:SEA 杂合突变,丈夫:SEA 杂合突变。应如何建议
    A. 因夫妇双方都有异常,故建议终止妊娠
    B. 再发风险高,不建议再怀孕
    C. 超声检查胎儿性别,若为男胎则终止妊娠,女胎则行产前诊断
    D. 建议产前诊断
    E. 此胎终止妊娠,建议再孕 PGD

【案例分析题】

案例一 孕妇 32 岁,现孕 18^{+1} 周,因有不良生育史就诊,要求对腹中胎儿产前诊断。病史如下:第 1 胎为一足月顺产女婴(Ⅱ 1),出生后少吃少哭,1d 死亡。第 2 胎为女婴,足月顺产(Ⅱ 2),出生后少吃少哭伴嗜睡,阵发性肢体抖动伴呕吐,全身黄染;血气分析提示代谢性酸中毒;血常规结果提示中性粒细胞增多伴贫血;生化全项显示血氨及尿酸增多;头颅 CT 提示两侧额、颞顶叶局部脑白质密度减低,两侧额、颞顶叶局部脑沟稍变浅;气相色谱 - 质谱尿有机酸检测结果提示尿液中甲基丙二酸和 3- 羟基丙酸浓度明显增高,临床诊断为甲基丙二酸血症;入院治疗 2d 后死亡。家系图见图 5-1。

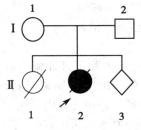

图 5-1 孕妇家系图

提问 1:对该孕妇前两次生育情况咨询,以下哪项正确

11.【答案】B
【解析】胎儿水肿原因复杂,包括血型不合、胎儿贫血、染色体异常以及宫内感染等。母儿血型不合主要为 Rh 血型不合,ABO 血型不合一般不会造成胎儿水肿。广东是我国地中海贫血的高发地区之一,孕妇为小细胞贫血,补铁治疗无效,且孕妇为广东人,为地中海贫血携带者可能极大。

12.【答案】C
【解析】地中海贫血为常染色体隐性遗传病,分 α- 地中海贫血和 β- 地中海贫血两种类型。无论先证者确诊哪种类型,则其父母必然是致病基因携带者。故应行夫妇双方的基因诊断。脐血穿刺的产前诊断因其存在胎儿丢失风险,不应作为首选。对于该病例可以建议孕妇查免疫功能,但不是首选。

13.【答案】D
【解析】该夫妇均为 α- 地中海贫血的杂合突变携带者,他们的后代有 1/4 的概率发病,1/2 的概率为携带者,1/4 概率为正常基因型胎儿。故应该行羊膜腔穿刺产前诊断。因再发风险高,再次妊娠可建议行胚胎植入前诊断(PGD)。地中海贫血不是性连锁遗传病,故不能依据胎儿性别决定胎儿去留。

提问 1:【答案】CEFHI
【解析】甲基丙二酸血症是常染色体隐性遗传病,与性别无关。即使症状类似不一定都为同一疾病,仍需鉴别诊断。先证者的基因诊断是产前诊断的前提,而临床多数时候缺乏先证者诊断,而又有产前诊断的需求,对这类患者不能一味拒绝,应该为其寻找合适的方法,但应告知检测的局限性。

A. 两胎儿都是出生后有少吃少哭,所以死亡原因相同

B. 两次都是女胎,所以疾病发生与性别相关

C. 两次都未行遗传学诊断,对此次妊娠的产前诊断有影响

D. 第二次妊娠新生儿临床诊断明确,此次妊娠即可行羊膜腔穿刺产前诊断

E. 甲基丙二酸血症是常染色体隐性遗传病

F. 继发性甲基丙二酸血症临床表现与甲基丙二酸血症相似,但发病机制不同。

G. 没有先证者的基因诊断,所以绝对不可以行产前诊断

H. 建议行夫妇双方基因携带者检查

I. 若夫妇双方均为携带者,则再生育患儿的风险为 25%

提问2:随后对夫妇双方行基因诊断,结果显示:丈夫为 *MUT*(NM_000255)Exon3: c.729-730insTT; p.(Asp244Leufs*39) 杂合突变携带者,其他外显子序列分析未见异常;孕妇为 *MUT*(NM_000255)Exon5: c.914T>C; p.(Leu305Ser) 杂合突变携带者,其他外显子序列分析未见异常。对胎儿行甲基丙二酸血症产前诊断,下列哪些正确

A. 明确先证者遗传学诊断是进行准确产前诊断的前提

B. 分子遗传学检测是甲基丙二酸血症确诊和分型的重要手段

C. 若羊膜腔穿刺胎儿基因检测未检出父母所携带基因,则胎儿一定不发病

D. 若羊膜腔穿刺胎儿基因检测未检出父母所携带基因,则胎儿发病风险极小

E. 前两次胎儿均为 MUT 基因纯合突变致病

F. 羊水氨基酸谱、酰基肉碱谱及有机酸谱分析有助产前诊断,但可能出现假阴性

G. 对该孕妇行羊膜腔穿刺提取羊水中胎儿 DNA,对已知父母所携带的突变位点行靶向检测,可避免 MUT 等位基因突变所致的发病

H. 因父母均为携带者,且前两次妊娠均出现新生儿死亡,所以胎儿一定是患儿,无需产前诊断,建议终止妊娠,且不建议再妊娠

I. 胎儿有可能是携带者

案例二 孕妇32岁,28岁时足月妊娠阴道分娩一女婴,出生体重 3 100g,因哭声低弱于出生后 2d 转儿科,查体:小下颌,小口,腭裂约 1cm 长,耳位低。超声心动图示法洛四联症,动脉导管未闭。出生后 5d 夭折。30 岁时再次妊娠,于孕中期行超声胎儿结构筛查提示胎儿先天性心脏病(具体不详)。行羊膜前穿刺产前诊断,染色体微阵列分析提示:胎儿 22q11.21-22q11.23 区域杂合

提问2:【答案】ABDFGI

【解析】该夫妇双方为携带者,胎儿发病风险为 25%,也可能为携带者,一定要进行产前诊断。为避免患儿的出生,再妊娠可选择 PGD。该病的确诊手段是分子遗传学检测(基因诊断),若胎儿未检出父母所携带的基因,则胎儿发生因该基因所致疾病的风险极小,但不能说一定不发病。

缺失,即终止妊娠。现孕 23^{+5} 周,前来咨询。

提问 1:下列咨询内容哪项**不正确**

    A. 22q11.21-22q11.23 的杂合缺失可引起一系列临床症候群,即为 22q11.2 微缺失综合征

    B. 22q11.2 微缺失综合征是人类最常见的一种微缺失综合征,新生儿发病率约为 1/4 000

    C. 22q11.2 微缺失综合征的表现症状相同

    D. 第一胎儿有先心和腭裂表现,所以也为 22q11.2 微缺失综合征

    E. 22q11.2 微缺失综合征的遗传方式为常染色体显性遗传

    F. 22q11.2 微缺失综合征均为新生突变

    G. 建议夫妇双方染色体检查排除平衡易位

    H. 染色体核型分析可以确诊

    I. 该孕妇因有 22q11.2 微缺失综合征患儿生育史,所以此次妊娠必须产前诊断

提问 2:对此次妊娠的咨询建议,以下哪项正确

    A. 行超声胎儿系统筛查

    B. 若超声胎儿系统筛查结果正常,则不需介入产前诊断

    C. 若超声胎儿系统筛查提示胎儿有先天性心脏病,需介入产前诊断

    D. 无论超声胎儿系统筛查结果如何,都应行介入性产前诊断

    E. 羊膜腔穿刺胎儿 DNA 行染色体微阵列分析可以确诊 22q11.2 微缺失综合征

    F. 羊膜腔穿刺胎儿细胞行荧光原位杂交(FISH)即可确诊 22q11.2 微缺失综合征

    G. 根据患儿的缺失区域选取 FISH 探针对夫妇双方行 FISH 检测排除变异的亲本来源

    H. 若夫妇双方一方为该变异区域的平衡易位携带者,则建议终止妊娠

    I. 若此次妊娠产前诊断仍为 22q11.2 微缺失综合征,则再次妊娠建议行 PGD

(李洁)

第二节 产 前 筛 查

【A1 型题】

1. 在评价某种筛查方案的检出率时,要固定假阳性率,通常将假阳性率固定在多少

    A. 4%   B. 5%   C. 6%

    D. 7%   E. 8%

提问 1:【答案】CDFH

    【解析】22q11.2 微缺失综合征的表现症状复杂多变。22q11.2 微缺失综合征的临床表现多为先天性心脏病、唇腭裂、甲状腺功能低下、喂养困难以及生长发育落后等。但不是所有先心合并唇腭裂都一定是 22q11.2 微缺失综合征。该病约 93% 为新发,又有 7% 左右遗传自异常亲本。该病是属于染色体微小片段改变,染色体核型分析不能检测出,应行分子遗传学检测,包括染色体微阵列分析、FISH、MLPA、QF-PCR 和测序等。

提问 2:【答案】ACDEGI

    【解析】每位孕妇都应行超声胎儿结构筛查,该孕妇因有 22q11.2 微缺失综合征患儿生育史,所以此次妊娠必须产前诊断,无论超声检查结果如何。FISH 检测是 22q11.2 微缺失综合征的传统的遗传学诊断的金标准,但 FISH 检测不能检出小缺失(<40kb)或非典型缺失,所有不能仅凭 FISH 结果确诊 22q11.2 微缺失综合征,但可以检出针对患儿检测的已知片段行 FISH 检测。若经检测夫妇一方为该变异区的平衡易位携带者,也应行产前诊断而不能随意终止妊娠。

1.【答案】B

    【解析】理想的产前筛查应对目标疾病有高的检出率和低的假阴性率,所以所选择的筛查方案要具有高敏感性及特异性、低假阳性率及假阴性率。目标疾病的检出率和假阳性率均与切割值的选取密切关联。通常将假阳性率定在 5%。

2. 【答案】D

【解析】最佳筛查孕周为18~24周。此时胎动活跃，羊水相对多，胎儿骨骼尚未骨化，对脊椎骨质的超声影像检查结果影响小，便于从各个角度观察胎儿结构。除11~13+6周胎儿NT筛查外，部分无脑儿、全前脑、脊柱裂等畸形可能在早期妊娠时被发现。除少数研究工作外，临床上目前不提倡在妊娠早期进行胎儿结构筛查。

3. 【答案】A

【解析】国家卫生计生委2016年10月发布的《孕妇外周血胎儿游离DNA产前筛查与诊断技术规范》中指出，该技术的适用人群为：①血清学筛查显示胎儿常见染色体非整倍体风险值介于高风险切割值与1/1 000之间的孕妇；②有介入性产前诊断禁忌证者（如先兆流产、发热、出血倾向、慢性病原体感染活动期、孕妇Rh阴性血型等）；③孕20+6周以上，错过血清学筛查最佳时间，但要求评估唐氏综合征、18三体综合征、13三体综合征风险者。慎用人群为：①早、中孕期产前筛查高风险；②预产期年龄≥35岁；③重度肥胖（体重指数>40）；④通过体外受精胚胎移植术方式受孕的孕妇；⑤有染色体异常胎儿分娩史，但除外夫妇染色体异常的情形；⑥双胎及多胎妊娠；⑦医师认为可能影响结果准确性的其他情形。不适用人群：①孕周<12周；②夫妇一方有明确染色体异常；③1年内接受过异体输血、移植手术、异体细胞治疗等；④胎儿超声检查提示有结构异常须进行产前诊断；⑤有基因遗传病家族史或提示胎儿罹患基因病高风险；⑥孕期合并恶性肿瘤；⑦医师认为有明显影响结果准确性的其他情形。慎用人群进行检测的准确性有一定程度下降，检出效果尚不明确，或按有关规定应建议行产前诊断。不适用人群进行检测时可能严重影响结果准确性。

1. 【答案】B

【解析】唐氏筛查高风险时应首选产前诊断方案，现孕周20周，应选择羊膜腔穿刺细胞培养胎儿染色体检查。孕妇36岁、唐氏筛查高风险均是孕妇外周血胎儿游离DNA产前筛查的慎用人群，故不是首选方案。超声胎儿结构筛查只能排除胎儿是否存在畸形等发育异常，不能明确是否存在染色体异常。作为筛查，不提倡重新抽血筛查，除非发现此次检查存在明显的质控问题。

2. 【答案】C

【解析】NT增厚的胎儿出现不良结局的概率升高，如先天性心脏病等，故除了需排除染色体非整倍体，还需排除微缺失微重复综合征，所以选择绒毛穿刺胎儿基因芯片检查。

3. 【答案】A

【解析】NTD高风险应做超声胎儿结构筛查排除脊柱裂，故为首选。必要时行胎儿体部MRI成像协助诊断。

2. 妊娠期超声影像学筛查的最佳检测孕周

   A. 妊娠 11~14 周
   B. 妊娠 14~18 周
   C. 妊娠 18~20 周
   D. 妊娠 18~24 周
   E. 妊娠 24~28 周

3. 以下哪项为孕妇外周学胎儿游离 DNA 产前筛查的适用人群

   A. 血清学筛查显示胎儿常见染色体非整倍体风险值介于高风险切割值与 1/1 000 之间的孕妇
   B. 早、中孕期血清学筛查为胎儿常见染色体非整倍体高风险的孕妇
   C. 通过体外受精胚胎移植术方式受孕的孕妇
   D. 胎儿超声检查提示有结构异常的孕妇
   E. 所有孕妇

【A2 型题】

1. 孕妇 36 岁，现孕 20 周。孕 18+4 周时行血清学筛查，结果为 21 三体风险值为 1/200（截断值为 1/270），18 三体风险值为 1/10 000（截断值为 1/300），前来咨询，以下哪项为首选建议

   A. 孕妇外周血胎儿游离 DNA 产前筛查
   B. 羊膜腔穿刺细胞培养胎儿染色体检查
   C. 超声胎儿结构筛查
   D. 重新抽血筛查
   E. 终止妊娠

2. 孕妇 28 岁，现孕 12+3 周，行早孕期筛查，超声胎儿顶臀径相当于 12 周，NT 3.8mm，胎儿鼻骨可见。未行母体血清学筛查。前来咨询。最合适的建议是

   A. 观察，待中孕期超声胎儿结构筛查结果
   B. 绒毛穿刺胎儿染色体检查
   C. 绒毛穿刺胎儿基因芯片检查
   D. 观察，待中孕期胎儿超声心动图结果
   E. 早孕期母血清学筛查

3. 孕妇 25 岁，孕 18+2 周时母体血清学筛查 21 三体风险 1/2 000，18- 三体风险 1/5 300，开放性 NTD 高风险。现孕 20+3 周，前来咨询，应如何建议

   A. 超声胎儿结构筛查
   B. 胎儿磁共振体部成像
   C. 羊膜腔穿刺胎儿染色体检查
   D. 羊膜腔穿刺羊水甲胎蛋白（AFP）检查
   E. 终止妊娠

【A3/A4 型题】

（1~4 题共用题干）

患者，女，出生日期 1989 年 12 月 1 日，末次月经 2016-01-19。母体血清学产前筛查结果：21 三体风险 1/100，18 三体风险 1/5 800，NTD 低风险。

1. 遗传咨询时，最恰当的处理方式为
   A. 21 三体高风险，建议终止妊娠
   B. 孕妇是低龄，正常产检即可
   C. 核实筛查报告上的孕周、年龄、体重等信息是否准确，再给出咨询意见
   D. 建议通过超声胎儿结构筛查排除 21 三体患病风险
   E. 建议孕妇外周血胎儿游离 DNA 产前筛查

1.【答案】C
【解析】孕周、年龄、体重等信息都会对筛查结果产生影响，所以应首先核实相关信息是否准确。核实孕周后若仍为 21 三体高风险，则建议羊膜腔穿刺胎儿染色体检查。

2. 核实孕妇信息后，发现孕妇年龄填写错误，交由实验室重新计算风险后结果提示：21 三体风险 1/250，18 三体风险 1/3 000，NTD 低风险。此时最佳咨询建议为
   A. 21 三体高风险，建议介入性产前诊断
   B. 建议孕妇外周血胎儿游离 DNA 产前筛查
   C. 再进行一次母血清学产前筛查
   D. 建议通过超声胎儿结构筛查排除 21 三体患病风险
   E. 建议终止妊娠

2.【答案】A
【解析】21 三体截断值为 1/270，该孕妇仍为高风险，应该建议介入性产前诊断。

3. 介入性产前诊断结果提示，胎儿染色体核型为 46,XY,rob(13;21),+21，此结果提示胎儿为
   A. 21 三体综合征患儿
   B. 13 三体综合征患儿
   C. 46 条染色体，故无染色体异常
   D. 13 三体和 21 三体的嵌合体
   E. 罗伯逊平衡易位

3.【答案】A
【解析】该核型为易位型 21 三体。

4. 孕妇选择终止妊娠，后续再做何种检查
   A. 引产胎儿尸体解剖　　B. 夫妇双方染色体检查
   C. 产妇性激素检查　　　D. 男方精液检查
   E. 不需再行检查

4.【答案】B
【解析】胎儿为易位型 21 三体，未了解来源，应行夫妇双方染色体检查，排除某一方为 13 号和 21 号染色体的罗伯逊易位携带。

（5~7 题共用题干）

患者，女，38 岁，因停经半年，自觉腹部膨隆就诊。腹部超声发现妊娠，胎儿大小相当于 22 周。现来咨询要求产前诊断。

5. 以下哪种检查不宜进行
   A. 孕妇外周血胎儿游离 DNA 产前筛查（NIPT）
   B. 介入性产前诊断
   C. 母血清学产前筛查
   D. 超声胎儿结构筛查
   E. 常规产前检查

5.【答案】C
【解析】中孕期母血清学产前筛查应在 15~20^{+6} 周进行。

6. 【答案】C

　　【解析】NIPT 是筛查，不是诊断，不能作为引产依据。即使胎儿结构正常，也应介入性产前诊断以明确诊断。

7. 【答案】C

　　【解析】NIPT 有一定假阳性率和假阴性的发生，题中 A、B 和 D 选项均是造成假阳性的原因。胎儿游离 DNA 浓度过低可导致假阴性的发生。标本错误不属于 NIPT 固有的假阳性原因。

8. 【答案】B

　　【解析】1/800 为中度风险，不是产前诊断指征。

9. 【答案】B

　　【解析】NIPT 是筛查，不是诊断，不能完全排除 21 三体患病可能。NIPT 也不能排除胎儿是否存在发育不良，故仍需行超声胎儿结构筛查。

10. 【答案】A

　　【解析】目前 NIPT 的临床应用仅适用于 21，18，13 号染色体数目异常的检测。技术的发展已扩展到小部分染色体微缺失微重复以及某些单基因病的检测，但涵盖范围还很有限。

6. 孕妇接受了 NIPT 检测，结果提示 18 三体高风险，哪种处理方式**不合适**

　　A. 建议行介入性产前诊断进行确诊

　　B. 建议超声胎儿结构筛查

　　C. 18 三体患病风险极高可直接引产

　　D. 排除母亲染色体异常可能

　　E. 超声胎儿结构正常即可继续妊娠

7. 胎儿染色体核型分析未见异常，NIPT 假阳性的原因**不包括**

　　A. 胎盘嵌合体

　　B. 胎儿母亲染色体异常

　　C. 胎儿游离 DNA 浓度过低

　　D. 检测过程中存在样本污染

　　E. 标本错误

(8~10 题共用题干)

患者，女，28 岁，孕 17 周。母血清学产前筛查结果：21 三体风险 1/800，18 三体风险 1/3 800，NTD 低风险。复核妊娠相关信息无误。无遗传性疾病生育史、家族史。

8. 目前**不应**建议做下列哪项检查

　　A. NIPT　　　　　　　　　B. 介入性产前诊断

　　C. 胎儿超声结构筛查　　　　D. 常规产检

　　E. 终止妊娠

9. 孕妇接受 NIPT 检查，结果提示低风险，以下说法正确的是

　　A. 已排除 21 三体患病风险

　　B. 孕妇仍需进行超声胎儿结构筛查

　　C. 孕妇仍需进行介入性产前诊断

　　D. 2 周后复查 NIPT

　　E. 说明胎儿一切正常

10. 孕妇孕 23^{+2} 周时胎儿超声结构筛查提示胎儿心脏室间隔缺损可能，进而接受了介入性产前诊断。染色体微阵列分析结果提示患儿为 arr[hg19] 1q21.1q21.2(146,043,713-147,929,323)x1。NIPT 未检出该异常的原因是

　　A. 检出的 1 号染色体的微缺失不在 NIPT 检测范围内

　　B. NIPT 检测时孕周太小

　　C. NIPT 检测过程存在失误

　　D. 医生在 17 周时，错误地建议了 NIPT 检查

　　E. 标本错误

(11~13 题共用题干)

孕妇张某，30 岁，孕产史 "0-0-0-0"。孕 17 周时血清学筛查，唐氏综合征风险为 1/1 100，18 三体综合征风险为 1/30 500，开放性神经管畸形低风险。孕 23 周时行超声胎儿结构筛查示：胎儿测量

值相当于 22⁺ 周,胎儿左心室强回声光点,右侧脉络丛囊肿。现孕 24 周,前来咨询。

11. 下列哪项检查或决定是**错误**的
    A. 羊膜腔穿刺胎儿染色体检查
    B. 无创胎儿产前筛查
    C. 终止妊娠
    D. 胎儿随访 3~4 周超声检查
    E. 定期产前检查

12. 孕妇选择行 NIPT,结果为低风险,继续妊娠。孕 30 周时超声检查示胎儿双侧脑室后角增宽(左侧 14.5mm,右侧 16.5mm),应建议首先进行的的处理
    A. 胎儿为脑积水,应终止妊娠
    B. 孕妇抽血查 TORCH,排除宫内感染
    C. 胎儿头颅磁共振了解颅脑结构情况
    D. 脐血管穿刺胎儿染色体检查
    E. 羊膜腔穿刺胎儿基因芯片检查

13. 胎儿头颅 MRI 结果正常。TORCH 检查均阴性。妊娠 34 周超声胎儿双侧脑室后角增宽(左侧 12.5mm,右侧 13mm)。后续如何处理
    A. 经随访胎儿脑室仍增宽,可考虑放弃胎儿,终止妊娠
    B. 羊膜腔穿刺胎儿基因芯片检查
    C. 经随访胎儿脑室仍增宽,可考提前剖宫产分娩
    D. 嘱孕妇减少饮水以减少胎儿脑室积液量
    E. 脐血管穿刺胎儿染色体检查

【案例分析题】

案例一　孕妇 39 岁,30 岁生育一健康男婴。现孕 11⁺⁶ 周,前来产前检查,超声胎儿 NT 为 2.9mm,胎儿先天性心脏病(室间隔缺损可能)。早孕期产前筛查(NT+F-β-hCG+PAPPA)结果显示:21 三体风险值 1/350,18 三体风险值 1/100 000。

提问 1:针对孕妇现有检查结果如何处理
    A. 继续妊娠,待孕中期行超声结构筛查
    B. 胎儿发育异常,建议终止妊娠
    C. 绒毛穿刺染色体核型分析
    D. 绒毛穿刺染色体微阵列分析
    E. NIPT
    F. 继续妊娠,待孕中期唐氏筛查

提问 2:该孕妇拒绝绒毛穿刺,要求继续妊娠,待中孕期超声胎儿结构筛查。以下哪项正确
    A. 继续妊娠,待中孕期行羊膜腔穿刺产前诊断
    B. 若中孕期超声检查胎儿仍为先天性心脏病则终止妊娠
    C. 室间隔缺损可待出生后行手术修补,故可继续妊娠无

11.【答案】C
　　【解析】超声胎儿结构筛查所示的"左心室强回声光点"以及"脉络丛囊肿"均为非整倍体异常的超声软指标,非结构异常,更不是终止妊娠的指征。孕妇产前血清学筛查为低风险,可以超声随访,了解软指标的变化以及是否出现新的异常影像。如果孕妇为此焦虑,可行 NIPT 或胎儿染色体检查,但应告知检查的利弊以及可能带来的风险。

12.【答案】C
　　【解析】胎儿脑室增宽 ≥15mm,为轻度脑积水。妊娠 30 周左右亦为脑室积液的高峰期,可以随访观察。因部分脑积水合并胼胝体发育不良,故应首先行胎儿头颅磁共振检查排除脑结构异常尤其是胼胝体发育不良。弓形虫等感染也有可能造成胎儿脑积水,可以排除。少数脑积水合并有染色体异常或基因异常,但因羊膜腔穿刺为有创检查,不作为首选,可以视 MRI 和随访结果决定。

13.【答案】B
　　【解析】因约有 10% 的胎儿侧脑室增宽合并有染色体异常,故可考虑羊膜腔穿刺产前诊断,因基因芯片技术可提高检查的辨别率,检测出染色体微小片段的改变,2014 年我国的《染色体微阵列分析技术在产前诊断中的应用专家共识》指出其适用于胎儿超声异常时的检测。尽管胎儿侧脑室液体仍在增多范围,但不至于放弃胎儿,也不需要提前剖宫产分娩导致医源性早产。孕妇的饮水量与胎儿脑室积液与否无关。

提问 1:【答案】ACD
　　【解析】该孕妇高龄,且早孕期筛查为高风险,故应行产前诊断,可行染色体微阵列分析提高检查率。

提问 2:【答案】AD
　　【解析】无论中孕期胎儿超声结果如何,该孕妇都应行产前诊断。

需产前诊断
- D. 羊膜腔穿刺胎儿染色体微阵列分析结果正常则继续妊娠
- E. 建议行 NIPT,无须介入产前诊断
- F. 羊膜穿刺胎儿染色体核型分析

案例二 孕妇 36 岁,第一胎,孕 17^{+2} 周行血清学筛查 21 三体风险为 1/70,行孕妇 NIPT 为低风险。孕 23^{+6} 周行超声检查提示"胎儿双眼晶状体形态异常,颅后窝及第三脑室增宽,部分肠管扩张"。

提问 1:以下哪些选项正确
- A. 胎儿发育异常,建议终止妊娠
- B. 建议羊膜腔穿刺胎儿核型分析
- C. 建议羊膜腔穿刺染色体微阵列分析
- D. 已行 NIPT,无须再行介入产前诊断
- E. 产前筛查包括胎儿非整倍体筛查和超声胎儿结构筛查
- F. 建议脐血穿刺全基因组测序

提问 2:孕妇行羊膜腔穿刺胎儿染色体微阵列分析结果示"arr[hg19]Xq25q26(128155802-128789721)*0(624kb)",提示为眼脑肾综合征。以下哪些选项正确
- A. 检测结果为 X 染色体长臂有 624kb 的缺失
- B. 告知孕妇及家属该片段缺失可能带来的相关问题
- C. 建议可考虑终止妊娠
- D. 胎儿超声随访
- E. 建议脐血穿刺全基因组测序
- F. 胎儿超声心动图检查,如无异常可继续妊娠

(李洁)

第三节 产前诊断

【A1 型题】

1. 观察早、中期胎儿结构最适宜的办法是
   A. 超声   B. MRI   C. CT
   D. X 线检查   E. 胎儿镜

2. 双绒毛膜双胎妊娠诊断非整倍体优先选择的产前诊断方法是
   A. 绒毛穿刺   B. 羊水穿刺   C. 脐血穿刺
   D. 超声   E. 胎儿组织活检

【A2 型题】

孕妇,25 岁,孕 19 周,孕 1 产 0,因唐氏筛查高风险要求做产前诊断,应选择

提问 1:【答案】CE
【解析】该孕妇血清学筛查高风险应该行产前诊断,超声胎儿结构异常时应行染色体微阵列分析可以检出染色体微小片段的改变。NIPT 是针对非整倍体(21,18,13 号染色体)的筛查不是产前诊断。

提问 2:【答案】ABCD
【解析】经查找数据,X 染色体该片段的缺失提示为眼脑肾综合征,会有先天性白内障、智能低下以及肾小管酸中毒等特征性临床表型,故可考虑终止妊娠。如选择继续妊娠,则需超声随访,出生后随访。

1.【答案】A
【解析】超声无创、安全、经济,是观察早、中期胎儿结构最适宜的办法。

2.【答案】A
【解析】绒毛穿刺是双绒毛膜双胎妊娠优先选择的诊断方法,因为它与羊膜腔穿刺术相比可在更早期进行。双胎妊娠早期诊断非整倍体十分重要,早孕期减胎较中孕期有更低的风险。

【答案】B
【解析】侵入性产前诊断常用方法为绒毛穿刺、羊水穿刺、脐血穿刺。绒毛穿刺一般选择孕 11~14 周,羊水穿刺一般选择 16~24 周,脐血穿刺一般选择孕 24 周以后。孕妇目前妊娠 19 周,适宜做羊水穿刺。

A. 绒毛穿刺　　　　　　　　B. 羊水穿刺

    C. 脐血穿刺　　　　　　　　D. 胎儿镜检查

    E. 胎儿组织取样活检

【A3/A4 型题】

(1~2 题共用题干)

孕妇，37 岁，孕 12 周，孕 2 产 1，顺产一正常男孩，早孕 NT 结果提示 NT 为 3.6mm。

1. 下列哪种情况的可能性最大

    A. 18 三体综合征　　　　　　B. 唐氏综合征

    C. 13 三体综合征　　　　　　D. 特纳综合征

    E. 平衡易位　　　　　　　　F. 47,XXY

2. 为进一步明确胎儿染色体核型，下列哪种操作最合适

    A. 脐血穿刺　　　　　　　　B. 绒毛穿刺

    C. 羊水穿刺　　　　　　　　D. 胎儿镜检查

    E. NIPT　　　　　　　　　　F. 胎儿皮肤组织取样

(3~5 题共用题干)

孕妇，36 岁，妊娠 20 周，孕 2 产 1，曾顺产一健康男孩。此次妊娠中孕期超声所见胃泡扩张及十二指肠球部扩张。

3. 胎儿最可能的诊断是

    A. 食管闭锁　　　　　　　　B. 十二指肠闭锁

    C. 空肠闭锁　　　　　　　　D. 回肠闭锁

    E. 结肠闭锁　　　　　　　　F. 肛门直肠闭锁

4. 超声检查还可见下列哪些现象

    A. 羊水增多　　　　　　　　B. 羊水减少

    C. 羊水浑浊　　　　　　　　D. 羊水正常

    E. "靶环征"消失　　　　　　F. "双叶征"

5. 孕妇行产前诊断结果提示胎儿染色体正常，孕妇继续妊娠。孕 28 周时孕妇出现呼吸困难等症状，则可采取下列措施改善症状

    A. 羊水灌注　　　　　　　　B. 羊水减量

    C. 住院吸氧　　　　　　　　D. 全面体检查找病因

    E. 绝对卧床休息　　　　　　F. 无需特殊处理

【案例分析题】

案例一　孕妇，36 岁，孕 2 产 1，孕 15 周，夫妻双方均为广东人，2 年前曾顺产一"地中海贫血"女孩，该女孩足月分娩，出生时正常，婴儿期易吐奶、哭闹。2 岁查血常规：血红蛋白 70g/L，平均红细胞体积 72fl，平均红细胞血红蛋白含量 21pg。查体：脸色苍白，巩膜稍黄，腹部稍膨隆，肝脏肋下可触及，脾脏肋下 1 横指，质软，无明显头颅和面部骨骼畸形。

提问 1：结合上述检查，第一胎患儿可疑诊断是

1.【答案】B

【解析】NT 大于 3mm 为异常。颈后透明带越厚，胎儿患唐氏综合征的风险越高。NT 增厚的胎儿中约 10%~30% 合并有染色体异常，其中最常见的是唐氏综合征。

2.【答案】B

【解析】见本节 A2 型题相关解析。

3.【答案】B

【解析】胃泡扩张及十二指肠球部扩张，为"双泡征"，十二指肠闭锁的特征性表现，十二指肠闭锁多合并羊水增多。

4.【答案】A

【解析】十二指肠闭锁多合并羊水中增多。"靶环征"消失及"双叶征"均见于胎儿肛门闭锁

5.【答案】B

【解析】呼吸困难症状由羊水增多引起，可选择羊水减量改善症状。

提问 1：【答案】C

【解析】患儿幼年发病，父母祖籍广东，有溶血性贫血(黄疸)，肝脾大，血常规检查见小细胞低色素性贫血，血红蛋白降低，中间型 α-地中海贫血可能性大

A. 轻型 α- 地中海贫血

B. 轻型 β- 地中海贫血

C. 中间型 α- 地中海贫血

D. 中间型 β- 地中海贫血

E. 重型 α- 地中海贫血

F. 重型 β- 地中海贫血

提问 2：为进一步明确患儿诊断，还需要行哪些检查

A. 夫妻双方行血常规检查

B. 夫妻双方行血红蛋白电泳

C. 患儿行血红蛋白电泳

D. 患儿血清铁蛋白检测

E. 夫妻双方行地中海贫血基因检查

F. 患儿行地中海贫血基因分析

提问 3：如经过上述一系列检查后，夫妻双方分别为标准型（--/αα）和静止型（-α/αα 或者 ααᵀ/αα）α- 地中海贫血基因携带者，那么第二胎的患病率为

A. 1/2 的概率为静止型

B. 1/2 的概率为中间型

C. 1/2 的概率为正常

D. 1/2 的概率为标准型

E. 1/2 的概率为携带者

F. 正常的概率为 0

提问 4：现孕妇要求对第二胎进行何种产前诊断

A. 无需行产前诊断   B. 绒毛活检

C. 羊膜腔穿刺   D. 经皮脐带穿刺

E. 无创基因检测   F. 组织活检

案例二 孕妇，26 岁，孕 2 产 1，曾顺产一血友病 A 男孩，现妊娠 10⁺⁴ 周，要求行产前诊断。夫妻双方均正常。

提问 1：血友病是

A. 常染色体隐性遗传   B. 常染色体显性遗传

C. X 染色体隐性遗传   D. X 染色体显性遗传

E. Y 染色体隐性遗传   F. Y 染色体显性遗传

提问 2：该对夫妻生育血友病孩子与血友病基因携带者孩子的概率分别是

A. 100%,0%   B. 50%,50%

C. 50%,25%   D. 25%。25%

E. 25%,50%   F. 50%,0%

提问 3：孕妇要求对胎儿行产前诊断，则下列说法正确的是

A. 先行父母及先证者基因诊断，再行胎儿产前诊断

B. 先行胎儿产前诊断，再行父母及先证者基因诊断

C. 不需要行基因诊断，行产前诊断即可

提问 2：【答案】ABCDEF

　　【解析】首先应确定该患儿是否为中间型 α- 地中海贫血（HbH 病），并进一步与 β- 地中海贫血进行鉴别。应现进行下列三类实验室诊断：患儿及其父母血常规检测血红蛋白含量、红细胞参数（平均红细胞体积和平均红细胞血红蛋白含量等）等；HbA2 和 HbF 含量检测，以及是否存在反映 α 和 β- 地中海贫血的特异性异常 Hb 成分，如 HbH 和 HbE 等；检测血清铁蛋白水平，了解体内铁储存情况。根据上述表型结果的指导，再进行疾病基因分析。

提问 3：【答案】E

　　【解析】夫妻双方分别为标准型（--/αα）和静止型（-α/αα 或者 ααᵀ/αα）α- 地中海贫血基因携带者，那么遗传规律为 1/4 中间型、1/2 携带者（1/4 标准型、1/4 静止型）、1/4 正常。

提问 4：【答案】C

　　【解析】孕妇已经妊娠 15 周，错过绒毛活检最佳时间，可 16 周后羊水穿刺行产前诊断。

提问 1：【答案】C

　　【解析】血友病为 X 染色体隐性遗传。

提问 2：【答案】D

　　【解析】父亲为正常人，母亲为血友病基因携带者，生育血友病孩子与血友病基因携带者孩子的概率均是 25%。

提问 3：【答案】A

　　【解析】先行父母基因诊断，再行胎儿产前诊断。

D. 不需要行产前诊断,行基因诊断即可

E. 基因诊断与产前诊断二者顺序没有特殊要求

F. 基因诊断与产前诊断二者同时进行

提问 4:产前诊断应选择

A. 绒毛穿刺   B. 羊水穿刺

C. 脐血穿刺   D. 胎儿组织活检

E. 胎儿镜观察   F. NIPT

(杨芳)

提问 4:【答案】A

【解析】见本节 A2 型题相关解析。

第四节 胎 儿 干 预

【A1 型题】

1. 单绒毛膜双羊膜囊双胎选择性减胎术**不应**选择哪种方式或药物

A. 氯化钾减胎   B. 射频消融减胎

C. 双极电凝术   D. 脐带结扎术

E. 激光凝固术

1 【答案】A

【解析】氯化钾选择性减胎应用于双绒毛膜双羊膜囊(DCDA)双胎,单绒毛膜双羊膜囊(MCDA)双胎儿间存在交通血管,故不能使用氯化钾减胎。且绒毛膜双胎 MCDA 实施减胎更具有挑战性,需要消融阻断异常胎儿脐血流,以避免通过交通支血管的反向输血,导致正常胎儿突然死亡或神经损伤。

2. 下列哪种药物与神经管缺陷(NTD)预防有关

A. 维生素 E   B. 叶酸   C. 铁剂

D. 维生素 B_{12} E. 地塞米松

2.【答案】B

【解析】孕前及孕早期补充小剂量叶酸可以降低胎儿神经管畸形的发生率。

【A2 型题】

孕妇,22 岁,孕 30 周,孕 2 产 1,超声检查提示胎儿膀胱过度充盈,下列哪项**不是**行膀胱羊膜腔引流术的适应证

A. 染色体异常   B. 染色体正常

C. 下尿路梗阻   D. 羊水量减少

E. 未合并其他先天性异常

【答案】A

【解析】染色体正常、下尿路梗阻、羊水量减少并且未合并其他先天性异常的膀胱过度充盈的胎儿才可以行膀胱羊膜腔引流术。

【A3/A4 型题】

(1~2 题共用题干)

孕妇,31 岁,孕 3 产 1,人工流产 1 次,因“停经 26^{+1} 周,超声发现胎儿水肿 1d”就诊,孕妇血型 B,Rh(−),丈夫血型 A,Rh(+)。2 年前曾因胎儿水肿引产 1 次,此次诊断为母儿 RH 血型不合。

1. 超声检查胎儿贫血情况,最需要注意

A. 胎儿大脑中动脉血流参数

B. 胎儿脐动脉血流参数

C. 胎儿脐静脉血流参数

D. 胎儿腹主动脉血流参数

E. 胎儿颈动脉血流参数

F. 胎儿颈静脉血流参数

1.【答案】A

【解析】胎儿大脑中动脉血流参数是观察胎儿是否贫血及其程度的最常用指标。

2.【答案】E

　　【解析】宫内输血后的存活率与胎儿输血前的贫血程度有关,水肿胎儿较非水肿胎儿可耐受更大的输血量。血液选用 Rh 阴性 O 型洗涤浓缩红细胞,与母血清交叉配型无凝集现象。最好经射线照射以防移植物抗宿主反应。血细胞比容(HCT)在 0.7~0.8,以 0.8 最为合适。输血途径选择包括血管内输血和腹腔内输血。血液输注量血液输注量计算公式需要考虑胎儿 HCT 和体重,胎儿胎盘循环血量也应该考虑在内。输血后 HCT 每天下降约 0.01,可以间隔 1~4 周重复输血。水肿胎儿或者严重贫血胎儿首次输血后 HCT 应 <0.25,48~72h 内即可以进行第 2 次输血。

3.【答案】A

　　【解析】胎儿下尿路梗阻常见的超声表现:①双侧肾积水、输尿管扩张。单侧肾积水不能排除胎儿下尿路梗阻的可能性。胎儿肾积水诊断标准:孕中期胎儿肾盂前后径 > 4mm 或孕晚期肾盂前后径 > 7mm。②羊水量过少,胎儿下尿路梗阻常导致羊水减少。③膀胱扩大。下尿路梗阻胎儿常表现为膀胱扩大,若羊水量减少伴有下尿路扩张、双肾积水、膀胱扩大等高度提示胎儿下尿路梗阻。

4.【答案】A

　　【解析】膀胱羊膜腔引流术可以减轻梗阻可提高围生期生存率,但不是根治性措施。

提问 1:【答案】D

　　【解析】结合孕妇体征及自觉症状羊水过多可能性大。

提问 2:【答案】A

　　【解析】孕妇羊水过多可能性大,应选择超声测定羊水指数或者羊水池深度明确诊断。

2. 超声检查提示胎儿贫血严重,孕妇同意宫内输血治疗,下列关于宫内输血的描述正确的是

A. 宫内输血后的存活率与胎儿输血前的贫血程度无关

B. 水肿胎儿较非水肿胎儿可耐受输血量小

C. 宫内输血只能进行 1 次

D. 输血途径包括血管内输血和胸腔输血

E. 选用 Rh 阴性 O 型洗涤浓缩红细胞

F. 通过胎儿体重决定血液输注量

(3~4 题共用题干)

孕妇,38 岁,孕 24 周,孕 1 产 0,胎动正常。排畸超声结果示胎心 124 次 /min,胎儿双侧肾盂分离 9mm 与 11mm,双侧输尿管扩张,膀胱高度充盈,羊水池最大直径 2cm。

3. 最可能的原因是

A. 胎儿下尿路梗阻　　　　　B. 胎儿上尿路梗阻

C. 胎儿肾发育不良　　　　　D. 胎儿脑发育不良

E. 胎儿肺发育不良　　　　　F. 唐氏综合征

4. 若检查结果提示该病例适用膀胱羊膜腔引流术,下列关于膀胱羊膜腔引流术的描述,**错误**的是

A. 膀胱羊膜腔引流术是一种根治性措施

B. 膀胱羊膜腔引流术使尿液从梗阻的膀胱向羊膜腔内转移

C. 在用超声引导或评估时,可应用羊膜腔灌注以增加羊水量

D. 可给予患者单次负荷量和口服抗生素作为预防用药

E. 在膀胱羊膜腔引流过程后,因随即进行 24~48h 的后续超声评估

F. 术后该婴儿仍有可能发生肾功能不全

【案例分析题】

案例一　孕妇,30 岁,孕 3 产 2,孕 32 周,自觉腹部增大,伴腹部不适、呼吸困难、不能平卧。腹部检查扪不到胎儿,胎心闻及不清。

提问 1:最可能的诊断是

A. 妊娠合并心力衰竭

B. 妊娠期高血压疾病

C. 妊娠合并肾衰

D. 羊水过多

E. 子宫破裂

F. 新生儿窒息

提问 2:确诊的首选检查是

A. 超声　　　　　　　　　B. 腹部平片

C. CT　　　　　　　　　　D. 羊膜腔穿刺

E. 胎儿镜　　　　　　　　F. MRI

提问3:患者检查后确认1题诊断,若胎儿正常,首选处理为

    A. 无需特殊处理,继续妊娠

    B. 口服吲哚美辛

    C. 促胎儿肺成熟后终止妊娠

    D. 羊膜腔穿刺行羊水减量

    E. 依沙吖啶引产

    F. 口服硫酸镁治疗

提问4:上述操作应注意

    A. 禁止重复操作

    B. 口服吲哚美辛最大量为 2mg/(kg·d)

    C. 孕妇应保持空腹

    D. 一次性放羊水量可以 2 000ml

    E. 操作前测量孕妇血压、脉搏,如正常无需再测

    F. 术前排空膀胱

案例二 孕妇,25 岁,孕 1 产 0,根据末次月经推算妊娠 12 周,首次进行产检。

提问1:超声检查发现该孕妇为双胎妊娠,胎儿头臀长大小不一,则该孕妇孕周为

    A. 根据较小胎儿推测孕周

    B. 根据较大胎儿推测孕周

    C. 根据末次月经推测孕周

    D. 取两个胎儿头臀长平均值推测孕周

    E. 取末次月经与较大胎儿推测孕周的中间值

    F. 取末次月经与较小胎儿推测孕周的中间值

提问2:下列可以帮助判断双胎妊娠的绒毛膜性的有

    A. 观察双胎间隔膜的厚度

    B. 双胎之间的距离

    C. 数双胎之间隔膜的层数

    D. 双胎之间隔膜插入胎盘的形状

    E. 通过双胎的性别

    F. 胎盘的数量

提问3:该孕妇明确此次妊娠双胎为单绒毛膜双羊膜囊双胎,4 周后该孕妇超声检查结果提示,双胎儿头臀长差异为 20%,头臀长较小胎儿羊水最大深度 1.8cm,较大者羊水最大深度 9cm,且较小胎儿膀胱不显影,最合适的诊断是

    A. 胎儿宫内生长受限

    B. 胎儿生长不一致

    C. 双胎输血综合征

    D. 胎儿泌尿道畸形

    E. 胎儿宫内窘迫

    F. 巨大儿

提问3:【答案】D

    【解析】孕妇羊水过多,且已有呼吸困难等自觉症状,超声检查胎儿正常,可以选择羊水减量或者药物治疗。目前临床上较多使用羊水减量,效果好。口服吲哚美辛治疗羊水过多应限于32周前。

提问4:【答案】F

    【解析】羊水穿刺前应嘱咐孕妇进食,避免出现胎儿宫内窘迫、胎心减慢,术前排空膀胱。抽吸羊水可能需要重复操作或者连续操作,放羊水一次性不应超过 1 500ml,放羊水的同时应定时测量血压、脉搏,必要时 3~4 周后可再次放羊水。

提问1:【答案】B

    【解析】应用较小胎儿头臀长估算孕周的缺点在于操作者可误会双胎中较大者发育大于孕周,并因此错误地认为双胎中较小者发育正常。最普遍的做法是应用双胎中较大者的头臀长。

提问2:【答案】ACDEF

    【解析】双胎的后期诊断(表5-1):妊娠 14 周后的初孕妇,判断绒毛膜囊性质最好的方法是相同的超声征象,尤其是计数膜的层数,以及标注不同的胎儿性别。双绒毛膜囊性胎盘可能毗邻,表现为单个的胎盘;3% 的单绒毛膜囊性双胎妊娠在超声检查中可发现 2 个胎盘。

提问3:【答案】C

    【解析】见图 5-2。

提问4：【答案】B

【解析】供血儿膀胱无显影，说明分期已达 Quintero Ⅱ期及以上，激光凝固胎盘血管交通支是 TTTS 中 Quintero Ⅱ期及以上的首选治疗，当激光治疗不可行，孕 26 周后可选择连续的羊水减量术；期待疗法适用于 Quintero Ⅰ期；因羊膜隔造口术治疗无优势且可能人为导致单羊膜囊双胎，故普遍不再使用羊膜隔造口术作为 TTTS 的治疗方式。

提问4：孕妇要求宫内治疗，则下列操作中最可行的是

A. 无需宫内治疗，可期待疗法
B. 激光凝固胎盘血管交通支
C. 羊水减量
D. 选择性减胎术
E. 羊膜隔造口术
F. 羊水灌注术

表 5-1　双胎后期诊断表

项目	双绒毛膜双羊膜囊（DCDA）	单绒毛膜双羊膜囊（MCDA）	单绒毛膜单羊膜囊（MCMA）
胎盘	分离	融合	融合
隔膜的插入	λ征	T征	—
隔膜厚度	厚，分层	厚，无分层	无隔膜

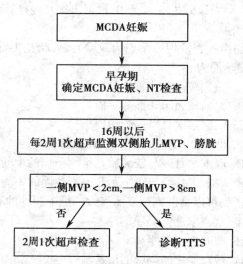

NT：胎儿颈项透明层；MVP：最大羊水池深度；TTTS：双胎输血综合征。

图 5-2　单绒毛膜双羊膜囊（MCDA）诊断方法

（杨芳）

第六章 正常分娩

第一节 分娩期监护

【A1 型题】

1. 第一产程中关于胎心监测说法**错误**的是
   - A. 潜伏期在宫缩间歇时每 1~2h 听胎心一次
   - B. 进入活跃期后,应每 15~30min 听胎心一次,每次听诊 1min
   - C. 胎心监护能观察胎心率的变异及其与宫缩的关系
   - D. 正常情况下,第一产程后半期,宫缩时胎头受压,胎心率一过性减慢,可出现早期减速
   - E. 若宫缩后出现胎心率减慢则为变异减速,和脐带受压有关

2. 影响分娩的因素**不包括**
   - A. 产力
   - B. 产道
   - C. 胎儿
   - D. 分娩镇痛
   - E. 精神心理因素

3. 胎儿娩出后 3min 出现多量阴道活动性流血,色暗红,有凝血块,最可能是
   - A. 宫缩乏力
   - B. 阴道裂伤
   - C. 宫颈裂伤
   - D. 胎盘部分剥离
   - E. 凝血功能障碍

【A2 型题】

1. 经产妇,32 岁,孕 2 产 1,妊娠 41 周,规律腹痛 2h 入院。阴道检查宫口开大 2cm,行胎心监护。此时的胎心监护为
   - A. NST
   - B. CST
   - C. TCT
   - D. NST 和 OCT
   - E. LCT

2. 27 岁初产妇,规律宫缩 12h,连续观察 2h,宫口由 6cm 开大至 7cm,胎头棘下 1cm,胎心率 140 次 /min。本例正确处理应是
   - A. 严密观察产程进展
   - B. 肌内注射哌替啶 100mg
   - C. 静脉滴注缩宫素
   - D. 立即行人工破膜

1. 【答案】E
   【解析】当变异减速伴随宫缩,减速的起始、深度和持续时间与宫缩之间无规律。因此 E 项错误,其他选项都正确。

2. 【答案】D
   【解析】影响分娩四大因素:产力、产道、胎儿,以及精神心理因素。

3. 【答案】D
   【解析】胎儿娩出后胎盘娩出前阵发性阴道流血一般与胎盘剥离相关,答案 D 正确。其他答案均可引起阴道流血,但比胎盘分离少见。

1. 【答案】B
   【解析】宫缩激惹试验(contraction stress test,CST),是观察胎心率对宫缩的反应,其理论基础是,在宫缩的应激下,子宫动脉血流减少,可促发胎儿一过性缺氧表现。对已处于亚缺氧状态的胎儿,在宫缩的刺激下缺氧逐渐加重将诱导出现晚期减速。无应激试验(non-stress test,NST)是在无宫缩、无外界负荷刺激下,对胎儿进行胎心率宫缩图的观察和记录,以了解胎儿储备能力,是产前监护胎心的方法。

2. 【答案】A
   【解析】从新产程的角度,该产妇产程进展顺利,无需特殊处理。

E. 立即行剖宫产术

【A3/A4 型题】

(1~2 题共用题干)

28 岁初产妇,临产 4h,宫缩 30s,间隔 4min,胎心 148 次 /min,先露头,高浮,突然阴道流液,色清。

1. 该孕妇住院后,以下哪项处理**不恰当**
 A. 立即听胎心
 B. 鼓励产妇在宫缩时,运用腹压加速产程进展
 C. 记录时间
 D. 行引导检查了解宫口扩张、胎头下降情况及有无脐带脱垂
 E. 破膜 12h 可予抗生素预防感染

2. 2h 后,该孕妇胎心监测出现频发晚期减速,阴道检查宫口开 2cm,胎头棘上 2cm,以下哪项处理**不恰当**
 A. 建议剖宫产结束分娩
 B. 与孕妇及家属交代病情
 C. 点滴缩宫素促进产程
 D. 请儿科协助抢救
 E. 立即配血,补液,留置尿管

【案例分析题】

案例　初产妇,30 岁,妊娠 39 周,因阵发性下腹痛 8h 入院。胎心监护提示胎心基线 158 次 /min,基线变异可,伴有变异减速,胎心最低至 100 次 /min,可快速恢复正常 ,超声提示脐带绕颈 1 周。阴道检查:宫口开 3cm,头先露,S-1,胎膜未破,估计胎儿体重 3 400g,骨盆测量正常。

提问 1:此例出现变异减速的可能原因是
 A. 胎头受压　　　　　　B. 胎盘功能不足
 C. 脐带受压　　　　　　D. 胎儿异常
 E. 母体因素　　　　　　F. 胎盘早剥

提问 2:此时可采取何种措施,**不包括**
 A. 左侧卧位或改变体位
 B. 测产妇体温及血压等生命征
 C. 持续胎心监测
 D. 间断监测胎心
 E. 人工破膜
 F. 如频发变异减速且羊水浑浊可建议剖宫产

提问 3:人工破膜后见羊水 II 度浑浊,胎心监护提示胎心频发晚期减速,此时应做何处理
 A. 等待宫口开全行阴道助产
 B. 立即行剖宫产
 C. 静脉滴注小剂量缩宫素加强宫缩

1.【答案】B
　【解析】临产后破膜需立即听胎心,必要时持续胎心监护;记录破膜时间,阴道检查了解宫口扩张、胎头下降情况及有无脐带脱垂;如破膜 12h 仍未分娩可予抗生素预防感染;但如宫口未开全,不应该运用腹压。

2.【答案】C
　【解析】频发晚期减速提示胎儿窘迫,如点滴缩宫素只会加重胎儿缺氧,如短时间内无法阴道分娩,应立即剖宫产并作好术前准备。

提问 1:【答案】C
　【解析】变异减速的特点是胎心率减速与宫缩无固定关系,下降迅速且下降幅度大,持续时间长短不一,但恢复迅速。一般认为宫缩时脐带受压兴奋迷走神经引起。

提问 2:【答案】D
　【解析】变异减速的原因可能为脐带受压,可予左侧卧位或改变体位,并监测母体生命征;持续胎心监护了解胎心变化及宫缩情况,并在宫缩间歇期行人工破膜了解羊水性状,如频发变异减速且羊水浑浊可建议剖宫产。胎心有减速情况下间断监测胎心不合适。

提问 3:【答案】B
　【解析】指伴随宫缩出现的减速,通常是对称性地、缓慢地下降到最低点再恢复到基线。开始到胎心率最低点的时间≥30s,减速的最低点通畅延迟于宫缩峰值。一般来说,减速的开始、最低点及恢复分别落后于宫缩的起始、峰值及结束。晚期减速一般认为是胎儿缺氧的表现。此病例为初产妇,宫口开 3cm,估计短时间内难以结束分娩,应行剖宫产终止妊娠。

D. 等待自然分娩

E. 待宫口开全加腹压助产

F. 静脉滴注硫酸镁

提问 4:经处理,产妇分娩一男婴,1min 躯体皮肤红润,四肢青紫,四肢稍屈曲,吸痰有轻微喉反射,呼吸浅慢,心率 130 次/min,该新生儿 Apgar 评分为

A. 4 分 　　　　B. 5 分 　　　　C. 6 分

D. 7 分 　　　　E. 8 分 　　　　F. 9 分

提问 4:【答案】C
【解析】新生儿 Apgar 评分法见表 6-1。根据 Apgar 评分法,该男婴皮肤红润计 1 分,反射计 1 分,心率 130 次/min 计 2 分,呼吸和四肢状态各计 1 分,共 6 分。

表 6-1　新生儿阿普加(Apgar)评分法

体征	0 分	1 分	2 分
心率	无	<100 次/min	≥ 100 次/min
呼吸	无	慢,不规则	规则,啼哭
肌张力	瘫软	四肢稍屈	活动活跃
反射	无反应	皱眉	哭声响亮
皮肤颜色	青紫、苍白	躯体红润,四肢青紫	全身红润

(王子莲)

第二节　正常产程的监测要点及规范处理

【A1 型题】

1. 进入第二产程的标志是

A. 会阴体膨隆,肛门括约肌松弛

B. 宫口开全

C. 胎先露降至坐骨棘水平以下

D. 胎头拨露

E. 产妇出现排便感,不自主向下屏气

1.【答案】B
【解析】第二产程,又称胎儿娩出期,从宫口开全到胎儿娩出的全过程。宫口开全是进入第二产程的标志。

2. 下列关于胎盘娩出说法**错误**的是

A. 胎盘剥离不完全时可以用手按揉,下压宫底或牵拉脐带,以促使胎盘剥离

B. 胎盘完全剥离时,于宫缩时以左手握住宫底并按压,同时右手牵拉脐带,以协助产出胎盘

C. 胎膜娩出过程中,胎膜部分断裂,可用血管钳夹住断裂上端的胎膜,继续向原方向旋转,直至完全排出。

D. 当胎盘娩出至阴道口时,接产者以手捧住胎盘,向一个方向旋转并缓慢向外牵拉,协助胎盘胎膜完全剥离排出

E. 胎盘胎膜排出后,按摩子宫促进子宫收缩以减少出血

2.【答案】A
【解析】接产者切忌在胎盘未剥离时用手按揉、下压宫底或牵拉脐带,以免引起胎盘部分剥离而出血或拉断脐带,甚至造成子宫内翻、产后大出血。

3.【答案】C

【解析】分娩机制是胎儿先露部随骨盆各平面的不同形态,被动进行的一连串适应性转动,以其最小径线通过产道的全过程。临床上枕先露占95.55%~97.55%,其分娩机制为衔接—下降—俯屈—内旋转—仰伸—复位及外旋转。其中下降动作贯穿于分娩全过程,与其他动作相伴随。

1.【答案】E

【解析】第一产程,又称宫颈扩张期。指临产开始直至宫口完全扩张即开全为止。第一产程分为潜伏期和活跃期。我国《新产程标准及处理的专家共识(2014)》中以宫口扩张6cm作为活跃期的标志,并定义潜伏期延长为:初产妇>20h,经产妇>14h。此例产妇处于潜伏期,产程进展顺利,不予干预。

2.【答案】B

【解析】经产妇产程进展快,经产妇宫口扩张4cm且宫缩规律有力时,应将产妇送至分娩室,做好接产准备工作。此时应监测胎心,每5~10min听1次胎心,有条件时应用胎心监护仪监测。

1.【答案】E

【解析】临产后阴道检查能直接触清宫口四周边缘,准确估计宫颈质地、宫颈消退、宫口扩张、胎膜破裂、胎先露高低。若先露为头,还能了解矢状缝及囟门,确定胎方位。但不能得知胎儿大小。

2.【答案】C

【解析】瘢痕子宫阴道试产需详细了解上次剖宫产与此次分娩间隔时间长短、上次剖宫产手术方式及有无感染、出血等并发症、此次是否存在上次剖宫产指征、此次胎儿大小、产房有无紧急剖宫产技术等,综合进行评估。

3. 下列关于正常枕先露分娩机制,正确的是

  A. 衔接—俯屈—下降—内旋转—仰伸—复位及外旋转

  B. 衔接—下降—内旋转—俯屈—仰伸—复位及外旋转

  C. 衔接—下降—俯屈—内旋转—仰伸—复位及外旋转

  D. 下降—俯屈—衔接—内旋转—仰伸—复位及外旋转

  E. 下降—衔接—俯屈—内旋转—仰伸—复位及外旋转

【A2 型题】

1. 28 岁初产妇,妊娠 40 周,规律宫缩 5h。血压 120/68mmHg,骨盆测量值在正常范围,预测胎儿体重为 3 200g,枕左前位,胎心好。阴道检查宫口开大 2cm,S-1。本例正确的处置应是

  A. 立即行人工破膜   B. 静脉滴注小剂量缩宫素

  C. 肌内注射哌替啶 100mg   D. 静脉缓慢滴注硫酸镁

  E. 不予干涉,等待自然分娩

2. 经产妇,孕 3 产 2,足月顺产 2 胎,无难产史,孕 38 周。3h 前开始规律宫缩。急诊检查:宫缩持续 45s,间隔 3min,胎心率 140 次 /min,头位,宫口开 8cm,羊膜囊明显突出。此时恰当的处理是

  A. 灌肠以促进产程   B. 急送产房,准备接生

  C. 破膜后住院   D. 急诊留观

  E. 无须监测胎心

【A3/A4 型题】

(1~2 题共用题干)

30 岁产妇,3 年前剖宫产一次,此次临产 5h,宫缩 30s,间隔 5min,胎心 138 次 /min,先露头,要求试产。

1. 该孕妇住院后,医生予阴道检查,以下哪项内容不包含在阴道检查中

  A. 宫颈软硬、厚薄   B. 宫口扩张程度

  C. 了解胎方位   D. 了解胎头下降程度

  E. 胎儿大小

2. 该孕妇住院后,上级医生评估试产风险,以下哪一项不包含在评估项目中

  A. 上次剖宫产与此次分娩间隔时间长短

  B. 上次剖宫产手术方式及有无感染、出血等并发症

  C. 孕妇是否高龄

  D. 此次是否存在上次剖宫产指征

  E. 产房有无紧急剖宫产技术

【案例分析题】

案例 初产妇,孕 1 产 0,29 岁,妊娠 39 周,不规律下腹紧缩感

2d,下腹阵痛 2h。体格检查:血压 120/72mmHg,宫高 33cm,腹围 96cm,胎心率 145 次 /min,宫缩持续 30s,间隔 5~6min,规律,强度中上。阴道检查:宫颈 Bishop 评分 6 分,宫口未开,头先露。

提问 1:本例正确的诊断是

    A. 孕 1 产 0,宫内妊娠 39 周,单活胎,临产

    B. 胎儿窘迫

    C. 孕 1 产 0,宫内妊娠 39 周,单活胎,先兆临产

    D. 继发性宫缩乏力

    E. 潜伏期延长

    F. 活跃期延长

提问 2:入院 2h 后产妇宫缩持续 35s,间隔 2~3min,胎心 140 次 /min,S–2,宫口开大 2cm,血压正常。此时**不恰当**的处理是

    A. 自主体位

    B. 每隔 4~6h 测量血压 1 次

    C. 检查有无头盆不称

    D. 鼓励进食,增加能量

    E. 静脉滴注缩宫素加速产程

    F. 鼓励产妇每 2~4h 排尿 1 次

提问 3:宫口开全 1.5h,胎心监护提示胎心 150 次 /min,频繁出现晚期减速,羊水黄绿色,阴道检查宫口开全,S+3,ROA,胎头拨露。此时的紧急处理是

    A. 肌内注射哌替啶 100mg

    B. 立即行剖宫产术

    C. 会阴侧切,阴道助产

    D. 不宜用胎头吸引术助产

    E. 可暂时观察,等待自然分娩

    F. 静脉滴注葡萄糖液

(王子莲)

提问 1:【答案】A

【解析】临产开始的标志为规律且逐渐加强的子宫收缩,持续约 30s,间隔 5~6min,同时伴随进行性宫颈管消失、宫口扩张和胎先露部下降。

提问 2:【答案】E

【解析】此病例处于第一产程的潜伏期,宫缩时血压常会升高 5~10mmHg,间歇期复原。产程中应每隔 4~6h 测量 1 次。发现血压升高,应增加测量次数并给予相应处理。为保证精力和体力充沛,应鼓励产妇少量多次进食,吃高热量易消化食物,鼓励产妇排尿,以免膀胱充盈影响宫缩及胎头下降。第一产程潜伏期最大时限为 20h(初产妇),本病例从临产到宫口开 2cm,用时 4h,产程进展顺利,暂不需要静脉滴注缩宫素加速产程。

提问 3:【答案】C

【解析】胎心监护提示晚期减速,羊水浑浊,考虑胎儿窘迫,应尽快结束分娩。宫口开全,S+3,胎方位正常,胎头拨露,应选择阴道分娩,予会阴侧切,阴道助产(胎头吸引术或产钳助产)。

第七章　异常分娩

1.【答案】D

【解析】不协调性子宫收缩乏力，又称高张性子宫收缩乏力，指宫缩失去正常的对称性、节律性，尤其是极性。在产程中，宫缩乏力可使产程缓慢或停滞，使宫口扩张及胎心露下降缓慢，产程延长直接影响孕妇的休息及进食，产妇出现持续性腹痛及静息宫内压升高，不协调性收缩对子宫胎盘循环影响大，易发生胎儿窘迫。

2.【答案】C

【解析】不协调性子宫收缩乏力的原因包括：头盆不称或胎位异常、子宫肌源性因素（包括子宫畸形、子宫肌纤维过度伸展，如巨大儿、双胎）、内分泌失调（临产后孕妇体内缩宫素及前列腺素合成释放不足，胎盘合成或分泌硫酸脱氢表雄酮量少，致宫颈成熟度欠佳）等。

3.【答案】E

【解析】协调性宫缩乏力的处理原则是加强子宫收缩，在第一产程中，消除孕妇对分娩的顾虑和紧张情况，指导休息、饮食及大小便，不能进食者静脉补充营养，排尿困难时应及时导尿，破膜12h以上给予抗生素预防感染。上述一般处理后子宫收缩力仍弱，可选用人工破膜及静脉滴注缩宫素，试产2~4h产程仍无进展或出现胎儿窘迫征象时，应及时行剖宫产术。

4.【答案】B

【解析】子宫收缩乏力可引起产程延长导致孕妇神情疲惫、全身乏力，严重者引起脱水、酸中毒或低钾血症，手术产率增高，亦可导致产后出血和产褥感染率增加，第二产程延长产道受压过久致产后尿潴留，甚至尿瘘或粪瘘。对胎儿来说，不协调性收缩对子宫胎盘循环影响大，易发生胎儿窘迫。宫缩过强使宫腔压力增高，增加羊水栓塞的风险。

第一节　产力异常

【A1 型题】

1. 关于不协调性子宫收缩乏力的临床表现，以下哪项是**错误**的
   A. 产妇出现持续性腹痛及静息宫内压升高
   B. 易发生胎儿窘迫
   C. 宫口扩张及胎先露下降缓慢
   D. 宫缩存在正常的对称性、节律性和极性
   E. 可给予镇静剂

2. 子宫收缩乏力与哪项**无关**
   A. 双胎妊娠
   B. 子宫肌瘤
   C. 产妇体内前列腺素合成过多
   D. 头盆不称
   E. 胎儿、胎盘合成与分泌硫酸脱氢表雄酮量少

3. 协调性子宫收缩乏力的处理原则**不正确**的是
   A. 人工破膜
   B. 静脉滴注缩宫素
   C. 加强子宫收缩
   D. 指导孕妇休息、饮食及大小便
   E. 均需剖宫产终止妊娠

4. 关于子宫收缩乏力对母儿影响，以下**不正确**的是
   A. 产妇精神疲惫、全身乏力
   B. 易发生羊水栓塞
   C. 易发生胎儿窘迫
   D. 可致产后出血和产褥感染率增加
   E. 可致产后尿潴留

5. 出现子宫收缩乏力后,使用缩宫素过程中**不正确**的是
    A. 从小剂量开始静脉滴注
    B. 缩宫素最大给药浓度不超过 20mIU/min
    C. 用药期间需注意胎心、血压、宫缩及产程进展等变化
    D. 缓慢增加剂量,逐步调整到有效剂量(宫缩间歇 2~3min,持续 40~60s,宫腔压力达到 60mmHg)
    E. 适用于所有宫缩乏力患者

【A2 型题】

1. 初产妇,妊娠 39 周,规律宫缩 17h,骨盆外测量正常,估计胎儿体重 3 500g,现宫缩减弱变稀,宫缩间隔 5~6min,持续 20~30s,宫缩弱,阴道检查,宫口开 7cm,S+1,胎膜未破,先露头,胎心 145 次/min,下列哪项诊断正确
    A. 先兆临产　　　　　　B. 继发性宫缩乏力
    C. 原发性宫缩乏力　　　D. 活跃期停滞
    E. 胎儿窘迫

2. 初产妇,规律宫缩 12h,宫口开 2cm,S-3,4h 后宫口仍开 2cm,S-3,宫缩 10s/6~7min,以下处理**不正确**的是
    A. 人工破膜
    B. 人工破膜后缩宫素加速产程
    C. 检查有无头盆不称
    D. 鼓励进食,增加能量
    E. 剖宫产终止妊娠

3. 28 岁初产妇,妊娠 40 周,规律宫缩 13h,近 2h 产程无进展,产妇持续性腹痛,腹部拒按,胎心 152 次/min。肛查宫口开大 3cm,胎头 S+1。本例正确处理应是
    A. 阴道检查后再决定分娩方式
    B. 静脉滴注缩宫素
    C. 肌内注射哌替啶 100mg
    D. 人工破膜后静脉滴注缩宫素
    E. 立即行剖宫产术

4. 初产妇,妊娠 40 周,规律宫缩 18h,阴道检查:宫口开大 6cm,S-1,宫缩渐弱,20~30s/6~7min。2h 后复查,宫口仍开大 8cm,S-1,骨盆外测量正常范围,胎心 130~135 次/min,规律,该产妇属于下列哪种产程图异常
    A. 潜伏期延长　　　　　B. 活跃期延长
    C. 活跃期停滞　　　　　D. 胎头下降延缓
    E. 第二产程停滞

5.【答案】E
【解析】宫缩乏力使用缩宫素应从小剂量开始静脉滴注,从 2.5IU 起,每 1ml 中含有 5mIU 缩宫素,开始滴速为 8 滴/min,在 15min 内调整到有效剂量(宫缩间歇 2~3min,持续 40~60s,宫腔压力达到 60mmHg)。缩宫素最大给药浓度无明确规定,一般不超过 20mIU/min,用药期间需注意胎心、血压、宫缩及产程进展等变化,对明显产道梗阻或伴瘢痕子宫者不宜应用。

1.【答案】B
【解析】初产妇,规律宫缩 17h,宫口开 7cm,S+1,宫缩较前减弱变稀,宫缩间隔 5~6min,持续 20~30s,随着产程进展,宫缩间隔应渐短,持续时间延长,强度增加,该孕妇宫缩由规律到减弱变少,考虑继发性宫缩乏力。

2.【答案】E
【解析】继发性宫缩乏力可行人工破膜术、缩宫素加速产程,再次评估有无产道梗阻,并鼓励孕妇进食,增加能量。

3.【答案】C
【解析】产妇持续性腹痛、烦躁不安,宫口扩张缓慢,应考虑异常宫缩,不要进行阴道内操作及停用缩宫素的药物。若无胎儿窘迫征象,给予镇静剂如哌替啶 100mg 或吗啡 10mg 肌肉注射,持续胎心监护,当宫缩恢复正常后,如无胎儿窘迫征象可继续待产。

4.【答案】D
【解析】活跃期及第二产程胎头下降速度 <1cm/h,称胎头下降延缓。

1.【答案】A

2.【答案】D
【解析】孕妇自然临产,宫口开4cm,S=0,宫缩间隔3~4min,持续30~40s,属于正常产程,可不予处理,先观察;4h后宫口仍开4cm,S=0,宫缩间隔延长,临产后子宫收缩节律性、对称性及极性无改变,但收缩力减弱,考虑继发性子宫收缩乏力。可采取人工破膜加速产程,亦可静脉滴注缩宫素加强宫缩。

3.【答案】E

4.【答案】D
【解析】孕妇自然临产,宫口开8cm,S+1,宫缩时子宫体部不变硬,持续20s,间隔5~6min,胎心140次/min,属于继发性宫缩力,即产程早期宫缩正常,于第一产程活跃期后期或第二产程时宫缩减弱,常见于中骨盆或骨盆出口平面狭窄,胎先露下降受阻。对母儿可造成产妇精神体力消耗,出现疲乏无力、肠胀气、排尿困难;第二产程延长增加助产率,产后宫缩乏力容易引起产后出血,宫缩乏力导致产程延长,胎头和脐带受压时间过长,易发生胎儿窘迫。

5.【答案】E

6.【答案】B
【解析】宫缩过强、过频,产程过快,可致产妇宫颈、阴道及会阴撕裂伤,胎儿娩出后子宫肌纤维缩复不良,易发生胎盘滞留或产后出血。分娩在短时间内结束,总产程小于3h结束分娩,称为急产。急产应以预防为主,有急产史孕妇,应提前住院待产,临产后慎用缩宫药物及其他促进宫缩的处理办法,提前做好接产及抢救新生儿窒息的准备。胎儿娩出时,嘱孕妇勿向下用力屏气,产后仔细检查宫颈、阴道、外阴,若有撕裂应及时缝合,若属未消毒的接产,应给予抗生素预防感染。

【A3/A4 型题】

(1~2 题共用题干)

29 岁初产妇,孕38^{+2}周,单胎头位入院待产。自然临产,现阴道检查,宫口开4cm,胎先露头,S=0,宫缩间隔3~4min,持续30~40s。

1. 现目前处理正确的是
    A. 继续观察　　　　　　　　B. 人工破膜
    C. 静脉滴注缩宫素　　　　　D. 补液支持
    E. 剖宫产

2. 4h 后,产妇宫缩时子宫体部不变硬,持续20s,间隔5~6min,胎心140次/min,查宫口开4cm,S=0,胎膜未破,此时最适宜的处理是
    A. 继续观察　　　　　　　　B. 立即剖宫产终止妊娠
    C. 缩宫素静脉滴注　　　　　D. 人工破膜
    E. 产钳助产

(3~4 题共用题干)

27 岁女性,孕2产0,孕37^{+5}周,自然临产,现阴道检查,宫口开8cm,胎先露头,S+1,胎膜未破,宫缩时子宫体部不变硬,持续20s,间隔5~6min,胎心140次/min。超声提示胎儿双顶径9.6cm,腹围32cm。

3. 出现以上情况最可能的是
    A. 子宫收缩过强　　B. 胎儿过大　　　　C. 胎儿畸形
    D. 骨盆狭窄　　　　E. 子宫收缩乏力

4. 此时对母儿影响,叙述**不正确**的是
    A. 产程延长,产妇疲乏无力、肠胀气、排尿困难
    B. 容易产后出血
    C. 胎儿窘迫
    D. 胎盘早剥
    E. 产钳助产率升高

(5~6 题共用题干)

32 岁女性,孕2产1,孕39周,胎膜早破,规律宫缩2h后,娩一活婴。

5. 以下说法**不正确**的是
    A. 急产
    B. 产后需仔细探查宫颈、阴道及会阴
    C. 预防产后出血
    D. 容易发生胎盘滞留
    E. 总产程小于2h结束分娩,称为急产

6. 预防急产发生,**不正确**的是
    A. 有急产史孕妇,应提前住院待产

B. 胎儿娩出时,指导孕妇向下用力屏气

C. 提前做好接产及抢救新生儿窒息的准备

D. 产后仔细检查宫颈、阴道、外阴,若有撕裂应及时缝合

E. 若属未消毒的接产,应给予抗生素预防感染

【案例分析题】

案例一 初产妇,妊娠 40 周,胎膜早破 2h 入院,查血压 120/75mmHg,宫高 35cm,腹围 105cm。现阴道检查,宫口开 5cm, S=0;2h 后宫缩减弱,间歇时间增加,给予缩宫素静脉滴注后,产妇出现持续性腹痛,烦躁不安,宫缩间隔 1~2min,持续 45s,胎心 110 次 /min。阴道检查,宫口开 5cm,S=0。

提问 1:此时最可能的诊断是

    A. 先兆子宫破裂

    B. 胎盘早剥

    C. 不协调性子宫收缩过强

    D. 协调性子宫收缩过强

    E. 高张性宫缩乏力

提问 2:此时应立即采取的措施是

    A. 立即停止静脉滴注缩宫素

    B. 持续监测胎心变化

    C. 应用宫缩抑制剂

    D. 立即剖宫产终止妊娠

    E. 继续观察

提问 3:上述处理后,孕妇仍感腹痛难忍,子宫下段压痛明显,宫缩间隔 1~2min,持续 45~60s。阴道检查:宫口开全,S+1,胎心 100 次 /min,此时应立即采取的措施是

    A. 等待宫口开全行产钳助产

    B. 会阴侧切,阴道助产

    C. 立即肌内注射哌替啶或地西泮

    D. 立即剖宫产终止妊娠

    E. 立即静脉滴注硫酸镁

案例二 患者,女,28 岁,孕 1 产 0,孕 39+6 周,规律宫缩 16h,现宫缩间隙 2~3min,持续 30~40s,胎心 150 次 /min,阴道检查,宫口开 6cm,S=0,先露头。

提问 1:目前正确的处理是

    A. 人工破膜

    B. 肌内注射哌替啶

    C. 不需要干涉产程进展,继续观察

    D. 静脉滴注缩宫素

    E. 剖宫产终止妊娠

提问 1:【答案】C

提问 2:【答案】ABC

提问 3:【答案】D

【解析】该孕妇因继发性宫缩乏力给予缩宫素加强宫缩后,出现持续性腹痛、宫缩间隔 1~2min,持续 45s,考虑不协调性宫缩过强,应立即抑制宫缩,可立即停止静脉滴注缩宫素、持续监测胎心变化,一旦发生强制性宫缩,给予吸氧同时应用宫缩抑制剂。若宫缩缓解、胎心正常,可等待自然分娩或经阴道手术助产,若无法缓解,或出现胎心改变,胎儿宫内窒迫可能,需要紧急剖宫产终止妊娠。

提问 1:【答案】C

提问 2:【答案】A

提问 3:【答案】ABCD
【解析】孕妇宫口开 6cm，S=0，宫缩间隔 2~3min，持续 30~40s，属于正常产程，不需干涉。孕妇 2h 后，宫缩间隔延长，宫缩强度转弱，使产程延长，考虑继发性宫缩乏力，此时可人工破膜加速产程。加速产程后，产程进展迅速，容易造成软产道裂伤、胎儿窘迫，若出现胎儿窘迫，应尽早行剖宫产术，同时做好新生儿窒息复苏准备工作。

1.【答案】B
【解析】男型骨盆:骨盆入口约呈三角形，两侧壁内聚，坐骨棘突出，耻骨弓较窄。坐骨切迹窄呈高弓形，骶骨较直而前倾，致出口后矢状径较短，骨盆腔呈漏斗形。

2.【答案】E
【解析】当骨盆出口横径 <8cm 时，需要进一步测量出口矢状径，判断有无骨盆出口平面狭窄，如坐骨结节间径与出口后矢状径之和 >15cm，则可阴道试产。骨盆出口狭窄根据坐骨结节间径及坐骨结节间径与骨盆出口后矢状径之和数值不同分 3 级:Ⅰ级为临界性狭窄，坐骨结节间径 7.5cm，坐骨结节间径与出口后矢状径之和 15.0cm;Ⅱ级为相对性狭窄，坐骨结节间径 6.0~7.0cm，骨结节间径与出口后矢状径之和 12.0~14.0cm;Ⅲ级为绝对性狭窄，坐骨结节间径 ≤ 5.5cm，坐骨结节间径与出口后矢状径之和 ≤ 11.0cm。

3.【答案】C
【解析】内旋转:当胎头下降到骨盆底遇到阻力时，胎头为适应中骨盆前后径长，横径短的特点，枕部向母体中线方向旋转 45° 达耻骨联合后面，使其矢状缝与骨盆前后径相一致的动作。胎头于第一产程末完成内旋转。枕先露时胎头枕部最低，遇到骨盆底肛提肌阻力时，肛提肌收缩将胎儿枕部推向阻力小且宽阔的前方。

1.【答案】E
【解析】骨盆形态及大小异常是发生持续性枕后位的重要原因，特别是

提问 2:2h 后宫缩间隔 5~6min，持续 30s，胎心 150 次/min，先露头，宫口开仍 6cm，S=0，目前需要
    A. 人工破膜
    B. 继续观察
    C. 剖宫产终止妊娠
    D. 肥皂水灌肠
    E. 改变体位

提问 3:经上述处理后，1h 后出现宫缩间隔 1~2min，持续 45s，阴道检查宫口开全，S+2，分娩过程中需注意
    A. 阴道分娩，保护会阴，避免软产道裂伤
    B. 连续胎心监护，警惕胎儿窘迫
    C. 若出现胎儿窘迫，应立即终止妊娠
    D. 做好新生儿窒息复苏准备工作
    E. 立即产钳助产

(李笑天)

第二节　产道异常

【A1 型题】

1. 男型骨盆形态为
    A. 入口略呈圆形，横径较前后径稍长，耻骨弓较宽
    B. 入口略呈三角形，两侧壁内聚，耻骨弓较窄
    C. 入口呈卵圆形，前后径较横径稍长，耻骨弓较窄
    D. 入口呈扁平状，横径长前后径短，耻骨弓宽
    E. 入口呈肾形，骶骨下段向后移，尾骨呈钩状，耻骨弓宽

2. 如果测量骨盆出口横径 <8cm，应进一步测量下列何条径线
    A. 对角径　　　　　　　　B. 坐骨棘间径
    C. 坐骨切迹宽度　　　　　D. 出口前矢状径
    E. 出口后矢状径

3. 关于内旋转，下列描述**不恰当**的有
    A. 使胎头矢状缝与中骨盆及骨盆出口前后径一致
    B. 在中骨盆进行
    C. 胎头内旋转向后旋转 45°
    D. 内旋转后，胎头后囟转至耻骨弓下
    E. 在第一产程末完成

【A2 型题】

1. 孕 1 产 0，孕 39 周，临产 9h。阴道检查:宫口开 9cm，S=0，胎儿枕部位于 6 点处。造成此种胎位异常的原因哪个**不正确**

A. 男型骨盆　　　　　　B. 类人猿型骨盆
C. 头盆不称　　　　　　D. 子宫收缩乏力
E. 长时间平卧

2. 28 岁,孕 1 产 0,孕 38^{+2} 周,规律腹痛半天,阴道流液 2h 来院,阴道检查:宫口开 3cm,可及胎儿口鼻。造成此种胎位异常的原因**不包括**
　　A. 腹壁松弛　　　　　B. 头盆不称
　　C. 宫缩乏力　　　　　D. 脐带过短
　　E. 无脑儿畸形

3. 初产妇,头位,宫口开全 2h,S+3,LOT,胎心监护为 Ⅲ 类监护,宫缩良好,最佳处理方法是
　　A. 等待阴道自然分娩　　B. 静脉滴注缩宫素加速产程
　　C. 剖宫产终止妊娠　　　D. 持续胎心监护
　　E. 阴道检查后产钳助产

【A3/A4 型题】

(1~2 题共用题干)
孕 1 产 0,孕 40 周,临产 10h,破膜 7h,宫缩规律,30s/2~3min,胎心 150 次 /min,羊水 Ⅰ 度。阴道检查:宫口开 5cm,S=0,矢状缝在右斜径上(左?),小囟在 7 点处,坐骨棘稍突。观察 4h 后,胎心 152 次 /min,阴道检查:宫颈前唇水肿,宫口开 5cm,S=0,矢状缝在右斜径上,小囟在 7 点处,有产瘤,剖宫产终止妊娠

1. 手术指征是
　　A. 胎儿窘迫　　　　　B. 持续性枕后位
　　C. 胎膜早破　　　　　D. 宫缩乏力
　　E. 相对性头盆不称

2. 该患者可能的骨盆形态为
　　A. 类人猿型骨盆　　　B. 扁平型骨盆
　　C. 佝偻病性扁平骨盆　D. 漏斗形骨盆
　　E. 均小骨盆

(3~4 题共用题干)
孕 1 产 0,孕 41 周,胎儿估计 3 200g,骨盆测量:坐骨结节间径 7cm,出口后矢状径 6cm,耻骨弓角度 <90°。

3. 该患者易发生
　　A. 持续性枕横位　　　B. 持续性枕后位
　　C. 第一产程潜伏期延长　D. 第一产程活跃期停滞
　　E. 第二产程延长

4. 该位患者最恰当的处理是
　　A. 会阴侧切术　　　　B. 产钳术

男型及类人猿型骨盆,骨盆入口面前半部窄后半部宽,胎头较宽的枕部,容易取枕后位入盆;中骨盆又狭窄,使以枕后位入盆的胎头难以进行内旋转。此外,子宫收缩乏力、前置胎盘、胎儿过大过小、胎儿发育异常均可影响胎头俯屈及内旋转,造成持续性枕后位。

2.【答案】C
【解析】面先露原因有:①头盆不称,临产后胎头衔接受阻,导致胎头极度仰伸;②腹壁松弛,经产妇悬垂腹时胎背向前反曲,胎儿颈椎及胸椎仰伸形成面先露;③脐带过短或脐带绕颈,使胎头俯曲困难;④畸形,无脑儿因无顶骨,可自然形成面先露。

3.【答案】E
【解析】胎心监护为 Ⅲ 类监护,需要立即终止妊娠。宫口开全,胎先露达"+3",可以产钳助产,短暂尝试徒手转胎位,如转成枕前位,可以 SIMPON 产钳助产,如徒手转胎位不成功,K 式产钳助产。

1.【答案】BE

2.【答案】AD
【解析】漏斗型及类人猿型骨盆易发生持续性枕后位。持续性枕后位经过充分试产,胎头始终不能衔接者,须行剖宫产;即使胎头已衔接,但阻滞于 +2 或者伴有中骨盆 - 出口面狭窄,徒手旋转胎头失败者,仍行剖宫产为妥。

3.【答案】E

4.【答案】C
【解析】骨盆出口平面狭窄常与中骨盆平面狭窄共存,可导致继发性宫缩乏力及第二产程停滞,胎头双顶径不能通过骨盆出口。骨盆出口平面狭窄不应阴道试产。

C. 剖宫产术　　　　　　　　D. 等待自然分娩

E. 缩宫素静脉滴注

(5~6 题共用题干)

24 岁,孕 1 产 0,孕 38⁺⁵ 周,胎头双顶径 9.3cm,骨盆入口约成三角形,两侧壁内聚,坐骨棘突出,耻骨弓较窄。

5. 预计临产后**不易**发生的是

　　A. 第二产程延长　　　　　　B. 持续性枕后位

　　C. 第一产程潜伏期延长　　　D. 持续性枕横位

　　E. 第一产程活跃期停滞

6. 该位患者最恰当的处理是

　　A. 剖宫产术　　　　　　　　B. 产钳术

　　C. 会阴侧切术　　　　　　　D. 短期阴道试产

　　E. 缩宫素静脉滴注

(7~8 题共用题干)

28 岁,孕 1 产 0,孕 39 周,规律宫缩 11h 入院。查体:髂棘间径 25cm,骶耻外径 20cm,坐骨结节间径 8.0cm,枕右前位,胎心 134 次 /min,宫口开 3cm,S=0。3h 后患者诉腹痛难忍,查体:子宫下段有压痛,宫缩 45s/1~2min,胎心 102 次 /min,宫口开 9cm,S+1。

7. 此时产程受阻的原因主要是

　　A. 骨盆入口狭窄　　　　　　B. 扁平骨盆

　　C. 中骨盆狭窄　　　　　　　D. 骨盆出口狭窄

　　E. 漏斗骨盆

8. 予剖宫终止妊娠,该患者剖宫产指征有

　　A. 头盆不称　　　　　　　　B. 胎儿窘迫

　　C. 骨盆出口狭窄　　　　　　D. 先兆子宫破裂

　　E. 第二产程延长

【案例分析题】

案例　孕妇,30 岁,孕 1 产 0,孕 39 周,规律宫缩 14h 入院,胎儿估重 3 600g。查体:髂棘间径 23cm,髂嵴间径 25cm,骶耻外径 18cm,坐骨结节间径 8cm,出口后矢状径 8cm。现宫缩间隙 3~4min,持续 20s,子宫质地中等,胎心 140 次 /min;阴道检查:宫口开 6cm,S-1,羊膜囊鼓,中骨盆有内聚感。

提问 1:目前正确的处理是

　　A. 人工破膜

　　B. 肌内注射哌替啶

　　C. 不需要干涉产程进展,继续观察

　　D. 静脉滴注缩宫素

5.【答案】C

6.【答案】D

　【解析】中骨盆狭窄可使胎头下降延缓停滞,活跃期及第二产程延长,胎头内旋转及下降受阻易发生持续性枕后位及持续性枕横位。中骨盆狭窄若宫口开全初产妇达 2h,经产妇达 1h,胎头双顶径仍在坐骨棘水平以上或伴有胎儿窘迫征象,应行剖宫产术。

7.【答案】D

8.【答案】ABCD

　【解析】狭窄骨盆的分类:①骨盆入口平面狭窄,骶耻外径 <18cm,入口前后径 <10cm,包括单纯扁平骨盆和佝偻病性扁平骨盆;②中骨盆及骨盆出口平面狭窄,坐骨棘间径 <10cm,坐骨结节间径 <7.5cm,包括漏斗骨盆和横径狭窄骨盆;③骨盆三个平面狭窄,骨盆外形属女型骨盆,骨盆入口、中骨盆及骨盆出口平面均狭窄,每个平面径线均小于正常值 2cm 或更多,称为均小骨盆,多见于身材矮小、体型匀称的女性;④畸形骨盆,骨盆失去正常形态,包括骨软化症骨盆和偏斜骨盆。

提问 1:【答案】C

E. 剖宫产终止妊娠

提问2:2h后孕妇现宫缩间隙4~5min,持续20s,质地弱,胎心146次/min。查体:阴道检查:宫口开6cm,S-1,羊膜囊鼓。目前需要

    A. 人工破膜   B. 继续观察

    C. 剖宫产终止妊娠   D. 肥皂水灌肠

    E. 改变体位

提问3:半小时后宫缩间隔4~5min,持续20s,质地弱,胎心150次/min。目前需要

    A. 继续观察   B. 缩宫素加速产程

    C. 剖宫产终止妊娠   D. 肌内注射哌替啶

    E. 改变体位

提问4:过4h后宫缩间隔2~3min,持续30s,质地中等,胎心150次/min。阴道检查:宫口开6cm,S=0,枕后位,产瘤直径4cm,宫缩时先露下降不明显。目前需要

    A. 继续缩宫素加速产程

    B. 连续胎心监护,警惕胎儿窘迫

    C. 肌内注射哌替啶

    D. 立即剖宫产

    E. 立即产钳助产

(李笑天)

第三节 胎位异常

【A1 型题】

1. 关于臀位,下述哪项是正确的

    A. 第二产程接产前应导尿并常规行会阴侧切术

    B. 子宫收缩乏力的发生率并不增多

    C. 胎臀已进入盆腔,排出胎便是胎儿窘迫的征象

    D. 无法经阴道分娩

    E. 易发生胎膜早破、脐带脱垂

2. 妊娠足月胎儿,下列哪种胎位**不可能**经阴道分娩

    A. 额后位   B. 枕后位   C. 枕横位

    D. 额前位   E. 单臀先露

【A2 型题】

1. 24岁外地农村孕妇,自述怀孕34周,腹痛未予重视,突发阴道大量流液4h来医院,听诊胎心60次/min,搏动弱,阴道检查阴道内触及大段游离脐带,以下**不易**发生脐带脱垂的情况包括

提问2:【答案】A

提问3:【答案】B

提问4:【答案】D

【解析】孕妇临产14h,宫缩间隙3~4min,持续20s,质地中等,胎心140次/min,阴道检查:宫口开6cm,S-1,羊膜囊鼓,虽然中骨盆有内聚感,但可以短期试产,属于正常产程,不需干涉。孕妇2h后,宫缩间隙延长,宫缩强度转弱,已进入活跃期,考虑继发性宫缩乏力之力,此时可人工破膜加速产程。加速产程后半小时,仍然没有达到理想的活跃期宫缩,因此可以缩宫素加速产程。加强宫缩后4h,宫缩间隙2~3min,持续30s,质地中等,阴道检查:宫口扩张无进展,胎头产瘤形成,结合胎儿估重3 600g,中骨盆内聚感,考虑活跃期停滞,相对性头盆不称,已充分试产,剖宫产终止妊娠。

1.【答案】E

【解析】臀先露因胎臀形状不规则,扩张宫颈及刺激宫旁神经丛的张力不如头先露,易发生继发宫缩乏力及查收出血。臀位临产后先露入盆因宫缩刺激易排出胎便,并非胎儿窘迫征象。接产前应导尿,根据头盆情况决定是否需要侧切,部分经产妇、胎儿小、骨产道宽大、宫缩强者可自然娩出,胎膜早破、脐带脱垂是常见并发症。

2.【答案】A

【解析】面先露中额前位可经过胎头仰伸、下降、内旋转、俯屈、复位及外旋转经阴道分娩,而额后位继续下降时,已极度延伸的胎头大部分嵌顿在耻骨联合后上方不能再继续仰伸适应骨盆轴下降,更不能俯屈,故额后位不能经阴道分娩。单臀先露若胎儿体重小于3 500g,无头盆不称,可经阴道试产。枕横位或枕后位并非阴道分娩禁忌,但阴道助产率升高,可通过体位调整、加强宫缩、旋转胎位等处理。

1.【答案】B

【解析】凡胎儿先露部与骨盆入口平面不能严密衔接,在两者之间留有空隙者,均可发生脐带脱垂。主要原因有异常胎先露、胎头浮动、脐带过长、早产或双胎妊娠第二胎娩出前、羊

水过多等。胎位异常中横位发生脐带脱垂比例最高,其次为臀先露。臀先露中大多发生于足先露,而单臀先露常能与盆腔密切衔接,发生脐带脱垂者较少。面先露或复合先露,常不完全填满骨盆入口,在破膜后胎头才衔接,容易诱发脐带脱垂。

2.【答案】A
【解析】对于第二产程延长者,先露下降至坐骨棘下 2.5cm,可用手转胎头或用胎头吸引器辅助将胎头转至枕前位后阴道助产。若转至枕前位困难,亦可转至正枕后位产钳助产。当枕后位娩出时,胎头俯屈差,宜适当扩大会阴切开,以防产道裂伤。而此时自由体位分娩估计无效,宫缩间隔 2~3min,持续 35s,强度中,说明宫缩情况很好,静脉滴注缩宫素后继续指导运用腹压无必要,剖宫产显然不合适。

1.【答案】B
【解析】双胎的 B 胎肩先露并非阴道分娩禁忌。分娩期应根据胎产次、胎儿大小、胎儿是否存活、宫颈扩张程度、胎膜是否破裂以及有无并发症等综合判断决定分娩方式。一胎娩出后若第二胎儿为肩先露,在未破膜前可在宫缩间歇期行外倒转术,若外倒转失败或胎膜自破,必须把握时机尽快进入宫腔行内倒转术,使第二胎儿转成臀先露或头先露娩出。破膜后羊水流出宫腔空间狭小,且存在脐带脱垂等风险,操作把握时机对于双胎妊娠阴道分娩至关重要。

2.【答案】C
【解析】此时情况紧急,若转胎位失败或脐带脱垂等需急诊剖宫产手术抢救胎儿,所以必须同时做好急诊手术准备。再给予子宫收缩剂、行外倒转术、胎头吸引术助产、臀高位继续待产显然会耽误时间,失去抢救时间。

3.【答案】B
【解析】因产妇胎先露偏高,无法触摸耳廓及耳屏位置及方向,故目前阴道检查触摸大小囟门为最可靠的办法。

4.【答案】C
【解析】产钳与胎头吸引术两者在临床上广泛应用,适应证相仿,但二者不能相互代替或偏废,应根据条件及分娩进展情况,合理选择,规范操作,才能达到良好的临床效果。胎头吸引

A. 羊水过多　　　　　　　B. 枕后位
C. 足先露
D. 横位肩先露
E. 混合臀先露

2. 27 岁初产妇,宫口开全 3h,无分娩镇痛,诊断为持续性枕后位,胎先露棘下 2.5cm,胎心 140 次/min,宫缩间隔 2~3min,持续 35s,强度中。接下来的处理方案包括
A. 会阴侧切手转胎头至枕前位产钳助产
B. 自由体位分娩
C. 静脉滴注缩宫素后继续指导运用腹压
D. 剖宫产
E. 继续观察

【A3/A4 型题】

(1~2 题共用题干)

30 岁经产妇,36 周,双胎妊娠自然分娩,A 胎儿为头位,新生儿体重 2 600g,Apgar 评分 8 分;A 胎儿娩出后即阴道检查发现 B 胎儿为横位、肩先露,胎心 144 次/min,宫缩间隔 6~7min,持续 15s,强度弱。

1. 本例恰当的紧急处理应是
A. 给予子宫收缩剂　　　　B. 行内倒转术
C. 人工破膜
D. 急诊剖宫产
E. 胸膝卧位纠正胎位

2. 内倒转失败,以下哪项处理正确
A. 给予子宫收缩剂　　　　B. 行外倒转术
C. 启动紧急剖宫产
D. 抬头吸引术
E. 臀高位继续待产

(3~4 题共用题干)

26 岁经产妇,前次分娩胎儿体重 3 000g,此次足月妊娠自然临产而入院,估计胎儿体重 4 000g,第一产程进展顺利,但宫口开全后 1h 胎先露下降不满意,可触及小产瘤。

3. 为确定是否持续性枕后位,下列哪个检查最可靠
A. 阴道检查触摸矢状缝
B. 阴道检查触摸大小囟门
C. 阴道检查触摸耳廓及耳屏位置及方向
D. 腹部触摸胎背的位置
E. 根据腹部胎心听诊的位置

4. 经阴道检查发现为持续性枕横位,以下处理哪项正确
A. 必须立即行剖宫产分娩

B. 马上行胎头吸引术经阴道分娩

C. 可以使用中位产钳助产

D. 胸膝卧位协助转胎位并继续指导屏气用力

E. 加强宫缩,再观察

【案例分析题】

案例一 初产妇,孕 39 周,规律宫缩 2h 入院,估计胎儿体重 3 500g,骨盆外测量 24cm-27cm-18cm-8.5cm,查宫底剑突下 1 横指,LOA,胎心监护 I 类,宫缩强,胎头跨耻征可疑阳性。观察 4h,产妇腹部检查,未能触及胎头,胎头已入盆。阴道检查:宫口开大 4cm。行人工破膜,先露 S-2 至 S-1,宫缩时下降不明显。胎头矢状缝与骨盆入口横径一致,靠近骶岬盆腔后半部空虚,宫颈前唇水肿。宫缩规律,强度较前减弱。

提问 1:目前的诊断为

A. 孕 1 产 0,39 周妊娠　　B. 先兆临产

C. 临产　　D. 持续性枕后位

E. 持续性枕横位　　F. 活跃期停滞

G. 后不均倾位　　H. 前不均倾位

I. 胎头下降停滞

提问 2:下列哪些措施一定程度上可以预防或早期识别不均倾位

A. 临产后,产妇取坐位或半卧位

B. 临产后,产妇多下床活动

C. 临产后,产妇取左侧卧位

D. 胎头下降停滞,持续性枕横位,矢状缝不处于骨盆中央

E. 产程进展缓慢,宫缩由强变弱,产瘤位于前顶骨或后顶骨

F. 胎头下降停滞,持续性枕横位,宫颈前唇或后唇水肿

G. 胎心异常

H. 羊水浑浊

I. 羊水浑浊

提问 3:下一步处理措施较为恰当的是

A. 继续阴道试产　　B. 使用缩宫素加强宫缩

C. 哌替啶镇静　　D. 软化宫颈

E. 产钳助产　　F. 剖宫产分娩

G. 留置导尿并行术前准备　　H. 徒手旋转胎方位

I. 嘱产妇旋转至四肢着地

提问 4:该病例剖宫产手术中,关于手术的描述正确的是

A. 胎头位置较低时,为了利于胎头娩出,应尽量靠近宫颈切开

B. 切开子宫下段,见到胎肩时,可用手抵住胎肩,轻轻朝宫底方向推送

C. 娩出胎头前,应使胎头侧屈得到纠正,防止前臂脱出

D. 娩出胎头时,以枕后位娩出

式操作简便,容易掌握,但不适用于胎先露过高的产妇。产钳操作手术技巧要求较高,术者可控制胎儿娩出,紧急情况需及时将胎儿娩出。因本患者胎先露高,故选择产钳。

提问 1:【答案】ACEH
【解析】前不均倾位因前顶骨先入盆,后顶骨不能入盆,可使胎头下降停滞、产程延长。临床可表现为因前顶骨入盆胎头折叠于胎肩之后,使在耻骨联合上方不易触及胎头,形成胎头已衔接的假象。而阴道检查胎头矢状缝在骨盆入口横径上,矢状缝向后靠近骶岬侧,盆腔后半部空虚,宫颈前唇受压出现水肿。

提问 2:【答案】ADEF
【解析】临产后早期,产妇宜坐位或半卧位,以减少骨盆倾斜度,尽量避免胎头以不均倾位衔接。出现不均倾位,可以导致产程延长、继发宫缩乏力、胎头下降停滞,阴道检查可表现为持续性枕横位,矢状缝偏向骨盆前或后半部分,产瘤分别位于后或前顶骨,宫颈后或前唇水肿。

提问 3:【答案】FG
【解析】一旦考虑不均倾位,除非胎儿小、宫缩强、骨盆宽大,给予短期内试产外,均应尽快剖宫产终止妊娠。该病例估计胎儿体重 3 500g,临产时跨耻征可疑阳性,头盆不称可能性大,已出现宫缩乏力,继续加强宫缩、阴道试产不妥。

提问 4:【答案】BCH
【解析】医前顶骨嵌于耻骨联合后方,尿道受压不易插入导尿管,可适当上推胎头留置导尿管,但必须于手术前完成。前不均倾位手术技巧是应取子宫下段横切口,胎头位置偏低时,应注意避免切口向下撕裂,切开子宫下段时,不宜位置过低,可用手抵住胎肩,朝宫底方向推送,使胎头侧屈得到纠正,防止前臂脱出,可以枕横位或枕前位娩出胎头。剖宫产时的产钳助产一般更适用于胎头高浮时。

E. 胎头前顶骨紧嵌在耻骨联合后方,需助手阴道内上推胎头,协助胎头娩出

F. 子宫下段纵切口有助于胎儿娩出

G. 因前顶骨嵌于耻骨联合后方,尿道受压不易插入导尿管,可术后再留置导尿

H. 胎头位置较低时,应注意避免切口向下撕裂

I. 胎头位置较低时,必要时可在剖宫产时产钳助产

案例二 初产妇,妊娠39周,晨6时出现阴道流液,色清,后出现规律下腹痛,下午3时宫口开大7~8cm,胎心140次/min。阴道检查:S+1,胎头后囟在骶骨前处,前囟在耻骨联合后。

提问1:本例最可能的诊断是

  A. 孕1产0,39周妊娠 B. 胎膜早破

  C. 临产 D. 持续性枕后位

  E. 高直后位 F. 骨盆入口狭窄

  G. 枕前位 H. 枕横位

  I. 高直前位

提问2:本例最恰当的处理为

  A. 静脉滴注缩宫素

  B. 手转胎头

  C. 产钳助产术

  D. 胎头吸引术

  E. 急诊剖宫产术

  F. 指导孕妇侧卧位促进胎头衔接下降

  G. 指导孕妇半卧位促进胎头衔接下降

  H. 指导产妇运用腹压

  I. 完善术前准备

案例三 初产妇,妊娠40周,身高160cm,宫高36cm,腹围106cm,未行分娩镇痛,晨8时规律下腹痛,下午18时宫口开全,胎心140次/min。21时行阴道检查,S+2,胎头后囟在7点处,前囟位于1点处,矢状缝与左斜径相一致,可触及小产瘤,胎膜已破。

提问1:本例最可能的诊断是

  A. 孕1产0,40周妊娠 B. 第二产程延长

  C. 持续性枕横位 D. 持续性枕后位

  E. 头盆不称 F. 胎头下降停滞

  G. 高直后位 H. 高直前位

  I. 枕前位

提问2:经评估拟行产钳助产,以下步骤正确的是

  A. 术前检查器械,术前导尿

  B. 阴道检查了解骨盆、胎方位及先露高低

提问1:【答案】ABCE

  【解析】高直后位时,胎头不能通过骨盆入口,先露高浮,阴道检查表现为后囟在后、前囟在前。因胎头嵌顿于骨盆入口,所以宫口很难开全。

提问2:【答案】EI

  【解析】高直后位时胎儿脊柱与母体脊柱相贴,胎头枕部嵌顿在骶岬上方,妨碍胎头俯屈及下降,使胎头高浮无法入盆,很难经阴道分娩。确认为高直后位,应完善术前准备,行剖宫产术。

提问1:【答案】ABD

提问2:【答案】ABCEGH

  【解析】对于持续性枕后位,可尝试徒手转胎位至枕前位后阴道助产,若转至枕前位困难,亦可转至正枕后位产钳助产。产钳助产牵引方向应沿骨盆轴方向,切忌暴力牵引及左右摇摆钳柄。

C. 评估疼痛情况,必要时会阴神经阻滞麻醉及会阴侧切

D. 必须转成枕前位后放钳

E. 先放置左叶、后放置右叶产钳,沿胎头方向滑行

F. 先放置右叶、后放置左叶产钳,沿胎头方向滑行

G. 合拢钳扣,轻轻牵拉,确保产钳无滑脱

H. 枕后位时,宫缩时先缓慢向外、向下牵引,当可见鼻根部时改向外、向上牵引

I. 枕后位时,宫缩时先缓慢向外、向上牵引,当可见鼻根部时改向外、向下牵引

案例四 孕妇,经产妇,既往足月分娩 2 次,现孕 33 周,腹部触诊宫底部可及圆而硬的胎头,耻骨联合上方可及不规则的胎臀。

提问 1:以下容易发生上述胎位异常的指征有

A. 经产妇

B. 子宫畸形

C. 多胎妊娠

D. 前置胎盘

E. 羊水过多或羊水过少

F. 脐带过短合并胎盘附着于宫底

G. 既往早产史

H. 子宫下段肌瘤梗阻产道

I. 瘢痕子宫

提问 2:对于该孕妇,有矫正胎位意愿,拟行外转胎位术,以下描述正确的是

A. 宜在 37 周进行

B. 宜在临近预产期进行

C. 有胎膜早破、胎盘早剥及早产风险

D. 有意愿矫正胎位者均适合,无相对禁忌

E. 胎儿异常、瘢痕子宫、胎膜已破、前置胎盘及羊水过少或过多为禁忌证

F. 术前口服抑制宫缩药物

G. 术中超声引导

H. 需有条件行紧急剖宫产术

I. 做好胎心监测

(贺晶)

第四节 产 程 异 常

【A1 型题】

1. 活跃期停滞的诊断标准是破膜后且宫口扩张≥(　　　)cm,宫缩良好但宫口停止扩张≥(　　　)h,或宫缩乏力且宫口停止

提问 1:【答案】ABCDEFH

【解析】发生胎位异常的常见原因包括:多产妇腹壁过度松弛,双胎及多胎妊娠,羊水过多或羊水过少,前置胎盘阻碍胎体纵轴衔接,子宫畸形或肿瘤阻碍胎头衔接,脐带过短尤其合并胎盘附着宫底或胎盘植入一侧宫角以及前置胎盘,骨盆狭窄、骨盆肿瘤阻碍产道等。

提问 2:【答案】ACEFGHI

【解析】对于臀位、腹壁松弛的孕妇,宜在 37 周行外转胎位术。该手术有诱发胎膜早破、胎盘早剥及早产风险。主要禁忌证包括胎儿异常、瘢痕子宫、胎膜已破、前置胎盘及羊水过少或过多。实施手术必须在有条件行紧急剖宫产术的条件下进行。术前半小时口服利托君,术中最好在超声及电子监护下进行。

1.【答案】A

【解析】Friedman 产程图和既往的教科书中,活跃期的起点为宫口开 3~4cm,后来 2010 年 Zhang 等研究结果表明,无论是初产妇还是经产妇,宫口从 4cm 扩张到 5cm 需要 6h 以上,从 5cm 扩张到 6cm 需要 3h 以上,只有超过 6cm 后,宫口扩张速度才开始加速;此外 1998 年 Peisner 和 Rosen 的研究结果显示,以 3cm 为活跃期起点,75% 的产妇都没有进入活跃期,只有到了 6cm,100% 的产妇才进入活跃期,基于以上研究,美国国家儿童健康和人类发育研究所(NICHD)、美国妇产科医师学会(ACOG)和母胎医学会(SMFM)三大机构一致推荐 6cm 作为宫口扩张活跃期的起点。中国产科学界同样推荐产程活跃期的新概念,有望减少难产的诊断,进一步降低因产程停滞所致的剖宫产。

2. 【答案】B
【解析】Zhang 等研究发现,行硬膜外镇痛的产妇第二产程中位持续时间及第 95 百分位时间分别为:初产妇 1.1h 和 3.6h,经产妇 0.4h 和 2.0h。没有采用硬膜外镇痛的产妇中位持续时间及第 95 百分位时间分别为:初产妇 0.6h 和 2.8h,经产妇 0.2h 和 1.3h。即使产程进展比较缓慢,绝大多数产妇最终仍然可以阴道分娩。此外,第二产程延长不是阴道助产和剖宫产的绝对指征。只要母儿安全,如果短时间内可以阴道分娩,在严密监护下可以继续等待自然分娩。

3. 【答案】E
【解析】医护人员在为孕妇制订分娩计划时,需要充分评估。一般而言,若无母体严重合并症、明显的骨盆狭窄或头盆不称或胎儿特殊情况,原则上应进行阴道试产,只有经过充分的阴道试产方能诊断难产。阴道试产过程中,各种因素可能影响阴道试产的成功,产程异常主要从产力、产道、胎儿及精神心理因素方面进行评估,出现胎心异常则需要结合胎心监护及必要的胎儿头皮血血气分析来综合判断。胎儿畸形尤其是较大的颈部肿物有可能阻碍先露的下降,另一方面,肿物有可能压迫气管,分娩后不能自行建立呼吸道导致窒息甚至死亡。因而,胎儿颈部肿物需要在维持胎盘循环的前提下行气管插管,即产时子宫外胎儿治疗(extrauterine intrapartum treatment, EXIT)。单一的羊水混浊不代表胎儿窘迫,胎心监护正常情况下可以继续阴道试产。

4. 【答案】D
【解析】产钳助产术是一项快速解除胎儿窘迫、降低剖宫产、有利于改善母儿结局的重要技术,助产人员应该掌握产钳助产的方法。产钳有可能对母儿造成伤害,行产钳助产前必须充分评估,权衡利弊,以期将母儿风险降至最低。使用产钳的母体方面指征包括各种心脏病或中枢神经系统疾病,例如脑动脉瘤或充血性心力衰竭,患者虚脱或不能用力时也可以考虑阴道助产以缩短第二产程。胎儿方面的指征主要是胎儿窘迫。行产钳助产前,需充分的知情同意,告知产妇及家属产钳助产术的目的和风险,此外还需满足以下条件:①宫口开全,活胎;②胎膜已破;③低位产钳先露达 S+2 或以下;④胎先露为枕先露或面先露的颏前位;⑤必须排除头盆不称或严重的骨盆狭窄。

1. 【答案】A
【解析】影响产程的因素很多,包括产力、产道、胎儿及精神心理因素。子宫收缩乏力较为常见,评估宫缩的方法有:①触摸子宫;②电子胎儿监护;③宫腔内压力导管(intrauterine pressure catheter, IUPC)。以上方法中,触摸子宫显然较为主观,但最简易直接。当宫缩高峰时,宫体隆起不明显,用手指压宫底部肌壁仍可出现凹陷,则考虑宫缩乏力。实施电子胎儿监护时,绑定于腹部的探头可以检测宫缩频率和宫缩持续时间,但不能判断宫缩的强度。IUPC 可以监测宫内压力,还可用于羊膜腔灌注,在美国应用较多,但国内多数医院没有这种导管。放置 IUPC 后,可计算蒙氏单位(Montevideo units)以评估宫缩是否有效,蒙氏单位高于 180~200 表示宫缩有效。IUPC 有引起宫内感染的风险。综上所述,目前医护人员采用腹壁触诊来判断宫缩情况最简便易行。

2. 【答案】E
【解析】目前诊断为活跃期停滞,宫缩

扩张≥( )h
A. 6,4,6   B. 3,4,6   C. 3,2,4
D. 6,2,4   E. 6,4,2

2. 第二产程延长的诊断标准是:①行硬膜外麻醉分娩镇痛时,初产妇≥( )h,经产妇≥( )h 产程无进展;②未使用硬膜外分娩镇痛时,初产妇≥( )h,经产妇≥( )h 产程无进展
A. 3,2,2,1   B. 4,3,3,2
C. 4,3,2,1   D. 3,2,3,2
E. 4,2,2,1

3. 宜阴道试产的情况有
A. 孕妇心功能 3 级
B. 严重的骨盆狭窄
C. 胎儿频发晚期减速,短时间不能结束分娩者
D. 胎儿颈部巨大淋巴管瘤,影像学检查提示胎儿气管受压明显
E. 羊水Ⅲ度混浊,胎心监护Ⅰ类,宫口开全,头先露,S+3

4. 以下选项中**除外**哪项均为产钳助产术的适应证
A. 产妇因合并各种并发症需缩短第二产程,如:心脏病心功能 1~2 级
B. 宫缩乏力,第二产程延长
C. 胎儿窘迫
D. 产妇或家属要求
E. 臀位阴道分娩后出头困难

【A2 型题】

1. 初产妇,28 岁,孕 39 周自然临产入院待产,从规律的宫缩开始至宫口开 4cm 已达 20h,估计胎儿体重 3.0kg,阴道检查骨盆未发现明显异常,胎方位 LOA,先露 S-1,已破膜,胎心监护Ⅰ类。此时最需要评估的内容是
A. 宫缩情况
B. 中骨盆情况
C. 羊水性状
D. 孕妇血象
E. 产瘤情况

2. 初产妇,25 岁,妊娠糖尿病 40 周胎膜早破入院待产。后行缩宫素引产,宫口开至 7cm 后产程无进展达 4h。经充分评估,宫缩 40s/3min,骨盆无明显狭窄,先露 S-1,LOT。产瘤大小约

3cm×3cm,位于前顶骨。矢状缝靠近骶岬,盆腔后半部空虚。羊水清,胎心监护Ⅰ类。一周前超声测量胎儿双顶径95mm、头围340mm、腹围350mm、股骨长70mm,宫高35mm,入院时宫高40cm。目前的处理应为

A. 严密监护下继续待产

B. 加强宫缩

C. 徒手转胎位

D. 镇静

E. 剖宫产

3. 以下情况中,均已排除了母体的严重合并症,估计胎儿体重3.0kg,排除了明显的头盆不称,哪种情况需要行剖宫产术

A. 初产妇,临产至宫口开4cm达20h

B. 胎膜未破,宫口开6cm达4h产程无进展

C. 胎膜已破,宫缩好,宫口开6cm达4h产程无进展,LOT,盆腔前半部空虚

D. 经产妇,使用硬膜外麻醉分娩镇痛,宫口开全3h,先露头,LOP,S+2,宫缩时先露下降好

E. 经产妇,胎心监护为Ⅱ类,宫口开6cm

4. 初产妇,行硬膜外镇痛分娩,第二产程3h,现宫口已开全,距规律宫缩达24h,经评估可继续阴道试产,此时对母儿可能的影响**不包括**以下哪项

A. 产后出血　　　　　B. 产褥感染

C. 胎儿宫内感染　　　D. 产道裂伤

E. 尿潴留

【A3/A4型题】

(1~4题共用题干)

28岁初产妇,孕36周,因早产临产入院待产,规律宫缩8h。生命体征正常,腹部无压痛,宫口开2cm,未破膜,LOA。估计胎儿体重2500g,胎心监护为Ⅰ类,产道检查无明显异常。

1. 此时恰当的处理应是

A. 给予宫缩抑制剂,使其维持妊娠至37周分娩

B. 继续胎儿监护,期待治疗

C. 人工破膜加速产程进展

D. 静脉滴注缩宫素加速产程

E. 行剖宫产术

2. 患者入院后,产妇宫缩疼痛逐渐加剧,患者难以忍受。如果疼痛不能减轻,患者要求剖宫产,最佳的镇痛方法是

A. 针灸　　　　　　　B. 艾灸

C. 硬膜外镇痛　　　　D. 吸入笑气

好,产道无明显异常,阴道检查提示胎头矢状缝位于骨盆横径上,矢状缝向后移靠近骶岬侧,盆腔后半部空虚,产瘤位于前顶骨上,提示为前不均倾位。孕妇有GDM病史,虽然一周前的超声未提示巨大胎,但需注意,超声在孕晚期估计胎儿体重时误差较大;另一方面,GDM的孕妇尤其在血糖控制欠佳的情况下,胎儿在后期可能生长迅速。从以上信息可知,活跃期停滞可能为胎儿过大所致的前不均倾位。患者处于产程活跃期,已破膜和给予缩宫素,产程超过4h无进展,这种情况尽快行剖宫产最为合适。

3.【答案】C

【解析】《新产程标准及处理的专家共识(2014)》建议,潜伏期延长(初产妇>20h,经产妇>14h)不作为剖宫产指征。活跃期停滞的诊断标准是:当破膜且宫口扩张≥6cm后,宫缩正常,宫口停止扩张≥4h或宫缩欠佳,宫口停止扩张≥6h可诊断活跃期停滞,活跃期停滞可作为剖宫产的指征。C选项,阴道检查结果提示后不均倾位可能,而且活跃期停滞,需要行剖宫产;D选项,经产妇行硬膜外分娩镇痛,第二产程达3h,LOP,虽然先露+2,但是宫缩时先露下降好,可以考虑手转胎位继续阴道试产,时机成熟可以考虑行阴道助产;E选项,胎心监护为Ⅱ类,但作为经产妇,已进入活跃期,一般可先行宫内复苏措施追踪胎心转归情况,短期内阴道分娩可能性大,可在监护下继续阴道试产。

4.【答案】D

【解析】降低围生期母儿不良结局发生率是助产人员最为关注的问题,迄今为止,产后出血和产褥感染仍然是全世界产妇死亡的主要原因。产程延长往往由于各种因素所致,例如产力、产道和胎儿的异常。产程延长易伴发继发性宫缩乏力,导致产后出血。胎膜破裂时间过长尤其是超过18h后,绒毛膜羊膜炎和胎儿宫内感染率明显上升。因产程过长需要阴道助产和剖宫产的比率升高,本次妊娠及将来的妊娠并发症也会明显升高。

1.【答案】B

2.【答案】C

3.【答案】A

4.【答案】C
　　【解析】初产妇孕36周早产临产，但母胎状况良好。初诊时宫口仅为2cm，未破膜，胎心监护Ⅰ类，可继续严密监测下观察产程进展。分娩镇痛可以降低分娩疼痛给产妇带来的精神心理影响，在众多的镇痛方法中，硬膜外镇痛效果最为确切，另外硬膜外分娩镇痛不增加剖宫产率，但有可能发生宫缩乏力和产程延长。产程进展不佳时可以按照产程常规处理，例如缩宫素加强宫缩或人工破膜等，并不需要停止使用分娩镇痛。当第二产程延长时，如使用硬膜外镇痛的初产妇达4h或经产妇达3h尚未分娩者，临床上可能出现宫缩乏力，缩宫素受体饱和后缩宫素效果欠佳，继续试产容易出现胎儿窘迫及产后出血等并发症，条件成熟时可以考虑产钳助产或胎头吸引产。

5.【答案】C

6.【答案】A

7.【答案】A

8.【答案】C
　　【解析】此产妇因胎膜早破入产房，无阴道分娩的禁忌证，严密观察产程进展为最佳选择。在试产过程中，胎先露下降会压迫膀胱，导致尿潴留，尿潴留又会阻碍先露的下降，因此医护人员要注意观察小便和膀胱充盈情况，发生产程延长时，除了考虑产力、产道和胎儿等因素外，还需要排空膀胱，必要时留置导尿。羊水粪染并不是胎儿宫内缺氧的证据，另外患者产程进展顺利，可以在严密监护下继续阴道试产。宫口开全后如果出现继发性宫缩乏力和胎方位不佳，尤其出现Ⅱ类胎心监护时，应考虑尽早终止妊娠，可实施产钳助产。

E. 哌替啶 100mg 肌内注射

3. 产妇使用硬膜外分娩镇痛后，宫口开6cm后无进展达4h,此时最恰当的处理是
　　A. 人工破膜　　　　　　　B. 立即剖宫产
　　C. 继续严密监测　　　　　D. 自由体位
　　E. 静脉滴注缩宫素加强宫缩

4. 经处理后，宫口开全4h,胎儿仍未娩出。阴道检查:LOA,先露S+3。缩宫素已使用至最大滴速,最恰当的处理是
　　A. 继续指导用力试产　　　B. 继续加强宫缩
　　C. 考虑阴道助产　　　　　D. 立即行剖宫产
　　E. 宫缩时腹部加压

(5~8题共用题干)

24岁初产妇,孕38周,3h前因破膜入产房,羊水清,入产房时宫口开1cm。现宫口扩张3cm,LOA,胎心监护Ⅰ类,宫缩30s/3~4min,产道无明显异常,估计胎儿体重3 250g,孕妇生命体征正常。

5. 此时最恰当的处置应是
　　A. 静脉滴注缩宫缩加强宫缩
　　B. 行剖宫产术
　　C. 严密观察产程进展情况
　　D. 促宫颈成熟
　　E. 人工破膜

6. 患者因宫缩减弱和宫颈变化减慢开始使用缩宫素,并实施硬膜外镇痛,潜伏期已达12h,子宫收缩40s/3~4min,胎心监护Ⅰ类,宫口开6cm,先露S-2。孕妇自诉有近4h未有便意,未解小便,此时处理应是
　　A. 导尿并留置导尿管　　　B. 加强宫缩
　　C. 静脉注射地西泮 10mg　D. 行剖宫产术
　　E. 哌替啶 100mg 肌内注射

7. 经处理后胎头开始下降,先露S+2,宫口开7cm,羊水Ⅲ度浑浊,胎心监护Ⅰ类,宫缩好,此时处理应是
　　A. 严密胎心监护及产程的进展
　　B. 行剖宫产术
　　C. 肥皂水灌肠
　　D. 使用三代头孢类抗生素治疗
　　E. 羊水灌注

8. 宫口已开全2h,宫缩减弱,宫缩时先露下降欠佳,羊水Ⅲ度浑浊,胎心监护Ⅱ类,阴道检查:先露S+3,前囟位于骨盆左前方。此时的处理方法是
　　A. 胸膝卧位
　　B. 吸氧,静脉注射地西泮

C. 徒手转胎方位,产钳助产

D. 静脉滴注葡萄糖注射液内加维生素 C

E. 继续严密监护下阴道试产

【案例分析题】

案例一 32 岁经产妇,GDM,孕 2 产 1,孕 40 周,LOA,未临产,既往 38 周自然分娩一重 2 800g 女婴,本次妊娠因 GDM 入院计划分娩。宫颈 Bishop 评分 8 分,估计胎儿体重 3 500g,产道无明显异常,先行人工破膜后待产。

提问 1:人工破膜后 2h 无自发的宫缩,处理方法恰当的是

A. 剖宫产

B. 人工剥膜

C. 米索前列醇 25ug 塞阴道

D. 普贝生放置阴道后穹窿

E. 缩宫素引产

F. 继续观察

G. 分娩过程中注意血糖波动情况

H. 如需使用胰岛素采用皮下注射

I. 即刻使用抗生素预防感染

提问 2:使用缩宫素半小时后,出现一次强直性子宫收缩,持续 3min,胎心延长减速持续 2min,达 90 次 /min,以下处理恰当的是

A. 停滴缩宫素

B. 左侧卧位

C. 吸氧

D. 阿托品 0.5mg 皮下注射

E. 硝苯地平 10mg 舌下含服

F. 持续胎心监护

G. 即刻剖宫产

H. 导尿

I. 注意胎盘早剥的情况

提问 3:经处理后,胎心恢复正常,孕妇自发宫缩为 30s/4min,胎心监护 I 类,羊水清。4h 后宫口开 5cm,OP 位,先露 S-2,坐骨棘 9.5cm,以下处理合理的是

A. 严密监测产程进展

B. 剖宫产

C. 胸膝卧位

D. 自由体位

E. 徒手转胎方位

F. 哌替啶 100mg 肌内注射

G. 缩宫素静脉滴注加速产程进展

H. 抗生素预防感染

I. 继续胎心监护

提问 1:【答案】EG

【解析】妊娠晚期引产是在自然临产前通过药物或机械手段使产程发动,达到分娩目的,是产科处理高危妊娠的常用方法。引产需要严格掌握指征及规范操作,以减少并发症的发生。对于 GDM 孕妇,当血糖控制良好时可以在孕 40~41 周评估后引产。如果宫颈条件成熟,可行人工破膜或缩宫素静脉滴注,两者联合使用效果更好。当宫颈条件不成熟时(宫颈 Bishop 评分 <6 分),考虑促宫颈成熟,如使用前列腺素制剂(米索前列醇、普贝生)和宫颈球囊等。在分娩的过程中需要注意血糖水平的波动,需要用胰岛素时静脉使用。缩宫素引产缩短胎膜破裂至分娩的时间,减少了绒毛膜羊膜炎、产褥期并发症及新生儿抗生素的应用,并未增加剖宫产率和新生儿不良结局,因此,对于足月胎膜破裂 2h 以上未临产,可使用缩宫素引产。

提问 2:【答案】ABCEFI

【解析】子宫强直性收缩可引起胎儿供氧障碍,出现延长减速,因此在使用以上药物时需要持续胎心监护,出现延长减速时需要迅速进行宫内复苏,具体措施包括停止缩宫素、吸氧、左侧卧位、适当补液和抑制宫缩等。阿托品主要解除迷走神经兴奋所致的心动过缓,对于胎儿心动过缓作用不大。

提问 3:【答案】AI

提问4：【答案】ABDEFG

【解析】GDM 产妇发生巨大儿的风险明显增高。我国指南建议，GDM 患者的胎儿估重≥4 250g 时应考虑剖宫产。产妇坐骨棘间径为 9.5cm，属于Ⅱ级狭窄，当无明确证据胎儿过大及产程进展良好时，可以在严密监护下阴道试产。当出现活跃期停滞时，需要考虑是否因胎儿过大所致。题干中阴道检查提示为高直后位，先露高浮，此患者不宜继续试产，需停止使用缩宫素，尽早行剖宫产终止妊娠。

提问1：【答案】ACDEGHI

【解析】胎膜早破及未足月胎膜早破是妊娠期常见的并发症。如果处理不及时，易于出现羊膜腔内感染、胎儿窘迫、新生儿 RDS、新生儿感染甚至死亡，孕产妇也可出现全身性严重感染。母胎并发症的发生率随破膜时间的延长而增加。根据 2015 年中华医学会发布的《胎膜早破的诊断与处理指南(2015)》意见，经充分评估后，无剖宫产指征者破膜 2～12h 内积极引产可以缩短破膜至分娩的时间，首选的引产和催产方法是缩宫素静脉滴注。

提问2：【答案】BEFGH

【解析】产程中胎儿会出现胎心率减速，宫缩过频是导致胎心率减速的常见原因。处理胎心率减速的最常用方法是吸氧和转换体位，例如左侧卧位，并停止使用缩宫素，必要时给予宫缩抑制剂。实施硬膜外镇痛之后，胎儿有时出现延长胎心率减速，可能与子宫强直收缩和低血压相关。低血压者可以给予升压药物和静脉快速补液。

提问3：【答案】ABCDEGH

【解析】当胎心率增快时，应考虑宫腔内感染的可能，此患者应尤其注意是否因破膜时间过长引起的宫内感染，即绒毛膜羊膜炎。绒毛膜羊膜炎的诊断根据临床表现而定，评估内容包括母体发热(体温≥38℃)、羊水恶臭、子宫激惹、母体心动过速、胎儿心动过速以及母体白细胞计数升高(≥15×10⁹/L)，胎盘的病理检查及羊水微生物培养可以帮助明确诊断，但这些检验结果往往滞后，不能及时指导临床处理。此病例虽然有胎儿心动过速，但胎心变异及加速都正常，可以排除胎儿代谢性酸血症。

提问4：宫口开 7cm 后 4h 产程无进展，OP，先露 S-2，不屈不仰，宫缩正常，胎心监护Ⅰ类，羊水清。下一步处理方案中**不恰当**的是

  A. 继续阴道试产
  B. 自由体位
  C. 剖宫产终止妊娠
  D. 静脉滴注缩宫素加强宫缩
  E. 徒手旋转胎方位
  F. 静脉注射地西泮 5mg
  G. 哌替啶 100mg 肌内注射
  H. 及早发现脐带脱垂征象
  I. 持续胎心监护

案例二 30 岁初产妇，孕 39 周胎膜早破入院待产，无乳链球菌阴性，无规律宫缩，胎心监护Ⅰ类，宫口未开，宫颈评分 6 分，羊水清，估计胎儿体重 3 300g，产道无明显异常。

提问1：2h 后产妇仍无规律宫缩，建议的处理**不包括**

  A. 继续待产   B. 缩宫素催产
  C. 普贝生促宫颈成熟 D. 米索前列醇促宫颈成熟
  E. 抗生素预防感染 F. 胎心监护
  G. 立即剖宫产   H. 自由体位
  I. 留置导尿

提问2：患者给予缩宫素催产，自破膜至宫口扩张 5cm 共 18h，产妇因宫缩疼痛选择硬膜外镇痛，此时胎心基线率突然降至 90 次/min 左右，持续 3min 未缓解，之前胎心率变异及加速均正常，此时恰当处理应是

  A. 立即行剖宫产
  B. 静脉补液
  C. 加速产程进展
  D. 抗生素预防感染
  E. 吸氧左侧卧位
  F. 停止使用缩宫素
  G. 阴道检查是否脐带脱垂
  H. 持续胎心监护
  I. 停止使用分娩镇痛

提问3：1h 后，孕妇体温 38℃，胎心基线率在 165 次/min 左右，变异及加速正常，此时孕妇在宫缩时有很明显的便意，阴道检查宫口开 6cm，先露 S+2，ROP，羊水清，以下需要密切关注的是

  A. 羊水性状
  B. 宫缩时先露下降的情况
  C. 产程的进展
  D. 胎心监护的转归

E. 母体白细胞计数

F. 宫颈 Bishop 评分

G. 子宫压痛或触痛

H. 母体生命体征

提问 4:经进一步评估,产妇白细胞计数 14×10^9/L,中性粒细胞百分比 76%,羊水无恶臭,已行补液、抗生素预防感染治疗,1h 后母体体温降至 37.5℃,胎心监护为 Ⅰ 类,行徒手转胎头至 ROA,宫缩时先露下降好,宫缩时宫口开 8cm,以下处理**不恰当**的是

A. 继续持续胎心监护下阴道试产

B. 停止使用分娩镇痛

C. 立即剖宫产

D. 加强宫缩加速产程

E. 使用更高级别的抗生素治疗

F. 产钳助产

G. 胎头吸引

(方大俊　郑勤田)

提问 4:【答案】BCDEFG

【解析】此病例虽然有胎儿心动过速,但胎心变异及加速都正常,可以排除胎儿代谢性酸血症。吸氧、改变体位和其他宫内复苏措施多能改善胎儿供氧状况。该患者产程进展较快,且宫缩时先露下降,可以在严密监护下继续阴道试产。

第八章 分娩并发症

第一节 产后出血

【A1 型题】

1. 关于产后出血,其定义正确的是
   A. 胎盘娩出后 12h 内,阴道分娩者出血量 ≥ 500ml、剖宫产分娩者出血量 ≥ 1 000ml
   B. 胎儿娩出后 24h 内,阴道分娩者出血量 ≥ 500ml、剖宫产分娩者出血量 ≥ 1 000ml
   C. 胎儿娩出后 24h 内,阴道分娩及剖宫产分娩者出血量 ≥ 500ml
   D. 胎儿娩出后 12h 内,阴道分娩及剖宫产分娩者出血量 ≥ 1 000ml
   E. 胎盘娩出后 24h 内,阴道分娩及剖宫产分娩者出血量 ≥ 1 000ml

2. 不属于子宫收缩乏力的高危因素是
   A. 双角子宫
   B. 第二产程延长
   C. 产妇精神过度紧张
   D. 合并妊娠期高血压疾病
   E. 妊娠期急性脂肪肝

3. 孕妇非妊娠期体重为 60kg,现孕 38 周,此时总血容量约为
   A. 4 000~5 000ml
   B. 5 000~6 000ml
   C. 5 800~6 000ml
   D. 5 500~6 000ml
   E. 3 000~5 000ml

4. 关于产后出血的手术治疗方式,下列叙述中不正确的是
   A. 剖宫产术中宫腔填塞可选用水囊压迫或纱条填塞
   B. 宫腔填塞水囊或纱条后 72h 取出

C. 子宫压迫缝合最常用的方法是 B-Lynch 缝合术

D. 盆腔血管结扎术包括子宫动脉结扎和髂内动脉结扎

E. 子宫切除术适用于各种保守治疗方法无效者

5. 下列哪项**不是**晚期产后出血的预防措施

　　A. 胎儿娩出后而胎盘滞留者可强行牵拉脐带娩出,防止胎盘残留

　　B. 发现有胎盘胎膜缺损时应及时取出

　　C. 不能排除胎盘残留时应行宫腔探查

　　D. 剖宫产时合理选择切口的位置

　　E. 严格无菌操作,术后合理使用抗生素预防感染

6. 治疗宫缩乏力导致的产后出血的一线治疗措施**不包括**

　　A. 使用缩宫素　　　　　　　B. 使用麦角新碱

　　C. 使用卡贝缩宫素　　　　　D. 使用氨甲环酸

　　E. 使用卡前列素氨丁三醇

【A2 型题】

1. 患者,女,33 岁,初产妇,因“停经 37 周,院外分娩后阴道大量流血 1h”入院,患者孕期未产检。1h 前在家中分娩后阴道大量流血,急诊送入我院。对该患者的处理,**不正确**的是

　　A. 建立静脉通道,监测生命体征

　　B. 检查子宫收缩情况及软产道情况

　　C. 立即送入手术室准备急诊剖腹探查手术

　　D. 检查胎盘胎膜是否完整

　　E. 完善血常规凝血功能

2. 20 岁农村孕妇,长期发热伴阴道流液 20d,2h 前家中分娩一死胎,后因出血多转入医院。查体发现该患者宫底位于脐上两横指,子宫下段收缩差,未见宫颈裂伤,阴道血肿,考虑患者系宫缩乏力导致产后出血,该患者宫缩乏力的原因,最可能的是

　　A. 患者疲惫,营养差　　　　B. 胎膜早破,宫腔感染

　　C. 产程时间长　　　　　　　D. 子宫肌壁损伤

　　E. 合并其他内科合并症

3. 31 岁经产妇,总产程 1h 10min,胎儿出生体重 4 000g,患者胎盘胎膜娩出完整,子宫位于脐下一横指,质硬,子宫下段收缩好。宫颈 3 点钟方向见长约 4cm 裂伤,活动性出血,阴道侧壁见一直径约 6cm 血肿,此时阴道出血量 600g(称重法),以下哪项处理**不适用**于此患者

　　A. 立即清除血肿,必要时阴道填塞

　　B. 立即缝合宫颈裂伤

缝合最常用的方法是 B-Lynch 缝合术,适用于宫缩乏力、胎盘因素和凝血功能异常性产后出血,经子宫按摩和宫缩剂无效并有可能切除子宫的患者。盆腔血管结扎术包括子宫动脉结扎术和髂内动脉结扎。子宫动脉结扎术适用于剖宫产术中宫缩乏力或胎盘因素的出血,经宫缩剂及按摩无效,或子宫切口撕裂而局部止血困难者。子宫切除术适用于各种保守治疗方法无效者。

5.【答案】A

【解析】晚期产后出血的预防措施包括:产后仔细检查胎盘、胎膜,注意是否完整,若有残缺及时取出。不能排除胎盘残留时应行宫腔探查。剖宫产时合理选择切口的位置,避免子宫下段横切口两侧角部撕裂并合理缝合。严格无菌操作,术后合理使用抗生素预防感染。对于胎盘残留的患者,若强行牵拉脐带可能导致子宫内翻。应在加用强效宫缩剂的情况下,使用正确的手法轻柔的人工剥离胎盘,人工剥离胎盘后需仔细检查胎盘胎膜的完整性。

6.【答案】D

【解析】产后出血(PPH)最常见原因是子宫收缩乏力,促进子宫收缩的药物在治疗 PPH 中起着至关重要的作用,是治疗子宫收缩乏力的一线治疗措施。促进子宫收缩的药物可分为麦角类、缩宫素和前列腺素类三大类药物。卡前列素氨丁三醇是一种可强烈刺激子宫收缩的前列腺素类药物,在存在 PPH 的高危因素(如前置胎盘、胎盘粘连等)的孕产妇中,可选择性地扩大卡前列素氨丁三醇的使用指征。氨甲环酸的药理作用为阻止纤维蛋白不被纤溶酶降解,不常规用于宫缩乏力导致的产后出血。治疗 PPH 的手术治疗措施包括:宫腔填塞、子宫压迫缝合、盆腔血管结扎、介入栓塞术和子宫切除等。仅当药物治疗无效时,才考虑手术治疗,手术治疗并不作为治疗的一线措施。

1.【答案】C

【解析】产后出血的四大原因是子宫收缩乏力、软产道损伤、胎盘因素和凝血功能障碍。对于此患者,应在做好充分抢救准备的条件下完善检查,建立静脉通道,维持生命体征,评估出血量,明确产后出血的原因,并作出相应处理。

2.【答案】B

【解析】因宫缩乏力发生的产后出血较为常见,多种因素均可以导致宫缩乏力,产妇体质虚弱、合并慢性全身性疾病或精神紧张等,过多使用麻醉剂、镇静剂或宫缩抑制剂等,急产、产程过长或滞产、试产失败等子痫前期等、胎膜破裂时间长发热等、羊水过多、多胎妊娠、巨大儿等、多产、剖宫产史、子宫肌瘤剔除术后等,双子宫、双角子宫、残角子宫等。该患者 2d 前发生胎膜早破后发热,考虑宫腔感染导致子宫收缩乏力可能性大。

3.【答案】D

【解析】该患者系软产道损伤导致的产后出血。急产且胎儿系巨大儿是该患者软产道损伤的高危因素,处理应为及时缝合宫颈裂伤、止血清除血肿。检查软产道时,需要在良好的照明条件下,查明损伤部位,注意有无多处损伤,缝合时注意恢复解剖结构,

并应在超过裂伤顶端 0.5cm 处开始缝合。该患者查体发现子宫收缩好，可排除宫缩乏力导致的产后出血，暂不需要继续加强宫缩。但需要注意的是，产后出血的四大原因可以合并存在，也可以互为因果，因此在处理此患者的软产道裂伤时，仍需监测患者的子宫收缩情况，预防宫缩乏力加重产后出血。

4.【答案】E

【解析】加强产前保健，产前积极治疗基础疾病，并充分认识产后出血的高危因素可以减少产后出血的发生。高危孕妇尤其是凶险性前置胎盘、胎盘植入者应于分娩前转诊到有输血和抢救条件的医院分娩。该孕妇已有一次产后出血病史，下次妊娠应于有抢救条件的医院，规律建卡产检，提高自身的依从性。

5.【答案】E

【解析】晚期产后出血的原因包括：胎盘胎膜残留、蜕膜残留、子宫胎盘附着面复旧不全、感染、剖宫产术后子宫切口裂开等因素。

1.【答案】B

【解析】休克指数法估计产后出血量的计算公式为：休克指数 = 心率 / 收缩压。休克指数 <0.9 则估计出血量 <500ml，出血量占总血容量的百分比约 <20%；休克指数 =1.0，则估计出血量 1 000ml，出血量占总血容量的百分比约 20%；休克指数 =1.5，则估计出血量 1 500ml，出血量占总血容量的百分比约 30%；休克指数 =2.0，则估计出血量 ≥ 2 500ml，出血量占总血容量的百分比约 ≥ 50%。

2.【答案】C

【解析】该患者系严重产后出血，当失血量达到血容量的 30% 时，或血红蛋白 <70g/L 时，或血红蛋白为 70~100g/L 仍有活动性出血时，应考虑进行成分输血。国内将来源于 200ml 全血的血液制品定为 1IU，1IU 红细胞悬液容量为 120ml，取自 200ml 全血；1IU 血浆为 100ml，取自 200ml 全血；1IU 血小板相当 200ml 全血中的血小板数量，1 个治疗量血小板为 10~12IU，相当于 2 000~2 400ml 全血中的血小板；1IU 冷沉淀相当于 200ml 全血中的纤维蛋白原。首先输注红细胞悬液，每输注 2IU

C. 监测患者生命体征

D. 立即使用卡前列素等强力的促宫缩药物

E. 立即复查血常规及凝血功能等

4. 产后 42d，产后出血患者于门诊随访，此次妊娠该患者患有妊娠糖尿病，孕妇及家属担心此次产后出血对下次妊娠的影响，对于此患者的健康教育，下列说法**不正确**的是

　　A. 鼓励其下次妊娠仍定期产检

　　B. 若下次妊娠发现妊娠糖尿病，需规律监测血糖

　　C. 若产检时发现产后出血的高危因素，如前置胎盘等情况，需要到有输血及抢救条件的医院分娩

　　D. 产后仍需控制饮食，监测血糖

　　E. 建议下次剖宫分娩

5. 40 岁初产妇，15d 前分娩一活婴，家中休息差，情绪低落。4h 前大量阴道流血，考虑患者系晚期产后出血，下列哪项**不是**常见的晚期产后出血的原因

　　A. 胎盘胎膜残留

　　B. 蜕膜残留

　　C. 子宫胎盘附着面复旧不全

　　D. 感染

　　E. 凝血功能异常

【A3/A4 型题】

(1~2 题共用题干)

30 岁女性，孕 2 产 2，此次妊娠诊断边缘性前置胎盘，经阴道分娩后出血较多。分娩后 2h，患者心率 120 次 /min，血压 90/52mmHg，氧饱和度 95%。

1. 估计该产妇的出血量为

　　A. 500~1 000ml　　　　　　B. 1 000~1 500ml

　　C. 1 000~2 000ml　　　　　　D. 1 500~2 000ml

　　E. 2 000ml 以上

2. 1h 后，患者再次出血 500g (称重法)，检查结果示：红细胞计数 2.02 × 10⁹/L，白细胞计数 15.2 × 10⁹/L，血红蛋白 57g/L，血小板计数 112 × 10¹²/L，凝血酶原时间 15.7s，活化部分凝血活酶时间 62.0s，纤维蛋白原 2.39g/L，以下输血策略中正确的是

　　A. 输入同型去白红细胞悬液 2.0IU

　　B. 输入同型去白红细胞悬液 6.0IU

　　C. 输入同型去白红细胞悬液 6.0IU，并输入新鲜冰冻血浆 600ml

　　D. 输入同型去白红细胞悬液 6.0IU，血小板 2IU

　　E. 输入同型去白红细胞悬液 2.0IU，并输入新鲜冰冻血浆 200ml

（3~4题共用题干）

患者，女，30岁，初产妇，因"停经39周，腹痛半小时"入院，患者定期产检，发现妊娠糖尿病，依从性差，未监测血糖，既往史无特殊，入院前一周感阴道分泌物增多伴瘙痒。入院后分娩一活男婴，体重4 100g，总产程时间2h 20min。胎儿娩出后，随即出现阴道大量流血，色鲜红，有血凝块。

3. 此患者产后出血的最可能原因为
    A. 产道裂伤   B. 凝血功能异常
    C. 胎盘残留   D. 宫腔感染
    E. 宫缩乏力

4. 经积极处理后患者好转出院，出院后于家中监测体温，波动于38.5~38.8℃，下列关于产褥病率，正确的是
    A. 产褥病率是指分娩时及产褥期生殖道受病原体感染，引起局部和全身的炎性变化
    B. 产褥病率不包括产褥期中暑
    C. 产褥病率仅包括生殖道来源的感染
    D. 产褥病率是指分娩24h后的10d内，用口表每日测量4次，间隔时间4h，体温有两次达到或超过38℃
    E. 产褥病率是指分娩24h后的1个月内，用口表每日测量4次，体温有两次达到或超过38℃

（5~6题共用题干）

患者，女，27岁，G4P2，因"顺产后10d，阴道大量流血3h"入院，患者孕期规律产检，既往顺产一次，人工流产手术两次。10d前阴道分娩一活婴，出生体重3 500g，分娩后血性恶露一直较多，3h前大量阴道流血，自述打湿衣裤及床单，急诊入院。

5. 目前考虑患者诊断为晚期产后出血，关于晚期产后出血，下列正确的说法是
    A. 分娩24h内，阴道大量流血超过500ml
    B. 分娩24h后，在产褥期内发生的子宫大量出血
    C. 在产后2周发病最多见
    D. 表现为少量持续的出血
    E. 多不会导致贫血

6. 查体发现该患者宫底位于耻骨联合以上三横指，轻度压痛，宫颈口有烂肉样组织物及血凝块，下列处理中，**不正确**的是
    A. 使用缩宫素
    B. 行剖腹探查术
    C. 行刮宫术，刮出物需送病理检查
    D. 检查血常规、凝血功能等
    E. 抗感染治疗

红细胞悬液可使血红蛋白水平提高约10g/L。输入4IU红细胞悬液后可考虑输注新鲜冰冻血浆，且新鲜冰冻血浆与红细胞悬液比例为1:1，当血小板计数<75×10⁹/L时，如需继续输注红细胞和血浆，应早期输注血小板，血小板计数<50×10⁹/L时，必须输注血小板。推荐使用红细胞悬液、新鲜冰冻血浆、血小板悬液的比例为1:1:1。

3.【答案】A
【解析】该患者总产程时限2h 20min，系急产，且胎儿体重4 100g，为巨大儿，孕期阴道分泌物多伴瘙痒，考虑该患者多合并阴道炎。因此，由于产程异常、子宫过度膨胀导致的宫缩乏力及软产道损伤都是可能的因素。此外，胎盘残留也是导致产后出血的常见可能原因。该患者定期产检，既往史无特殊，故暂不考虑凝血功能异常导致产后出血。但该患者于胎儿娩出后，立即发生阴道大量出血，鲜红色，结合急产及巨大儿等情况，其中最可能的是产道损伤。

4.【答案】D
【解析】产褥病率的概念为：分娩24h以后的10d内用口表每日测量4次体温，间隔时间4h，有2次达到或超过38℃。产褥感染是指分娩时及产褥期生殖道受病原体感染，引起局部和全身的炎性变化。造成产褥病率的原因以产褥感染为主，也包括产后生殖道以外的其他感染与发热。该患者产后出血、软产道裂伤，易发生产褥感染而导致产褥病率。

5.【答案】B
【解析】晚期产后出血是指分娩24h后，在产褥期内发生的子宫大量出血，以产后1~2周发病最为常见，亦有迟至产后2个月余的发病者。阴道流血少量或中等量，持续或间断；也可以表现为急骤大量出血，同时有血凝块排出。产妇多伴有寒战、低热，且常因失血过多导致贫血。

6.【答案】B
【解析】考虑该患者系胎盘胎膜残留导致的晚期产后出血，胎盘胎膜残留是阴道分娩晚期产后出血的最常见原因，多发生于产后10d左右，黏附在宫腔内的残留胎盘组织发生变性、坏死、机化，形成胎盘息肉，当坏死组织脱落时，暴露基底部血管，引起大量出血。临床常表现为血性恶露持续时间长，后反复出血或突发大量出血。查体可发现子宫复旧不全，宫口松弛，有

时可见组织物残留。此时的处理应及时行刮宫术清除残留的胎盘组织,并予抗感染、加强宫缩等处理。注意刮宫时应动作轻柔,防止子宫穿孔。

提问1:【答案】DGHI
　　【解析】前置胎盘的治疗原则为止血、纠正贫血、预防感染并适时终止妊娠。期待治疗的目的是在母儿安全的前提下,延长妊娠时间,提高胎儿的存活率。适用于妊娠<36周,一般情况良好,胎儿存活,阴道流血不多,无需紧急分娩的孕妇。期待治疗需要在有母儿抢救能力的医疗机构进行。该孕妇目前无活动性阴道流血,胎心听诊正常,应选择在有治疗能力的机构尽量延长孕周,期待治疗,必要时及时终止妊娠。

提问2:【答案】ABCDF
　　【解析】前置胎盘的高危因素包括:流产史、宫腔操作史、产褥期感染史、高龄、剖宫产史、吸烟、多胎妊娠及妊娠28周前的超声检查提示胎盘前置状态等。

提问3:【答案】EFGH
　　【解析】期待治疗过程中,若患者出现大出血,为挽救患者生命,应果断终止妊娠。对于无症状的前置胎盘合并胎盘植入者,可于妊娠36周后择期手术终止妊娠,无症状的完全性前置胎盘,可期待治疗至37周。该患者系完全性前置胎盘合并胎盘植入,目前已35⁺⁵,突发大量阴道流血,应做好充分准备及时终止妊娠。

【案例分析题】

案例一　　患者女,37岁,孕6产2,因“停经32^{+2}周,阴道大量流血2h”入院,孕期未进行定期产检,早孕期间发现“胎盘低置”,既往有两次剖宫产手术史及三次人工流产手术史。1个月前因阴道流血于当地医院治疗,发现“完全性前置胎盘合并胎盘植入”。2h前再次阴道流血,量约100g(称重法),现无明显活动性出血,听诊胎心135次/min,由当地医院急诊转入我院。

提问1:对于该孕妇目前合适的处理是

A. 立即终止妊娠

B. 使用糖皮质激素后立即终止妊娠

C. 输血后立即终止妊娠

D. 使用宫缩抑制剂

E. 建议转回当地医院

F. 继续保胎至妊娠40周

G. 完善相关检查,严密监护

H. 预防感染,使用抗生素

I. 观察出血情况,必要时及时终止妊娠

提问2:下列哪项是该患者发生“完全性前置胎盘合并胎盘植入”的高危因素

A. 高龄

B. 剖宫产手术史

C. 人工流产手术史

D. 中孕期间发现“胎盘低置”

E. 孕期未定期产检

F. 吸烟

G. 定期锻炼

H. 既往行附件手术

I. 感染高危型HPV病毒

提问3:该孕妇入院后经积极处理并完善磁共振等检查,提示为胎盘植入。35⁺⁵周突发活动性阴道流血,称重800g,现在的处理应是

A. 监测胎心情况,若正常,继续使用抑制宫缩药物,期待治疗至37周

B. 继续使用抑制宫缩药物,期待治疗至39周

C. 告知患者及家属相关风险,若其同意,可继续期待治疗

D. 立即配血,同时使用宫缩抑制剂

E. 立即联系血库及新生儿科等,做好充分准备

F. 与患者及家属积极沟通

G. 立即剖宫产终止妊娠

H. 密切监测胎儿情况

I. 立即输血

提问4：术中出血汹涌对该患者使用了强有力的促宫缩药物并进行了 B-Lynch 缝合后,立即于放射科行髂内动脉栓塞术,返回病房后患者仍有活动性阴道出血,1h 内共计阴道出血 500g(称重法),此时最应考虑的处理是

A. 继续使用强有力的促宫缩药物

B. 行宫腔 Bakri 球囊填塞

C. 行宫腔阴道纱条填塞

D. 做好充分准备后拟行子宫切除术

E. 做好充分准备后拟行盆腔血管结扎手术

F. 持续按摩子宫保守治疗

G. 监测血常规及凝血功能防止发生 DIC

H. 准备输血

I. 告知家属目前情况并充分沟通

案例二 41 岁女性,初产妇,孕 2 产 0,1h 前因"停经 34 周,腹痛半天"入院,孕期定期产检,本次妊娠为 IVF 术后双胎妊娠,既往多次行前壁子宫肌瘤剥除手术,此次孕期检查提示为完全性前置胎盘伴植入可能。患者要求急诊手术,剖宫产术中见完全性前置胎盘伴胎盘部分植入,术中出血共计 2 500ml。

提问1：常用的估计产后出血的方法包括

A. 称重法　　　　　　B. 目测法

C. 观测尿量法　　　　D. 容积法

E. 休克指数法　　　　F. 观察患者面色

G. 数脉搏法　　　　　H. 血红蛋白测定

I. 凝血功能测定

提问2：关于产后出血,下列说法正确的是

A. 诊断产后出血的关键是对出血量有正确的测量和估计

B. 突发大量的产后出血易得到早期重视和诊断

C. 出血的绝对值对不同体重者的临床意义相同

D. 产后出血早期,由于血液浓缩,血红蛋白值不能准确反映出血量

E. 出血速度也是反映病情轻重的指标

F. 缓慢持久的少量出血及血肿易得到重视

G. 产后出血估量务必准确,绝对不可超估

H. 低估出血量可减少患者不必要的液体负荷,因此是有益的

I. 临床处理产后出血需及时

提问3：患者返回病房后 2h 内再次阴道流血及血凝块 1 500ml,立即联系介入治疗,但介入返回后,患者仍有持续少量阴道流血,考虑患者是否需要行子宫切除。下列哪些情况考虑需要行子宫切除

提问4：【答案】DGHI
【解析】子宫剖除术适用于各种保守治疗方法无效时,一般为子宫次全切除,但若前置胎盘或部分胎盘植入到子宫颈时行子宫全切术。该患者保守治疗无效,应考虑行子宫切除。反复大量出血应输血维持血容量。

提问1：【答案】ADEH
【解析】目前尚无评价产后出血的统一标准,常用的估计出血量的方法有称重法或容积法、检测患者生命体征、尿量及精神状态法、血红蛋白测定及休克指数法等。①称重法：失血量(ml)=胎儿娩出后浸血敷料湿重(g)-浸血前敷料干重(g)/血液比重(g/ml)。②容积法：用产后接血容器收集血液后,放入量杯测量失血量。③监测生命体征、尿量和精神状态。④休克指数法。见 A3/A4 型题第 1 题解析。⑤血红蛋白水平测定,血红蛋白每下降 10g/L,出血量为 400~500ml。但是在产后出血早期,由于血液浓缩,血红蛋白值常不能准确反映实际出血量。由于孕期血容量增加 35% 左右,当产后出血的出血量在孕妇机体代偿范围内时,孕妇的主观表现和体征并不明显或和出血量不匹配,因此,较早发现、诊断并及时处理尤为关键。值得注意的是,出血速度也是反映病情轻重的重要指标。重症产后出血情况包括：出血速度 >150ml/min,3h 内出血量超过总血容量的 50%,24h 内出血量超过全身总血容量。

提问2：【答案】ABDEI
【解析】临床医生在处理产后出血量时,经常存在估计出血量不足的情况。国内教科书中描述我国 PPH 的发生率约为 1.6%~6.4%,而世界范围内 PPH 的发生率为 10.8%,若采用客观的出血量测量方法,其发生率可达 14.2%。产后出血的估量不足容易导致 PPH 的诊断不及时和处理延迟。突发大量的产后出血容易得到重视和早期诊断,而缓慢持久的少量出血及血肿十分容易被忽视,错误地低估出血量可能会导致丧失抢救时机。

提问3:【答案】ABCDEF

【解析】严重产后出血患者在采取各种保守治疗无效,孕产妇生命受到威胁时,应施行子宫切除术。近年来产科子宫切除术最主要的指征是胎盘异常,包括前置胎盘、胎盘植入及胎盘早剥等。产妇年龄≥35岁、多次孕产史、多胎妊娠、瘢痕子宫及此次分娩方式为剖宫产等是胎盘异常的高危因素,容易发生子宫内膜损伤、蜕膜发育不良从而导致严重产后出血的发生并最终切除子宫。胎盘因素所致的子宫切除率约为30%~70%。子宫严重、复杂破裂,子宫裂口向下延伸至宫颈口,无法修补,或破裂时间长,已发生感染、修补后仍难以控制出血者,即使行修补但缝合后估计伤口愈合不良者,应考虑子宫切除。

1.【答案】D

【解析】羊水栓塞诱因如下:①高龄初产妇和经产妇居多(较易发生子宫损伤);②多有胎膜早破或人工破膜史;③常见于宫缩过强或缩宫素应用不当;④急产、胎盘早期剥离、前置胎盘、子宫破裂或手术产易发生羊水栓塞。

2.【答案】A

【解析】羊水进入母体血循环后,可引起一系列病理生理变化:①过敏性休克。②肺动脉高压:直接使右心负荷加重,导致急性右心扩张,并出现充血性右侧心力衰竭;而左心房回心血量减少,左心排出量明显减少,导致周围血循环衰竭,血压下降,出现休克,甚至死亡。③弥散性血管内凝血(DIC)。④急性肾衰竭。

3.【答案】A

【解析】羊水中的抗原成分可以引起Ⅰ型变态反应,在此反应中,肥大细胞脱颗粒,异常的花生四烯酸代谢产物产生,包括白三烯、前列腺素、血栓素等进入母体血液循环,出现过敏反应。

4.【答案】B

【解析】羊水栓塞可直接导致肺小血管机械性阻塞,引起肺动脉高压,且刺激组织产生血管活性物质,导致肺血管反射性痉挛。肺动脉高压直接使右心负荷加重,导致急性右心扩张,并出现充血性右侧心力衰竭;而左心房回心血量减少,左心排出量明显减少,导致周围血循环衰竭,血压下降,出现休克,甚至死亡。

A. 前置胎盘患者胎盘植入面积大、子宫壁薄、胎盘穿透、子宫收缩差、短时间内大量出血(数分钟内出血>2 000ml)

B. 穿透性胎盘植入或胎盘植入面积超过1/2,胎盘分离困难,或剥离造成大量出血时

C. 胎盘植入患者产前或产时子宫大量出血,保守治疗效果差

D. 重型胎盘早剥,并发凝血功能障碍者

E. 子宫破裂修补困难者

F. 前置胎盘患者保守治疗失败者

G. 轻型胎盘早剥

H. 患者家属要求切除者

I. 前置胎盘伴多胎妊娠

(单丹 刘兴会)

第二节 羊水栓塞

【A1型题】

1. 下列哪项不是羊水栓塞的常见诱因
   A. 胎盘早剥　　　　　　B. 前置胎盘
   C. 胎膜早破　　　　　　D. 臀位
   E. 急产

2. 下列哪项不是羊水栓塞的病理生理改变
   A. 急性左侧心力衰竭　　B. 肺动脉高压
   C. 过敏性休克　　　　　D. 弥散性血管内凝血
   E. 急性肾衰竭

3. 羊水栓塞产生的变态反应为以下何种类型的变态反应
   A. Ⅰ型变态反应　　　　B. Ⅱ型变态反应
   C. Ⅲ型变态反应　　　　D. Ⅳ型变态反应
   E. 以上均不是

4. 肺动脉高压可导致的病理生理改变不包括哪项
   A. 右心负荷加重　　　　B. 左心负荷加重
   C. 充血性右侧心力衰竭　D. 左心排出量减少
   E. 周围循环衰竭

【A2型题】

1. 30岁初产妇,孕3产0,因"停经41^{+2}周,阵发性腹痛2h"入院。入院后,用小剂量缩宫素引产。产程1h 15min。胎头娩

出后,产妇忽感胸闷、呼吸困难,口唇发绀,心慌气短,血压降至 75/50mmHg,心率 102 次 /min。考虑患者系羊水栓塞。对于该疾病的处理,下列哪项**不正确**

A. 保持呼吸道通畅,吸氧

B. 抗过敏,解除肺动脉高压,改善低氧血症

C. 抗休克治疗,补充血容量,纠正酸中毒,纠正心力衰竭,酌情使用升压药物

D. 防治 DIC,补充凝血因子,抗纤溶治疗

E. 仅需要麻醉科及产科医生协作处理即可

2. 初产妇,孕 2 产 0,孕期未建卡,入院时核实孕周为 42^{+3} 周,入院时监测各项生命体征正常,胎心监护正常。予缩宫素引产,2h 后胎膜破裂,随即产程进展迅速,3h 宫口开全,分娩一活婴。产妇突然惊叫一声,血压迅速下降,随即阴道流出不凝血液,患者昏迷,考虑患者系羊水栓塞,该疾病发生产后出血,下列哪项处理**不正确**

A. 积极抗休克处理,推荐尽早按照大量输血方案处理(1:1:1)

B. 积极纠正凝血功能障碍

C. 药物治疗无效的难治性产后出血,需采取其他保守性手术甚至切除子宫止血

D. 患者出现宫缩乏力表现时,要积极应用促宫缩剂

E. 血小板和凝血因子的补充需等待实验室检查结果予以相应处理

3. 26 岁初产妇,孕 3 产 0,入院时孕周为 38 周,入院时监测各项生命体征正常,胎心监护正常。产程进展迅速,总产程共计 2h 10min,胎盘娩出后,患者阴道流出大量不凝血,呼吸困难,血压迅速下降并昏迷,考虑患者可能系羊水栓塞。因羊水栓塞的临床表现可能不典型,以下临床表现中,以下哪种情况**不应**考虑羊水栓塞

A. 无法用其他原因解释的血压骤降或心搏骤停

B. 无法用其他原因解释的急性缺氧

C. 无法用其他原因解释的呼吸困难、发绀或呼吸停止

D. 凶险性前置胎盘患者大量失血后血压骤降

E. 无法用其他原因解释的凝血机制异常

4. 22 岁经产妇,孕 4 产 1,既往剖宫产一次,因"停经 36 周,规律腹痛半天"入院,入院后行剖宫产术,胎儿娩出后,患者突发寒战,随后出现大量阴道流血并昏迷。考虑患者系羊水栓塞,以下说法中正确的是

A. 羊水栓塞多为缓慢起病

B. 羊水栓塞多发生于产后 24h 后

1.【答案】E
【解析】一旦怀疑羊水栓塞,立即抢救。包括保持呼吸道通畅,吸氧;抗过敏,解除肺动脉高压,改善低氧血症;抗休克,补充血容量,纠正酸中毒及心力衰竭;防治 DIC,补充凝血因子,抗纤溶治疗;预防感染;合理的产科处理等。羊水栓塞患者推荐包括麻醉、呼吸、重症医学母胎医学等专家在内的多学科会诊,共同处理,当出现肝脏损害、肾功能损害等情况时也需请相应的专科医师协助处理。及时、有效的多学科合作对改善患者预后至关重要。

2.【答案】E
【解析】由于循环衰竭并继发凝血功能障碍,治疗时应包括纠正休克、补充血液量、早期积极处理产后出血,尽量按 1:1:1 大输血方案进行抢救;患者出现宫缩乏力表现时,要积极应用促宫缩制剂,特别是前列腺素、麦角新碱等强效宫缩剂的尽早或预防性使用;药物治疗无效的难治性产后出血病例则需要宫腔球囊填塞压迫、子宫动脉栓塞、子宫 B-Lynch 缝合甚至切除子宫等;阴道分娩者要注意是否存在宫颈和阴道裂伤;羊水栓塞引发的 DIC、产后出血往往比较严重,推荐尽早予以红细胞、血小板、凝血因子的补充,维持血小板 $>50 \times 10^9$/L,活化部分凝血活酶原时间在正常范围 1.5 倍以内;但一定要强调,血小板和凝血因子的补充要根据出血量、出血表现来决定,而不能因为等待实验室检查结果延误抢救时间。

3.【答案】D
【解析】在诱发子宫收缩、子宫颈扩张或分娩、剖宫产过程中或产后短时间内出现下列不能用其他原因解释的情况时,应考虑羊水栓塞:血压骤降或心搏骤停;急性缺氧,呼吸困难、发绀或呼吸停止;凝血机制异常或无法解释的产后出血。

4.【答案】C
【解析】羊水栓塞的发病特点多数起病急骤,来势凶险,多发生于分娩过程中,尤其是胎儿娩出前后的短时间内。但也有极少数病例发生于羊膜腔穿刺术中、外伤时或羊膜腔灌注等情况下。

C. 羊水栓塞多发生于分娩过程中,尤其是胎儿娩出前后的短
时间内

D. 羊水栓塞多发生于分娩过程中,尤其是胎盘娩出前后的短
时间内

E. 羊膜腔穿刺及外伤不会导致羊水栓塞

【A3/A4 型题】

(1~2 题共用题干)

患者女,25 岁,孕 1 产 0,孕 14 周建卡,规律产检无特殊,因"停
经31^{+3}周,发现胎儿宫内死亡 1d"入院。入院查体:生命体征平稳。
入院彩超:胎盘下缘位置不低,宫内单死胎。完善相关检查后于
入院当天下午行羊膜腔穿刺依沙吖啶引产术。术后第二天晨孕
妇自然破膜,羊水暗红色,量约 100ml,阴道检查宫口开大 6cm,
推入分娩室过程中患者突感胸闷、表情痛苦、面色苍白、大汗淋
漓、口唇及四肢甲床发绀,血氧饱和度83%,心率121 次 /min,血
压 122/91mmHg,听诊心肺未闻及异常。

1. 该患者目前考虑诊断为

A. 产后出血　　　　　　B. 羊水栓塞

C. 急性左侧心力衰竭　　D. 肺栓塞

E. 胎盘早剥

2. 该疾病的诊断要点,下列哪项**不正确**

A. 破膜后突感寒战,出现呛咳、气急、烦躁不安、恶心呕吐等
前驱症状

B. 出现呼吸困难、发绀、抽搐、昏迷,脉搏细速

C. 必须在母体血液中存在羊水有形成分

D. 凝血功能障碍,或无法解释的严重出血

E. 血压下降

(3~4 题共用题干)

30 岁初产妇,孕 1 产 0,因"停经 30 周,发现胎儿腹腔脏器膨出
半天"入院,患者孕期未规律产检,半天前发现胎儿腹腔脏器膨
出,要求引产。入院后完善相关检查,发现胎儿腹腔脏器严重膨
出,余心肺功能及产科情况未见异常,遂行羊膜腔穿刺依沙吖啶
引产术。引产术后第三天孕妇自然破膜,羊水暗红色,分娩过程
中突发胸闷、大汗淋漓、口唇及四肢甲床发绀,血氧饱和度进行性
下降。

3. 该患者目前考虑诊断为

A. 胎盘早剥　　　　　　B. 羊水栓塞

C. 急性心力衰竭　　　　D. 前置胎盘

E. 子宫破裂

4. 羊水栓塞三联征是指

A. 骤然的低氧血症、低血压、凝血功能障碍

1.【答案】B

【解析】羊水栓塞是妊娠期特有的
罕见并发症,临床上多种疾病都可能
导致产时或产后短时间内急性呼吸循
环障碍,对于产时或产后短时间内突
发急性呼吸循环障碍表现时一定要在
鉴别诊断中考虑到羊水栓塞。

2.【答案】C

【解析】羊水栓塞的临床表现复杂、
病程进展特殊,能否早期识别处理对
预后影响非常重要。2016 年美国母胎
医学会羊水栓塞指南中提出:过去观
点倾向于在严重产后出血患者或者死
亡孕产妇的血液中寻找羊水有形成分
是诊断羊水栓塞的重要证据。近年来,
多种研究显示,是否母体血液中发现
羊水有形成分与羊水栓塞并没有直接
联系,羊水栓塞是以临床表现为基本
诊断依据。要做出羊水栓塞的诊断并
不依赖于母体血液中是否存在羊水有
形成分,而是依据产后发生无法用其
他原因解释的肺动脉高压、低氧血症、
低血压、凝血功能障碍等典型症状。

3.【答案】B

【解析】见本部分 1、2 题解析。

B. 逐渐顺次出现的低氧血症、低血压、凝血功能障碍

C. 产后出血、低血压、心力衰竭

D. 逐渐顺次出现的产后出血、低血压、呼吸循环衰竭

E. 低血压、血氧饱和度下降、呼吸循环衰竭

（5~6 题共用题干）

35 岁女性，孕 2 产 1，因"停经 33 周，腹部撞击后 1h"入院，患者孕期规律产检，既往剖宫产一次，1h 前因车祸撞击腹部导致剧烈腹痛，急诊入院。查体子宫张力高，患者腹痛难忍，立即行剖宫产术，术中见子宫表面呈蓝紫色，约 1/3 面积胎盘后方有血凝块压迹，术中患者大量出血，血压及血氧饱和度进行性下降，后经加压缝合及输血等处理后逐渐好转。

5. 该患者目前考虑诊断为

    A. 胎盘早剥　　　　　　　B. 羊水栓塞

    C. 急性心力衰竭　　　　　D. 前置胎盘

    E. 子宫破裂

6. 下列哪项是该患者容易出现的并发症

    A. 急性左侧心力衰竭　　　B. 周围循环充血

    C. 急性肝衰竭　　　　　　D. 深静脉血栓

    E. 羊水栓塞

【案例分析题】

案例一　32 岁农村女性，孕 1 产 0，孕期从未建卡产检，分娩前从事轻度体力劳动，无外伤病史。夜间因阴道流血找当地卫生所医生接产，患者分娩时感持续性腹痛无缓解，后突然出现颜面发绀、口鼻流血，皮肤湿冷，半小时后死亡。尸检发现部分性前置胎盘，胎盘边缘已部分剥离，子宫肌层弥漫性出血。右心扩张，肺淤血、水肿，肺血管内检角化上皮细胞、黏蛋白及毳毛等羊水成分。鉴定结果为羊水栓塞导致死亡。

提问 1：导致该患者羊水栓塞的可能因素是

    A. 羊膜腔压力增高（宫缩过强）

    B. 胎膜破裂

    C. 宫颈或宫体损伤处有开放的静脉或血窦

    D. 羊水中的有形物质

    E. 高龄初产妇

    F. 经产妇

    G. 既往有子宫手术史

    H. 合并妊娠糖尿病

    I. 吸烟饮酒

提问 2：羊水栓塞典型的临床表现是

    A. 血压骤然下降或心搏骤停

    B. 破膜后出现：寒战、呛咳、烦躁不安、恶心、呕吐等

4 【答案】A
【解析】典型羊水栓塞是以骤然的低氧血症、低血压、凝血功能障碍为特征的急性综合征。一般经历三个阶段：心肺功能衰竭和休克、出血、急性肾衰竭。通常三个阶段按顺序出现，有时也可不完全出现。

5.【答案】A
【解析】该患者有明确的腹部外伤史，查体子宫张力高，腹痛难忍，结合术中所见，胎盘早剥诊断明确。

6.【答案】E
【解析】胎盘早剥时，剥离面子宫血管开放，破膜后羊水可沿开放的血管进入循环，导致羊水栓塞。

提问 1：【答案】ABC
【解析】导致羊水栓塞的病因不明，可能与以下因素有关：羊膜腔内压力增高（子宫收缩过强）、胎膜破裂和宫颈或宫体损伤处有开放的静脉或血窦。此外，高龄产妇、经产妇和急产也是羊水栓塞的危险因素。

提问 2：【答案】AECDG
【解析】羊水栓塞发病迅猛，常来不及进行实验室检查患者已经死亡，因此为了及早诊断，必须熟悉发病诱因和前驱症状。典型羊水栓塞的临床表现是以骤然的低氧血症、低血压

(血压与失血量不符合)和凝血功能障碍为特征的急性综合征。一般经过三个阶段:①心肺功能衰竭和休克,突然出现(常在破膜后)寒战、呛咳、烦躁不安、恶心、呕吐等前驱症状,继而出现呼吸困难、发绀、抽搐、昏迷、脉搏细速、血压骤然下降或心搏骤停等;②出血,患者在心肺功能衰竭和休克后,进入凝血功能障碍阶段,表现为以子宫出血为主的全身出血倾向;③急性肾功衰,本病全身脏器均受损害,除心脏外,肾脏是最常受损器官。

提问3:【答案】BCGH
【解析】肺动脉高压直接使右心负荷加重,导致急性右心扩张,并出现充血性右侧心力衰竭;而左心房回心血量减少,左心排出量明显减少,导致周围血循环衰竭,血压下降,出现休克,甚至死亡。

提问4:【答案】ABCDGH
【解析】羊水栓塞的治疗措施包括:①抗过敏,解除肺动脉高压,改善低氧血症;②抗休克,补充血容量,纠正酸中毒及心力衰竭;③防治 DIC;④预防肾衰竭;⑤预防感染;⑥产科处理。

提问1:【答案】ABCE
【解析】见案例一提问1解析。

C. 呼吸困难、发绀或呼吸停止

D. 无法解释的大出血

E. 出现病理性缩复环

F. 子宫瘢痕处有压痛

G. 骤然发作的低氧血症

H. 胎心监护异常

I. 子宫张力高

提问3:肺动脉高压可导致

A. 直接导致左心负荷加重

B. 直接导致右心负荷加重

C. 左心房回流血量减少,左心排出量明显减少

D. 右心房回流血量减少,右心排出量明显减少

E. 急性左侧心力衰竭

F. 肺循环衰竭

G. 急性右心扩张、充血性右侧心力衰竭

H. 周围循环衰竭,血压下降、出现休克

I. 急性左心扩张、充血性左侧心力衰竭

提问4:下列哪些是羊水栓塞的治疗措施

A. 抗过敏,解除肺动脉高压,改善低氧血症

B. 抗休克,补充血容量,纠正酸中毒及心力衰竭

C. 防治 DIC

D. 预防肾衰竭

E. 预防肝衰竭

F. 纠正碱中毒

G. 预防感染

H. 纠正酸中毒

I. 预防昏迷

案例二 36 岁初产妇,孕 1 产 0,因"停经 41 周,规律腹痛半天"入院,患者规律产检,此次妊娠为人工辅助受孕,既往曾行子宫肌瘤剥除手术 2 次。入院后 1h 破水并宫口开全,患者突然出现咳嗽,并憋喘样呼吸,周身皮肤青紫并昏迷,血压迅速下降无法测出,随即在多学科配合下立即行剖宫产术,胎儿娩出后重度窒息,经抢救无效死亡,术中共计出血 2 500ml,保留子宫。考虑患者系羊水栓塞。

提问1:该患者羊水栓塞的发生可能与以下哪些因素有关

A. 高龄初产妇

B. 羊膜腔压力过高

C. 子宫肌瘤剥除病史,宫体损伤处有开放的静脉或血窦

D. 人工辅助受孕

E. 产程过快

F. 合并妊娠期高血压疾病

G. 合并妊娠期肝内胆汁淤积症

H. 合并妊娠糖尿病

I. 吸烟饮酒

提问 2：关于羊水栓塞的表现，正确的是

 A. 表现为三个连续性的阶段

 B. 休克、出血和急性肾衰竭须依次出现

 C. 羊水栓塞的三个阶段表现通常按顺序出现，有时也可不完全出现

 D. 出现病理性缩复环

 E. 子宫瘢痕处有压痛

 F. 胎儿窘迫在羊水栓塞中较多出现

 G. 有些缺乏特征表现，症状隐匿

 H. 可能仅表现为分娩或剖宫产时一次寒战或呛咳，后才出现休克及出血等

 I. 首先表现为剧烈腹痛伴阴道大量流血

提问 3：关于羊水栓塞的诊断，正确的是

 A. 血涂片找到羊水有形成分

 B. X 线胸片提示双肺弥散性点片状影，伴右心扩大

 C. 超声心动图提示右心房右心室扩大，左心缩小

 D. 心电图提示电轴偏移，ST 段下降

 E. 凝血检查发现纤维蛋白原降低

 F. 生化检查提示肝功异常

 G. 生化检查提示肾功异常

 H. 尸检可见肺水肿、肺泡出血

 I. 尸检可见主要脏器血管及心内血液涂片中发现羊水有形物质

提问 4：下列哪些是肺动脉高压的病理生理机制

 A. 羊水中的抗原成分可以引起Ⅲ型变态反应

 B. 中性粒细胞脱颗粒，异常的花生四烯酸代谢产物产生

 C. 白三烯、前列腺素、血栓素等进入母体血液循环

 D. 支气管黏膜分泌亢进致使肺交换功能降低

 E. 肺交换功能降低致使反射性肺血管痉挛

 F. 羊水有形物质刺激肺组织产生和释放血管活性物质

 G. 血管活性物质可使肺血管痉挛

 H. 血小板聚集、破坏后导致血清素释放

 I. 血清素可引起肺血管痉挛

提问 2：【答案】CFGH
 【解析】羊水栓塞三个阶段特征见案例一相关解析。各症状发生率分别为：低血压 60%，肺水肿 45%，心肺衰竭 65%，发绀 90%，凝血障碍 50%，呼吸困难 75%，胎儿窘迫 90%。有些病情发展缓慢，症状隐匿，缺乏急性呼吸循环衰竭症状。

提问 3：【答案】ABCDEGHI
 【解析】羊水栓塞的辅助检查包括上述选项，但需要注意羊水栓塞的诊断是临床诊断，应基于诱发因素、临床症状和体征来诊断羊水栓塞，不要等待结果出来才处理。

提问 4：【答案】CDEFGHI
 【解析】羊水栓塞为Ⅰ型变态反应，肥大细胞脱颗粒放血管活性物质。肺血管痉挛可以由多个环节共同作用，导致严重肺动脉高压，右心力衰竭。

案例三　31 岁经产妇，G4P2，入院时核实孕周为 41^{+4} 周，规律产检，入院时各项指标均正常。入院后予缩宫素引产，后因胎头下降停滞行急诊剖宫产，胎盘娩出后患者突发胸闷憋气，血压立即下降，宫腔内大量流血，短时间内失血约 5 000ml，考虑患者系羊水栓塞。

提问 1:【答案】BDEG
　　【解析】羊水栓塞一个显著的特点就是凝血功能异常,有些患者可能无心肺异常表现,唯一表现就是凝血功能异常,这常常是羊水栓塞最终死亡的主要原因之一。

提问 1:关于羊水栓塞导致的凝血功能异常,正确的是

A. 凝血功能异常不会单独出现,必然伴随心肺功能异常后出现

B. 有些患者可能无心肺异常表现,唯一表现就是凝血功能异常

C. 凝血功能异常通常不是羊水栓塞患者的死亡原因

D. 凝血功能异常常常是羊水栓塞最终死亡的主要原因之一

E. 异常出血可能为羊水栓塞的首发症状

F. 凝血功能障碍在羊水栓塞中发生率并不高

G. 凝血功能障碍在羊水栓塞中发生率较高

H. 初产妇易发生凝血功能障碍

I. 经产妇易发生凝血功能障碍

提问 2:【答案】ABDEGI
　　【解析】羊水中含有大量的促凝物质类似于组织凝血活酶,进入母体后导致纤溶亢进发生 DIC,也常常是羊水栓塞最终死亡的主要原因之一。

提问 2:羊水栓塞导致凝血功能异常的可能机制包括

A. 羊水中含有大量的促凝物质

B. 促凝物质进入母血循环后可以在血管内产生大量微血栓

C. 促凝物质进入母血循环后可以产生大量深静脉血栓

D. 大量凝血因子被耗竭

E. 大量纤维蛋白原被耗竭

F. 大量红细胞被耗竭

G. 纤溶系统亢进

H. 产妇血液系统变为高凝状态

I. 产妇血液系统由高凝状态变为纤溶亢进状态

提问 3:【答案】DE
　　【解析】羊水栓塞引起的休克原因较为复杂,与过敏、心源性、肺源性及 DIC 等多种因素相关,应综合考虑,不论哪种原因引起的休克都存在有效血容量不足,故应尽快补充血容量。

提问 3:关于羊水栓塞导致的休克,正确的是

A. 羊水栓塞引起的休克为心源性休克

B. 羊水栓塞引起的休克为过敏性休克

C. 羊水栓塞引起的休克为肺源性休克

D. 羊水栓塞引起的休克与过敏、心源性、肺源性及 DIC 等多种因素相关

E. 首要的处理应是补充血容量

F. 首要处理是纠正心脏功能

G. 首要处理是纠正肺通气功能

H. 首要处理是纠正酸中毒

I. 首要处理是纠正碱中毒

提问 4:【答案】ABCDEFGH
　　【解析】防治 DIC 常用治疗包括补充凝血因子及使用抗纤溶药物等。肝素钠仅用于治疗羊水栓塞早期的高凝状态,此时常常临床无法检测,一旦出现出血倾向,应马上补充血液制品以止血和纠正休克。

提问 4:防治 DIC 常用的治疗包括

A. 补充凝血因子　　　　B. 补充血浆

C. 补充纤维蛋白原　　　D. 补充冷沉淀

E. 补充红细胞悬液　　　F. 补充血小板

G. 肝素钠　　　　　　　H. 氨甲环酸

I. 碳酸氢钠

(刘兴会)

第三节 子宫破裂

【A1 型题】

1. 重型胎盘早剥与先兆子宫破裂在临床表现上所共有的特征是
   A. 伴有头盆不称
   B. 合并妊娠高血压综合征
   C. 剧烈腹痛
   D. 血尿
   E. 出现病理缩复环

2. 子宫病理缩复环是指
   A. 子宫体部和子宫下段之间形成缩窄环并随宫缩逐渐上升
   B. 子宫某部肌肉呈不协调收缩形成环状狭窄
   C. 子宫上下段之间形成环,但不随宫缩而上升
   D. 宫缩时硬,子宫松弛时为软
   E. 常发生于妊娠期

3. 导致子宫破裂的原因,错误的是
   A. 胎先露下降受阻
   B. 各种不适当的阴道助产手术
   C. 急性羊水过多
   D. 子宫壁瘢痕破裂
   E. 宫缩剂使用不当

4. 关于先兆子宫破裂的诊断依据,哪项是错误的
   A. 宫缩频强,先露部下降受阻,产程延长
   B. 因膀胱受压可致明显血尿
   C. 可见病理缩复环
   D. 血红蛋白下降
   E. 下腹剧痛拒按

5. 关于子宫破裂的处理,正确的是
   A. 子宫破裂后胎儿死亡未娩出者,如宫口已开全,先经阴道娩出死胎
   B. 破裂时间较久有感染可能者,如无子女仍可行裂伤修补术,并加用抗生素
   C. 先兆破裂如不能立即经阴道助产,应行剖宫产术
   D. 子宫破裂除可行修补术外,均应行子宫次全切除术
   E. 子宫破裂发生后,立即使用缩宫素缩小破口

1.【答案】C
【解析】重型胎盘早剥与先兆子宫破裂均可出现剧烈腹痛,胎盘早剥的特点是伴随腹痛的阴道流血,先兆子宫破裂时同样可以出现该症状,故选C。

2.【答案】A
【解析】先兆子宫破裂时,因胎先露下降受阻,子宫收缩加强,子宫体部肌肉收缩变短,下段肌肉变薄变长,两者之间形成环行凹陷。子宫收缩持续增强,子宫上段肌肉过度收缩和缩复,越来越厚,下段肌肉被动扩张拉长,愈来愈薄,使上下段之间形成环状凹陷,并随子宫收缩上升高达脐部,称为病理性缩复环。它是子宫破裂的先兆。

3.【答案】C
【解析】子宫破裂的原因包括胎先露下降受阻、各种不适当的阴道助产手术、子宫壁瘢痕破裂、宫缩剂使用不当、子宫发育异常等。羊水过多并不导致子宫破裂,故选C。

4.【答案】D
【解析】诊断完全性子宫破裂一般困难不大,根据病史、分娩经过、临床表现及体征可作出诊断。不完全性子宫破裂只有在严密观察下方能发现。个别晚期妊娠破裂者,只有出现子宫破裂的症状和体征时方能确诊。血红蛋白下降并没有明显的特异性,也可能患者存在其他病情导致血红蛋白下降,故选D。

5.【答案】C
【解析】子宫破裂胎儿未娩出者,即使死胎也不应经阴道先娩出胎儿,这会使裂口扩大,增加出血。促使感染扩散,应迅速剖腹取出死胎,视患者状态、裂伤部位情况、感染程度和患者是否已有子女等综合考虑,若子宫裂口较易缝合、感染不严重、患者状态欠佳时,可作裂口修补缝合,有子女者结扎输卵管,无子女者保留其生育功能,否则可行子宫全切除或次全切除。子宫破裂发生后,使用缩宫素可能破口扩大。发现先兆子宫破裂,必须立即采取有效措施抑制子宫收缩,最好能尽快行剖宫产术。故选C。

1.【答案】D
　【解析】患者下腹压痛,导尿见肉眼血尿,胎心率正常,故最有可能的诊断为先兆子宫破裂。当胎心率消失时,可能已经发生子宫破裂。

2.【答案】C
　【解析】患者烦躁不安,呼吸急促,同时已经出现胎心率改变,子宫下段明显压痛,导尿见血尿,胎心存在,故最有可能的诊断为先兆子宫破裂。

1.【答案】C
　【解析】本例患者已经出现腹痛、呕吐、烦躁,检查下腹部压疼明显、子宫轮廓不清、胎心消失,与子宫破裂的临床表现一致,故选C。

2.【答案】C
　【解析】当出现子宫破裂时,最好能尽快行剖宫产术,术中注意检查子宫是否已有破裂。子宫破裂胎儿未娩出者,即使死胎也不应经阴道先娩出胎儿,这会使裂口扩大,增加出血,促使感染扩散,应迅速剖腹取出死胎,视患者状态、裂伤部位情况、感染程度和患者是否已有子女等综合考虑,若子宫裂口较易缝合、感染不严重、患者状态欠佳时,可作裂口修补缝合,有子女者结扎输卵管,无子女者保留其生育功能。否则可行子宫全切除或次全切除。子宫下段破裂者,应注意检查膀胱、输尿管、宫颈及阴道,若有损伤,应及时修补。

3.【答案】D
　【解析】当子宫破裂时,胎儿从子宫内到子宫外,故最可靠的依据是子宫轮廓不清,胎体可清楚扪及,其余均不是特异性表现。故选D。

【A2 型题】

1. 经产妇,38 岁,临产 16h,破膜 19h。体温正常,宫缩强,下腹压痛,左枕前位,先露高,胎心 150 次 /min,宫口开大 2cm,胎头双顶径 9.8cm,导尿见肉眼血尿,血常规示白细胞计数 13.23×10^9/L,最可能的诊断是
   A. 子宫破裂　　　　　　　　B. 胎盘早剥
   C. 忽略性肩先露　　　　　　D. 先兆子宫破裂
   E. 难产并发腹腔感染

2. 孕妇,30 岁,孕 1 产 0,妊娠 40 周,规律宫缩 4h 入院,因宫缩欠佳,给予缩宫素静脉滴注,加强宫缩 2h 后,下腹疼痛难忍,孕妇烦躁不安,呼吸急促,心率 110 次 /min,胎心率 100 次 /min,子宫下段有明显压痛,导尿见血尿,最可能的诊断是
   A. 子宫破裂　　　　　　　　B. 胎盘早剥
   C. 先兆子宫破裂　　　　　　D. 强直性子宫收缩
   E. 妊娠合并急性胰腺炎

【A3/A4 型题】

(1~2 题共用题干)

初产妇,39 周妊娠,临产 16h,宫口 3cm 时,以 5% 葡萄糖液 500ml+ 缩宫素 5IU,50 滴 /min 静脉点滴,4h 后宫口开大 9cm,产妇突诉腹疼,呕吐、烦躁,检查下腹部压疼明显,子宫轮廓不清,胎心消失,阴道少量出血。

1. 最可能的诊断是
   A. 胎盘早剥　　　　　　　　B. 前置胎盘
   C. 子宫破裂　　　　　　　　D. 先兆子宫破裂
   E. 妊娠合并急性胰腺炎

2. 最适宜的处理为
   A. 即停用缩宫素,等待自然分娩
   B. 立即行产钳助产术
   C. 立即行剖宫产术
   D. 给予镇静剂后行阴道助产
   E. 给予镇静剂后等待自然分娩

(3~5 题共用题干)

初产妇,孕 41 周,临产 18h,因宫颈扩张活跃期停滞,宫口开大 8cm,1.5h 经缩宫素静脉点滴产程无进展基层转诊,初步诊断为"子宫破裂"。

3. 体检中发现最可靠的诊断依据是
   A. 产妇疼痛难忍,呼叫,烦躁不安
   B. 可见阴道多量鲜血流出

C. 脐下病理缩复环随宫缩上升

D. 子宫轮廓不清,胎体可清楚扪及

E. 胎心胎动消失

4. 此患者最适宜的处理方法是

 A. 即行阴道内诊,以明确破口部位及大小

 B. 迅速阴道助产娩出死胎

 C. 立即刻宫取胎,同时行子宫次全切除术

 D. 剖宫取胎后,对破口小,时间短,无感染者可行修补术

 E. 输血输液观察

5. 如果胎儿死亡,子宫已保留,下列哪一项处理是**错误**的

 A. 乙底酚 5mg,3 次 /d 退乳

 B. 抗生素预防感染

 C. 严格避孕 2 年

 D. 双侧输卵管结扎

 E. 术后用米索前列醇

4.【答案】D
　【解析】见本部分第 2 题解析。

5.【答案】D
　【解析】见本部分第 2 题解析。

【案例分析题】

案例一　孕妇,30 岁,孕 1 产 0,孕 39 周,因阴道见红、时有腹部坠痛入院。肛查骨盆正常,宫颈部分消失,宫口未开,先露棘上 2cm。超声及胎心监护正常。

提问 1:此时以下处理中**不适宜**的为

 A. 静脉点滴缩宫素　　　B. 肌肉注射哌替啶

 C. 剖宫产术　　　　　　D. 人工破膜引产术

 E. 等待自然分娩

提问 2:该产妇因宫颈扩张活跃期延长,行缩宫素静脉点滴,点滴中突发腹痛。体格检查:脐耻间可见一凹陷,下腹拒按,胎心 100 次 /min,阴道内诊:宫口开 8cm,先露 S+1,LOA,骨盆正常,导尿呈血性,此例考虑诊断为

 A. 胎盘早剥

 B. 先兆子宫破裂

 C. 39 周妊娠临产,孕 1 产 0

 D. 子宫破裂

 E. 膀胱破裂

提问 3:应如何处理

 A. 加速缩宫素静脉点滴速度

 B. 产钳助产

 C. 立即肌内注射哌替啶 100mg

 D. 吸氧,尽快行剖宫产

 E. 静脉输入高张葡萄糖

提问 1:【答案】ABCD
　【解析】根据患者目前病情,产程进展正常,无明显不适,胎心监护及超声正常,可正常等待自然分娩即可。故其他处理均不合适。

提问 2:【答案】BC
　【解析】患者目前下腹拒按,同时发现病理性缩复环,胎心已经发生改变,故考虑先兆子宫破裂的诊断基本明确,同时患者妊娠 39 周,孕 1 产 0,故选择 B、C。

提问 3:【答案】CD
　【解析】先兆子宫破裂的处理:立即采取措施抑制子宫收缩,可给予吸入或静脉全身麻醉,肌内注射哌替啶 100mg 等缓解宫缩;并给产妇吸氧,立即备血的同时,尽快行剖宫产术,防止子宫破裂。

案例二　孕妇,24 岁,孕 1 产 0,妊娠 40 周,临产,已破水 24h,胎儿手脱出阴道口,胎心 140 次 /min,此时宫口开全,于下腹脐耻之

提问 1:【答案】ABCE

　　【解析】发现病理性缩复环后,主要考虑存在先兆子宫破裂,故应尽快剖宫产终止妊娠,其他处理均可能导致患者及胎儿病情进一步加重。

提问 2:【答案】AC

　　【解析】因患者腹痛后,宫缩停止,胎动消失,呼吸急迫,面色苍白,脉搏细数,出冷汗,血压 80/50mmHg,故考虑子宫破裂,同时因子宫破裂出血导致血压下降、面色苍白,脉搏细数,出冷汗,符合休克诊断标准,故选 A、C。

间出现一凹陷。

提问 1:以下处理方法中**不恰当**的是

　　A. 立即给予镇静剂

　　B. 乙醚麻醉下行内倒转术

　　C. 抗休克治疗

　　D. 立即剖宫产

　　E. 立即将手消毒送回阴道内

提问 2:产妇一阵剧烈腹痛后,宫缩停止,胎动消失,呼吸急迫,面色苍白,脉搏细数,出冷汗,血压 80/50mmHg,考虑为

　　A. 休克　　　　　　　　B. 先兆子宫破裂

　　C. 完全性子宫破裂　　　D. 胎盘早剥

　　E. 前置胎盘

（王谢桐）

第九章　新生儿疾病

第一节　新生儿窒息

【A1 型题】

1. 一个新生儿经过几秒钟的擦干、弹足底及背部刺激后,仍然无自主呼吸,下一个合适的措施是
   A. 常压给氧
   B. 继续轻弹足底
   C. 评估新生儿是否足月妊娠
   D. 开始正压通气
   E. 气管插管

2. 当正压人工呼吸与胸外按压配合进行时,大约每分钟各多少次
   A. 30 次呼吸,90 次按压
   B. 40 次呼吸,80 次按压
   C. 60 次呼吸,60 次按压
   D. 60 次呼吸,120 次按压
   E. 60 次呼吸,90 次按压

3. 如一个成员正在经气管导管为新生儿做正压人工呼吸,并认为在复苏过程中可能需要给药或扩容,作为复苏小组的另一成员将要实施以下哪项操作
   A. 安置喉罩气道
   B. 插入脐动脉导管
   C. 插入脐静脉导管
   D. 经口插入胃管
   E. 建立外周血管静脉通道

1. 【答案】D
   【解析】如果新生儿处于原发性呼吸暂停,几乎所有的刺激都可以诱发呼吸。如果处于继发性呼吸暂停,再多的刺激都无效。因此轻弹足底 1~2 次或摩擦背部 1~2 次就足够了。如果新生儿仍没有呼吸应立刻给予正压通气。具体指征:如果新生儿没有呼吸(呼吸暂停)或喘息样呼吸,即使有呼吸但心率 <100 次 /min,和 / 或在氧浓度上升到 100% 常压给氧的情况下,血氧饱和度仍在目标值以下,应给予正压通气。用于新生儿正压通气的装置有三种:①自动充气式气囊,气压后自动充气,较容易使用,可作为复苏的常备装置。②气流充气式气囊,也称麻醉气囊。当来自压缩气源的气体进入气囊,气体的出口通向密闭的模拟肺,或通过密闭的面罩或气管插管进入婴儿的肺时才充盈。③T 组合复苏器,是气流控制和压力限制的,与气流充气式气囊相似,需要压缩气源。吸气峰压和呼吸末正压可以手工调控,呼吸时由操作者的手指交替打开和关闭装置的 T 形管上方的开口来控制的。

2. 【答案】A
   【解析】新生儿复苏过程中,胸外按压一定要伴有正压通气,但立避免按压和通气同时进行,因为他们会互相影响效果。新生儿复苏心脏按压与人工呼吸的比例是 3:1,也就是 90 次按压,30 末呼吸,即 2s 要完成 3 次心脏按压和 1 次人工呼吸,这是因为新生儿复苏更强调正压通气的重要性。成人的复苏比例是 30:2,即 30 次按压,给 2 次人工呼吸,与新生儿有所区别。胸外按压指征:在至少 30s 有效正压通气后,心率 <60 次 /min,停止胸外按压指征:如果心率 >60 次 /min,停止胸外按压,以 40~60 次 /min 的频率继续给予正压通气。

3. 【答案】C
   【解析】复苏过程中给药途径有:脐静脉、末梢静脉和气管内给入,脐静脉是新生儿窒息复苏时首选给药途径,也是最快最直接的静脉途径。如果由于新生儿对早期复苏步骤无反应,需要使用肾上腺素或扩容,复苏小组一位人员应弄始安放脐静脉导管,其他人员继续正压通气和胸外按压。新生儿复苏过程中应用药物时建立静脉通路的替代方法:气管导管内给药(仅限肾上腺素)和骨髓内给药。

1.【答案】A

【解析】评价新生儿出生时有无窒息及其程度，采用 Apgar 评分，内容包括皮肤颜色、心率、对刺激的反应、肌张力和呼吸 5 项指标，每项 0~2 分，共 10 分。8~10 分为正常，4~7 分为轻度窒息，0~3 分为重度窒息。1min（即刻）评分仅是窒息诊断和分度的依据，5min 及 10min 评分有助于判断复苏效果和预后。该患儿出生时皮肤苍白（0分）+心率 50 次/min（1分）+无呼吸（0分）+四肢松弛（0分）+弹足底无反应（0分）=1分，为重度窒息。

2.【答案】A

【解析】2016 版新生儿复苏指南指出：对于胎龄 <35 周的早产儿复苏时，建议低浓度给氧（21%~40%），不推荐早产儿用高氧（65% 或更高），尽量让其血氧饱和度接近足月健康儿的正常值范围；即在出生 1min 时右上肢血氧饱和度维持在 60%~65%，5min 维持在 80%~85%，10min 维持在 85%~90%。如果复苏时达不到目标值，根据血氧饱和度逐渐上调氧浓度，直至达到目标氧饱和度。该患儿正压人工呼吸 5min 后，血氧饱和度为 80%，不再上升，因 5min 后的血氧饱和度目标值应在 85% 以上，所以下一步应该提高氧浓度。

3.【答案】C

【解析】如果出现产时大量失血，新生儿可能会出现低血容量休克。休克时新生儿皮肤苍白，毛细血管再充盈时间延长和脉搏微弱，伴有持续心率减慢。有效的正压通气、胸外按压和肾上腺素通常不会改善循环状况，这时应考虑扩容补充血容量。扩容首选的液体为生理盐水，首次剂量为 10ml/kg。如果首次注射后新生儿改善不明显，可能需再重复扩容一次。

4.【答案】ABCD

【解析】2015 年新生儿复苏国际指南不再常规推荐羊水粪染时气管内吸引，不论有无活力。但根据我国实践经验，我国新生儿复苏项目专家组做如下推荐：当羊水粪染时，仍首先评估新生儿有无活力。新生儿有活力时，继续初步复苏；无活力时，应在 20s 内完成气管插管吸引胎粪。有活力指：有强有力呼吸，肌张力好，心率 >100 次/min。

5.【答案】ACD

【解析】早产儿特别容易受寒，对胎龄 <29 周早产儿出生时在未擦干前应即刻将颈部以下置于聚乙烯塑料袋内。在清理呼吸道时，无论是早产儿还是足月儿，都应该先口腔后鼻腔，以防止吸引鼻腔时发生深呼吸，将口腔内的分泌物吸入。正压通气指征：新生儿没有呼吸（呼吸暂停）或喘息样呼吸，即使有呼吸但心率 <100 次/min，和/或在氧浓度上升到 100% 常压给氧的情况下，血氧饱和度仍在目标值以下。对于胎龄 <35 周的早产儿复苏时，建议低浓度给氧（21%~40%），如果复苏时达不到目标值，根据血氧饱和度逐渐上调氧浓度，直至达到目标氧饱和度。

【A2 型题】

1. 新生儿出生时皮肤苍白，心率 50 次/min，无呼吸，四肢松弛，弹足底无反应，该患儿即刻 Apgar 评分为
   A. 1 分　　　　　　　　　B. 2 分
   C. 3 分　　　　　　　　　D. 5 分
   E. 4 分

2. 28 周早产儿分娩后，因呼吸不好应用正压人工呼吸，最初时给予 30% 的氧，使用脉搏氧饱和度测定仪 5min 后，血氧饱和度为 80% 无上升，此时应该采取以下哪一项措施
   A. 提高氧浓度　　　　　　B. 维持同样的氧浓度
   C. 减少氧浓度　　　　　　D. 给予弹足底刺激
   E. 静脉插管

3. 孕 40 周产妇，产前有大量阴道出血史，新生儿出生后皮肤苍白，出生体重 3.5kg，应用各种复苏措施无改善，决定使用扩容剂，应给予以下哪个剂量
   A. 0.35ml　　　　　　　　B. 13.5ml
   C. 35ml　　　　　　　　　D. 350ml
   E. 3.5ml

4. 孕母 38 周，妊娠高血压，视物不清 2h，急诊入院。查血压 200/100mmHg，胎心监护异常，90~100 次/min，急诊剖宫产娩一男婴。请问下列哪些是需气管插管吸引的指征
   A. 羊水粪染　　　　　　　B. 肌张力低下
   C. 心率 <100 次/min　　　D. 不哭
   E. 皮肤发紫

5. 胎龄 27 周，出生体重 1 100g，孕母前置胎盘，产前出血，羊水清，喘息样呼吸，肌张力低下，以下复苏措施正确的是
   A. 不擦干，塑料膜包裹保暖
   B. 清理呼吸道分泌物，先吸鼻，后吸口
   C. 初步复苏后，心率 80 次/min，即给予正压通气
   D. 正压通气时，给氧浓度 30%
   E. 擦干后塑料膜包裹取暖

【A3/A4 型题】

(1~2 题共用题干)

患儿，男，第一胎第一产，胎龄 39 周，经阴道分娩，Apgar 评分 1min 为 2 分，生后 24h 抽搐一次。体格检查：反应迟钝，瞳孔缩小，心肺无明显异常，四肢肌张力减低，握持反射和拥抱反射减弱。

1. 该患儿复苏时哪一项是关键措施
   A. 清理呼吸道
   B. 建立呼吸
   C. 胸外按压
   D. 纠正酸中毒
   E. 补充容量

2. 该患儿初步复苏步骤顺序应为
   A. 刺激、保持体温、清理呼吸道(必要时)、刺激、擦干
   B. 保持体温、清理呼吸道(必要时)、摆好体位、刺激、擦干
   C. 清理呼吸道(必要时)、摆好体位、保持体温、刺激、擦干
   D. 保持体温、摆好体位、清理呼吸道(必要时)、刺激、擦干
   E. 清理呼吸道(必要时)、摆好体位、擦干、保持体温、刺激

(陆军)

第二节 新生儿黄疸

【A1 型题】

1. 以下关于新生儿 ABO 免疫性溶血病的描述,哪项**不正确**
   A. 胎儿期可发病
   B. 本病第一胎即可发病,约占 10%~20%
   C. 新生儿血清中的免疫性抗体可在体内存在 1~2 个月
   D. 胎盘中存在 A 或 B 抗原可中和母亲的抗体
   E. 新生儿许多组织均存在血型抗原如 A 或 B 抗原

2. 以下哪项**不是**新生儿胆红素代谢的特点
   A. 新生儿肝脏葡萄糖醛酸转移酶含量不足
   B. 新生儿红细胞寿命短,数量多,易破坏
   C. 新生儿肝细胞 Y 蛋白含量极微
   D. 新生儿肠腔内葡萄糖醛酸苷酶浓度较低
   E. 新生儿肝细胞排泄胆红素的能力不足

【A2 型题】

1. 一胎龄 39 周女婴,生后 8h 发现皮肤黄染,完善血生化提示:血清总胆红素 150μmol/L,间接胆红素 142μmol/L。应首先考虑
   A. 母乳性黄疸
   B. 婴儿肝炎综合征
   C. 胆道闭锁
   D. 新生儿溶血病
   E. 新生儿败血症

1.【答案】B
【解析】建立肺的通气是窒息新生儿心肺复苏时最重要和最有效的步骤,如果新生儿生后没有有效的呼吸或者心动过缓,最关键的措施是建立呼吸,大部分新生儿通过建立有效呼吸,心率都会上升,只有少部分新生儿才需要胸外按压和肾上腺素。该患儿为重度窒息,此时,建立呼吸是最重要的措施,通气改善后,心率一般就会上升。

2.【答案】D
【解析】新生儿如果需要复苏,应该在几秒内开始初步复苏步骤。初步复苏步骤是有先后顺序的:保暖是第一位的,然后是通过轻度仰伸颈部,开放气道。当患儿无活力或气道内有胎粪污染时应清理呼吸道。通常,摆正体位、吸引分泌物已可以刺激诱发呼吸,擦干新生儿也是刺激。如果以上处置未足以诱发呼吸,则给予额外、短暂的触觉刺激以诱发呼吸;但对于重度窒息患儿,要用最短的时间完成初步复苏,或甚至跳过初步复苏步骤,尽快给予正压人工通气。

1.【答案】B
【解析】新生儿溶血病主要指母、子血型不合引起的同族免疫性溶血。在已发现的人类 26 个血型系统中,以 ABO 血型不合最为常见。40%~50% 的 ABO 溶血病发生在第一胎,其原因是 O 型血母亲在第一胎妊娠前,已受到自然界 A 或 B 血型物质(某些植物、寄生虫、伤寒疫苗、破伤风及白喉毒素等)的刺激,产生抗 A 或抗 B 抗体(IgG)。胎儿期发病在 ABO 溶血病较少见,但是当胎儿血红蛋白下降至 40g/L 以下时,可致胎儿水肿。新生儿血清中的免疫性抗体可在体内存在 1~2 个月,甚至长达 6 个月,引起持续溶血,发生晚期贫血。除了红细胞外,A 或 B 抗原存在于许多其他组织,只有少量通过胎盘的抗体与胎儿红细胞结合,其余的被组织或血浆中可溶性的 A 或 B 物质吸收。

2.【答案】D
【解析】新生儿胆红素代谢有以下特点:胎儿血氧分压低,红细胞数量代偿性增加,出生后血氧分压升高,过多的红细胞被破坏;新生儿红细胞寿命也相对短,一般早产儿低于 70d,足月儿约 80d,成人 120d;新生儿血红蛋白分解速度是成人的 2 倍,所以新生儿每日生成的胆红素明显高于成人;新生儿刚出生时干细胞内的 Y 蛋白含量极微,二磷酸尿苷葡萄糖醛酸基转移酶(UDPGT)含量低(仅为成人的 1%~2%)且活性差(仅为正常的 0~30%),含量在生后 1 周时才接近正常,因此生成结合胆红素的量较少;且新生儿肝细胞排泄胆红素的能力不足,早产儿更为明显,可出现暂时性的肝内胆汁淤积。

1.【答案】D
【解析】生后 24h 内即出现的黄疸属于病理性黄疸。母乳性黄疸常指母乳喂养的新生儿在生后 3 个月内仍有黄疸,其中早发型可与生理性黄疸出现时间一致,在生后 2~3d,晚发型常发生在生后 1 周以后;婴儿肝炎综合征和胆道闭锁者以高结合胆红素血症为主要表现,其黄疸常在生后 2~4 周出现;大多数 Rh 溶血病患儿生后 24h 内出现黄疸并迅速加重。

2.【答案】D

【解析】ABO溶血症常发生于母亲O型,新生儿为A型、B型的组合之间,该题干中母亲O型、父亲A型,故患儿血型为A型时可能发生ABO溶血。实验室检查中,改良直接抗人球蛋白试验及抗体释放试验两项为确诊实验,如确诊试验为±,则考虑可疑ABO溶血,需密切监测黄疸变化。

1.【答案】C

【解析】分析题干可得出患儿黄疸延迟不退(生后1个月),属于病理性黄疸,大便呈白陶土样、皮肤暗黄提示以直接胆红素增高为主,导致该类型黄疸的原因主要是胆汁排泄障碍,故孕期病毒感染导致的婴儿肝炎综合征、胆道闭锁、先天性非溶血性结合胆红素增高症等病因需排除。

2.【答案】C

3.【答案】E

【解析】根据患儿发病时间,生后24h内出现的黄疸,首先考虑新生儿溶血病可能,明确该诊断需行血型鉴定及抗体检测,其中改良直接抗人球蛋白试验及抗体释放试验为确诊试验。

4.【答案】C

【解析】根据实验室检查结果,改良直接抗人球蛋白试验及抗体释放试验两项确诊试验均为阳性,故确诊新生儿ABO溶血病。该病可静脉用免疫球蛋白,以阻断网状内皮系统Fc受体,抑制吞噬细胞破坏已致敏的红细胞。

2. 一足月女婴,其母血型O型,其父血型A型,患儿脐血送检ABO溶血试验,下列哪项结果可诊断新生儿ABO溶血

A. B型直抗试验(+),游离试验(−),放散试验(±)

B. B型直抗试验(±),游离试验(+),放散试验(−)

C. A型直抗试验(−),游离试验(±),放散试验(±)

D. A型直抗试验(+),游离试验(−),放散试验(±)

E. O型直抗试验(±),游离试验(+),放散试验(−)

【A3/A4型题】

(1~2题共用题干)

一足月女婴,生后7d开始黄疸进行性加重,现生后1个月,黄疸无明显减退。无发热、抽搐表现,间有呕吐,大便呈白陶土样,查体发现皮肤暗黄,肝脏右肋下约3cm。

1. 病史问诊中应注意以下哪项

A. 家族史有无G-6-PD酶缺乏症

B. 其母怀孕的胎次与产次

C. 其母孕期有无感染史

D. 妊娠合并高血压的情况

E. 患儿父母的血型

2. 临床诊断首先应考虑

A. 母乳性黄疸　　　　　B. 新生儿ABO溶血

C. 婴儿肝炎综合征　　　D. 生理性黄疸

E. 蚕豆病

(3~4题共用题干)

一足月男婴,生后12h内出现黄疸,门诊查血生化提示:血清总胆红素117μmol/L,间接胆红素108μmol/L。

3. 为明确诊断,首选哪项检查

A. 转氨酶

B. G-6-PD酶活性

C. 血培养及感染指标

D. 血常规及网织红细胞计数

E. 血型及血型抗体检查

4. 检查结果提示血型A型,ABO溶血实验提示"直接抗人球蛋白试验(+),游离抗体试验(+++),抗体放散试验(++++)",以下哪项治疗是正确的

A. 抗感染治疗　　　　　B. 输注人血白蛋白

C. 输注丙种球蛋白　　　D. 护肝治疗

E. 换血治疗

(5~6题共用题干)

一患儿生后24h内出现皮肤黄染,吃奶偏差,家属诉稍有嗜睡,急

查血生化提示:血清总胆红素达 342μmol/L。

5. 该患儿应首选何种治疗
 A. 蓝光照射
 B. 输注人血白蛋白
 C. 补液支持治疗
 D. 护肝治疗
 E. 换血治疗

6. 患儿确诊 ABO 溶血病,达到换血指征,目前体重 3kg,首选何种成分换血
 A. A 型血浆 300ml+A 型红细胞悬液 300ml
 B. O 型血浆 300ml+O 型红细胞悬液 300ml
 C. AB 型血浆 300ml+O 型红细胞悬液 300ml
 D. O 型血浆 300ml+AB 型红细胞悬液 300ml
 E. A 型血浆 300ml+O 型红细胞悬液 300ml

(7~8 题共用题干)
一孕妇胎龄 40⁺⁴ 周入院待产,孕 1 产 0,产检结果显示孕妇血型为 B 型,Rh(−)血型。

7. 问诊中应特别注意追问何种病史
 A. 孕母有无输血史
 B. 追问家族籍贯
 C. 其母孕期有无感染病史
 D. 患儿父亲的血型
 E. 孕母孕早期有无特殊药物史

8. 追问病史中发现孕妇既往有流产史,该新生儿出生后应首先完善何种检查
 A. 红细胞脆性实验
 B. G-6-PD 酶活性检测
 C. 血常规及网织红细胞
 D. 血型及血型抗体检查
 E. 血培养及感染指标

【案例分析题】

案例一 足月男婴,在生后 24h 内即出现黄疸,血生化提示血清总胆红素 25μmol/L,其母为 Rh 阴性血型。
提问 1:进一步问诊中应注意完善哪些病史
 A. 围生期是否存在窒息缺氧史
 B. 家族史有无 G-6-PD 酶缺乏症
 C. 其母的 ABO 血型
 D. 其母孕期有无合并妊娠糖尿病
 E. 母孕的胎次与产次
 F. 患儿有无嗜睡、抽搐表现

5.【答案】E
【解析】该患儿生后 24h 内出现黄疸,血清总胆红素达 342μmol/L,符合病理性黄疸诊断。病理性黄疸可导致胆红素脑病,凡是有早期胆红素脑病症状者,不论血清胆红素高低都应考虑换血,因为胆红素脑病的发生与否,除与血清胆红素量有关外,尚有其他因素参与。该患儿有食欲缺乏、嗜睡等早期胆红素脑病症状,故选择换血治疗。

6.【答案】C
【解析】换血治疗时,血源选择:Rh 溶血病应选择 Rh 系统与母亲同型、ABO 系统与患儿同型的血液,紧急时也可选用 O 型血;ABO 溶血病最好选用 AB 型血浆和 O 型红细胞的混合血;换血量一般为患儿血量的两倍,大致可换出 85% 的致敏红细胞和 60% 的胆红素及抗体。

7.【答案】A
【解析】Rh 溶血病中以 RhD 溶血病最常见。一般不发生在第一胎,因为自然界无 Rh 血型物质,Rh 抗体只能由人类红细胞 Rh 抗原刺激产生。Rh 阴性母亲首次妊娠,于妊娠末期或胎盘剥离时(包括流产及刮宫),Rh 阳性的胎儿血进入母血中,约经过 8~9 周产生 IgM 抗体,此抗体不通过胎盘,此后虽也可产生少量 IgG 抗体,但胎儿已娩出;如母亲再次妊娠(与第一胎 Rh 血型相同),怀孕期可有少量胎儿血进入母体循环,于几天内便可产生大量 IgG 抗体,既而通过胎盘,引起胎儿溶血。所以关于孕妇的胎次病史非常重要。

8.【答案】D
【解析】Rh 阴性母亲再次妊娠时可发生严重 RH 溶血病可能,常在生后 24h 内发病,故出生后应立即行 Rh 血型鉴定及 Rh 溶血病的确诊实验,包括改良直接抗人球蛋白试验及抗体释放试验。

提问 1:【答案】ABCEFGH
【解析】本例为发病早(生后 24h 内)、起病急、黄疸进展较快的一例早期新生儿黄疸,其母为特殊血型 Rh 阴性,故首先应注意新生儿溶血病尤其 Rh 溶血病的可能。除此之外,还应注意有无红细胞膜、红细胞酶、形态、结构及血红蛋白异常的黄疸,有无重度窒息、重症感染的可能。诊断思路如下:①询问有无母子血型不合条件,因 ABO 系统溶血亲首胎即可发病,而 Rh 溶血病首胎发生概率很小,还应

询问母亲具体产次,有无输血史、流产史;②追问家族籍贯,有无黄疸、贫血家族病史,若为两广、福建等地区者,应注意 G-6-PD 酶缺乏症;③母亲孕期有无感染性疾病史、胎膜早破等,了解有无感染性因素存在;④是否存在宫内窘迫或产时窒息等,以协诊有无围产因素导致黄疸;⑤有无早期胆红素脑病症状。

提问 2:【答案】BD
　　【解析】新生儿溶血病确诊试验包括改良直接抗人球蛋白试验及抗体释放试验。

提问 3:【答案】C
　　【解析】Rh 血型系统有 6 种抗原,即 D、E、C、c、d、e(d 抗原未测出只是推测),其抗原性强弱依次递减。在引起 Rh 溶血病的 Rh 系统抗体中,抗 D 占有显著的比例,约 50%。本病例出现抗 c 和抗 E 混合抗体,说明母亲曾发生母胎免疫,出现抗 c 抗体提示母亲不存在 c 抗原,出现抗 E 抗体,说明母亲不存在 E 抗原,故其母亲 Rh 血型为 CCDee。

提问 1:【答案】A
　　【解析】该病例为确诊的 Rh 溶血病,且早期出现胆红素脑病症状,故选择积极换血治疗。单纯 Rh 溶血病换血血源应选择 Rh 系统与母亲同型、ABO 系统与患儿同型的血液,紧急时也可选用 O 型血;该例患儿 ABO 血型恰好为 O 型,故应选择 O 型 ccdee 血。

提问 2:【答案】ABCDFG
　　【解析】该病例早期已出现胆红素脑病症状,故换血治疗后需评估有无胆红素脑病可能。胆红素能阻滞脑细胞膜电位传导,因而检测该类患儿脑电变化可直接反映胆红素对脑的损伤程度。脑干听觉通道对胆红素毒性作用特别敏感,后者可造成脑干视觉诱发电位的改变,使波的潜伏期延长,波幅降低。胆红素可在脑内不同部位沉积浸润,常见于基底核、苍白球、海马沟等区域,故可通过头颅 MRI 检查协助诊断。另外,换血过程中可出现低血糖、低血钙等内环境紊乱,以肝素作为抗凝剂需复查有无血小板减少,换血后需复查血清胆红素评估换血效果。换血过程是一个严格执行无菌操作的治疗,无需常规预防性抗感染治疗。

G. 母亲有无输血史

H. 母亲有无流产史

提问 2:为明确新生儿是否存在溶血病,以下哪些属于确诊试验

A. 血常规　　　　　　　B. 释放抗体实验

C. 游离抗体试验　　　　D. 改良 Coombs 试验

E. 血型检测　　　　　　F. 血清胆红素

G. 网织红细胞　　　　　H. 血气分析

提问 3:完善直接抗人球蛋白实验(+),释放试验释放出抗 E,抗 c 抗体,确诊为 Rh 溶血病,其母的 Rh 血型可能是

A. ccDee　　　　　　　B. cCDEe

C. CCDee　　　　　　　D. ccDEE

E. cCdee　　　　　　　F. CcDEE

G. CcdEe　　　　　　　H. CCdEe

案例二 足月女婴,生后 24h 内出现黄疸,伴有惊厥,确诊为 Rh 溶血病,其血型是 O 型,CcDEe,其母血型为 A 型,ccdee。

提问 1:如需进行换血治疗,下列哪一种血型最合适

A. O 型 ccdee　　　　　B. O 型 CCDEE

C. A 型 ccdEe　　　　　D. A 型 CcdEe

E. O 型 CcDEe　　　　　F. AB 型 ccdee

G. AB 型 CCDEE　　　　H. O 型 CcdEe

提问 2:换血过程顺利,换血后可选择哪些进一步治疗检查

A. 继续光疗　　　　　　B. 复查血常规

C. 行听性脑干检查　　　D. 行头颅 MRI 检查

E. 预防性使用抗生素　　F. 脑功能监测

G. 复查血清胆红素　　　H. 电解质及血糖监测

(黄为民)

第十章　产褥期疾病

第一节　晚期产后出血

【A1 型题】

1. 发生晚期产后出血最常见的时间为
   A. 产后 12h
   B. 产后 3~5d
   C. 产后 1~2 周
   D. 产后 4~6 周
   E. 产后 6~8 周

2. 关于剖宫产术后晚期产后出血治疗,正确的是
   A. 可行清宫术,找到出血的原因及病灶
   B. 如为切口愈合不良,可等待其自然愈合
   C. 如为切口感染,均应行子宫切除术,去除感染灶
   D. 可予输血、抗感染治疗
   E. 根据患者出血量、感染程度、有无生育要求综合制订治疗方案

【A2 型题】

经产妇,女,28 岁,因剖宫产术后反复阴道不规则流血 2 个月余,介入治疗后 20d 第二次入院。患者因臀位行剖宫产术,手术过程顺利,术后 60d 突然出现阴道大量流血,伴血块,约 900ml,血常规:血红蛋白 68g/L。积极抗休克的同时行子宫动脉栓塞术,一周后患者阴道流血停止。于术后 85d 再次出现阴道流血量增多,量约 500ml,伴寒战、低热再次入院。入院后即完善各项检查,腹部超声未见明显异常。宫颈分泌物培养:见粪肠球菌。入院后最合适的处理是
   A. 清宫术
   B. 如为切口愈合不良,可予输血、抗感染治疗,可等待其自然愈合
   C. 如为切口感染,均应行子宫切除术,去除感染灶
   D. 再次行介入术

1. 【答案】C
   【解析】分娩 24h 后,在产褥期内发生的子宫大量出血,称晚期产后出血。一般产后 1~2 周最常见。常因胎盘胎膜残留及植入,胎膜残留,子宫复旧不全,感染,剖宫产术后切口愈合不良等原因引起。表现为持续或间断的少量或中等量的阴道流血,也可能出现急骤大量出血,同时有血凝块排出。产妇多还伴有寒战、低热,且常因失血过多导致严重贫血或失血性休克。

2. 【答案】E
   【解析】随着剖宫产率的升高,剖宫产术后的各种并发症也随之增加,特别是因剖宫产所致的晚期产后出血日益受到医务人员的关注,对怀疑剖宫产子宫切口裂开的患者,不管阴道流血多或少都应住院治疗。对于阴道流血多者,可考虑立即行介入治疗,加强抗感染以及促进子宫收缩等药物治疗;如果失血过多有休克症状需输血等纠正休克表现,经过以上积极处理后,晚期产后出血未得予纠正,需考虑行剖腹探查术。如果术中发现子宫切口坏死组织范围不是很大,并且炎症反应不是很重,切口组织的血供良好,患者有生育要求,可行切口坏死组织切除后重新修复创面,保留子宫,如果子宫切口坏死组织范围过于广泛,并且炎症反应非常严重,已经有盆腔转移或者出现全身感染中毒等症状,为了抢救患者的生命,应行子宫全切除术。

   【答案】E
   【解析】患者剖宫产术后出现晚期产后出血,对于阴道流血多者,可考虑立即行介入治疗,但不宜反复做介入手术,在加强抗感染以及促进子宫收缩等药物治疗,等积极处理后,晚期产后出血未得予纠正,需考虑行剖腹探

查术。如果术中发现子宫切口坏死组织范围不是很大,并且炎症反应不是很重,切口组织的血供良好,患者有生育要求,可行切口坏死组织切除后重新修复创面,保留子宫;如果子宫切口坏死组织范围过于广泛,并且炎症反应非常严重,已经有盆腔转移或者出现全身感染中毒等症状,为了抢救患者的生命,应行子宫全切除术。

1.【答案】D

2.【答案】E

3.【答案】D
【解析】患者为有两次剖宫产手术病史,出现晚期产后出血原因考虑为切口愈合不良可能性大,对剖宫产手术的患者,子宫切口未完全愈合,不适合行清宫术及宫腔镜等检查术,以防瘢痕破裂、子宫穿孔等。

4.【答案】B
【解析】该患者出血时间是在分娩24h之后,属于晚期产后出血的范畴。该患者顺产,并且无发热,阴道分泌物无异味,感染可能性不大,所以出血原因考虑为胎盘胎膜残留。

5.【答案】A
【解析】尽快清除残留物,去除引起感染的潜在病灶,有利于子宫修复。

E. 根据患者出血量、感染程度、有无生育要求综合制订治疗方案

【A3/A4 型题】

(1~3 题共用题干)

患者,33 岁,因"二次剖宫产术后,阴道不规则流血 3 个月余"入院。患者术后出现阴道不规则流血,出血量每次不等,多时如月经量,少时为血性分泌物,无异味,无腹痛、发热,曾口服益母草等药物治疗,效果差。此次出血量仍较多,有血块,伴有头晕、乏力等不适入院治疗。

1. 此时分析其出血原因最可能为
    A. 子宫收缩乏力　　　　　B. 胎膜残留
    C. 胎盘残留　　　　　　　D. 子宫切口愈合不良
    E. 凝血功能障碍

2. 为明确诊断,入院后最有意义的检查措施**不包括**
    A. 超声了解剖宫产术后子宫及宫腔情况
    B. 妇科检查
    C. 血常规及感染指标的监测
    D. 阴道分泌物的培养
    E. 宫腔镜检查

3. 进一步处理**不包括**
    A. 介入手术　　　　　　　B. 抗生素预防感染治疗
    C. 剖腹探查备瘢痕切除术　D. 清宫术
    E. 纠正贫血治疗

(4~5 题共用题干)

患者,27 岁,因"顺产后 12d,阴道流血增多 3h"入院。

4. 入院后,查患者无发热,腹部无压痛及反跳痛,阴道流血少于月经量,无血块,无异味,考虑患者最有可能的诊断是
    A. 子宫收缩乏力　　　　　B. 胎膜、胎盘残留
    C. 生殖道感染　　　　　　D. 宫颈裂伤
    E. 凝血功能障碍

5. 此时最合适的处理是
    A. 清宫　　　　　　　　　B. 缩宫素静脉滴注
    C. 止血药　　　　　　　　D. 抗生素预防感染
    E. 宫颈裂伤处缝合

【案例分析题】

案例一　经产妇 26 岁,孕 5 产 5,2009 年剖宫产 1 次,2011 年、2013 年、2014 年、2016 年分别顺产 1 次。患者于 17d 前在外院顺产一活女婴,产程顺利,产后出血不多,产后 3d 出院。近一周内患者阴道流血增多,伴血块,外院超声检查提示宫内可见不均匀

回声团,范围约70mm×9mm,内有光团及液暗区。行无痛清宫术,刮出蜕膜样组织,病理结果提示未见绒毛滋养细胞。清宫2d后出现阴道大量流血,入院时脉搏110次/min,血压104/61mmHg,神志清楚,皮肤黏膜苍白,四肢湿冷,子宫底脐耻间,无明显压痛,按压子宫有阴道流血,如月经量,无异味。急查血常规提示:白细胞计数9.1×10⁹/L,血红蛋白76g/L,血小板391×10⁹/L。

提问1:可能的诊断为
A. 晚期产后出血
B. 失血性休克
C. 瘢痕子宫
D. 子宫破裂
E. 胎盘残留
F. 子宫动静脉瘘
G. 胎膜残留
H. 子宫复旧不良
I. 产褥期感染

提问2:入院后处理正确的是
A. 输血补液治疗失血性休克
B. 宫腔填塞球囊
C. 应用抗生素
D. 使用药物加强宫缩
E. 介入手术
F. 剖腹探查术

提问3:晚期产后出血,最常见的原因是
A. 感染
B. 蜕膜残留
C. 胎盘残留
D. 胎膜残留
E. 剖宫产术后子宫伤口裂开
F. 子宫胎盘附着部位复旧不全
G. 子宫动静脉瘘

案例二 患者因"孕39⁺⁴周,混合臀位,胎膜早破"行剖宫产术(子宫下段横切口),手术顺利,术后5d出院。出院后一直阴道不规则流血,褐色,无异味,用护垫即可。无坐浴及性交史。于术后第65天晚21:00突然出现阴道大量流血,伴血块,暗红色,量约900ml,急诊入院。入院体格检查:体温37.8℃,脉搏105次/min,呼吸21次/min,血压100/60mmHg。阴道窥视:可见鲜红色活动性血液自宫颈内口流出,宫颈举摆痛阴性,子宫如孕50⁺d大小,无明显压痛,质软,未触及包块。附件无压痛,未触及包块。血常规:白细胞计数14.5×10⁹/L,中性粒细胞百分比87.4%,红细胞计数2.75×10¹²/L,血红蛋白76g/L;CRP 64mg/L;血β-hCG 0.48IU/L。

提问1:【答案】ABCGH
【解析】患者现为产后10d出现大量阴道流血,入院测量生命体征,休克指数=脉搏/收缩压=110(次/min)/104(mmHg)=1.06>1,为轻度休克,失血量20%~30%,故A,B正确;患者既往有剖宫产手术史,为瘢痕子宫,故C正确;子宫破裂多见瘢痕子宫患者,常为阴道试产过程中出现子宫瘢痕破裂,或часто产后2~3周因肠线溶解脱落后血窦重新开放而引起子宫伤口裂开,出现大量阴道流血,甚至引起休克,本例患者为剖宫产术后,剖宫产后阴道试产成功4次,本次产程顺利,产后3d内出血不多,故D可排除;子宫动静脉瘘分为先天及后天,经多普勒超声检查可见肌层与子宫内膜间有多个无回声区,彩色多普勒无回声区内呈红蓝相间的血流信号,血流旋转形成涡流,内见动脉血流信号等,超声检查未提示子宫动静脉瘘,故F可排除;患者超声检查提示宫腔内异常组织物,清宫术刮出蜕膜样组织,病理结果提示未见绒毛滋养细胞,故G正确;胎盘附着面感染、复旧不全引起的出血,多发生在产后2周左右,胎盘胎膜残留亦可引起子宫复旧不全,表现为突然大量阴道流血,检查发现子宫大而软,宫口松弛,阴道及宫口有血块堵塞,患者清宫术后2d出现阴道大量流血,子宫底脐耻间,按压子宫有阴道流血,如月经量,故H也正确;患者子宫无明显压痛、恶露无异味、白细胞无升高,故排除I选项。

提问2:【答案】ABCDE
【解析】入院后应及时纠正失血性休克,A,B,C,D,E均为合理的治疗手段。患者目前不需要进行剖腹探查术。

提问3:【答案】ABCDEF
【解析】①胎盘、胎膜残留:多发生于产后10d左右,黏附在宫腔内的残留胎盘组织发生变性、坏死、机化,形成胎盘息肉,当坏死组织脱落时,暴露基底部血管,引起大量出血。临床表现为血性恶露持续时间延长,以后反复出血或突然大量流血。检查发现子宫复旧不全,宫口松弛,有时可触及残留组织。②蜕膜残留:蜕膜多在产后一周内脱落,并随恶露排出。若蜕膜剥离不全,长时间残留,也可影响子宫复旧,继发子宫内膜炎症,引起晚期产后出血。临床表现与胎盘残留不易鉴别,宫腔刮出物病理检查可见坏死蜕膜,混以纤维素、玻璃样变的蜕膜细胞和红细胞,但不见绒毛。③子宫胎盘附着面感染或复旧不全:子宫胎盘附着面血管在分娩后即有血栓形成,继而血栓机化,出现玻璃样变,血管上皮增厚,管腔变窄、堵塞。胎盘附着部边缘有内膜向内生长,底蜕膜深层的残留腺体和内膜亦重新生长,使子宫内膜修复,此过程需6~8周。胎盘着面感染、复旧不全引起的出血,多发生在产后2周左右,表现为突然大量阴道流血,检查发现子宫大而软,宫口松弛,阴道及宫口有血块堵塞。④剖宫产术后子宫伤口裂开:多见于子宫下段剖宫产横切口两侧端,可因肠线溶解脱落后血窦重新开放而引起出血,多发生在术后2~3周,出现大量阴道流血,甚至引起休克。⑤其他:感染、产后子宫滋养细胞肿瘤、子宫肌瘤等均可引起晚期产后出血。

经腹部超声提示:子宫体长 8.0cm,横径 6.8cm,前后径 4.7cm,宫腔分离,子宫下段前壁处凹凸不平,切口处肌壁连续,欠光整,其后方见无回声区 1cm×1cm。盆腔积液:盆腔内可见 1.7cm 无回声区。彩色超声多普勒检查:切口处见点状血流信号。余辅助检查无异常。

提问 1: 入院后需紧急处理的是

    A. 输血补液治疗失血性休克

    B. 宫腔填塞球囊

    C. 清宫术

    D. 给予子宫收缩剂加强宫缩

    E. 介入手术

    F. 子宫切除术

提问 2: 入院后为明确出血原因,需要完善的检查和处理是

    A. 血 hCG   B. MRI

    C. 超声   D. 阴道检查

    E. 宫腔镜检查   F. 凝血功能

提问 3: 腹部超声提示:子宫大小为 70mm×43mm×61mm,宫腔内见不均质弱回声,大小为 34mm×17mm,边界欠清,向宫体前壁下段突出,彩色多普勒超声示其内未见明显彩色血流信号。宫体前壁下段肌层变薄,厚度约 0.52cm。因阴道流血量多给予介入治疗后,介入术后 3d,患者再次出现阴道流血,如月经量,急查血红蛋白 79g/L。此时进一步的处理是

    A. 剖腹探查

    B. 行子宫瘢痕修补术或子宫切除术

    C. 水囊填塞

    D. 再次行介入术

    E. 继续促进子宫收缩保守治疗

    F. 清宫术

    G. 米非司酮等药物保守治疗

(黎静)

提问 1:【答案】ADE

提问 2:【答案】ABCDF

提问 3:【答案】AB

【解析】随着剖宫产率的升高,剖宫产术后的各种并发症也随之增加,特别是因剖宫产所致的晚期产后出血日益受到医务人员的关注。对怀疑是剖宫产子宫切口裂开的患者,不管阴道流血多或少都应住院治疗。对于阴道流血多者,可考虑立即行介入治疗,加强抗感染以及促进子宫收缩等药物治疗,如果介入失败,不建议再次行介入手术;如果失血过多有休克症状,需输血等治疗纠正休克表现。经过以上积极处理后,晚期产后出血未得予纠正,需考虑行剖腹探查术。如果术中发现子宫切口坏死组织范围不是很大,并且炎症反应不是很重,切口组织的血供良好,患者有生育要求,可行切口坏死组织切除后重新修复创面,保留子宫;如果子宫切口坏死组织范围过于广泛,并且炎症反应非常严重,已经有盆腔转移或者出现全身感染中毒等症状,为了抢救患者的生命,应行子宫全切术。对于剖宫产术后的患者产后出血不宜使用球囊填塞术,以免增加切口破裂的风险。

第二节　产 褥 感 染

【A1 型题】

1. 产褥感染最常见的病原体是

    A. β 溶血性链球菌   B. 大肠杆菌

    C. 葡萄球菌   D. 莢膜梭菌

    E. 支原体

1.【答案】A

【解析】正常女性阴道寄生大量微生物,包括需氧菌、厌氧菌、真菌、衣原体和支原体,可分为致病微生物和非致病微生物。有些非致病微生物在一定条件下可以致病称为条件病原体,但即使致病微生物也需要达到一定数量或机体免疫力下降时才会致病。①需氧菌:β 溶血性链球菌为产褥感染最常见的病原体。还有杆菌及葡萄球菌等。②厌氧菌:包括革兰氏阳性球菌、杆菌属及芽孢梭菌。③支原体与衣原体。此外沙眼衣原体、淋病奈瑟菌均可导致产褥期感染。

2. 下列**不属于**产褥感染的是

    A. 急性子宫内膜炎   B. 急性乳腺炎

C. 急性盆腔腹膜炎　　　D. 急性盆腔结缔组织炎

E. 血栓静脉炎

3. 产褥病率多发生在分娩 24h 以后的多少天内

    A. 7d　　　　　　　　　B. 8d

    C. 9d　　　　　　　　　D. 10d

    E. 11d

4. 产褥感染的诱因,下列哪项**错误**

    A. 产褥期性交　　　　　B. 产程延长

    C. 羊膜腔感染　　　　　D. 产科手术操作

    E. 产后出血过多

5. 关于产褥感染的预防,下列哪项**错误**

    A. 妊娠晚期避免盆浴

    B. 分娩期尽量减少阴道检查

    C. 接产过程中必须严格无菌操作

    D. 会阴侧切感染者随时可以坐浴

    E. 积极治疗妊娠晚期贫血

【A2 型题】

1. 患者 32 岁产妇,顺产后 10d,发热下腹痛 3d 入院,测体温 38.9℃,血压 105/65mmHg,脉搏 110 次 /min。急性痛苦面容,下腹压痛。妇科检查:子宫如妊娠 3 个月大,触痛明显,子宫右侧触及有压痛实性包块,根据情况考虑为

    A. 急性子宫内膜炎

    B. 急性子宫肌炎

    C. 急性盆腔腹膜炎

    D. 急性盆腔结缔组织炎

    E. 血栓静脉炎

2. 患者 25 岁,初产妇,足月妊娠,胎膜早破,自然分娩后第 3 天,体温 38.8℃,下腹疼痛,恶露血性、浑浊、有臭味,宫底平脐,宫体压痛,白细胞计数 15.8×10⁹/L,中性粒细胞百分比 80%,最可能的诊断是

    A. 子宫复旧不良

    B. 急性子宫内膜炎

    C. 急性输卵管炎

    D. 急性盆腔腹膜炎

    E. 上呼吸道感染

2.【答案】B

　【解析】产褥感染包括:急性子宫内膜炎、急性盆腔腹膜炎、急性盆腔结缔组织炎、血栓静脉炎以及脓毒血症及败血症。急性乳腺炎属于产褥病率,产褥病率常由产褥感染引起,但也可由生殖道以外的感染如急性乳腺炎、上呼吸道感染、泌尿系感染等原因所致。

3.【答案】D

　【解析】产褥病率(puerperal morbidity)是指分娩 24h 以后的 10d 内用口温表每天测量 4 次,其中有 2 次体温达到或超过 38℃。

4.【答案】A

　【解析】在产妇机体免疫力、细菌毒力、细菌数量三者平衡失调时,发生感染的概率增加,如产妇体质虚弱、营养不良、孕期贫血、孕期卫生不良、胎膜早破、羊膜腔感染、慢性疾病、产科手术、产程延长、产前产后出血过多、多次宫颈检查等,均可成为产褥感染的诱因。产后何时可以开始性交并无循证医学证据,故产褥期性交不应列为产褥期感染的原因。

5.【答案】D

　【解析】预防产褥感染,应在临产前 2 个月避免性生活及盆浴,加强营养增强体质。及时治疗外阴阴道炎及宫颈炎等慢性疾病和并发症。避免胎膜早破、滞产、产道损伤与产后出血。消毒产妇用物,接产严格无菌操作,分娩期尽量减少阴道检查,正确掌握手术指征,保持外阴清洁。

1.【答案】D

　【解析】急性盆腔结缔组织炎临床上表现为下腹痛伴肛门坠胀,可伴寒战、高热、头痛等全身症状。体征为下腹明显压痛、反跳痛、肌紧张;宫旁一侧或两侧结缔组织增厚、压痛或触及炎性包块,严重者整个盆腔形成"冰冻骨盆"。

2.【答案】B

　【解析】患者有胎膜早破病史,根据患者产后出现发热、下腹痛,查体宫体压痛(+)阴道内见大量脓性分泌物,有异味,可初步判断为急性子宫内膜炎。

3.【答案】C
　【解析】见本部分第2题解析。

4.【答案】B
　【解析】患者有产程停滞这一产褥感染诱因，且术后活动较晚，患者左下肢压痛明显，伴皮肤发白、皮温升高，考虑血栓性静脉炎。

1.【答案】A
　【解析】子宫感染包括急性子宫内膜炎、子宫肌炎，两者常伴发。若为子宫内膜炎，子宫内膜充血坏死，阴道内有大量脓性分泌物且有臭味。若为子宫肌炎，腹痛，恶露增多呈脓性，子宫压痛明显，子宫复旧不良，可伴发高热、寒战、头痛，白细胞明显增高等全身感染症状。

2.【答案】A
　【解析】产褥感染治疗原则：①支持疗法：加强营养，增强全身抵抗力，纠正水、电解质失衡，病情严重或贫血者，多次少量输血或血浆。半卧位以利于引流。②会阴伤口或腹部切口感染，及时行切开引流术；怀疑盆腔脓肿可经腹或后穹窿切开引流。③有效抗感染，同时清除宫腔残留物。④抗生素的应用：未确定病原体时，应根据临床表现及经验，选用广谱抗生素。然后根据细菌培养及药敏结果，调整抗生素的种类及剂量，保持有效的血药浓度。中毒症状严重者，短期选用肾上腺皮质激素，提高机体应激能力。⑤对血栓静脉炎，在应用大量抗生素的同时，可用肝素，即50mg肝素加于5%葡萄糖液中静脉滴注，每6h一次，体温下降后改为2次/d，连用4~7d，并口服双香豆素等。也可用活血化瘀中药及溶栓类药物治疗。用药期间应监测凝血功能。⑥子宫严重感染，经积极治疗无效，炎症继续扩展，出现不能控制的出血、败血症或脓毒血症时，应及时行子宫切除术，清除感染源，抢救患者生命。目前患者有感染症状，需根据临床经验立即抗感染治疗，然后根据细菌培养及药敏结果，调整抗生素的种类及剂量。目前患者生命体征平稳，暂不需要使用肾上腺皮质激素。

3. 患者26岁，因剖宫产术后10d，发热3d急诊入院。患者10d前因"产程停滞"转剖宫产终止妊娠。3d前无明显诱因出现发热，伴下腹痛。入院查体：体温39.5℃，脉搏110次/min，呼吸22次/min，血压99/70mmHg。下腹痛压痛（+），反跳痛（−），无腹肌紧张，子宫轮廓可触及，宫底平脐，宫体压痛（+）。妇科检查：阴道内见大量脓性分泌物，有异味。子宫增大，如孕3个月大小，宫体压痛明显，双侧附件区无明显压痛。本患者首要诊断的考虑为
A. 急性乳腺炎　　　　　　　B. 泌尿系感染
C. 急性子宫内膜炎　　　　　D. 子宫复旧不良
E. 上呼吸道感染

4. 患者女，38岁，足月单胎初产妇，因试产10h跨耻征阳性、头盆不称行急诊剖宫产术，手术顺利，术后第2天开始下床活动，术后第6天突发高热，体温39.2~39.9℃，伴左下肢疼痛、活动受限。查体：体温39.8℃，脉搏100次/min，呼吸22次/min，血压109/78mmHg。腹软，无压痛及反跳痛，宫底位于耻骨联合上一横指，宫底无压痛及反跳痛，左下肢肿胀、发白、皮温升高。本患者诊断为
A. 脓毒血症　　　　　　　　B. 血栓性静脉炎
C. 急性盆腔炎　　　　　　　D. 急性子宫内膜炎
E. 急性腹膜炎

【A3/A4型题】

(1~2题共用题干)

25岁产妇，产后8d，出现寒战、高热、下腹痛部疼痛。查体：体温39℃，血压125/79mmHg，脉搏99次/min。妇检：下腹软，子宫压痛（+），子宫在脐耻之间，血性恶露有臭味。详细问病史，产妇诉产程中手取胎盘。

1. 最可能的诊断为
A. 子宫感染　　　　　　　　B. 急性宫颈炎
C. 急性盆腔腹膜炎　　　　　D. 急性盆腔结缔组织炎
E. 子宫穿孔

2. 目前最佳处理是
A. 根据临床经验立即使用抗生素
B. 预防感染同时行清宫术
C. 需根据细菌药敏结果使用抗生素
D. 使用抗生素同时加用肾上腺皮质激素
E. 病情严重，需平卧位休息

【案例分析题】

案例一 患者,30岁,因剖宫产术后7d,发热4h急诊入院。7d前因羊水过少于当地医院行子宫下段横切口剖宫产手术,手术顺利,术后恢复良好。术后5d腹部拆线,Ⅱ/甲愈合出院。术后少量血性恶露至今。4h前无明显诱因自觉周身不适、发热,测体温38.2℃,无头痛、头晕,无咽痛、咳嗽、咳痰,无腹痛、尿频、尿急、尿痛,无乳房胀痛,无阴道流血增多等。查体:体温38.2℃,脉搏96次/min,呼吸24次/min,血压110/70mmHg。平车入院,急性病容,自主体位,神志清楚,查体合作。心肺查体未见明显异常,双侧乳房略胀,泌乳通畅。腹部稍膨隆,腹部切口愈合良好,下腹痛无压痛、反跳痛,无腹肌紧张,子宫轮廓可触及,宫底位于脐下3横指,宫体压痛(+)。妇科检查:外阴已婚型,阴道通畅,有少量血性恶露,有异味,宫口闭合,无分泌物,子宫增大,如孕3个月大小,宫体压痛明显,双侧附件区压痛(+)。

提问1:对于该患者,应考虑的诊断为

    A. 产褥感染

    B. 子宫胎盘面复旧不全

    C. 剖宫产术后子宫切口裂开

    D. 急性盆腔炎

    E. 胎盘残留

提问2:下一步应做的检查包括

    A. 血常规、CRP   B. 妇科彩超

    C. 血培养   D. 宫颈分泌物培养

    E. 后穹窿穿刺

提问3:血常规,白细胞计数15.2×10^9/L,中性粒细胞百分比86.2%,血红蛋白122g/L,尿常规未见明显异常。妇科彩超:宫腔内靠左侧可见2.2cm×2.9cm×1.5cm不均匀回声,提示宫腔异常回声。根据以上各项检查结果,治疗方案包括

    A. 支持治疗

    B. 抗生素抗感染治疗

    C. 经有效抗感染后行清宫术

    D. 可加用小剂量肝素钠

    E. 可同时给予缩宫治疗

案例二 患者,29岁,顺产后12d,出现寒战、高热1d入院。患者12d前在外院足月顺产一活婴,产程顺利,产后2d出院。入院前一天患者无明显诱因出现全身发冷,之后出现发热,测最高体温达39.9℃,全身疲乏,右下肢持续性疼痛。入院查体:体温39.4℃,脉搏99次/min,呼吸20次/min,血压123/77mmHg。平车入院,急性病容,自主体位,神志清楚,查体合作。心肺查体未见明显异常,双侧乳房不胀,泌乳通畅。下腹痛压痛(−)、反跳痛(−),

提问1:【答案】A

提问2:【答案】ABCD

提问3:【答案】ABCE

    【解析】详见A3/A4型题解析。患者无明显血栓静脉炎症状,故无需使用肝素钠治疗。

无腹肌紧张。右下肢静脉压痛明显,伴水肿,皮肤发白。左下肢未见明显异常。

提问1:本患者考虑诊断为
A. 脓毒血症
B. 血栓性静脉炎
C. 急性盆腔炎
D. 急性子宫内膜炎
E. 急性盆腔结缔组织炎

提问2:对诊断本例最重要的辅助检查是
A. 血常规　　　　　　　B. 彩色多普勒超声
C. 宫颈分泌物培养　　　D. 血培养
E. 凝血功能

提问3:对于本例患者,下列处理正确的是
A. 有效抗生素治疗,同时行清宫术
B. 应用大量抗生素治疗同时加用肝素钠
C. 可用活血化瘀中药治疗
D. 应先根据经验,使用抗生素
E. 治疗期间需监测凝血功能

(万波)

提问1:【答案】B

提问2:【答案】B

提问3:【答案】BCDE
　　【解析】根据患者右下肢静脉压痛明显,伴水肿,皮肤发白,考虑血栓性静脉炎,彩色多普勒超声可协助诊断。产褥感染治疗原则见A3/A4型题相关解析。

1.【答案】A
　　【解析】产褥期抑郁症(postpartum depression,PPD)指产妇在产褥期出现抑郁症状,是产褥期精神综合征最常见的一种类型。主要表现为持续和严重的情绪低落以及一系列症候,如动力减低、失眠、悲观等,甚至影响对新生儿的照料能力。产后抑郁通常在产后2周内出现症状,故答案A正确。

2.【答案】B
　　【解析】产褥期抑郁症预后良好,约70%患者于1年内治愈(E选项错误),极少数患者持续1年以上。再次妊娠复发率约为20%(D选项错误)。产褥期抑郁症的治疗方式包括心理治疗和药物治疗(C选项错误)。药物治疗用于中重度抑郁及心理治疗无效患者。应在专科医师指导下用药为宜,可根据以往疗效及个性化选择药物。应尽量选用不进入乳汁的抗抑郁药,首选5-羟色胺再吸收抑制剂。因此,用药得当可以哺乳,本题选B。

3.【答案】A
　　【解析】首选5-羟色胺再吸收抑制剂,如盐酸帕罗西汀、盐酸舍曲林,因此选A。

第三节　产褥期抑郁症

【A1 型题】

1. 产褥期抑郁症症状最常见于产后
A. 2 周　　　　　　　　B. 3d
C. 1 周　　　　　　　　D. 3 周
E. 4 周　　　　　　　　.

2. 有关产褥期抑郁症的说法正确的是下列哪一项
A. 停止哺乳
B. 用药得当可以哺乳
C. 只用心理治疗不用药物治疗
D. 再次妊娠有 70% 复发率
E. 1 年内 20% 患者可治愈

3. 治疗产褥期抑郁症首选药物为
A. 盐酸帕罗西汀　　　　B. 阿米替林
C. 马普替林　　　　　　D. 苯乙肼
E. 氯丙嗪

【A2 型题】

1. 2017 年 3 月 28 日上午 9 点左右,某小区内发生一幕惨剧,一名 30 岁的女子抱着不到百天的孩子,从 17 层高楼坠落身亡。据调查,该女子产后一直情绪低落,睡眠极差,思维能力减退,反复出现死亡的想法。该患者最可能的疾病是
   A. 器质性精神障碍   B. 药物依赖性抑郁症
   C. 产褥期抑郁症   D. 一时冲动
   E. 双相情感障碍

2. 李某,女,35 岁,孕 3 产 0,妊娠合并类风湿关节炎(伴关节畸形),孕期口服泼尼松治疗,于孕 40 周行剖宫产术。术后第 5 天失眠,情绪低落,无食欲,反应迟钝。该患者考虑为哪种疾病
   A. 剖宫产术后正常表现   B. 器质性精神障碍
   C. 产褥期抑郁症   D. 药物性抑郁症
   E. 双相情感障碍

【A3/A4 型题】

(1~3 题共用题干)
王某,女,28 岁,孕 1 产 0,妊娠合并 SLE,孕期口服泼尼松治疗,于孕 38 周行剖宫产术。术后第 9 天失眠,情绪低落,无食欲,反应迟钝。

1. 该患者考虑为哪种疾病
   A. 剖宫产术后正常表现   B. 器质性精神障碍
   C. 产褥期抑郁症   D. 药物性抑郁症
   E. 双相情感障碍

2. 该患者的最恰当处理是下列哪项
   A. 观察病情变化,产科住院期间不需处理
   B. 耐心进行心理治疗,必要时给予药物治疗
   C. 不予处理,继续观察
   D. 心理治疗
   E. 必须药物治疗

3. 该患者如病情无法改善,持续加重,考虑需药物治疗,首选哪种药物
   A. 单胺氧化酶   B. 改善饮食,不需用药
   C. 5-羟色胺再吸收抑制剂   D. 地西泮
   E. 卡马西平

【案例分析题】

案例一 孕妇周某,女,37 岁,孕 4 产 3,既往顺产 3 次均是女儿,

【答案】C
【解析】产褥期抑郁症概念见 A1 型题试题 1 相关解析。该病例的女性,未诉基础病史,未描述长期用药史,且无器质性病变伴随症状,因此 A 和 B 选项不作为首选考虑诊断。患者情况出现在产后,且在产褥期,伴随情绪低落、睡眠差等症候群,符合产褥期抑郁症的临床表现,因此,本题最可能的疾病是 C。

4.【答案】C
【解析】该病例患者症状出现在产后产褥期,情绪低落、失眠、反应迟钝,并非剖宫产术后正常表现,因此 A 选项错误。患者孕期口服泼尼松,但此药物不具有成瘾性,因此不考虑 D 选项。患者出现情绪改变、反应迟钝等症状,符合产褥期抑郁症的临床表现,因此本题首选选项为 C。

1.【答案】C
【解析】该病例中的患者主要临床特点是产后 9d(产褥期)出现的情绪低落、反应迟钝这类症候,此类症候并非剖宫产术后正常表现;加之,患者无基础心脑疾病病史,虽服用泼尼松,但此类药物不具有成瘾性,且孕期服用,尚不足以导致药物性抑郁症,因此选 C。

2.【答案】B
【解析】产褥期抑郁症的治疗方式包括心理治疗和药物治疗。心理治疗是重要的治疗手段,包括心理支持、咨询和社会干预等。该患者现产后第 9 天,症状初期,应给予有效的心理治疗,如症状继续加重发展至中重度抑郁症可考虑药物治疗,但不可视其为正常改变,不予处理是不恰当的。因此选 B。

3.【答案】C
【解析】如症状继续加重,也就是说对于心理治疗无效者或者中重度抑郁症者,应给予药物治疗,详见 A1 型题试题 2 相关解析。

提问1:【答案】AD

【解析】孕妇周某受心理因素影响较大,一直接受不了自己生女儿的事实,这是她发病的诱因。周某于产后出现临床症状:情绪低落、反应迟钝等症候,符合产褥期抑郁症的诊断。产褥期抑郁症的诊断标准是指在产后2周内出现下列5条或5条以上的症状,必须具备①②两条:①情绪抑郁;②对全部或多数活动明显缺乏兴趣或愉悦;③体重显著下降或增加;④失眠或睡眠过度;⑤精神运动性兴奋或阻滞;⑥疲劳或乏力;⑦遇事均感毫无意义或有自罪感;⑧思维能力减退或注意力不集中;⑨反复出现想死亡的想法。结合病例,患者37岁(>35岁),高龄产妇,且产后出现一系列症候。患者无药物依赖病史,排除选项B;患者未出现产后发热、疼痛、异常恶露症状,排除选项C;精神分裂症多在青壮年起病,病程迁延,反复发作,因此,排除选项E;双向情感障碍,是一种躁狂和抑郁交替发作的严重精神病,该患者未出现躁狂的临床表现,因此,排除选项F。综上,本题选A和D。

提问2:【答案】ABCDF

【解析】本题考察的是关于产褥期抑郁症的认识,产褥期抑郁症是产褥期精神障碍的一种常见类型,通常在产后2周内出现症状,治疗包括心理治疗和药物治疗,心理治疗为重要的治疗手段,药物治疗适用于中重度抑郁症及心理治疗无效患者。本病预后良好,约70%患者于1年内治愈,再次妊娠复发率约20%。因此选A,B,C,D,F。

提问1:【答案】ABCDEGH

【解析】本病例特点是女性,产后(产褥期)出现的情绪低落,自我评价降低,觉得生活无意义,甚至自杀的严重情绪异常症候。根据病例特点,本病例符合产褥期抑郁症的诊断(具体诊断标准详见案例一相关解析)。产褥期抑郁症主要症状为持续的情绪压抑、自我评价降低等,且诊断主要依据症状。因此应选A,B,C,D,E,G,H,而暴饮暴食不属于产褥期抑郁症的临床表现。

提问2:【答案】BCE

【解析】本题考察的是产褥期抑郁症的药物治疗,药物治疗适用于中重度抑郁症及心理治疗无效患者,可选择的药物首选是5-羟色胺再吸收抑制剂,如盐酸帕罗西汀、盐酸舍曲林,以及三环类抗抑郁药,如阿米替林。因此选B,C,E。

此次因妊娠38⁺⁵周,下腹痛2h入院,入院后经阴道自然分娩1足月活女婴,周某一直无法接受又是女儿的现实,产后一直情绪低落,拒绝母乳喂养,反应迟钝。

提问1:与周某有关的疾病诊断有哪些

A. 高龄产妇 　　　　B. 药物性抑郁症

C. 产褥期感染 　　　D. 产褥期抑郁症

E. 精神分裂症 　　　F. 双向情感障碍

提问2:对于周某疾病的特点,下列哪些描述是正确的

A. 产褥期精神综合征的最常见类型

B. 分娩后出现的抑郁症状

C. 通常在产后2周内出现症状

D. 通常需要治疗,包括心理治疗和药物治疗

E. 必须药物治疗,无法自愈

F. 通常预后良好,多数患者1年内治愈,再次妊娠,少数复发

案例二　某新闻报道,24岁年轻妈妈,产后15d抱婴儿跳楼,上演了一场母子双亡的人间惨剧。据调查,该女子产后"自觉"被丈夫冷落,被家人忽视,全家人眼里只有刚出生的儿子,每天自怨自艾,终造成惨剧的发生。

提问1:该女子可能具有哪些临床症状

A. 情绪抑郁

B. 精神运动性兴奋

C. 失眠

D. 对身边事物缺乏兴趣

E. 易疲劳,乏力

F. 暴饮暴食

G. 思维能力下降

H. 反复出现想死亡的念头

提问2:以下哪些药物可以帮助该患者,以避免惨剧的发生

A. 地西泮

B. 盐酸帕罗西汀

C. 盐酸舍曲林

D. 卡马西平

E. 阿米替林

F. 丙戊酸钠

(潘石蕾)

第十一章 外阴上皮内非瘤样病变

【A1 型题】

1. 关于外阴上皮内非瘤样病变,以下哪项**不正确**
   - A. 其发病因素与遗传及自身免疫有关
   - B. 可有外阴鳞状上皮增生、硬化性苔藓及其他皮肤病三种
   - C. 其增生型有发展为外阴癌的危险
   - D. 见到溃疡、出血及白色变可确诊为外阴癌
   - E. 睾酮对硬化性苔藓局部治疗常有效

2. 外阴鳞状上皮增生皮肤损害特点**不包括**
   - A. 皮肤表面光滑润泽
   - B. 皮肤皴裂、溃疡
   - C. 皮肤增厚似皮革
   - D. 皮肤色白
   - E. 皮肤颜色暗红或粉红

3. 属于癌前病变的外阴白色病变是
   - A. 增生型营养不良
   - B. 硬化苔藓型营养不良
   - C. 混合型营养不良
   - D. 营养不良伴有上皮不典型增生
   - E. 白癜风

【A2 型题】

患者,女,40 岁,因"外阴痒数年,加重 1 年"来院就诊。查体:大小阴唇区域皮肤增厚,似皮革样改变,粗糙,隆起,局部可见抓痕及破溃,两侧基本对称分布。阴道通畅。对于本患者,哪项医嘱是**错误**的
   - A. 禁用肥皂刺激
   - B. 不能服镇静药
   - C. 避免用手搔抓

1.【答案】D
【解析】见到外阴皴裂、破溃、隆起、硬结等病变,应活检行病理检查,明确诊断后行相应治疗。本题主要考查外阴上皮内非瘤样病变的病理特征、发病因素、诊断与治疗。

2.【答案】A
【解析】外阴鳞状上皮增生患者病变可累及大阴唇、阴唇间沟、阴蒂包皮、阴唇后联合等处。病变可局灶性、多发性或对称性。病变早期皮肤暗红或粉红,角化过度部位呈白色。病变晚期则皮肤增厚、色素增加、皮肤纹理明显,出现苔藓样变,似皮革样增厚,且粗糙、隆起。严重者有抓痕、皲裂、溃疡。

3.【答案】D
【解析】外阴白斑包括增生型外阴营养不良、硬化苔藓型外阴营养不良、混合型外阴营养不良三种类型,均为良性病变。白癜风是外阴黑色素细胞被破坏所引起的疾病,亦为良性病变。外阴营养不良伴有上皮不典型增生指两种病变同时存在。可能原因为硬化性苔藓患者长期瘙痒及搔抓,导致在原有外阴营养不良的基础上出现上皮不典型增生。因上皮不典型增生属癌前病变,应特别重视病理检查。

【答案】B
【解析】患者患有外阴鳞状上皮增生的可能性比较大。外阴鳞状上皮增生的一般治疗包括:保持外阴部皮肤清洁、干燥。忌食过敏、辛辣食物和少饮酒。不宜用刺激性肥皂、清洁剂或药物擦洗外阴。忌穿不透气的化纤内裤。对精神紧张、瘙痒症状明显以致失眠

者,可使用镇静、安眠和抗过敏药物。

1.【答案】B

【解析】外阴硬化性苔藓可发生于任何年龄,但以绝经后女性最多见,其次为幼女。主要表现为外阴病损区瘙痒及外阴烧灼感,瘙痒程度较外阴鳞状上皮增生者轻,也有个别患者无瘙痒不适。外阴硬化性苔藓病损区常位于大阴唇、小阴唇、阴蒂包皮、阴唇后联合及肛周,多呈对称性。早期病变较轻时呈皮肤发红肿胀,出现粉红、象牙白色或有光泽的多角形小丘疹,丘疹融合成片后呈紫癜状,但在其边缘仍可见散在丘疹;进一步发展则出现外阴萎缩,小阴唇变小甚至消失,大阴唇变薄,皮肤颜色变白、发亮、皱缩,弹性差,常伴有皲裂及脱皮;晚期病变则出现皮肤进一步萎缩菲薄呈雪茄纸或羊皮样改变,阴道口挛缩狭窄。幼女病变的过度角化通常不及成年女性严重,检查时在外阴及肛周区可见锁孔珠黄色花斑样或白色病损环,至青春期多数病变可能自行消失。白癜风及白化病往往皮肤光滑润泽,弹性正常。外阴癌最常见的临床症状是外阴瘙痒、局部肿块或溃疡,合并感染或较晚期癌可出现疼痛、渗液和出血,可通过外阴病灶组织活检病理检查明确。

2.【答案】C

【解析】幼女硬化性苔藓治疗一般不宜采用丙酸睾酮油膏或软膏局部治疗,以免出现男性化。现多用1%氢化可的松软膏或用0.5%孕酮油膏涂擦局部,症状多获得缓解。

提问1:【答案】A

【解析】见本节A3/A4型题相关解析。

提问2:【答案】BCEGHI

【解析】外阴鳞状上皮增生治疗包括:①一般治疗。保持外阴皮肤清洁、干燥;忌食过敏、辛辣食物和少饮酒;不宜用刺激性肥皂、清洁剂或药物擦洗外阴;忌穿不透气的化纤内裤;必要时可用镇静、安眠和抗过敏药物。②局部药物治疗。目的在于控制局部瘙痒,可采用糖皮质激素局部治疗。③物理治疗。对缓解症状、改善病变有一定效果。常用方法包括聚焦超声、激光、液氮、波姆光等治疗。④手术治疗。仅适用于局部病损组织出现不典型增生或有恶变可能者,反复应用药物或物理治疗无效者。

D. 禁用刺激性药物

E. 穿肥大内裤

【A3/A4型题】

(1~2题共用题干)

患儿,女,3岁,诉外阴略瘙痒1周余。查体:会阴皮肤略发红肿胀,于外阴及肛周可见白色病损环。

1. 本例患者最可能的诊断是

A. 外阴鳞状上皮增生
B. 外阴硬化性苔藓
C. 外阴白癜风
D. 外阴癌
E. 白化病

2. 对于本例患者,以下治疗错误的是

A. 观察
B. 止痒
C. 丙酸睾酮软膏外用
D. 氢化可的松软膏外用
E. 孕酮油膏外用

【案例分析题】

案例一 患者女,49岁,因"外阴痒数年,加重1年"来院就诊。查体:大小阴唇区域皮肤增厚,似皮革样改变,粗糙,隆起,局部可见抓痕及破溃,两侧基本对称分布。阴道通畅。

提问1:根据症状及体征分析,本患者最可能的诊断是

A. 外阴鳞状上皮增生
B. 外阴硬化性苔藓
C. 外阴白癜风
D. 外阴癌
E. 白化病

提问2:门诊行外阴活检,确诊患者为外阴鳞状上皮增生。对于本患者,可采取的治疗措施包括

A. 丙酸睾酮软膏
B. 氢化可的松
C. 止痒
D. 孕酮油剂 + 凡士林
E. 聚焦超声治疗
F. 口服多种维生素
G. 二氧化碳激光治疗
H. 液氮冷冻治疗
I. 保持外阴部皮肤清洁、干燥,忌食辛辣食物及酒水

案例二　患者,女,44 岁,因"外阴色素减退伴瘙痒 2 年余"来院就诊。查体:大阴唇中上 1/3 及阴蒂部可见皮肤色素减退,呈对称性,局部可见皮肤皲裂,小阴唇中上 1/3 致密粘连。阴道口紧缩,仅容一指进入。

提问 1:根据症状及体征分析,本患者的疾病最恰当的确诊方式为

    A. 阴道分泌物化验

    B. 采用雌激素进行局部涂抹

    C. 病变部位进行取材后送病理检查

    D. 找更有经验的上级医生进行检查

    E. 进行外阴切除后全部送病理检查

提问 2:患者入院后行外阴粘连分离及外阴病变处多点活检。病理示外阴表皮萎缩,过度角化,见大量淋巴细胞及浆细胞浸润,考虑为外阴硬化性苔藓。对于本患者,下一步可采取的治疗措施有

    A. 丙酸睾酮软膏

    B. 氢化可的松

    C. 止痒

    D. 孕酮油剂 + 凡士林

    E. 聚焦超声治疗

    F. 口服多种维生素

    G. 二氧化碳激光治疗

    H. 液氮冷冻治疗

    I. 保持外阴部皮肤清洁、干燥,忌食辛辣食物及酒水

(张师前)

提问 1:【答案】C

【解析】应首先行外阴病灶组织活检病理检查确诊,然后进行相应的治疗。

提问 2:【答案】ABCDEFGHI

【解析】外阴硬化性苔藓治疗方法包括:①一般治疗。保持外阴皮肤清洁、干燥;忌食过敏、辛辣食物和少饮酒;不宜用刺激性肥皂、清洁剂或药物擦洗外阴;忌穿不透气的化纤内裤;必要时可用镇静、安眠和抗过敏药物。②局部药物治疗。包括使用 2% 丙酸睾酮或苯酸睾酮油膏或水剂,或丙酸睾酮制剂与 1% 或 2.5% 氢化可的松软膏混合,或 0.5% 孕酮油膏,或 0.05% 氯倍他索软膏涂抹患部治疗至瘙痒缓解,然后连续减少用药频率。瘙痒顽固、局部用药无效者,可用曲安奈德混悬液皮下注射,对使用睾酮无效的患者也可用丙酸倍他米松 2 次/d,1 个月后改为 1 次/d,连用 2 个月。幼女硬化性苔藓至青春期时有自愈可能,其治疗一般不宜采用丙酸睾酮油膏或软膏局部治疗,以免出现男性化。现多用 1% 氢化可的松或用 0.5% 孕酮油膏涂擦局部,症状多获缓解。③物理治疗。对缓解症状、改善病变有一定效果。常用方法包括聚焦超声、激光、液氮、波姆光等治疗。④全身用药。阿维 A 胶囊,20~30mg/d,口服,具有维持上皮、黏膜功能和结构的作用,可缓解皮肤瘙痒症状;另外可口服多种维生素,伴有局部感染者使用抗生素,使用镇静安眠和抗过敏药物缓解精神紧张、瘙痒症状明显者。⑤手术治疗。仅适用于局部病损组织出现不典型增生或有恶变可能者,反复应用药物或物理治疗无效者。

第十二章　外阴及阴道炎症

1.【答案】E

【解析】细菌性阴道病的主要表现为阴道分泌物增多,有鱼腥臭味,分泌物特点为灰白色,均匀一致、稀薄,常黏附于阴道壁。诊断标准:均质、稀薄的白带(A项);阴道分泌物 pH>4.5(B项);胺试验阳性(C项);线索细胞阳性(D项)。因此答案不包括挖空细胞(Koilocyte)(E项),挖空细胞的出现是由于人体感染了人乳头瘤病毒(HPV)引起的皮肤增生性损害,在损害初期表皮细胞的棘层、基底层开始增生,细胞呈挖空样改变。

2.【答案】C

【解析】滴虫阴道炎分泌物典型特点:稀薄脓性、黄绿色、泡沫状,有臭味(C项)。外阴阴道假丝酵母菌病分泌物特点:白色稠厚呈凝乳或豆腐渣样(D项)。细菌性阴道病分泌物特点:稀薄匀质(B项)、白色分泌物,有鱼腥臭味。血性阴道分泌物(A项)和黄色阴道分泌物(E项)不具有特异性,因此不选。

3.【答案】D

【解析】外阴阴道假丝酵母菌病的患者,可见外阴红斑、水肿,常伴有抓痕而非红色斑点因此不选A;严重者可见皮肤皲裂、表皮脱落。阴道黏膜红肿、小阴唇内侧及阴道黏膜有白色块状物(D项),擦除后露出红肿黏膜面。急性期可能见到糜烂及浅表溃疡,溃疡边缘无不规则凸起因此不选C;10% 的输卵管癌患者会出现黄色水样阴道分泌物(B项)。婴幼儿外阴炎由于其解剖及生理特点,当病情严重时可发生外阴表面溃疡及小阴唇粘连(E项)。因此 D 项为正确答案。

4.【答案】E

【解析】萎缩性阴道炎主要症状为外阴灼热不适、瘙痒(C项)及阴道分泌物增多(A项)。阴道分泌物稀薄,呈淡黄色,感染严重者呈脓血性白带(B项)。由于阴道黏膜萎缩,可伴有性交痛。检查见阴道呈萎缩性改变,上皮皱襞消失,萎缩,菲薄(D项)。阴道黏膜充血,有散在小出血点或点状出血斑,有时见浅表溃疡。溃疡面可与对侧粘连,严重时造成狭窄甚至闭锁,炎症分泌物引流不畅形成阴道积脓或宫腔积液。外阴阴道假丝酵母菌病分泌物特点:白色稠厚呈凝乳或豆腐渣样,阴道黏膜可见白色膜状物(E项)。

【A1 型题】

1. 诊断细菌性阴道病的指标**不包括**
   A. 均质、稀薄的白带
   B. 阴道分泌物 pH>4.5
   C. 胺试验阳性
   D. 线索细胞
   E. 挖空细胞

2. 滴虫阴道炎典型的临床表现是
   A. 血性阴道分泌物,外阴瘙痒
   B. 稀薄均匀一致的分泌物
   C. 黄绿色泡沫状阴道分泌物,外阴瘙痒
   D. 白色豆腐渣样阴道分泌物,外阴奇痒
   E. 黄色阴道分泌物,不痒

3. 外阴阴道假丝酵母菌病的患者,外阴阴道可见
   A. 散在红色斑点
   B. 黄色水样阴道分泌物
   C. 边缘有不规则凸起的溃疡
   D. 白色膜状物
   E. 小阴唇及阴道粘连

4. 关于萎缩性阴道炎的临床表现,下列说法**错误**的是
   A. 阴道分泌物增多
   B. 可出现血样脓性白带
   C. 外阴瘙痒
   D. 阴道黏膜菲薄充血
   E. 阴道黏膜上可见白色膜状物

184

【A2 型题】

1. 患者,女性,30 岁,自诉外阴瘙痒 7d,伴阴道内大量脓性黄绿色分泌物,有恶臭。该患者最可能的诊断是
   A. 细菌性阴道炎
   B. 滴虫阴道炎
   C. 老年性阴道炎
   D. 宫颈糜烂
   E. 外阴阴道假丝酵母菌病

2. 患者,女性,30 岁。白带增多伴腥臭味 1 个月,妇科检查见阴道分泌物呈稀薄灰白色,镜检发现线索细胞,考虑诊断为
   A. 外阴阴道假丝酵母菌病
   B. 细菌性阴道病
   C. 衣原体性阴道炎
   D. 滴虫阴道炎
   E. 支原体性阴道炎

【A3/A4 型题】

(1~2 题共用题干)

患者女,40 岁,近 3d 白带多,伴外阴痒就诊,查外阴黏膜充血,阴道壁充血,分泌物黄绿色,有臭味,中等量,呈泡沫状,宫颈充血。

1. 此患者应进行的辅助检查是
   A. 血常规
   B. 尿常规
   C. 阴道分泌物细菌培养及药敏试验
   D. 悬滴法阴道分泌物查滴虫
   E. 阴道脱落细胞学检查

2. 此患者确切诊断为
   A. 外阴阴道假丝酵母菌病
   B. 滴虫阴道炎
   C. 老年性阴道炎
   D. 阿米巴性阴道炎
   E. 外阴瘙痒

【案例分析题】

案例一 患者,女,27 岁,停经 3⁺ 个月,因外阴阴道瘙痒数天来院就诊。妇科查体:外阴黏膜充血水肿,阴道通畅,黏膜充血,内见较多豆腐渣样分泌物,宫颈光滑。
提问 1:本患者最可能的诊断是
   A. 非特异性阴道炎
   B. 细菌性阴道病

1. 【答案】B
【解析】首先外阴瘙痒、阴道分泌物增多是最常见的外阴阴道炎症的临床表现,因此可根据分泌物的特征判断阴道炎的类型。滴虫阴道炎(B 项)分泌物典型特点:稀薄脓性、黄绿色、泡沫状,有臭味。外阴阴道假丝酵母菌病(E 项)分泌物特点:白色稠厚呈凝乳或豆腐渣样。细菌性阴道病(A 项)分泌物特点:匀质、稀薄、白色分泌物,有鱼腥臭味。老年性阴道炎(C 项)主要症状为外阴灼热不适、瘙痒、阴道分泌物增多,阴道分泌物稀薄,呈淡黄色,感染严重者呈脓血性白带,此外本例患者 30 岁也可以排除。宫颈糜烂(D 项)大部分患者无症状,有症状者主要表现为阴道分泌物增多,呈黏液脓性。

2. 【答案】B
【解析】细菌性阴道病分泌物特点:匀质、稀薄、白色分泌物,有鱼腥臭味,检查可见线索细胞(B 项)。外阴阴道假丝酵母菌病分泌物特点:白色稠厚呈凝乳或豆腐渣样,检查可见霉菌孢子或菌丝(A 项)。滴虫阴道炎分泌物典型特点:稀薄脓性、黄绿色、泡沫状,有臭味,检查可见滴虫(D 项)。衣原体性阴道炎感染后多无症状或症状轻微(C 项)。支原体性阴道炎常不表现出来感染症状,仅在某些条件下引起机会性感染(E 项)。因此可排除 A,C,D,E。

1. 【答案】D
【解析】滴虫阴道炎分泌物典型特点:稀薄脓性、黄绿色、泡沫状,有臭味,悬滴法阴道分泌物检查可见滴虫(D 项)。血常规、阴道脱落细胞学检查、尿常规与此病无直接关系,因此可排除 A,B,E 项。本例不属于细菌性阴道病,因此排除阴道分泌物细菌培养及药敏试验(C 项)。

2. 【答案】B
【解析】滴虫阴道炎分泌物(B 项)典型特点:稀薄脓性、黄绿色、泡沫状,有臭味,检查可见滴虫。外阴阴道假丝酵母菌病(A 项)分泌物特点:白色稠厚呈凝乳或豆腐渣样,检查可见霉菌孢子或菌丝。细菌性阴道病分泌物特点:匀质、稀薄、白色分泌物,有鱼腥臭味,检查可见线索细胞。老年性阴道炎(C 项)主要症状为外阴灼热不适、瘙痒、阴道分泌物增多,阴道分泌物稀薄,呈淡黄色,感染严重者呈脓血性白带。阿米巴性阴道炎(D 项)多继发于肠道感染,阴道分泌物呈浆液性或黏液性,从中可找到大滋养体,当阴道黏膜形成溃疡、出血时,分泌物可转成脓性或血性,根据腹泻或痢疾病史及有关检验,可以做出诊断。而本例分泌物的特点是黄绿色,有臭味,中等量,呈泡沫状,因此可排除。

提问 1:【答案】D
【解析】外阴阴道假丝酵母菌病(D 项):主要表现为外阴瘙痒、灼痛、性交痛及尿痛,部分患者有阴道分泌物增多。分泌物特点为白色稠厚呈凝乳或豆腐渣样。妇科检查可见外阴红斑、水肿,常伴有抓痕,严重者可见皮肤皲裂、表皮脱落。阴道黏膜红肿、小阴唇内侧及阴道黏膜附有白色块状物,擦除后露出红肿黏膜面,急性期还可能见到糜烂及浅表溃疡。细菌性阴道病(B 项)分泌物特点:匀质、稀薄、白色分泌物,有鱼腥臭味,检查可见线索细胞。老年性阴道炎(E 项)主要症状为外阴灼热不适、瘙痒、阴道分泌物增多,阴道分泌物稀薄,呈淡黄色,感染严重者呈脓血性白带。滴虫性阴道炎(C 项)分泌物的特征为灰黄色或黄白色泡沫状稀薄白带。非特异性外阴炎(A 项)主要特点是外阴瘙痒、疼痛和灼灼等炎症反应,因此可排除 A,B,C,E。

提问2:【答案】ABCDEGHI

【解析】白假丝酵母菌为机会致病菌,10%~20%非孕女性及30%孕妇阴道内有此菌寄生,但菌量极少,呈酵母相才出现症状。常见发病诱因有:应用长期使用广谱抗生素(A项)、妊娠(B项)、糖尿病(C项)、大量应用免疫抑制剂(D项),以及接受大量雌激素治疗(E项)。长期应用抗生素,抑制乳酸杆菌生长,有利于假丝酵母菌繁殖。妊娠及糖尿病时,机体免疫力下降,阴道组织内糖原增加,酸度增高,有利于假丝酵母菌生长。大量应用免疫抑制剂如类固醇皮质激素或免疫缺陷综合征,机体抵抗力降低。其他诱因有胃肠道假丝酵母菌(G项)、穿紧身化纤内裤(H项)及肥胖(I项),后者可使会阴局部温度及湿度增加,假丝酵母菌易于繁殖引起感染。外阴阴道假丝酵母菌病与高血压(F项)无明显关系。

提问3:【答案】ABCH

【解析】妊娠合并外阴阴道假丝酵母菌病的治疗:局部治疗为主,如克霉唑局部应用(C项),因此排除D、E、F、G、I项,以"7日疗法"效果为佳,禁用口服唑类药物。首先消除诱因,若有糖尿病应给予积极治疗(A项),及时停用广谱抗生素、雌激素及类固醇皮质激素。保持外阴清洁(H项),勤换内裤,用过的内裤、盆及毛巾均应用开水烫洗(B项)。

提问1:【答案】C

【解析】滴虫阴道炎(C项):主要症状是分泌物增多及外阴瘙痒,间或有灼热、疼痛、性交痛等。分泌物典型特点为稀薄脓性、黄绿色、泡沫状、有臭味。瘙痒部位主要为阴道口及外阴。检查见阴道黏膜充血,严重者有散在出血点,甚至宫颈有出血斑点,形成"草莓样"宫颈,后穹隆有多量白带,呈灰黄色、黄白色稀薄液体或黄绿色脓性分泌物,常呈泡沫状。细菌性阴道病(B项)分泌物特点:匀质、稀薄、白色分泌物,有鱼腥臭味,检查可见线索细胞。萎缩性阴道炎(E项)主要症状为外阴灼热不适、瘙痒,阴道分泌物稀薄,呈淡黄色,感染严重者呈脓血性白带。外阴阴道假丝酵母菌病(D项)主要表现为外阴瘙痒、灼痛、性交痛及尿痛,分泌物特点为白色稠厚呈凝乳或豆腐渣样。非特异性外阴炎(A项)主要特点是外阴瘙痒、疼痛和烧灼等炎症反应。因此可排除A、B、D、E。

提问2:【答案】ABDFH

【解析】滴虫阴道炎治疗包括:①全身用药(H项)。初次治疗可选择甲硝唑2g,单次口服(A项),或替硝唑2g,单次口服(B项);或甲硝唑400mg,2次/d,连服7d(D项)。②性伴侣的治疗:滴虫阴道炎主要由性行为传播,性伴侣应同时进行治疗(F项,排除E项),并告知患者及性伴侣治愈前应避免无保护性交。③妊娠合并滴虫阴道炎的治疗。妊娠期滴虫阴道炎可导致胎膜早破、早产及低出生体重儿,治疗有症状的妊娠期滴虫阴道炎可以减轻症状,减少传播,防止新生儿呼吸道和生殖道感染。方案为甲硝唑2g顿服,或甲硝唑400mg,2次/d,连服7d。但对于甲硝唑治疗能否改善滴虫阴道炎及其产科并发症尚无定论,因此应用甲硝唑时,最好取得患者及家属的知情同意(排除I项)。外阴阴道假丝酵母菌病的全身用药为氟康唑150mg顿服(排除C项)。

C. 滴虫阴道炎

D. 外阴阴道假丝酵母菌病

E. 老年性阴道炎

提问2:给予患者白带常规检查示:线索细胞(−),滴虫(−),查见霉菌菌丝及孢子。考虑为外阴阴道假丝酵母菌病。该病可能的诱因包括

A. 长期应用抗生素

B. 妊娠

C. 糖尿病

D. 大量应用免疫抑制剂

E. 接受大量雌激素治疗

F. 高血压

G. 胃肠道等其他部位假丝酵母菌

H. 穿紧身化纤内裤

I. 肥胖

提问3:本患者有生育要求,对于本患者,下一步治疗可选择

A. 排除糖尿病

B. 勤换洗内裤,用过的内裤、盆及毛巾均用开水烫洗

C. 局部用药,如克霉唑栓剂入阴

D. 全身用药,如氟康唑口服

E. 局部应用低浓度糖皮质激素软膏

F. 局部用药,如甲硝唑栓入阴

G. 全身用药,如甲硝唑口服

H. 保持外阴清洁

I. 补充雌激素

案例二 患者,女,33岁,因阴道分泌物增多伴外阴瘙痒3d就诊。查体:阴道内见大量稀薄脓性、黄绿色泡沫样白带,伴异味。

提问1:该患者最可能的诊断是

A. 非特异性阴道炎

B. 细菌性阴道病

C. 滴虫阴道炎

D. 外阴阴道假丝酵母菌病

E. 萎缩性阴道炎

提问2:行白带常规检查,查见滴虫。对于本患者的治疗,下列说法正确的有

A. 甲硝唑2g顿服

B. 替硝唑2g顿服

C. 氟康唑150mg顿服

D. 甲硝唑400mg,2次/d,连服7d

E. 性伴侣无须同时治疗

F. 性伴侣需同时治疗

G. 局部用药为主

H. 全身用药为主

I. 妊娠合并滴虫阴道炎无需治疗

案例三 患者,女,27岁,因阴道分泌物增多伴异味数天就诊。
查体:阴道内见大量灰白色,稀薄分泌物,伴腥臭味。

提问1:该患者可能的诊断包括

　　A. 非特异性外阴炎

　　B. 外阴阴道假丝酵母菌病

　　C. 前庭大腺炎

　　D. 细菌性阴道病

　　E. 滴虫阴道炎

　　F. 萎缩性阴道炎

　　G. 宫颈炎

提问2:行白带常规检查,查见线索细胞。对于本患者的治疗,下
列说法正确的有

　　A. 口服甲硝唑

　　B. 口服替硝唑

　　C. 口服氟康唑

　　D. 甲硝唑栓入阴

　　E. 克霉唑入阴

　　F. 性伴侣需同时治疗

　　G. 性伴侣无须同时治疗

　　H. 妊娠期细菌性阴道病无须治疗

　　I. 妊娠期细菌性阴道病需要治疗

案例四 患儿,女,5岁,外阴痒伴白带多1周就诊。查体可见处
女膜完整,阴道口大量脓性分泌物。临床考虑为幼儿外阴阴道炎。

提问1:幼女外阴阴道炎可能的病因包括

　　A. 外阴发育差

　　B. 雌激素水平低下

　　C. 阴道内异物

　　D. 婴幼儿卫生习惯不良

　　E. 患儿母亲阴道炎造成的交叉感染

　　F. 饮食习惯不良

　　G. 地区差异

　　H. 气候改变

提问2:追问病史,得知患儿1周前阴道内塞入纽扣一枚。下一
步处理应包括

　　A. 保持外阴清洁、干燥,减少摩擦

　　B. 口服抗生素

　　C. 行宫腔镜检查,取出异物

提问1:【答案】DE
　　【解析】细菌性阴道病(D项)分泌物特点:匀质、稀薄、白色分泌物,有鱼腥臭味,检查可见线索细胞。滴虫阴道炎(E项):主要症状是分泌物增多及外阴瘙痒,或有灼热、疼痛、性交痛等。分泌物典型特点为稀薄脓性、黄绿色、泡沫状、有臭味。外阴阴道假丝酵母菌病(B项)主要表现为外阴瘙痒、灼痛、性交痛及尿痛,分泌物特点为白色稠厚呈凝乳或豆腐渣样。萎缩性阴道炎(F项)主要症状为外阴灼热不适、瘙痒,阴道分泌物稀薄,呈淡黄色,感染严重者呈脓血性白带。宫颈炎(G项)主要症状为阴道分泌物增多,呈黏液脓性。前庭大腺炎(C项)主要表现为外阴局部皮肤红肿、压痛明显,分泌物无特异性。非特异性外阴炎(A项)主要特点是外阴瘙痒、疼痛和烧灼等炎症反应。细菌性阴道病和滴虫阴道炎共同点为稀薄分泌物,伴臭味,故选择D、E。

提问2:【答案】ABDGI
　　【解析】线索细胞是细菌性阴道病的表现,因此本例诊断为:细菌性阴道病。细菌性阴道病的治疗原则为选用抗厌氧菌药物。包括①口服甲硝唑(A项)400mg,2次/d,共7d;替代方案:替硝唑2g,口服,1次/d,连服3d;或替硝唑(B项)1g,口服,1次/d,连服5d;或克林霉素300mg,2次/d,连服7d。②局部药物治疗:含甲硝唑栓剂(D项)200mg,每晚1次,连用7d;或2%克林霉素软膏阴道涂抹,每次5g,每晚1次,连用7d。口服药物与局部用药治疗相似,治愈率达80%左右。③性伴侣的治疗:本病虽与多个性伴侣有关,但对性伴侣给予治疗并未改善治疗效果及降低复发,因此,性伴侣不需常规治疗(G项,排除F)。④妊娠期细菌性阴道病的治疗:细菌性阴道病与不良妊娠结局(如绒毛膜羊膜炎、胎膜早破、早发宫缩、早产、产后子宫内膜炎等)有关,对妊娠合并细菌性阴道病的治疗益处是减少阴道感染的症状和体征,减少细菌性阴道病相关感染的并发症和其他感染(I项,排除H)。对高危早产孕妇的无症状细菌性阴道病进行筛查及治疗能否改善早产并发症亦无定论。任何有症状的细菌性阴道病孕妇均需筛查及治疗。用药方案为甲硝唑400mg,口服2次/d,连用7d;或克林霉素300mg,口服2次/d,连用7d。氟康唑、克霉唑主要用于治疗外阴阴道假丝酵母菌病(排除C、E项)。

提问1:【答案】ABCDE
　　【解析】幼女外阴阴道炎发病病因:①幼儿解剖特点为外阴发育差(A项),不能遮盖尿道口及阴道前庭,细菌容易侵入。②婴幼儿的阴道环境与成人不同,新生儿出生后2~3周,母本来源的雌激素水平下降,雌激素水平低(B项),阴道上皮薄,糖原少,pH升至6~8,乳杆菌为非优势菌,抵抗力低,易受其他细菌感染。③婴幼儿卫生习惯不良(D项),外阴不洁、大便污染、外阴损伤或蛲虫感染,均可引起炎症。④阴道异物(C项)。婴幼儿好奇,在阴道内放置橡皮、铅笔头、纽扣等异物,造成继发感染。⑤淋病奈瑟球菌、阴道毛滴虫或白假丝酵母菌等病原体可通过患病母亲或保育员的手、衣物、毛巾、浴盆等间接传播(E项)。饮食习惯、地区差异、气候改变与幼女外阴阴道炎无明显关系,故排除F、G、H。

提问2:【答案】ABC

【解析】婴幼儿外阴阴道炎治疗原则:①保持外阴清洁、干燥,减少摩擦(A项)。②针对病原体选择相应口服抗生素治疗(B项),或用吸管将抗生素溶液滴入阴道,因此排除D项。③对症处理:若有阴道异物,应及时取出(C项)。小阴唇粘连者外涂雌激素软膏后,多可松解,严重者应分离粘连,并涂以抗生素软膏,因此排除E、F、G项。

提问1:【答案】C

【解析】外阴阴道假丝酵母菌病(VVC)的概念见本部分案例一相关解析。一年内有症状并经真菌学证实的VVC发作4次或以上,称为复发性外阴阴道假丝酵母菌病(RVVC),发生率约5%(C项)。因此可排除A、B、D、E项。

提问2:【答案】ABDEGH

【解析】RVVC抗真菌治疗分为初始治疗及巩固治疗(A项),根据培养和药物敏感试验选择药物(B项)。在初始治疗达到真菌学治愈后,给予巩固治疗至半年(D项,排除C项)。初始治疗若为局部治疗,延长治疗时间为7~14d(E项,排除F项);若口服氟康唑150mg,则第4、7天各加服一次。巩固治疗方案:目前国内外尚无成熟方案,可口服氟康唑150mg,每周1次,连续6个月;也可根据复发规律,在每月复发前给予局部用药巩固治疗(G项)。RVVC治疗结束后7~14d、1个月、3个月、6个月各随访1次,3个月及6个月时建议同时进行真菌培养(H项,排除I项)。

D. 阴道冲洗

E. 雌三醇软膏外涂

F. 阴道内放置栓剂

G. 高锰酸钾坐浴

案例五 患者,女,35岁,反复外阴阴道瘙痒2年余,每次白带常规检查均示假丝酵母菌(+)。详细询问病史,每年发作均在5次以上。

提问1:根据病史分析,该患者最确切的诊断应为

A. 外阴阴道假丝酵母菌病

B. 严重外阴阴道假丝酵母菌病

C. 复发性外阴阴道假丝酵母菌病

D. 细菌性阴道病

E. 滴虫阴道炎

提问2:关于本患者的治疗,正确的有

A. 治疗分为初始治疗及巩固治疗

B. 根据培养和药物敏感试验选择药物

C. 巩固治疗要持续1年

D. 巩固治疗要持续半年

E. 初始治疗若为局部治疗,需延长治疗时间

F. 初始治疗若为局部治疗,无需延长治疗时间

G. 根据复发规律,每月在复发前给予局部用药巩固治疗

H. 治疗结束后需注意随访

I. 治疗结束后无需随访

(张师前)

第十三章　子宫颈炎症

【A1 型题】

1. 下列哪项属于子宫颈炎愈合过程
   - A. 非典型增生轻度
   - B. 非典型增生中度
   - C. 非典型增生重度
   - D. 非典型鳞状上皮化生
   - E. 鳞状上皮化生

2. 慢性子宫颈炎患者的典型临床症状为
   - A. 白带增多
   - B. 外阴瘙痒
   - C. 外阴疼痛
   - D. 外阴灼热感
   - E. 外阴湿疹

3. 有关慢性宫颈炎的治疗,**不合适**的方法是
   - A. 电熨治疗
   - B. 冷冻治疗
   - C. 激光治疗
   - D. 局部上药
   - E. 全身应用大剂量抗生素

【A2 型题】

女,32 岁。白带多,外阴痒,阴道检查示宫颈、阴道充血。分泌物呈脓性,宫颈颗粒型糜烂,重度,下列哪项治疗方案最佳
   - A. 物理疗法
   - B. 局部活检 + 局部药物腐蚀 + 全身消炎
   - C. 局部药物消炎
   - D. 宫颈锥形切除术
   - E. 局部消炎后,局部活检,若为阴性,则物理疗法

【A3/A4 型题】

(1~2 题共用题干)

患者女,35 岁,孕 3 产 1,妇科普查发现子宫颈超过 1/3 面积,而小于 2/3 面积出现发红,表面呈颗粒状,患者无不适主诉。

1. 该患者首先的处理方案是
   - A. 激光治疗
   - B. 冷冻治疗

1.【答案】E
【解析】子宫颈炎症包括子宫颈阴道部炎症及子宫颈管黏膜炎症。由于子宫颈管黏膜上皮为单层柱状上皮,抗感染能力较差,易发生感染。临床常见的是急性子宫颈炎,若急性子宫颈炎没有及时治疗,可转为慢性子宫颈炎。主要感染部位是柱状上皮,在治疗后炎症消退、宫颈炎愈合过程中感染部位出现鳞状上皮化生。

2.【答案】A
【解析】慢性子宫颈炎多无症状,少数患者可有淡黄色或脓性阴道分泌物增多、性交后出血、月经间期出血或偶有分泌物刺激引起外阴瘙痒或不适。

3.【答案】E
【解析】对于宫颈糜烂样改变伴有分泌物增多、乳头状增生或接触性出血,可给予局部物理治疗,包括激光、冷冻、微波等,也可给予中药保妇康栓或其作为物理治疗前后的辅助治疗。

【答案】E
【解析】患者白带多外阴痒,分泌物呈脓性。需要检查白带常规,若有炎症先予治疗。患者宫颈重度柱状上皮外移,在行物理治疗前,需先行宫颈癌筛查或活检排除宫颈恶性病变。

1.【答案】C

【解析】宫颈疾病在进行物理治疗前,需明确有无恶性病变。对可疑宫颈病变的患者可先进行宫颈细胞学及人乳头瘤病毒(HPV)筛查;若筛查发现有异常,建议行阴道镜检查;而对于阴道镜检查结果仍有异常者,可进行宫颈锥形切除进行诊断及治疗。本例患者有中度宫颈柱状上皮外移,需先行宫颈细胞学检查排除宫颈恶性病变。

2.【答案】A

【解析】宫颈物理治疗最好在月经干净后3~7d。

提问1:【答案】ABCEF

【解析】慢性子宫颈炎临床表现可有性交后出血,经间期出血。妇科检查可发现子宫颈呈糜烂样改变,或有黄色分泌物覆盖宫颈口或从宫颈口流出,也可表现为子宫颈息肉或子宫颈肥大。宫颈癌亦可表现为宫颈糜烂,并伴有接触性出血。绝经后是子宫内膜癌的高危年龄,绝经后阴道流血是其典型临床症状。绝经后子宫内膜炎症或子宫内膜息肉亦可引起阴道流血。

提问2:【答案】ABDFI

【解析】绝经后阴道流血,宫颈涂片及HPV检查可以排查宫颈癌;诊断性刮宫、宫腔镜检查、子宫内膜采集均可用来进一步明确是否存在子宫内膜炎、子宫内膜息肉或子宫内膜癌。

提问3:【答案】BCDEI

【解析】上述检查均未见异常,提示本患者可能存在子宫颈炎。对于宫颈糜烂样改变伴有分泌物增多、乳头状增生或接触性出血,可给予局部物理治疗,包括激光、冷冻、微波等方法;也可给予中药保妇康栓,或将其作为物理治疗前后的辅助治疗。

提问1:【答案】ABCD

【解析】患者出现阴道炎的表现,妇科检查宫颈充血、水肿,接触性出血,符合急性子宫颈炎的典型临床表现。急性宫颈炎可出现宫颈局部充血、水肿、上皮变性、坏死、黏膜下组织及腺体周围大量中性粒细胞浸润,腺腔中可有脓性分泌物。急性宫颈炎应采用经验性抗生素治疗,对有性传播疾病高危因素的患者(年龄小于25岁,多性伴侣或有新性伴侣并且为无保护性性交者),在未获得病原体检测结果前,采用针对衣原体的经验性抗生素治疗。

C. 宫颈刮片检查　　　　D. 宫颈组织活检

E. 手术治疗

2. 物理治疗应选择在

　　A. 患者确诊后　　　　B. 月经来潮前3~4d

　　C. 月经干净后3~4d　　D. 排卵期

　　E. 任何时候

【案例分析题】

案例一　55岁女性,孕3产2,绝经3年,阴道不规则流血1个月余。妇科查体:外阴(-),阴道畅,宫颈肥大,Ⅱ度糜烂,触血(+),子宫略萎缩,双附件未及异常。

提问1:该患者可能的出血原因是

　　A. 子宫颈炎　　　　　B. 子宫颈癌

　　C. 子宫内膜癌　　　　D. 卵巢癌

　　E. 子宫内膜炎　　　　F. 子宫内膜息肉

　　G. 盆腔炎

提问2:进一步确诊时可选

　　A. B型超声检查

　　B. 宫颈涂片细胞学检查+HPV检查

　　C. 腹腔穿刺术

　　D. 诊断性刮宫术

　　E. 腹腔镜检查术

　　F. 宫腔镜检查术

　　G. 后穹窿穿刺术

　　H. 胸片检查

　　I. 子宫内膜采集

提问3:若以上检查均未发现可疑病灶,下一步处理可行

　　A. 阴道冲洗　　　　　B. 激光

　　C. 冷冻　　　　　　　D. 微波

　　E. 局部中药治疗　　　F. 宫颈LEEP术

　　G. 子宫切除术　　　　H. 宫颈锥切术

　　I. 观察

案例二　患者,女,22岁,因白带增多,伴外阴瘙痒1周就诊,伴有尿急、尿频、尿痛等症状。妇科查体:阴道黏膜充血水肿,阴道内见大量黄白色分泌物,宫颈充血水肿,见大量脓性分泌物附着,触之易出血。

提问1:对于本患者,下一步处理正确的有

　　A. 白带常规检查　　　B. 白细胞检测

　　C. 病原体检测　　　　D. 经验性抗生素治疗

　　E. 性伴侣治疗　　　　F. 宫颈涂片检查

　　G. 物理治疗　　　　　H. 阴道冲洗

提问2:进一步检查,白带常规示线索细胞(+),白细胞(++++)。宫颈分泌物病原体检测示沙眼衣原体(+)。下一步治疗正确的有

A. 阴道内局部用药　　B. 阴道冲洗
C. 口服四环素类药物　D. 口服红霉素类药物
E. 口服喹诺酮类药物　F. 口服头孢菌素类药物
G. 性伴侣同时治疗　　H. 物理治疗

案例三　患者,女,22岁,因白带增多,外阴瘙痒,伴尿急、尿频、尿痛3d就诊。妇科查体:阴道黏膜充血水肿,阴道内见大量脓性分泌物,宫颈光滑,充血水肿,宫颈管内见脓性分泌物流出,触血(+)。

提问1:对于本患者,进一步检查应包括

A. 白带常规检查
B. 阴道分泌物白细胞检测
C. 宫颈分泌物病原体检测
D. 尿常规检查
E. 宫颈涂片检查
F. 妇科彩超检查
G. 血常规检查

提问2:进一步检查,白带常规示线索细胞(+),白细胞(+++),尿常规提示尿路感染。给予阴道内局部用药,阿奇霉素1g顿服3d,效果欠佳。3d后分泌物培养结果回示淋病奈瑟菌(+)。下一步治疗应包括

A. 阴道内局部用药　　B. 大剂量,单次应用抗生素
C. 多饮水,忌辛辣　　D. 禁同房盆浴
E. 阴道冲洗　　　　　F. 物理治疗
G. 性伴侣同治

(张师前)

提问2:【答案】ACDEG
【解析】沙眼衣原体感染所致子宫颈炎,治疗药物主要有:①四环素类,如多西环素100mg,2次/d,连服7d;②红霉素类,主要有阿奇霉素1g,单次顿服,或红霉素500mg,4次/d,连服7d;③喹诺酮类,主要有氧氟沙星300mg,2次/d,连服7d,左氧氟沙星500mg,1次/d,连服7d,莫西沙星400mg,1次/d,连服7d。沙眼衣原体或淋病奈瑟菌感染,应对其性伴同时进行检查及治疗。合并细菌性阴道病的,应同时治疗细菌性阴道病,否则将导致子宫颈炎的持续存在。

提问1:【答案】ABCD
【解析】急性宫颈炎可出现宫颈局部充血、水肿、上皮变性、坏死、黏膜下组织及腺体周围见大量中性粒细胞浸润,腺腔中可有脓性分泌物。可出现阴道分泌物增多、外阴瘙痒及灼热感,还可合并尿路感染;若为淋病奈瑟菌感染,可见尿道口、阴道口黏膜充血、水肿及多量脓性分泌物。出现上述两个特征性体征之一,显微镜检查子宫颈或阴道分泌物白细胞增多,可作出急性宫颈炎的初步诊断。同时需进一步做衣原体及淋病奈瑟菌的检测,并查明是否有无细菌性阴道病及滴虫性阴道炎。

提问2:【答案】ABCDG
【解析】单纯急性淋病奈瑟菌子宫颈炎主张大剂量、单次给药治疗。由于淋病奈瑟菌感染常伴有衣原体感染,因此,还应同时治疗衣原体感染,其性伴侣应同时进行检查及治疗。细菌性阴道病的治疗原则为选用抗厌氧菌药物,包括口服甲硝唑、替硝唑,甲硝唑阴道栓、克林霉素软膏涂阴道等。

第十四章 盆腔炎性疾病

1.【答案】C

【解析】非妊娠期、非产褥期盆腔炎性疾病主要的感染途径是寄生在阴道的致病菌沿生殖道黏膜上行蔓延感染。经淋巴系统蔓延感染是产褥感染、流产后感染及放置宫内节育器后感染的主要感染途径；经血循环传播是结核感染的主要途径；邻近器官感染灶蔓延比较少见，主要是阑尾炎引起右侧输卵管炎。因此，本题C选项正确。

2.【答案】A

【解析】盆腔炎性疾病的临床表现轻重不一，体征差异较大，故临床诊断的敏感性及特异性较低。而延迟治疗或治疗不彻底又会导致临床后遗症，表现为组织破坏、广泛粘连、增生及瘢痕形成导致输卵管增生、增粗、堵塞，输卵管卵巢粘连形成输卵管卵巢肿块，输卵管伞端闭锁，浆液性渗出形成输卵管积水或输卵管积脓或输卵管卵巢脓肿的脓液吸收后被浆液性渗出液代替形成的输卵管卵巢囊肿，其主要后遗症包括不孕症、异位妊娠、慢性盆腔痛及盆腔炎性疾病的反复发作。卵巢非赘生性囊肿与盆腔炎性疾病无关，不属于其后遗症。因此，本题选择A选项。卵巢非赘生性囊肿并非卵巢肿瘤，而是一种特殊的囊性结构，比较常见的有卵泡囊肿、黄体囊肿、黄素化囊肿等，都属于生理性的。

【答案】C

【解析】产后女性急性下腹痛伴发热、脓血性白带，首先应考虑盆腔炎性疾病。妇科检查符合盆腔炎性疾病最低诊断标准：子宫压痛，附件压痛、增厚及宫颈举痛。同时，伴发热、血常规白细胞及中性粒细胞增高，均支持该诊断。但需和其他引起下腹痛的疾病相鉴别。患者产后2个月，月经未复潮，再次妊娠可能性小，排除输卵管妊娠。既往产检未发现有卵巢囊肿，双附件区均有压痛，无同侧、剧烈活动等诱因，排除卵巢囊肿蒂扭转。输卵管积水可出现腹痛，但不会导致发热、感染指标增高。急性盆腔腹膜炎为严重盆腔炎性疾病的并发症，患者可有高热、寒战，体格检查腹部压痛明显、拒按，血常规白细胞可明显升高，与目前病史不符。因此，本题选择C选项。

【A1 型题】

1. 非妊娠期、非产褥期盆腔炎性疾病的主要感染途径为
   A. 经宫颈和子宫旁的淋巴系统感染
   B. 邻近器官感染灶感染
   C. 沿生殖道黏膜上行蔓延感染
   D. 全身其他部位感染灶通过血循环感染
   E. 性生活感染

2. 常见盆腔炎性疾病后遗症**不包括**
   A. 卵巢非赘生性囊肿
   B. 输卵管积水
   C. 慢性盆腔痛
   D. 异位妊娠和不孕
   E. 输卵管卵巢囊肿

【A2 型题】

某患者，产后2个月，月经未复潮，发热伴下腹痛及血性白带2d。查体：腹软，下腹有轻压痛，无反跳痛。妇科检查：宫颈举痛，子宫稍大，压痛，双侧附件增厚，明显压痛，阴道分泌物为脓血性。体温38.5℃，血红蛋白110g/L，白细胞计数15.0×10⁹/L，中性粒细胞百分比84%，最可能的诊断为
   A. 输卵管妊娠
   B. 卵巢囊肿蒂扭转
   C. 盆腔炎性疾病
   D. 输卵管积水
   E. 急性盆腔腹膜炎

【A3/A4 型题】

(1~2题共用题干)

患者，女，35岁，人工流产术后反复下腹痛2年，加重3d。在劳累

后或经期病情反复,使用抗生素治疗有效。既往月经规则,现月经干净后第3天。已绝育。妇科检查:阴道通畅,分泌物量多,宫颈举痛,子宫后位,大小正常,压痛。右侧附件区可及肿块,约6cm,压痛,活动度差。左侧附件区未及异常。

1. 该患者需要进一步做的检查不包括

    A. 血培养

    B. 血常规及C反应蛋白

    C. 子宫附件超声

    D. 阴道分泌物常规

    E. 阑尾超声

2. 主要考虑的诊断是

    A. 急性阑尾炎

    B. 卵巢黄体破裂

    C. 异位妊娠

    D. 盆腔炎性疾病

    E. 卵巢囊肿蒂扭转

【案例分析题】

案例一 患者,女性,38岁,因"下腹隐痛2个月,加重伴发热3d"入院。患者2个月前出现下腹隐痛不适,疼痛呈持续性,伴腰酸、白带增多,劳累后加重,未引起重视。近3d自觉腹痛加重,呈持续性钝痛,伴里急后重,同时出现发热,体温最高达38.8℃。已婚已育。既往月经规则,末次月经:2017-08-07,现为月经周期第7天。妇科检查:外阴已婚式,阴道通畅,内见脓性分泌物,后穹窿触痛;宫颈光滑,举痛。子宫前位、大小正常、压痛,右附件区压痛,左附件区增厚、压痛明显。

提问1:需要进一步完善的检查有

    A. 血常规及C反应蛋白

    B. 血或尿hCG

    C. 血培养

    D. 子宫附件超声

    E. 血淀粉酶

    F. 肝肾功能

    G. 胃肠镜

提问2:可能的诊断为

    A. 急性胃肠炎

    B. 输卵管妊娠流产或破裂

    C. 卵巢囊肿蒂扭转

    D. 卵巢黄体破裂

    E. 盆腔炎性疾病急性发作

    F. 胃肠道穿孔

    G. 急性阑尾炎

1.【答案】A

【解析】实验室检查对诊断盆腔炎性疾病有一定的价值,可选择的检查有:①血常规检查,表现为白细胞计数上升,中性粒细胞占比升高,但也有少部分患者的血常规在正常范围。②C反应蛋白。炎症早期即可升高,并可早于白细胞的变化。③阴道分泌物常规检查,有较多的白细胞甚至脓细胞。④经阴道超声。明确子宫及附件情况是诊断盆腔炎性疾病非常重要的辅助检查手段。⑤该患者右侧附件区包块、压痛,需与阑尾炎鉴别,可进行阑尾超声检查。故B、C、D、E检查均需要做。根据病史,患者为盆腔炎性疾病反复发作,一般为盆腔局部感染,较少有细菌入血,患者无寒战、发热,血培养目前意义不大。因此,本题选择A选项。

2.【答案】D

【解析】患者有宫腔操作后反复下腹痛病史,抗生素治疗有效,此次再发腹痛,查体发现阴道分泌物增多、子宫压痛、右附件区触及包块、压痛,符合盆腔炎性疾病反复发作。急性阑尾炎典型症状为转移性右下腹痛,伴恶心、呕吐、腹泻等消化道症状,查体麦氏点压痛明显;该患者没有这些症状及体征,不支持"阑尾炎"诊断。卵巢黄体破裂一般发生在黄体期,患者月经干净后3d腹痛,还处于卵泡期,因此排除"卵巢黄体破裂"诊断。患者已绝育,异位妊娠可能性小。卵巢囊肿蒂扭转有卵巢囊肿病史,在同房、剧烈活动、体位改变等诱因后出现剧烈腹痛,该患者症状不支持。因此,本题选择D选项。

提问1:【答案】ABCDEF

【解析】患者慢性腹痛,加重伴发热3d,查体可见脓性分泌物,后穹窿触痛,宫颈举痛、右附件区压痛,左侧附件区压痛、压痛明显,考虑盆腔炎性疾病急性发作可能性大。需进一步完善的检查有:检测血常规及C反应蛋白了解感染情况;血或尿hCG排除妊娠相关疾病;子宫附件超声了解子宫附件情况;血淀粉酶可进行鉴别诊断,排除急性胰腺炎;发热、腹痛患者需常规行肝肾功能检查。患者有发热,体温超过38.8℃需行血培养。患者无恶心、呕吐、腹泻、便血等消化道疾病的临床表现,无胃肠镜检查指征。因此,本题选择A、B、C、D、E、F。

提问2:【答案】E

【解析】患者无不洁饮食,无恶心、呕吐、腹泻,不支持"急性胃肠炎"诊断。患者为月经第7天,无明确的停经史,暂不考虑"输卵管妊娠流产或破裂"。既往无卵巢囊肿病史,妇科检查提示子宫及双附件区均有压痛,不支持"卵巢囊肿蒂扭转"诊断。患者正处于卵泡期,暂不考虑"卵巢黄体破裂"。患者没有溃疡的病史,疼痛部位为下腹部,无恶心、呕吐等消化道症状,不支持"胃肠道穿孔"诊断。患者没有转移性右下腹疼痛的症状,暂不考虑"急性阑尾炎"。从患者病史、症状及妇科检查来分析,可能的诊断为"盆腔炎性疾病急性发作"。因此,本题选择E选项。

提问3:【答案】CDEFG
　　【解析】盆腔炎性疾病的治疗原则以抗菌药物为主,必要时行手术治疗。患者出现发热可予物理或者药物降温,出现高热可行血培养。在使用抗菌药物治疗时应注意:静脉给药应在临床症状改善后继续静脉治疗至少24h,然后转为口服药物治疗,共持续14d。药物治疗持续72h症状无明显改善者应重新确认诊断并调整治疗方案。如患者体温持续不下降、中毒症状加重或包块增大等提示药物治疗无效,或肿块持续存在、脓肿破裂的情况下在抗菌药物治疗的同时行手术探查。

提问1:【答案】ABDE
　　【解析】育龄期女性人工流产术后慢性下腹痛,急性发作,伴发热,有异位妊娠史,血常规白细胞明显升高,首先应想到"盆腔炎性疾病"可能。查体右侧附件区可触及包块,压痛,不活动,超声提示右侧附件区混合性包块,需考虑"输卵管卵巢脓肿"可能。但同时合并有恶心、呕吐等消化系统症状,右侧附件区包块,不排除"阑尾炎"可能。患者未避孕未孕2年,可诊断为"继发性不孕症"。患者无卵巢囊肿病史,无痛经,无停经史,卵巢囊肿蒂扭转、子宫内膜异位囊肿、输卵管妊娠流产或破裂可能性小。因此,本题选择:A,B,D,E。

提问2:【答案】ABCD
　　【解析】盆腔炎性疾病的最低诊断标准:子宫压痛或附件压痛或宫颈举痛。支持盆腔炎性疾病诊断的附加标准有:口腔温度>38.3℃,阴道或宫颈脓性分泌物,阴道分泌物显微镜检发现白细胞增多,红细胞沉降率加快,C反应蛋白水平升高;实验室检查证实有淋病奈瑟菌或沙眼衣原体存在。该患者诊断盆腔炎性疾病的依据是:满足最低诊断标准,同时满足的附加标准包括发热、阴道脓性分泌物。因此,本题选A,B,C,D。

提问3:【答案】ABEG
　　【解析】对于盆腔炎性疾病,治疗的目的是:减轻急性期症状,减少远期并发症,保留生育能力。在治疗上,要选择广谱抗生素或联合抗厌氧菌药物治疗。根据药敏试验选择最有效抗生素,疗程应持续14d。盆腔炎性疾病首选抗生素药物治疗,只有在抗生素治疗无效、脓肿持续存在、脓肿破裂的情况下在抗生素治疗的同时行手术治疗。患者炎症急性发作期间,不应行子宫内膜活检,避免炎症扩散。

提问3:进一步的处理为
　　A. 止痛
　　B. 即腹腔镜探查
　　C. 应用抗生素
　　D. 物理降温
　　E. 高热时进行血培养
　　F. 以抗菌药物治疗为主,必要时手术治疗
　　G. 药物治疗72h症状无明显改善应重新确认诊断并调整治疗方案

案例二　患者,女性,33岁,因"反复下腹疼痛5年,未避孕未孕2年"入院。患者5年前人工流产术后开始出现反复下腹疼痛,抗感染治疗后好转,劳累后加重。2年前曾因右侧输卵管妊娠行切开取胚术。近2年性生活正常,未避孕,未孕。3d前劳累后出现下腹疼痛,曾口服头孢呋辛治疗无好转。逐渐出现腹痛加重,发热,体温最高达39.3℃,伴恶心、呕吐等不适。无异常阴道流血、大小便、饮食尚正常。妇科检查:阴道通畅,脓性分泌物,无异味,后穹窿触痛。宫颈光滑,举痛阳性;子宫后位,大小正常,压痛阳性,活动差;右侧附件区可及约6cm×5cm肿块,质中,压痛明显,活动度欠佳;左侧附件区压痛。血常规:白细胞计数20.0×10⁹/L,中性粒细胞百分比90%。尿hCG阴性。超声检查提示右侧附件区混合性回声区,约7cm×6cm。

提问1:该患者可能的诊断
　　A. 继发性不孕症
　　B. 盆腔炎性疾病
　　C. 子宫内膜异位囊肿
　　D. 输卵管卵巢脓肿
　　E. 急性阑尾炎
　　F. 卵巢囊肿蒂扭转
　　G. 输卵管妊娠流产或破裂

提问2:疾病的诊断依据有
　　A. 下腹疼痛
　　B. 宫颈举痛或子宫压痛或附件压痛
　　C. 体温超过38.3℃
　　D. 宫颈或阴道异常黏液脓性分泌物
　　E. 口服头孢呋辛治疗无好转
　　F. 曾行人工流产及异位妊娠手术
　　G. 尿妊娠试验阴性

提问3:关于该疾病正确的说法有
　　A. 治疗的目的是减轻急性期症状,减少远期并发症,保留生育功能
　　B. 选择广谱抗生素,联合抗厌氧菌药物治疗

C. 感染途径主要经血循环传播

D. 取子宫内膜活检确定是否有子宫内膜炎

E. 取宫颈管分泌物做培养

F. 即刻行腹腔镜下探查术

G. 根据药敏实验选择最有效抗生素,疗程应持续 14d

案例三　患者,女性,39 岁,因"下腹疼痛伴发热 5d"入院。5d 前开始出现下腹疼痛,呈持续性,并向右侧大腿放射,体温 37.5~ 38.8℃,无寒战,无恶心呕吐,无腹泻。无异常阴道流血,阴道分泌物多。大小便正常。查体:心肺(−),腹肌稍紧张,右下腹压痛明显,麦氏点无压痛及反跳痛,双肾区无叩击痛。血常规:白细胞计数 15×10^9/L,中性粒细胞百分比 85%,C 反应蛋白 185mg/L。尿 hCG 阴性。B 型超声可见右侧附件区见管状无回声区,约 5cm×3cm。子宫直肠窝积液约 32mm。妇科检查:外阴已婚型,阴道通畅,分泌物量多,脓性,宫颈柱状上皮异位改变,举痛;子宫后位,大小正常,压痛;右侧附件区可及一肿块,约 5cm×4cm,活动差,压痛明显;左侧附件区压痛。

提问 1:为明确诊断,还应补充进行哪些病史采集

　　A. 起病情况,腹痛性质

　　B. 月经及婚育史

　　C. 手术操作史

　　D. 有无内外科疾病如自身免疫性疾病、感染性疾病等

　　E. 有无子宫内膜异位症、阑尾炎病史

　　F. 有无家族史

　　G. 性生活情况

提问 2:如何预防该类疾病

　　A. 增强体质

　　B. 注意三期卫生(经期、孕期、产褥期)

　　C. 阴道灌洗

　　D. 及时、规范、彻底治疗

　　E. 注意性生活卫生

　　F. 使用抗生素

　　G. 医务人员加强无菌观念

提问 3:如未得到及时有效治疗,有可能发生以下哪些后遗症

　　A. 盆腔炎性疾病反复发作

　　B. 慢性盆腔痛

　　C. 输卵管 - 卵巢脓肿

　　D. 泌尿道感染

　　E. 肝周围炎

　　F. 骶髂关节炎

　　G. 胆囊炎

提问 1:【答案】ABCDEG

【解析】妇科急腹症的病因众多,病史采集过程中还应注意急腹症相关疾病的排除。全面的病史采集包括:起病情况,月经情况,婚姻状况及妊娠史,性生活情况,下生殖道感染情况,手术操作史,有无卵巢囊肿或子宫内膜异位病史、阑尾炎发作史或手术史;有无内外科疾病如自身免疫性疾病、感染性疾病等。家庭史的询问对疾病的诊断意义不大。因此,本题选择 A,B,C,D,E,G。

提问 2:【答案】ABDEG

【解析】盆腔炎性疾病的预防需要注意:注意三期卫生(经期、孕期、产褥期),避免经期性交及使用不洁卫生垫;增强体质,提高患者抵抗力。医务人员进行手术操作时加强无菌观念;及时、规范、彻底治疗急性盆腔炎,防止盆腔炎后遗症的发生。注意性生活卫生,以防性传播疾病。阴道灌洗不能预防盆腔炎性疾病的发生,使用抗生素是治疗方法,不是预防措施。因此,本题选择:A,B,D,E,G。

提问 3:【答案】ABCE

【解析】盆腔炎性疾病(PID)近期后遗症包括输卵管卵巢脓肿、肝周围炎以及罕见的死亡,远期后遗症的发生率在 25% 左右,主要包括不孕症、异位妊娠、慢性盆腔痛及 PID 的反复发作。一般不会导致泌尿道感染及骶髂关节炎、胆囊炎。因此,本题选择 A,B,C,E。

提问1:【答案】BF

　　【解析】患者因药物流产不全发生大出血急诊行清宫术,清宫术后4d出现腹痛发热症状,查体子宫举痛、双附件区压痛,血常规白细胞升高,盆腔炎性疾病可能性大。血常规提示血红蛋白63g/L,诊断为中度贫血。子宫穿孔,腹痛通常出现在清宫手术中,手术时突然感到无宫底感觉或手术器械进入深度超过原来所测深度。该患者术后4d出现腹痛,清宫手术无特殊,不考虑"子宫穿孔"诊断。子宫肌瘤红色变性多发生于妊娠期或产褥期,为肌瘤一种特殊类型坏死,表现为剧烈腹痛伴恶心、呕吐、发热、白细胞高。该患者药物不全,行清宫术,且妇科检查时不仅子宫有压痛,双附件区亦压痛明显,不支持"子宫肌瘤红色变性"诊断。患者有药物流产不全清宫的病史,既往无慢性右下腹痛病史,此次发作无不洁饮食史,无恶心、呕吐、腹泻等消化道症状,无转移性右下腹痛,"急性胃肠炎、急性阑尾炎"可能性小。卵巢黄体破裂一般发生在黄体期,有同房、剧烈活动等诱因,一般无发热,结合病史,不支持该病诊断。因此,本题选择B,F。

提问2:【答案】ADEFG

　　【解析】清宫术后发生感染有可能与多种因素有关:医务人员未严格无菌操作;患者劳累或卫生保护不当;阴道出血时间长导致感染概率增加;子宫肌瘤引起子宫增大可导致子宫腔创面增大,影响术后恢复、增加感染机会;贫血可导致抵抗力下降,易感染。流产后感染的主要感染途径是经淋巴系统蔓延。年龄大与清宫术后感染无关。因此,本题选择A,D,E,F,G。

提问3:【答案】ACEG

　　【解析】一旦诊断成立,应立即使用抗生素,如抗感染有效,则腹痛发热症状能得到缓解。患者有发热症状,应积极退热处理,所以应选择物理降温。急性腹痛患者不建议使用止痛药物,有可能掩盖病情。患者症状较重,且合并贫血,建议住院静脉抗生素治疗,根据经验选择广谱抗生素,必要时输血。在患者症状改善后继续静脉给药至少24h后改口服药物治疗,连用14d。患者需复查超声及血β-hCG了解有无胎物残留。治疗必须规范,预防远期后遗症。因此,本题选择A,C,E,G。

案例四　患者,女性,35岁,因"药物流产不全清宫术后5d,下腹疼痛伴发热2d"就诊。患者因"孕7周,终止妊娠"在外院行药物流产术,1周后出现大量阴道流血,超声提示:宫腔内高回声团,约3cm×3cm,可见血流信号。子宫前壁可探及一大小约6cm×5cm×5cm类圆形低回声区,包膜完整,边界清晰。考虑"药物流产不全",急诊行清宫术,术后第四天下腹疼痛,逐渐加重,今日出现发热、寒战,体温最高达39.0℃。血常规:白细胞计数12.9×10⁹/L,中性粒细胞百分比85%,C反应蛋白85mg/L,血红蛋白63g/L。妇科检查:阴道内少量血性分泌物,宫颈重度柱状上皮异位改变,举痛,子宫前位,不规则增大如孕2个月,压痛明显,双附件区压痛。

提问1:该疾病可能的诊断为

　　A. 子宫穿孔

　　B. 急性盆腔炎性疾病

　　C. 卵巢黄体破裂

　　D. 急性胃肠炎

　　E. 子宫肌瘤红色变性

　　F. 中度贫血

　　G. 急性阑尾炎

提问2:清宫术后发生感染的原因有可能与以下哪些因素有关

　　A. 合并子宫肌瘤

　　B. 年龄大

　　C. 主要的感染途径是沿生殖道黏膜上行蔓延

　　D. 未严格无菌操作

　　E. 劳累或卫生保护不当

　　F. 阴道出血时间长

　　G. 贫血

提问3:关于该疾病的治疗,以下说法正确的是

　　A. 物理降温

　　B. 止痛

　　C. 复查超声、血hCG

　　D. 可在门诊给予口服或肌内注射抗生素治疗

　　E. 根据经验选择广谱抗生素

　　F. 腹痛发热症状消失后可停止使用抗生素

　　G. 预防远期后遗症

(郭遂群)

第十五章　外阴恶性肿瘤

【A1 型题】

1. 外阴恶性肿瘤中最常见的病理类型是下列哪项
   - A. 基底细胞癌
   - B. 鳞状细胞癌
   - C. 腺癌
   - D. 肉瘤
   - E. 恶性黑色素瘤

2. 外阴恶性肿瘤中，以下病理类型恶性程度最高的是
   - A. 基底细胞癌
   - B. 鳞状细胞癌
   - C. 汗腺癌
   - D. 疣状癌
   - E. 恶性黑色素瘤

【A2 型题】

1. 患者 65 岁，发现右侧大阴唇黄豆大小结节 1 年，无明显增长，全身检查未见异常，镜下见：组织局限于真皮层内，可见多功能幼稚细胞，有黏液变性，考虑的诊断是
   - A. 外阴基底细胞癌
   - B. 外阴脂肪瘤
   - C. 外阴鳞状上皮增生
   - D. 外阴乳头瘤
   - E. 恶性黑色素瘤

2. 患者，45 岁，自觉左侧小阴唇结节状物，伴有瘙痒，查体发现肿物直径 1cm，其表面皮肤有明显色素沉着且自诉范围增大，表面有破溃，考虑最可能的诊断是
   - A. 外阴基底细胞癌
   - B. 外阴脂肪瘤
   - C. 外阴鳞状上皮增生
   - D. 外阴乳头瘤
   - E. 恶性黑色素瘤

【A3/A4 型题】

(1~2 题共用题干)

42 岁女性，自觉左侧小阴唇结节状物 2 个月，肿物生长快，伴少量出血，查体：阴蒂肿大，直径 3cm，质硬，右侧腹股沟触及 3 个黄

1.【答案】B
【解析】外阴恶性肿瘤中 80%~90% 为鳞状细胞癌，另外还有恶性黑色素瘤、腺癌、基底细胞癌、前庭大腺癌、疣状癌、肉瘤等。

2.【答案】E
【解析】外阴恶性肿瘤中恶性程度而言，以恶性黑色素瘤和肉瘤较高，腺癌和鳞癌次之，基底细胞癌恶性程度最低。

1.【答案】A
【解析】外阴基底细胞癌为低度恶性肿瘤(A 项)，多为单发，平均发病年龄 70 岁，病灶多位于大阴唇，肿瘤生长缓慢，确诊可见毛囊或表皮基底层的多功能幼稚细胞浸润性生长，细胞有异型性，局限于真皮层内。外阴黑色素瘤(E 项)病灶常位于小阴唇，呈痣样，有色素沉着(肿瘤多为棕褐色或蓝黑色)。外阴鳞状上皮增生(D 项)症状无特异性，可发生于外阴任何部位，单个或多个，呈灰白、粉红色，少数为略高出皮肤的黑色素沉着，严重者可弥漫状覆盖整个外阴。外阴脂肪瘤(B 项)来自大阴唇或阴阜脂肪组织，位于皮下组织内，质软。外阴乳头瘤(D 项)常见于绝经期和绝经后女性，多发生于大阴唇，呈多个或单个乳头状突出皮肤表面。

2.【答案】E
【解析】外阴恶性黑色素瘤(E 项)好发于小阴唇，主要临床表现为外阴瘙痒、出血、色素沉着范围增大，表面可见溃疡。余详见 A2 型题第 1 题相关解析。

1.【答案】C

【解析】外阴恶性肿瘤的发病相关因素包括：①人乳头瘤病毒(HPV)(HPV16,HPV18,HPV31等)感染(A项)和吸烟(B项)相关，来自VIN，倾向于多灶性，多发生于年轻女性，其中HPV16型感染超过50%；②非HPV感染相关病变如外阴硬化性苔藓(E项)，分化型外阴鳞状上皮内瘤变(D项)等，多见于老年女性。外阴巴氏腺囊肿(C项)多为单侧，也可为双侧，生育期女性多见，急性起病时局部肿胀、疼痛，质软，少数患者可能出现发热等全身症状，腹股沟淋巴结可呈不同程度增大，其与外阴鳞癌无明确相关性。

2.【答案】E

【解析】外阴癌的预后与癌灶大小、癌灶部位(B项)、外阴癌分期(D项)、肿瘤分化、有无淋巴结转移及治疗措施等有关，病灶大小(A项)及癌灶部位(B项)决定了手术切除范围及是否直接影响器官功能，与预后相关。其中以淋巴结有无转移(C项)最为重要，有淋巴结转移的患者5年生存率约50%，而无淋巴结转移者5年生存率为90%。肿瘤是否有破溃(E项)对外阴肿瘤预后无关。

提问1:【答案】BDE

【解析】患者以往有子宫颈鳞状上皮内病变及HPV感染病史，与HPV感染的相关疾病包括尖锐湿疣(D项)、外阴鳞状上皮内病变(B项)、外阴癌(E项)。可呈疣状增生的包括尖锐湿疣(D项)、外阴鳞状上皮内病变(B项)、外阴癌(E项)。外阴纤维瘤(C项)主要表现为大阴唇上单发的光滑质硬赘生物，由成纤维细胞增生而成表面可有溃疡和坏死，而非疣状外观，且无HPV感染。硬化性苔藓合并鳞状上皮细胞增生(A项)主要症状为局部烧灼感、瘙痒严重及性交痛，但主要表现为外阴皮肤皱缩，角化过度，而非疣状增生。

提问2:【答案】BCDE

【解析】提问1所中所涉及的疾病均需通过活体组织病理检查，对任何可疑病变确诊均应依靠多点病理检查(E项)，依赖阴道镜(D项)检查进行局部组织放大并采用1%甲苯胺蓝或3%~5%醋酸涂抹外阴病变皮肤，有助于提高活检的准确率，并可以对宫颈组织进行活检。该患者既往有子宫颈鳞状上皮内病变及HPV感染病史，治疗后未定期复查，应当注意外阴与宫颈同时发病可能，为明确诊断则需加行子宫颈细胞学检查(B项)和HPV DNA检测(C项)，而子宫内膜分段诊刮(A项)是为了区分子宫颈管癌与子宫内膜癌，而提问1中的诊断不涉及子宫内膜癌，故无须行分段诊刮。

提问3:【答案】D

【解析】外阴低级别鳞状上皮内病变(D项)的病理表现为：上皮层内细胞有不同程度的增生伴核异型，核分裂增加，排列紊乱，表皮基底膜完整，可见不典型挖空细胞，与HPV感染有关。而外阴癌(E项)在镜下见有角化珠和细胞间桥。

豆大小淋巴结，不活动，活检报告为"鳞癌"。

1. 此类疾病与以下哪个因素无关

　　A. HPV 感染

　　B. 吸烟

　　C. 外阴巴氏腺囊肿

　　D. 分化型外阴鳞状上皮内瘤变

　　E. 硬化性苔藓

2. 此类疾病的预后与以下哪个因素无关

　　A. 癌灶大小

　　B. 癌灶部位

　　C. 有无淋巴结转移

　　D. 外阴癌分期

　　E. 肿瘤有无破溃

【案例分析题】

案例一　患者，女，38岁，既往有高级别鳞状上皮内病变(HSIL)合并HPV感染病史，曾行宫颈锥切治疗，诊断为HSIL，后未定期诊治。1年来自觉外阴瘙痒，曾自行使用甲硝唑及克霉唑均无效，1个月来出现皮肤破溃，来院就诊。检查发现右侧大阴唇散在疣状增生，呈粉红色，局部有抓痕破溃，直径1.5cm。

提问1:根据以上描述，临床诊断可能的有

　　A. 外阴硬化性苔藓合并鳞状上皮细胞增生

　　B. 外阴鳞状上皮内病变

　　C. 外阴纤维瘤

　　D. 尖锐湿疣

　　E. 外阴癌

提问2:应进行哪些检查来明确诊断

　　A. 子宫内膜分段诊刮

　　B. 子宫颈细胞学检查

　　C. HPV DNA 检测

　　D. 阴道镜检查

　　E. 外阴多点病理检查

提问3:病理结果回报，上皮内层细胞有不同程度的增生伴核异型、核分裂增加，排列紊乱，表皮基底膜完整、可见不典型挖空细胞。目前可诊断为

　　A. 外阴疣状乳头状瘤

　　B. 尖锐湿疣

　　C. 外阴纤维瘤

　　D. 外阴低级别鳞状上皮内病变

　　E. 外阴癌

提问4:该疾病首选治疗为

　　A. 局部药物 / 物理治疗

B. 手术治疗行较广泛局部病灶切除

C. 手术治疗行广泛性外阴切除

D. 手术治疗行广泛性外阴切除 + 双侧腹股沟淋巴结清扫术

E. 放疗

案例二 患者,女性,46 岁,外阴瘙痒偶有烧灼感 1 年,无异常分泌物,1 周前发现皮肤破溃来院就诊。检查时发现左侧大阴唇一丘疹突起,灰白色,边界清晰,表面可见抓痕,其上可见直径 2cm 溃疡,伴有渗液,无明显活动性出血。

提问 1:根据以上描述,临床可能的诊断有

A. 外阴乳头瘤

B. 外阴鳞状上皮内病变

C. 尖锐湿疣

D. 外阴脂肪瘤

E. 外阴平滑肌瘤

提问 2:为明确诊断,以下获取病理标本方法**错误**的是

A. 子宫颈细胞学检查

B. 表浅的外阴多点活检

C. 足够深度及宽度的外阴多点活检

D. 单纯外阴切除

E. 外阴广泛切除

提问 3:患者病理提示为分化型外阴上皮内瘤变,其首选治疗为

A. 较广泛的局部病灶切除

B. 单纯外阴切除

C. 广泛性外阴切除 + 双侧腹股沟淋巴结切除

D. 局部药物治疗

E. 局部物理治疗

提问 4:此类疾病的特点有

A. 好发于老年女性

B. 和 HPV 感染无关

C. 常伴有硬化性苔藓、扁平苔藓

D. 可在半年内进展为浸润癌

E. 绝大部分与 HPV16 型感染有关

案例三 患者,女,76 岁,发现外阴赘生物半年余,半年前清洗外阴时发现外阴前联合近小阴唇处一大小约 0.5cm 赘生物,瘙痒,无疼痛等不适。近 1 周发现赘生物增大为 2cm,表面呈黑色,略高出黏膜,紫黑色,表面光滑,中央有小破溃,周围组织无肿胀。余全身皮肤黏膜未发现黑痣糜烂、破溃。双侧腹股沟淋巴结区未及肿大淋巴结。

提问 1:根据临床表现及体征,最有可能的临床诊断是

提问 4:【答案】A

【解析】外阴鳞状上皮内病变的治疗目的在于消除病灶,缓解症状,阻断浸润癌发生,低级别鳞状上皮内病变若无明显症状可暂不予以治疗,定期随访。有症状者,可选择局部用药,激光治疗适用于病灶广泛的年轻患者,因此选 A,B,C,D,E 均为治疗外阴癌的方法。

提问 1:【答案】AB

【解析】外阴乳头瘤(A 项)症状有外阴肿物和瘙痒,肿物多发生于大阴唇,呈单个或单个乳头状突出表面,可有破溃、出血。外阴鳞状上皮内病变(B 项)的主要症状为:外阴瘙痒、皮肤破损、烧灼感和溃疡等。体征为病灶可发在外阴任何部位,可见外阴丘疹、斑点,斑块或乳头状赘疣,单个或多个,融合或分散,灰白或粉红色,少数为略高出皮面的色素沉着。这两者症状相近,需病理诊断。尖锐湿疣(C 项)症状表现为外阴瘙痒,灼痛,病灶初为散在或呈簇状增生的粉色或白色小乳头状疣,病灶增大后融合呈鸡冠状、菜花状,病变多发生在性交易受损部位,如阴唇后联合、小阴唇内侧、尿道口等,症状与本题干不符。外阴脂肪瘤(D 项)来自大阴唇或阴阜脂肪组织,生长缓慢,位于皮下组织内,质软,呈分叶状,常不伴瘙痒。外阴平滑肌瘤(E 项)来源于外阴平滑肌,毛囊立毛肌或血管平滑肌,多见于生育期女性,常位于大阴唇、阴蒂及小阴唇,突出于皮肤表面,表面光滑,质硬,与题干不符。

提问 2:【答案】ABDE

【解析】提问 1 中如考虑外阴良性肿瘤或外阴鳞状上皮内病变需通过活体组织病理检查,对任何可疑病灶应做多点活组织病理检查,依赖阴道镜定点检查,局部采用 1% 甲苯胺蓝或 3%~5% 醋酸涂沫外阴病变皮肤,有助于提高活检的准确率。需要注意的是,活检取材时采取的组织要有足够的深度和宽度(C 项),否则易造成漏诊和误诊(B 项),子宫颈细胞学检查(A 项)是明确有无宫颈病变的检查手段,与提问 1 中的诊断不符。外阴广泛切除(E 项)主要是针对早期外阴癌的治疗,而单纯外阴切除(D 项)是针对分化型外阴上皮内瘤变的处理,主要由于该病变会迅速发展为浸润癌,需彻底切除病灶,但首先需要病理活检诊断。

提问 3:【答案】A

【解析】分化型外阴上皮内瘤变会迅速发展为浸润癌,需彻底切除,切缘超过病灶外至少 0.5cm,一般行较广泛的局部病灶切除(A 项);病灶广泛的老年患者才采用外阴切除术(B 项)。广泛性外阴切除 + 双侧腹股沟淋巴结切除(C 项)是外阴癌的术式。

提问 4:【答案】ABCD

【解析】分化型外阴上皮内瘤变以往称为分化型 VIN、单纯性原位癌。和 HPV 感染无关(B 项),可能系 p53 突变所致。多发于老年女性(A 项),常伴有硬化性苔藓、扁平苔藓(C 项)。可在半年内进展为浸润癌(D 项)。

提问1:【答案】B

【解析】外阴黑色素瘤(B项)的主要临床表现为外阴瘙痒、出血、色素沉着范围增大。检查可见病灶稍隆起,有色素沉着(肿瘤多为棕褐色或蓝黑色),呈平坦状或结节状,可伴溃疡。可单病灶或多病灶。外阴乳头瘤(A项)、外阴鳞状细胞癌(C项)症状有外阴肿物和瘙痒,可有破溃、出血,但多无色素沉着表现。外阴纤维瘤(E项)主要表现为大阴唇上单发的光滑质硬赘生物。外阴硬化性苔藓(D项)皮肤外观多呈白色。

提问2:【答案】ACE

【解析】美国癌症协会将恶性黑色素瘤的早期征象归结为"ABCDE"五个特征:①不对称病变(asymmetry);②边缘不规则(borderirregularity);③颜色多样(colorvariety);④直径增大(diameterenlarging);⑤隆起(elevation)。这些特征可为临床早期诊断提供依据,但确诊还需要组织病理学检查。

提问3:【答案】ABCE

【解析】《中国黑色素瘤诊治指南(2015年版)》建议:对于临床初步判断无远处转移的恶性黑色素瘤患者,一般建议完整切除活检(D项),切缘3~5mm,不可部分切除(B项)避免直接的局部广泛切除(E项),以免影响区域淋巴结回流致影响前哨淋巴结活检的质量,不建议穿刺活检(A项)或局部切除;如病灶面积过大或已有远处转移需要确诊的,可行局部切除。

2017年美国国立综合癌症网络(NCCN)指南推荐恶性黑色素瘤活检采取切除活检,切缘1~3mm,但是对于不能完整切除的病化,如病灶范围过大的恶性黑色素瘤,建议行全层切除活检或最厚处钻取活检。禁止表面片状切除活检(C项),因其会影响肿瘤浸润深度的评估。

提问4:【答案】A

【解析】外阴恶性黑色素瘤的组成有上皮细胞、痣细胞和梭状细胞。由于细胞类型多,因此容易误诊为鳞癌、腺癌、未分化癌,甚至肉瘤。另外还有6%~10%为少色素或无色素黑色素瘤,故更易误诊。依靠常规的组织病理学诊断困难,免疫组化可以鉴别诊断。恶性黑色素瘤免疫组化染色有意义的指标主要有HMB-45,S-100,Melan-A(又称MART-1)。主要分为两组,一组是具有很高的敏感性但特异性略差:S-100(A项);另一组是具有中高度敏感性和高度特异性,包括Melan-A(E项)、HMB-45(B项)及酪氨酸酶。

提问5:【答案】E

【解析】外阴恶性黑色素瘤的治疗主要是手术治疗,必要时行辅助性治疗及免疫治疗。手术治疗方法:主要是局部扩大切除术、外阴广泛切除术,对于真皮浸润>1mm者,手术切缘应距离病灶边缘至少2~3cm,还需行腹股沟淋巴结清扫术。因此选择E。

A. 外阴乳头瘤

B. 外阴恶性黑色素瘤

C. 外阴鳞状细胞癌

D. 外阴硬化性苔藓

E. 外阴纤维瘤

提问2:此类疾病恶变的早期征象包括

A. 不对称病变

B. 边缘规则

C. 颜色多样

D. 质地变硬

E. 直径增大

提问3:此类疾病活检方法错误的是

A. 多点穿刺活检

B. 部分切除活检

C. 扩大表面片状切除活检

D. 完整切除活检

E. 局部广泛切除

提问4:活检常规组织学病理提示外阴恶性肿瘤,为明确是否为外阴恶性黑色素瘤,敏感性最强的免疫组化指标为

A. S-100

B. HMB-45

C. p53

D. CEA

E. Melan-A

提问5:如患者活检病理诊断明确为外阴恶性黑色素瘤,若病理提示真皮层浸润深度>1mm,且前哨淋巴结活检阳性,应进行的治疗为

A. 免疫治疗

B. 局部病灶扩大切除

C. 广泛外阴切除

D. 腹股沟淋巴结清扫术

E. 广泛性外阴切除+腹股沟淋巴结清扫

案例四　患者,女,60岁,外阴瘙痒1年,于外院反复局部药物和物理治疗无效,发现外阴肿物2个月余。检查发现外阴右侧大阴唇有一约4cm×5cm菜花样肿物,颜色与周围皮肤相近,表面破溃,可见结痂,触血(+),表面渗液,质脆,活动差;右侧腹股沟区可扪及一约2cm×2cm淋巴结,质地较硬,活动差,表面光滑。阴道及盆腔检查未见异常。

提问1:根据临床表现及体征,最有可能的临床诊断是

A. 外阴乳头瘤

B. 外阴恶性黑色素瘤

C. 外阴鳞状细胞癌

D. 外阴硬化性苔藓

E. 外阴纤维瘤

提问 2:为明确诊断,首选的能明确诊断的一项检查是

A. 阴道镜检查

B. TCT 检查

C. 右腹股沟结节活检

D. 外阴肿物活组织检查

E. HPV 检测

提问 3:如果外阴及腹股沟区肿物检查提示为恶性肿瘤,按国际妇产科联盟(FIGO)2009 年手术病理分期标准,该患者分期至少为

A. ⅠB 期

B. Ⅱ期

C. ⅢA 期

D. ⅢC 期

E. Ⅳ期

提问 4:治疗方法应考虑

A. 个体化的手术或与放化疗结合的综合治疗

B. 单纯化疗

C. 左侧外阴扩大切除 + 术后放疗

D. 外阴广泛切除 + 双侧腹股沟淋巴结清扫术

E. 外阴广泛切除 + 双侧腹股沟淋巴结清扫术 + 术后放疗

提问 5:若手术后行放疗可能出现的并发症是

A. 放射性外阴皮肤损害

B. 放射性尿道炎

C. 放射性肠炎

D. 膀胱阴道瘘

E. 腹股沟区肿物疗效差

表 15-1 国际妇产科联盟外阴癌分期(2009 年)

分期	肿瘤范围
Ⅰ 期	肿瘤局限于外阴和 / 或会阴,淋巴结无转移肿
ⅠA	肿瘤最大直径 ≤ 2cm 且间质浸润 ≤ 1.0mm
ⅠB	肿瘤最大直径 >2cm 或间质浸润 >1.0mm
Ⅱ 期	肿瘤侵犯下列任何部位:下 1/3 尿道、下 1/3 阴道、肛门,无淋巴结转移
Ⅲ 期	无论肿瘤大小、无论肿瘤局部是否扩散至会阴邻近器官(尿道下 1/3、阴道下 1/3、肛门),但有腹股沟淋巴结转移

提问 1:【答案】C

【解析】外阴鳞状细胞癌(C 项)临床表现可以无症状,癌灶为浅表溃疡或硬结节,可伴坏死、感染、出血。周围皮肤可增厚及色素改变,最常见的症状是外阴瘙痒、局部肿块或溃疡,合并感染或较晚期癌可出现疼痛、渗液和出血。癌灶以大阴唇最多见,若已转移至腹股沟淋巴结,可扪及增大、质硬、固定的淋巴结。外阴乳头瘤(A 项)症状有外阴肿物和瘙痒,肿物多发生于大阴唇,呈多个或单个乳头状突出表面,可有破溃、出血,但其为良性外阴病变,无淋巴结转移可能。外阴黑色素瘤(B 项)的主要临床表现为外阴瘙痒、出血、色素沉着范围增大。检查可见病灶稍隆起,有色素沉着(肿瘤多为棕褐色或蓝黑色),呈平坦状或结节状,可伴溃疡,病例患者外阴肿物位于大阴唇,且该肿物无色素沉着。外阴硬化性苔藓(D 项)主要症状为局部灼烧感,表皮萎缩,表层过度角化,由于表皮过度角化及黑色素减少使皮肤外观呈白色。外阴纤维瘤(E 项)主要表现为大阴唇上单发的光滑质硬赘生物,由成纤维细胞增生而成表面可有溃疡和坏死,无淋巴转移可能。

提问 2:【答案】D

【解析】若病变可疑局限于上皮内,首次评估需对病灶进行多点活检(D 项)以排除浸润癌。3mm 或 4mm 深度的 Keyes 活检器是理想的工具。多发病灶需从各病灶多处取材。若病变可疑浸润癌,通常在门诊局麻下进行楔形切除或 Keyes 活检,取材应有足够的深度,建议包含临近的正常皮肤及皮下组织,可在阴道镜(A 项)指引下在可疑病灶部位活检。在尚未明确外阴肿物性质前,可暂不对腹股沟淋巴结进行活检(C 项)。HPV 检测(E 项)可行,但不能作为明确诊断的唯一检查。TCT 检查(B 项)为排除宫颈病变的检查,与题干不符。

提问 3:【答案】C

【解析】外阴癌分期现采用国际妇产科联盟(FIGO)2009 年制定的分期(表 15-1),病历中提示病理证实腹股沟区 1 个淋巴结转移,因此至少为 ⅢA 期(C 项)。

提问 4:【答案】A

【解析】外阴癌以往主要采用手术疗法,而在过去 30 年内,放射治疗和化疗已逐渐融入其治疗体系。因此,外阴癌的治疗是多学科参与的个体化治疗。Ⅱ ~ Ⅲ期为局部晚期肿瘤则应行腹股沟淋巴结与外阴病灶分步处理,先行影像学评估和淋巴结病理活检,再根据结果采取个体化的手术或与放化疗结合的综合治疗(A 项)。

提问 5:【答案】ABCD

【解析】虽然鳞癌对放射治疗较敏感,但外阴正常组织对放射性耐受性极差,易出现外阴放射性皮肤损害(A 项)如肿胀、糜烂、剧痒等,难以达到放射根治剂量。除此之外还可能出现:放射性尿道炎(B 项)、放射性肠炎(C 项)、膀胱阴道瘘(D 项)等,但对转移淋巴结区域的照射效果良好。

续表

分期	肿瘤范围
ⅢA	1 个淋巴结转移（≥ 5mm）或 1~2 个淋巴结转移（<5mm）
ⅢB	≥ 2 个淋巴结转移（≥ 5mm）或 ≥ 3 个淋巴结转移（<5mm）
ⅢC	阳性淋巴结出现包膜外扩散
Ⅳ期	肿瘤侵犯其他区域（上 2/3 尿道，上 2/3 阴道）或远处转移

（王沂峰）

第十六章　宫颈肿瘤

第一节　宫颈鳞状上皮内病变

【A1 型题】

1. 对于子宫颈鳞状上皮内瘤变(SIL),描述准确的是
   A. 现在称之为 CIN
   B. LSIL 包括 CIN Ⅰ 和 CIN Ⅱ,都可以自然消退
   C. SIL 反映了子宫颈癌发生发展中的连续过程
   D. SIL 即宫颈的癌前病变,都应该积极处理
   E. SIL 不包括原位癌

2. 关于子宫颈原位癌的特征,正确的是
   A. 与 HPV44 感染有关
   B. 与子宫颈上皮重度异型是不同的 SIL 级别
   C. 阴道镜检查多能与微小浸润癌区别
   D. 病变限于上皮内,基底膜未穿破
   E. 多伴有淋巴结转移

【A2 型题】

1. 58 岁女性,绝经 5 年后出血,来院检查,HPV(−),TCT 提示 LSIL,进一步的处理方案是
   A. 暂时观察,定期随访
   B. 阴道镜检查
   C. 宫颈锥形切除术
   D. 全子宫切除术
   E. 放疗

2. 48 岁女性,阴道不规则出血 3 个月,查体宫颈柱状上皮异位,出血明显,宫颈活检提示 HSIL(CIN Ⅱ),此类疾病的发病相关因素**不包括**
   A. 糖尿病

2.【答案】A

【解析】子宫颈上皮内病变以及宫颈癌与持续 HPV 感染（C 项）、性生活紊乱、性生活过早（<16 岁）、多个性伴侣（D 项）、吸烟（B 项）、性传播疾病、经济状况低下（E 项）、口服避孕药和免疫抑制密切相关。糖尿病（A 项）为子宫内膜癌的高危因素。

1.【答案】D

【解析】子宫颈细胞学检查报告形式分为巴氏 5 级分类和 TBS 分类系统。巴氏分类法较简单，其各级之间的区别无严格客观标准，也不能很好地反映组织学病变程度。因此目前多推荐采用 TBS 分类法（D 项）。其中萎缩（有或无炎症）常见于儿童、绝经期和产后（A 项）。腺上皮细胞改变包括：①非典型腺细胞（AGC），分为宫颈管 AGC 以及子宫内膜 AGC（B 项）；②非典型腺细胞，倾向癌变；③宫颈管原位腺癌（AIS）；④腺癌：若可能，判断来源（宫颈管、子宫内膜或子宫外）。所以腺上皮细胞改变如果有条件，需要尽可能地判断其来源。子宫内膜细胞出现在 40 岁以上女性涂片中（C 项）。

子宫颈细胞学检查是筛查 SIL 或宫颈癌的基本方法，也是诊断的必要步骤，相对于 HPV 检测，其特异性高，但敏感度较低。该检测方法受诊断者主观性影响大，而且诊断医师需要较长培训周期，在经济卫生不发达地区难以推广；即使经过严格培训，依然存在可重复性不满意的情况。HPV 检测相对于宫颈细胞学检查敏感性高，特异度较低，若联合细胞学检查 SIL 或宫颈癌患者，可提高筛查的敏感性和特异性（E 项）。

2.【答案】D

【解析】根据子宫颈脱落细胞学 TBS 分类系统，对于上皮细胞异常改变分为鳞状上皮细胞异常以及腺上皮细胞改变。其中鳞状上皮细胞异常又分为：①非典型鳞状细胞（ASC）；②LSIL，等同于病理活检报告中的 CIN Ⅰ；③HSIL，等同于病理活检报告中的 CIN Ⅱ、CIN Ⅲ、原位癌（D 项）；④鳞状细胞癌。

提问 1：【答案】AB

【解析】宫颈病变的临床诊断主要依靠病理学检查，一些辅助检查有助于提高病理学诊断的准确性。宫颈病变的诊断坚持"三阶段筛查"原则，即子宫颈脱落细胞学和／或 HPV 检测、阴道镜检查和组织病理学检查。对于 30~65 岁筛查，首选每 5 年进行一次联合筛查（宫颈细胞学和 HPV 检测），若每 3 年进行一次宫颈细胞学检查也可接受。对细胞学或 HPV 检测异常、肉眼可见可疑宫颈癌病灶者，可行阴道镜检查＋宫颈活检。本例患者妇科检查仅是宫颈柱状上皮异位表现，又是 45 岁女性，因此选 TCT（A 项）和 HPV DNA 检测（B 项）。

B. 吸烟

C. 持续高危型 HPV 感染

D. 性生活过早

E. 经济状况

【A3/A4 型题】

（1~2 题共用题干）

35 岁女性，常规体检，行 TCT 检查示 HSIL，妇科检查：宫颈柱状上皮异位改变，宫体略大，双侧宫旁（-）。

1. 关于子宫颈脱落细胞学检查说法，正确的是

A. 萎缩仅见于绝经期

B. 腺上皮细胞改变不需要区别是否来自宫颈管或子宫内膜

C. 子宫内膜细胞可出现于 30 岁以上女性涂片中

D. 目前多推荐采用 TBS 分类法

E. 不需要联合 HPV 筛查

2. 目前考虑的疾病类型为

A. 正常　　　　　　　　B. 炎症

C. CIN Ⅰ　　　　　　　D. CIN Ⅱ 或 CIN Ⅲ

E. 癌

【案例分析题】

案例一　患者，女，45 岁，性交后出血 1 个月。查体阴道窥诊见图 16-2，双合诊子宫正常大小，活动好，双侧附件未见异常。

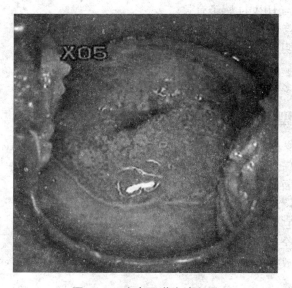

图 16-2　患者阴道窥诊所见

提问 1：根据临床表现及体征，目前需要做的检查是

A. TCT

B. HPV DNA 检测

C. 阴道镜

D. 子宫颈活检

E. 宫颈锥切

提问2:如患者 TCT 提示 LSIL,高危型 HPV DNA(−),下一步需要做的检查是

A. 3个月后复查 TCT

B. 1年后复查 TCT

C. 宫颈锥切

D. 阴道镜下宫颈活检

E. 宫颈物理治疗

提问3:结果回报后,医生告知为"宫颈癌前病变",该患者可能是下列哪项情况

A. 宫颈鳞状上皮化生

B. 宫颈柱状上皮异位

C. 宫颈鳞状上皮化

D. 宫颈鳞状上皮不典型增生

E. 宫颈微小浸润癌

提问4:病理报告提示,可见异型细胞,异型细胞累及上皮层上1/3,该患者的诊断是

A. 宫颈柱状上皮异位

B. LSIL

C. HSIL

D. 宫颈原位癌

E. 宫颈浸润癌

提问5:本患者的进一步处理是

A. 观察随访

B. 3个月后复查 TCT

C. 宫颈管内膜刮取术

D. 宫颈锥切

E. 全子宫切除术

案例二 患者,55 岁,女性,绝经 9 年,近一周少量阴道出血,来我院就诊。妇科检查:外阴萎缩,阴道通畅,黏膜未见异常,宫颈光滑,子宫萎缩,双侧附件未见异常。B 型超声提示子宫内膜厚3mm,余未见异常。

提问1:本患者首选应做哪些检查

A. 子宫颈液基细胞学检查

B. 阴道镜检查

C. HPV DNA 检测

D. 宫颈多点组织活检

E. 分段诊刮

提问2:患者 TCT 提示为 HSIL,HPV DNA 提示 HPV16(+),行宫

提问2:【答案】D

【解析】筛查发现有异常,如细胞学 AS-CUS 伴 HPV 检测阳性、或细胞学 LSIL 及以上、或 HPV16/18 型阳性者,建议行阴道镜下宫颈活检(D 项)。尽管 LSIL 相当于 CIN I,但是细胞学筛查结果不能代替组织学病理学诊断,所以仅以阴道细胞学结果异常则做宫颈物理治疗甚至锥切是不符合诊疗规范的。

提问3:【答案】D

【解析】宫颈肿瘤的癌前病变包括 SIL 及腺上皮的癌前病变,前者多见,后者少见。"宫颈鳞状上皮不典型增生"为宫颈的癌前病变(D 项),其他选项都不是癌前病变。在宫颈炎的发展和愈合过程中,可见于子宫颈阴道段的鳞状上皮支和宫颈管内的柱状上皮相互移行的现象,这两种上皮的正常分界,是在宫颈的外口。鳞状上皮因炎症而脱落,柱状上皮乃移行覆盖,称宫颈柱状上皮异位(B 项);在愈合过程中鳞状上皮又重新覆盖宫颈的表面,称宫颈鳞状上皮化生(C 项)。若鳞状上皮的生长不仅在宫颈表面并侵入宫颈管腺体,使腺体的柱状上皮亦可被鳞状上皮所代替,称鳞状上皮化(E 项)。宫颈微小浸润癌(E 项)已属于癌的范畴。

提问4:【答案】B

【解析】异型细胞累及上皮下 1/3 为宫颈上皮轻度不典型增生,即 CIN I,现在称为 LSIL(B 项)。异型细胞累及上皮下 1/3 以上或全部上皮层为宫颈重度不典型增生或宫颈原位癌,即 HSIL。

提问5:【答案】A

【解析】CIN I 相当于 LISL,约 60% 会自然消退,30% 病变保持不变,仅不到 10% 的病变会进展,所以对于 CIN I 治疗上趋于保守。若细胞学检查为 LSIL 及以下者,或 HPV16/18 阳性,或 HPV 持续感染患者仅需观察随访(A 项),推荐 12 个月进行细胞学和 HPV 联合筛查;若两者均阴性,3 年后针对年龄进行再次筛查(<30 岁,进行细胞学筛查;≥30 岁,进行联合筛查),若以上检查均阳性,恢复到正常筛查;若任何检查有异常,推荐阴道镜检查。若病变持续存在 2 年及以上,继续随访或治疗均可。若选择治疗且阴道镜检查充分,切除术或消融治疗均可。存在以下情况推荐诊断性切除术:①阴道镜检查不充分;②宫颈管取材结果为 CIN Ⅱ 或 CIN Ⅲ;③患者以前曾接受过治疗。

提问1:【答案】AC

【解析】绝经后女性异常阴道流血要考虑与萎缩性阴道炎、子宫内膜病变、宫颈病变、输卵管癌以及卵巢肿瘤等疾病相鉴别。萎缩性阴道炎的主要症状为外阴灼热不适、瘙痒,阴道分泌物稀少,呈淡黄色;感染严重者阴道分泌物呈脓血性。检查时见阴道皱襞消失、菲薄,阴道黏膜充血,有散在小出血点或点状出血斑,有时可见表浅溃疡。该患者妇检时阴道黏膜未见异常,暂时排除该疾病。对于绝经后阴道流血、绝经过渡期月经紊乱,均应排除子宫内膜癌后再考虑其他病变或良性疾病。患者子宫内膜厚度小于6mm,符合绝经后表现,且无宫腔内不均匀回声区、宫腔线消失以及肌层内有不均回声区等异常表现,暂不考虑子宫内膜病变,暂不用行分段诊刮(E 项)。B 型超声提示附件区未见异常,暂时排除输卵管以及卵巢肿瘤可能。绝经后女性因为体内雌激素水平的降低,大多数人宫颈的鳞柱交界部会回退至宫颈管内,导致宫颈光滑的表象,所以该患者不能排除是否有宫颈癌前病变或宫颈癌,肉眼未见可疑癌灶应行"三阶梯"法进行检查,首先行子宫颈液基细胞学检查(A 项)及 HPV DNA 检测(C 项),有异常再行进一步检查。

提问2：【答案】ACDE

【解析】宫颈活检是确诊子宫颈鳞状上皮内瘤变的最可靠方法，任何肉眼可见病灶均应作单点或多点活检。若无明显病变，可在宫颈转化区3,6,9,12点处活检（E项），或在阴道镜下取材提高确诊率（A项），或在碘试验（Schiller试验）不染色区（B项）或涂抹醋酸后的醋酸白上皮区（C项）取材。该患者为"光滑宫颈"，即宫颈鳞柱交界不可见，为3型转化区，即"阴道镜检查不满意"，若需宫颈表面以及阴道壁均未见明显病灶，则须了解宫颈管内的病变情况，应行宫颈管搔刮术（ECC）（D项）。ECC的指征包括：①不满意的阴道镜图像：宫颈细胞学检查异常，阴道镜下未发现病灶或转化区无法完整看到［尤其是绝经女性，其鳞柱交界（SCJ）多已完全回退宫颈管内］；②宫颈细胞学检查显示出现异常的腺细胞，即使阴道镜图像满意，应行ECC，同时行深部活检；③阴道镜活检为低级别CIN，希望采用保守治疗，而非LEEP/LLETZ活检或治疗时，应行ECC以排除宫颈高级别病变；④CIN患者进行宫颈锥切后，病理组织学检查发现宫颈管切缘阳性者，在治疗后的随访中，宫颈细胞学和阴道镜检查的同时应进行ECC检查；⑤原位腺癌宫颈锥切术后，需要保留生育功能的女性，术后随访中，宫颈细胞学和阴道镜检查的同时应进行ECC检查。

提问3：【答案】ABD

【解析】重要图像（高级别病变）：厚的白色上皮，粗点状血管，粗镶嵌，厚白斑，异型血管及糜烂，有清楚的边界，表面不平或结节状，密集的腺白环及白色腺体。次要图像（低级别病变）：薄白上皮，细镶嵌，细点状血管，薄白斑，点彩。其中提示高级别病变的为：白色上皮（A项），粗镶嵌（B项），粗点状血管（D项）。溃疡（C项）和岩石状突出（E项）为早期浸润癌的表现。

提问4：【答案】D

【解析】患者宫颈活检病理提示患者组织病理学确诊CIN Ⅲ，阴道镜检查不满意的CIN Ⅱ级和所有CIN Ⅲ级通常采用子宫颈锥切术（D项）。

提问5：【答案】DE

【解析】HSIL治疗后患者建议采用细胞学联合HPV检测的方法随诊20年。经过质量控制的术后病理诊断若切缘存在HSIL病变，建议术后4~6个月复查并阴道镜评估。若切缘阴性建议术后6~12个月的细胞学（D项）联合HPV检测（E项）复查，未发现病变持续存在迹象，建议12个月再次重复检查，连续2次检查未见异常者，可每3年复查。

颈活组织检查时应注意的事项包括

    A. 应在阴道镜下取材

    B. 在碘着色区取材

    C. 在醋酸白上皮区取材

    D. 如无明显病变，行ECC

    E. 如无明显病变，可在宫颈转化区 3,6,9,12 点处活检

提问3：阴道镜下提示为高级别病变的术语有

    A. 厚的醋白上皮   B. 粗镶嵌

    C. 溃疡   D. 粗点状血管

    E. 岩石状突出

提问4：该患者的宫颈管内膜刮取组织病理提示为：病变细胞核异常增大，核质比例明显增大，核形态不规则，染色较深，核分裂象多，细胞拥挤，排列紊乱，异常细胞占据上皮下 2/3 层以上。患者应做的进一步处理为

    A. 广泛性宫颈切除术

    B. 子宫切除术

    C. 宫颈管内膜刮取术

    D. 宫颈锥切术

    E. 广泛性全子宫切除术

提问5：该患者的术后病理与宫颈活检病理相同，切缘阴性，其后如何随访

    A. 不用随访

    B. 4~6 个月细胞学检查

    C. 4~6 个月复查并阴道镜评估

    D. 6~12 个月细胞学检查

    E. 6~12 个月 HPV 检测

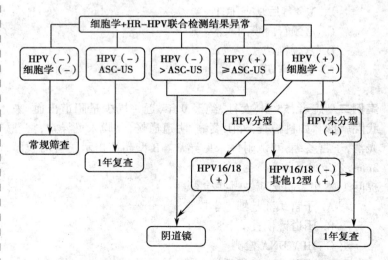

图 16-1　宫颈细胞学 + 高危型人乳头状瘤病毒（HPV）联合检测结果异常的处理流程

（王沂峰）

第二节 宫颈癌

【A1 型题】

1. 下面关于宫颈癌的描述**不恰当**的是
   - A. 转移途径主要为血行转移
   - B. 腺癌占 20%~25%
   - C. 居国内女性生殖道恶性肿瘤发病率首位
   - D. 鳞状细胞癌为最常见的组织学类型
   - E. 年龄分布在 50~55 岁者居多

2. 关于宫颈癌的高危因素,以下描述准确的是
   - A. 单纯疱疹病毒Ⅱ型(HSV Ⅱ)、人类巨细胞病毒(HCMV)是宫颈癌的高危因素
   - B. 早婚、早育、多产、密产是宫颈癌的高危因素
   - C. HPV6 和 HPV18 与宫颈癌发生有密切关系
   - D. 接种 HPV 预防性疫苗可以实现宫颈癌的二级预防
   - E. 低危型 HPV 不会引起 SIL 和宫颈癌

【A2 型题】

1. 患者,女性,53 岁,连续两次 TCT 提示 ASC-US(无明确意义的鳞状细胞上皮病变),行阴道镜宫颈活检提示宫颈原位癌,以下关于此类疾病描述正确的有
   - A. 子宫颈外观可光滑正常
   - B. 上皮基底膜下可出现泪滴样浸润
   - C. 紊乱排列的增生细胞 <2/3 全层
   - D. 阴道镜检查能与微小浸润癌相鉴别
   - E. 宫颈原位癌不属于 HSIL 范畴

2. 患者,46 岁,同房后出血 3 个月。查体:轻度宫颈柱状上皮异位改变,宫颈管增粗,直径 4cm。阴道镜宫颈活检+宫颈管内膜刮取术病理提示腺癌,此类疾病以下描述**不恰当**的是
   - A. 病灶可向宫颈管内生长,宫颈外观可正常,但宫颈管膨大如桶状
   - B. 鳞癌随病情发展可形成外生型、内生型、溃疡型和颈管型
   - C. 微偏腺癌,属高分化胃型黏液性腺癌,预后最差
   - D. 宫颈腺癌早期可侵犯宫旁组织
   - E. 宫颈腺癌的总体预后好于鳞癌

1. 【答案】A
   【解析】宫颈癌是最常见的妇科恶性肿瘤(C 项),高发年龄为 50~55 岁(E 项),主要组织学类型是鳞癌(75%~80%)(D 项),其次是腺癌(20%~25%)(B 项)。主要为直接蔓延及淋巴转移,血行转移少见(A 项)。

2. 【答案】B
   【解析】宫颈癌的病因至今尚未完全明了。根据国内外资料,认为其发病与早婚、性生活紊乱、过早性生活、早年分娩、密产、多产、经济状况、种族和地理环境等因素有关(B 项)。近年发现通过性交感染某些病毒如单纯疱疹病毒Ⅱ型、人巨细胞病毒等可能与宫颈癌发病有一定关系,但不是高危因素(A 项)。HPV 感染,尤其是高危型 HPV 感染与 SIL 和宫颈癌发病密切相关,高危型 HPV 包括 HPV16,18,31,33 等 15 个型别,其中 HPV16 和 HPV18 型最常见(C 项)。低危型 HPV 包括 HPV6,11,40,42 等 12 型别,可引起生殖器疣和 LSIL(E 项)。
   一级预防又称病因预防或初级预防,主要针对致病因子或危险因素;二级预防又称三早预防,即早发现、早诊断、早治疗,是在发病初期干预疾病发展;三级预防主要为对症治疗,主要防止病情恶化、减少不良反应及防止复发转移。高危型 HPV 产生病毒癌蛋白 E6、E7 使宿主细胞的抑癌基因 *p53* 和 *Rb* 失活或降解,进而导致癌变。因此高危型 HPV 是宫颈癌的明确高危因素,针对高危型 HPV 接种预防性疫苗,称为一级预防(D 项)。

1. 【答案】A
   【解析】CIN 和宫颈原位癌的宫颈外观可以呈正常光滑或糜烂样改变;患者,女性,53 岁,绝经后雌激素水平下降,子宫颈萎缩,宫颈鳞-柱交界退回宫颈管内,宫颈内外观可呈光滑外观(A 项)。HSIL 相当于 CIN Ⅱ 和 CIN Ⅲ,后者包括宫颈原位癌和宫颈上皮重度异型(E 项)。宫颈原位癌又称上皮内癌。上皮全层极性消失,细胞显著异型,核大、深染、染色质分布不均,有核分裂象(C 项);但病变限于上皮层内,基底膜未穿透,间质无浸润。异型细胞可沿宫颈腺腔开口进入移行带区的宫颈腺体,可使腺体原有的柱状细胞为多层异型鳞状细胞替代,但腺体基底膜保持完整,称宫颈原位癌累及腺体。微小浸润癌:原位癌基础上,在显微镜下发现癌细胞小团似泪滴状、锯齿状穿破基底膜,或进而出现膨胀性间质浸润(B 项)。因此阴道镜下无法区别原位癌及微小浸润癌,必须通过病理诊断(D 项)。

2. 【答案】E
   【解析】宫颈腺癌来自宫颈管,并浸润宫颈管壁。癌灶呈乳头状、芽状、溃疡或浸润型。病灶向宫颈管内生长,宫颈外观完全正常,但宫颈管膨大如桶状(A 项)。当癌灶长至一定程度即突向宫颈旁组织(D 项),因此宫颈腺癌易出现早期转移,对于放疗及化疗不如鳞癌敏感,宫颈腺癌的治疗预后远不如鳞癌(E 项)。常见腺癌的组织学类型包括普通型宫颈腺癌和黏液性腺癌,后者又进一步分为胃型、肠型等,其中高分化的胃型宫颈腺癌又称微偏腺癌(MDC),肿瘤细胞貌似良性,腺上皮细胞无异型性,但癌性腺体多,形态多变,伸入宫颈间质深层,因此在腺癌中预后最差(C 项)。外生型、内生型、溃疡型和颈管型是宫颈鳞癌的巨检分型(B 项)。

1.【答案】C

【解析】早期宫颈癌的诊断应采用宫颈细胞学检查和/或高危型 HPV-DNA 检测、阴道镜、宫颈活组织检查的三阶段程序。宫颈细胞学检查是最常用的筛查宫颈癌的方法,阴道镜(C 项)可便于我们观察宫颈,以提高诊断率,但确诊依据是组织学诊断。组织来源可通过宫颈活检,包括阴道镜下宫颈活检(B 项)、直接癌灶活检(肉眼可见明显病灶者)(E 项);除此之外,对于如题所诉内生型病灶,也可通过宫颈管搔刮术(A 项)或宫颈锥切术进行诊断(D 项)。

2.【答案】E

【解析】目前已知的 HPV 分型有 120 多个,其中只有十余种高危型的 HPV 感染与 SIL 和宫颈癌发病密切相关(A 项),其中约 70% 与 HPV16/18 相关(B 项)。因年轻女性是 HPV 感染的高峰年龄,建议高危型 HPV 检测用于 30 岁以上女性(C 项)。高危型 HPV DNA 检测相对于细胞学检查其敏感性较高,特异性较低,可与细胞学检查联合应用于宫颈癌筛查,但不是诊断方法(D 项)。HPV16/18 阳性者,发生 HSIL 和宫颈癌风险显著增高,建议直接行阴道镜检查(E 项)。

提问 1:【答案】AC

【解析】患者为绝经后长期淋漓阴道出血,可能的疾病应考虑宫颈癌(C 项)及子宫内膜癌(A 项);萎缩性阴道炎多为绝经较长时间后出现的极少量阴道出血,持续时间短(D 项);无排卵性异常子宫出血多为围绝经期出现月经周期紊乱,而不是在绝经多年后再发出血(B 项);急性宫颈炎(E 项)、宫颈癌、SIL 都可以表现为宫颈糜烂样改变、宫颈肥大、有接触性出血等,急性宫颈炎还可有分泌物增多及尿路感染症状,鉴别需要依赖细胞学检查;有分泌功能的卵巢癌也可引起绝经后出血表现,但多有附件区包块,伴腹水者腹部查体可有移动性浊音(F 项)。因此对于该患者,首先要通过检查排除宫颈癌和子宫内膜癌。

提问 2:【答案】ACG

【解析】根据提问 1 解析,绝经后阴道出血首先考虑生殖系统肿瘤,故需通过宫颈细胞学检查 + 高危型 HPV DNA 检测排查宫颈病变,通过超声排查子宫体及卵巢病变(C 项)。检查/筛查顺序应该是由无创到有创,除非宫颈有肉眼可见病灶,否则都应该按照"三阶梯"方法进行诊断,首先进行第一阶梯检查,即宫颈细胞学检查 + 高危型 HPV DNA 检测。B,D,E,F 均为有创操作,不宜作为首选项目。

提问 3:【答案】B

【解析】通过检查,可排除子宫及卵巢病变,主要考虑宫颈来源出

【A3/A4 型题】

患者 48 岁,阴道分泌物增多伴腰痛 2 个月,偶有少量阴道出血。妇科检查:宫颈表面光滑,桶状增大,直径 3.5cm,质硬,接触性出血(+)。高危型 HPV(+),TCT 示 HSIL。

1. 作为确诊依据的方法**不包括**哪项

    A. 宫颈管搔刮术

    B. 阴道镜下宫颈活检

    C. 阴道镜检查

    D. 宫颈锥切术

    E. 直接宫颈活检

2. 关于 HPV 和宫颈癌的关系,以下说法正确的是

    A. 大多数 HPV 型别和宫颈癌关系密切

    B. 约 70% 的子宫颈癌和 HPV6、HPV18 相关

    C. HPV 检测可用于所有女性的筛查

    D. 高危型 HPV 检测可用于诊断宫颈癌

    E. HPV16/18 阳性者,建议直接行阴道镜检查

【案例分析题】

案例一　患者,54 岁,女性,绝经 3 年,阴道少量出血 20 余天。查体:生命体征平稳,心肺听诊未及异常,腹部查体无包块,无压痛,移动性浊音(−)。妇科检查:外阴阴道未见异常,宫颈肥大,呈轻度宫颈柱状上皮异位改变,触血(+),子宫体前位,萎缩,质中,活动好,双附件未及异常。

提问 1:该患者可能的诊断为

    A. 子宫内膜癌

    B. 无排卵性异常子宫出血

    C. 宫颈癌

    D. 萎缩性阴道炎

    E. 急性宫颈炎

    F. 卵巢癌

提问 2:本例患者首先应做的检查有哪些

    A. 宫颈细胞学检查

    B. 分段诊刮

    C. B 型超声检查

    D. 阴道镜下宫颈活检

    E. 宫腔镜检查

    F. 腹腔镜检查

    G. 高危型 HPV DNA 检测

提问 3:若患者宫颈细胞学结果提示为 ASC-US,HPV 高危型(+),B 型超声检查提示子宫萎缩,子宫内膜厚 4mm,双侧附件区未见

明显异常回声,恰当的处理是

    A. 随访,3 个月后复查宫颈细胞学

    B. 阴道镜 + 宫颈活检

    C. 宫颈管内膜刮取术

    D. 宫颈锥切术

    E. 全子宫切除术

    F. 化疗

    G. 放疗

提问 4:患者阴道镜宫颈活检病理提示"HSIL(CIN Ⅲ 累及腺体)",最佳处理方案是

    A. 全子宫切除术

    B. 次全子宫切除术

    C. 3 个月复查

    D. 根据宫颈锥切术后病理决定手术方式

    E. 微波治疗

提问 5:其后病理提示"宫颈高分化鳞癌,间质浸润 2mm,宽度为 4mm,切缘阴性",下一步的处理哪些是正确的

    A. 筋膜外全子宫切除术

    B. 改良广泛性子宫切除术 + 盆腔淋巴结切除术

    C. 改良广泛性子宫切除术 + 前哨淋巴结绘图活检

    D. 放疗

    E. 术后 2 年内每 3~6 个月随访 1 次

案例二 患者,女,48 岁,因子宫肌瘤于 10 年前行子宫次全切除术。4 月前同房后出现阴道分泌物增多,带血丝,伴有腰部胀痛,近 1 周来阴道出血增多,二便正常。既往无慢性病史。

提问 1:该患者可能的诊断为

    A. 子宫腺肌病

    B. 宫颈肌瘤

    C. 宫颈癌

    D. 卵巢颗粒细胞瘤

    E. 急性宫颈炎

    F. 卵巢癌

    G. 输卵管癌

提问 2:查体提示生命体征平稳,腹软,无压痛,无反跳痛,肾区叩痛(+);妇科检查:外阴(−),宫颈呈菜花状,大小约 2cm×3cm,触之易出血,阴道前壁 1/3 质硬。双附件未及异常。双侧主韧带团块状增粗达盆壁,触痛(+)。患者应进行的检查有哪些

    A. 高危型 HPV-DNA 检测

    B. 宫颈刮片细胞学检查

    C. 病变部位活组织检查

    D. 分段诊刮

血。高危型 HPV(+)合并细胞学检查关 ASC-US 或以上病变是阴道镜 + 宫颈活检(B 项)的指征。详见宫颈鳞状上皮内病变章节相关解析。

提问 4:【答案】D

    【解析】除特殊人群外 HSIL 均应给予处理,不可进行随访观察,其中 CIN Ⅲ 累及腺体需与浸润癌相鉴别,需通过宫颈锥切术确诊,其后再决定治疗方案。

提问 5:【答案】ABCD

    【解析】根据国际妇产科联盟(FIGO)2018 年分期标准(表 16-1),此患者的诊断为宫颈癌 IA1 期(间质浸润 ≤ 3mm,宽度 ≤ 7mm)。如该患者无生育要求,无淋巴脉管间隙浸润行筋膜外全子宫切除术(A 项),有淋巴脉管间隙浸润者行改良广泛性子宫切除术 + 盆腔淋巴结切除术(B 项)或考虑前哨淋巴结活检(C 项),全身情况不适无法耐受手术者可行放疗(D 项)。

提问 1:【答案】BCE

    【解析】患者育龄期女性,子宫次全切除术后接触性出血,伴分泌物增多,应考虑为宫颈及阴道来源的炎性(E 项)、良性肿瘤(B 项)、癌(C 项)及癌前病变等。有分泌功能的卵巢肿瘤多作用于子宫内膜引起异常出血,患者为子宫次全切除术后,因此此宫源性(A 项)和卵巢源性(D,F 项)异常出血可以排除。输卵管癌(G 项)可表现为间歇性阴道血性液体排出,但子宫次全切除术后,此症状也不会出现。

提问 2:【答案】ACF

    【解析】宫颈癌患者一旦出现症状,可表现为阴道出血、阴道排液,晚期癌根据病灶侵犯范围出现继发性症状,比如腰痛。查体体征中宫颈的表现与病理类型有关,外生型见宫颈赘生物向外生长,呈息肉状或乳头状突起,继而向阴道突起形成菜花状赘生物,表面不规则,合并感染时表面覆有灰白色渗出物,触之易出血。癌灶浸润阴道壁见阴道壁有赘生物,向宫旁组织侵犯,妇科检查扪及两侧增厚,结节状,质地与癌组织相似,有时浸润达盆壁,形成冰冻骨盆。因此该患者最可能的诊断为宫颈癌,宫颈和宫颈管活组织检查是确诊宫颈癌及其癌前病变最可靠和不可缺少的方法。因该患者局部病灶明显,可跳过宫颈细胞学检查(B 项)和阴道镜检查(B 项),直接取材行病理检查(C 项)。高危型 HPV-DNA 检测(A 项)有助于术前术后对比随访,B 型超声可帮助了解累及范围(F

项)。当宫颈刮片多次检查为阳性,而宫颈活检为阴性;或活检为原位癌,但不能排除浸润癌时,才应做宫颈锥切术(G项)。患者为外生型病变,宫颈管搔刮(E项)没有意义。

提问3:【答案】F
【解析】宫颈癌分期:ⅢB期为肿瘤侵及盆壁和/或导致肾盂积水或无功能肾。直肠检查时,肿瘤与盆腔壁间没有间隙。任何不能找到原因的肾盂积水及无功能肾病例都应包括在ⅢB期内。

提问4:【答案】A
【解析】病灶波及盆腔结缔组织、骨盆壁、压迫输尿管或直肠、坐骨神经时,患者诉尿频、尿急、肛门坠胀、大便秘结、里急后重、下肢肿痛等;严重时导致输尿管梗阻、肾盂积水,出现腰部疼痛(A项),查体时可有肾区叩痛,两侧完全梗阻,最后引起尿毒症。坐骨神经压迫疼痛大多数为单侧,大腿后部、小腿后外侧和足部等区域疼痛,不伴有腰、背痛(E项);膀胱转移多表现为血尿(F项);贫血多表现为全身乏力、虚弱(B项);急性肾炎多表现为全身水肿、高血压、血尿(D项);宫颈癌很少引起脊椎神经压迫,多为脊柱肿瘤所致,且症状以神经根症状为主(C项)。

提问5:【答案】AB
【解析】放疗适用于各期宫颈癌,但主要应用于ⅡB期以上中晚期宫颈癌患者及不能耐受手术治疗的早期宫颈癌患者。该患者为晚期宫颈癌,不宜手术,宜选择放疗,放疗包括体外照射和腔内照射及二者联合应用。

提问1:【答案】AB
【解析】接触性出血伴有宫颈赘生物者应考虑宫颈炎、SIL、宫颈癌、宫颈息肉或子宫黏膜下肌瘤等。肉眼未见可疑癌灶应行"三阶梯"法进行检查,而本例患者肉眼可见可疑宫颈癌病灶者,可行宫颈活检(B项)及高危型HPV DNA检测(A项)。

提问2:【答案】B
【解析】CINⅢ级包括宫颈上皮重度异型及原位癌。原位癌变累及上皮全层但又限于上皮内,基底膜未穿破。目前无法明确间质部浸润情况,故诊断为原位癌(B项)。

E. 宫颈管搔刮术
F. B型超声
G. 宫颈锥切术

提问3:若通过诊断确诊为宫颈腺癌,B型超声提示双肾积水,其临床分期为哪一期
A. ⅠA期
B. ⅠB期
C. ⅡA期
D. ⅡB期
E. ⅢA期
F. ⅢB期
G. ⅣA期

提问4:患者腰部胀痛的可能原因是下列哪项
A. 输尿管积水、肾盂积水
B. 贫血
C. 肿瘤压迫脊椎神经
D. 急性肾炎
E. 肿瘤压迫坐骨神经
F. 膀胱转移

提问5:该患者的治疗方案是
A. 体外照射放疗
B. 腔内照射放疗
C. 广泛性子宫切除+盆腔淋巴结切除+腹主动脉旁淋巴结取样术
D. 筋膜外全子宫切除术
E. 化疗

案例三 患者,女,32岁,未婚。近2个月来出现性交后血性白带,二便正常,余无不适。来院查体:生命体征平稳,腹软,无压痛,无反跳痛;妇科检查:外阴(−),阴道畅,宫颈表面可见直径1.5cm菜花样赘生物。子宫前位,正常大小,双附件未及异常。双侧骶、主韧带未及异常。既往无慢性病史。

提问1:该患者应该做的检查是
A. 高危型HPV DNA检测
B. 宫颈赘生物活检
C. 宫颈刮片细胞学检查
D. 分段诊刮
E. 宫颈锥切术

提问2:病理报告为子宫颈鳞状上皮全层显示异型增生,排列紊乱,层次不清,极向消失,核大浓染、染色质增粗、核浆比增高,可见核分裂。目前诊断为
A. 宫颈重度异型

B. 宫颈原位癌

C. 宫颈浸润癌

D. 宫颈息肉

E. 子宫内膜癌

提问 3:为明确诊断,进一步诊治方案为

A. 分段诊刮

B. 阴道镜 + 宫颈活检术

C. 宫颈锥形切除术

D. 全子宫切除术

E. 物理治疗

提问 4:经过提问 3 的处理,患者病理回报为:镜下见高分化鳞癌,间质浸润 5mm,宽度为 6mm。其临床分期为哪一期

A. ⅠA0 期
B. ⅠA1 期

C. ⅠA2 期
D. ⅠB1 期

E. ⅠB2 期
F. ⅡA1 期

G. ⅡA2 期
H. ⅡB 期

提问 5:该患者的治疗方案是

A. 冷刀宫颈锥切术

B. 筋膜外全子宫切除术

C. 广泛性子宫切除术

D. 广泛性宫颈切除术

E. 盆腔淋巴结切除术

F. 腹主动脉旁淋巴结切除术

案例四 患者,45 岁,女性,孕 2 产 2,无流产史。阴道分泌物增多伴不规则阴道出血 1 个月。妇科检查:外阴(-),宫颈表面呈菜花状改变,直径 3.5cm,质地硬,前穹窿受累。子宫萎缩,双侧附件未及异常。双侧主、骶韧带未及异常。患者既往有 HPV 感染史。阴道镜宫颈活检提示:宫颈鳞状细胞癌。

提问 1:目前其临床分期为哪一期

A. IA1 期
B. IA2 期

C. IB1 期
D. IB2 期

E. ⅡA1 期
F. ⅡA2 期

G. ⅡB 期

提问 2:此类疾病淋巴结转移一级组**不包括**哪些

A. 腹主动脉旁淋巴结
B. 髂总动脉旁淋巴结

C. 髂外动脉旁淋巴结
D. 闭孔淋巴结

E. 腹股沟淋巴结

提问 3:该患者无合并慢性疾病,应施行的治疗是

A. 广泛性宫颈切除术

B. 广泛性子宫切除术

C. 全子宫 + 双附件切除术

提问 3:【答案】C

【解析】目前诊断为原位癌,(见提问 2 解析),需与浸润癌鉴别,因此需要行宫颈锥切术(C 项),连续切片镜检,明确是否有间质部浸润,排除宫颈浸润癌。

提问 4:【答案】D

【解析】IA 期为临床肉眼可见病灶局限于宫颈,或是临床前病灶大于 IA 期,所有肉眼可见病灶,即使是浅表浸润也都定义为 IB 期。其中临床肉眼可见病灶最大直径≤2.0cm 为 IB1 期。该患者宫颈表面可见直径 1.5cm 菜花样赘生物,因此诊断 IB1 期(D 项)。

提问 5:【答案】DE

【解析】广泛性子宫切除术加双侧盆腔淋巴结切除术(有或无前哨淋巴结显影)是 IA2、IB、ⅡA 期无生育要求患者首选的治疗方法。但对于有生育要求的患者,应考虑保留生育功能的手术方法:经阴道广泛宫颈切除术加腹腔镜下淋巴结切除(有或无前哨淋巴结定位)用于经仔细筛选的 IA2 期或 IB1 期病灶直径≤2cm 患者。宫颈、阴道上段及子宫支持韧带的切除范围同 B 型广泛性子宫切除术,但保留子宫体。经腹广泛性宫颈切除术较经阴道手术能切除更多的宫旁组织,适用于病灶直径 2~4cm 的 IB1 期患者。手术范围类似 C 型广泛性子宫切除术。因此选 D 和 E。

提问 1:【答案】E

【解析】患者宫颈可见病灶<4cm,肿瘤侵犯阴道 1/3(前穹窿受累),宫旁无明显浸润,因此诊断为ⅡA1 期(E 项)。

提问 2:【答案】AE

【解析】宫颈癌淋巴结转移分为一级组,包括宫旁、宫颈旁或输尿管旁、闭孔(D 项)、髂内、髂外(C 项)、髂总(B 项)、骶前淋巴结;二级组,包括髂总,腹股沟深(E 项)浅及腹主动脉旁淋巴结(A 项)。

提问 3:【答案】BD

【解析】IB1 和ⅡA1 期不保留生育功能者可选择:①广泛性子宫切除术(B 项)+盆腔淋巴结切除(D 项)±主动脉旁淋巴结取样(1 级证据)。可考虑行前哨淋巴结显影(证据等级为 2A)。②盆腔外照射+阴道近距离放疗(A 点总剂量 80~85Gy)±顺铂为基础的同期化疗。该患者无合并慢性疾病,且较为年轻,首选手术治疗。

提问 4:【答案】ABD

　　【解析】淋巴结阳性(A 项)、切缘阳性(D 项)和宫旁浸润(B 项)被认为是"高危因素"。具备任何一个"高危因素"均推荐术后补充盆腔外照射+顺铂同期化疗(1 级证据)±阴道近距离放疗。中危因素采用"Sedlis 标准",见表 16-2。

提问 5:【答案】B

　　【解析】建议治疗后 2 年内每 3~6 个月随访 1 次(B 项),第 3~5 年每 6~12 个月随访 1 次,5 年后每年随访 1 次。高危患者应缩短随访间隔(如第 1~2 年每 3 个月 1 次),低危患者随访间隔可以较长(如 6 个月 1 次)。

　　　D. 盆腔淋巴结切除术
　　　E. 宫颈锥形切除术

提问 4:决定其后是否需要辅助治疗的高危因素包括哪些

　　A. 淋巴结转移　　　　　B. 宫旁浸润
　　C. 肿瘤较大　　　　　　D. 切缘阳性
　　E. 淋巴脉管间隙浸润

提问 5:患者治疗结束后如何随访

　　A. 2 年内每 1~3 个月随访 1 次
　　B. 2 年内每 3~6 个月随访 1 次
　　C. 2 年内每 6~12 个月随访 1 次
　　D. 5 年内每 3~6 个月随访 1 次
　　E. 5 年内每 6~12 个月随访 1 次

表 16-1　国际妇产科联盟宫颈癌分期(2018 年)

分期	描述
I期	癌严格局限于宫颈(扩散至宫体,应不考虑)
IA	只是在显微镜下诊断的,所测量的最大浸润深度 <5.0mm 的浸润癌[①]
IA1	所测量间质浸润深度 <3.0mm
IA2	所测量间质浸润深度 ≥ 3.0mm 而 <5.0mm
IB	所测量的最大浸润深度 ≥ 5.0mm 的浸润癌(病变范围比 IA 期大),病变局限在子宫颈[②]
IB1	间质浸润深度 ≥ 5.0mm 而最大径线 <2.0cm 的浸润癌
IB2	最大径线 ≥ 2.0cm 而 <4.0cm 的浸润癌
IB3	最大径线 ≥ 4.0cm 的浸润癌
II期	宫颈癌侵犯超出子宫,但未扩散到阴道下 1/3 或骨盆壁
IIA	累及阴道上 2/3,无宫旁浸润
IIA1	浸润癌最大径线 <4.0cm
IIA2	浸润癌最大径线 ≥ 4.0cm
IIB	宫旁浸润,但未达骨盆壁
III期	癌累及阴道下 1/3,和/或扩散到骨盆壁,和/或导致肾积水或无功能肾,和/或累及盆腔和/或腹主动脉旁淋巴结[③]
IIIA	癌累及阴道下 1/3,未扩散到骨盆壁
IIIB	扩散到骨盆壁,和/或肾积水或无功能肾(除外明确其他原因所致)

续表

分期	描述
ⅢC	盆腔和/或腹主动脉旁淋巴结受累,无论肿瘤的大小与范围(采用 r 与 p 标记)
ⅢC1	只有盆腔淋巴结转移
ⅢC2	腹主动脉旁淋巴结转移
Ⅳ期	癌已扩散超出真骨盆或已累及膀胱或直肠黏膜(活检证实)。(因此,泡状水肿并不足以将一个病例归为Ⅳ期)
ⅣA	扩散至邻近的盆腔器官
ⅣB	转移至远处器官

注:当分期有疑问时,应划分为较低的分期。

① 能得到之时,影像学和病理学可用于所有分期有关肿瘤大小与范围临床结果的补充。

② 静脉/淋巴管间隙受累不改变分期。不在考虑病变侧方范围(the lateral extent of the lesion)。

③ 增加使用符号 r(影像学)和 p(病理学),标明用于划分ⅢC期病例的结果。例如:如果影像学显示盆腔淋巴结转移,分期归为ⅢC1r。如果经病理结果证实,分期为ⅢC1p。所使用的影像学方法及病理学技术类型,都应该记录。

表 16-2　Sedlis 标准对照表

淋巴脉管间隙浸润	间质浸润	肿瘤大小(取决于临床触诊)
+	深 1/3	任何大小
+	中 1/3	最大直径≥2cm
+	浅 1/3	最大直径≥5cm
−	中或深 1/3	最大直径≥4cm

注:Sedlis 标准为根治性手术后淋巴结、切缘和宫旁阴性者辅助治疗。

(王沂峰)

第十七章 子宫肿瘤

第一节 子宫肌瘤

【A1 型题】

1. 以下哪项为最常见的子宫肌瘤变性
   A. 红色样变
   B. 囊性变
   C. 玻璃样变
   D. 肉瘤样变
   E. 钙化

2. 以下哪项是子宫肌瘤最常见的症状
   A. 经量增多
   B. 白带增多
   C. 下腹包块
   D. 尿频尿急
   E. 腹胀腰酸

3. 以下哪项不是子宫肌瘤的手术指征
   A. 月经过多继发贫血
   B. 黏膜下肌瘤并发不孕不育
   C. 浆膜下肌瘤蒂扭转
   D. 子宫增大如孕8周大小
   E. 疑似肉瘤样变性

【A2 型题】

1. 48岁,因月经量多就诊,妇科检查及影像学检查确诊为子宫肌瘤,经药物治疗无效,需行子宫全切术。术中钳夹切断子宫动脉,以下哪项在该操作时最容易受到损伤
   A. 髂内动脉
   B. 膀胱

C. 输尿管

D. 直肠

E. 闭孔神经

2. 患者,女,40岁,经量增多3年。妇科检查子宫增大如孕2个月,彩超提示子宫肌瘤,子宫肌瘤患者经量增多与下列哪项最相关

　A. 肌瘤部位和大小

　B. 肌瘤钙化

　C. 肌瘤数目

　D. 肌瘤玻璃样变

　E. 肌瘤伴感染

【A3/A4 型题】

(1~3题共用题干)

患者,女性,30岁,孕1产1,因月经量增多1年就诊。患者有性生活史,月经周期正常。末次月经为7d前,持续5d。体温:36.9℃,脉搏82次/min,呼吸12次/min,血压:124/62mmHg。妇科检查示子宫增大如孕7周大小,余无异常。盆腔超声示子宫前壁一30mm×25mm 低回声包块,内膜线向后偏移。实验室检查:红细胞计数 $3.0×10^{12}$/L,白细胞计数 $6.0×10^9$/L,血红蛋白105g/L,血小板计数 $200×10^9$/L。

1. 患者此时最合适的检查是

　A. 诊断性刮宫

　B. 宫腔镜检查

　C. 盆腔 MRI

　D. 子宫输卵管造影

　E. 腹腔镜检查

2. 检查见宫腔内约3cm大小赘生物,呈球形,质硬,表面光滑,无异形血管,赘生物边缘与子宫壁成角约70度。患者目前临床诊断首先考虑的诊断是

　A. 子宫内膜息肉

　B. 子宫腺肌瘤

　C. 子宫肌瘤

　D. 子宫内膜样腺癌

　E. 子宫内膜间质肉瘤

3. 此患者下一步该如何处理

　A. 观察随访

　B. 腹腔镜下全子宫切除术

　C. 宫腔镜下肌瘤电切术

　D. 子宫动脉栓塞术

　E. GnRH-a 药物治疗

1.【答案】C

【解析】子宫位于盆腔中央,前为膀胱,后为直肠,毗邻输尿管结肠等重要器官。子宫动脉为髂内动脉前干分支,在腹膜后沿骨盆侧壁向下向前行,经阔韧带基底部、宫旁组织到达子宫外侧,相当于宫颈内口水平约2cm处,横跨输尿管至子宫侧缘,输尿管起自肾盂,在腹膜后沿腰大肌前面偏中线侧下行;在骶髂关节处跨髂外动脉起点的前方进入骨盆段(盆腔),并继续在腹膜后沿髂内动脉下行,到达阔韧带基底部向前内方行,在子宫颈外侧缘约2cm处,于子宫动脉下方穿过,位于子宫颈阴道上部的外侧1.5~2.0cm处,斜向前穿越输尿管隧道进入膀胱。因此子宫切除结扎子宫动脉时最容易损伤输尿管(C项)。

2.【答案】A

【解析】经量增多是子宫肌瘤最常见的症状。多发生于黏膜下及肌壁间肌瘤。子宫肌瘤越大,越能使宫腔增大、子宫内膜面积增加并影响子宫收缩,从而引起经量增多。因此肌瘤的部位和肌瘤大小直接影响月经量情况(A项)。而肌瘤钙化(B项)及肌瘤玻璃样变(D项)都是常见的肌瘤退行性变性,不易引起经期改变。肌瘤数目多(C项)但瘤体积小或位于浆膜下,亦不会引起月经改变。肌瘤伴感染多表现关腹痛、发热。

1.【答案】B

【解析】病历中患者三有育龄期女性,月经周期正常,有月经量增多等表现,查体子宫增大,超声提示子宫前壁低回声包块并向宫腔突出(内膜线后移),因此宫腔病变可能性大。宫腔镜检查是应用膨宫介质扩张宫腔,通过插入宫腔的光导玻璃纤维镜直视观察宫颈管、宫颈内口、宫腔及输卵管开口的生理与病理变化,以便于对病变组织直观准确取材并送病理检查,同时也可直接在宫腔镜下手术治疗。因此,本病例最合适的检查应为宫腔镜检查(B项),便于观察肿物形态、大小、位置,必要时可同时取材活检。诊断性刮宫(A项)可用于内膜病变的诊断和治疗,但对于肌壁间病变的诊治作用不佳。盆腔 MRI(C项)在妇科疾病诊断中不是首选,次于超声检查。子宫输卵管造影(D项)是可了解宫腔形态及输卵管通畅性的检查方法,对病变具体情况无法了解。腹腔镜(E项)可用于子宫肌壁向腹腔突出病变的检查和治疗。

2.【答案】C

【解析】子宫肌瘤(C项)是女性生殖器最常见的良性肿瘤,由平滑肌及结缔组织构成,肌瘤大体上见为实质性球形包块,表面光滑,质地较子宫肌层硬。子宫内膜息肉(A项)为炎性子宫内膜局部血管和结缔组织增生形成息肉样赘生物突入宫腔内所致,息肉大小数目不一,多位于宫体部,借助细长蒂附着于子宫腔内壁,质软。子宫内膜腺体及间质侵入子宫肌层,称为子宫腺肌病(B项),异位内膜在子宫肌层多呈弥漫性生长,累及后壁居多,故子宫呈均匀性增大,前后径增大明显,呈球形,少数腺肌病病灶呈局限性生长形成结节或团块,似肌壁间肌瘤,但与周围肌层无明显界限,称为子宫腺肌瘤。子宫腺肌瘤很少会有大部分突向宫腔的情况。子宫内膜癌(D项)分为局灶型和弥漫型,局灶型多见于子宫内膜底部或宫角部,呈息肉样或菜花状,质较脆;弥漫型表现为子宫内膜大部或全部被癌组织侵犯,并突向宫腔,常伴有出血、坏死。子宫内膜间质肉瘤(E项)临床少见,是子宫肉瘤的一种,来自子宫内膜间质细胞,子宫呈球形增大,肿瘤呈息肉状或结节状,突向宫腔,富有弹性。

3.【答案】C

【解析】患者因月经量多1年就诊,实验室检查提示贫血,因此观察随访(A项)不再合适。超声及宫腔镜检查均提示赘生物大部分位于宫腔内,考虑黏膜下肌瘤可能性大。

患者为 30 岁年轻女性,还有生育要求,暂不适合行子宫切除手术(B 项)。合适的手术治疗方案应为宫腔镜下肌瘤电切术(C 项),术后根据最终病理结果决定下一步处理。子宫动脉栓塞(D 项)或 GnRH-a 药物治疗用于短时间内控制出血,但对于病变无法根治,停药后会面临复发出血问题。

提问 1:【答案】ABFG
【解析】患者围绝经期女性,月经增多已有 5 年,下腹部可触及质硬包块,妇检子宫体积明显增大,如孕 11 周,表面不平,质硬,提示子宫肿瘤,子宫肌瘤是女性生殖器最常见的良性肿瘤,根据月经增多及查体表现,考虑子宫肌瘤(A 项)可能性最大。宫颈口见一黄豆大小赘生物,红色质软,无接触性出血,考虑宫颈息肉(B 项)可能性大。患者有月经量增多 5 年,伴头晕乏力,月经经期由 5d 延长至 8d,月经量增多,异常子宫出血是指与正常月经的周期频率、规律性、经期长度、经期出血量中的任何一项不符,源自宫腔的异常出血,因此属于异常子宫出血(F 项),入院查体实面色口唇苍白,实验室检查示血红蛋白 58g/L,提示重度贫血(G)。子宫肉瘤(C 项)、子宫内膜癌(D 项)、葡萄胎(H 项)、绒毛膜癌(I 项)均可有异常出血表现(F 项),均可可影响月经周期(F 项)子宫可增大,但多为子宫均匀增大、质地软。子宫颈癌(E 项)可有宫颈呈糜烂样改变,但增生组织多为质地糟脆,有出血表现。

提问 2:【答案】ACFGH
【解析】此例围绝经期女性,月经量增多,子宫明显增大。妇科检查子宫明显增大,表面不平,质硬,活动,无压痛,双附件未触及异常,伴异常子宫出血,盆腔包块主要考虑与子宫增大相关的疾病进行鉴别。应主要考虑与妊娠子宫(A 项)、子宫肉瘤(C 项)、子宫内膜癌(F 项)、子宫颈癌(G 项)、子宫腺肌病(H 项)等相鉴别。妇科检查提示基本可以排除卵巢肿瘤(B 项)、卵巢子宫内膜异位囊肿(D 项)、盆腔炎性包块(E 项)等存在附件包块的疾病。

患者为 48 岁女性,月经周期规律,末次月经为 1 周前,无停经史,借助尿或血 hCG 测定,结合 B 型超声可予以排除妊娠子宫。子宫肉瘤好发于老年女性,生长迅速,多有腹痛、腹部包块及不规则阴道流血,B 型超声及磁共振振检查有助于鉴别。子宫内膜癌以绝经后阴道流血为主要症状,好发于老年女性,子宫增大不明显,质软,诊刮或宫腔镜有助于鉴别。子宫颈癌有不规则阴道流血或白带排液等症状,子宫颈见菜花样或乳头状赘生物,触之易出血,外生型较易鉴别。子宫腺肌病多有继发性痛经,子宫均匀增大,大小往往如孕 2 个月以内。

提问 3:【答案】ABCFGI
【解析】患者临床症状与妇检提示子宫肿瘤可能性大,为进一步明确诊断,应行彩超检查(F 项)以了解子宫形态学、子宫内膜的厚度及附件有无异常。妇科检查见宫颈柱状上皮异位样改变,可完善宫颈细胞学 TCT 检查(G 项)排除宫颈上皮内瘤变或子宫颈癌。患者子宫明显增大,并因经量过多所致继发性重度贫血,考虑为子宫肌瘤,有手术指征,需要手术治疗,需完善血型(A 项)、心电图(B 项)、尿常规(C 项)、凝血功能(I 项)等术前检查。SCCA(D 项)用于子宫颈癌的诊断、预后判断与病情发展监测,暂可以不做,如 TCT 有问题,应进一步检查 SCCA。性激素六项检测用于评估卵巢功能,患者 48 岁,月经周期规律,暂无须行性激素六项检测(E 项)以节省患者医疗费用。PET-CT(H 项)价格昂贵,用于恶性肿瘤的检查,此例患者暂无必要做。

【案例分析题】

案例一 患者,48 岁女性,孕 3 产 2,输卵管结扎 20 年。因"经量增多 5 年余,头晕伴乏力半年"就诊。既往月经规则,$\frac{5\sim6}{28\sim30}$ d,量中,无痛经,末次月经为 1 周前。5 年前无明显诱因出现经量增多,每天约需 7 至 8 片卫生巾,有血块,无月经周期改变,经期由 5d 延长至 8d 左右,无腹痛、腰痛等。近半年来出现头晕、四肢乏力,无胸闷、气促等。体格检查:血压 98/60mmHg,心率 90 次/min,体温 36.8℃,面色及口唇苍白。心肺听诊无异常。下腹部检查可触及质硬包块,活动,表面不平,无压痛。妇科检查:外阴发育正常,阴道通畅,宫颈肥大,宫颈柱状上皮异位样改变,宫颈口见一黄豆大赘生物,红色质软,无接触性出血,子宫增大如孕 11 周,表面不平,质硬,活动,无压痛,双附件未触及异常。既往体健,否认手术外伤史。实验室检查:白细胞计数 6.5×10^9/L,血红蛋白 58g/L,血小板计数 200×10^9/L。

提问 1:患者首先考虑的临床诊断是

    A. 子宫肌瘤

    B. 宫颈息肉

    C. 子宫肉瘤

    D. 子宫内膜癌

    E. 子宫颈癌

    F. 异常子宫出血

    G. 重度贫血

    H. 葡萄胎

    I. 绒毛膜癌

提问 2:此例临床诊断主要考虑与下列哪些疾病进行鉴别

    A. 妊娠子宫

    B. 卵巢肿瘤

    C. 子宫肉瘤

    D. 卵巢子宫内膜异位囊肿

    E. 盆腔炎性包块

    F. 子宫内膜癌

    G. 子宫颈癌

    H. 子宫腺肌病

提问 3:入院后应为患者初步行下列哪些检查

    A. 血型

    B. 心电图检查

    C. 尿常规

    D. 鳞状细胞癌抗原(SCCA)检查

    E. 性激素六项检测

    F. 子宫附件彩超

    G. 液基薄层细胞学检查(TCT)

H. 正电子发射计算机断层显像（PET-CT）

I. 凝血功能

提问4：B型超声提示子宫大小125mm×97mm×84mm，子宫肌壁多发类圆形低回声区，包膜完整，边界清晰，周边可见环形血流信号，子宫内膜厚7mm，附件区未见明显异常回声。TCT结果提示低级别鳞状上皮内病变（LSIL），此例患者下一步的最佳处理是

A. 阴道镜检查

B. 宫颈锥切术

C. 子宫肌瘤剔除术

D. 次全子宫切除术

E. 全子宫切除术

F. 宫腔镜子宫内膜切除术

G. 输注浓缩红细胞纠正贫血

提问5：本例手术的并发症包括以下哪些

A. 术中出血

B. 感染

C. 输尿管损伤

D. 膀胱损伤

E. 肠道损伤

F. 肠梗阻

G. 术后下肢静脉血栓性疾病

提问6：除手术切除子宫之外，子宫肌瘤还有哪些治疗方案

A. 观察随访

B. 口服避孕药

C. 左炔诺孕酮宫内节育器

D. 促性腺激素释放激素类似物（GnRH-a）

E. 米非司酮

F. 子宫动脉栓塞术

G. 射频消融治疗

H. 高能聚焦超声热疗

（李小毛）

第二节　子宫肉瘤

【A1型题】

1. 下列哪项关于子宫肉瘤的说法是**错误**的

A. 子宫肉瘤比较少见，恶性程度高

B. 子宫肉瘤来源于子宫肌层、肌层内结缔组织和内膜间质

C. 子宫肉瘤最常见的症状为阴道不规则流血

D. 子宫肉瘤可继发于子宫平滑肌瘤

E. 继发性子宫平滑肌肉瘤预后相对较差

提问4：【答案】EG

【解析】根据患者的影像学检查，考虑多发性子宫肌瘤。患者实验室检查提示重度贫血，应予输血等纠正贫血（G项）。患者因月经过多导致继发性重度贫血，肌瘤大、多发性，宫颈糜烂样改变并宫颈息肉，且患者48岁，无生育要求，最佳治疗方案为行全子宫切除术（E项）。TCT结果提示LSIL，因为安排准备行全子宫切除术，此患者不需要对LSIL另外行特殊处理。

提问5：【答案】ABCDEFG

【解析】全子宫切除手术是有风险的，围手术期有可能发生手术意外。子宫位于盆腔中央，前为膀胱，后为直肠，毗邻输尿管结肠等重要器官，宫旁有子宫动静脉，卵巢旁有卵巢动静脉，因此行全子宫切除术时，存在术中出血（A项），以及损伤周围脏器膀胱、肠道、输尿管（C、D、E项）等的风险。术后可以出现肺部感染（B项），可由反复导尿或持续导尿引起泌尿系感染，或因阴道不洁，如滴虫性阴道炎、细菌性阴道病等所致术后阴道残端感染，进而上行至盆腔感染。腹壁切口感染也是常见的感染类型，常在术后第4～5天因存在不能解释的发热，检查腹壁切口发现切口发红、变硬而确诊。腹部手术后有可能发生某种程度的肠梗阻（F项），多因腹部手术后麻痹时间较长所致，常发生于术后48～72h，也有腹膜炎继发的麻痹性肠梗阻。早期粘连所致的部分性或完全性肠梗阻多发于术后第5～6天至8～12周可形成致密的纤维粘连使肠管包绕其中，导致延期肠梗阻。（G项）长期卧位易患深部血栓性静脉炎，约75%下肢深静脉血栓发生于术后24h，常发生在小腿部，也可发生在大腿或盆腔中，老龄、肥胖、某些药物（绝经后激素替代治疗、口服避孕药）是诱因，需要加以防范。

提问6：【答案】ABCDEFGH

【解析】期待治疗即定期随访观察（A项），不需要特殊处理，主要适用于：①无症状的子宫肌瘤；②近绝经女性，期待绝经后肌瘤可以自然萎缩。口服避孕药（B项）可以缓解部分患者与肌瘤相关的月经过多，原理可能是使内膜萎缩，且并不引起子宫体积的增大。对肌瘤引起的月经过多，左炔诺孕酮宫内节育器（C项）可有效减少阴道出血量并升高血细胞比容。GnRH-a（D项）长期应用可造成低雌激素状态，带来副作用，且停药后应用肌瘤体积迅速恢复，可在术前3～6个月使用，可使肌瘤体积缩小，配合口服铁剂，有效减少阴道出血，并使血红蛋白上升至正常水平，这样就增加了微创手术可能性，减少了术中输血可能。米非司酮（E项）为孕激素受体拮抗剂，可以减少肌瘤相关的阴道出血，提高生活质量，减小肌瘤体积，控制肌瘤增长速度；但长期应用可能会引起内膜病变。子宫动脉栓塞术（F项）后可阻断肌瘤的供应血管，达到肌瘤的去血管化；正常子宫肌层有较完善的血管交通支，而供应肌瘤的血管是一个独立的新生血管网，没有储备的交通支。此外，肌瘤细胞分裂程度相对活跃，对缺氧的耐受力较差。缺血缺氧最后导致肌瘤平滑肌细胞变性坏死，肌瘤细胞总数明显减少，瘤体萎缩从而缓解或消除肌瘤引起的一系列临床症状。射频消融术（G项）可使子宫肌瘤细胞发生不可逆性坏死，而坏死组织与周围边界清楚，同时射频又可降低肌瘤细胞的雌孕激素的受体表达。高强度聚焦超声热疗（H项）治疗子宫肌瘤一方面直接作用于瘤体，使其凝固变性、萎缩或消失，另一方面使肿瘤营养血管发生完全性坏疽，从多环节底层阻断肿瘤营养血管的再生，从而抑制肿瘤的增生；同时高温又能破坏肌瘤细胞膜上的激素受体，降低其对激素的敏感性，也有利于控制子宫肌瘤增长。

1.【答案】E

【解析】子宫肉瘤少见，恶性程度高（A

项),大多数预后极差,占子宫恶性肿瘤的2%~4%,占女性生殖道恶性肿瘤1%。子宫肉瘤来源于子宫肌层、肌层内结缔组织和内膜间质(B项),也可继发于子宫平滑肌瘤恶变(D项),很少见。子宫平滑肌瘤少见,分为原发性和继发性两种,通常肿瘤的体积较大,切面为均匀一致的黄色或红色结构,呈鱼肉状或豆腐样。原发性平滑肌肉瘤是子宫最常见的恶性间叶性肿瘤,发自子宫肌层或肌壁间血管壁的平滑肌组织,呈弥漫性生长,与子宫壁之间无明显界限,无包膜。继发性平滑肌肉瘤为原已存在的平滑肌瘤恶变,恶变自肌瘤中心部分开始,向周围扩展到整个肌瘤发展为肉瘤,往往侵及包膜。继发性子宫平滑肌肉瘤的预后比原发性好(E项)。子宫肉瘤症状通常无特异性,早期症状不明显,最常见的症状为阴道不规则流血伴腹痛(C项)。

2.【答案】B
【解析】子宫肉瘤的临床症状无特异性(A项),早期症状多数不明显(B项),随着病情进展可出现一系列临床症状。阴道不规则流血最常见(C项),出血量多少不等。肉瘤生长快,可因子宫迅速增大或瘤内出血、坏死、子宫破裂引起急性腹痛(D项)。患者常诉下腹部包块迅速增大(E项)。随着包块的增大可出现一系列的压迫症状:可压迫膀胱或直肠,出现尿频、尿急、尿潴留、大便困难等症状。晚期症状为全身消瘦、贫血、低热或出现肺、脑转移相应症状。宫颈肉瘤或肿瘤自宫颈脱出至阴道内,常伴有大量恶臭分泌物。

提问1:【答案】FI
【解析】绝经后女性,不规则阴道流血半年就诊。既往有子宫肌瘤病史10年。妇检示子宫增大如孕10周大小。子宫肌瘤发生肉瘤变多发生在40岁以后的女性,尤其是绝经后女性,常伴疼痛和不规则阴道流血,子宫增大迅速,子宫平滑肌肉瘤为最常见的恶变类型。故本例入院诊断应首先考虑子宫平滑肌肉瘤(F项),为原已存在的平滑肌瘤恶变所致,很少见。患者血常规示血红蛋白101g/L,提示轻度贫血(I项)。颗粒细胞瘤等卵巢性索间功能性肿瘤(A项)亦可出现绝经后不规则阴道流血,妇科检查会触及附件包块,该患者触诊时双附件区未触及包块。卵巢生殖细胞肿瘤(B项)、输卵管恶性肿瘤(C项)妇科检查均多能触及附件包块,超声下附件区可见包块。子宫颈癌(D项)则有不规则阴道流血或白带增多或不正常阴道排液等症状,子宫增大不明显,子宫颈见菜花样或乳头状赘生物,触之易出血。子宫内膜癌(E项)以绝经后阴道流血为主要症状,子宫增大早期多数不明显,诊刮或宫腔镜有助于鉴别。子宫内膜息肉(H项)对子宫大小多无影响,子宫肌瘤(G项)绝经后基本停止生长,或萎缩,多数不会引起子宫迅速增大。

提问2:【答案】ADEHI
【解析】此病例首先考虑为子宫肌瘤,需要与子宫内膜癌等疾病相鉴别。为进一步明确诊断,应进行子宫附件彩超检查(A项),行分段诊刮(D项)明确子宫内膜病理情况,盆腔MRI(H项)有助于进一步了解肿瘤性质及邻近器官是否受到侵犯及淋巴结转移情况。CA125(B项)是较常用的临床肿瘤标志物,与子宫平滑肌肉瘤分期呈正相关,可作为子宫平滑肌肉瘤术前诊断分期、术后病情监测指标,血清CA125升高可能与子宫肉瘤侵及浆膜或附件有关。患者鳞柱状上皮交界移行带观察不满意,TCT(E项)有助于排除子宫颈癌及子宫颈鳞状上皮内病变。子宫肉瘤最常见转移部位为直接蔓延至盆腹腔、经血行传播至肺,所以胸部X线平片(I项)也是必要的。直肠指检黏膜光滑,检查时指套无血染,暂无纤维肠镜(C项)检查指征。宫腔输卵管造影(F项)对于子宫肿瘤的诊断及鉴别诊断没有太大意义,临床指南未推荐。腹腔镜检查(G项)价格高昂且有创,不作为一般术前的检查手段使用。

2. 关于子宫肉瘤的临床症状,以下哪项是**错误**的
    A. 子宫肉瘤的临床症状无特异性
    B. 子宫肉瘤早期多有阴道不规则流血
    C. 临床症状以阴道不规则流血最常见
    D. 肉瘤生长快,可因子宫迅速增大或瘤内出血、坏死可引起急性腹痛
    E. 患者自诉下腹部包块迅速增大

【案例分析题】

案例 53岁女性,绝经2年,因"发现子宫肌瘤10年,阴道不规则流血半年"就诊。患者10年前体检时超声发现子宫肌瘤,大小约25mm×15mm,未予处理。1年前体检超声提示子宫肌瘤大小约22mm×15mm。患者近半年出现阴道不规则流血,伴下腹疼痛。体格检查:血压109/66mmHg,心率80次/min,体温36.8℃。心肺听诊无异常。妇科检查:阴道通畅,宫颈表面光滑,鳞柱状上皮交界移行带观察不满意,无接触性出血。子宫增大如孕10周大小,质稍软,后壁突出,活动度尚可,双侧附件区未及包块,宫旁及双侧骶、主韧带无明显增厚。直肠黏膜光滑,检查时指套无血染。实验室检查:白细胞计数$6.5×10^9$/L,血红蛋白101g/L,血小板计数$200×10^9$/L。

提问1: 该患者最可能的诊断是
    A. 卵巢性索间质肿瘤
    B. 卵巢生殖细胞肿瘤
    C. 输卵管恶性肿瘤
    D. 子宫颈癌
    E. 子宫内膜癌
    F. 子宫平滑肌肉瘤
    G. 子宫肌瘤
    H. 子宫内膜息肉
    I. 轻度贫血

提问2:为明确诊断,需进一步做的检查包括
    A. 子宫附件彩超
    B. 血清CA125
    C. 纤维肠镜
    D. 诊断性刮宫 + 病理
    E. TCT
    F. 宫腔输卵管造影
    G. 腹腔镜检查
    H. 盆腔MRI
    I. 胸部平片

提问3:该患者恰当的治疗方案是

　A. 宫颈锥形切除术

　B. 全子宫切除术

　C. 腹腔镜下子宫肌瘤剔除,取瘤体粉碎并活检

　D. 全子宫切除术 + 双附件切除术

　E. 子宫肿物剔除术

　F. 盆腔淋巴结切除术

　G. 靶向药物治疗

　H. 内分泌治疗

　I. 术后根据病理类型及转移情况酌情加用放疗或化疗

提问4:患者术后病理回报"子宫平滑肌肉瘤",关于其组织病理学特点,关于子宫平滑肌肉瘤,以下说法哪些是正确的

　A. 肿瘤质软,切面呈鱼肉状,旋涡状结构消失

　B. 镜下肿瘤细胞呈"雪茄烟状"

　C. 瘤细胞核分裂象增多,>10 个 /10HPF

　D. 瘤组织与周边子宫壁平滑肌组织分界不清,呈浸润生长

　E. P16 抗体弥漫阳性,有支持肉瘤诊断的辅助作用

　F. 平滑肌肌动蛋白(SMA)、肌特异性肌动蛋白(MSA)、连接蛋白(desmin)抗体标记可确定平滑肌来源

提问5:子宫肉瘤复发率高,预后差,其预后主要与以下哪些因素相关

　A. 临床分期

　B. 分化程度

　C. 病理类型

　D. 发病年龄

　E. 淋巴结转移

　F. 血管及淋巴管受累

　G. 腹水细胞学

(李小毛)

第三节　子宫内膜癌

【A1 型题】

1. 有关子宫内膜癌的病因,**错误**的是

　A. 子宫内膜在雌激素的长期持续刺激、无孕激素拮抗的情况下可发生癌变

　B. 常见于无排卵性功能失调性子宫出血、多囊卵巢综合征和颗粒细胞瘤患者

　C. 易发生在肥胖、高血压、糖尿病、不育及绝经延迟的患者

　D. 约 1/5 的患者有家族史

　E. 非雌激素依赖型内膜癌常见于年轻女性,雌激素依赖型多

提问3:【答案】DI

【解析】根据题干及提问1和2,患者目前诊断考虑子宫肉瘤,其治疗原则以手术为主,手术的范围主要勾全子宫 + 双附件切除(D项),术后根据病理类型及转移情况酌情加用放疗或化疗(I 项)。宫颈锥切(A 项)对子宫肉瘤无诊断意义。患者已绝经,无生育要求,不能排除卵巢转移可能,不宜保留卵巢(B项)。术前怀疑肉瘤者,禁用子宫粉碎器,不建议使用腹腔镜进行活检(C 项)。子宫肉瘤因淋巴转移率低,是否行盆腔淋巴结切除存在争议(F 项);目前研究表明,切除淋巴结并不能改善其 5 年总体生存率,一般认为子宫肉瘤不需要行盆腔淋巴结切除,对于组织类型为子宫恶性米勒管(Müllerianduct)混合瘤和高度恶性子宫内膜间质肉瘤者也可考虑行盆腔淋巴结切除。目前子宫肉瘤的治疗暂不包括靶向药物治疗(G项)。低级别子宫内膜间质肉瘤孕激素受体多为高表达,大剂量激素治疗有一定效果,但低级别子宫内膜肉瘤大体为息肉样或结节状,凸向宫腔或侵及肌层,与该患者子宫明显增大不符(H项)。

提问4:【答案】ABCDEF

【解析】子宫平滑肌肉瘤与良性平滑肌瘤相比较其大体特征有:一般横径大于 5cm,周界呈不规则浸润,缺乏明确界限,质软于橡皮硬度,切面失去旋涡状结构而呈鱼肉状(A 项),不隆出于尾圆的子宫肌层,可见出血坏死灶。镜下瘤细胞的非典型性,这是平滑肌肉瘤组织学诊断最重要的依据和基础,主要表现为瘤细胞胞质与胞核的比值增大,即核增大,胞质相对减少。核由长梭形变短梭形,两端变钝,呈"雪茄烟状"(B 项),核外形、大小不规则(多形性),核膜增厚,染色质呈块状,核仁明显,或分裂象增多,易出现病理性分裂象,目前认为平滑肌肉瘤要求核分裂象>10 个/10HPF(C 项)。平滑肌肉瘤组织与周边子宫壁平滑肌组织分界不清,呈浸润性生长,不规则浸润肌层之间,而一般良性平滑肌瘤与周边子宫壁分界清楚(D项)。新近发现免疫组织化学检测 P16 抗体弥漫阳性,结合组织学改变,有支持肉瘤诊断的辅助作用,平滑肌瘤为阴性或局灶性阳性(E 项)。如果肿瘤分化低不易确诊组织来源时,SMA、MSA、desmin 抗体标记可确定平滑肌来源(F 项)。

提问5:【答案】ABCDEF

【解析】临床分期(A 项)是影响预后的最重要的因素之一,同种病理类型和分化程度的子宫肉瘤,分期越晚,预后越差。子宫肉瘤的分化程度(B 项)是影响预后的另一主要因素,按组织形态分为高、中、低分化三级,低分化者预后差。不同病理类型(C 项)的子宫肉瘤预后不同,子宫内膜间质肉瘤预后相对较好,子宫恶性中胚叶混合瘤预后最差。年龄(D 项)是影响预后的独立因素,原因可能为:年龄越大,对手术及化疗、放疗的耐受性越差;老年患者多合并内科疾病;子宫恶性中胚叶混合瘤多发生于老年患者,其预后较子宫平滑肌肉瘤及子宫内膜间质肉瘤差;老年患者临床及病理分期较晚。子宫恶性中胚叶混合瘤有较高的淋巴结转移率,淋巴结阳性者复发率明显高于阴性者(E项)。有研究表明,淋巴管、血管受累者的复发率高于未受累者(F 项),但血管及淋巴结受累是否为影响子宫肉瘤预后的独立因素还未得到证明。腹水细胞学检查阳性(G 项)对子宫肉瘤的整体生存率没有预测价值。

1.【答案】E

【解析】子宫内膜癌可能有两种发病机

制。Ⅰ型为雌激素依赖型,其发生可能是在无孕激素拮抗的雌激素长期作用下(A项),如无排卵性功血、多囊卵巢综合征和颗粒细胞瘤患者(B项),发生子宫内膜增生症(单纯或复杂型,伴或不伴非典型增生),继而癌变;患者较年轻,常伴有肥胖、高血压、糖尿病、不孕或不育及绝经延迟(C项);大约20%的内膜癌患者有家族史(D项)。Ⅱ型为非雌激素依赖型,发病与基因突变有关,多见于老年体瘦女性,预后不良。因此,本题选E。

2.【答案】D
【解析】盆腔淋巴结切除术是内膜癌手术分期的一个重要步骤,但满足低危淋巴结转移因素的患者,可以考虑不行淋巴结切除术:肌层浸润深度<1/2(D项)、肿瘤直径<2cm、G1或G2,而肌层浸润深度近肌壁全层(A项)、肿瘤直径>2cm(B项)则需要行盆腔淋巴结切除。此外,有深肌层浸润、子宫内膜样腺癌G3(E项)、浆液性腺癌、透明细胞癌(C项)等高危因素的患者,还需行腹主动脉旁淋巴结切除术。

3.【答案】C
【解析】内膜癌患者治疗后应定期随访,75%~95%的复发在术后2~3年内,随访内容应该包括详细病史、盆腔检查、阴道细胞学检查、X线胸片、血清CA125等,必要时行CT及MRI检查。一般术后2~3年内每3个月随访一次,3年后每6个月随访一次(C项),5年后每年随访一次。

1.【答案】A
【解析】该患者系内膜癌术后、放疗后,阴道断端局部复发,可考虑选择再次手术切除局部复发病灶,或内分泌治疗。但该患者78岁,高龄,合并高血压、2型糖尿病,再次手术(E项)风险高,血尿素氮10.0mmol/L,肾功能不全,不适合化疗(B项),且该患者肿瘤组织ER(+)、PR(+),选择内分泌(A项)治疗更为安全,亦可达到较好的治疗效果。

2.【答案】B
【解析】患者系绝经后阴道流血,具有内膜癌发病的高危因素(肥胖、高血压、2型糖尿病),并有癌症家族史,查体明确出血来源为宫腔内,应首先考虑子宫肿瘤可能性大。经阴道超声检查(B项)可了解子宫大小、宫腔形状、宫腔内有无赘生物、子宫内膜厚度、肌层有无浸润及深度等,对阴道流血的原因作出初步判断,因此作为首选检查项目。盆腔MRI(C项)对肌层浸润深度和宫颈间质浸润有较准确的判断,因此多用于确诊为恶性肿瘤,为明确分期时使用。有子宫外转移者或者浆液性癌,血清CA125(D项)可升高。若检查结果高度怀疑内膜癌,应行诊断性刮宫,获得子宫内膜的组织标本进行病理诊断。凝血功能检查(A项)是常规的检查项目,不是为协助诊断子宫内膜癌。性激素检查(E项)可用于了解患者绝经后激素状态,以分析病因,但不作为疾病诊断的首选项。

发生于老年女性

2. 满足下述哪些条件的患者可考虑**不行淋巴结切除术**
   A. 肌层浸润深度近肌壁全层
   B. 肿瘤直径 >2cm
   C. 透明细胞癌
   D. 肌层浸润深度 <1/2
   E. 子宫内膜样腺癌 G3

3. 子宫内膜癌患者术后随访,以下说法正确的是
   A. 术后 2~3 年内每 6 个月随访一次
   B. 每次复查应行 CT 或 MRI 检查
   C. 3 年后每 6 个月随访一次
   D. 1 年后每年随访一次
   E. 术后 5 年内每 6 个月一次

【A2 型题】

1. 患者,女,78 岁,子宫内膜癌术后、放疗后 2 年,阴道断端复发;既往有高血压病史 10+ 年,2 型糖尿病,查血 BUN 10.0mmol/L,肿瘤组织 ER(+)、PR(+)。下列何种治疗方案恰当
   A. 内分泌治疗
   B. 全身化疗
   C. 随访
   D. 免疫治疗
   E. 再次手术

2. 患者,女,56 岁,孕 4 产 2,流产 2 次,因绝经后阴道不规则流血 3 个月余于门诊就诊。既往有高血压、2 型糖尿病;母亲因"癌症"去世。门诊查体:身高 155cm,体重 70kg。妇科检查:宫颈萎缩、光滑,宫颈口可见少许血液流出,子宫增大如孕 50d,无明显压痛,双附件区未扪及明显占位。门诊首先选择哪种辅助检查协助诊断
   A. 凝血功能
   B. 经阴道 B 型超声
   C. 盆腔 MRI
   D. 血清 CA125
   E. 性激素检查

【A3/A4 型题】

(1~4 题共用题干)
患者,女,46 岁,孕 2 产 1,流产 1 次,月经持续时间延长 1 年余,月经时间持续 10 余天;20 余天前患者月经来潮,经量较前明显增多,

后淋漓不尽,自行口服止血药后阴道流血停止来院就诊。患者既往有多囊卵巢病史。查体:身高 152cm,体重 75kg,妇科检查示宫颈肥大,宫颈呈柱状上皮异位样改变,子宫后位,增大如孕 2 个月,活动、无压痛,双附件区未扪及明显占位。B 型超声检查提示子宫增大,内膜厚 8mm(单层),回声不均匀,子宫后壁肌壁间可见一直径约 1cm 的弱回声团块,边界清楚,双附件区未见明显异常。

1. 下一步处理应选择
   A. 孕激素周期治疗
   B. 诊断性刮宫
   C. 宫内放置左炔诺孕酮缓释装置
   D. 子宫肌瘤挖除术
   E. 子宫全切术
   F. 核磁共振

2. 患者诊断性刮宫结果回报示宫内膜样腺癌,下一步治疗方案应选择
   A. 放疗
   B. 化疗
   C. 手术治疗
   D. 内分泌治疗
   E. 随访观察
   F. 生物治疗

3. 患者手术范围应选择
   A. 筋膜内子宫全切术
   B. 筋膜外子宫全切术 + 双附件切除术
   C. 筋膜外子宫全切术 + 双附件切除术 + 盆腔淋巴结切除术
   D. 广泛子宫全切术 + 双附件切除术
   E. 宫腔镜下内膜切除术
   F. 筋膜外子宫全切术 + 双附件切除术 ± 盆腔淋巴结切除术 ± 腹主动脉旁淋巴结切除术

4. 患者术中发现什么情况应考虑行盆腔淋巴结切除术
   A. 肌层浸润深度 <1/2
   B. 肿瘤位于宫角部
   C. 肿瘤直径 <2cm
   D. 肌层浸润深度 ≥ 1/2
   E. 病理分型为高分化宫内膜样腺癌
   F. 病理分型为中分化宫内膜样腺癌

(5~8 题共用题干)
患者,女,31 岁,孕 1 产 0,流产 1 次,因"月经量增多,月经淋漓不尽 6 个月余"于门诊就诊,既往月经不规律,母亲因"子宫内膜癌"去世。查体:身高 160cm,体重 65kg,妇科检查示宫颈呈轻度柱状上皮异位样改变,子宫稍大,活动佳,无压痛,双

1. 【答案】B
   【解析】对于月经经量增多及经期延长,考虑的疾病包括:子宫肌瘤、子宫腺肌病、排卵性异常子宫出血及子宫内膜癌。而围绝经期女性应排除内膜癌后再按照良性疾病处理。该患者肥胖,体重指数为 32.46,既往有多囊卵巢病史,属子宫内膜癌高危人群。诊断性刮宫(B 项)能获得子宫内膜的组织标本进行病理诊断,是常用而有价值的内膜癌诊断方法。

2. 【答案】C
   【解析】子宫内膜癌患者治疗原则是以手术(C 项)为主,辅以放疗、化疗和激素治疗等综合治疗。应根据患者的年龄、全身情况、癌变累及范围及组织学类型选用和制订适宜的治疗方案。

3. 【答案】F
   【解析】子宫内膜癌患者除了年轻、有生育要求的患者,应行分期手术,包括:留取腹水或腹腔冲洗液进行细胞学检查,全面探查,对可疑病变部位取样做冷冻切片检查。行筋膜外子宫全切术 + 双附件切除术,剖视宫腔,确定肿瘤生长部位、累及范围,并取癌组织带子宫肌层做冷冻切片了解浸润深度,根据病变情况决定是否行淋巴结切除(F 项)。具体是否行淋巴结切除,参考 A1 型题第 2 题解析。

4. 【答案】D

附件区未扪及明显占位。患者阴道超声结果示：子宫前位，宫体大小 3.5cm×4.9cm×4.2cm，内膜居中，厚 0.25cm（单层），宫腔内查见 1.6cm×0.5cm×1.3cm 稍强回声，子宫后壁肌壁间突向浆膜下见 3.2cm×2.8cm×3.0cm 大小的弱回声团块，边界清楚，周边可见血流信号，余子宫肌壁均匀，未探及明显异常血流信号；双附件区未见确切占位。TCT 未见上皮内病变和恶性细胞。

5. 后续处理应选择
  A. 子宫肌瘤挖除术
  B. 观察随访
  C. 雌孕激素序贯疗法
  D. 口服短效避孕药
  E. 口服止血药
  F. 诊断性刮宫

6. 患者诊断性刮宫结果示高分化宫内膜样腺癌，患者及家属有生育要求，后续处理应选择
  A. 子宫全切＋双附件切除
  B. MRI 检查
  C. 宫腔镜下内膜切除术
  D. 密切随访观察
  E. 放疗
  F. 化疗

7. 患者及家属经考虑后选择保留生育功能的治疗方案，应给予患者
  A. 炔雌醇片
  B. 孕酮胶囊
  C. 去氧孕烯炔雌醇片
  D. 戊酸雌二醇片
  E. 醋酸甲地孕酮片
  F. 炔雌醇环丙孕酮片

8. 患者接受激素治疗后何时复查评估效果
  A. 1 个月
  B. 2 个月
  C. 3 个月
  D. 6 个月
  E. 12 个月
  F. 18 个月

（9~12 题共用题干）

患者，女，60 岁，绝经 10 年，阴道流血 1 个月，妇科检查示：子宫孕 6 周大小，质中，门诊分段诊刮，颈管刮出少许组织，宫腔深 8cm，宫内刮出少许糟脆组织，病理诊断为子宫内膜中分化腺癌

5. 【答案】F
  【解析】患者月经不规律，伴有月经量增多，经期延长，超声结果提示子宫后壁肌壁间见 3.2cm×2.8cm×3.0cm 大小的弱回声团块，子宫肌瘤可能性大，但该肌瘤位置和大小引起患者月经改变的可能性不大；而宫内占位可能引起相关症状。患者既往月经不规律，有内膜癌家族史，体重指数 25.39，属内膜癌发病高危人群，尽管患者年轻未生育，仍需通过诊断性刮宫（F 项）获得子宫内膜的组织标本进行病理检查明确诊断。

6. 【答案】B
  【解析】患者年轻，诊断性刮宫结果提示高分化宫内膜样腺癌，有生育要求，可考虑评估是否适合选择保留生育功能的治疗方案。对影像学评估病灶局限于子宫内膜的高分化的年轻子宫内膜样癌患者，可以考虑采用孕激素治疗为主的保留生育功能治疗。MRI（B 项）可协助判断病变范围，病变是否局限于子宫腔、有无肌层浸润及浸润深度。子宫内膜癌适合接受保留生育功能治疗的病例选择标准可用：年龄 <40 岁；渴望保留生育功能，愿意承担治疗风险；病灶局限在内膜，高分化；孕激素受体（+）血清 CA125<35IU/L。保留生育功能治疗风险高，治疗前应充分告知患者保留生育功能治疗的利弊。

7. 【答案】E
  【解析】内膜癌保留生育功能的治疗方案应选用高效、大剂量、可长期应用的孕激素药物。常用药物包括醋酸甲地孕酮（E 项）、甲羟孕酮、左炔诺孕酮宫内缓释装置。

8. 【答案】C
  【解析】子宫内膜癌孕激素治疗后至少应用 12 周（C 项）以上方可评定疗效。保留生育功能的子宫内膜癌患者应 3 个月（C 项）进行一次诊断性刮宫，判断疗效以决定后续治疗。

累及宫颈。

9. 该患者的临床病理分期至少为

    A. Ⅰ A 期　　　　　　　　B. Ⅰ B 期

    C. Ⅱ 期　　　　　　　　　D. Ⅲ 期

    E. Ⅳ 期　　　　　　　　　F. 不能确定

10. 该患者首选的治疗方案是

    A. 手术治疗　　　　　　　B. 放疗

    C. 化疗　　　　　　　　　D. 内分泌治疗

    E. 免疫治疗　　　　　　　F. 生物治疗

11. 若选择手术治疗,应选择的手术方式为

    A. 子宫全切术

    B. 子宫全切术 + 双附件切除术

    C. 子宫全切术 + 双附件切除术 + 盆腔淋巴结清扫术

    D. 改良广泛子宫全切术 + 双附件切除术 + 盆腔和腹主动脉旁淋巴结清扫术

    E. 广泛子宫全切术 + 双附件切除术

    F. 广泛子宫全切术 + 双附件切除术 + 盆腔淋巴结清扫术

12. 患者既往患风湿性心脏病,入院后心脏彩超提示二尖瓣狭窄(重度)、二尖瓣反流(重度)、主动脉瓣狭窄(轻度)、主动脉瓣反流(中度)、三尖瓣反流(轻度)、肺动脉高压。经心内科、麻醉科评估,手术风险高,患者及家属经考虑后放弃手术治疗。应予患者何种治疗

    A. 体外照射　　　　　　　B. 腔内照射

    C. 腔内腔外联合照射　　　D. 化疗

    E. 激素治疗　　　　　　　F. 生物治疗

【案例分析题】

案例一　患者,女,55 岁,孕 3 产 2,流产 1 次,绝经 6 年,因阴道不规则流血 2 个月来院就诊,既往患糖尿病。查体:身高 152cm,体重 75kg,妇科检查示宫颈肥大,宫颈轻度柱状上皮异位改变,子宫后位,均匀增大如孕 6 周,活动、无压痛,双附件区未扪及明显占位。B 型超声检查提示子宫增大,内膜厚 8mm(单层),回声不均匀,双附件区未见明显异常。宫颈脱落细胞学检查提示查见不明意义的腺上皮细胞。

提问 1:该患者考虑的诊断有哪些

    A. 子宫肌瘤　　　　　　　B. 子宫内膜癌

    C. 宫颈癌　　　　　　　　D. 功能性卵巢肿瘤

    E. 糖尿病　　　　　　　　F. 阴道炎

提问 2:下一步处理中**不合适**的有哪些

    A. 孕激素周期治疗

    B. 诊断性刮宫

    C. 宫内放置左炔诺孕酮缓释装置

9.【答案】C

【解析】根据国际妇产科联盟(FIGO)关于子宫内膜癌的手术病理分期(表 17-1),患者病变累及宫颈,暂无其他区域扩散转移的证据,因此诊断为Ⅱ期(C 项)。

10.【答案】A

【解析】内膜癌患者治疗原则是以手术(A 项)为主,辅以放疗、化疗和激素治疗等综合治疗。应根据患者的年龄、全身情况、癌变累及范围及组织学类型选用和制订适宜的治疗方案。

11.【答案】D

【解析】术前或术中很难区分原发性宫颈癌与子宫内膜癌Ⅱ期,因此对于可疑宫颈受累的内膜癌患者,应按照宫颈腺癌的手术要求,行改良广泛性子宫切除 + 双附件切除 + 盆腔淋巴结清扫 + 腹主动脉旁淋巴结清扫术,所以应选 D。

12.【答案】C

【解析】单纯放疗仅用于有手术禁忌证或无法手术切除的晚期内膜癌患者。对Ⅰ期 G1,不能接受手术治疗者可选用单纯腔内照射,其他各期均应采用腔内腔外联合照射(C 项)。

提问 1:【答案】BCE

【解析】绝经后阴道出血,考虑阴道炎(F 项)、宫颈癌和子宫内膜癌。但阴道炎往往出血量极少,持续数天即净。而患者有子宫内膜癌的高危因素,超声亦提示内膜增厚,宫颈脱落细胞学检查异常,因此,子宫内膜癌(B 项)和宫颈癌(C 项)是重点考虑的诊断。子宫肌瘤(A 项)多为育龄期女性经量改变,子宫表面凹凸不平,超声可见低回声结节。功能性卵巢肿瘤(F 项)可能导致子宫内膜病变,进展为子宫内膜癌,但一般超声检查可见卵巢实性肿物,该患者双侧附件区未及包块,不支持该诊断。

提问 2:【答案】ACDE

【解析】该患者首先需考虑排除宫颈癌和子宫内膜癌。该患者肥胖,既往有糖尿病病史,属子宫内膜癌高危人群。B 型超声提示子宫内膜增厚,诊断性刮宫能获得子宫内膜的组织标本进行病理诊断,是最常用、最有价值的内膜癌诊断方法,因此,应选择诊断性刮宫(B 项)明确该患者是否为内膜癌。除此之外,宫颈脱落细胞学检查提示查见不明意义的腺上皮细胞,为

进一步明确病变及其来源,应行阴道镜检查(F项)和宫颈管搔刮术,后者包括在诊断性刮宫的检查中。绝对不应对未排除恶性肿瘤患者直接行相关治疗,如激素治疗(A、C项)、手术治疗(D、E项)。

提问3:【答案】D
【解析】子宫内膜癌的分期现采用 FIGO 2009 年制定的手术病理分期(见表 17-1)。因病变累及宫角和卵巢,因此此分期至少为ⅢA期。

提问4:【答案】B
【解析】Ⅲ期子宫内膜癌患者病变已超出子宫实质,手术应个体化,以尽可能切除所有肉眼可见病灶为目的,手术方案同卵巢癌患者,行肿瘤细胞减灭术(B项)。

提问1:【答案】ABE
【解析】患者主要特征为:年轻女性,月经量多、淋漓不尽,超声提示宫腔占位病变。宫腔占位可能为:子宫黏膜下肌瘤(A项)、子宫内膜息肉(B项)、子宫内膜癌(E项)。进一步鉴别依靠诊断性刮宫或宫腔镜检查。无排卵性子宫出血表现为月经周期不规律、不规则阴道出血;该患者宫腔占位,不支持该诊断。子宫腺肌病(C项)多是不改变月经周期的经量增多和经期延长,且子宫明显增大,超声有典型的低回声或肌层增厚改变。宫颈癌(F项)多表现为接触性出血,患者无此症状、查体宫颈光滑,没有证据支持。

提问2:【答案】ACDE
【解析】子宫内膜癌保留生育功能的治疗方案适用条件:高分化(A项)、子宫内膜样癌(D项)、病变局限于子宫内膜(C项)、有生育要求(E项)的年轻女性。透明细胞癌(B项)是特殊类型的子宫内膜癌,其恶性程度高,易转移,必须手术治疗。肿瘤直径是否小于2cm(F项)是评估子宫内膜癌预后的因素,但不是保留生育功能的必要条件。

提问3:【答案】F
【解析】内膜癌孕激素治疗后至少应用12周以上方可评定疗效。保留生育功能的内膜癌患者应3个月进行一次诊断性刮宫(F项),判断疗效以决定后续治疗。

提问4:【答案】ABCEFG
【解析】子宫内膜癌影响预后的高危因素包括:非子宫内膜样腺癌(A项)、高级别腺癌(B项)、肌层浸润超

D. 子宫肌瘤剔除术
E. 子宫全切术
F. 阴道镜检查

提问3:患者诊断性刮宫结果回报示子宫内膜样腺癌,行子宫内膜癌分期手术,术中剖视子宫见子宫左侧宫角处 2cm×2cm 大小的菜花状赘生物,侵及宫角肌层 >1/2,左侧卵巢表面可见 1cm×1cm 大小的菜花状赘生物,探查盆腹腔内脏器,余未见明显异常。术中冰冻病理结果提示宫角及左侧卵巢赘生物均为低分化宫内膜样腺癌。该患者的临床病理分期至少为

A. ⅠA 期　　　　　　B. ⅠB 期
C. Ⅱ期　　　　　　　D. Ⅲ期
E. Ⅳ期　　　　　　　F. 不能确定

提问4:该患者手术方式应作何处理
A. 全子宫 + 双附件切除术
B. 肿瘤细胞减灭术
C. 盆腔淋巴结切除术
D. 盆腔淋巴结切除术 + 腹主动脉旁淋巴结切除术
E. 大网膜切除术
F. 阑尾切除术

案例二　患者,女,28 岁,孕 1 产 0,流产 1 次,因"月经量增多,月经淋漓不尽 1 年余"门诊就诊,既往月经不规律。查体:身高 160cm,体重 60kg,妇科检查示宫颈光滑,子宫稍大,活动佳,无压痛,双附件区未扪及明显占位。阴道超声结果示:子宫前位,宫体大小 3.5cm×4.9cm×4.2cm,内膜居中,厚 0.25cm(单层),宫腔内查见 1.0cm×0.8cm×0.8cm 稍强回声,子宫肌壁均匀,未探及明显异常血流信号;双附件区未见确切占位。

提问1:该患者可能的诊断包括
A. 子宫肌瘤　　　　　B. 子宫内膜息肉
C. 子宫腺肌病　　　　D. 无排卵性子宫出血
E. 子宫内膜癌　　　　F. 宫颈癌

提问2:患者诊断性刮宫结果示子宫内膜癌,保留生育功能治疗的条件是
A. 高分化　　　　　　B. 透明细胞癌
C. 局限于子宫内膜　　D. 子宫内膜样腺癌
E. 有生育要求　　　　F. 肿瘤直径小于 2cm

提问3:患者接受激素治疗后 3 个月复查,如何评估治疗效果
A. 阴道超声检查　　　B. CT
C. MRI　　　　　　　D. 血清 CA125
E. 阴道脱落细胞检查　F. 再次诊刮

提问4:该疾病的影响预后的高危因素有哪些
A. 非子宫内膜样腺癌　B. 高级别腺癌

C. 肌层浸润超过 1/2　　D. 长期激素用药史

E. 脉管间隙受侵　　　　F. 肿瘤直径大于 2cm

G. 淋巴结转移

表 17-1　国际妇产科联盟子宫内膜癌的手术病理分期(2009 年)

分期	肿瘤范围
Ⅰ期	肿瘤局限于子宫体
ⅠA	无或 <1/2 肌层浸润
ⅠB	≥ 1/2 肌层浸润
Ⅱ期	癌瘤累及子宫颈间质,但无宫体外蔓延
Ⅲ期	局部和 / 或区域扩散
ⅢA	癌瘤累及子宫体浆膜层和 / 或附件
ⅢB	阴道和 / 或宫旁受累
ⅢC	癌瘤转移至盆腔和 / 或腹主动脉旁淋巴结
ⅢC1	癌瘤转移至盆腔淋巴结
ⅢC2	癌瘤转移至腹主动脉旁淋巴结,有 / 无盆腔淋巴结转移
Ⅳ期	癌瘤累及膀胱和 / 或直肠黏膜;和 / 或远处转移
ⅣA	癌瘤累及膀胱和 / 或直肠黏膜
ⅣB	远处转移,包括腹腔转移和 / 或腹股沟淋巴结转移

过 1/2(C 项)、脉管间隙受侵(E 项)、肿瘤直径大于 2cm(F 项)、宫颈间质受侵、淋巴结转移(G 项)和宫外转移。长期激素用药史(D 项)是患子宫内膜癌的高危因素,此类有异常子宫出血的患者,应警惕子宫内膜癌,但其与疾病预后无明显相关性。

(赵霞)

第十八章　卵巢肿瘤

1.【答案】A
　【解析】良性卵巢囊性畸胎瘤可以发生蒂扭转,破裂,感染,恶性变等并发症,卵巢畸胎瘤内容物可有油脂、毛发、牙齿或骨骼,由于其重心多偏于头节一侧,故蒂扭转(A项)发生更常见。

2.【答案】C
　【解析】常见的卵巢肿瘤标志物包括 CA125(A项)、AFP(B项)、hCG(E项)和雌激素(D项)。

3.【答案】E
　【解析】卵巢肿瘤蒂扭转术时一经确诊即行手术切除肿瘤(A项),术时应先在扭转蒂部靠子宫的一侧钳夹后,再切除肿瘤和扭转的瘤蒂(B项),钳夹前不可先将扭转的蒂复位,以防血栓脱落造成重要器官栓塞。尽量避免术中将肿瘤弄破(C项),切下肿瘤后应剖检并送病检(D项)。

1.【答案】E
　【解析】根据阴道脱落细胞及子宫内膜活检提示该女性体内受雌激素高度影响,而绝经后女性理论上雌激素水平低下,因此选择分泌雌激素的卵泡膜细胞瘤(E项)。

2.【答案】B
　【解析】盆腔肿块合并血清甲胎蛋白水平异常,应考虑卵巢内胚窦瘤(B项)。

【A1 型题】

1. 良性卵巢畸胎瘤最常见的并发症为
   A. 蒂扭转　　　　　　　　B. 破裂
   C. 感染　　　　　　　　　D. 出血
   E. 恶性变

2. 以下不可以作为卵巢肿瘤标志物的为
   A. CA125　　　　　　　　B. AFP
   C. 鳞状细胞癌抗原　　　　D. 雌激素
   E. hCG

3. 关于卵巢肿瘤蒂扭转的处理,下列错误的为
   A. 一经确诊即行手术切除肿瘤
   B. 术时应先在扭转蒂部靠子宫的一侧钳夹后,再切除肿瘤和扭转的瘤蒂
   C. 术中尽量避免将肿瘤弄破
   D. 切下肿瘤后应剖检并送病检
   E. 钳夹前可先将扭转的蒂复位

【A2 型题】

1. 女性,55 岁,孕产史"2-0-1-2"。绝经 5 年,阴道流血半个月。妇科检查:子宫正常大,右附件区扪及 8cm 大小实性肿块,阴道脱落细胞检查提示雌激素高度影响,子宫内膜活检提示子宫内膜单纯性增生。该女性最可能的诊断是
   A. 纤维瘤　　　　　　　　B. 浆液性囊腺瘤
   C. 良性畸胎瘤　　　　　　D. 黏液性囊腺瘤
   E. 卵泡膜细胞瘤

2. 女性,16 岁,否认性生活史,自行扪及下腹部偏左肿块 1 周。肛查左附件区触及直径约 13cm 大小实性肿块,腹部叩诊移动性

浊音(+)。血清甲胎蛋白值 >400μg/L。本例最可能的诊断为

  A. 卵巢未成熟畸胎瘤   B. 卵巢内胚窦瘤

  C. 卵巢浆液性囊腺瘤   D. 卵巢颗粒细胞瘤

  E. 卵巢纤维瘤伴腹水

3. 女性,24 岁,未婚未育,否认性生活,今晨起后下腹疼痛,体温 37.3℃,脉搏 96 次/min,右下腹压痛。妇科检查子宫正常大小,右附件区扪及直径约 8cm 的囊性肿块,压痛,近子宫处压痛最明显。白细胞计数 13×10^9/L。诊断首先考虑

  A. 输卵管妊娠流产   B. 盆腔炎性包块

  C. 盆腔脓肿   D. 卵巢囊肿蒂扭转

  E. 阑尾周围脓肿

3.【答案】D

【解析】无性生活,可排除妊娠(A 项);附件区包块,压痛,近子宫处压痛最明显,根据临床表现和辅助检查,应诊断为卵巢肿瘤蒂扭转(D 项)。

4. 女性,17 岁,无性生活史,因发现盆腔包块半月,剖腹探查见右侧卵巢直径约 9cm 的实性肿瘤,包膜完整,腹腔细胞学未找到癌细胞。子宫和左侧卵巢外观正常,冷冻切片病理结果报告为卵巢无性细胞瘤。本例恰当的处理是

  A. 肿瘤切除,术后化疗

  B. 肿瘤切除,术后放疗

  C. 患侧附件切除,术后化疗

  D. 全子宫及双附件切除,术后放疗

  E. 右侧附件切除

4.【答案】E

【解析】年轻并希望保留生育功能的恶性生殖细胞肿瘤患者者,无论期别早晚,只要对侧卵巢和子宫未被肿瘤浸润,均可行保留生育功能手术;除 I 期无性细胞瘤和 I 期 G1 的未成熟畸胎瘤外,其他患者均需化疗;因此选择 E。

【A3/A4 型题】

(1~3 题共用题干)

女性,20 岁,无性生活史,无意间扪及右下腹部有一肿块。今晨起床后突发右下腹疼痛,较剧,伴恶心呕吐,体温 37.2℃。检查右下腹有肿块,压痛明显,肛查:子宫右侧可及直径约 10cm 肿块,活动、触痛,根部压痛尤为明显。

1. 该患者最可能的诊断应是

  A. 输卵管结核   B. 盆腔炎症性包块

  C. 急性阑尾炎   D. 卵巢肿瘤合并感染

  E. 卵巢肿瘤蒂扭转

2. 最有价值的辅助检查方法是

  A. 查白细胞总数及分类   B. 查痰中抗酸杆菌

  C. 检查血中 C 反应蛋白   D. 腹部 X 线平片

  E. 超声检查

3. 一经确诊,最恰当的处理应是

  A. 给予广谱抗生素

  B. 抗结核和抗感染治疗

  C. 立即手术治疗

  D. 先抗炎待病情稳定行手术治疗

1.【答案】E

【解析】活动后突发一侧腹痛,伴恶心呕吐,子宫右侧可及直径约 10cm 肿块,活动、触痛,根部压痛尤为明显,以上均为卵巢肿瘤蒂扭转(E 项)表现。

2.【答案】E.

【解析】超声检查(E 项)可以看到肿物来院,且根据图像尤其是血流情况协助诊断为卵巢肿瘤蒂扭转。

3.【答案】C

【解析】卵巢囊肿蒂扭转属于急腹症,应立即手术治疗(C 项)。

E. 阴道后穹窿切开,放置引流条

【案例分析题】

案例一 女性,45 岁,孕产史"1-0-2-1"。卫生院体检时发现盆腔一 5cm 包块,为进一步明确诊断来到上级医院。

提问 1:正确的初步处理是

提问 1:【答案】AB
　　【解析】为明确盆腔包块大小、位置、形态、性质等,需要行妇科检查(A 项)和超声(B 项)进行初步检查,妇科检查前需要排空膀胱。

A. 排空膀胱行妇科检查

B. 超声影像学检查

C. 盆腔 CT

D. 静脉肾盂造影

E. hCG 检测

F. 膀胱镜检查

G. 腹腔镜检查

提问 2:妇科检查提示左附件一囊实性包块约 5cm,活动,无压痛,超声提示左卵巢内一囊实性包块,直径约 5cm,并见短线状强回声,肿瘤标志物均正常。诊断首先考虑

提问 2:【答案】A
　　【解析】囊实性并且有短线状强回声的卵巢肿块首先考虑为畸胎瘤(A 项)。

A. 畸胎瘤

B. 卵巢浆液性囊腺瘤

C. 卵巢黏液性囊腺瘤

D. 卵巢内胚窦瘤

E. 卵巢子宫内膜异位囊肿

F. 卵巢颗粒细胞瘤

G. 卵巢无性细胞瘤

提问 3:该女性可能出现的并发症包括

提问 3:【答案】ABCE
　　【解析】卵巢肿瘤的常见并发症包括蒂扭转(A 项)、破裂(B 项)、感染(C 项)、恶性变(E 项)等。

A. 肿瘤蒂扭转　　　　B. 肿瘤破裂

C. 肿瘤感染　　　　　D. 肿瘤出血

E. 肿瘤恶变　　　　　F. 月经紊乱

G. 痛经

提问 4:最终病理证实为良性,以下治疗措施哪些是合理的

提问 4:【答案】BCDE
　　【解析】卵巢良性肿瘤经充分沟通利弊后,可以考虑行经腹或经腹腔镜下患侧附件切除术(B,D 项)或患侧肿瘤剔除术(C,E 项),术中是否保留卵巢取决于肿瘤的位置、大小、是否存在扭转所致坏死,以及患者年龄。术中剖检,必要时送快速冰冻病理检查。

A. 经腹子宫全切 + 双附件切除

B. 经腹行患侧附件切除术

C. 经腹行患侧肿瘤剔除术

D. 腹腔镜下行患侧附件切除术

E. 腹腔镜下行患侧肿瘤剔除术

F. 卵巢癌根治术

案例二 女性,16 岁,无性生活史,晨起锻炼后突然发生左下腹剧烈疼痛伴恶心呕吐 3h,体温 37.6℃,检查左下腹部有一压痛明显的肿块,近子宫处压痛最为明显。

提问 1:该患者最可能的诊断是

提问 1:【答案】AE
　　【解析】运动后出现的急性下腹痛,且存在压痛明显肿块,近子宫处(蒂部)压痛最为明显,首先考虑包块扭转可能,包块可为子宫浆膜下肌瘤(A 项),亦可为卵巢肿瘤(E 项)。

A. 子宫浆膜下肌瘤扭转

B. 盆腔炎症性包块

C. 结核性腹膜炎

D. 卵巢肿瘤合并感染

E. 卵巢肿瘤蒂扭转

F. 卵巢肿瘤破裂

提问2:需要进行的辅助检查是

    A. 血常规   B. 血生化全套

    C. 血 C 反应蛋白   D. 腹部 X 线平片

    E. B 型超声检查   F. 后穹窿穿刺

提问3:超声检查提示左附件包块,肿块内部未及血流,血常规提示白细胞 $13 \times 10^9/L$,CRP 正常,最恰当的处理应是

    A. 大剂量广谱抗生素

    B. 抗结核和抗感染治疗

    C. 立即手术治疗

    D. 先抗炎待病情稳定行手术治疗

    E. 阴道后穹窿切开,放置引流条

    F. 卧床休息,观察

提问4:病理检查提示卵巢囊性成熟畸胎瘤,以下哪些肿瘤属于同一类卵巢肿瘤

    A. 内胚窦瘤   B. 颗粒细胞瘤

    C. 卵泡膜细胞瘤   D. 睾丸母细胞瘤

    E. 无性细胞瘤   F. 未成熟畸胎瘤

    G. Brenner 瘤

案例三 女性,58 岁,孕产史"2-0-3-2",绝经 6 年,阴道流血 1 个月。

提问1:需要考虑哪些疾病

    A. 萎缩性阴道炎   B. 子宫内膜癌

    C. 宫颈癌   D. 卵巢卵泡膜瘤

    E. 卵巢颗粒细胞瘤   F. 内分泌失调

提问2:需要进行哪些检查

    A. 妇科检查   B. 盆腔超声检查

    C. 宫颈细胞学检查   D. 生殖内分泌

    E. 白带常规   F. hCG 检测

提问3:妇科检查:外阴未萎缩,阴道有皱襞,色泽正常,宫颈光,子宫正常大小,右侧附件区可扪及 6cm 实性肿块,无压痛。目前诊断首先考虑

    A. 卵巢纤维瘤   B. 卵巢浆液性囊腺瘤

    C. 卵巢黏液性囊腺瘤   D. 卵巢畸胎瘤

    E. 卵巢颗粒细胞瘤   F. Brenner 瘤

提问4:以下哪些肿瘤和该患者的卵巢肿瘤为同一类

    A. 内胚窦瘤   B. 纤维瘤

    C. 卵泡膜细胞瘤   D. 睾丸母细胞瘤

提问2:【答案】ACE

  【解析】因体温 37.6℃,查血常规(A 项)和 CRP(C 项)排除是否合并感染,B 型超声(E 项)检查确定包块位置和性质。

提问3:【答案】C

  【解析】卵巢肿块蒂扭转一经确诊即行手术切除肿瘤(C 项)。

提问4:【答案】AEF

  【解析】卵巢生殖细胞肿瘤包括畸胎瘤 [成熟畸胎瘤、未成熟畸胎瘤(F 项)]、无性细胞瘤(E 项)和内胚窦瘤(A 项)。B,C,D 属于性索间质细胞瘤,G 属于上皮性肿瘤。

提问1:【答案】ABCDE

  【解析】绝经后阴道流血需要考虑萎缩性阴道炎(A 项),肿瘤相关性疾病如子宫内膜癌(B 项)、宫颈癌(C 项)及分泌雌激素的肿瘤(D 项)(E 项)。

提问2:【答案】ABCE

  【解析】行妇科检查(A 项)和白带常规(E 项)确定有无萎缩性阴道炎,盆腔超声(B 项)排除有无子宫或附件的器质性病变,宫颈细胞学(C 项)排除宫颈病变。

提问3:【答案】E

  【解析】绝经后女性生殖器官未萎缩,且附件区有肿块,考虑为分泌雌激素的肿瘤,故首选 E。

提问4:【答案】BCD

  【解析】纤维瘤(B 项)、卵泡膜细胞瘤(C 项)、睾丸母细胞瘤(D 项)与颗粒细胞同属于性索间质细胞肿瘤。畸胎瘤 [成熟畸胎瘤、未成熟畸胎瘤(F 项)]、无性细胞瘤(E 项)和内胚窦瘤(A 项)属于卵巢生殖细胞肿瘤。Brenner 瘤(G 项)属于上皮性肿瘤。

E. 无性细胞瘤　　　F. 未成熟畸胎瘤

G. Brenner 瘤

案例四　女性,36 岁,孕产史"1-0-2-1",腹胀半个月,有痛经。查体发现附件区一包块。

提问 1:需要鉴别的诊断包括

A. 子宫内膜异位症　　B. 子宫内膜癌
C. 子宫肌瘤　　　　　D. 盆腔结核
E. 卵巢上皮性癌　　　F. 输卵管卵巢积水

提问 2:为进一步明确诊断,首选辅助检查包括

A. 细胞学检查　　　　B. 盆腔 B 型超声检查
C. CT、MRI 检查　　　D. 剖腹探查活组织检查
E. 肿瘤标志物测定　　F. 胸部 X 线平片

提问 3:将行肿瘤标志物检测,请问以下描述正确的为

A. 卵巢内胚窦瘤可出现血甲胎蛋白(AFP)值升高
B. 卵巢卵泡膜细胞瘤可出现血雌激素值升高
C. 卵巢绒癌可出现血 β-hCG 值升高
D. 卵巢上皮性癌可出现血 CA125 升高
E. 卵巢支持间质细胞瘤可出现尿 17 酮类固醇值升高
F. 未成熟畸胎瘤不会出现甲胎蛋白(AFP)值升高

提问 4:血清 CA125 为 485IU/L。超声提示左侧卵巢囊实性肿块,剖腹探查见左卵巢囊实性增大约 10cm×8cm×8cm,与周围无粘连,探查盆腹腔未见其他病灶,左附件切除快速冰冻检查提示卵巢上皮性癌。对于该类肿瘤,处理原则是

A. 全子宫及双附件切除术
B. 全面分期手术
C. 全子宫、双附件及大网膜切除术、正常腹膜随机盲检及选择性淋巴结切除术
D. 根治性子宫切除术及盆腔淋巴结切除术
E. 肿瘤细胞减灭术
F. 双附件切除术
G. 黏液性肿瘤应行阑尾切除术

案例五　女性,45 岁,孕产史"2-0-2-2"。腹胀 3 个月,加重 1 周。体格检查:生命体征无异常,慢性病容,轻度贫血貌,宫颈光滑,宫体正常大,活动欠佳,双附件区可及 8cm×7cm 大小实性包块,表面高低不平,活动欠佳,叩诊移动性浊音阳性。

提问 1:为协助诊断,应做以下哪些检查

A. 血 AFP、CA125、CEA、CA19-9、β-hCG 检测
B. 盆腔超声检查
C. 宫腔镜检查
D. 阴道镜检查

提问 1:【答案】ADEF
【解析】附件来源的诊断包括子宫内膜异位症(A 项)、输卵管卵巢积水(F 项)、盆腔结核(D 项)和卵巢上皮性癌(E 项)。

提问 2:【答案】BEF
【解析】盆腔 B 型超声检查(B 项)确定包块的位置和性质,肿瘤标志物(E 项)可协助判断内异、恶性肿瘤,胸部 X 线平片(F 项)排除肺结核。

提问 3:【答案】ABCDE
【解析】未成熟畸胎瘤含卵黄囊成分者,AFP 也可升高,因此不选 F,其他描述正确。

提问 4:【答案】BCEG
【解析】上皮性卵巢癌早期应行全面分期手术(B 项):全子宫、双附件及大网膜切除术、正常腹膜随机盲检及选择性淋巴结切除术(C 项),黏液性肿瘤应行阑尾切除术(G 项),晚期行肿瘤细胞减灭术(E 项)。

提问 1:【答案】ABEF
【解析】该患者双附件包块伴腹水,高度怀疑卵巢恶性肿瘤,可行肿瘤标志物检测了解肿块可能的病理类型(A 项),影像学了解肿块的性质及与周边的关系,淋巴结有无转移(B、E 项)。腹水细胞学检查腹水有无恶性细胞(F 项)。

E. 全腹 CT

F. 腹水细胞学检查

提问 2：血清 CA125 1 085IU/L，腹水细胞学结果示腺癌细胞，可能性最大的恶性肿瘤为

  A. 卵巢子宫内膜样癌 B. 浆液性囊腺癌

  C. 黏液性囊腺癌   D. 透明细胞癌

  E. 卵泡膜细胞瘤   F. 颗粒细胞瘤

提问 3：行术前检查，未见手术禁忌证，但提示大网膜有转移，以下手术方式合理的为

  A. 全面探查并行肿瘤细胞减灭术

  B. 再分期手术

  C. 二次探查术

  D. 改良广泛子宫切除术

  E. 广泛子宫切除术

  F. 需要有足够大的腹部正中直切口

提问 4：手术病理提示卵巢浆液性癌，分化为Ⅲ级，术中见盆腔外腹膜转移，病灶最大直径为 3cm，且腹膜后淋巴结 3/24 阳性。分期应为

  A. ⅠB   B. ⅡB

  C. ⅡC   D. ⅢB

  E. ⅢC   F. Ⅳ

案例六 女性，45 岁，孕产史"2-0-2-2"。因ⅢC 期浆液性囊腺癌行肿瘤细胞减灭术，为理想减灭。

提问 1：该患者残留的病灶应为

  A. 无病灶   B. 直径小于 1cm

  C. 直径小于 2cm   D. 直径小于 0.5cm

  E. 数量小于 1 个   F. 数量小于 2 个

提问 2：术后 2d 肛门排气，术后 1 周复查血常规肝肾功能均正常，接下来的治疗方案为

  A. 至少行 6 个疗程化疗

  B. 化疗 3~4 个疗程后行二次探查术

  C. 行铂类为基础的联合化疗

  D. 首选腹腔化疗

  E. 首选静脉化疗

  F. 应用紫杉醇化疗时，应常规预防过敏

  G. 使用顺铂应注意肾毒性

提问 3：关于卵巢癌患者化疗，以下说法正确的是

  A. 上皮性卵巢癌对化疗较敏感，即使有广泛转移也能取得一定疗效

  B. 经过全面分期手术的ⅠA 和ⅠB 期也需要化疗

  C. 化疗可以用于初次手术后的辅助治疗

提问 2：【答案】B

  【解析】题干提示为"可能性最大"，所以是最佳选择题。腺癌细胞可以为：卵巢子宫内膜样癌、浆液性囊腺癌、黏液性囊腺癌、透明细胞癌，同时伴 CA125 升高，可能性最大的为浆液性囊腺癌（B 项）。

提问 3：【答案】AF

  【解析】卵巢恶性肿瘤晚期应行肿瘤细胞减灭术（A 项），需要有足够大的腹部正中直切口（F 项）。

提问 4：【答案】E

  【解析】ⅢC 期（E 项）：肉眼盆腔外腹膜转移，病灶最大直径 >2cm，伴或不伴腹膜后淋巴结转移（包括肿瘤蔓延至肝包膜和脾，但未转移到脏器实质）。

提问 1：【答案】AB

  【解析】最大残余灶直径小于 1cm（A，B 项）为理想或满意的肿瘤细胞减灭术。

提问 2：【答案】ACEFG

  【解析】该患者为ⅢC 期，建议行 6~8 疗程化疗（A 项），行铂类为基础的联合化疗（C 项），一般采用静脉化疗（E 项），对于初次手术不满意者可采用静脉腹腔联合化疗。应用紫杉醇化疗时，应常规预防过敏（F 项），使用顺铂应注意肾毒性（G 项）。

提问 3：【答案】ACDF

  【解析】除经过全面分期手术的ⅠA 和ⅠB 期、且为 G1 的患者不需要化疗外，其他患者均需化疗。化疗可以和免疫治疗联合应用。因此不选 B，E；其余选项均正确。

提问 4：【答案】ABDEFG

【解析】卵巢恶性肿瘤术后第一年每 3 个月随访 1 次（A 项），第二年每 4~6 个月随访 1 次（B 项），第 5 年后每 12 个月随访 1 次（D 项）。随访内容包括：肿瘤标志物检测（E 项）、超声检查（F 项）、盆腔检查（G 项），必要时行 X 线胸片、CT 检查等。

提问 1：【答案】ACE

【解析】患者出现急腹痛，伴盆腔包块，因此需要行超声检查（E 项）明确包块性质，因血压下降，脉搏快，需要查血常规（A 项）明确有无贫血。血 C 反应蛋白检测（C 项）排除炎性包块可能。肝功能，腹部 X 线平片和后穹窿穿刺暂时不需要。

提问 2：【答案】F

【解析】该患者为盆腔包块伴下腹痛，且伴贫血，超声提示包块来源于卵巢，故首先考虑卵巢肿瘤破裂。因该患者为无明显诱因下出现腹痛，自发性破裂多见于恶性肿瘤，故首先考虑卵巢恶性肿瘤伴破裂（F 项）。血 C 反应蛋白正常，故不考虑盆腔炎性包块。

提问 3：【答案】FG

【解析】虽然首先怀疑卵巢恶性肿瘤，但是患者为年轻且未生育女性，在没有明确病理诊断之前不能直接行卵巢癌根治术，故可以跟患者充分沟通利弊后选择患侧附件切除术（F 项）或卵巢肿瘤剔除术（G 项），术中送快速冷冻切片明确诊断。

D. 可先行 2~3 疗程的新辅助化疗再行手术

E. 化疗不可以和免疫治疗联合应用

F. 化疗可作为不能耐受手术者的主要治疗

提问 4：化疗 2 疗程后 CA125 降至正常，共化疗 6 疗程，各项检查均正常，医生建议定期随访，随访的时间和内容包括

A. 第一年每 3 个月随访 1 次

B. 第二年 4~6 个月随访 1 次

C. 第二年 6~12 个月随访 1 次

D. 第 5 年后每 12 个月随访 1 次

E. 肿瘤标志物检测

F. 超声检查

G. 盆腔检查

案例七 女性，28 岁，孕产史"0-0-1-0"。无明显诱因下急性下腹痛 2h 入院。体格检查：痛苦貌，体温 37℃，呼吸 20 次 /min，血压 80/50mmHg，脉搏 110 次 /min，左下腹压痛明显。妇科检查：子宫常大，左附件区可及 8cm×8cm×7cm 包块，压痛明显，右附件区无异常。

提问 1：首先进行的检查包括

A. 血常规 　　　　　B. 血肝功能

C. 血 C 反应蛋白 　　D. 腹部 X 线平片

E. B 型超声检查 　　 F. 后穹窿穿刺

提问 2：超声提示左侧卵巢无回声暗区约 8cm×8cm×7cm，张力欠佳，局部见乳头状突起，血流丰富。盆腹腔见游离液体，血色素 8g/dl，血超敏 C 反应蛋白 0.02mg/L。目前的诊断首先考虑

A. 卵巢良性肿瘤

B. 卵巢恶性肿瘤

C. 卵巢良性肿瘤伴扭转

D. 卵巢恶性肿瘤伴扭转

E. 卵巢良性肿瘤伴破裂

F. 卵巢恶性肿瘤伴破裂

G. 盆腔炎性包块

提问 3：接下来应该进行的治疗可选择

A. 广泛性全子宫切除、双附件切除和腹膜后淋巴结清扫术

B. 全子宫及双附件切除术

C. 全子宫、双附件、大网膜切除术和腹膜后淋巴结清扫术

D. 全子宫、双附件和大网膜切除术

E. 广泛性全子宫切除和双附件切除术

F. 患侧附件切除术

G. 患侧卵巢肿瘤剔除术

提问 4:术中快速冷冻切片提示为卵巢浆液性癌,该患者可能出现异常的肿瘤标志物为

    A. CA125

    B. AFP

    C. 鳞状细胞癌抗原

    D. 雌激素

    E. hCG

    F. 附睾蛋白 -4

提问 4:【答案】AF

    【解析】上皮性卵巢癌的常见肿瘤标志物为 CA125（A 项）和附睾蛋白 -4（F 项）。

案例八 女性,40 岁,孕产史"1-0-2-1"。2 年前曾有腹胀、上腹部不适病史,外院诊断为"胃溃疡"。现腹胀半个月,按胃溃疡治疗未见好转。3d 前自己触及下腹部包块而就诊。发病以来大小便正常,无月经改变。体重两个月下降 3kg。体格检查:生命体征无异常,慢性病容,轻度贫血貌,下腹部两侧均可触及 7cm 大小的包块,有结节感,活动度尚可,无触痛,叩诊移动性浊音阳性。妇科检查:外阴、阴道正常,子宫颈光滑,子宫正常大小,活动良好,双侧附件区均可扪及 7cm 包块,有结节感,大小、包块性质同腹部检查。

提问 1:应进行的辅助检查包括

    A. 血常规

    B. 血肿瘤标志物

    C. 全腹 CT

    D. 胃镜检查

    E. B 型超声检查

    F. 后穹窿穿刺

提问 1:【答案】ABCDE

    【解析】根据病史描述,应进行血常规（A 项）明确有无贫血,超声（E 项),肿瘤标志物（B 项）协助诊断,胃镜（D 项）排除胃部病变,全腹 CT（C 项）进一步明确盆腔肿块和胃溃疡的性质。后穹窿穿刺多用于怀疑内出血时。

提问 2:若胃镜提示胃部溃疡,超声检查提示双侧附件实性肿物,大小约 7cm,全腹中等量游离液体。首选的处理为

    A. 胃镜下活检

    B. 剖腹探查术

    C. 腹腔镜检查

    D. 腹腔穿刺细胞学检查

    E. 盆腔包块细针穿刺活检术

    F. 后穹窿穿刺

提问 2:【答案】A

    【解析】本患者有胃部病变,且为双侧卵巢实性肿物,伴有腹水,高度考虑继发于胃肠道的转移癌,因此首先应行胃镜下活检（A 项）排除胃癌,故其他均不应选择。

提问 3:本病例最可能的诊断为

    A. 卵巢无性细胞瘤

    B. Krukenberg's tumor

    C. 卵巢性索间质细胞肿瘤

    D. 卵巢黏液性囊腺瘤

    E. 卵巢浆液性囊腺瘤

    F. 卵巢内胚窦瘤

提问 3:【答案】B

    【解析】库肯勃瘤(Krukenberg's tumor)即印戒细胞癌,是一种特殊的卵巢转移性癌,原发部位在胃肠道,肿瘤以双侧为常见,临床表现缺乏特异性,可以在诊断原发肿瘤的同时发现卵巢转移,也可以盆腔包块伴腹痛、腹胀和腹腔积液为首发症状,而原发肿瘤的表现不明显。故结合病史首选该诊断。

提问4:【答案】ABCDEG

【解析】若原发瘤已经切除且无其他转移和复发迹象,转移瘤仅局限于盆腔,可进行全子宫及双附件切除术,并尽可能切除盆腔转移灶,术后根据原发肿瘤性质给予化疗或放疗。故除了(F项),其余描述正确。

提问4:活检提示胃癌,关于其处理,以下描述正确的是

A. 转移性癌占卵巢肿瘤5%~10%

B. 体内任何部位如乳腺、肠、胃、生殖道、泌尿道等的原发性癌,均可能转移到卵巢

C. 印戒细胞癌是一种特殊的卵巢转移性癌,原发部位在胃肠道

D. 库肯勃瘤一般无粘连,切面实性,胶质样

E. 治疗原则是缓解和控制症状

F. 尽可能切除盆腔转移灶,无须行全子宫及双附件切除术

G. 大部分卵巢转移瘤治疗效果不佳,预后很差

(谢幸)

第十九章 异位妊娠

【A1 型题】

1. 关于输卵管妊娠的说法**错误**的是
   A. 输卵管妊娠多发生在壶腹部
   B. 输卵管壶腹部妊娠多在妊娠 8~12 周流产
   C. 输卵管峡部妊娠多在妊娠 6 周左右破裂
   D. 输卵管间质部妊娠多在妊娠 12~16 周发生破裂
   E. 输卵管妊娠流产或破裂后,胚胎落入腹腔继续生长,发生原发性腹腔妊娠

2. 异位妊娠时哪一项不是常见的子宫的变化
   A. 子宫增大变软小于停经月份
   B. 子宫内膜出现蜕膜反应
   C. 子宫蜕膜剥离,常表现为停经后不规则阴道流血
   D. 子宫内膜有时可见过度增生和分泌反应,称 Arias-Stella（A-S）反应
   E. B 型超声子宫内膜菲薄,宫内见无回声

3. 异位妊娠的常见症状**不包括**
   A. 停经
   B. 阴道大出血
   C. 下腹胀痛
   D. 突发下腹痛
   E. 晕厥

4. 异位妊娠的检查方法**不包括**
   A. 尿妊娠试验
   B. 血 β-hCG
   C. B 型超声检查
   D. 后穹窿穿刺
   E. 宫腔镜检查

1【答案】E
【解析】腹腔妊娠指位于输卵管、卵巢及阔韧带以外的腹腔内的妊娠,分为原发性和继发性。原发性腹腔妊娠的诊断标准为:①两侧输卵管和卵巢正常,无近期妊娠的证据;②无子宫腹膜瘘形成;③妊娠只存在于腹腔内,无输卵管妊娠等的可能性。继发性腹腔妊娠多见于输卵管妊娠流产或破裂后,偶见于卵巢妊娠或子宫内妊娠而子宫存在缺陷时,胚胎落入腹腔。

2.【答案】E
【解析】异位妊娠的超声图像特点:宫内未探及妊娠囊,若宫旁探及异常低回声区,且见卵黄囊、胚芽及原始心管搏动,可确诊异位妊娠;若宫旁探及混合回声区,子宫直肠窝有游离暗区,虽未见胚芽及胎心搏动,也应高度怀疑异位妊娠;由于子宫内有时可见到假妊娠囊(蜕膜管型与血液形成),应注意鉴别,以免误诊为宫内妊娠。

3.【答案】B
【解析】异位妊娠症状有:①停经。②阴道流血:常表现为不规则阴道流血,量少,一般不超过月经量,少数患者量较多,类似月经。③腹痛:下腹一侧隐痛或胀痛,破裂时突发下腹痛。④晕厥和休克。

4.【答案】E
【解析】异位妊娠的检查方法包括 hCG 测定、孕酮测定、B 型超声检查、腹腔镜检查、经阴道后穹窿穿刺、诊断性刮宫。

5.【答案】E

【解析】药物治疗适应证：①无甲氨蝶呤使用禁忌证；②输卵管妊娠未发生破裂；③妊娠囊直径 <4cm，超声未见胚胎原始心管搏动；④血 β-hCG<2 000IU/L；⑤无活动性腹腔内出血。

6.【答案】E

【解析】卵巢妊娠诊断标准为：①患侧输卵管完整；②异位妊娠位于卵巢组织内；③绒毛组织中有卵巢组织；④异位妊娠以卵巢固有韧带与子宫相连。

7.【答案】E

【解析】宫颈妊娠的诊断标准：①妇科检查发现膨大的宫颈上方为正常大小的子宫；②妊娠产物完全在宫颈管内；③分段刮宫，宫腔内未发现任何妊娠产物。确诊后可行宫颈管搔刮术或行宫颈管吸刮术，术前应做好输血准备或术前行子宫动脉栓塞术以减少术中出血；术后用纱布条填塞宫颈管创面，或应用小水囊压迫止血，若流血不止，可行双侧髂内动脉结扎，若效果不佳，应及时行全子宫切除术，以挽救生命。若无需刮宫时出血并避免切除子宫，可采用术前给予甲氨蝶呤治疗，经甲氨蝶呤治疗后，胚胎死亡，其周围绒毛组织坏死，刮宫时出血量明显减少。

8.【答案】D

【解析】经阴道 B 型超声是诊断剖宫产瘢痕部位妊娠的主要手段，其图像为：①宫腔内无妊娠囊；②宫颈管内无妊娠囊；③妊娠囊位于子宫峡部前壁，超声下可见原始心管搏动或者仅见混合性回声包块；④子宫前壁肌层连续性中断，妊娠囊与膀胱壁之间的肌层明显变薄、甚至消失；⑤彩色多普勒血流显像显示妊娠囊周边高速低阻血流信号。

1.【答案】C

【解析】经阴道 B 型超声是诊断异位妊娠的主要手段，异位妊娠的声像特点：宫内未探及妊娠囊，若宫旁探及异常低回声区，且见卵黄囊、胚芽及原始心管搏动，可确诊异位妊娠；若宫旁探及混合回声区，子宫直肠窝有游离暗区，虽未见胚芽及胎心搏动，也应高度怀疑异位妊娠；由于子宫内有时可见到假妊娠囊（蜕膜管型与血液形成），应注意鉴别，以免误诊为宫内妊娠。诊断性刮宫很少应用，适用于与不能存活的宫内妊娠的鉴别诊断和超声检查不能确定妊娠部位。宫腔镜检查不是异位妊娠的主要检查方法。腹腔镜检查不再是异位妊娠诊断的金标准，且有 3%~4% 的患者因妊娠囊过小而被漏诊，也可能因输卵管扩张和颜色改变而误诊为异位妊娠，目前很少将腹腔镜作为检查的手段，而更多作为手术治疗。尿或血 hCG 测定对早期诊断异位妊娠至关重要，诊断异位妊娠时，体内 hCG 水平较宫内妊娠低，但超过 99% 的异位妊娠患者 hCG 阳性，除非极少数陈旧性宫外孕可表现为阴性结果。

5. 异位妊娠药物治疗指征**不包括**
   A. 无药物治疗禁忌证
   B. 未发生破裂，无明显腹腔内出血
   C. 妊娠囊直径 <3cm
   D. 血 hCG<2 000IU/L
   E. 超声见胚胎原始心管搏动

6. 卵巢妊娠诊断标准**不包括**
   A. 患侧输卵管完整
   B. 异位妊娠位于卵巢组织内
   C. 绒毛组织中有卵巢组织
   D. 异位妊娠以卵巢固有韧带与子宫相连
   E. 异位妊娠以输卵管系膜与输卵管相连

7. 关于宫颈妊娠**不正确**的是
   A. 妇科检查发现在膨大的宫颈上方为正常大小的子宫
   B. 妊娠产物完全在宫颈管内
   C. 分段刮宫，宫腔内未发现任何妊娠产物
   D. B 型超声检查显示宫腔空虚，妊娠产物位于膨大的宫颈管内
   E. 治疗可行吸刮宫颈管术，如出血多应及时行全子宫切除术

8. B 型超声诊断剖宫产瘢痕部位妊娠图像**不包括**
   A. 宫腔内无妊娠囊
   B. 宫颈管内无妊娠囊
   C. 妊娠囊位于子宫峡部前壁，超声下可见原始心管搏动或者仅见混合性回声包块
   D. 膀胱壁和妊娠囊之间有正常肌层
   E. 彩色多普勒超声可显示妊娠物内部及周围血流丰富

【A2 型题】

1. 患者，25 岁，停经 48d，自测尿妊娠试验阳性，阴道流血 2d，左下腹隐痛 1d，检查示宫口闭，子宫饱满，左下腹轻压痛，下列哪项检查最有意义
   A. 诊断性刮宫
   B. 宫腔镜检查
   C. B 型超声检查
   D. 血 hCG
   E. 腹腔镜检查

2. 患者 27 岁,停经 50d,少量阴道流血 1d,突发下腹剧痛 2h,伴恶心、呕吐及一过性晕厥。查面色苍白,四肢厥冷,血压 60/40mmHg,脉搏 120 次 /min,妇科检查:后穹窿触痛及宫颈举痛明显,盆腔触诊因痛不满意。此时考虑腹腔内出血,最有价值的辅助检查方法是

  A. 尿妊娠试验

  B. B 型超声检查

  C. 阴道后穹窿穿刺

  D. 诊断性刮宫

  E. 腹腔镜检查

2.【答案】C
【解析】对于异位妊娠腹腔内出血最有价值的辅助检查方式是阴道后穹窿穿刺,如抽出不凝血,考虑腹腔内出血。

3. 患者 33 岁,已婚已育,室间隔缺损 2cm,双向分流,肺动脉压力 80mmHg,心功能Ⅲ级,患异位妊娠,右输卵管妊娠破裂,治疗应为

  A. 期待治疗

  B. 药物保守治疗

  C. 手术行右输卵管切除术

  D. 手术行右附件切除术

  E. 手术行右输卵管切除 + 左输卵管结扎术

3.【答案】E
【解析】患者有心功能不全及肺动脉高压,不适于保守治疗及再次妊娠,对于无生育要求的异位妊娠患者,手术选择患侧输卵管切除,同时行对侧输卵管结扎。

4. 患者 32 岁,因双侧输卵管不通,行 IVF-ET,第一次移植 2 枚胚胎,冷冻 8 枚胚胎,胚胎移植后 1 个月,血 β-hCG 为 3 000IU/L,B 型超声提示宫内无妊娠囊,内膜 6mm,左侧附件区见卵黄囊及原始心管搏动,治疗应为

  A. 期待治疗

  B. 药物保守治疗

  C. 手术行左输卵管切除术

  D. 手术行左附件切除术

  E. 手术行左输卵管切除 + 右输卵管结扎术

4.【答案】E
【解析】患者为双侧输卵管不通行 IVF-ET,目前为左侧异位妊娠(活胎),不宜保守治疗或者期待治疗。手术选择应为:患侧输卵管切除,同时行对侧输卵管结扎,以降低再次异位妊娠的发生率,提高 IVF-ET 宫内妊娠的成功率。

【A3/A4 型题】

(1~4 题共用题干)

患者 28 岁,婚后 2 年未孕,停经 3 个月,自测尿妊娠试验阳性,少量阴道流血半个月,口服孕酮保胎中,今晨起床后突发下腹痛,面色苍白,出冷汗。来院急诊查血压 80/50mmHg,心率 110 次 /min,脉搏细速,四肢厥冷。

1. 检查时可能出现的体征**不包括**

  A. 阴道少量暗红血,后穹窿饱满有触痛

  B. 宫口松开大,外口见活动性出血

  C. 宫颈举痛明显

  D. 子宫略增大变软,有漂浮感

  E. 下腹部明显压痛、反跳痛、肌紧张

1.【答案】B
【解析】异位妊娠破裂导致腹腔内出血、失血性休克时表现为患者面色苍白、四肢厥冷、脉搏细速、血压下降。腹部膨隆、全腹压痛及反跳痛与肌紧张、移动性浊音阳性。妇科检查见阴道少量血液,后穹窿饱满、触痛;宫颈剧痛明显;子宫略增大、变软,有漂浮感;子宫后方或患侧附件可扪及压痛性肿块。

2.【答案】B

【解析】见 A2 型题第 2 题解析。

3.【答案】C

【解析】该患者应考虑异位妊娠破裂,伴有失血性休克,需尽快抗休克同时手术治疗。

4.【答案】C

【解析】输卵管间质部妊娠为避免绒毛残留,应行宫角楔形切除及患侧输卵管切除术。

5.【答案】D

【解析】患者"末次月经"量少并伴有淋漓不净出血,应考虑停经后的异常出血,同时伴有突发下腹痛、盆腔积液及休克症状,且已上置节育器 10 年,因此异位妊娠破裂是最有可能的诊断。

6.【答案】C

【解析】根据患者血压 80/60mmHg,脉搏 120 次 /min,计算休克指数 [休克指数=脉搏/收缩压=120(次 /min)/80(mmHg)=1.5,为严重休克,失血 30%~50%],对应估计出血量,因此选 C。

7.【答案】E

【解析】失血性休克,补充血容量,按照先晶体后胶体的原则,通常首先用平衡盐溶液。

2. 需要立即做的下一步检查是

　　A. 血 β-hCG

　　B. 后穹窿穿刺

　　C. B 型超声检查

　　D. 诊断性刮宫术

　　E. 腹腔镜检查

3. 最合适的处理方法为

　　A. 吸氧、心电监护

　　B. 补液、输血

　　C. 抗休克同时手术治疗

　　D. 止血药应用

　　E. 大剂量抗生素应用

4. 术中见输卵管间质部妊娠,应行

　　A. 宫角楔形切除术

　　B. 患侧输卵管切除术

　　C. 宫角楔形切除及患侧输卵管切除术

　　D. 宫角楔形切除及患侧附件切除术

　　E. 次全子宫切除术

(5~8 题共用题干)

患者 45 岁,已婚已育,放环 10 年余,末次月经量少,淋漓不净 1 周,晨起后突发下腹痛,有肛门坠胀感,伴乏力、出冷汗。来院查血压 80/60mmHg,脉搏 120 次 /min,表情淡漠,口渴无尿,面色苍白,四肢厥冷,脉搏细速。

5. 最有可能的诊断是

　　A. 异常子宫出血

　　B. 不全流产

　　C. 黄体破裂

　　D. 异位妊娠破裂

　　E. 异位妊娠流产

6. 后穹窿穿刺抽出 10ml 不凝血,考虑腹腔内出血、失血性休克,估计出血量达

　　A. 400~500ml

　　B. 600~700ml

　　C. 800~1 600ml

　　D. 1 700~2 400ml

　　E. 大于 2 400ml

7. 失血性休克,补充血容量,通常首先采用的液体是

　　A. 5% 葡萄糖溶液

　　B. 10% 葡萄糖溶液

　　C. 5% 碳酸氢钠溶液

　　D. 右旋糖酐溶液

E. 平衡盐溶液

8. 接下来抗休克同时行手术，术中见腹腔内大量积血及凝血块，左侧输卵管壶腹部增粗，直径 3cm，见破口，表面活动性出血，最合适的手术方案为

    A. 先清除腹腔内出血，再行患侧输卵管切除术

    B. 清除腹腔内出血，同时行患侧输卵管切除术

    C. 患侧输卵管切除，对侧输卵管结扎，清除腹腔内出血

    D. 快速钳夹患侧输卵管出血部位，患侧输卵管切除，清除腹腔内出血

    E. 快速钳夹患侧输卵管出血部位，患侧输卵管切除，清除腹腔内出血，最后行取环术

【案例分析题】

案例一 患者 27 岁，经产妇，因"不规则阴道出血 1 周"门诊就诊。平时月经规则 5/28，末次月经 5 周前，自测尿妊娠试验阳性，2 年前顺产，最近 1 周偶尔感下腹隐痛。体格检查：心率 94 次/min，血压 100/60mmHg，全腹软，无压痛及反跳痛。妇科检查提示：外阴已产式，阴道穹窿见少量深褐色血，宫颈光滑、宫口闭合，宫体前位，正常大小，附件未触及包块。经阴道超声检查提示：宫腔无妊娠囊，子宫内膜厚 10mm，附件无肿块，子宫直肠窝无游离液体。实验室检查：血 β-hCG 1 900IU/L，血红蛋白 115g/L。

提问 1：目前可能的诊断包括

    A. 流产   B. 输卵管妊娠

    C. 卵巢妊娠   D. 葡萄胎

    E. 侵蚀性葡萄胎   F. 子宫内膜癌

    G. 异常子宫出血

提问 2：最适合的下一步处理是

    A. 1 周后复查 B 型超声

    B. 48h 后复查血 β-hCG

    C. 孕酮测定

    D. 行诊刮术

    E. 行腹腔镜检查

    F. 行宫腔镜检查

    G. 行剖腹探查

案例二 患者 25 岁，孕产史"2-0-1-2"，10d 前开始有轻微下腹痛及少量阴道出血。双合诊妇科检查和经阴道超声检查，提示子宫内膜不均质低回声，未见孕囊，左侧附件见 2cm 低回声占位，超声诊断黄体或异位妊娠可能。当时血 β-hCG 500IU/L，2d 后随访血 β-hCG 875IU/L，行负压吸引术未见绒毛，内膜蜕膜变。

提问 1：目前可以排除的诊断为

8.【答案】E

【解析】异位妊娠破裂出血的手术，应以控制出血为首要步骤，该患者带环发生异位妊娠，考虑环的效用下降或者位置异常，因此需要取环。

提问 1:【答案】ABC

【解析】患者为停经后出血，血 β-hCG 升高，首先考虑妊娠相关疾病，而葡萄胎具有典型的超声图像，子宫大于相应孕周，无妊娠囊或胎心搏动，宫腔内充满不均质密集状或短条状回声，呈"落雪状"水泡较大时则呈"蜂窝状"，且血 hCG 滴度常明显高于正常孕周的相应值，在停经 8~10 周以后继续持续上升。本病例当中 B 型超声提示宫腔内未见妊娠囊，则考虑流产或者异位妊娠可能性大。

提问 2:【答案】B

【解析】异位妊娠时血 β-hCG 往往低于正常宫内妊娠，且 β-hCG 倍增在 48h 内常不足 66%。2016 年 11 月，英国皇家妇产科医师学院（RCOG）联合早期妊娠协会（AEPU）共同发布了异位妊娠的诊断和管理指南，为异位妊娠的诊断和管理提供循证指导。血 β-hCG 水平联合超声诊断有助于异位妊娠的管理，诊断时需在 48h 内重复检测血 β-hCG。

A. 先兆流产

B. 异位妊娠

C. 葡萄胎

D. 绒癌

E. 胎盘部位滋养细胞肿瘤

F. 子宫内膜癌

G. 不全流产

提问2:初步诊断异位妊娠。患者希望尽量避免手术,给予甲氨蝶呤(MTX)单次肌内注射,给药后第4天和第7天随访血β-hCG分别为1 500IU/L和1 300IU/L。第7天患者生命体征平稳,有轻微下腹部抽痛,关于患者的以上情况,最佳的下一步管理是

A. 48h后复查血β-hCG

B. 1周后复查血β-hCG

C. 行腹腔镜检查

D. 重复给药MTX

E. 重复行负压吸宫术

F. 行剖腹探查术 + 异位妊娠病灶切除术

G. 无特殊处理,定期随访

提问1:【答案】ACDEFG

【解析】患者已行负压吸引术未见绒毛,内膜蜕膜变,因此可排除宫内妊娠及滋养细胞疾病和肿瘤。

提问2:【答案】D

【解析】甲氨蝶呤用药后随访:①单次或分次用药后2周内,宜每隔3d复查血β-hCG及超声;②血β-hCG呈下降趋势并连续三次阴性,症状缓解或消失,阴道流血减少或停止者为显效;③若用药后4~7d血hCG下降<15%,应重复治疗(方法同前文所述);④若病情无改善,甚至发生急性腹痛或输卵管破裂症状,则应立即进行手术治疗;⑤用药后35d,血β-hCG也可为低值(<15IU/L),也有用药后109d血β-hCG才降至正常者。该患者用药后第7天血β-hCG下降20%,但患者第7天有轻微下腹部抽痛,考虑患者生命体征平稳,患者本人希望避免外科手术,因此重复给药是目前最好的选择。

案例三 患者24岁,因"阴道出血伴下腹痛2d"急诊就诊。平时月经规律,末次月经为12周前,孕产史"0-0-0-0",8个月前曾因衣原体感染治疗。妇科检查除右侧下腹部压痛外,其余检查均无异常。实验室值如下:血红蛋白124g/L;血细胞比容35%;白细胞计数2.3×10⁹/L;血小板计数86×10⁹/L;血β-hCG 3 600IU/L;天冬氨酸转氨酶60IU/L;丙氨酸氨基转移酶52IU/L;血清肌酐120μmol/L。盆腔超声检查显示宫内无孕囊,右附件见囊性肿块,直径2.8cm,内见卵黄囊,子宫直肠窝无游离液体。

提问1:**不适当**的处理是

A. 48h内复测血β-hCG水平

B. 48h后复测血β-hCG水平

C. 48h内复查B型超声

D. 48h后复查B型超声

E. 诊断性刮宫术

F. 甲氨蝶呤肌内注射

G. 腹腔镜输卵管切除术

H. 经腹输卵管切除术

提问1:【答案】ABCDEF

【解析】对无内出血或仅有少量内出血的患者,可采用药物治疗或手术治疗。药物治疗适应证:①一般情况良好,无活动性腹腔内出血;②盆腔肿块最大直径<4cm;③血β-hCG<2 000IU/L;④超声未见胚胎原始血管搏动;⑤肝、肾功能及血红细胞、白细胞、血小板计数正常;⑥无甲氨蝶呤使用禁忌证。手术治疗适应证:①生命体征不稳定或有腹腔内出血征象者;②异位妊娠有进展者(如血β-hCG>3 000IU/L或持续升高、有胎心搏动、附件区大包块等);③随诊不可靠者;④药物治疗禁忌证或无效者;⑤持续性异位妊娠者。诊断性刮宫很少应用,适用于与不能存活的宫内妊娠的鉴别诊断和超声检查不能确定妊娠部位者。所以根据上述病例内容,该患者需采用手术治疗。

(狄文)

第二十章　妊娠滋养细胞疾病

【A1 型题】

1. 妊娠滋养细胞肿瘤最常见的转移部位是
   - A. 脑
   - B. 肺
   - C. 阴道
   - D. 肝
   - E. 肾

2. 妊娠滋养细胞肿瘤患者突发急性腹痛,以下哪种情况**不作为**首先考虑
   - A. 子宫病灶穿破浆膜层
   - B. 肝转移病灶破裂
   - C. 卵巢黄素化囊肿扭转
   - D. 卵巢黄素化囊肿破裂
   - E. 肠梗阻

3. 以下**不属于**葡萄胎预防性化疗的指征
   - A. 完全性葡萄胎排出前 β-hCG>10^{5}IU/L
   - B. 子宫明显大于停经月份
   - C. 黄素化囊肿直径大于 6cm
   - D. 部分性葡萄胎
   - E. 随访困难的完全性葡萄胎

4. 下列描述**不符合**侵蚀性葡萄胎特点的是
   - A. 可继发于葡萄胎排空后
   - B. 可发生在流产、足月妊娠、异位妊娠以后
   - C. 可见侵入肌层的水泡状组织
   - D. 可见绒毛结构
   - E. 主要经血行播散

【A2 型题】

1. 女性,25 岁,孕 1 产 0。停经 50d,阴道不规则流血 2 周。妇科检查:子宫颈呈紫蓝色,子宫如孕 3 个月大小,双侧附件区无殊,尿 hCG(+)。B 型超声提示子宫腔内"落雪状图像改变"。

1.【答案】B
【解析】妊娠滋养细胞肿瘤最常见的转移部位是肺(80%),其次是阴道(30%)、盆腔(20%)、肝(10%)和脑(10%)。改此题正确答案为 B 选项。

2.【答案】E
【解析】妊娠滋养细胞肿瘤患者突发急性腹痛,需警惕子宫病灶穿破浆膜层(A 项)、肝转移病灶破裂(B 项)、卵巢黄素化囊肿扭转(C 项)、卵巢黄素化囊肿破裂(D 项)。

3.【答案】D
【解析】葡萄胎预防性化疗的指征包括:完全性葡萄胎排出前 β-hCG>10^{5}IU/L(A 项),子宫明显大于停经月份(B 项),黄素化囊肿直径 >6cm(C 项),随访困难的完全性葡萄胎(E 项)。

4.【答案】B
【解析】发生在葡萄胎以后的妊娠滋养细胞肿瘤可以为侵蚀性葡萄胎或绒癌,而发生在流产、足月妊娠、异位妊娠以后的妊娠滋养细胞肿瘤为绒癌(B 选项)。侵袭性葡萄胎镜下可见水泡状组织侵入肌层,有绒毛结构及滋养细胞增生和异型性。妊娠滋养细胞肿瘤主要通过血行转移。

1.【答案】B

【解析】子宫腔内"蜂窝状回声或落雪状回声"是葡萄胎（B项）的典型超声图像。

2.【答案】B

【解析】葡萄胎常常同时合并卵巢黄素化囊肿（B项）。

3.【答案】B

【解析】子宫肌层内见细胞和合体滋养细胞高度增生，明显异型，未见绒毛或水泡状结构，是绒癌的典型病理学表现（B选项正确）。镜下是否见绒毛结构是葡萄胎与绒癌的区别。

4.【答案】A

【解析】根据葡萄胎排空后或流产、足月分娩、异位妊娠后出现阴道流血和/或转移灶及其相应症状和体征，应考虑妊娠滋养细胞肿瘤可能，非葡萄胎妊娠后只继发绒癌（A选项正确），而侵袭性葡萄胎只能继发于葡萄胎（D选项错误）。

最可能的诊断是

A. 子宫肌瘤　　　　　　　　B. 葡萄胎

C. 子宫内膜癌　　　　　　　D. 子宫内膜增殖症

E. 子宫内膜炎

2. 女性，28 岁，孕 1 产 0。停经 2 个月，阴道不规则流血 20d。血 hCG>10^5IU/L，阴道超声提示子宫腔内蜂窝状回声，双侧卵巢各可及直径约 5cm 囊肿。此囊肿最可能的诊断是

A. 卵巢黄体囊肿　　　　　　B. 卵巢黄素化囊肿

C. 卵巢浆液性囊腺瘤　　　　D. 卵巢黏液性囊腺瘤

E. 卵巢子宫内膜异位囊肿

3. 女性，29 岁，孕 5 产 1，流产 4 次，半年前患者有葡萄胎病史，少量阴道出血 1 个半月，hCG 持续不降。超声提示有宫腔内容物，与肌层分界不清，行宫腔镜下电切割术，病理报告结果示：子宫肌层内见细胞和合体滋养细胞高度增生，明显异型，未见绒毛或水泡状结构。最可能的诊断是

A. 不全流产　　　　　　　　B. 绒癌

C. 侵袭性葡萄胎　　　　　　D. 重复性葡萄胎

E. 胎盘部位滋养细胞肿瘤

4. 女性，30 岁，孕产史"1-0-2-1"，人工流产术后 5 个月。术后持续阴道流血至今，量不多。否认术后性生活。现尿妊娠试验阳性，超声提示宫腔线清，双附件未见异常，胸部 X 线平片见两肺中下叶散在浅淡半透明圆形阴影及棉花团影。本例最可能的诊断为

A. 绒毛膜癌　　　　B. 先兆流产　　　　C. 葡萄胎

D. 侵蚀性葡萄胎　　E. 吸宫不全

【A3/A4 型题】

（1~3 题共用题干）

女性，30 岁，孕产史"1-0-2-1"，阴道流血半个月，咳嗽伴有咯血 3d。末次妊娠为 6 个月前足月顺产一活婴。妇科检查：阴道壁见 2cm×1cm×1cm 紫蓝色结节，宫颈光滑，宫体如孕 50d 大小，质软，活动，附件区未触及包块。胸片示多个低密度圆形阴影，血 hCG 8 927IU/L。

1. 本例最可能的诊断是

A. 葡萄胎　　　　　　　　　B. 妊娠滋养细胞肿瘤

C. 肺癌　　　　　　　　　　D. 子宫内膜癌

E. 阴道癌

1.【答案】B

【解析】本例患者足月产后阴道流血，hCG 异常升高，咳嗽、咯血伴肺部阴影，阴道转移结节，应首先考虑妊娠滋养细胞肿瘤（B项）。

2. 关于妊娠滋养细胞肿瘤诊断标准,以下**错误**的为
   A. 可继发于葡萄胎排空后,也可发生在流产、足月妊娠、异位妊娠以后
   B. hCG 水平是妊娠滋养细胞肿瘤的主要诊断依据
   C. 需除外妊娠物残留或再次妊娠
   D. 必须要有组织学诊断依据
   E. X 线胸片可以协助妊娠滋养细胞肿瘤的诊断

3. 本例**不恰当**的处理是
   A. 化疗   B. 头颅 CT 检查
   C. 上腹部超声检查   D. 阴道病灶活检
   E. 血 hCG 监测

(4~6 题共用题干)

31 岁女性,平时月经规律,停经 50d,阴道少量流血 10d,偶有阵发性腹痛。妇科检查:宫颈着色,宫体如妊娠 2 个半月大,双附件区均扪及囊性包块。超声提示:子宫孕 2 个半月大,宫腔内布满落雪状回声,双卵巢见多房无回声暗区,大小均约 6cm×6cm×5cm。

4. 双附件区包块首先考虑是
   A. 输卵管结核   B. 输卵管积水
   C. 卵巢黄素化囊肿   D. 卵巢囊性畸胎瘤
   E. 双侧隐睾

5. 首选的治疗措施为
   A. 药物流产   B. 静脉滴注缩宫素
   C. 子宫切除术   D. 清宫术
   E. 预防性化疗

6. 术后病理报告提示完全性葡萄胎,关于该病以下描述正确的为
   A. 术后半年可以妊娠
   B. 为减少出血,清宫术中常规使用缩宫素
   C. 术后需要定期随访,定期 hCG 测定
   D. 术后避孕建议使用宫内节育器
   E. 建议预防性化疗

【案例分析题】

案例一 女性,21 岁,已婚,孕产史"0-0-2-0",于 2011 年 2 月 6 日因"阴道不规则流血 10d"就诊。既往月经欠规则,周期 40~60d,经期 5d。末次月经:2010 年 12 月 15 日。体格检查:生命体征平稳,两肺听诊呼吸音清,心脏听诊未及杂音,腹略隆,无压痛。妇科检查:阴道内少量血性分泌物,宫颈轻度糜烂样改变,子宫增大如孕 3$^+$ 个月,双附件区增厚,无压痛。

提问 1:该患者应进一步行以下哪些检查

2.【答案】D
【解析】妊娠滋养细胞肿瘤可继发于葡萄胎排空后,也可发生在流产、足月妊娠、异位妊娠以后,hCG 水平是妊娠滋养细胞肿瘤的主要诊断依据,需除外妊娠物残留或再次妊娠,组织学诊断依据不是必需的(D 项),X 线胸片明确的肺转移支持妊娠滋养细胞肿瘤诊断。

3.【答案】D
【解析】滋养细胞肿瘤病灶极易出血,应避免单纯为明确诊断而行活检(D 项);并且大多数病灶化疗后可消失,无需特殊处理。

4.【答案】C
【解析】宫腔内布满"落雪状回声"首先考虑葡萄胎,该病发生黄素化囊肿(C 项)的概率较高,双侧发生者占绝大多数。

5.【答案】D
【解析】葡萄胎一经诊断应尽快行清宫术(D 项)。

6.【答案】C
【解析】葡萄胎患者术后需要定期随访(C 项),定期 hCG 测定,术后应可靠避孕 1 年。为减少出血,清宫术中可以使用缩宫素,但不常规应用,若需要应在充分扩张宫颈管和开始吸宫后使用。术后避孕不建议使用宫内节育器,避免混淆子宫出血原因或造成穿孔。预防性化疗不常规使用。

提问 1:【答案】AC
　　【解析】生育期年龄女性有异常阴道流血,需行 hCG 检测 (A 项) 排除妊娠及妊娠相关性疾病;子宫如孕 3 个月大,需行超声检查 (C 项) 明确子宫有无异常。

提问 2:【答案】DG
　　【解析】子宫腔内"蜂窝状回声或落雪状回声"是葡萄胎 (D 项) 的典型超声图像。卵巢黄素化囊肿 (G) 为完全性葡萄胎常见表现,常为双侧,切面为多房,囊壁薄,囊液清亮。

提问 3:【答案】D
　　【解析】葡萄胎一经诊断应尽快行清宫术 (D 项)。

提问 4:【答案】ABCD
　　【解析】完全性葡萄胎恶变的相关高危因素:排出前 β-hCG>10⁵IU/L(A 项),子宫明显大于停经月份 (B 项),黄素化囊肿直径 >6cm(C 项),其他还包括年龄大于 40 岁 (D 项),重复葡萄胎妊娠史。

A. hCG
B. 腹部 X 线平片
C. 阴道 B 型超声
D. 血常规
E. 尿常规
F. 宫颈细胞学检查
G. 血生殖内分泌检测

提问 2:B 型超声提示宫腔内充满弥漫性雪花样回声点,双侧卵巢囊性增大,大小约 5cm×5cm×4cm,多房,内液清,血 hCG 10⁵IU/L。该患者的初步诊断为
A. 先兆流产
B. 难免流产合并双卵巢囊肿
C. 卵巢肿瘤
D. 葡萄胎
E. 稽留流产
F. 卵巢肿瘤
G. 卵巢黄素化囊肿

提问 3:首选的治疗措施为
A. 药物流产
B. 静脉滴注缩宫素
C. 子宫切除术
D. 清宫术
E. 预防性化疗
F. 卵巢肿瘤剔除术

提问 4:该患者病理确诊为完全性葡萄胎,发生恶变的相关高危因素包括
A. 血 β-hCG>10⁵IU/L
B. 子宫明显大于停经月份
C. 黄素化囊肿直径 >6cm
D. 年龄大于 40 岁
E. 多次妊娠
F. 口服避孕药

案例二　女性,25 岁,已婚,孕 0 产 0,停经 65d,反复阴道流血 23d 来院,出血量少于以往月经量,色暗红。妇科检查:子宫增大如孕 3 个月大小,质偏软,无压痛。自测尿 hCG 阳性。阴道 B 型超声检查子宫如孕 3 个月大小,宫腔内未见明显孕囊,呈"落雪样"改变,右卵巢见一 5cm 大小无回声暗区。

提问 1:该患者的诊断首先考虑为
A. 难免流产
B. 稽留流产
C. 卵巢肿瘤
D. 葡萄胎
E. 多胎妊娠
F. 宫腔积血
G. 卵巢黄素化囊肿

提问 1:【答案】DG
　　【解析】停经并 hCG 阳性者考虑妊娠相关疾病,子宫腔内"蜂窝状回声或落雪状回声"是葡萄胎 (D 项) 的典型超声图像。常合并卵巢黄素化囊肿 (G 项)。

提问 2:该患者入院治疗当天突然出现阴道大量流血,需要对患者进行哪些处理
A. 尽快采用吸刮术
B. 在输液,备血准备下,充分扩张宫颈管
C. 应在手术室进行刮宫
D. 立即静脉滴注缩宫素
E. 刮出物必须送组织学检查
F. 急诊行子宫切除术

提问 2:【答案】ABCE
　　【解析】葡萄胎大出血应尽快采用吸刮术 (A 项),在输液,备血准备下,充分扩张宫颈管 (B 项),刮宫应在手术室进行 (C 项),刮出物必须送组织学检查 (E 项),可在术中应用缩宫素静脉滴注,但一般推荐缩宫素在充分扩张宫颈管和开始吸宫后使用。

提问3:关于患者的右卵巢囊肿,以下描述正确的为

　　A. 囊肿大于6cm是葡萄胎恶变的高危因素

　　B. 囊肿在葡萄胎清宫后会自行消退

　　C. 若发生囊肿急性蒂扭转,可在B型超声下作穿刺吸液

　　D. 若发生囊肿急性蒂扭转,可在腹腔镜下作穿刺吸液

　　E. 若发生扭转时间较长出现坏死,需作患侧附件切除术

　　F. 应行腹腔镜检查排除卵巢肿瘤

　　G. 建议常规行穿刺吸液术

提问4:患者术后病理报告提示为部分性葡萄胎,以下观点**错误**的为

　　A. 该患者发生子宫局部侵犯为15%

　　B. 该患者发生远处转移的概率4%

　　C. 该患者发生子宫局部侵犯为4%

　　D. 该患者发生远处转移的概率15%

　　E. 该患者一般不会发生远处转移

　　F. 术后定期测血hCG,每月一次直至阴性

　　G. 术后常规使用宫内节育器避孕

案例三 女性,28岁,已婚,孕3产2,流产1次,3个月前因"葡萄胎"行清宫术,术后1周复查血hCG 2 000IU/L,后定期复查,血hCG呈下降趋势。3周前查血hCG 620IU/L,2周前查血hCG 589IU/L,1周前查血hCG 801IU/L,今查血hCG 2 030IU/L。术后1个月有性生活,未避孕。该患者无生育要求。体格检查:生命体征平稳,两肺听诊呼吸音清,心脏听诊未及杂音,腹平软,无压痛。妇科检查:外阴阴道无异常,宫颈光滑,子宫略大,双附件未及包块及压痛

提问1:进一步行辅助检查首选为

　　A. X线胸片　　　　　　B. 肺部CT

　　C. 经阴道B型超声　　　D. 盆腔CT

　　E. 腹部CT　　　　　　F. 头颅CT

提问2:需要进行鉴别的诊断为

　　A. 葡萄胎残留　　　　　B. 难免流产

　　C. 稽留流产　　　　　　D. 妊娠滋养细胞肿瘤

　　E. 异位妊娠　　　　　　F. 先兆流产

提问3:上述患者行B型超声检查提示子宫内膜0.3cm,肌层内不均回声2cm×1cm,血流丰富,双附件区未见异常。X线胸片无异常,但有咳嗽咳痰,进一步可选以下哪项检查

　　A. 痰培养　　　　　　　B. 结核菌素(PPD)试验

　　C. 血常规　　　　　　　D. 血培养

　　E. 胸部CT　　　　　　F. 盆腔CT

　　G. 上腹部CT　　　　　H. 头颅CT

提问3:【答案】ABCDE

　　【解析】完全性葡萄胎恶变的相关高危因素:排出前3-hCG>10^5IU/L,子宫明显大于停经月份,黄素化囊肿直径>6cm(A项),其他还包括年龄大于40岁,前次重复葡萄胎妊娠史。卵巢黄素化囊肿在葡萄胎清宫后会自行消退,一般不需处理(B项)。若发生急性扭转,可在B型超声或腹腔镜下作穿刺吸液(C,D项),囊肿也多能自然复位。如扭转时间较长发生坏死,则需行患侧附件切除术(E项)。

提问4:【答案】ABDFG

　　【解析】完全性葡萄胎发生子宫局部侵犯和/或远处转移的概率约为15%和4%,部分性葡萄胎发生子宫局部侵犯的概率约为4%(C项),一般不发生远处转移(E项)。避孕方法可选避孕套或口服避孕药。不选用宫内节育器,以免宫穿孔或混淆子宫出血的原因。术后定期测定hCG,清宫后每周1次,至连续3次阴性,后每个月1次共6个月,然后2个月一次共6个月。

提问1:【答案】AC

　　【解析】葡萄胎清宫术后需警惕妊娠滋养细胞肿瘤,其中X线胸片(A项)为常规检查,X线胸片明确的肺转移支持妊娠滋养细胞肿瘤诊断,超声检查(C项)是诊断子宫原发病灶最常用的方法。通常CT不作为首选的检查方法。

提问2:【答案】ABCDEF

　　【解析】葡萄胎清宫术后需警惕妊娠滋养细胞肿瘤(D项),但要除外妊娠物残留(A项)或再次妊娠(B,C,E,F项)。

提问3:【答案】E

　　【解析】对X线胸片阴性者,应常规检查胸部CT(E项),主要用于发现肺部较小病灶。对X线胸片或胸部CT阳性者,应常规检查脑、肝CT或磁共振。

提问4:【答案】D

【解析】治疗原则为采用以化疗为主、手术和放疗为辅的综合治疗。化疗方案的选择原则是低危(通常包括≤6分的Ⅰ~Ⅲ期)患者选择单一药物化疗(D项),高危(通常包括≥7分的Ⅰ~Ⅲ期和Ⅳ期)患者选择联合化疗。此例患者病变累及肺脏,为Ⅲ期;患者28岁(<40岁,0分)、继发于葡萄胎(0分)、距前次妊娠3个月(<4个月,0分)、治疗前hCG 10^3~10^4(1分)、最大肿瘤大小2cm(<3cm,0分)、转移部位肺脏(0分)、转移病灶数1个(1分),总评分2分;患者为低危,行单药化疗(D项正确)。

提问1:【答案】BCD

【解析】葡萄胎清宫术后需警惕妊娠滋养细胞肿瘤,但要除外妊娠物残留或再次妊娠。其中血清hCG(C项)是滋养细胞肿瘤的主要诊断依据,X线胸片(B项)为常规检查,X线胸片明确的肺转移支持妊娠滋养细胞肿瘤诊断,超声检查(D项)是诊断子宫原发病灶最常用的方法。

提问2:【答案】BC

【解析】患者既往有葡萄胎病史,现hCG升高、B型超声提示子宫肌层占位、X线胸片提示双肺占位,首先考虑滋养细胞肿瘤,即侵袭性葡萄胎、绒癌(B,C选项正确)。侵蚀性葡萄胎全部继发于葡萄胎妊娠,绒癌可继发于葡萄胎妊娠,也可继发于非葡萄胎妊娠。

提问3:【答案】BF

【解析】见案例三提问3解析。

提问4:【答案】C

【解析】见案例三提问4解析。本例患者为Ⅳ期,属于高危。

提问4:胸部CT见右下肺一0.8cm结节,考虑为转移灶。接下来的治疗首选为

    A. 放射治疗   B. 放化疗

    C. 联合化疗   D. 单药化疗

    E. 子宫切除术   F. 双附件切除术

案例四 女性,41岁,孕3产1,流产2次,孩子10岁。停经70d反复阴道流血20d,量少,色暗红。近10余天,常有咳嗽,并有痰,痰中有血丝。妇科检查:阴道内少量血性分泌物,宫颈光滑,子宫增大如孕40d大小,无压痛。1年前有葡萄胎清宫病史,后未复查。尿hCG阳性。

提问1:该患者目前首先需进行的辅助检查是

    A. 痰液找脱落细胞   B. 胸片

    C. 血hCG测定   D. 阴道B型超声

    E. 肺CT   F. PPD试验

提问2:该患者检查血hCG>10^5IU/L;阴道B型超声检查子宫如孕40d大小,宫腔内回声稍杂乱,肌层内有3cm×5cm高回声团,血流丰富,阻力指数0.24,双附件无特殊;X线胸片见两下肺散在棉絮状阴影。该患者诊断首先考虑为

    A. 不全流产

    B. 绒癌肺转移

    C. 侵蚀性葡萄胎肺转移

    D. 胎盘部位滋养细胞肿瘤

    E. 葡萄胎

    F. 肺结核

提问3:下列哪项为进一步检查需要

    A. 分段诊刮   B. 全腹CT

    C. 结核菌素试验   D. 血培养

    E. 血肿瘤标志物   F. 头颅CT

提问4:CT提示肝脏有转移灶,进一步治疗方案为

    A. 放疗

    B. 单药化疗

    C. 联合化疗

    D. 放化疗

    E. 试验性抗结核治疗

    F. 手术治疗

(谢幸)

第二十一章　子宫内膜异位症及子宫腺肌病

第一节　子宫内膜异位症

【A1 型题】

1. 关于子宫内膜异位症说法错误的是
   A. 盆腔子宫内膜异位症最常见的部位是卵巢
   B. 腹腔镜检查是目前诊断子宫内膜异位症的标准方法
   C. 痛经是子宫内膜异位症的典型症状,表现为继发性痛经,
      进行性加重
   D. 卵巢子宫内膜异位囊肿引起月经异常可能与病灶破坏卵
      巢组织,影响卵巢功能有关
   E. 子宫内膜异位症组织学上是良性,无增生、浸润、转移及复
      发等恶性行为

2. 关于子宫内膜异位症所致的疼痛,下列哪项不恰当
   A. 痛经表现为继发性痛经,渐进性加重
   B. 多于月经第 1 天开始,以后逐渐减轻
   C. 疼痛部位多为下腹深部及腰骶部
   D. 疼痛程度与病灶大小不一定成正比
   E. 少数表现为慢性盆腔痛及性交痛

3. 子宫内膜异位症患者行根治性手术的切除范围为
   A. 双附件切除术
   B. 子宫、双附件切除术
   C. 子宫、双附件切除及盆腔淋巴结清扫术
   D. 子宫、双附件及盆腔内所有病灶切除术
   E. 子宫、双附件及盆腔内所有内膜异位病灶切除术

4. 子宫内膜异位症患者行保留卵巢功能手术的适合的年龄为
   A. 35 岁以下　　　　　　B. 40 岁以下
   C. 45 岁以下　　　　　　D. 50 岁以下

1.【答案】E
【解析】子宫内膜异位症虽为良性疾病,但具有增生、浸润、转移及复发等恶性行为。

2.【答案】B
【解析】子宫内膜异位症所致痛经多于月经第 1 天开始,持续整个经期。

3.【答案】E
【解析】子宫内膜异位症患者行根治性手术为将子宫、双附件及盆腔内所有异位内膜病灶予以切除或清除,适用于 45 岁以上无生育要求女性,术后不用雌激素补充治疗者,几乎不复发。

4.【答案】C
【解析】保留卵巢功能手术是将盆腔内病灶及子宫予以切除,以杜绝子宫内膜再经输卵管逆流种植和蔓延的可能性,但要保留至少一侧卵巢或部分卵巢以维持患者卵巢功能。此手术适用于Ⅲ、Ⅳ期患者、症状明显且无生育要求的 45 岁以下患者,术后复发率约 5%。

1. 【答案】C

【解析】修正的 RAFS 分期法评分 6~15 分为 II 期。

2. 【答案】E

【解析】进行性加重的痛经应考虑为子宫内膜异位症，对于此类疾病的检查包括：妇科检查、盆腔 B 型超声、CA125 测定、腹腔镜检查。腹部 X 线平片一般用于检查腹部是否有异常阴影，如腹部脏器病变发生的钙化，或发现有不透 X 线的异物、结石，或腹腔内游离气体的出现，或肠腔内气体、液体增多等现象，不适用于子宫内膜异位症。

1. 【答案】E

【解析】患者有继发性痛经、月经异常等症状，查体发现子宫活动欠佳、右侧附件区囊性包块，为内异症的典型表现，可借助下列辅助检查来明确：影像学检查(超声检查为首选，盆腔 CT 和 MRI 有诊断价值，但价格昂贵，不作为初选的检查方法)；血清 CA125(可能升高，尤其重症患者，但特异性较低，不作为独立的诊断依据)；腹腔镜检查(是诊断和治疗内异症的最佳方法)。同时患者存在不孕的情况，子宫输卵管碘油造影和输卵管通液术均为输卵管通畅性的检查方法，而子宫输卵管碘油造影准确性更高。

2. 【答案】C

【解析】患者有痛经、经量增多、经期延长及不孕病史，应考虑为子宫内膜异位症。盆腔脓肿多为急性起病，表现为高热、下腹痛、阴道分泌物增多等症状，双合诊有明显下腹部压痛和宫颈举痛，子宫和双附件区亦触痛剧烈，或感觉盆腔饱满、有波动性触痛性包块。卵巢畸胎瘤通常呈卵巢囊实性占位，典型声像图具有面团征、杂乱结构征、脂液分层征或瀑布征，临床表现无特异性，多数于查体时发现，少数当肿瘤破裂、扭转或出血会出现急腹症，通常不引起痛经和发热。卵巢癌早期常无症状，晚期主要症状为腹胀、腹腔积液、腹部肿块及其他消化道症状，可有消瘦、贫血等恶病质表现，功能性肿瘤还可出现不规则阴道流血或绝经后阴道流血。子宫浆膜下肌瘤为实质性包块，与子宫关系密切，需与卵巢实质性肿瘤相鉴别，通常不引起痛经。

3. 【答案】E

【解析】患者年轻，痛经进行性加重，且有生育要求，因此不适用药物治疗。手术治疗除通过诊断性腹腔镜检查术以确诊内膜异位症和进行手术分期外，内膜异位症的手术治疗适用于：①药物治疗后症状不缓解，局部病变加剧或生育功能仍未恢复者；②卵巢内膜异位囊肿直径 ≥ 4cm，特别是迫切希望生育者。

4. 【答案】A

【解析】根据手术范围的不同，可分为保留生育功能、保留卵巢功能和根治性手术 3 类。保留生育功能手术适用于年轻有生育要求的患者，特别是采用药物治疗无效者。手术范围为尽量切净或灼除内膜异位病灶，但保留子宫和双侧、一侧或至少部分卵巢；保留卵巢功能手术适用于 III、IV 期患者、症状明显且无生育要求的 45 岁以下患者；根治性手术适用于 45 岁以上重症患者。

E. 55 岁以下

【A2 型题】

1. 患者，28 岁，未婚，进行性痛经 2 年，腹腔镜检查为子宫内膜异位症，按修正的子宫内膜异位症分期法(RAFS)评分为 14 分，该患者属于子宫内膜异位症的哪一期

A. 0 期   B. I 期   C. II 期

D. III 期   E. IV 期

2. 患者，27 岁，近 2 年常于经前 1d 开始出现下腹痛，直至每次月经结束，并痛经逐渐加重，伴经量增多，下列哪项检查最**无意义**

A. 妇科检查   B. 盆腔 B 型超声

C. CA125 测定   D. 腹腔镜检查

E. 腹部 X 线平片

【A3/A4 型题】

(1~4 题共用题干)

患者，32 岁，婚后 4 年未孕，近 2 年出现经期腹痛、经量增多、经期延长。查体：子宫后倾，活动欠佳，右侧附件区触及 8cm × 7cm × 6cm 囊性肿块，与子宫紧贴。

1. 为明确诊断，最**不需要**的辅助检查项目是

A. B 型超声检查   B. CA125

C. 腹腔镜检查   D. 子宫输卵管碘油造影

E. 输卵管通液术

2. 最可能的诊断是

A. 盆腔脓肿

B. 右卵巢畸胎瘤

C. 右卵巢子宫内膜异位囊肿

D. 卵巢癌

E. 子宫浆膜下肌瘤

3. 最佳治疗方法是

A. 期待疗法

B. 短效口服避孕药

C. 高效孕激素

D. GnRH-a

E. 腹腔镜手术治疗

4. 最佳的手术方案是

A. 患侧卵巢囊肿切除

B. 患侧附件切除

C. 子宫 + 患侧卵巢囊肿切除

D. 子宫 + 患侧附件切除

E. 子宫 + 双侧附件切除

【案例分析题】

案例一 患者 27 岁,痛经 5 年,月经初潮后的第一年,通过止痛药得到缓解。随后,痛经加重,表现为恶心、呕吐,用口服避孕药和非甾体抗炎药(NSAIDs)无效。

提问 1:诊断子宫内膜异位症,可能出现下列哪些体征及辅助检查异常

A. 子宫后倾固定

B. 后穹窿有触痛性结节

C. 子宫增大,形态不规则,表面不规则突起

D. 附件区触及囊性肿块,与子宫紧贴

E. CA125 升高

F. 腔镜下见盆腔内散在紫蓝色斑点

提问 2:诊断子宫内膜异位症,易与哪些疾病混淆

A. 卵巢恶性肿瘤　　　B. 盆腔炎性肿块

C. 子宫肌瘤　　　　　D. 子宫腺肌病

E. 阑尾炎　　　　　　F. 慢性盆腔痛

案例二 患者 46 岁,因子宫肌瘤行经腹全子宫及双侧输卵管切除。经腹部探查,发现严重子宫内膜异位症,其右侧卵巢紧密粘连于右侧盆腔侧壁。

提问 1:在试图切除右附件时,最合适的初始步骤是

A. 输尿管的辨认

B. 盆腔粘连松解术

C. 剥离宫颈的膀胱

D. 结扎和断离骨盆漏斗血管

E. 切除盆腔腹膜子宫内膜异位病灶

提问 2:右附件切除时需要断离的组织包括

A. 骨盆漏斗韧带　　　B. 卵巢固有韧带

C. 输卵管根部　　　　D. 圆韧带

E. 主韧带

提问 3:全子宫切除时需要断离的韧带包括

A. 阔韧带　　　　　　B. 圆韧带

C. 主韧带　　　　　　D. 宫骶韧带

E. 骨盆漏斗韧带

案例三 患者,24 岁,已婚未育,有严重的痛经 3 年,每次月经第 1~3 天,痛经严重。口服布洛芬没有缓解疼痛,严重影响生活质量。结婚 2 年,试图怀孕近 1 年未成功。

提问:接下来合适的处理是

A. 腹腔镜子宫神经切除术

B. GnRH-a 治疗,如醋酸亮丙瑞林

提问 1:【答案】ABDEF

【解析】子宫内膜异位症的典型体征为:典型的盆腔子宫内膜异位症在盆腔检查时,可发现子宫多后倾固定,直肠子宫陷凹、宫骶韧带或子宫后壁下段等部位扪及触痛性结节;在子宫的一侧或双侧附件处扪及与子宫相连的囊性偏实不活动包块,往往有轻压痛;病变累及直肠阴道隔,可在阴道后穹窿部扪及甚至可看到隆起的紫蓝色斑点、小结节或包块;辅助检查可有 CA125 升高。子宫增大,形态不规则,表面不规则突起是子宫肌瘤的表现。

提问 2:【答案】ABDF

【解析】子宫内膜异位症易与卵巢恶性肿瘤、盆腔炎性包块、子宫腺肌病、慢性盆腔痛混淆,应予以鉴别。卵巢恶性肿瘤晚期可有持续性腹痛症状,血清 CA125 多升高,但超声图像多为混合性或实性包块;盆腔炎性包块、慢性盆腔痛多有下腹部疼痛,疼痛周期无周期性,部分患者有急性盆腔炎的病史;子宫腺肌病痛经症状与内异症相似,子宫多呈均匀性增大、质硬;子宫肌瘤可引起经量增多、经期延长等月经改变,但通常不导致痛经;阑尾炎典型变现为转移性右下腹痛,并伴有发热、恶心、呕吐等消化道症状。

提问 1:【答案】A

【解析】严重的子宫内膜异位症和致密粘连会使盆腔腹腔解剖结构变异,容易导致输尿管、肠管或血管的损伤。输尿管下行进入骨盆入口时与骨盆漏斗带相邻,在阔韧带基底部潜行至宫颈外侧约 2cm 处,潜于子宫动静脉下方,又经阴道侧穹窿上方绕前进入膀胱壁。在施行附件切除或子宫动脉结扎时,要避免损伤输尿管。附件切除首先要结扎和断离骨盆漏斗韧带,故手术的第一步应该是分解粘连,识别输尿管。

提问 2:【答案】ABC

【解析】附件切除时需要断离的组织包括:骨盆漏斗韧带、卵巢固有韧带、输卵管根部。圆韧带及主韧带是维持子宫前倾位置、防止子宫脱垂的主要韧带,是行子宫切除手术需离断的组织。

提问 3:【答案】ABCD

【解析】全子宫切除时需要断离的韧带包括:阔韧带、圆韧带、主韧带、宫骶韧带。骨盆漏斗韧带系切除附件时需要离断的韧带。

提问:【答案】D

【解析】痛经分为原发性与继发性两种:原发性痛经是无盆腔器质性病变的痛经;继发性痛经通常是器质性盆腔疾病的后果,如子宫内膜异位症、子宫腺肌病。症状严重会影响女性的生活质量,重要的是对患者的症状进行评估及治疗。原发性痛经初始治疗可选择非甾体抗炎药,试用 3 个月。有避孕要求,可选择口服避孕药。继发性痛经可以进行腹腔镜检查以明确诊断,子宫内膜异位症、子宫腺肌症术后可选择促性腺激素释放激素激动剂(GnRH-a)补充治疗。

C. 口服避孕药

D. 诊断性腹腔镜

E. 阿片类镇痛药

(狄文)

第二节　子宫腺肌病

【A1 型题】

1. 关于子宫腺肌病的说法正确的是
   A. 子宫内膜腺体及间质侵入到肌层间质所致
   B. 子宫肌层病灶多为局限型
   C. 子宫肌层病灶可从子宫肌层中剔除
   D. 绝大多数患者同时合并有子宫内膜异位症
   E. 多发生于 20~30 岁初产妇

2. 关于子宫腺肌病的病理特点，错误的是
   A. 子宫均匀增大，呈球形
   B. 子宫增大一般不超过 12 周妊娠子宫大小
   C. 子宫肌层病灶以后壁居多
   D. 子宫腺肌瘤周围有包膜
   E. 子宫腺肌瘤难以将其自肌层剥出

3. 关于子宫腺肌病的治疗，错误的是
   A. 根据患者年龄、有无生育要求和症状轻重而定
   B. 目前尚无根治本病的有效药物
   C. 对年轻、有生育要求和近绝经患者可试用 GnRH-a 治疗
   D. 左炔诺酮孕酮宫内缓释系统(LNG-LUS)对月经过多和痛经有一定改善作用
   E. 有痛经者可直接行全子宫加双侧输卵管切除术

4. 关于子宫腺肌病的手术治疗，错误的是
   A. 年轻或有生育要求者可行病灶切除
   B. 年轻或有生育要求的子宫腺肌瘤患者，可行病灶切除术
   C. 年轻希望保留生育功能者，可使用子宫动脉阻断术
   D. 无生育要求表现为月经过多者，可进行子宫内膜去除术
   E. 对症状严重、无生育要求或药物治疗无效者，可采用全子宫双附件切除术

【A2 型题】

1. 患者,28 岁,经产妇,因经量增多、经期延长及逐年加重的痛

1.【答案】A

【解析】子宫内膜腺体及间质侵入子宫肌层，称为子宫腺肌病。子宫腺肌病多发生于 30~50 岁经产妇，约有半数患者同时合并子宫肌瘤，约 15% 患者合并子宫内膜异位症。子宫多呈均匀增大,但很少超过 12 周妊娠子宫大小。子宫内病灶有弥漫型及局限型两种，一般为弥漫性生长，且多累及子宫后壁，故后壁常较前壁厚。剖开子宫壁可见其肌层明显增厚且硬。腺肌瘤不同于肌瘤之处在于其周围无包膜存在，故与四周的肌层无明显分界,难以将其自肌层完整剥出。

2.【答案】D

【解析】子宫多呈均匀增大,呈球形，但很少超过 12 周妊娠子宫大小。子宫内病灶有弥漫型及局限型两种,多为弥漫性生长，且多累及后壁，故后壁常较前壁厚。少数子宫内膜在子宫肌层中呈局限性生长形成结节或团块，类似肌壁间肌瘤,称子宫腺肌瘤。腺肌瘤不同于肌瘤之处在于其周围无包膜存在，故与四周的肌层无明显分界，难以将其自肌层完整剥出。

3.【答案】E

【解析】治疗应视患者症状、年龄和生育要求而定,目前无根治性的有效药物。对于症状较轻、有生育要求或近绝经患者可试用达那唑、孕三烯酮、GnRH-a 或左炔诺孕酮宫内缓释系统(LNG-IUS)治疗，均可缓解症状。LNG-IUS 对月经过多和痛经有一定改善作用。若患者长期有剧烈痛经或年龄大、无生育要求则应行全子宫加双侧输卵管切除术,根据患者年龄及卵巢是否有病变,决定是否保留卵巢。

4.【答案】E

【解析】子宫腺肌病的手术方式:年轻或希望生育的子宫腺肌瘤患者,可行病灶切除术或使用子宫动脉阻断术,但术后有复发可能;无生育要求表现为月经过多者,可进行子宫内膜去除术;对症状严重、无生育要求或药物治疗无效者,应行全子宫加双侧输卵管切除术,是否保留卵巢取决于卵巢有无病变及患者年龄。

经,近 2 年需服用止痛药。妇科检查:子宫均匀增大如孕 8 周大小,质硬,有压痛,附件区未触及异常。逐渐加重的痛经原因,最可能的是

A. 原发性痛经

B. 子宫肌瘤

C. 子宫腺肌病

D. 子宫内膜异位症

E. 子宫内膜结核

2. 患者,34 岁,已婚已育,继发性痛经 3 年余,进行性加重,口服止痛药物无效。妇科检查:子宫增大如孕 7 周大小,后壁局部突起直径 5cm,后穹窿触及触痛结节,双附件区未触及包块。最恰当的治疗为

A. 定期随访

B. 期待治疗

C. 子宫内膜异位症病灶切除术

D. 次全子宫加双侧输卵管切除术

E. 全子宫加双侧输卵管切除术

【A3/A4 型题】

(1~3 题共用题干)

患者 46 岁,已婚已育,经期下腹疼痛加重 8 年,止痛药物治疗无效。妇科检查:子宫后倾,活动欠佳,增大如妊娠 8 周,右角结节状突起质硬,轻压痛。

1. 下列哪些检查对诊断最无意义

A. 超声检查

B. 宫腔镜检查

C. 盆腔 CT

D. 盆腔 MRI

E. CA125

2. 应考虑的疾病是

A. 子宫肌瘤

B. 子宫腺肌瘤

C. 子宫内膜异位症

D. 慢性盆腔炎

E. 结核性盆腔炎

3. 应采用的治疗措施是

A. 期待疗法

B. 口服避孕药

C. GnRH-a 治疗

D. 子宫腺肌瘤病灶切除术

E. 全子宫加双输卵管切除术,保留双卵巢

1.【答案】C

【解析】经产妇、进行性加重痛经、子宫均匀增大伴有压痛应考虑子宫腺肌病。原发性痛经指生殖器无器质性病变的痛经,妇科检查无异常发现,本例患者妇科检查发现子宫均匀增大如孕 8 周大小。子宫肌瘤可引起经量增多、经期延长等月经改变,但一般不导致痛经,妇科检查可扪及子宫表面不规则单个或多个结节状突起,不伴压痛。子宫内膜异位症与子宫腺肌病临床症状相似,但其病灶出现在子宫体以外的部位,可表现为附件区囊性包块,或于阴道后穹窿触及触痛性结节,子宫腺肌病的患者可能合并子宫内膜异位症。子宫内膜结核常表现为月经过少、闭经等月经异常表现,可伴有疲劳、盗汗、低热、消瘦等结核感染的全身症状,查体常发现患者子宫发育偏小或有畸形,若合并有盆腔结核,可以扪及盆腔包块或有压痛等阳性体征。

2.【答案】C

【解析】子宫腺肌病的手术方式:年轻或希望生育的子宫腺肌病患者,可行病灶切除术,但术后有复发可能;对症状严重、无生育要求或药物治疗无效者,应行全子宫加双侧输卵管切除术,是否切除卵巢应考虑患者的年龄、生育要求及病情严重程度。该患者年轻,子宫病灶局限,应行子宫内膜异位症病灶切除术。

1.【答案】B

【解析】患者进行性加重痛经应考虑子宫内膜异位症或子宫腺肌病,可借助下列辅助检查来明确诊断:影像学检查(超声检查为首选,盆腔 CT 及 MRI 有价值,但价格昂贵,不作为初选的检查方法);血清 CA125(可能升高,尤其重症患者,但特异性较低,不作为独立的诊断依据);腹腔镜检查(是诊断内异症的最佳方法)。宫腔镜检查是诊断和治疗宫腔内疾病的有效方法,但宫腔镜检查无法了解子宫整体病变情况,故不适用于子宫腺肌症的诊断。

2.【答案】B

【解析】患者子宫后倾,活动欠佳,增大如妊娠 8 周,右角结节状突起质硬,轻压痛应考虑子宫腺肌瘤。慢性盆腔炎所致下腹疼痛无周期性、抗炎治疗有效,查体子宫可能活动受限或粘连固定、输卵管增粗压痛或触及囊性包块、子宫旁片状增厚压痛等表现。患者子宫增大如孕 8 周,可行尿或血妊娠试验排除妊娠。余解析同 A2 型题第 1 题。

3.【答案】E

【解析】患者 46 岁,无生育要求,痛经进行性加重,药物治疗无效,因此期待疗法不适用。围绝经期女性,口服避孕药和 GnRH-a 治疗也不适合。对症状严重、年龄大、无生育要求或药物治疗无效者,可行全子宫加双侧输卵管切除术,不适用于单纯的腺肌病病灶切除;是否保留卵巢应考虑患者的年龄、病情严重程度及卵巢病变。

4.【答案】B

　　【解析】患者有痛经症状,子宫增大,活动不好,肌壁有不规则边界欠清回声,考虑为子宫腺肌病,余解析同A2型题第1题。

5.【答案】A

　　【解析】对于症状较轻、有生育要求或近绝经期患者可试用达那唑、孕三烯酮、GnRH-a或左炔诺孕酮宫内缓释系统(LNG-IUS)治疗,均可缓解症状,但需要注意药物的副作用。患者49岁,有月经稀发、潮热盗汗等症状,属于围绝经期,且目前症状较前缓解,考虑该疾病具有雌激素依赖的特点,患者雌激素水平呈递减趋势,可考虑采用期待治疗。

6.【答案】C

　　【解析】对于症状严重、无生育要求或药物治疗无效者,应行全子宫及输卵管切除术。是否保留卵巢,取决于卵巢有无病变和患者年龄。本例患者已49岁,虽然已进入围绝经期,但在随访过程中,CA125升高,应警惕病情进展或恶变,应考虑全子宫及输卵管切除,术前B型超声提示右附近区有一个4cm囊性无回声区,术中应行卵巢囊肿剥除,可根据术中冰冻病理检查情况,决定是否保留卵巢。

提问1:【答案】BCDEF

　　【解析】根据患者病史应诊断继发性痛经,经产妇、痛经、子宫增大,肌壁有多个等回声结节,大者与子宫肌层界限不清,应考虑子宫腺肌病,可能合并子宫肌瘤。后穹窿触痛结节应考虑盆腔子宫内膜异位症。右附件区混合回声包块,直径5cm,应考虑卵巢肿瘤或卵巢子宫内膜异位症。子宫内膜癌的症状多为异常子宫出血,阴道排液或下腹痛,子宫内膜癌确诊需要有子宫内膜的病理检查结果,目前无证据支持子宫内膜癌的诊断。

提问2:【答案】ACDF

　　【解析】为了明确诊断,需要进一步进行肿瘤标记物(CA125)、盆腔CT检查、盆腔MRI检查或腹腔镜检查。腹部X线平片一般用于检查腹部照片是否有异常阴影,如腹部脏器病变发生的钙化,或发现有不透X线的异物、结石,或腹腔内游离气体的出现,或肠腔内气体、液体增多等现象,不适用于子宫内膜异位症。宫腔镜检查的解析见A3/A4型题第1题。

提问3:【答案】G

　　【解析】目前认为腹腔镜确诊、手术+药物为内异症的"金标准"治疗。患者子宫明显增大,B型超声检查提示多个占位,且附近区包块直径5cm,有手术指征,而不适用于单纯药物治疗,术后补充GnRH-a治疗可以有效控制残存病灶的复发。

(4~6题共用题干)

患者,49岁,痛经11年,近1年稍减轻,且月经稀发、经量减少、潮热多汗。妇科检查:外阴阴道正常,宫颈光滑,子宫增大如孕9周大小,活动不好,双附件区增厚。B型超声见子宫9cm×7cm×6cm,肌壁有不规则边界欠清等回声,右附件区囊性无回声4cm。

4. 考虑诊断为
　　A. 子宫肌瘤　　　　　　　B. 子宫腺肌病
　　C. 右卵巢囊肿　　　　　　D. 子宫内膜异位症
　　E. 盆腔炎
5. 目前最佳治疗方法为
　　A. 期待治疗　　　　　　　B. GnRH-a 治疗
　　C. 口服避孕药　　　　　　D. 激素替代治疗
　　E. 手术治疗
6. 在定期复查过程中 CA125 逐渐升高,如手术,最佳方案是
　　A. 右卵巢囊肿剥除术
　　B. 子宫及输卵管切除术
　　C. 子宫及输卵管切除 + 右卵巢囊肿剥除术
　　D. 子宫及输卵管切除 + 右卵巢切除术
　　E. 子宫 + 双附件切除术

【案例分析题】

案例一　患者,37岁,痛经6年,体检发现盆腔包块,孕3产2,放置宫内节育器。妇科检查:外阴阴道正常,宫颈光滑,后穹窿触及触痛结节,宫体增大如孕9周大小,后壁局部突起直径6cm,活动差,右附件区触及囊实性包块,直径5cm,与子宫后方紧贴。B型超声见子宫增大,肌壁有多个等回声结节,大者位于后壁,直径6cm,与子宫肌层界限不清,右附件区混合回声,直径5cm。

提问1:可能的诊断包括
　　A. 原发性痛经
　　B. 子宫腺肌病
　　C. 右卵巢子宫内膜异位症
　　D. 盆腔子宫内膜异位症
　　E. 卵巢肿瘤
　　F. 子宫肌瘤
　　G. 子宫内膜癌
提问2:为了明确诊断需要进一步检查的项目包括
　　A. CA125　　　　　　　　B. 下腹部平片
　　C. 盆腔 CT 检查　　　　　D. 盆腔 MRI 检查
　　E. 宫腔镜检查　　　　　　F. 腹腔镜检查
提问3:如诊断为子宫肌腺病合并卵巢子宫内膜异位症,最佳治疗方案为

A. 口服避孕药　　　B. GnRH-a 治疗

C. 取环诊刮术　　　D. 置换左炔诺酮宫内节育器

E. 手术治疗　　　　F. 服用吲哚美辛

G. 手术治疗 + 术后补充 GnRH-a 治疗

提问 4:如手术,最佳方案应是

A. 右卵巢囊肿剥除

B. 右附件切除

C. 全子宫及输卵管切除 + 右卵巢囊肿剥除

D. 全子宫及左输卵管切除 + 右附件切除

E. 右卵巢囊肿剥除 + 子宫腺肌病病灶切除 + 盆腔内异症病灶切除术

案例二　患者,46 岁,已婚已育,经量增多,伴经期腹痛 5 年,近 1 年症状加剧,口服止痛药不缓解痛经,严重影响工作及睡眠。妇科检查:宫颈光滑,子宫中后位,均匀增大如孕 10 周大小,质硬,活动欠佳。

提问 1:最可能的诊断为

A. 子宫肌瘤　　　　B. 子宫腺肌病

C. 子宫内膜异位症　D. 异常子宫出血

E. 慢性盆腔炎

提问 2:最佳治疗方案为

A. 期待治疗

B. GnRH-a 药物治疗

C. 手术行子宫肌腺症病灶切除术

D. 手术行全子宫及输卵管切除术

E. 手术行全子宫 + 双附件切除术

提问 3:切下子宫剖视大体可见

A. 肌层增厚、变硬

B. 肌壁中见肌纤维带和微囊腔

C. 肌层中局限性生长结节

D. 结节剖面见漩涡状结构

E. 结节周围包膜完整

提问 4:子宫腺肌病的子宫标本,显微镜下可见

A. 子宫肌层内见子宫内膜腺体

B. 子宫肌层内见子宫内膜间质

C. 子宫肌层内异位内膜腺体处于增生期

D. 子宫肌层内异位内膜腺体无分泌期改变

E. 其他疾病切除的子宫标本,子宫肌层中未见子宫内膜组织

(狄文)

提问 4:【答案】E

【解析】子宫腺肌病的手术方式:年轻或希望生育的子宫腺肌瘤患者,可行病灶切除术,但术后有复发可能;对症状严重、无生育要求或药物治疗无效者,应行全子宫及输卵管切除术。是否保留卵巢取决于卵巢有无病变及患者年龄。结合患者年龄及病灶部位,应行内异症病灶切除术,范围包括右卵巢囊肿剥除 + 子宫腺肌病病灶切除 + 盆腔内异症病灶切除术。

提问 1:【答案】B

【解析】见 A2 型题第 1 题解析。

提问 2:【答案】D

【解析】子宫腺肌病的手术参见案例一相关解析。本例患者近围绝经期,无生育要求,口服止痛药不缓解痛经,严重影响工作及睡眠,可行全子宫加输卵管切除术,患者卵巢无明显病灶,可考虑保留双侧卵巢。

提问 3:【答案】ABC

【解析】肌层增厚、变硬,肌壁中见肌纤维带和微囊腔是子宫腺肌症的大体表现,其病灶往往呈现弥漫性生长,也有部分呈局限性病灶,其余为子宫肌瘤的大体表现。

提问 4:【答案】ABC

【解析】子宫腺肌病镜下特征为:肌层内有特征性的小岛,由典型的子宫内膜腺体与间质组成,异位腺体常呈增生期改变,偶尔见到局部区域有分泌期改变。

第二十二章　盆腔功能障碍性及生殖器官损伤疾病

1.【答案】D

【解析】盆腔器官脱垂(pelvic organs prolapse, POP)包括阴道前壁脱垂、子宫脱垂、阴道后壁脱垂、穹窿脱垂、膀胱膨出、小肠疝和直肠膨出。阴道后壁脱垂也叫直肠膨出(rectocele)。目前评估脱垂程度有三种方法,即传统分度、Baden Wallker 提出的阴道半程系统分级法(halfway system)和 Bump 提出的盆腔器官脱垂定量分期法(pelvic organ prolapse quantitation, POP-Q)(图 22-1,表 22-1)。结合本题,"无脱垂的女性阴道后壁"的 POP 评分应为 D。

2.【答案】C

【解析】阴道前壁膨出中国传统分度为 3 度:

Ⅰ度:阴道前壁形成球状物,向下突出,达处女膜缘,但仍在阴道内;

Ⅱ度:阴道壁展平或消失,部分阴道前壁突出于阴道口外;

Ⅲ度:阴道前壁全部突出于阴道口外。

结合题意,患者最大屏气用力状态下,阴道前壁突出部位已达阴道口外,因此为Ⅲ度,选 C。

3.【答案】B

【解析】见第 1 题解析。尿道憩室(urethral diverticulum)是指尿道周围与尿道相通的囊性腔隙。故本题答案为 B。

1.【答案】C

【解析】目前对于脱垂的治疗方法有非手术治疗和手术治疗。非手术治疗包括盆底肌训练和物理治疗、子宫托治疗、中药和针灸治疗;手术治疗包括重建手术和封闭性手术等不同的术式。需根据患者的年龄、脱垂程度、手术耐受情况、是否合并内外科疾病、手术史以及对生活质量的要求,选择个体化的治疗方案。本例患者为 78 岁女性,因脱垂导致排尿困难,严重影响患者生活质量,需要进行治疗。但患者年龄大、曾因冠心病放置冠脉支架以及糖尿病病史 16 年,考虑其手术耐受差,故首选非手术治疗。物理治疗只针对轻度脱垂患者,有效率 60% 左右,重度脱垂的患者则应选择放置子宫托。子宫托是一种支持子宫和阴道壁并使其维持在阴道内而不脱出的工具,分为支撑型和填充型两大类,根据患者具体情况选择。可以自己取出和放置子宫托,每两周取出子宫托,清洗消毒后次日再放置。对于不能自行取放子宫托的患者,可以指导家属或每 2 周到医院辅助取放。

第一节　盆腔器官脱垂

【A1 型题】

1. 无脱垂的女性,阴道后壁 POP-Q 评分为

A. Aa:0;Ba:0　　　　　　B. Ap:0;Bp:0

C. Aa:−1;Ba:−3　　　　D. Ap:−3;Bp:−3

E. Ap:−1;Bp:−1

2. 55 岁女性,妇科检查发现,患者最大屏气用力状态下,阴道前壁全部突出于阴道口外,按中国传统分度应分为

A. Ⅰ度　　　　　　　　B. ⅡA 度

C. Ⅲ度　　　　　　　　D. Ⅱ度

E. Ⅳ度

3. 盆腔器官脱垂不包括

A. 膀胱膨出　　　　　　B. 尿道憩室

C. 阴道后壁脱垂　　　　D. 子宫脱垂

E. 小肠疝

【A2 型题】

1. 78 岁女性,外阴脱出肿物 6 年,加重 3 个月,伴排尿困难,需还纳外阴脱出物方能排尿。7 年前因冠心病放置冠脉支架,糖尿病史 16 年。检查见阴道前、后壁及子宫大部分脱出处女膜外,初次就诊首选治疗方案为

A. 经阴道植入网片的盆底重建手术(TVM)

B. 曼氏手术

C. 放置子宫托

D. 骶前固定手术

E. 阴式子宫切除 + 阴道前后壁修补术

2. 26 岁女性,孕 2 产 2,产后 56d 复查。自觉外阴坠胀,最大屏气用力状态下阴道前壁远端小部分膨出,Aa 点 -0.5,伴轻度压力性尿失禁,首选的治疗方案是

    A. 上子宫托

    B. 盆底肌训练和物理治疗

    C. 阴道前壁修补术

    D. 尿路吊带手术

    E. 口服托特罗定类药物

【A3/A4 型题】

(1~2 题共用题干)

50 岁女性,孕 5 产 2,流产 3 次,绝经 3 年,发现外阴肿物脱出 2 年,加重 3 个月,伴尿急、尿频感、咳嗽漏尿(漏尿 2~3 次 / 周),量少,排便不尽感,无排尿及排便困难。妇检:阴道前壁全部及阴道后壁部分脱出处女膜缘外,子宫颈最低点距处女膜缘外 5cm,宫颈少许糜烂,无宫颈延长,子宫萎缩,双侧附件区未扪及包块。

1. 患者需要做哪项检查判断盆腔器官脱垂程度

    A. POP-Q 评分

    B. 诱发试验和膀胱颈抬举试验

    C. 还纳脱垂器官后尿动力学检查

    D. 肠镜检查

    E. 盆腔超声检查

2. 若患者选择手术治疗,选择以下哪种手术方式最佳

    A. TVM

    B. 阴道封闭术

    C. 曼氏手术

    D. 阴式子宫切除 + 阴道前后壁修补

    E. 阴道骶骨固定术

(3~4 题共用题干)

患者,女,75 岁,外阴肿物脱出 3 年余,近 2 个月出现外阴肿物不能自行还纳,伴排尿、排便困难。妇科检查:阴道前、后壁大部分脱出处女膜缘外,子宫颈部分突出于处女膜缘外。

3. 该患者最可能的诊断为

    A. 重度盆腔器官脱垂

    B. 子宫黏膜下肌瘤

    C. 尿道憩室

    D. 肠疝

    E. 阴道壁囊肿

4. 若患者无性生活要求,且无手术禁忌证,选择以下哪种手术治疗方式最佳

    A. TVM

2.【答案】B

【解析】非手术治疗对于所有 POP 患者都是应该首先推荐的一线治疗方法,通常用于 POP-Q Ⅰ~Ⅱ度有症状的患者。非手术治疗包括:盆底肌肉锻炼和物理疗法、子宫托、中药和针灸。患者为 26 岁年轻女性,妇科检查提示阴道前壁远端小部分膨出(阴道前壁膨出Ⅰ度),有轻度尿失禁,属于 POP-Q 分期Ⅱ度有症状者,加之产后 1 年内轻度盆腔器官脱垂和尿失禁仍有自然恢复的可能,所以该患者首选治疗方案应为非手术治疗。相关文献提示盆底肌训练和物理治疗主观改善率和客观改善率为 60%~70%;患者为产后、轻症,因此首选考虑盆底肌训练和物理治疗,答案选 B。子宫托适用于重度子宫脱垂者。另外,托特罗定类药物主要用于膀胱过度活动症的患者,而本例患者为轻度压力性尿失禁,故不适合使用。阴道前壁修补术和尿路吊带手术均属于手术治疗,手术治疗适用于脱垂超出处女膜的有症状的患者,因此排除 C 和 D。

1.【答案】A

【解析】POP 评估方法见 A1 型题第 1 题解析。诱发试验和膀胱颈抬举试验是尿失禁患者常用检查项目,肠镜检查和盆腔超声检查不能作为脱垂程度的检查项目。

2.【答案】E

【解析】TVM 手术后对患者性生活质量的影响较大,适用于年龄较大的患者。该患者 50 岁,尚有性生活需求,所以不应选择 TVM 和阴道封闭术。曼式手术包括阴道前后壁修补、主韧带缩短及宫颈部分切除术,适用于年龄较轻、宫颈延长的子宫脱垂患者,但本例患者并无宫颈延长,且阴道前壁和子宫脱垂均为Ⅳ期,曼式手术术后复发率高,不是最佳选择方案。患者为 50 岁绝经女性,伴有咳嗽漏尿以及排便不尽感,妇检提示阴道前壁脱垂和子宫脱垂Ⅳ期,即患者以前、中盆腔缺陷为主,阴道骶骨固定术被认为是中盆腔缺陷的最佳术式,对阴道顶端的悬吊效果最佳,故选择阴道骶骨固定术,答案为 E。

3.【答案】A

【解析】子宫黏膜下肌瘤好发于生育年龄女性,且多伴不规则阴道流血,该病可通过妇科检查和妇科超声进行鉴别。阴道壁囊肿是指附着阴道壁上固定的肿块,不活动,妇科检查可鉴别。尿道憩室有时会误诊为阴道前壁脱垂或阴道前壁囊肿,尿道憩室患者常伴排尿后尿液淋漓,可行尿道镜检查和排尿造影鉴别。肠疝包括小肠疝或直肠疝,以及少见的会阴疝,患者有排便困难症状,可通过盆底超声检查排除。结合本题患者主诉及妇科检查情况,故答案为 A。

4.【答案】B

【解析】手术治疗包括重建手术和封闭性手术等不同的术式。需根据患者的年龄、脱垂程度、手术耐受情况、是否合并内外科疾病、前次手术史及对生活质量的要求选择个体化的治疗方案。该患者 75 岁,重度盆腔器官脱垂,阴道封闭术术后失去性交功能,适用于年老体弱不能耐受较大手术者,所以,阴道封闭术是该患者最佳的手术方式,答案为 B。

B. 阴道封闭术

C. 曼氏手术

D. 腹腔镜下阴道骶骨固定术

E. 阴宫＋阴道前后壁修补术

【案例分析题】

案例一 60岁女性,绝经8年余,外阴脱出肿物7年,加重6个月,伴阴道血性分泌物1个月。近6个月下坠感明显,外阴脱出物不能自然回纳,需手助还纳,有尿频,尿急。近1个月阴道血性、水样分泌物,有异味,时排尿困难。

POP-Q 评分:

+3	+4	+5
6	2	7
+1	+3	+3

提问1:初步临床诊断为以下哪几项

A. 阴道前壁脱垂Ⅲ期

B. 阴道后壁脱垂Ⅲ期

C. 子宫脱垂Ⅲ期

D. 子宫脱垂Ⅳ期

E. 阴道前壁脱垂Ⅳ期

F. 膀胱膨出

G. 直肠膨出

H. 阴道壁囊肿

提问2:进一步的辅助检查包括

A. 妇科检查(双合诊及三合诊)

B. 尿常规排除尿路感染

C. 还纳脱出物后行诱发试验

D. 还纳脱出物后尿动力学检查

E. 盆底超声检查

F. 结肠镜检查

提问3:妇检发现阴道前、后壁部分脱出处女膜缘外,阴道左后侧壁2cm×3cm溃疡,表面有少量渗血及脓苔,进一步处理包括

A. 稀释高锰酸钾液坐盆

B. 清创术

C. 放置子宫托

D. 局部使用抗生素

E. 雌三醇软膏阴道用药

F. 马上行盆底重建手术

提问4:经治疗阴道溃疡愈合后,可选择的手术治疗方案包括

A. 阴式全子宫切除＋阴道前后壁修补术

B. 曼氏手术

提问1:【答案】ABCFG

【解析】目前临床常用的盆腔器官脱垂分度是POP-Q分期法(表22-2、表22-3)。

提问2:【答案】ABCDE

【解析】双合诊和三合诊可以检查盆腔情况;患者有尿频、尿急的临床症状,所以需要行常规检查排除尿路感染;盆腔器官的脱垂有1/3患者合并尿失禁,且当盆腔器官脱垂时,可因膀胱颈与尿道折叠,原尿失禁症状消失,呈隐匿性尿失禁,需要手助解剖复位(还纳脱出物)或上子宫托后检查患者是否伴有尿失禁;尿动力学的检查可以了解患者的膀胱功能以及是否伴有尿失禁;盆底超声检查可以动态观察盆底肌损伤情况和尿失禁相关超声指标;结肠镜检查不是脱垂患者的必需检查。故答案为A,B,C,D,E。

提问3:【答案】ACE

【解析】患者脱出的阴道左后侧壁已经溃疡,且表面有少量渗血及脓苔,考虑阴道壁溃疡伴感染,目前首先需要的处理是治疗阴道壁溃疡,而非手术治疗。稀释高锰酸钾液盆浴局部消炎,子宫托还纳脱出物,减少脱出物的摩擦;雌三醇软膏可以使阴道黏膜增厚,为后期手术治疗创造条件。故答案为A,C,E。

提问4:【答案】CDE

【解析】结合题意,患者为前、中、后盆腔脱垂,若只行阴式全子宫切除＋阴道前后壁修补术,则不能解决中盆腔缺陷的问题;曼式手术包括阴道前后壁修补、主韧带缩短及宫颈部分切除术,适用于年龄较轻、宫颈延长的子宫脱垂患者;阴道封闭术适用于年龄较大、不能耐受较大手术的、没有性生活需要的患者。本例患者60岁,尚有性生活的需要,阴道封闭术不适用于该患者。故答案为C,D,E。

C. 阴式子宫切除 + 前路网片修补术 + 骶棘韧带固定术

D. 阴式子宫切除 + 骶棘韧带固定术

E. 腹腔镜全子宫切除 + 阴道骶骨固定术

F. 阴道封闭术

案例二 78 岁女性,绝经 25 年余,外阴脱出肿物 10 年,加重 11 个月,外阴肿物难以徒手还纳,曾因排尿困难、急性下尿路感染多次住院抗炎及留置导尿管治疗,有冠心病和糖尿病病史,长期服用降糖药血糖控制欠佳,长期服用阿司匹林。妇科检查:阴道前壁完全脱出和阴道后壁部大分脱出处女膜缘外,宫颈及子宫萎缩,盆腔末及包块。POP-Q 评分:

+3	+6	+4
8	2	7
+3	+3	+1

提问 1:根据以上的 POP-Q 评分结果,应完善哪些与脱垂相关的辅助检查项目

A. 尿常规 + 中段尿细菌培养

B. 还纳脱出物后行诱发试验

C. 上子宫托后尿动力学检查

D. 盆底超声检查

E. 结肠镜检查

F. 残余尿量测定

提问 2:有关盆腔器官脱垂的临床诊断包括

A. 阴道前壁脱垂Ⅲ期

B. 阴道前壁脱垂Ⅳ期

C. 阴道后壁脱垂Ⅲ期

D. 子宫脱垂Ⅲ期

E. 子宫脱垂Ⅳ期

F. 阴道后壁脱垂Ⅳ期

提问 3:可选择以下哪几种治疗方式

A. 上子宫托

B. 腹腔镜下子宫切除 + 阴道骶骨固定术

C. 阴式子宫切除 + 阴道前后壁修补

D. 阴道封闭术

E. 曼氏手术

F. 加用网片全盆底重建手术

提问 4:若患者选择手术治疗,术前准备需要以下哪些项目

A. 停用阿司匹林 10d

B. 控制血糖水平

C. 心肺功能评估

D. 出、凝血功能评估

E. 下尿路功能评估

提问 1:【答案】ABCDF

【解析】由于患者既往有反复下尿路感染病史,故需要行"尿常规 + 中段尿细菌培养";盆腔器官脱垂有可能伴有尿失禁,且脱垂的时候盆腔器官的解剖结构改变,所以需要手助解剖复位或上子宫托(还纳脱出物)后行诱发试验检查患者是否伴有尿失禁;尿动力学检查可以了解患者的膀胱功能以及是否伴有尿失禁;盆底超声检查可以动态观察盆底肌;结肠镜检查不是脱垂患者的必需检查;患者曾有排尿困难,所以需要行膀胱残余量测定了解膀胱的排尿功能。故答案为A、B、C、D、F。

提问 2:【答案】BCD

【解析】POP-Q 通过 3×3 格表记录以上各测量值,方法详见案例 1 解析。该患者阴道前壁脱垂的最远点为 +6>(7-2cm),诊断阴道前壁脱垂Ⅳ期;C 点为 +1<+4<(7-2cm),诊断子宫脱垂Ⅲ期;阴道后壁脱垂最远点为 -1<+3<(7-2cm),诊断阴道后壁脱垂Ⅲ期。故答案为 B、C、D。

提问 3:【答案】AD

【解析】患者为 78 岁的女性,有冠心病和糖尿病史,且血糖长期控制不佳,是使用网片的禁忌证,加上患者高龄、手术耐受性差、且没有性生活需求,在糖尿病控制及停用阿司匹林一周后,可以选择阴道封闭术,或选择上子宫托治疗。故答案为 A、D。

提问 4:【答案】ABCDEF

【解析】阿司匹林为抗凝药,为了减少术者出血的风险,所以让患者在术前须停用阿司匹林至少 10d;根据围手术期的要求,糖尿病患者术前必须控制血糖水平在合适的范围;高龄患者术前需要评估心肺功能,从而了解患者耐受手术的能力;该患者长期服用阿司匹林抗凝药,所以术前停用阿司匹林,评估出、凝血功能;老年女性常常有下尿路功能障碍,所以该患者需要评估下尿路功能,预计术后的下尿路功能状态,排除隐匿性尿失禁;暂时上子宫托可以避免脱出物的摩擦、减少溃疡及脱出物水肿的发生。故答案为 ABCDEF。

F. 暂时放置子宫托

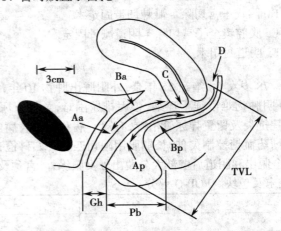

图 22-1 盆腔器官脱垂定量分期法（POP-Q）评分示意图。与处女膜平行以 0 表示，位于处女膜以上用负数表示，处女膜以下用正数表示（图中缩写见表 22-1 所示）

表 22-1 POP-Q 评分法指示点说明

指示点	内容描述	范围
Aa	阴道前壁中线距处女膜 3cm 处，相当于尿道膀胱沟处	−3~+3cm
Ba	阴道顶端或前穹窿到 Aa 点之间阴道前壁上段中的最远点	在无阴道脱垂时，为 −3cm；在子宫切除术后阴道完全外翻时，为 +TVL
C	宫颈或子宫切除后阴道顶端所处的最远端	−TVL~+TVL
D	有宫颈时的后穹窿的位置，它提示了子宫骶骨韧带附着到近端宫颈后壁的水平	−TVL~+TVL 之间或空缺（子宫切除后）
Ap	阴道后壁中线距处女膜 3cm 处，Ap 与 Aa 点对应	−3cm~+3cm
Bp	阴道顶端或后穹窿到 Ap 点之间阴道后壁上段中的最远点，Bp 与 Ba 点相对应	在无阴道脱垂时，为 −3cm；在子宫切除术后阴道完全外翻时，为 +TVL
Gh	尿道外口中线到处女膜后缘的中线距离	
Pb	阴裂的后端边缘到肛门中点的距离	
TVL	总阴道长度	

表 22-2　POP-Q 分期法盆腔器官脱垂分度

分度	内容
0	无脱垂,Aa、Ap、Ba、Bp 均在 –3cm 处,C、D 两点在阴道总长度和阴道总长度 –2cm 之间,即 C 或 D 点量化值 <(TVL–2cm)
Ⅰ	脱垂最远端在处女膜平面上 >1cm,即量化值 <–1cm
Ⅱ	脱垂最远端在处女膜平面上 ≤ 1cm,即量化值 ≥ –1cm
Ⅲ	脱垂最远端超过处女膜平面 >1cm,但 < 阴道总长度 –2cm,即量化值 >+1cm,但 <(TVL–2cm)
Ⅳ	下生殖道呈全长外翻,脱垂最远端即宫颈或阴道残端脱垂超过阴道总长度 –2cm,即量化值 ≥(TVL–2cm)

注:POP-Q 分期应在向下用力屏气时,以脱垂最大限度出现时的最远端部位距离处女膜的正负值计算。POP-Q 通过 3×3 格表记录以上各测量值,客观地反映盆腔器官脱垂变化的各个部位的具体数值 (见表 22-3)。

表 22-3　POP-Q 分期九格表

阴道前壁点 Aa	阴道前壁点 Ba	宫颈最远端 C
生殖道裂孔长 Gh	会阴体长 Pb	阴道全长 TVL
阴道后壁点 Ap	阴道后壁点 Bp	阴道后穹窿最深点 D

(张晓薇)

第二节　压力性尿失禁

【A1 题型】

1. 压力性尿失禁易并发于下列哪种疾病
   A. 子宫黏膜下肌瘤　　　　B. 子宫后壁膨出
   C. 阴道壁囊肿　　　　　　D. 阴道前壁膨出
   E. 子宫内翻

2. 下列哪些因素不会导致压力性尿失禁
   A. 全子宫切除术后
   B. 产程延长或难产
   C. 尿路感染
   D. 尿道内括约肌先天发育障碍
   E. 绝经后

1.【答案】D
　【解析】阴道前壁膨出常导致与其紧连的膀胱也向下膨出,严重者膀胱宫颈筋膜受损严重,紧连阴道前壁的尿道膨出,患者常出现尿急、尿频、溢尿等症状。80% 的压力性尿失禁患者伴有阴道前壁膨出。因此,本题选 D。

2.【答案】C
　【解析】压力性尿失禁病因分为两型。90% 以上为解剖型压力性尿失禁,为盆底组织松弛引起。盆底松弛的原因主要有妊娠与阴道分娩损伤、绝经后雌激素水平降低、盆底韧带及筋膜损伤等。不足 10% 的患者为尿道内括约肌障碍型,为先天发育异常所致。尿路感染不会导致盆底组织结构的改变。A,B,D,E 均属于压力性尿失禁的因素,因此本题选 C。

3.【答案】C

【解析】压力性尿失禁常用辅助检查方法包括：压力试验、指压试验、棉签试验、尿动力学检查、尿道膀胱镜检查。而亚甲蓝试验常用于生殖道尿瘘的临床诊断。

4.【答案】A

【解析】棉签试验是测量患者在静息时及紧闭声门屏气时棉签棒与地面之间形成的角度，在静息及屏气动作时该角度差小于15°为良好结果，说明有良好的解剖学支持；如角度大于30°，说明解剖学支持薄弱，而非尿道下垂；15°~30°时，结果不能确定。

1.【答案】B

【解析】压力性尿失禁最典型的症状为腹压增大后出现不自主溢尿，该患者剧烈运动后腹压增大情况下出现不受控制的溢尿，故其最可能的诊断为压力性尿失禁。因此，本题选B。

2.【答案】D

【解析】根据患者的症状，诊断患者为盆腔器官脱垂，合并压力性尿失禁。其中，子宫脱垂及阴道前后壁膨出经妇科检查不难诊断和分度，阴道后壁膨出可通过肛门指检来检查肛门括约肌功能及盆底肌肉组织的检查。压力性尿失禁无单一诊断性试验，压力试验、棉签试验等可辅助诊断。亚甲蓝试验则常用于诊断生殖道尿瘘的临床诊断。因此，本题选D。

1.【答案】E

【解析】腹压增大下不自主溢尿是压力性尿失禁最典型的症状，压力性尿失禁的辅助检查压力试验及指压试验为阳性，因此，诊断为E。结合患者相关体格检查及实验室检查可以排除其他选项。

2.【答案】D

【解析】压力性尿失禁治疗分为非手术治疗和手术治疗。非手术治疗用于轻、中度压力性尿失禁治疗和手术治疗前后的辅助治疗。非手术治疗包括盆底肌肉锻炼、盆底电刺激、膀胱训练、α肾上腺素能激动剂等。30%~60%的患者经非手术治疗能改善症状，并治愈轻度的压力性尿失禁。手术治疗方法很多，目前公认的术式为耻骨后膀胱尿道悬吊术、阴道无张力尿道中段悬吊术。然而，人工尿道括约肌植入术常用于Ⅲ型压力性尿失禁治疗，即：静止状态下膀胱颈处于开放状态。故考虑患者年龄症状及相关检查，人工尿道括约肌植入术不合理。因此，本题选D。

3. 压力性尿失禁常行的辅助检查**不包括**
   A. 压力试验
   B. 指压试验
   C. 亚甲蓝试验
   D. 棉签试验
   E. 尿动力学检查

4. 关于压力性尿失禁的诊治，下列**不正确**的是
   A. 棉签试验中棉签摆动幅度超过 45° 则表明有尿道下垂
   B. 膀胱尿道造影观察指标有后尿道膀胱角、尿道倾斜度、尿道骨盆角、耻骨联合口距离
   C. 一般不需进行膀胱尿道镜检查
   D. α 受体激动剂可用于治疗压力性尿失禁
   E. Burch 手术的适应证为 0~Ⅱb 型压力性尿失禁、无盆腔和耻骨后手术史

【A2 型题】

1. 患者，女性，50 岁，剧烈运动后出现不自主溢尿，患者最可能的诊断为
   A. 尿路感染
   B. 压力性尿失禁
   C. 阴道后壁膨出
   D. 膀胱阴道瘘
   E. 急迫性尿失禁

2. 55 岁女性，近年来自觉阴道口肿物脱出，逐渐增大，咳嗽时明显且伴尿液流出。为明确诊断下列检查**不包括**
   A. 妇科检查
   B. 压力试验
   C. 棉签试验
   D. 亚甲蓝试验
   E. 肛门指检

【A3/A4 型题】

(1~2 题共用题干)

42 岁，女性，孕 2 产 2。自诉分娩后，咳嗽、打喷嚏、慢跑后出现不自主溢尿，近两年来症状有所加重。患者入院后完善相关辅助检查，其中压力试验(+)，指压试验(+)，尿常规(−)，妇科检查：阴道通畅，未见明显膨出，未见异常分泌物。

1. 结合患者病史及相关检查，考虑诊断为
   A. 尿路感染
   B. 急迫性尿失禁
   C. 阴道前壁膨出
   D. 膀胱阴道瘘
   E. 压力性尿失禁

2. 下面哪项治疗**不合理**
   A. 耻骨后膀胱尿道悬吊术
   B. 盆底肌肉锻炼
   C. α 肾上腺素能激动剂
   D. 人工尿道括约肌植入术
   E. 阴道无张力尿道中段悬吊术

【案例分析题】

案例一 60岁女性,3年来自觉阴道口肿物脱出,逐渐增大,咳嗽时明显且伴有尿液流出。妇科检查:外阴松弛,阴道前后壁膨出,宫颈光,用力时宫颈脱出阴道口外,子宫已萎缩,双侧附件未触及肿物。

提问1:该患者考虑诊断包括

　　A. 子宫脱垂Ⅰ度

　　B. 子宫脱垂Ⅱ度

　　C. 子宫脱垂Ⅲ度

　　D. 阴道前壁膨出

　　E. 阴道后壁膨出

　　F. 压力性尿失禁

　　G. 子宫黏膜下肌瘤

　　H. 膀胱阴道瘘

　　I. 膀胱子宫瘘

提问2:为进一步明确诊断,应完善下列哪些相关检查

　　A. 尿动力学检查　　　B. 阴道超声

　　C. 尿常规　　　　　　D. 指压试验

　　E. 压力试验　　　　　F. 棉签试验

　　G. 尿道膀胱镜　　　　H. 肛门指检

　　I. 尿培养

案例二 51岁女性,绝经两年,因半年前出现咳嗽或大笑后,小便从尿道口排出,不能自控,每天需要更换几条内裤,近期症状明显加重,遂转入我科,求进一步治疗。患者三年前行全子宫切除术。专科检查:指压试验(+),B型超声示无残余尿。考虑诊断压力性尿失禁。

提问1:为明确诊断,可行下列哪些检查

　　A. 盆腔CT　　　　　　B. 压力试验

　　C. 膀胱内压测定　　　D. 尿流率测定

　　E. 尿道膀胱镜检查　　F. 泌尿系统彩超

　　G. 静脉肾盂造影　　　H. 棉签试验

　　I. 盆腔MRI

提问2:该患者处理**不正确**的是

　　A. 加强盆底肌肉锻炼

　　B. β受体激动剂

　　C. 阴道局部雌激素治疗

　　D. 耻骨后膀胱尿道悬吊术

　　E. α肾上腺素能激动剂

　　F. 经阴道无张力尿道中段悬吊带术

　　G. 经闭孔无张力尿道中段悬吊术

提问1:【答案】BDEF

　　【解析】子宫从正常位置沿阴道下降,宫颈外口达坐骨棘水平以下,甚至子宫全部脱出阴道口外成为子宫脱垂,宫颈脱出阴道口,宫体仍在阴道内,为子宫脱垂Ⅱ度(轻型)。患者妇科检查示阴道前后壁膨出,结合患者咳嗽时明显伴有尿液流出病史,可考虑初步诊断为阴道前后壁膨出、压力性尿失禁。患者并无尿液或粪便自阴道排出,不考虑生殖道瘘。因此本题选B、D、E、F。

提问2:【答案】ABCDEFGH

　　【解析】子宫脱垂及阴道前后壁膨出经妇科检查不难诊断和分度,阴道后壁膨出可通过肛门指检来检查肛门括约肌功能及盆底肌肉组织的检查。压力性尿失禁无单一诊断性试验,压力试验、指压试验、棉签试验、尿动力学检查、尿道膀胱镜检查可辅助诊断。患者无尿频尿急等尿路感染症状,无须行尿培养。因此本题选A、B、C、D、E、F、G、H。

提问1:【答案】BCDEFH

　　【解析】压力性尿失禁的诊断以患者的症状为主要依据,压力性尿失禁除了常规体格检查及相关神经系统检查外,还需相关压力试验、指压试验、棉签试验和尿动力学检查(包括膀胱内压测定和尿流率测定)等辅助检查,尿道膀胱镜检查和超声检查也可辅助诊断,但盆腔CT和MRI并非压力性尿失禁相关辅助检查。因此本题选B、C、D、E、F、H。

提问2:【答案】BH

　　【解析】参见A3/A4型题第2题解析。

H. 膀胱修补术

I. 盆底电刺激

案例三　55 岁女性,因"两年来劳累后自觉阴道口肿物脱出,逐渐增大,咳嗽时明显且伴有尿液流出"就诊,已严重影响正常生活。妇科检查:外阴松弛,阴道前壁全部膨出超过处女膜,宫颈光滑,用力时宫颈达到处女膜缘,阴道口可见宫颈,子宫已萎缩,双侧附件未触及肿物。诱发试验即膀胱颈尿道抬高试验及棉签试验阳性。

提问 1:该患者考虑诊断包括

A. 子宫脱垂Ⅰ度

B. 子宫脱垂Ⅱ度

C. 子宫脱垂Ⅲ度

D. 阴道前壁Ⅱ度膨出

E. 阴道前壁Ⅲ度膨出

F. 压力性尿失禁

G. 子宫黏膜下肌瘤

H. 阴道后壁膨出

I. 膀胱阴道瘘

提问 2:考虑该患者病情可行哪些治疗

A. 加强盆底肌肉锻炼

B. 阴道前壁修补术

C. 全子宫切除术

D. 耻骨后膀胱尿道悬吊术

E. 阴道后壁修补术

F. 经阴道无张力尿道中段悬吊带术

G. 膀胱修补术

H. α肾上腺素能激动剂

I. 盆底电刺激

案例四　患者,女,44 岁。10 年前分娩时会阴Ⅱ度裂伤,出血量多,未予修补,产后不久出现行走、咳嗽时不自觉排尿,且大便困难,症状持续 10 年余,进行性加重。曾在当地医院多次就诊,未予处理,现为求进一步治疗入院。查体:会阴陈旧性Ⅱ度裂伤,用力时阴道前后壁均有膨出,以后壁膨出明显,呈球形凸出阴道口,咳嗽时尿道口溢尿,压迫尿道口两侧尿失禁停止。诱发试验即膀胱颈尿道抬高试验阳性,尿流动力学检查膀胱感觉顺应性正常。

提问 1:根据患者病史及相关检查,考虑诊断为

A. 陈旧性会阴裂伤

B. 子宫脱垂

提问 1:【答案】AEF

　　【解析】子宫从正常位置沿阴道下降,宫颈外口达坐骨棘水平以下,甚至子宫全部脱出阴道口外称为子宫脱垂,宫颈达处女膜缘,为子宫脱垂Ⅰ度。患者妇科检查示阴道前壁膨出超过处女膜,为Ⅲ度膨出。结合患者咳嗽时明显伴有尿液流出病史,且指压试验及棉签试验阳性可考虑初步诊断为子宫脱垂Ⅰ度、阴道前壁膨出Ⅲ度、压力性尿失禁。子宫黏膜下肌瘤症状多为月经淋漓不尽或月经量增多。因此本题选 A,E,F。

提问 2:【答案】ABCDFHI

　　【解析】参见 A3/A4 型题第 2 题解析。患者子宫脱垂Ⅰ度,阴道前壁Ⅲ度膨出,考虑患者年龄及病史,可行全子宫切除术＋阴道前壁修补术。患者并无阴道后壁膨出以及膀胱损伤,无须行阴道后壁修补术和膀胱修补术。因此本题选 A,B,C,D,F,H,I。

提问 1:【答案】ADEF

　　【解析】患者顺产后出现大小便异常,体格检查示用力时阴道前后壁均膨出,阴道前后壁膨出根据患者病史及妇科检查不难进行诊断和分度。压力性尿失禁无单一诊断性试验,以患者的症状为主要依据,患者咳嗽时尿道口溢尿,压迫尿道口两侧尿失禁停止,膀胱颈尿道抬高试验阳性,可考虑压力性尿失禁诊断。以上病史及相关检查不能得出其他诊断,因此本题选 A,D,E,F。

C. 膀胱阴道瘘

D. 阴道前壁膨出

E. 阴道后壁膨出

F. 压力性尿失禁

G. 子宫黏膜下肌瘤

H. 尿路感染

I. 膀胱子宫瘘

提问2：该患者可行哪些治疗

A. 加强盆底肌肉锻炼

B. 阴道前壁修补术

C. 全子宫切除术

D. 耻骨后膀胱尿道悬吊术

E. 阴道后壁修补术

F. 经阴道无张力尿道中段悬吊带术

G. 膀胱修补术

H. α肾上腺素能激动剂

I. 盆底电刺激

（应小燕）

第三节　生殖道瘘

【A1 型题】

1. 以下关于膀胱阴道瘘的叙述，**不正确**的是
   A. 有尿液不自主流出，属于尿失禁的范畴
   B. 主要病因有难产、盆腔手术、肿瘤放疗及恶性肿瘤侵袭
   C. 术后数天发现的尿瘘应延迟 3 个月以上再行修补手术
   D. 如瘘管较小，留置导尿管 3~6 周有可能自行愈合
   E. 膀胱阴道瘘术前可在阴道中局部使用雌激素，以提高手术成功率

2. 下列哪一项是尿瘘的最典型的临床表现
   A. 外阴瘙痒
   B. 外阴疼痛
   C. 阴道无痛性持续性流液
   D. 尿频、尿急、尿痛
   E. 下腹疼痛

3. 下列哪一项不会导致直肠阴道瘘
   A. 产时会阴Ⅲ度裂伤
   B. 盆腔手术损伤

提问2：【答案】ABDEFHI
【解析】阴道前后壁膨出严重者可行阴道前后壁修补术。患者44岁，且无子宫脱垂，全子宫切除术不适合，且无膀胱修补术的指征。本题考查的是压力性尿失禁的治疗方法，选A,B,D,E,F,H,I。

1.【答案】A
【解析】膀胱阴道瘘是指膀胱与阴道之间形成异常通道，尿液自阴道排出，不能控制，主要表现为阴道无痛性持续性流液；压力性尿失禁是指腹压突然增加导致尿液不自主流出，其特点是正常状态下无遗尿，而腹压突然增高时尿液自动流出；故膀胱阴道瘘不属于尿失禁范畴。

2.【答案】C
【解析】尿瘘的临床表现包括漏尿、外阴瘙痒疼痛、尿路感染等症状。其中漏尿为典型临床表现，常表现为产后或盆腔手术后出现阴道无痛性持续性流液。

3.【答案】D
【解析】分娩过程中Ⅲ度会阴撕裂可致直肠撕裂或会阴撕裂，缝合时缝线穿透直肠黏膜可导致直肠阴道瘘。盆腔手术如子宫切除术或严重盆腔粘连分离手术易损伤直肠。感染性肠痛如克罗恩病或溃疡性结肠炎常是引起直肠阴道瘘的重要原因。生殖道先天性发育畸形可致直肠阴道瘘。便秘不会导致直肠与阴道产生异常通道，不导致直肠阴道瘘。故本题答案为D。

263

4.【答案】C

【解析】膀胱镜、输尿管镜可了解膀胱容积、黏膜情况，有无炎症、结石、憩室，明确瘘孔位置、大小、数目及瘘孔和膀胱三角的关系等。从膀胱向输尿管插入输尿管或行输尿管镜检查，可以明确输尿管受阻的位置。故答案选C。阴道流液的肌酐测定与血液及尿液的肌酐测定对比，可明确漏液是否为尿液（A、B选项错误）。放射性核素肾图可了解肾功能及输尿管功能，无法明确瘘孔位置（D选项错误）。泌尿系统彩超可明确肾脏、输尿管有无积液、膀胱有无占位等，无法明确瘘孔位置（E选项错误）。

5.【答案】A

【解析】粪瘘以手术修补为主要的治疗方法，应掌握其手术时机。手术损伤者应在术中立即修补；先天性粪瘘应在患者15岁左右月经来潮后再行手术，过早手术容易造成阴道狭窄（A选项错误）。压迫坏死性粪瘘应等待3~6个月后再行手术修补；术前严格肠道准备，同时口服肠道抗生素；术后予静脉高营养，同时口服肠蠕动抑制药物；术后5~7d逐渐从进水过渡到饮食；注意保持会阴清洁（B、C、D、E项均正确）。

1.【答案】E

【解析】首先需要明确漏出液体为尿液，可以通过生化检查来比较漏出液与尿液、血液中的电解质及肌酐来明确。尿液中电解质和肌酐水平应该为血液中的数倍，若漏出液中的电解质和肌酐水平接近血液则高度怀疑有尿瘘可能。尿瘘可通过亚甲蓝试验、靛胭脂试验、膀胱镜输尿管镜检查及一些相关影像学检查如静脉肾盂造影等辅助诊断。故膀胱镜检查可以诊断尿瘘，但阴道排出物肌酐含量测定为最简单发现尿瘘的方法（D选项错误、E选项正确）。尿动力学检查用于诊断尿失禁，无法诊断尿瘘（A选项错误）。尿路超声、盆腔CT均无法诊断尿瘘（B、C选项错误）。

2.【答案】C

【解析】该病例考虑诊断为膀胱阴道瘘。患者术后第5天出现尿瘘，瘘周围组织健康，可尽早行经阴道膀胱阴道瘘修补术（C选项正确）。非手术治疗仅限于分娩后或者手术后1周内发生的膀胱阴道瘘和输尿管小瘘孔；如果膀胱阴道瘘孔<5mm，可以用Foley尿管持续膀胱引流（A、B选项错误），瘘口有可能自行愈合；但由于长期留置导尿管会刺激尿道黏膜引起疼痛，引起泌尿系统感染及影响患者生活质量，因此膀胱阴道瘘如采取非手术治疗可行耻骨联合上膀胱造瘘，进行膀胱引流（D选项错误）。输尿管支架置入一般用于输尿管阴道瘘的治疗（E选项错误）。

C. 感染性肠病

D. 长期便秘

E. 先天性畸形

4. 下列哪项是明确尿瘘瘘孔的位置、大小、数目最直接的检查方法

A. 阴道流液肌酐测定

B. 血肌酐测定

C. 膀胱镜、输尿管镜检查

D. 放射性核素肾图

E. 泌尿系统彩超

5. 关于粪瘘手术叙述，**不正确**的是

A. 先天性粪瘘应在患者月经初潮前进行手术

B. 压迫坏死性粪瘘，应等待3~6个月后再行手术修补

C. 术前严格肠道准备，同时口服肠道抗生素

D. 术后给予静脉高营养，同时口服肠蠕动抑制药物

E. 保持会阴清洁

【A2型题】

1. 某患者，女，41岁，子宫全切术后第7天，发现不自主排液。下列检查中，哪项为发现尿瘘最简单的方法

A. 尿动力学

B. 尿路超声

C. 盆腔CT

D. 膀胱镜检查

E. 阴道排出物肌酐含量测定

2. 45岁患者，因子宫肌瘤和月经过多行腹腔镜下全子宫切除术。术后第5天出现持续性阴道漏液，双侧腰区无叩击痛，窥阴器可见浅黄色液体集聚于阴道后穹窿。行亚甲蓝试验示蓝染液体从阴道壁孔流出，瘘孔大小约7mm，最适宜该患者的处理为

A. 卧床休息，加强营养

B. 瘘口<10mm，用Foley尿管持续膀胱引流

C. 瘘周围组织健康，可尽早行膀胱阴道瘘修补术

D. 耻骨上膀胱造瘘术

E. 输尿管支架置入

【A3/A4型题】

(1~2题共用题干)

53岁患者，4d前因子宫脱垂及阴道前壁Ⅱ度膨出，行阴式全子宫切除术＋阴道前壁修补术，现出现持续性阴道漏液，体温37.2℃，

腹部稍胀,肠鸣音正常,双侧腰区无叩击痛。窥阴器检查见浅黄色液体集聚于阴道后穹隆。

1. 该患者考虑诊断为
   A. 阴道直肠瘘
   B. 输尿管缺血损伤
   C. 输尿管结扎
   D. 输尿管电凝损伤
   E. 膀胱阴道瘘

2. 为明确诊断下列哪些检查组合最合理
   A. 尿动力学、亚甲蓝试验
   B. 阴道排液生化检验、亚甲蓝试验、膀胱镜
   C. 亚甲蓝试验、盆腔 CT
   D. 膀胱镜检查、放射性核素肾图
   E. 尿动力学、盆腔 MRI

【案例分析题】

案例一 42 岁患者,4d 前经腹腔镜下行全子宫及双侧附件切除术,术中证实重度子宫内膜异位症合并双侧卵巢子宫内膜异位症,盆腔粘连严重。现出现右侧腰部疼痛,体温 38.7℃,右侧腰区有叩击痛,自觉阴道有大量淡黄色清亮液体流出。

提问 1:考虑患者有可能诊断为
   A. 阴道直肠瘘
   B. 输尿管缺血损伤
   C. 尿失禁
   D. 输尿管电凝损伤
   E. 膀胱阴道瘘
   F. 输尿管阴道瘘
   G. 阴道残端愈合不良
   H. 尿路感染
   I. 尿道阴道瘘

提问 2:为进一步明确诊断,可行下列哪些检查
   A. 泌尿系统彩超　　B. 亚甲蓝试验
   C. 膀胱镜检查　　　D. 盆腔 CT
   E. 膀胱尿道造影　　F. 靛胭脂试验
   G. 尿常规　　　　　H. 输尿管镜检查
   I. 阴道流液肌酐尿素氮测定

案例二 56 岁女性,因子宫Ⅱ度脱垂及阴道前后壁膨出,行阴式全子宫切除＋阴道前后壁修补＋TVT-O 术。术后患者先阴道持续性黄色液体外流,后可见成形粪便排出。行阴道检查阴道可见瘘孔处有鲜红肉芽组织,亚甲蓝试验及靛胭脂试验均为(−)。

1.【答案】E
【解析】无痛性的阴道漏尿是膀胱阴道瘘的常见症状。阴道前壁修补术后为膀胱阴道瘘常见的病因。阴道直肠瘘的常见症状为阴道内排出粪便。输卵管损伤及结扎可引起肾脏及输尿管积液,患者可伴有腰区叩击痛。故 E 选项正确。

2.【答案】B
【解析】见 A2 型题第 1 题解析。

提问 1:【答案】DEFI
【解析】患者既往有盆腔手术史,且粘连较为严重,腹腔镜手术常依靠电凝止血,输尿管常靠近囊肿壁,电凝时热传导可以造成输尿管损伤,这种损伤可产生输尿管狭窄、梗阻或输尿管阴道瘘的出现。患者自觉阴道内有淡黄色液体流出,为尿瘘的典型表现,故考虑膀胱阴道瘘、尿道阴道瘘或输尿管阴道瘘的可能。明确诊断仍需行进一步检查。故 D、E、F、I 选项正确,A、B、C、G、H 选项错误。

提问 2:【答案】ABCDEFHI
【解析】见 A2 型题第 1 题解析。

提问1:【答案】CD

　　【解析】患者有盆腔手术史,盆腔手术损伤是导致生殖道瘘的常见病因,术后出现阴道流液、粪便排出,亚甲蓝试验及靛胭脂试验均阴性,可排除漏尿,阴道检查可见瘘孔,可考虑诊断为直肠阴道瘘。

提问2:【答案】ABCEI

　　【解析】手术损伤应立即修补,手术方式可以经阴道、经直肠或经开腹途径完成瘘的修补。瘘修补术主要是切除瘘管,游离周围组织后进行多层缝合。术前严格肠道准备,口服肠道抗生素预防感染,禁食、保持会阴清洁。患者术后应予静脉高营养,口服肠蠕动抑制药物等处理方式。

提问1:【答案】BF

　　【解析】结合患者病史及相关检查,患者分娩伴有产伤及第二产程延长,易致阴道前壁、膀胱、尿道局部组织缺血坏死,易形成尿瘘,会阴撕裂缝合易损伤直肠黏膜致直肠阴道瘘。亚甲蓝试验是指将稀释亚甲蓝溶液注入膀胱,根据阴道内棉球蓝染的情况判断瘘孔位置。靛胭脂试验是指静脉注射或口服靛胭脂溶液,根据阴道内是否排出蓝色或橘色液体来判断是否存在输尿管阴道瘘。此案例中患者阴道排液亚甲蓝试验可见蓝色液体自阴道前壁瘘孔流出,靛胭脂试验(−),故B选项正确;C,G选项错误。此外患者阴道内有大便排出,存在直肠阴道瘘(F选项正确)。

提问2:【答案】ABCDGHI

　　【解析】手术修补为治疗尿瘘的主要治疗方法。非手术治疗仅限于分娩或手术后一周内发生的膀胱阴道瘘和输尿管小瘘孔,留置导尿管于膀胱内或在膀胱镜下插入输尿管导管,4周至3个月有愈合可能。直接损伤的尿瘘应尽早手术修补,其他原因所致尿瘘应等待3个月,待组织水肿消退、局部血液供应恢复正常再行手术;瘘孔修补失败后至少应等待3个月后再次手术。由于放疗所致的尿瘘可能需要更长时间形成结痂,故放疗所致尿瘘有学者推荐12个月后再行修补术。术前一天应用抗生素预防感染,术前需排除尿路感染,减少手术感染风险,术中放置输尿管导管者,术后留置不少于1个月,术后留置导尿管10~14d。对于绝经患者,术后可予雌激素治疗1个月,促进阴道黏膜上皮增生,有利于伤口愈合。

提问1:考虑诊断为

A. 感染性肠病　　　　　B. 先天性肠道畸形
C. 盆腔手术损伤　　　　D. 直肠阴道瘘
E. 急性肠炎　　　　　　F. 膀胱阴道瘘
G. 肛门失禁　　　　　　H. 输尿管电凝损伤
I. 输尿管阴道瘘

提问2:行直肠指检及钡剂灌肠后发现患者阴道后壁见一10mm×10mm大小瘘孔,下列处理正确的是

A. 严格肠道准备
B. 口服肠道抗生素
C. 经阴道切除瘘管,并多层缝合
D. 肠造瘘
E. 保持会阴清洁
F. 部分肠道切除
G. 瘘孔直接缝合
H. 等待自行愈合
I. 禁食

案例三　32岁女性,分娩时第二产程延长,产时会阴Ⅲ度裂伤予以缝合,现产后第4天自述出现大便失禁感,外阴瘙痒,伴阴道不自主流液,窥阴器检查可见阴道前壁一小瘘孔,阴道后壁瘘孔处见有鲜红肉芽组织,阴道内见少量粪渣残留物及淡黄色液体。亚甲蓝试验可见蓝色液体自阴道前壁瘘孔流出,靛胭脂试验(−)。

提问1:结合患者病史及相关检查,考虑诊断为

A. 压力性尿失禁　　　　B. 膀胱阴道瘘
C. 输尿管阴道瘘　　　　D. 输尿管梗阻
E. 急性胃肠炎　　　　　F. 直肠阴道瘘
G. 膀胱宫颈瘘　　　　　H. 尿路感染
I. 输尿管损伤

提问2:关于膀胱阴道瘘修补手术,下列叙述哪项正确

A. 修补失败后至少等待3个月后再次行手术治疗
B. 术前要排除尿路感染,治疗外阴阴道炎症
C. 术前一天应用抗生素预防感染
D. 术后留置尿管10~14d
E. 放疗所致尿瘘应尽早手术
F. 术中放置输尿管导管者,术后留置不超过一周
G. 膀胱阴道瘘瘘孔较小时,可不行手术治疗
H. 对于绝经患者,术后给予雌激素1个月
I. 非手术治疗无效需行手术治疗

案例四　54岁女性,因"发现宫颈病变12d"入院。宫颈活检示鳞状上皮CIN Ⅲ级伴微浸润,行腹腔镜下广泛全子宫切除+双

侧附件切除术 + 盆腔淋巴结清扫术 + 腹主动脉旁淋巴结活检术。术后第 10 天出现阴道少量流液,窥阴器检查见阴道残端愈合欠佳,阴道见有淡黄色清亮液体积聚。

提问 1:为明确诊断,可行下列哪些检查
　　A. 尿动力学检查
　　B. 指压试验
　　C. 阴道流液肌酐测定
　　D. 血肌酐测定
　　E. 亚甲蓝试验
　　F. 膀胱镜检查
　　G. 输尿管镜检查
　　H. 静脉肾盂造影
　　I. 泌尿系统彩超

提问 2:患者行输尿管镜检查,可见左侧输尿管开口清晰,尿液清亮通畅,右侧输尿管开口隆起、水肿,开口狭窄,中段可见一 10mm 瘘孔。患者的首先考虑下列哪些治疗
　　A. 等待自行愈合
　　B. 经膀胱镜右侧输尿管放置输尿管导管
　　C. 保持会阴清洁
　　D. 输尿管部分切除端端吻合术
　　E. 输尿管膀胱植入术
　　F. 营养支持
　　G. 预防性使用抗生素
　　H. 实施化疗方案
　　I. 耻骨上膀胱造瘘

（应小燕）

提问 1:【答案】CDEFGHI
　　【解析】见 A2 型题第 1 题解析。

提问 2:【答案】BCFG
　　【解析】对于单侧输尿管损伤,继发轻、中度梗阻,输尿管阴道瘘患者,通常通过放置输尿管支架治疗。小的瘘孔通常在放置输尿管支架后能自然愈合,如果瘘孔接近输尿管膀胱入口处,可行输尿管膀胱植入术。如果输尿管瘘孔距离膀胱有一定距离,切除含瘘孔的一段输尿管,断端行输尿管端端吻合术,放置输尿管导管者,术后一般留置 3 个月。患者术后发生输尿管阴道瘘,需要进行抗泌尿系统感染治疗,保持会阴清洁,患者阴道残端愈合不佳,进行营养支持治疗。宫颈癌放疗会影响伤口愈合及加重输尿管阴道瘘。

第二十三章　生殖内分泌疾病

1.【答案】A

【解释】无排卵性功能失调性子宫出血常见于青春期、绝经过渡期,生育期也可发生。排卵性功能失调性子宫出血则于生育年龄常见。在青春期,下丘脑 - 垂体 - 卵巢轴激素间的反馈调节尚未成熟,大脑中枢度对雌激素的正反馈作用存在缺陷,下丘脑和垂体与卵巢间尚未建立稳定的周期性调节,FSH 呈持续低水平,无促排卵性 LH 峰形成,卵巢虽有卵泡生长,但卵泡发育到一定程度即发生退行性变,形成闭锁卵泡,无排卵发生。生育期女性有时因应激、肥胖或 PCOS 等因素影响,也可发生无排卵。

2.【答案】C

【解释】年龄大于 35 岁,药物治疗无效或存在子宫内膜癌高危因素的异常子宫出血患者,应行诊断性刮宫明确是否存在子宫内膜病变。B 型超声仅能作为诊断内膜病变的辅助检查;只有通过诊刮获得内膜病理标本才是诊断子宫内膜癌、子宫内膜不典型增生的金标准。液基细胞学检查是宫颈病变筛查的常用手段;阴道镜检查是将阴道和宫颈进行放大 10~40 倍检查,直接观察这些部位的血管形态和上皮结构,以发现与癌变有关的异型上皮、异型血管,并对可疑部位进行定位活检。故选 C。

1.【答案】A

【解释】围绝经期女性,出现不规则阴道流血,且有高血压糖尿病病史,这些均是子宫内膜癌高危因素,因此需重点排除子宫内膜癌,最佳检查为宫腔镜检查及子宫内膜活检。宫颈刮片细胞学检查及阴道镜是用以诊断宫颈病变,并不能检查宫腔及内膜情况。E 选项只是作为辅助检查排除妊娠诊断之用。故选 A。

第一节　功能失调性子宫出血

【A1 型题】

1. 无排卵性功能失调性子宫出血好发于
   A. 青春期
   B. 生育年龄
   C. 儿童期
   D. 绝经期
   E. 婴儿期

2. 年龄大于 35 岁,药物治疗无效或存在子宫内膜癌高危因素的异常子宫出血的患者,首选
   A. 液基细胞学检查
   B. B 型超声检查
   C. 诊断性刮宫
   D. 阴道镜检查
   E. 血清肿瘤标志物检查

【A2 型题】

1. 48 岁女性,高血压糖尿病多年,孕 4 产 3,流产 1 次。近 5 个月出现经期延长至 15d,月经量为原来的 2 倍,偶有月经中期阴道不规则出血。妇科检查:宫颈光滑,子宫增大如孕 8 周,质软,双附件未发现异常。为确诊应做下列哪项检查
   A. 宫腔镜检查并分段诊断性刮宫
   B. 阴道镜检查
   C. 后穹窿取材行细胞学检查
   D. 宫颈刮片细胞学检查
   E. 尿妊娠试验

2. 患者,女性,17 岁,近 2 年月经周期紊乱,无明显痛经,出血量多,此次阴道不规则流血 20 余天,伴头晕,心悸,查体:轻度贫血外观,子宫、附件正常。作为首诊医生,该患首先考虑的诊断是

    A. 子宫肌瘤

    B. 宫颈息肉

    C. 无排卵性功能失调性子宫出血

    D. 有排卵性功能失调性子宫出血

    E. 子宫腺肌症

【A3/A4 型题】

(1~3 题共用题干)

女,17 岁,14 岁月经初潮,平素月经规则,今年就读高中三年级,近半年来月经约 2~3 个月 1 次,经期稍延长,量中,此次停经50d,后有阴道出血 20d,查体(−)。

1. 作为首诊医生,首先考虑可能的诊断是

    A. 子宫黏膜下肌瘤

    B. 子宫内膜炎

    C. 子宫内膜息肉

    D. 无排卵性功能失调性子宫出血

    E. 排卵性功能失调性子宫出血

2. 首先需要进行的检查是

    A. 性激素检查

    B. B 型超声检查

    C. 盆腔 MRI

    D. 尿妊娠试验

    E. 雄激素分类检查

3. 若尿妊娠试验阴性,血色素 70g/L,患者 20d 后有重要考试,请给出恰当的治疗方案

    A. 地屈孕酮 50mg,2 次 /d,口服止血

    B. 氨甲环酸口服止血

    C. 诊断性刮宫

    D. 口服短效避孕药止血

    E. 丙酸睾酮止血

(4~6 题共用题干)

女,47 岁,孕 2 产 1,流产 1 次,月经周期延长,经量增多及经期延长,此次月经量多,持续 15d,自觉头晕乏力,妇科检查子宫稍大稍软。

4. 作为首诊医生,请指出首先要进行下列何种检查

    A. B 型超声

    B. 雌二醇,FSH,LH

2.【答案】C

【解释】此为正处青春期的女性,月经紊乱,查体未见明显异常,故首先考虑无排卵性功能失调性子宫出血。子宫肌瘤常见于 30~50 岁女性,20 岁以下少见,题目中已提示子宫附件正常,因此排除 A 选项。宫颈息肉极少发生持续性大量出血,可通过妇检排除,因此排除 B 选项。有排卵功能失调性子宫出血多见于生育年龄女性,患者仍有可辨认的月经周期,因此排除 D 选项。子宫腺肌症多发生于 30~50 岁经产妇,约 15% 同时合并子宫内膜异位症,主要症状是经量过多、经期延长和逐渐加重的进行性痛经,疼痛位于下腹正中,常于经前 1 周开始,直至月经结束,超声或者妇检时常提示有子宫肿块及子宫增大,因此排除 E 选项。故选 C。

1.【答案】D

【解释】无排卵性功能失调性子宫出血见 A1 型题第 1 题解析;子宫黏膜下肌瘤、子宫内膜炎、子宫内膜息肉,则好发于 30~50 岁,而排卵期出血好发于育龄期女性,有可辨认的月经周期。故选 D。

2.【答案】D

【解析】青春期及育龄女性的阴道不规则流血必须首先进行妊娠试验以排除妊娠。性激素检查是用来判断子宫异常出血的重要检查,经阴道 B 型超声可以了解子宫大小、宫腔形状、宫腔内有无赘生物、子宫内膜厚度、肌层有无浸润及深度,可对异常子宫或阴道流血的原因作出初步判断并为进一步检查的选择提供参考;盆腔 MRI 对诊断子宫腺肌症及评估性肿瘤对周边的侵犯转移有重要作用;雄激素检查则多用于有高雄表现疾病的鉴别。

3.【答案】D

【解释】性激素联合用药的止血效果优于单一药物。短效口服避孕药在治疗青春期和生育年龄无排卵性功能失调性子宫出血时较为有效。地屈孕酮为单纯孕激素,停药后短期即有撤退性出血,适用于体内已有一定雌激素水平、血红蛋白 >80g/L 的患者;诊断性刮宫多用于绝经过渡期及病程长的生育年龄的患者,且诊者很可能无性生活史,因此诊刮不作为首选治疗方案;丙酮睾丸具有对抗雌激素的作用,可以减少盆腔充血和增加子宫血管的张力,减少出血量,起协助止血作用,此题中患者血色素 70g/L,故应考虑用效果较明显的药物。

4.【答案】D

【解释】育龄女性阴道不规则流血必须首先进行妊娠试验以排除妊娠,患者头晕乏力,需查血常规了解血色素水平,以评估贫血状态。B 型超声是诊断子宫、双附件病变的重要检查手段,但是不作为该患者的首要检查;雌二醇、促卵泡激素、黄体生成素及孕酮等激素检查对于协助了解体内激素水平意义重大;但这两者皆不属于首要进行的检查,故选 D。

5. 【答案】C

【解释】无排卵性功能失调性子宫出血好发于绝经过渡期和青春期。排卵性月经失调较无排卵性少见,多发生于生育期女性,患者有周期性排卵,因此临床上有可辨认的月经周期,主要包含黄体功能不足、子宫内膜不规则脱落和子宫内膜局部异常所致的异常子宫出血(AUB)。子宫内膜癌发病平均年龄为60岁,其中75%发生于50岁以上女性,最常见的症状为绝经后及绝经过渡期异常子宫出血,诊断性刮宫及宫腔镜下活检为最常用的诊断方法,典型的子宫内膜癌的超声图像有宫腔内不均回声,或宫腔线消失、肌层内有不均回声区,彩色多普勒显像可显示丰富血流信号。尿妊娠阴性可排除滋养细胞疾病。因此最可能的诊断为C。

6. 【答案】B

【解释】患者47岁,由于已经重度贫血,并且已经生育,结合两者最为有效并可以获得子宫内膜病理的操作就是在输血的基础上进行全面的分段诊刮术,同时也可以作为治疗手段起到止血的效果。

提问1:【答案】ABCDE

【解析】FIGO将异常子宫出血分为两大类9个类型,按照英语首字母缩写为"PALM-COEIN"[子宫内膜息肉所致的子宫异常出血(AUB-P)、子宫腺肌病所致子宫异常出血(AUB-A)、子宫平滑肌瘤所致子宫异常出血(AUB-L)、子宫内膜恶变和不典型增生所致子宫异常出血(AUB-M)、全身凝血相关疾病所致子宫异常出血(AUB-C)、排卵障碍相关的子宫异常出血(AUB-O)、子宫内膜局部异常所致子宫异常出血(AUB-E)、医源性子宫异常出血(AUB-I)和未分类的子宫异常出血(AUB-N)]。根据上述病因,需做相关辅助检查明确诊断。X线胸片为考虑为恶性肿瘤胸肺部转移时使用,题干中暂无此类提示。

提问2:【答案】ABDE

【解析】主要治疗方法为手术、放疗及药物(化学药物及激素)治疗。应根据患者全身情况、癌变累及范围及组织学类型选用和制订适宜的治疗方案。早期患者以手术为主,按手术/病理分期的结果及存在的复发高危因素选择辅助治疗;晚期则采用手术、放射、药物等综合治疗。患者既往规律体检,未见明显异常,且MRI检查考虑仅浸润浅肌层,应首选手术治疗,同时根据术中情况,可辅以放疗及相关口服药物治疗。因化疗主要针对晚期或复发性子宫内膜癌的治疗,故暂不考虑。

C. 雄激素分类

D. 血常规,妊娠试验

E. 孕酮

5. 如各项检查如下:B型超声提示子宫增大,不排除子宫腺肌症,双侧附件未见异常,内膜厚7mm;血色素55g/L;促卵泡激素、黄体生成素、雌二醇、催乳素、睾酮均在正常范围内;妊娠试验阴性。最可能的诊断是

A. 子宫内膜癌

B. 排卵性月经失调

C. 无排卵性功能失调性子宫出血

D. 黄体功能不全

E. 滋养细胞疾病

6. 以下哪种处理恰当

A. 输血并静脉注射巴曲酶

B. 输血并行刮宫术

C. 输血并口服大量甲羟孕酮

D. 输血并口服大剂量雌激素

E. 输血并肌肉注射丙酸睾酮

【案例分析题】

案例 60岁女性,既往体健,规律体检。绝经5年,阴道流血1个月余。近半年体重减轻2kg。妇科检查:外阴松弛,宫颈光滑萎缩,子宫常大,双侧附件未触及肿物。

提问1:为协助诊断,该患者目前应考虑完善哪些检查

A. 妇科B型超声

B. 血常规

C. 凝血功能

D. 分段诊刮

E. 宫颈刮片

F. X线胸片

提问2:患者分段诊刮提示:子宫内膜浆液性癌。完善MRI检查提示宫底部宫腔内肿物,考虑为子宫内膜癌,病灶于左侧宫角处累及浅肌层可能。患者可考虑的治疗方法有

A. 手术治疗

B. 放疗

C. 化疗

D. 孕激素治疗

E. 抗雌激素治疗

F. 姑息治疗

(陈勍)

第二节 闭 经

【A1 型题】

1. 以下属于原发性闭经的是
   A. 下丘脑性闭经
   B. 垂体性闭经
   C. 卵巢不敏感综合征
   D. 卵巢性闭经
   E. 子宫性闭经

2. 卵巢功能衰竭引起卵巢性闭经,体内卵泡刺激素水平应该是
   A. 波动巨大
   B. 降低
   C. 升高
   D. 持续下降
   E. 接近 0

【A2 型题】

1. 女,37 岁,闭经半年,查体:子宫、附件无异常所见,曾做雌孕激素序贯试验阴性。上述患者下一步诊疗应为
   A. 磁共振检查
   B. 促排卵
   C. 大剂量雌激素
   D. 大剂量孕激素
   E. 再行一次雌孕激素序贯实验,若仍为阴性,则行宫腔镜检查

2. 女,36 岁,月经稀发 3 年,停经 7 个月。实验室检查示:血 LH/FSH 比值等于 4。超声提示:右卵巢直径 2~9mm 卵泡大于 12 个。最可能的诊断为
   A. 子宫内膜不规则脱落
   B. 卵巢早衰
   C. 黄体功能不足
   D. 多囊卵巢综合征
   E. 子宫内膜异位症

【A3/A4 型题】

(1~3 题共用题干)

女,34 岁,12 岁月经初潮,孕 4 产 2,流产 2 次,停经 1 年,伴有潮热、出汗、心烦,至当地诊所服用中药后,曾有 1 次月经来潮,量

1.【答案】C

【解释】原发性闭经根据第二性征发育的情况,分为第二性征存在和第二性征缺乏两类。第二类性征存在的原发性闭经包括:苗勒氏管发育不全综合征、雄激素不敏感综合征、卵巢不敏感综合征(也称为对抗性卵巢综合征)、生殖道闭锁和真两性畸形。第二性征缺乏的原发性闭经包括:低促性腺激素功能减退、高促性腺激素功能减退。卵巢不敏感综合征,正是原发性闭经的一种。

2.【答案】C

【解释】卵巢性闭经,卵巢分泌的雌激素水平下降,激活负反馈调节机制导致 FSH 和 LH 这两项促性腺激素的升高,属高促性腺激素性闭经。

1.【答案】E

【解释】闭经分原发性闭经与继发性闭经。继发性闭经指正常月经周期建立后月经停止 6 个月,或按自身原有月经周期计算停止 3 个周期以上。继发性闭经病因可分为下丘脑性、垂体、卵巢、子宫性及下生殖道发育异常闭经。雌孕激素序贯试验:适用于孕激素试验阴性的闭经患者。服用雌激素并在后半周期 10d 加用孕激素后,如发生撤退性出血为阳性,如为阴性者,可重复一次试验,仍为阴性,提示子宫内膜有缺陷或被破坏,可诊断子宫性闭经。若怀疑下丘脑或垂体因素引起的闭经时,则需进行磁共振检查。促排卵则适用于怀疑无排卵引起的闭经;而对于无排卵引起的闭经采用雌孕激素序贯法则会有月经来潮。大剂量雌激素可促进乳房、外生殖器发育,腋毛、阴毛生长,子宫内膜增生、脱落,这对生理及心理均有治疗意义,须长期使用。采用大剂量雌激素治疗闭经主要用于下丘脑-垂体功能紊乱而引起的继发性闭经,即人工周期治疗。模拟正常月经周期性雌激素水平的变化,先给予 21d 雌激素,后 10d 加用孕激素,形成每个月 1 次的撤退性出血,一般 3 个周期为 1 疗程。小剂量雌激素可以刺激垂体功能,提高其敏感性(正反馈),有助于月经周期的恢复。而题目中已经采用了雌孕激素序贯疗法,其结果是阴性,再采用大剂量雌激素治疗不合适。孕激素和雌激素具有拮抗作用,采用大剂量孕激素治疗更加不会有月经复潮。综上所述,E 为最合适的答案。

2.【答案】D

【解释】多囊卵巢综合征(PCOS)的诊断为排除性诊断。现在使用的是鹿特丹标准:①稀发排卵或无排卵。②高雄激素的临床表现和高雄激素血症。③卵巢多囊性改变,B 型超声检查见一侧或双侧卵巢直径 2~9mm 的卵泡≥12 个和/或卵巢体积≥10ml。④符合上述 3 项中任何 2 项者,并排除其他高雄激素病因:先天性肾上腺皮质增生、库欣综合征、分泌雄激素的肿瘤等,即可诊断 PCOS。子宫内膜不规则脱落及黄体功能不足均属于排他性月经失调,此类患者仍有临床上仍有可辨认的月经周期。子宫内膜异位症中异位的子宫内膜随卵巢激素变化发生周期性出血,导致周围纤维组织增生和囊肿、粘连等,最终发展为大小不等的紫褐色实质性结节或包块,B 型超声可确定异位囊肿的存在。子宫内膜异位症主要症状为经期及月经前后下腹痛,经期过后可自行缓解,比较少出现停经等情况。子宫内膜不规则脱落可能出现不规则阴道出血症状。而卵巢早衰表现为卵巢体积偏小,卵泡稀少甚至缺乏。卵巢早衰除可能出现停经,月经量少,同时 FSH、LH 明显升高。

1. 【答案】C
   【解释】对于闭经患者,B型超声可以了解卵巢大小及卵泡数目情况,性激素检查可以了解性激素分类及水平,而甲状腺激素检查可以筛查是否存在甲亢导致的月经异常;宫腔镜检查则可以了解宫腔和内膜情况,并有机会获得内膜的病理标本。根据题目描述,患者出现卵巢功能下降的临床表现,闭经主要考虑为卵巢早衰引起,以上几项检查均有助于进一步诊断是否为卵巢功能下降引起的闭经;而腹腔镜则对闭经的诊断意义有限。

2. 【答案】A
   【解释】闭经分原发性闭经与继发性闭经。继发性闭经指正常月经周期建立后月经停止6个月,或按自身原有月经周期计算停止3个周期以上。继发性闭经病因可分为下丘脑性、垂体、卵巢、子宫性及下生殖道发育异常闭经。卵巢早衰是指40岁前由于卵巢内卵泡耗竭或医源性损伤发生卵巢功能衰竭。主要原因是卵巢功能衰竭后卵巢产生的雌激素水平明显降低,可以通过性腺轴中的负反馈作用刺激下丘脑-垂体增加FSH、LH的分泌,其激素的特征为高促性腺激素水平,特别是FSH升高(FSH>40IU/L),伴有雌激素水平下降。

3. 【答案】B
   【解释】患者为有子宫的继发性闭经患者,适合使用雌孕激素人工周期疗法。雌激素补充治疗适用于无子宫者;孕激素适用于体内有一定内源性雌激素水平的Ⅰ度闭经患者;促排卵药适用于有生育要求的患者;卵巢打孔术适用于多囊卵巢的患者,但只作为二线治疗方法。

4. 【答案】D
   【解释】对于闭经患者,需鉴别原发性闭经和继发性闭经,宫腔操作后出现无月经来潮的情况,且子宫大小正常,考虑宫腔粘连可能性较大。B型超声可以了解子宫内膜情况,如出现内膜显示不清或连续性中断则更支持宫腔粘连的诊断。而性激素检查有助于了解有妇科内分泌因素导致的停经,宫腔镜检查是诊断宫腔粘连的首选方法并有助于病程的评估。hCG可以排除妊娠和滋养细胞疾病。中枢性闭经常见原因有垂体微腺瘤引起的高泌乳素血症等,但从病史分析,患者无相关症状,也没有中枢系统症状,并不首先考虑这类病因,所以选择头颅MRI并不恰当。

5. 【答案】C
   【解释】根据患者病史与超声结果,提示子宫内膜损伤,宫腔粘连可能性大,最恰当的检查应该为宫腔镜检查。

6. 【答案】C
   【解释】阿谢曼(Asherman)综合征:即子宫粘连综合征。因人工流产刮宫过度或产后、流产后出血刮宫损伤子宫内膜,导致宫腔粘连而闭经。

少,经期缩短,后继续服用无效。

1. 请指出以下哪项检查**没有必要**
   A. B型超声
   B. 性激素检查
   C. 腹腔镜检查
   D. 宫腔镜检查
   E. 甲状腺激素检查

2. 若检查血FSH 80IU/L,闭经原因可能是
   A. 卵巢早衰
   B. 子宫内膜结核
   C. 垂体性闭经
   D. 下丘脑性闭经
   E. 精神因素

3. 若患者无生育要求,下列哪一项治疗是合适的
   A. 雌激素补充治疗
   B. 雌孕激素人工周期疗法
   C. 孕激素补充治疗
   D. 促排卵
   E. 卵巢打孔术

(4~6题共用题干)
女22岁,行无痛人工流产后4个月无月经来潮就诊。孕2产1,流产1次。查体:子宫正常大小,双附件未扪及明显异常。大小便正常,无咳嗽咳痰,无疲倦乏力。

4. 下列检查中哪项**不恰当**
   A. B型超声
   B. hCG检查
   C. 性激素检查
   D. 头颅MRI
   E. 宫腔镜检查

5. B型超声提示:子宫大小正常,子宫内膜厚2mm,回声不均,连续性差,双附件区未见明显异常。下一步最恰当的检查应该是
   A. 盆腔MRI
   B. 子宫输卵管造影
   C. 宫腔镜检查
   D. 雌孕激素序贯试验
   E. 促排卵

6. 初步诊断为
   A. 早期妊娠
   B. 人工流产不全
   C. Asherman综合征

D. 人工流产综合征

E. 希恩综合征

【案例分析题】

案例 患者女,26岁,14岁 $\frac{5}{30}$ d,3年前月经不规律,周期约3~6个月,近1年无月经来潮。

提问1:患者目前需完善哪些检查

    A. 妇科B型超声

    B. 性激素六项

    C. 垂体MRI

    D. 分段诊刮

    E. 血hCG

    F. 胸片

    G. 肝胆胰脾超声

    H. 染色体检查

提问2:患者完善检查后,均未见明显异常,行孕激素实验有撤退性出血,测血促卵泡激素45IU/L,黄体生成素20IU/L,进一步需如何治疗

    A. 口服雌孕激素

    B. 调节饮食

    C. 促排卵治疗

    D. 给予溴隐亭

    E. 手术治疗

    F. 继续观察

(陈勋)

第三节 多囊卵巢综合征

【A1型题】

1. 多囊卵巢综合征患者的卵巢变化**不正确**的是 -

    A. 多个直径<1mm的囊性卵泡

    B. 无排卵痕迹

    C. 双侧卵巢变大

    D. 白膜增厚硬化

    E. 卵巢包膜增厚为正常的3~4倍

2. 多囊卵巢综合征患者应预防下列哪种肿瘤的发生

    A. 卵巢癌

    B. 子宫颈癌

    C. 子宫内膜癌

    D. 阴道癌

提问1:【答案】ABE

【解析】有性生活史的女性出现闭经,必须首先排除妊娠。评估雌激素水平以确定闭经程度,建议停用雌、孕激素类药物至少两周后行促卵泡激素、黄体生成素、催乳素、促甲状腺激素等激素水平测定,以协助诊断。同时超声检查盆腔内有无占位性病变、子宫大小、子宫内膜厚度、卵巢大小、卵泡数及有无卵巢肿瘤。测定基础体温了解卵巢排卵功能。根据题干,患者应为继发性闭经,而两性畸形所导致的为原发性闭经,故无须检查染色体。头痛、溢乳或高PRL血症患者应进行头颅MRI检查,以确定是否存在垂体微腺瘤等。另外,有明显男性化体征者,还应进行卵巢和肾上腺超声或MRI检查以排除肿瘤。

提问2:【答案】AB

【解析】根据激素结果判断患者为卵巢性闭经,此类患者主要使用雌、孕激素周期治疗;雌激素周期治疗用于卵巢早衰、子宫已切除者;在药物治疗的同时,应调整患者的生活习惯,调整饮食、加强营养适当运动。对于促卵泡激素水平升高的闭经患者,由于其卵巢功能衰竭,不建议采用促排卵药物治疗。患者B型超声及辅助检查未见异常,亦无生殖道发育异常,因此无手术指征。溴隐亭为多巴胺激动剂,可直接抑制垂体泌乳素过多分泌而治疗闭经,但是题干并未提及患者泌乳素异常,所以排除溴隐亭选项。

1.【答案】A

【解析】多囊卵巢综合征患者双侧卵巢均匀性增大,呈灰白色,包膜增厚、坚韧,较正常厚2~4倍,白膜下可见大小不等、≥12个囊性卵泡,直径在2~9mm。故选择A。

2.【答案】C

【解析】多囊卵巢综合征以雄激素过高的临床或生化表现、持续无排卵、卵巢多囊改变为特征。因多囊卵巢综合征患者长期无排卵,子宫内膜单纯受雌激素的刺激,子宫内膜呈现不同程度增生性改变,甚至呈不典型增生,子宫内膜癌的发生率增高,因此应给予口服避孕药、孕激素后半周期疗法等措施来抑制子宫内膜过度增生和调节月经周期,保护子宫内膜,预防子宫内膜癌的发生。

3.【答案】D

【解析】多囊卵巢综合征超声检查在月经周期或孕酮撤退后出血的 3~5d 进行,显示卵巢体积增大,双侧卵巢均有 ≥ 12 个直径 2~9mm 的小卵泡。

1.【答案】B

【解析】多囊卵巢综合征的诊断是排除性诊断,其临床表现多样,因此诊断标准也存在争议,目前采用较多的是 2003 年欧洲生殖和胚胎医学会与美国生殖医学会 2003 年提出的鹿特丹诊断标准,详见本章第二节 A2 型题相关解析。本题中,患者月经稀发符合稀发排卵表现,痤疮、多毛是高雄激素的临床表现,符合鹿特丹标准中 2 条,选项 B 中排除了致雄激素升高的疾病,可诊断为多囊卵巢综合征,B 选项正确。A、C、D、E 均未排除其他导致雄激素升高的疾病,故不选。

2.【答案】D

【解析】多囊卵巢综合征治疗首先应该进行生活方式调整,主要为控制饮食、运动及戒烟、戒酒,减轻体重可改善胰岛素抵抗、降低睾酮水平,有利于排卵的恢复,故 A 选项正确。多囊卵巢综合征患者因慢性无排卵,使雌激素依赖性肿瘤发生风险增加,周期性孕激素治疗或口服短效避孕药治疗可改善子宫内膜状态,拮抗雌激素作用,预防子宫内膜癌的发生,B 选项正确。C 选项所述环丙孕酮具有很强的抗雄激素作用,能抑制垂体促性腺激素的分泌,使体内睾酮水平降低。对于有生育要求的患者,应在生活方式调整、抗雄激素和改善胰岛素抵抗等基础治疗后进行促排卵治疗;氯米芬是目前多囊卵巢综合征诱导排卵的首选药,但若雄激素过高,直接使用氯米芬促排卵的效果差,应先予以抗雄激素或口服避孕药治疗 3 个月,再给氯米芬,疗效较好,故选择 D。由于体毛的生长有其固有的周期,口服短效避孕药治疗多毛时一般需 6 个月才见效,E 选项表述正确。

1.【答案】E

【解析】多囊卵巢综合征长期发展后果不良,可出现如糖尿病、高血压、高血脂和心血管疾病等代谢综合征,多囊卵巢综合征病因尚未阐明,目前尚难根治。因此,多囊卵巢综合征患者无论是否有生育要求,首先均应进行生活方式调整,促进恢复排卵和生育功能,预防远期并发症的发生发展,主要为控制饮食、增加运动和戒烟、戒酒,药物治疗包括调整月经周期,降低高雄激素水平、改善胰岛素抵抗、恢复排卵解决生育问题。A、B、C、D 选项均正确,故选 E。

E. 外阴癌

3. 疑为多囊卵巢综合征,行超声检查的最佳时间是
   A. 月经期
   B. 月经来潮 6h 内
   C. 月经前数日
   D. 月经周期的 3~5d
   E. 排卵期

【A2 型题】

1. 患者,女,21 岁,月经稀发 5 年就诊,查体:脸部痤疮,上唇及下腹部有性毛生长,下列说法正确的是
   A. 查血清 LH 升高,LH/FSH(黄体生成素/促卵泡激素) ≥ 2~3 才可诊断多囊卵巢综合征
   B. 排除先天性肾上腺皮质增生、Cushing 综合征、分泌雄激素的肿瘤等致雄激素升高的疾病,即可诊断多囊卵巢综合征
   C. B 型超声提示卵巢多囊样改变才可诊断多囊卵巢综合征
   D. 查血清雌激素升高才可诊断多囊卵巢综合征
   E. OGTT 提示胰岛素抵抗才可诊断多囊卵巢综合征

2. 患者,女,25 岁,因月经稀发 2 年。B 型超声示卵巢多囊性改变,多毛,诊断为多囊卵巢综合征,BMI:26kg/m²。关于患者的治疗方案,**错误**的是
   A. 减轻体重有助于缓解病情
   B. 调整月经周期是为了保护子宫内膜,减少子宫内膜癌的发生
   C. 环丙孕酮有抗雄激素的作用
   D. 对于有生育要求的患者可直接予氯米芬促排卵治疗
   E. 口服短效避孕药治疗多毛,服药至少 3 个月,一般需 3~6 个月

【A3/A4 型题】

(1~2 题共用题干)

未婚女性,25 岁,初潮 14 岁,近 3 年月经周期逐渐延长,内分泌激素检查结果:LH/FSH>3,睾酮增高。初步诊断为多囊卵巢综合征。

1. 此患者的治疗方案为
   A. 调整生活方式
   B. 降低雄激素水平
   C. 调整月经周期
   D. 促进排卵
   E. 以上都是

2. 此患者最适合选用的药物是
　　A. 炔雌醇环丙孕酮片
　　B. 溴隐亭
　　C. 尼尔雌酮
　　D. 甲羟孕酮
　　E. 二甲双胍

（3~4 题共用题干）
女性，31 岁，孕 0 产 0，因"正常性生活未避孕未孕 2 年"就诊。面部痤疮 3 年，伴多毛，停经 6 个月，母亲有"子宫内膜癌"病史。

3. 此患者所患疾病的远期并发症不包括
　　A. 心血管疾病
　　B. 2 型糖尿病
　　C. 子宫内膜癌
　　D. 代谢综合征
　　E. 卵巢功能不全

4. 此患者可以采用以下药物预防子宫内膜癌，不包括
　　A. 氯米芬
　　B. 炔雌醇环丙孕酮片
　　C. 去氧孕烯炔雌醇片
　　D. 孕酮
　　E. 螺内酯

【案例分析题】

案例一　23 岁未婚女性，因痤疮多毛及月经不调，初步诊断为多囊卵巢综合征。

提问 1：该患者行 B 型超声检查可见的典型征象是
　　A. 可见优势卵泡
　　B. 多个小卵泡围绕卵巢边缘，呈项链征
　　C. 子宫内膜变薄
　　D. 卵泡内壁塌陷，内见雾状光点
　　E. 卵巢增大
　　F. 子宫壁多发小结节

提问 2：患者最常见的临床表现有
　　A. 月经频发
　　B. 继发性闭经
　　C. 月经稀发
　　D. 月经淋漓不尽
　　E. 月经量增多
　　F. 月经量减少

2.【答案】A
　　【解析】患者内分泌激素检查示睾酮增高，因此应选用降低雄激素的药物。炔雌醇环丙孕酮片通过反馈作用降低 LH 的高频高幅异常分泌，使卵巢源性雄激素减少，同时其所含有的环丙孕酮可有效对抗雄激素，抑制毛囊雄激素受体生成而减少毛发生长，改善多毛症状，故选 A。尼尔雌醇是在绝经后补充雌激素、调整自主神经系统的药物，对绝经期症状有效，故不选 C。甲羟孕酮为高效孕激素，主要作用是增生期子宫内膜变为分泌期，为受精卵的着床做准备，同时还可以作为长效避孕药使用，与本题目治疗多囊卵巢作用不符合。二甲双胍为胰岛素增敏剂，可抑制肝脏合成葡萄糖，增加外周组织对胰岛素的敏感性，题目中未提示患者的血糖及胰岛素情况，故不选 E。

3.【答案】E
　　【解析】此患者月经稀发、不孕、多毛、痤疮等表现，诊断为原发性不孕症、多囊卵巢综合征。多囊卵巢综合征患者可同时伴有肥胖、胰岛素抵抗、长期无排卵，长期发展后果不良，可出现如糖尿病、高血压、高血脂和心血管疾病等代谢综合征，长期无排卵使雌激素依赖性肿瘤发生风险增加，A、B、C、D 选项均正确。

4.【答案】E
　　【解析】多囊卵巢综合征患者因长期无排卵，子宫内膜单纯受雌激素刺激，子宫内膜癌发生风险高。氯米芬为促排卵药，可诱发排卵，使子宫内膜不致长期受单一雌激素刺激（A 项）。炔雌醇环丙孕酮片和去氧孕烯炔雌醇片为口服避孕药，可调节月经周期并保护子宫内膜，有效防止子宫内膜增生（B，C 项）。孕酮为孕激素，可对抗雌激素促进子宫内膜生长的作用（D 项）。而螺内酯是醛固酮受体的竞争性抑制剂，可抑制卵巢和肾上腺合成雄激素，增强雄激素分解，并在毛囊与睾酮竞争雄激素受体，可降低血雄激素水平，治疗多毛，但不能预防子宫内膜癌（E 项）。

提问 1：【答案】BE
　　【解析】多囊卵巢综合征患者因长期稀发排卵或无排卵，行 B 型超声检查时可见卵巢增大，包膜回声增强，轮廓较光滑，一侧或两侧卵巢各自有 12 个以上直径为 2~9mm，无回声区，围绕卵巢边缘，呈车轮状排列，称为"项链征"，连续检测未见优势卵泡发育及排卵迹象。故该题目选 B，E。

提问 2：【答案】BCF
　　【解析】多囊卵巢综合征的主要临床表现包括月经失调、雄激素过量和肥胖。月经失调为主要症状，多表现为月经稀发或闭经，闭经前常有经量过少或月经稀发，因此该题选择 B，C，F。部分患者也可表现为不规则子宫出血，月经周期或行经期或经量无规律性，但不是最常见的临床表现，故 A，D，E 不选。

提问3:【答案】BE

【解析】多囊卵巢综合征患者血清 FSH 正常或偏低,LH 升高,无排卵前 LH 峰出现,LH/FSH ≥ 2~3,故 B 项正确,A、C 项错误。睾酮水平通常不超过正常范围上限的 2 倍,雄烯二酮常升高,脱氢表雄酮、硫酸脱氢表雄酮正常或轻度升高,故 E 项正确。血清中雌酮(E₁)升高,雌二醇(E₂)正常或轻度升高,并恒定于早卵泡期水平,E₁/E₂>1,高于正常周期,因此 D 项错误。20%~35% 的多囊卵巢综合征患者可伴有血清催乳素(PRL)轻度升高。因此本题选 B,E。

提问4:【答案】AB

【解析】多囊卵巢综合征患者首先均应进行生活方式调整,包括饮食控制及增加运动(B 项)。一方面,卵巢内高雄激素抑制卵泡成熟,小卵泡停止发育,无法形成优势卵泡,卵巢呈多囊改变;另一方面,由于雄激素增多造成下丘脑-垂体-性腺激素轴功能紊乱,以及增高的胰岛素直接刺激,促使多囊卵巢综合征患者 LH 增高,增高的 LH 又促进卵泡和肾上腺分泌雄激素,从而形成了一个雄激素过多,持续无排卵的恶性循环。高雄激素在多囊卵巢综合征的发病过程中起到重要作用,因此,无生育要求的多囊卵巢综合征患者因应该首选抗雄激素治疗,恢复月经周期,改善多毛痤疮等症状(A、C 项)。腹腔镜卵巢打孔术为有创操作,可能出现治疗无效、盆腔粘连及卵巢功能低下等问题,应慎用(E 项);卵巢楔形切除术术后卵巢周围粘连发生率高,临床已不常用(F 项)。因此,该题最佳治疗方案应选择 A,B。

提问1:【答案】BC

【解析】多囊卵巢综合征患者的卵巢变化:大体上双侧卵巢均匀性增大(A 项),为正常女性的 2~5 倍,灰白色,包膜增厚、坚韧(B 项)。切面见卵巢白膜均匀性增厚,较正常厚 2~4 倍,白膜下可见大小不等、≥ 12 个囊性卵泡(C 项),直径在 2~9mm(D、F 项),切面下见白膜增厚、硬化,皮质表层纤维化,细胞少,血管显著存在。白膜下多个不成熟阶段呈囊性扩张的卵泡及闭锁卵泡,无成熟卵泡生成及排卵迹象。因此 B,C 为正确选项。

提问2:【答案】ABCE

【解析】多毛、痤疮是高雄激素血症最常见的表现,可出现不同程度多毛,以性毛为主,阴毛浓密且呈男型倾向,延及肛周、腹股沟或腹中线,也有出现上唇和/或下颌细须或乳晕周围有长毛等。多囊卵巢综合征患者高雄激素性脱发可在 20 岁左右发生,主要发生在头顶部,向前可延伸到前头部(但不侵犯发际),向后可延伸到后头部(但不侵犯后枕部)。脂溢性皮肤及痤疮常见,体内雄激素和聚刺激会使皮脂分泌增加,导致患者头面部油脂过多,毛孔增大,鼻唇沟两侧皮肤发红,油腻,头皮鳞屑多,头发油痒,胸背油脂分泌多。子宫内膜增生及乳腺增生与长期无排卵使子宫内膜、乳腺受单一雌激素刺激相关,故不选 D,F。

提问3:【答案】ABCD

【解析】50% 的多囊卵巢综合征患者肥胖(BMI ≥ 25kg/m²),且常呈腹型肥胖(腰臀比 ≥ 0.80),与胰岛素抵抗、雄激素过多、游离睾酮比例增加及与瘦素抵抗有关,其对代谢功能影响较大,可加重胰岛素抵抗,患者出现高血压、糖尿病、血脂障碍等远期并发症的风险较高,二甲双胍可增加外周组织对胰岛素的敏感性使体重下降。故该题不选 E,F。

提问3:对患者进行内分泌测定,可能的改变有

A. LH/FSH<2

B. LH 持续高水平

C. FSH 持续高水平

D. E₂/E₁>1

E. 雄激素水平升高,以雄烯二酮为主

F. PRL 降低

提问4:患者确诊为多囊卵巢综合征,最佳治疗方案包括

A. 抗雄激素治疗

B. 饮食运动控制

C. 抗雌激素治疗

D. HMG-hCG 治疗

E. 腹腔镜下卵巢打孔术

F. 卵巢楔形切除术

案例二 36 岁,女,结婚 7 年未孕,13 岁 $\frac{4~5}{35~40}$ d,BMI 28kg/m²,现因停经 3 个月就诊。

提问1:患者 B 型超声提示多囊样改变,诊断为多囊卵巢综合征,其卵巢的病理改变,叙述正确的是

A. 双侧卵巢均匀性萎缩

B. 卵巢表面坚韧,呈灰白色,包膜增厚

C. 卵巢有多于 12 个囊性卵泡

D. 卵泡直径多小于 1mm

E. 卵泡直径多大于 10mm

F. 卵巢切面可见包膜均匀性变薄

提问2:患者查性激素提示高雄激素血症,下列与之相关的症状有

A. 多毛

B. 脱发

C. 脂溢性皮炎

D. 子宫内膜增生

E. 痤疮

F. 乳腺增生

提问3:关于该患者肥胖的说法正确的是

A. 可引起脂代谢异常

B. 肥胖可加重胰岛素抵抗

C. 肥胖者多为腹型肥胖

D. 该病肥胖与游离睾酮的比例增加有关

E. 该病肥胖患者瘦素水平降低

F. 二甲双胍通过降低胰岛素敏感性使体重下降

提问 4:患者近期的治疗目标有哪些

    A. 控制饮食、运动减肥

    B. 改善胰岛素抵抗

    C. 调整月经周期

    D. 降低雄激素的表现

    E. 恢复排卵解决生育问题

    F. 预防子宫内膜癌

案例三 24岁,女性,因月经稀发及不孕就诊。月经史:13岁 $\frac{5}{40\sim60}$ d,经量中等,无痛经。查体:升高 158cm,体重 65kg,BMI 26kg/m²。性激素六项:促卵泡激素 5.63IU/L,黄体生成素 11.58IU/L,雌二醇 237mol/L,孕酮 0.78μg/L,睾酮 0.83μg/L,催乳素 11.11μg/L。

提问 1:该患者诊断为多囊卵巢综合征,可能出现的与本疾病相关的症状有

    A. 卵巢多囊改变

    B. 垂体微腺瘤

    C. 性交痛

    D. 溢乳

    E. 复发性外阴阴道假丝酵母菌病

    F. 基础体温单相性

提问 2:该患者行体格检查及妇科检查时可有的体征是

    A. 阴毛浓密

    B. 阴毛稀疏

    C. 双侧卵巢增大

    D. 双侧卵巢萎缩

    E. 面部痤疮

    F. 毛孔粗大

提问 3:关于患者的治疗,正确的是

    A. 控制饮食,适当运动

    B. 抗雄激素治疗

    C. 调整月经周期

    D. 若患者 OGTT 及脂代谢指标无异常,无须注意控制饮食

    E. 促排卵治疗

    F. 预防远期并发症

提问 4:患者有迫切的生育要求,最佳方案包括

    A. 以枸橼酸氯米芬促排卵治疗

    B. 增加运动,控制饮食

    C. 以促性腺激素或来曲唑促排卵治疗

    D. 降雄激素预处理 3 个月后,以枸橼酸氯米芬促排卵

    E. 腹腔镜卵巢打孔术

    F. 体外受精胚胎移植术(IVF-ET)

提问 4:【答案】ABCDE

    【解析】多囊卵巢综合征患者的近期治疗目标包括调整生活方式以减肥,改善胰岛素抵抗、降低雄激素水平,调整月经周期,促进排卵恢复以解决生育问题。远期治疗目标包括预防血糖血脂代谢障碍、代谢综合征、心血管疾病、雌激素依赖性肿瘤等远期并发症。

提问 1:【答案】AF

    【解析】该患者为年轻女性,症状及内分泌检查与多囊卵巢综合症相符,符合多囊卵巢综合征的诊断标准,详见本章第二节 A2 型题相关解析。因稀发排卵或无排卵,基础体温测定常表现为单相型基础体温曲线。

提问 2:【答案】AEF

    【解析】多囊卵巢综合征,以雄激素过高的临床或生化表现、持续无排卵、卵巢多囊改变为特征。多毛、痤疮是高雄激素血症最常见的表现,可出现不同程度多毛,阴毛浓密;油脂性皮肤及痤疮常见,毛孔增粗,故选择 A、E、F。多囊卵巢综合征患者 B 型超声检查可见双侧卵巢均匀增大。

提问 3:【答案】ABCEF

    【解析】多囊卵巢综合征患者首先均应进行生活方式调整,主要为控制饮食及适当运动以降低体重和缩小腰围,有利于增加胰岛素敏感性,降低睾酮,从而恢复排卵。其治疗原则包括:调整月经周期,降低高雄激素的表现、恢复排卵解决生育问题、尽早预防远期并发的发生发展。胰岛素抵抗、高雄激素血症、卵巢持续无排卵三者间可相互影响,形成恶性循环,即使患者口服葡萄糖耐量试验(OGTT)及脂代谢指标无异常,也应控制饮食,故 D 选项错误。

提问 4:【答案】BD

    【解析】对于有生育要求的多囊卵巢综合征患者,应在生活方式调整、抗雄激素和改善胰岛素抵抗等基础治疗后进行促排卵治疗。氯米芬是多囊卵巢综合征诱发排卵的首选促排卵药物,但若雄激素高,氯米芬治疗效果差,应先予抗雄激素或口服避孕药治疗 3 个月,再予氯米芬,疗效较好;来曲唑及促性腺激素多用于氯米芬无效者;腹腔镜卵巢打孔术为有创操作,特别是对卵巢有直接损伤,可能出现治疗无效、盆腔粘连及卵巢功能低下等问题,应慎用,较少仅因多囊卵巢综合征的排卵障碍而选择 IVF,常合并其他 IVF 指征才选择此技术。因此 A、C、E、F 项不是最佳治疗方案,故选择 B、D。

提问 1：【答案】ABDE

【解析】多囊卵巢综合征患者存在下丘脑-垂体-卵巢轴调节功能异常，由于垂体对促性腺激素释放激素（GnRH）敏感性增加，分泌过量 LH（A 项），刺激卵巢间质、卵泡膜细胞产生过量的雄激素（B 项）。卵巢内高雄激素抑制卵泡成熟，不能形成优势卵泡（C 项），但卵巢中小卵泡仍能分泌相当于早卵泡水平的 E_2，加之雄烯二酮在外周组织芳香化酶作用下转化为雌酮（E_1），形成高雌酮血症（D 项），持续分泌的 E_1 和一定水平的 E_2 作用于下丘脑及垂体，对 LH 分泌呈正反馈，使 LH 分泌持续高水平，无周期性，不形成月经中期 LH 峰，故无排卵发生（E 项）。雌激素对 FSH 呈负反馈，使 FSH 水平相对降低，LH/FSH 比例增大（F 项）。故正确答案为 A、B、D、E。

提问 2：【答案】BCDEF

【解析】约 50% 的多囊卵巢综合征患者存在不同程度的胰岛素抵抗及代偿性高胰岛素血症，过量胰岛素作用于垂体的胰岛素受体，可增强 LH 释放并促进卵巢和肾上腺分泌雄激素，有通过抑制肝脏性激素结合球蛋白合成，使游离睾酮增加。胰岛素抵抗、高雄激素血症、卵巢持续无排卵三者相互影响，导致卵巢的多囊状改变，可见胰岛素抵抗与多囊卵巢综合征患者病情轻重直接相关。因此，即使是体重正常的多囊卵巢综合征患者也存在一定程度高胰岛素血症和餐后血糖异常及糖耐量受损，均需要完善糖代谢检查。

提问 3：【答案】AF

【解析】本例患者为肥胖型多囊卵巢综合征患者，月经稀发伴胰岛素抵抗及高雄激素血症，需进行综合治疗。首先应进行生活方式调整，控制饮食和增加运动以降低体重和缩小腰围，可增加胰岛素敏感性、降低胰岛素、睾酮水平；炔雌醇环丙孕酮片为短效口服避孕药，不仅可调整月经周期，还可减轻高雄激素症状，常规用药方法为在孕激素撤退出血第 5 天开始服用，1 片 /d，共服 21d，停药第 8 天起重复下一周期用药；二甲双胍为胰岛素增敏剂，可抑制肝脏合成葡萄糖，增加外周组织对胰岛素的敏感性；螺内酯是醛固酮受体的竞争性抑制剂，可抑制卵巢和肾上腺合成雄激素，增强雄激素分解，并在毛囊与睾酮竞争雄激素受体，可降低血雄激素水平。因此本题最佳选项为 A、F。

案例四 患者，女，24 岁，停经 4 个月，13 岁 $\frac{7}{30\sim60}$ d，BMI 28kg/m^2，否认性生活史。B 型超声提示子宫偏小，子宫内膜厚 8mm，左卵巢体积 13ml，内见 2~9mm 小卵泡 16 个，右侧卵巢体积 16ml，内见 2~9mm 小卵泡 20 个，查性激素：促卵泡激素（FSH）8.63IU/L，黄体生成素（LH）19.58IU/L，雌二醇（E_2）192mol/L，孕酮（P）0.78μg/L，睾酮（T）1.03μg/L，催乳素（PRL）16.11μg/L。

提问 1：该患者的内分泌变化机制包括

A. 垂体对促性腺激素释放激素敏感性增加，分泌过量 LH

B. 过量的 LH 刺激卵巢间质、卵泡膜细胞产生过量的雄激素

C. 高雄激素促进卵泡成熟，形成优势卵泡

D. 卵巢中的小卵泡分泌相当于早卵泡其水平的雌二醇，而雄烯二酮可在外周转化为雌酮

E. 高雌酮及雌二醇对 LH 分泌呈正反馈，LH 持续高水平，无周期性

F. 雌激素对 FSH 呈正反馈，使 FSH 水平升高

提问 2：患者行 OGTT 提示空腹胰岛素偏高，胰岛素分泌高峰延迟，下列说法正确的是

A. 只有肥胖的多囊卵巢综合征患者才需做糖代谢方面的测定，体重正常患者只要空腹血糖正常，无须进行口服葡糖糖耐量试验

B. 胰岛素抵抗、高雄激素血症、持续无排卵三者相互促进，恶性循环

C. 过量的胰岛素可使窦前卵泡对 FSH 的敏感性增加，导致卵泡募集过多

D. 过量的胰岛素可诱导颗粒细胞上 LH 受体表达和提前黄素化，导致大量窦状卵泡积聚，形成无排卵和多囊卵巢形态

E. 过量的胰岛素可作用于垂体的胰岛素受体，增强 LH 释放并促进卵巢和肾上腺分泌雄激素

F. 过量的胰岛素可抑制肝脏性激素结合球蛋白合成，使游离睾酮增加

提问 3：患者最佳治疗方案包括

A. 运动饮食控制

B. 二甲双胍

C. 炔雌醇环丙孕酮片

D. 螺内酯

E. 炔雌醇环丙孕酮片 + 二甲双胍

F. 炔雌醇环丙孕酮片 + 二甲双胍 + 螺内酯

（王雪峰）

第四节 绝经综合征

【A1 型题】

1. 绝经过渡期开始的第一个标志是
   A. 血管舒缩症状
   B. 月经开始不规律
   C. 出现精神神经症状
   D. 睡眠障碍
   E. 骨质疏松

2. 下列哪项**不是**围绝经期激素补充治疗的禁忌证
   A. 不明原因的阴道出血
   B. 严重的肝功能异常
   C. 缺血性心血管疾病
   D. 反复的泌尿系感染
   E. 乳腺癌

【A2 型题】

1. 某女性卵巢功能逐渐衰退,月经不规则,生殖器官已经开始萎缩,那么她处于人生的
   A. 幼年期
   B. 青春期
   C. 性成熟期
   D. 生育期
   E. 围绝经期

2. 患者,女,50 岁,因"停经 9 个月伴腰背部疼痛"就诊,结合患者年龄,下列哪种症状与停经原因**无关**
   A. 潮热、出汗
   B. 激动易怒
   C. 下腹坠痛
   D. 失眠
   E. 外阴灼热感,分泌物减少

【A3/A4 型题】

(1~2 题共用题干)
女性,50 岁,月经不规则 6 个月,伴阴道干涩,入睡困难,夜间潮热和出汗,四肢痛。妇科检查:阴道皱襞减少,弹性下降,宫颈光滑,子宫正常大小,双附件正常。

1. 【答案】B
   【解析】绝经过渡期开始的第一个标志是以往规律的月经周期出现紊乱,临床表现为月经周期、经期持续时间或经量改变,可伴或不伴有雌激素下降的表现,此期症状的出现取决于卵巢功能状态的波动性变化。实际上,在规律月经改变之前,卵巢功能已开始衰退,因此,宜采用规律月经改变作为临床上进入绝经过渡期开始的标志(B 项),用更年期最早作为进入绝经过渡期的指标,某些女性没有症状就无从计算绝经过渡期的开始。骨质疏松是绝经综合征常见的远期症状,一般发生在绝经后的 5~10 年内。

2. 【答案】D
   【解析】激素补充治疗(HRT)是针对绝经相关健康问题采取的一种医疗措施,可有效缓解绝经相关症状,改善生活质量,必须遵循治疗规范,严格掌握治疗的适应证及禁忌证。HRT 适应证:①绝经相关症状。月经紊乱、潮热、多汗、睡眠障碍、疲倦、情绪障碍等。②泌尿生殖道萎缩的问题。阴道干涩、疼痛、排尿困难、性交痛、反复发作的阴道炎、反复泌尿系感染、夜尿多、尿频和尿急(D 项)。③低骨量及骨质疏松症。有骨质疏松的危险因素及绝经后骨质疏松。HRT 的禁忌证:①已知或怀疑妊娠。②原因不明的阴道流血(A 项)。③已知或可疑患有乳腺癌(E 项)。④已知或可疑患有性激素依赖性肿瘤。⑤患有活动性静脉或动脉血栓栓塞性疾病(最近 6 个月)(C 项)。⑥严重的肝肾功能障碍(B 项)。⑦血卟啉症、耳硬化症。⑧已知患有脑膜瘤(禁用孕激素)。选项 D 为 HRT 的适应证,故选 D。

1. 【答案】E
   【解析】围绝经期是女性自生育期的规律月经过渡到绝经的阶段,包括从出现与卵巢功能下降有关的内分泌、生物学和临床特征起,至末次月经后一年。绝经前后最明显变化是卵巢功能衰退,随后表现为下丘脑 - 垂体功能退化,月经紊乱是围绝经期的常见症状。

2. 【答案】C
   【解析】结合年龄及停经症状,该患者可能进入围绝经期。绝经综合征的主要表现包括:月经紊乱、血管舒缩症状(潮热、多汗)(A 项),自主神经失调症状(睡眠障碍、疲倦等)(D 项),精神神经症状(激动易怒、焦虑不安等)(B 项),泌尿生殖道症状(阴道干涩、疼痛、排尿困难、性交痛、反复发作的阴道炎)(E 项),心血管和骨质疏松(腰背、四肢疼痛)。利用排除法,选择 C。

1.【答案】A

【解析】绝经综合征的主要表现见 A2 型题第 2 题解析。结合题目中患者年龄、月经紊乱、潮热出汗、阴道干涩、入睡困难等症状，考虑诊断绝经综合征。经前期综合征多见于 25~45 岁女性，症状出现于月经期 1~2 周，主要症状有：躯体症状(头痛、背痛、乳房胀痛、便秘、肢体水肿等)、精神症状(易怒、焦虑、抑郁、疲乏、情绪不稳定等)、行为改变(注意力不集中、工作效率低、记忆力减退等)。

2.【答案】B

【解析】绝经后雌激素不足使骨质吸收增加，骨质吸收速度快于骨质生成，促使骨质丢失疏松(B 项)。50 岁以上女性半数以上会发生绝经后骨质疏松，一般发生在绝经后 5~10 年内，最常发生在椎体。

3.【答案】D

【解析】结合患者年龄、病史及出现的症状，患者进入围绝经期。绝经前后最明显变化的是卵巢功能减退，卵巢功能衰退最早征象是卵泡对 FSH 的敏感性下降，FSH 水平升高(A 项)。绝经过渡早期雌激素水平波动很大，由于 FSH 升高过度刺激卵泡引起雌二醇分泌过多，甚至可高于正常卵泡水平(B 项)，因此整个绝经过渡期雌激素水平并非逐渐下降，只是在卵泡完全停止生长发育后，雌激素水平才迅速下降(C 项)。绝经过渡期卵巢尚有排卵功能，仍有孕酮分泌，但因卵泡发育质量下降，黄体功能不良，导致孕酮分泌减少，绝经后无孕酮分泌(D 项)。绝经后雄激素来源于卵巢间质细胞及肾上腺，总体雄激素水平下降(E 项)。

4.【答案】A

【解析】患者出现严重更年期症状，有激素替代治疗的适应证，可采用激素替代治疗。单用雌激素治疗仅适用于子宫已切除者(A 项)。单用孕激素适用于绝经过渡期功能失调性子宫出血(B 项)。围绝经期需要激素替代时，应用雌孕激素序贯方案，子宫内膜周期性脱落；绝经后需要激素替代时，雌孕激素联合方案。该患者已切除子宫，单用雌激素即可，故选择 A 选项，但应注意乳腺增生情况。

提问 1：【答案】ABEF

【解析】本例患者年龄大于 40 岁，出现月经改变、潮热，内分泌测定 FSH 升高，E_2 降低，B 型超声提示子宫卵巢萎缩，应诊断绝经综合征，雌激素降低，可出现血管舒缩症状(如潮热等)及自主神经失调症状(如心悸、眩晕、头痛、睡眠障碍、耳鸣等症状)(A、B、E 项)；泌尿生殖道症状(阴道干涩、疼痛、排尿困难、性交痛、反复发作的阴道炎)(F 项)。多毛、黑棘皮症多为雄激素升高的表现，故不选(排除 C、D 项)。

1. 考虑诊断为
   A. 绝经综合征
   B. 经前期综合征
   C. 抑郁症
   D. 甲亢
   E. 功能失调性子宫出血

2. 此患者发生骨质疏松的主要原因是
   A. 雄激素分泌增加
   B. 雌激素分泌不足
   C. 雌激素分泌增加
   D. 孕激素分泌不足
   E. 孕激素分泌增加

(3~4 题共用题干)

患者，女，49 岁，因宫颈癌行子宫切除术后 4 年，出现失眠、出汗、烦躁，严重影响生活及工作。

3. 结合患者的临床表现，**不可能**出现的体内激素水平变化是
   A. 卵泡刺激素升高
   B. 雌激素升高
   C. 雌激素下降
   D. 孕酮升高
   E. 雄激素下降

4. 该患者在无禁忌的情况下采用哪种治疗方案最佳
   A. 单用雌激素
   B. 单用孕激素
   C. 单用雄激素
   D. 雌孕激素序贯用药
   E. 雌孕激素联合用药

【案例分析题】

案例一 患者，女，47 岁，因"停经 4 个月伴潮热"就诊。患者自诉近两年来月经不规则，月经周期 30~60d，经期 3~5d，经量少。查尿 hCG(−)，FSH 42.6IU/L，E_2 16ng/L，T 0.2μg/L，LH 22.6IU/L，P 0.24μg/L，PRL 10.25μg/L，B 型超声：子宫大小 45mm×30mm×20mm，内膜厚 4mm，左卵巢大小 25mm×18mm×20mm，右卵巢大小 26mm×21mm×16mm。

提问 1：患者还可能出现的症状及体征包括
   A. 入睡困难
   B. 激动易怒
   C. 多毛
   D. 黑棘皮症
   E. 头痛

F. 阴道分泌物减少

提问2:患者需进行的围绝经期保健包括

A. 进行心理疏导

B. 必要时选用镇静药帮助睡眠

C. 指导合理膳食,适当运动

D. 增加日晒,补充适量钙和维生素 D,预防骨质疏松

E. 无需避孕

F. 激素补充治疗

提问3:患者拟行激素补充治疗(HRT),不希望有月经样出血,可选择哪种方案

A. 雌孕激素序贯周期用药

B. 雌孕激素序贯连续用药

C. 雌孕激素联合连续用药

D. 单纯雌激素补充

E. 单纯孕激素补充

F. 阴道局部雌激素的应用

提问4:接受 HRT 过程中应进行随访及监测,下列正确的是

A. HRT 开始治疗后第 1,3,12 个月复诊

B. 出现异常阴道流血或其他不良反应时,应随时就诊

C. 规范 HRT 治疗 1 年后,随诊间隔可调整为 12 个月

D. HRT 规定最长只使用到平均自然绝经年龄

E. 推荐每 3~5 年进行骨密度测定

F. 随访监测的内容包括症状、乳房、子宫及肝肾功能

案例二　患者,女,53 岁,因“月经不规则 1 年,停经 3 个月”就诊,表现为月经周期延长,月经量减少,自觉周身不适,失眠、易怒、潮热,本次停经 3 个月,查 FSH 82.2IU/L。

提问1:下列符合患者疾病的有

A. 子宫萎缩

B. 卵巢多囊改变

C. 宫壁多发小结节

D. 卵巢萎缩

E. 卵巢混合性包块

F. 子宫增大

提问2:患者出现的病理生理改变与雌激素下降**无关**的有哪些

A. 潮热

B. 易怒

C. 乳腺增生

D. 性交困难

E. 子宫内膜增生

F. 骨质疏松

提问2:【答案】ABCDF

【解析】绝经综合征的治疗目标包括缓解近期症状,早期发现及预防远期并发症。①一般治疗:通过心理疏导(A 项),使绝经过渡期女性了解其生理过程,并以乐观的心态适应之;必要时可选用镇静药帮助睡眠(B 项);鼓励建立健康的生活方式,包括坚持身体锻炼,健康饮食(C 项);增加日晒时间,摄入维生素 D,预防骨质疏松(D 项)。②激素补充治疗(F 项):针对绝经相关健康问题而采取的一种医疗措施,可有效缓解绝经相关症状,从而改善绝经症状。虽然生育能力下降,但绝经过渡期卵巢尚有排卵功能,因此建议避孕至月经停止 12 个月后,选择以外屏障避孕产品为主的避孕方式,故排除 E。

提问3:【答案】BC

【解析】围绝经女性有月经改变,同时围绝经症状影响生活质量,应选择雌孕激素序贯联合,用于有完整子宫的女性,包括序贯用药和联合用药,序贯用药是模拟生理周期,在用雌激素的基础上,每后半月加用孕激素 10~14d。两种用药均又分为周期性和连续性,前者每周期停用激素 5~7d,有周期性出血,适用于年龄较轻、希望有月经样出血的女性(A 项);后者连续用药,避免周期性出血,适用于年纪较长或不希望有月经样出血的女性(B 项);雌孕激素联合连续用药每天均联合雌、孕激素,连续用药不停顿,适用于绝经后期不希望有月经样出血的女性(C 项)。单纯雌激素补充治疗适用于已切除子宫的女性(D 项);单用孕激素适用于绝经过渡期功能失调性子宫出血(E 项)。阴道局部雌激素用药推荐使用于仅为改善泌尿生殖道萎缩症状,以及对肿瘤手术、盆腔放疗、化疗以及其他一些局部治疗引起的症状性阴道萎缩和阴道狭窄者(F 项)。因此如果进行 HRT 的患者,不希望有月经样出血,可采用连续用药的方案,故选择 B,C。

提问4:【答案】ABCEF

【解析】对接受 HRT 的女性进行随访及监测的目的主要是评估 HRT 的疗效和可能出现的不良反应,并为进行再次评估适应证、禁忌证和慎用情况,开始 HRT 后第 1,3,12 个月应复诊(A 项),以后可调整为每年一次(C 项),若有异常阴道出血或其他不良反应,应随时复诊(B 项),推荐每年进行 1 次全面检查,包括:血压测定、乳腺及妇科检查、血生化、妇科 B 型超声、乳腺 B 型超声或钼靶照相、宫颈细胞学检查等(F 项),每 3~5 年进行骨密度测量(E 项),HRT 的使用不规定终止时间(排除 D),建议至少持续至平均自然绝经年龄,在每年体检基础上,若无禁忌证,权衡利弊后可继续使用。

提问1:【答案】AD

【解析】患者出现月经不规则,伴激素波动和减少出现的一系列躯体及精神心理症状,FSH 升高,诊断勿绝经综合征。围绝经期可出现子宫萎缩、卵巢萎缩(A,D 项),卵巢多囊改变为多囊卵巢综合征表现(排除 B 项),宫壁多发小结节为非特异性改变(排除 C 项),卵巢混合性包块可能为卵巢肿瘤、异位妊娠等(排除 E 项),子宫增大可能为妊娠、子宫肌瘤、子宫腺肌病等(排除 F 项)。

提问2:【答案】CE

【解析】该患者考虑诊断勿绝经综合征,雌激素降低,可能出现血管舒缩症状(如潮热等)(A 项)、自主神经失调症状(如心悸、眩晕、头痛、睡眠障碍、耳鸣等症状)、精神神经症状(激动易怒、焦虑不安等)(B 项)等近期症状,也可能出现泌尿生殖器绝经后综合征(阴道干涩、性交困难及反复阴道感染、尿路感染)(D 项)、骨质疏松(F 项)、阿尔茨海默病、心血管疾病等远期症状。乳腺增生及子宫内膜增生由雌激素水平增高或长期刺激引起,故排除 C,E。

提问3:【答案】BCDF
　　【解析】围绝经期卵巢功能下降,窦卵泡数减少,雌激素水平下降,诱导下丘脑释放促性腺激素释放激素增加,FSH升高(A项)。AMH(抗苗勒管激素)由窦前卵泡和小窦前卵泡的颗粒细胞分泌,其水平与卵泡数的减少平行,绝经后AMH水平下降,一般检测不出(E项)。抑制素B由卵泡颗粒细胞和卵泡膜细胞分泌,卵泡数减少,产生的抑制素B浓度也下降,故排除A,E。选择B,C,D,F。

提问4:【答案】ABCDEF
　　【解析】绝经过渡期女性使用激素补充治疗之前必须首先判断有无适应证、禁忌证及慎用情况,使用前进行相关的全面检查,包括血压测定、乳腺及妇科检查、血生化、妇科B型超声、乳腺B型超声或钼靶照相、宫颈细胞学检查等。结合题目,该患者有完整子宫,宜选择雌孕激素联合治疗,剂量个体化,以最小剂量且有效为佳,用药后需进行随访及监测,以评估疗效和可能出现的不良反应,并及时进行再次评估适应证、禁忌证及慎用情况。故A~F项均正确。

提问1:【答案】ABCEF
　　【解析】血管舒缩症状是绝经过渡期的标志之一,是由雌激素水平下降所致。常发生在月经周期开始有改变的绝经过渡期,也有发生在末次月经后。患者突感上半身发热,温热感觉从胸部开始,上升到颈部及脸部或者感到脸、颈及胸部阵阵发热,称为潮热;继而出汗,晚间较发生白天次数多,常影响睡眠。并非每个围绝经期女性都会发生(排除D项)。

提问2:【答案】DE
　　【解析】使用HRT副作用及风险:①子宫出血,性激素替代治疗时的子宫异常出血多为突破性出血,必要时行诊断学刮宫,排除子宫内膜病变。②性激素副作用。③子宫内膜癌。长期单用雌激素可使子宫内膜异常增殖和子宫内膜癌危险性增加。④卵巢癌。⑤乳腺癌(D项)。⑥心血管及血栓疾病。⑦糖尿病。雌激素的使用可能诱发药物性肝损害。绝经后出现性交痛为HRT治疗指征,因此可排除F。本例患者为全子宫切除术后,故A,B,C可排除。

提问3:【答案】BF
　　【解析】雌激素剂量过大可引起的乳房胀痛、白带多、头痛、水肿、色素沉着等,应该酌情减量,或改用雌三醇。

提问3:患者可能出现的相关辅助检查改变包括
　　A. FSH水平下降
　　B. E₂水平下降
　　C. 子宫萎缩
　　D. 窦卵泡数减少
　　E. AMH水平升高
　　F. F抑制素B水平下降

提问4:患者拟行激素补充治疗,正确的是
　　A. 严格掌握适应证及禁忌证
　　B. 使用前进行全面检查
　　C. 尽量选择天然雌激素
　　D. 月经后半周期需加用孕激素
　　E. 剂量个体化
　　F. 需观察用药后情况

案例三　患者,50岁,因"阵发性潮热伴多汗、眩晕2个月"就诊,患者2个月前开始出现阵发性潮热,为突发的温热感从胸部开始,上升到颈部及脸部,每次持续1~2min,继而出汗,伴眩晕。患者2年前因子宫肌瘤行全子宫切除术,查FSH 40.35IU/L,E₂ 10.52ng/L,T 0.21μg/L,LH 26.68IU/L,P 0.24μg/L,PRL 10.25μg/L,AMH 0.05μg/L。

提问1:患者考虑为绝经综合征,下列关于潮热症状正确的是
　　A. 血管舒缩失调症状
　　B. 是绝经过渡期的标志之一
　　C. E₂水平下降所致
　　D. 每个围绝经期女性都会发生
　　E. 温热感觉从胸部开始,上升到颈部及脸部或者感到脸、颈及胸部阵阵发热
　　F. 晚间较发生白天次数多,常影响睡眠

提问2:患者拟行雌激素补充治疗,可能发生的不良反应或增加危险性的是
　　A. 诱发子宫内膜癌
　　B. 诱发宫颈癌
　　C. 引起子宫出血
　　D. 诱发乳腺癌
　　E. 发生药物性肝损害
　　F. 性交痛

提问3:患者行HRT期间潮热症状好转,但乳房胀痛明显,处理方式可有哪些
　　A. 增加激素补充用量　　B. 减少激素补充用量
　　C. 停药观察　　D. 无需处理
　　E. 补充雄激素治疗　　F. 改用雌三醇

提问 4:患者需预防的相关远期并发症包括

  A. 尿路感染

  B. 萎缩性阴道炎

  C. 心血管疾病

  D. 骨质疏松

  E. 阿尔茨海默病

  F. 肾功能下降

案例四　患者,女,53 岁,绝经 4 年,腰腿痛 4 个月,外科检查无相关疾病。

提问 1:患者可能的病理生理改变为

  A. 骨软化

  B. 雌激素下降

  C. 坐骨神经炎

  D. 腰椎间盘突出

  E. 骨质疏松

  F. 腰椎间盘滑脱

提问 2:患者可能发生的泌尿生殖道改变包括

  A. 生殖器官有不同程度的萎缩

  B. 易发生阴道炎,多为外阴阴道假丝酵母菌病

  C. 外阴组织折叠使阴道入口狭窄,引起性交痛

  D. 支持生殖器的组织和肌肉发生萎缩,且弹性下降,易发生子宫脱垂

  E. 泌尿系器官黏膜变薄且发生萎缩,易发生泌尿系感染

  F. 易发生压力性尿失禁

提问 3:患者应采取的措施为

  A. 适当增加体力活动及体育锻炼

  B. 补钙

  C. 补充维生素 D

  D. 预防发生骨折

  E. 激素补充治疗

  F. 单纯止痛治疗

提问 4:患者拟进行激素补充治疗,必须进行的初步评价包括

  A. 排除乳腺癌及子宫内膜癌等恶性肿瘤史

  B. 血压、乳腺及妇科检查

  C. 空腹血糖、血脂、肝肾功能、宫颈细胞学检查

  D. 乳腺 B 型超声、盆腔 B 型超声

  E. 腰椎 CT

  F. 骨密度测定

(王雪峰)

提问 4:【答案】ABCDE

  【解析】绝经综合征的远期并发症包括泌尿生殖器绝经后综合征、骨质疏松、阿尔茨海默病、心血管病变。绝经后将由于雌激素减少出现一系列的退行性变化,包括泌尿生殖道萎缩、心血管疾病、骨质疏松等。泌尿生殖道萎缩多发生在绝经后 10-15 年后,表现为尿频、尿急、夜尿增多、尿失禁以及尿路感染(A 项),同时与在阴道萎缩症状如老年性阴道炎(B 项),性交困难、外阴瘙痒、灼烧感及局部干燥。心血管疾病(C 项)、骨质疏松(D 项)及阿尔茨海默病(E 项)多出现在绝经 15 年后。

提问 1:【答案】BE

  【解析】绝经后女性雌激素缺乏使骨质吸收增加,导致骨量快速丢失而出现骨质疏松,50 岁以上女性半数以上会发生绝经后骨质疏松,一般发生在绝经后 5~10 年内,常发生在椎体。患者为绝经期女性,外科检查无相关疾病,故排除腰椎间盘突出、腰椎间盘滑脱、坐骨神经炎等疾病(A、C、D、F 项),应考虑为绝经后骨质疏松。故选择 B、E 项。

提问 2:【答案】ACDEF

  【解析】泌尿生殖道萎缩是由绝经后雌激素减少引起的,症状多出现在绝经后 10 年。绝经后雌激素下降,阴道壁弹性组织减少,阴道黏膜萎缩至薄,阴道上皮内糖原含量减少,阴道内 pH 值上升呈碱性,局部抵抗力变弱,易发生老年性阴道炎,常为一般的病原体感染,如葡萄球菌、链球菌、大肠埃希菌或厌氧菌等(B 项)。绝经后外阴皮肤薄而松弛,阴道黏膜收缩,外阴组织折叠使阴道入口狭窄,引起性交痛。绝经后尿路/生殖系统的解剖结构发生改变、尿路上皮的感受性增加、免疫功能下降等使得绝经后尿路感染的发生率上升。绝经后尿道黏膜及黏膜下血管萎缩,尿道黏膜闭合作用丧失,以及尿道固有括约肌张力减弱等造成绝经后女性易发生压力性尿失禁。因此,绝经后女性容易发生老年性阴道炎,而非外阴阴道假丝酵母菌病,故排除 B 项。

提问 3:【答案】ABCDE

  【解析】绝经后骨质疏松的治疗包括:

  (1)一般处理。①生活指导:提高患者对骨质疏松的正确认识,改变不良生活习惯,加强锻炼,增加肌力及运动协调性(A 项)。②给予消炎镇痛剂和肌肉迟缓剂减轻疼痛(可止痛治疗,但不能单纯止痛,排除 F)。③对骨质卧床者应加强护理,防治并发症。④对骨折病情稳定者,尽早康复训练。⑤采取措施预防骨折(D 项,如采用髋关节增强器)等。

  (2)药物治疗。促进骨形成及抑制骨吸收,包括:雌激素类(E 项)、二磷酸盐类、钙(B 项)、维生素 D(C 项)、甲状旁腺激素等。

提问 4:【答案】ABCD

  【解析】对绝经过渡期及绝经后期女性是否需要激素补充治疗和能否应用激素补充治疗进行初步评价。①对患者初诊的目的是判断有无适应证、禁忌证及慎用情况。②详细询问病史,尤其是乳腺癌及子宫内膜癌等恶性肿瘤史(A 项)。③体格检查:血压、乳腺及妇科检查(B 项)。④实验室检查:空腹血糖、血脂、肝肾功能、宫颈细胞学检查(C 项)。⑤辅助检查:盆腔 B 型超声、乳腺 B 型超声或钼靶照相(D 项)。⑥酌情进行骨密度测定(酌情进行,排除 F)。必需的初步评价无腰椎 CT,排除 E 项。

第二十四章　女性生殖器官发育异常

1.【答案】A

【解析】生殖器官发育异常通常合并泌尿系畸形,而非消化系统畸形。多在青春期因原发闭经、腹痛、性生活困难、流产或早产就医时被发现。常见的女性生殖器官发育异常有:①正常管道形成受阻所致异常,包括处女膜闭锁、阴道横隔等;②副中肾管衍化物发育不全所致的异常,包括无子宫、无阴道、单角子宫等;③副中肾管衍化物融合障碍所致的异常,包括双子宫、双角子宫、弓形子宫等。因此,本题选A。

2.【答案】E

【解析】阴道横隔系因双侧副中肾管会合后的尾端与尿生殖窦相接处未贯通或部分贯通。横隔可位于阴道内任何部位,以上中段交界处居多。完全性横隔较少见,多数是隔中央或侧方有一小孔,月经血自小孔排出。横隔位置较低者,多因性生活不满意就医,一般应将横隔切开,并切除其多余部分,最后缝合切缘以防粘连形成。术后短期放置模具防止瘢痕挛缩。因此,本题选E。

3.【答案】B

【解析】先天性无阴道是因为双侧副中肾管发育不全导致,染色体核型为46,XX,几乎均合并先天性无子宫或仅有始基子宫,极个别患者有发育正常的子宫,卵巢一般正常。检查时见外阴和第二性征发育正常,但无阴道口或仅在前庭后部见一浅凹陷,有时可见到泌尿生殖窦内陷形成约2cm短浅阴道盲端。建议18岁后进行治疗。有短浅阴道者可先用机械扩张法,按顺序从小到大使用阴道模型局部加压扩张,可逐渐加深阴道长度,至满足性生活要求。不适宜机械扩张或扩张无效者,则行阴道成形术,手术一般在性生活开始前进行。对于发育正常子宫的患者,初潮时即应行阴道成形术,同时引流宫腔积血并将人工阴道与子宫相接,以保留生育功能。因此,本题选B。

1.【答案】D

【解析】残角子宫壁发育不良,不能承受胎儿生长发育,常于妊娠中期时发生残角自

【A1 型题】

1. 以下关于女性生殖器官发育异常的叙述,**错误**的是
   A. 常合并消化系统畸形
   B. 常在青春期发现
   C. 包括阴道横隔等正常管道形成受阻所致的异常
   D. 包括无子宫等副中肾管衍化物发育不全所致的异常
   E. 包括双子宫等副中肾管衍化物融合障碍所致的异常

2. 关于阴道横隔,以下说法**错误**的是
   A. 系因双侧副中肾管会合后的尾端与尿生殖窦相接处未贯通或部分贯通
   B. 以阴道上、中段交界处多见
   C. 完全性横隔较少见,多数是隔中央或侧方有一小孔
   D. 应将横隔切开,并切除其多余部分,最后缝合切缘
   E. 手术不需要放置阴道模型

3. 关于先天性无阴道,以下说法正确的是
   A. 大部分可有正常的子宫和卵巢
   B. 检查时见外阴和第二性征发育正常,但无阴道口或仅在阴道外口处见一浅凹陷
   C. 由于染色体核型为46,XY,大多数患者合并先天性无子宫或仅有始基子宫
   D. 一旦确诊,即应行阴道成形术
   E. 手术时机为性生活开始前

【A2 型题】

1. 女性,30岁,停经2个月,B型超声发现为残角子宫妊娠,该如何处理
   A. 定期产前检查,可以正常分娩

B. 可以正常妊娠,但需剖宫产终止妊娠

C. 立即终止妊娠,在 B 型超声监护下清宫

D. 开腹或腹腔镜手术,切除残角子宫

E. 以上都不是

2. 女性,15 岁,因第二性征发育无月经来潮就诊,检查时见仅有浅短阴道盲端,约 2cm,B 型超声未探及子宫,双侧卵巢大小正常,染色体检查为 46,XX,性激素水平正常。可能的诊断为

A. 处女膜闭锁

B. 阴道闭锁

C. 阴道纵隔

D. 先天性无阴道

E. 先天性宫颈闭锁

【A3/A4 型题】

(1~4 题共用题干)

女性,16 岁,无月经来潮。诉无周期性腹痛,检查见患者体格、第二性征及外阴发育正常,但未见阴道口,仅在前庭后部见一浅凹陷,约 3cm,较松弛,肛诊未扪及宫体。

1. 为明确诊断,应进一步检查

A. 盆腔磁共振

B. 盆腔超声 + 内分泌激素

C. 双肾输尿管 B 型超声

D. 染色体核型检查

E. 内分泌激素水平

F. 盆腔超声

2. 若 B 型超声未探及子宫,双侧卵巢大小正常,内分泌检查为正常女性水平,可能的诊断为

A. 处女膜闭锁

B. 阴道下段闭锁

C. 阴道横隔

D. 先天性无阴道

E. 雄激素不敏感综合征

F. 特纳综合征(Turner syndrome)

3. 该患者染色体核型可能为

A. 46,XY

B. 46,XX 或 46,XY

C. 45,XO

D. 46,XX

E. 47,XXX

F. 45,XO 或 47,XXX

然破裂,引起严重内出血,症状与输卵管间质部妊娠相似。偶有妊娠达足月者,分娩期亦可出现宫缩,但因不可能经阴道分娩,胎儿往往在临产后死亡。该患者尚处在妊娠早期,为避免子宫破裂发生,在确诊后应及早手术,切除残角子宫。因此,本题选 D。

2.【答案】D

【解析】该患者 15 岁无月经来潮,核型正常,检查仅发现浅短阴道盲端,B 型超声未探及子宫,而卵巢正常,符合"先天性无阴道"的诊断。处女膜闭锁表现为青春期周期性下腹痛,进行性加剧;检查可见处女膜膨出,表面呈紫蓝色;超声检查可见阴道内有积液;该患者特点不支持此诊断。阴道闭锁因闭锁位置不同而表现出不同的症状,因月经流出受阻,检查可发现包块,超声检查可见到子宫,该患者不符合"阴道闭锁"诊断。先天性宫颈闭锁临床上罕见,青春期后因宫腔积血而出现周期性腹痛,超声下可见到宫体,该患者特征不支持此诊断。阴道纵隔可能出现性生活困难及不适,检查时可见阴道被一纵形黏膜分为两条纵形通道,超声提示子宫正常,该患者不符合"阴道纵隔"诊断。因此,本题选 D。

1.【答案】B

【解析】该患者原发闭经,首先应行 B 型超声检查了解子宫、卵巢的情况,排除生殖道畸形;行内分泌检查了解体内激素水平,排除性发育异常。盆腔磁共振检查可以明确内生殖器官的情况;染色体核型检查可以明确染色体问题;泌尿系超声可了解肾脏、输尿管、膀胱情况;这些检查均不能明确诊断。因此,本题选 B。

2.【答案】D

【解析】先天性无阴道系因双侧副中肾管发育不全,几乎均合并先天性无子宫或仅有始基子宫,卵巢功能一般正常,血内分泌检查为正常女性水平,查体外阴和第二性征发育正常,但无阴道口或仅在阴道外口处见一浅凹陷,有时可见到 2cm 的短浅阴道盲端。该患者特征符合"先天性无阴道"诊断。处女膜闭锁表现为青春期周期性下腹痛,检查见处女膜膨出,表面呈紫蓝色,肛诊可扪及盆腔囊性肿块,盆腔超声检查见子宫正常,阴道有积液。阴道下段闭锁患者的子宫内膜多正常,表现为阴道上段扩张,严重时合并宫腔积血。阴道横隔可位于阴道内任何部位,以上中段交界处居多,妇科检查见阴道较短或仅盲端,横隔中部可见小孔,肛诊可扪及宫颈及宫体。雄激素不敏感综合征患者外阴阴毛缺如或稀少,睾酮为男性正常水平。特纳综合征主要病变为卵巢不发育伴有体格发育异常,激素水平促卵泡激素(FSH)、黄体生成素(LH)升高,雌二醇(E2)低下。因此,本题选择 D。

3.【答案】D

【解析】先天性无阴道患者染色体核型为 46,XX,血内分泌检查为女性正常水平。因此,本题选 C。

4.【答案】E

【解析】先天性无阴道治疗分非手术治疗和手术治疗。顶压法:用阴道模具压迫阴道凹陷,使其扩张并延伸到正常阴道长度,适用于阴道有浅凹、凹陷组织松弛者,因其无创常作为一线方法推荐给患者。不适宜机械扩张或扩张无效者,则行阴道成形术,手术一般在性生活开始前进行。该患者检查时发现阴道前庭后部见一浅凹陷,约3cm,较松弛,可尝试使用顶压法。因此本题选E。

5.【答案】B

【解析】《塞萨洛尼基ESHRE/ESGE对女性生殖道畸形诊断的共识》推荐对于无症状女性使用妇科检查及二维超声进行评估。对于有症状的可能为女性生殖道畸形的高危人群以及无症状但常规检查可疑为生殖道畸形的患者,推荐使用三维超声进行评估。对复杂畸形或难以诊断的畸形患者,推荐使用MRI以及内镜检查。对于可疑合并女性生殖道畸形的青少年患者,应全面进行二维、三维、MRI及内镜检查。该患者有症状,可疑子宫畸形,可先进行三维超声检查。

6.【答案】A

【解析】纵隔子宫是纵隔吸收受阻所致,B型超声提示子宫外形正常,横径较宽,宫底无凹陷,宫底中央低回声带将子宫内膜分为左右两部分,临床表现主要为影响育龄女性的妊娠结局,包括反复流产、早产等。该患者符合"纵隔子宫"诊断。双角子宫超声表现为宫底凹陷>10mm,宫角呈羊角状。双宫角分离至宫颈内口上为不完全双角子宫,至宫颈内口处为完全双角子宫。双子宫超声表现为宫底呈蝶状,两个子宫中间有较宽的间隙,宫颈见两个宫颈管。弓形子宫为宫底部发育不良,宫底中间有一轻微凹陷。单角子宫仅一侧副中肾管正常发育,同侧卵巢正常,对侧副中肾管未发育或未形成管道,未发育侧卵巢、输卵管及肾脏往往同时缺如。因此本题选A。

7.【答案】F

【解析】纵隔子宫患者,大部分无生育障碍及症状,偶尔在行超声、子宫输卵管造影术检查时发现。仅20%~25%的纵隔子宫影响育龄女性的妊娠结局,包括反复流产、早产、不孕等。纵隔子宫影响生育时,可在妇科B型超声或腹腔镜监护下通过宫腔镜切除纵隔。手术简单、安全、微创,妊娠结局良好。因此本题选择F。

8.【答案】B

【解析】见本部分第7题解析。

4. 应如何处理
   A. 立即行阴道成形术
   B. 立即行处女膜切开术
   C. 阴道横隔切除
   D. 激素替代治疗
   E. 性生活前采用阴道模具顶压法
   F. 性生活前行阴道成形术

(5~8题共用题干)

女性,26岁,反复自然流产史,平素月经规律,无明显痛经,外院检查曾提示子宫畸形可能,未进一步诊治。

5. 为明确诊断,首选检查
   A. 子宫输卵管碘油造影
   B. 三维超声
   C. 盆腔CT
   D. 宫腔镜检查
   E. 腹腔镜探查
   F. 内分泌激素测定

6. 若影像学提示子宫外形正常,横径较宽,宫底无凹陷,宫底中央低回声带将子宫内膜分为左右两部分。考虑诊断为
   A. 纵隔子宫
   B. 完全双角子宫
   C. 双子宫
   D. 弓形子宫
   E. 单角子宫
   F. 不完全双角子宫

7. 对于该畸形的临床表现和处理,下列哪项正确
   A. 该畸形大部分患者都会影响育龄女性的妊娠结局,包括反复流产、早产、不孕等
   B. 治疗以药物治疗为主
   C. 所有该类畸形患者诊断后均需要立即手术治疗
   D. 是否需要治疗取决于是否为完全性纵隔子宫
   E. 是否需要治疗取决于患者有无生育要求
   F. 是否需要治疗取决于患者有无不良妊娠史,如流产、早产

8. 该患者宜采用的治疗方法为
   A. 开腹行子宫纵隔切除术
   B. 宫腔镜下子宫纵隔切除术
   C. 全子宫切除术
   D. 小剂量雌激素加孕激素序贯治疗4~6个月
   E. 子宫整形术
   F. 无特殊处理

(9~11 题共用题干)

女,25 岁,周期性下腹痛,经期明显,妇科检查在子宫一侧扪及较小的肿块,有触痛。B 型超声提示:宫旁见一与子宫肌层等回声包块,其外缘与子宫浆膜相延续,中央为内膜回声,但与子宫腔、宫颈不通。

9. 目前考虑诊断为

　　A. 双子宫

　　B. 双角子宫

　　C. 残角子宫

　　D. 纵隔子宫

　　E. 弓形子宫

　　F. 单角子宫

10. 若患者为非孕期,治疗措施为

　　A. 子宫整形术

　　B. 一经确诊应切除残角子宫

　　C. 临床症状不明显者,可不予处理

　　D. 子宫纵隔切除术

　　E. 口服避孕药治疗痛经

　　F. 子宫部分切除术

11. 若患者停经 2 个月,超声检查于残角子宫内见到胎芽、胎心,处理方式应为

　　A. 保胎治疗,防止流产

　　B. 该残角子宫为有功能子宫,处理同正常子宫妊娠

　　C. 加强监护,足月后即行剖宫产术

　　D. 及时切除妊娠的残角子宫,同时切除该侧输卵管

　　E. 加强监护,可予阴道试产机会

　　F. 及时切除妊娠的残角子宫,可保留该侧输卵管

(华克勤)

9.【答案】C

　　【解析】残角子宫分为:①残角子宫有宫腔,与发育侧单角子宫相通,超声表现宫旁见一与子宫肌层等回声包块,其外缘与子宫浆膜相延续,中央为内膜回声,但与子宫腔、宫颈相通。②残角子宫有宫腔,但与发育侧单角子宫不相通,超声表现宫旁见一与子宫肌层等回声包块,其外缘与子宫浆膜相延续,中央为内膜回声,但与子宫腔、宫颈不通。该患者诊断为这一类型的残角子宫。③残角子宫为发育不良的实体始基,无宫腔,以纤维带与发育侧单角子宫相连,超声表现宫旁见一肌性组织回声自子宫一侧壁中下段向外延伸,其外缘与子宫浆膜层相延续。

　　双子宫超声表现为宫底呈蝶状,两个子宫中间有较宽的间隙,宫颈见两个宫颈管。双角子宫超声表现为宫底凹陷 >10mm,宫角呈羊角状;双宫角分离至宫颈内口上为不完全双角子宫,至宫颈内口处为完全双角子宫。纵隔子宫是纵隔吸收受阻所致,B 型超声提示子宫外形正常,横径较宽,宫底无凹陷,宫底中央低回声带将子宫内膜分为左右两部分,临床表现主要为影响育龄女性的妊娠结局,包括反复流产、早产等。弓形子宫为宫底部发育不良,宫底中间有一轻微凹陷。单角子宫是仅一侧副中肾管正常发育成,同侧卵巢正常,另侧副中肾管未发育或未形成管道,未发育侧卵巢、输卵管及肾脏往往同时缺如。因此本题选 C。

10.【答案】B

　　【解析】非孕期残角子宫确诊后应切除,同时应切除同侧输卵管,防止残角子宫妊娠后破裂及输卵管妊娠的发生。因此本题选 B。

11.【答案】D

　　【解析】残角子宫如在早、中期妊娠时诊断,及时切除妊娠的残角子宫,避免子宫破裂造成严重的内出血。切除残角子宫时将同侧输卵管切除,避免输卵管妊娠的发生,圆韧带应固定于发育侧同侧宫角位置。

第二十五章　性分化与发育异常

1.【答案】B

【解析】单纯性腺发育不全包括46,XX单纯性腺发育不全和46,XY单纯性腺发育不全。46,XX单纯性腺发育不全,原始性腺未能分化为卵巢,两侧性腺呈条索状,主要表现为第二性征发育不全和原发性闭经,FSH、LH增高,E_2低下,妇科检查可见发育不良的子宫或输卵管,应用雌孕激素可使月经来潮。46,XY单纯性腺发育不全,又称Swyer综合征,原始性腺未能分化为睾丸,其既不分泌副中肾管抑制因子,也不产生雄激素,两侧性腺呈条索状,主要表现为第二性征发育不全和原发性闭经,FSH、LH增高,E_2、雄激素低下,妇科检查可见发育不良的子宫或输卵管。因条索状性腺易发生肿瘤,应尽早切除性腺。外阴模糊者可予以整形,使成为女性外阴,术后应用雌孕激素替代治疗。因此本题选B。

2.【答案】C

【解析】46,XX性发育异常,包括46,XX单纯性腺发育不良、肾上腺皮质增生症、其他来源雄激素造成的男性化(A项)。肾上腺皮质增生症是一种常染色体隐性遗传病,胎儿合成皮质醇所必需的几种酶缺陷,其中21-羟化酶缺陷最常见,此类患者染色体核型为46,XX,性染色为卵巢,由于皮质醇合成减少,导致垂体促肾上腺皮质激素分泌增加,刺激肾上腺增生,同时刺激肾上腺皮质分泌大量雄激素,导致外生殖器不同程度男性化(B项);患者典型内分泌变化为血雄激素和17-羟孕酮升高,过多的雄激素可加速骨骺愈合,治疗越晚,患者最终身高越矮。雄激素不敏感综合征发生根本原因是雄激素受体基因突变,导致胚胎组织对雄激素不敏感,缺少雄激素影响,尿生殖窦发育成女性外阴,有大阴唇、小阴唇、阴道,外观与正常女性无差别;完全性雄激素不敏感综合征者睾丸可位于腹腔、腹股沟管或阴唇内,无子宫和输卵管,阴道为盲端,乳房发育正常,无阴毛、腋毛无月经来潮;部分性雄激素不敏感综合征表现为不同程度的男性化;患者睾酮水平是正常男性水平,雌激素水平为正常女性卵泡早、中期水平,治疗的关键是性别选择,完全性者以小按女孩抚养,由于睾丸分泌的激素对青春体格发育和女性第二性征发育均有意义,建议在全第二性征发育后再行睾丸切除术(D项),不需外阴整形;部分性雄激素不敏感者往往有明显外阴畸形,因此切除性腺同时还需行外阴整形术,术后予雌激素替代治疗维持第二性征。卵睾型性发育异常者体内卵巢与睾丸组织并存(E项)。

3.【答案】D

【解析】特纳综合征治疗原则为促进身高、刺激乳房与生殖器官发育及防治骨质疏松。没有Y染色体的患者不必切除性腺。故选择D。

【A1 型题】

1. 关于单纯性腺发育不全,以下说法<u>错误</u>的是
   A. 包括46,XX单纯性腺发育不全和46,XY单纯性腺发育不全
   B. 多数患者检查可见发育正常的乳房、外阴、宫颈和子宫,两侧性腺呈条索状
   C. 主要表现为第二性征发育不全和原发性闭经
   D. 46,XY单纯性腺发育不全因条索状性腺易发生肿瘤,应尽早切除性腺
   E. 46,XX单纯性腺发育不全应用雌孕激素可使月经来潮

2. 以下说法<u>错误</u>的是
   A. 46,XX性发育异常,包括46,XX单纯性腺发育不良、肾上腺皮质增生症、其他来源雄激素造成的男性化
   B. 肾上腺皮质增生症女性外生殖器不同程度男性化,内生殖器为子宫、输卵管、阴道
   C. 雄激素不敏感综合征是因原始性腺未能分化为睾丸,不能产出雄激素造成男性化表现
   D. 雄激素不敏感综合征患者建议在第二性征发育后再行睾丸切除术
   E. 卵睾型性发育异常者体内卵巢与睾丸组织并存

3. 特纳综合征,以下说法<u>错误</u>是
   A. 其染色体核型包括45,XO;45,XO嵌合型等
   B. 主要病变为卵巢不发育伴有体格发育异常
   C. 临床表现为眼距增宽,身材矮小,蹼颈、第二性征不发育、原发性闭经等
   D. 治疗原则是切除发育不良性腺,随后激素替代治疗
   E. 内分泌表现为血FSH、LH增高,E_2低下

【A2 型题】

婴儿,出生时阴蒂肥大,阴蒂下方见尿道口,大阴唇肥厚,染色体46,XX,血促肾上腺皮质激素(ACTH)、17α 羟孕酮及尿 17 酮显著升高,血皮质醇偏低,考虑诊断为

    A. 女性男性化的性发育异常

    B. 男性假两性畸形

    C. 真两性畸形

    D. 混合型生殖腺发育不全

    E. 单纯型生殖腺发育不全

【A3/A4 型题】

(1~4 题共用题干)

患者,女,16 岁,一直无月经来潮。体格检查:身高 162cm,体重52kg,乳房未发育,外阴呈幼女型,可见到阴道口。内分泌检查:FSH 及 LH 水平升高,雌、雄激素均低下。

1. 进一步检查首选

    A. 盆腔磁共振   B. 盆腔超声

    C. 输卵管碘油造影   D. 染色体核型检查

    E. 宫腔镜探查   F. 腹腔镜探查

2. 若检查结果提示子宫小,双侧卵巢未显示,考虑诊断为

    A. Turner 综合征

    B. 肾上腺皮质增生症

    C. 完全性雄激素不敏感综合征

    D. Swyer 综合征

    E. 卵睾型性发育异常

3. 该患者染色核型为

    A. 45,XO   B. 46,XX/46,XY

    C. 46,XY   D. 47,XO

    E. 47,XXX

4. 治疗原则为

    A. 小剂量雌激素防止骨骺过早愈合

    B. 雌孕激素序贯治疗使月经来潮

    C. 立即切除性腺组织,术后应用雌孕激素替代治疗

    D. 促进身高、刺激乳房与生殖器官发育及预防骨质疏松

    E. 青春期第二性征发育后再行睾丸切除术

(5~8 题共用题干)

患者,女,18 岁,一直无月经来潮。体格检查:血压正常,男性体态,阴蒂肥大,未见阴道口,超声下可见到子宫和双侧卵巢,染色体核型为 46,XX。

【答案】A

【解析】女性男性化的性发育异常(A 项)患者染色体核型为 46,XX,生殖腺为卵巢,内生殖器包括子宫、宫颈和阴道均存在,但外生殖器出现部分异性化,男性化的程度取决于胚胎暴露于高雄激素的时候早晚和雄激素量,可从阴蒂中度粗大直至阴唇后部融合和出现阴茎。雄激素过高的原因可以是先天性肾上腺皮质增生所致,也可能是非肾上腺来源。

1.【答案】B

【解析】对于女性生殖器官发育异常,首先要了解内生殖器发育情况,盆腔超声检查是简单、可靠、经济的方法,因此,超声检查作为首选。

2.【答案】D

【解析】特纳(Turner)综合征多伴有体格发育异常。肾上腺皮质增生症女性外生殖器多有不同程度男性化,典型内分泌变化是血雄激素和 17- 羟孕酮升高。完全性雄激素不敏感综合征者外阴外观与正常女性没有差别,有正常发育的乳房,血睾酮水平达正常男性水平,雌激素为正常女性卵泡早、中期水平。Swyer 综合征,因原始性腺未能分化为睾丸,其既不分泌副中肾管抑制因子,也不产生雄激素,两侧性腺呈条索状,主要表现为第二性征发育不全和原发性闭经,血 FSH、LH 增高,E_2、雄激素低下,妇科检查可见发育不良的子宫或输卵管,性腺为条索状性或发育不良的睾丸。该患者特征支持 Swyer 综合征的诊断。卵睾型性发育异常者体内卵巢与睾丸组织并存。因此,本题选择 D。

3.【答案】C

【解析】Swyer 综合征,即 45,XY 单纯性腺发育不全,染色体核型为 46,XY。

4.【答案】C

【解析】Swyer 综合征患者的性腺为条索状或发育不良的睾丸,因条索状性腺易发生肿瘤,应尽早切除性腺,术后应用雌孕激素替代治疗。

5.【答案】B
　　【解析】患者染色体和超声检查正常,外生殖器及第二性征均为男性化表现,故考虑肾上腺皮质增生症,典型内分泌变化是雄激素和17-羟孕酮升高,因此首选内分泌检查(B项)。

6.【答案】C
　　【解析】肾上腺皮质增生症女性外生殖器多有不同程度男性化,典型内分泌变化是雄激素和17-羟孕酮升高。完全性雄激素不敏感综合征者的睾丸可位于腹腔、腹股沟管或阴唇内,无子宫和输卵管,阴道为盲端,有正常发育的乳房,没有阴毛、腋毛和月经;部分性雄激素不敏感综合征者有不同程度的男性化,血睾酮水平达正常男性水平,雌激素为正常女性卵泡早、中期水平。46,XX单纯性性腺发育不全患者,因两侧性腺未能分化为卵巢,两侧性腺呈条索状,合成雌激素能力低下,主要表现为第二性征发育不全和原发闭经。Swyer综合征者因原始性腺未能分化为睾丸,其既不分泌副中肾管抑制因子,也不产生雄激素,两侧性腺呈条索状,主要表现为第二性征发育不全和原发性闭经,FSH、LH增高,E_2、雄激素低下,妇科检查可见发育不良的子宫及输卵管,性腺为条索状或发育不良的睾丸。卵睾型性发育异常者体内卵巢与睾丸组织并存。因此本题选C。

7.【答案】D
　　【解析】肾上腺皮质增生症发病机制是胎儿合成皮质醇所必需的几种酶缺陷,其中21-羟化酶缺陷最常见,由于酶缺乏不能将17α-羟孕酮转化为皮质醇,皮质醇合成量减少对下丘脑和垂体负反馈作用消失,导致垂体促肾上腺皮质激素分泌增加,刺激肾上腺增生,同时也刺激肾上腺皮质分泌大量的雄激素,导致女性外生殖器不同程度男性化。46,XX单纯性性腺发育不全机制为原始性腺未能分化为卵巢,两侧性腺呈条索状,合成雌激素低下,造成第二性征发育不全和原发闭经。Swyer综合征发病机制为原始性腺未能分化为睾丸,雌、雄激素均低下,表现为第二性征发育不全和原发闭经。雄激素不敏感综合征发病机制是雄激素受体基因发生突变,导致胚胎组织对雄激素不敏感,缺少雄激素的影响,患者外观与正常女性没有差别。卵睾型性发育异常即体内卵巢组织与睾丸组织并存,外生殖器异常,多由占优势的性腺决定,可近似于女性或男性。因此本题选择D。

8.【答案】A
　　【解析】肾上腺皮质增生症患者体内过多的雄激素可加速骨骺愈合,治疗越晚,患者最终身高越矮,早治疗还可避免男性化体征加重,口服糖皮质激素可以控制雄激素水平。常用的糖皮质激素有氢化可的松、泼尼松和地塞米松。因此本题选A。

9.【答案】B
　　【解析】Turner综合征典型的临床

5. 为明确诊断,进一步的检查应为
　A. 甲状腺功能检查　　　　B. 内分泌测定
　C. 盆腔磁共振　　　　　　D. 妇科检查
　E. 宫腔镜检查　　　　　　F. 腹腔镜检查

6. 若该患者的检查结果提示睾酮、17-羟孕酮显著增高,考虑诊断为
　A. 部分性雄激素不敏感综合征
　B. 完全性雄激素不敏感综合征
　C. 肾上腺皮质增生症
　D. 46,XX单纯性腺发育不全
　E. 卵睾型性发育异常
　F. Swyer综合征

7. 关于该患者的发病机制是
　A. 因原始性腺未能分化为卵巢,合成雌激素低下,造成第二性征发育不全和原发闭经
　B. 因原始性腺未能分化为睾丸,雌雄激素均低下,表现为第二性征发育不全和原发闭经
　C. 雄激素受体完全缺陷,导致胚胎组织对雄激素不敏感
　D. 胎儿合成皮质醇所必需的几种酶缺陷,其中21-羟化酶缺陷最常见
　E. 雄激素受体部分缺陷,胚胎组织对雄激素不敏感,导致不同程度男性化
　F. 体内卵巢组织与睾丸组织并存,而睾丸分泌的雄激素占优势

8. 处理原则为
　A. 尽早采用糖皮质激素治疗
　B. 根据性别选择情况,必要时切除性腺或进行整形手术
　C. 青春期第二性征发育后再行睾丸切除术,不需要做外阴整形术
　D. 青春期第二性征发育后再行睾丸切除术同时还需要做外阴整形术
　E. 应用雌、孕激素使月经来潮
　F. 尽早切除性腺

(9~12题共用题干)
患者,女,17岁,无月经来潮。体格检查:乳房未发育,眼距增宽,身材矮小,蹼颈,双肘外翻,外阴幼女型。染色体核型为45,X。

9. 考虑诊断为
　A. 单纯性腺发育不全
　B. Turner综合征
　C. 特发性低促性腺激素性腺功能低下
　D. 雄激素不敏感综合征

E. 卵睾型性发育异常

10. 该患者可能的 B 型超声表现是

    A. 子宫小,一侧卵巢小,一侧卵巢未显示

    B. 子宫正常,双侧卵巢小

    C. 子宫卵巢均正常

    D. 子宫小,卵巢正常

    E. 子宫缺如,性腺呈条索状

    F. 子宫增大,性腺呈条索状

11. 该患者可能的内分泌改变是

    A. FSH、LH 正常,E_2 正常

    B. FSH、LH 降低,E_2 升高

    C. 睾酮达正常男性水平,雌激素是正常女性卵泡早中期水平

    D. FSH、LH 升高,E_2 低下

    E. FSH、LH 降低,睾酮升高

    F. FSH、LH 升高,睾酮低下

12. 处理原则为

    A. 根据性别选择情况,必要时切除性腺或进行整形手术

    B. 青春期第二性征发育后再行睾丸切除术,不需要做外阴整形术

    C. 促进身高、刺激乳房与生殖器官发育及预防骨质疏松

    D. 应用雌、孕激素可使月经来潮

    E. 一侧若为条索状性腺,应尽早切除

【案例分析题】

案例　女性,16 岁,无月经来潮,查体乳房发育正常,外阴有大阴唇、小阴唇和阴道,无阴毛和腋毛,肛诊未扪及子宫。染色体核型 46,XY。

提问 1:若 B 型超声未探及子宫,在盆腔两侧探及两个实质样结构,该实质样结构最可能是

    A. 发育正常的卵巢

    B. 未发育的卵巢

    C. 条索状性腺

    D. 睾丸

    E. 始基子宫

    F. 输卵管

提问 2:根据以上病史,暂**不考虑**的诊断有哪些

    A. 肾上腺皮质增生症

    B. 雄激素不敏感综合征

    C. 46,XX 单纯性性腺发育不全

    D. Swyer 综合征

    E. Turner 综合征

表现:面容呆板,眼距增宽,身材矮小,蹼颈,双肘外翻,第二性征不发育;染色体核型为 45,XO 或 45,X/46,XY。该患者特征支持"Turner 综合征"诊断。A,D,E 选项中的疾病特征详见本部分试题 2 相关解析。特发性低促性腺激素性性腺功能低下是下丘脑促性腺激素释放激素(GnRH)缺乏引起的性腺发育不全,可伴有嗅觉缺失或减退,又称卡尔曼(Kallmann)综合征,临床表现为原发性闭经,女性第二性征缺如,嗅觉减退或丧失,但女性内生殖器分化正常,染色体核型正常;因此,该患者可排除该诊断。综上,本题选 B。

10.【答案】A

   【解析】Turner 综合征患者的子宫发育不良,卵巢不发育,B 型超声上可表现为子宫小,卵巢小或未显示,因此本题选 A。

11.【答案】D

   【解析】Turner 综合征主要病变为卵巢不发育,内分泌改变是 FSH、LH 升高,E_2 低下,因此本题选 D。

12.【答案】C

   【解析】Turner 综合征患者治疗原则是促进身高、刺激乳房与生殖器官发育及预防骨质疏松。一般先促进身高,骨骺愈合后再用雌激素使乳房和生殖器发育。对有子宫的 Turner 综合征患者采用雌孕激素周期疗法,并从小剂量开始。可用结合雌激素促使乳房发育,很少有突破性出血。雌孕激素周期疗法,有内膜者可能有月经来潮。剂量可根据患者的反应进行调整,以小剂量有效为度,匹此本题选择 C。

提问 1:【答案】D

   【解析】染色体核型为 46,XY 的性发育异常,在盆腔两侧深及两个实质样结构,该实质样结构最可能是睾丸。

提问 2:【答案】ACDEF

   【解析】患者核型为 46,XY,可以排除肾上腺皮质增生症、46,XX 单纯性性腺发育不全、Turner 综合征、卵睾型性发育异常。雄激素不敏感综合征患者特征见 A3/A4 型题第 6 题解析。根据本例患者特征,诊断为雄激素不敏感综合征。Swyer 综合征发病机制为因原始性腺未能分化为睾丸,雌、雄激素均低下,表现为第二性征发育不全和原发闭经,染色体核型为 46,XY。妇科检查可见发育不良的子宫、输卵管;性腺为条索状或发育不良睾

九。该患者乳房发育正常,妇科检查及超声未见子宫,不符合 Swyer 综合征的诊断。因此,本题选择 A,C,D,E,F。

提问3:【答案】C
　　【解析】雄激素不敏感综合征患者睾酮水平是正常男性水平,雌激素水平为正常女性卵泡早、中期水平。

提问4:【答案】ACDEF
　　【解析】雄激素不敏感综合征患者治疗的关键是性别选择,完全性雄激素不敏感综合征患者从小按女孩抚养,由于睾丸分泌的激素对青春期体格发育和女性第二性征发育均有意义,建议在第二性征发育后再行睾丸切除术;外阴无两性畸形,不需外阴整形;术后长期给雌激素维持女性第二性征;部分性雄激素不敏感者往往有明显外阴畸形,因此切除性腺同时还需外阴整形术,术后予雌激素替代治疗维持第二性征。该患者外阴无两性畸形,考虑为完全性雄激素不敏感综合征,因此,本题选择 A,C,D,E,F。

F. 卵睾型性发育异常

提问3:该患者体内内分泌改变可能是

A. FSH、LH 降低,睾酮升高

B. FSH、LH 降低,E_2 及雄激素升高

C. 睾酮达正常男性水平,雌激素是正常女性卵泡早中期水平

D. FSH、LH 升高,E_2 低下,雄激素升高

E. FSH、LH 正常,E_2 正常

F. FSH、LH 升高,雌激素及睾酮均低下

提问4:关于该患者的治疗,**不正确**的是

A. 首先降雄治疗

B. 该患者第二性征已发育,应行睾丸切除术,不需做外阴整形术

C. 行睾丸切除术同时,应行外阴整形术

D. 雌孕激素替代治疗使月经来潮

E. 术后无需雌激素替代治疗

F. 无需特殊治疗

(华克勤)

第二十六章 不孕症与辅助生殖技术

【A1 型题】

1. 关于卵巢过度刺激综合征,下列哪项错误
   A. 为医源性疾病
   B. 主要病理改变为全身血管通透性增加
   C. 可导致盆腹腔积液或胸腔积液
   D. 需常规使用利尿剂进行治疗
   E. 必要时行腹腔或胸腔穿刺

2. 有正常性生活、同居、未避孕未孕多少时间称为不孕症
   A. 6 个月　　　　　　　B. 12 个月
   C. 18 个月　　　　　　D. 24 个月
   E. 30 个月

【A2 型题】

1. 患者,女,29 岁,孕 0 产 0,婚后未避孕未孕 4 年。近 5 年月经不规律,$\frac{3\sim5}{30\sim50}$ d,月经量少,经常有乳房泌乳现象。首选的检查为
   A. 血清 T 水平　　　　B. 血清 FSH 水平
   C. 血清 PRL 水平　　　D. 血清 E_2 和 P 水平
   E. 血清胰岛素水平

2. 女性,33 岁,结婚 3 年,性生活正常,2 年前有一次人工流产史。近 2 年来未避孕未孕,丈夫精液检查正常。女方基础体温双相,B 型超声监测有优势卵泡,有排卵,盆腔检查子宫附件均未发现异常。下一步检查应该是
   A. 子宫输卵管造影
   B. 性交后试验
   C. 腹腔镜检查
   D. CT 或 MRI 的盆腔扫描
   E. 抗精子抗体检查

1. 【答案】D
   【解析】卵巢过度刺激综合征指诱导排卵药物刺激卵巢后,导致多个卵泡发育、雌激素水平过高及颗粒细胞黄素化,引起全身血管通透性增加、血液中水分进入体腔(可导致胸腔、盆腔积液)和血液成分浓缩等血流动力学病理改变,hCG 升高会加重病理进程。由于全身血管通透性增加,导致盆腹腔积液等,进而引起全身处于低血容量和高凝状态。应避免使用利尿剂(D 项),因其可使血容量减少,加剧凝血功能障碍。治疗原则以增加胶体渗透压扩容为主,防止血栓形成,辅以改善症状和支持治疗。

2. 【答案】B
   【解析】WHO 对于不孕症的定义为:女性无避孕性生活至少 12 个月(B 项)而未孕称为不孕症。对男性则称为不育症。

1. 【答案】C
   【解析】高催乳素血症(C 项)特征之一为溢乳现象,可伴月经量少、稀发甚至闭经,无排卵可导致不孕。

2. 【答案】A
   【解析】因为精液常规检查、监测排卵、输卵管通畅性检查是不孕症最常见的筛查项目。当前两项检查都正常时,应考虑子宫输卵管碘油造影检查(A 项)。

1.【答案】E

【解析】输卵管通液术示双侧输卵管通而不畅,考虑双侧输卵管炎症。患者痛经明显,呈进行性加重,为子宫内膜异位症的特点。而附件区液性暗区伴密集光点,考虑卵巢子宫内膜异位囊肿可能性大,明确诊断需行腹腔镜检查(E项)。

2.【答案】B

【解析】患者痛经明显,呈进行性加重及性交痛、并伴有不孕,这些均为子宫内膜异位症(B项)的特点。而附件区液性暗区伴密集光点,考虑卵巢子宫内膜异位囊肿可能性大。急性盆腔炎(A项)多为急性起病,表现为高热、下腹痛、阴道分泌物增多等症状,双合诊有明显下腹部压痛和宫颈举痛。多囊卵巢综合征(C项)在临床上以雄激素过高的临床或生化表现、持续无排卵、卵巢多囊改变为特征,并不引起痛经或同房痛。正常黄体是囊性结构,可使卵巢略增大,若囊性黄体持续存在或增大,或黄体血肿含血量较多,血液被吸收后,均可致黄体囊肿(D项);由于囊肿持续分泌孕激素,常使月经周期延迟;若囊肿破裂可出现腹痛及阴道流血,而与异位妊娠破裂相似。未破裂卵泡黄素化综合征(E项)是指卵泡成熟但不破裂,卵细胞未排出而原位黄素化,形成黄体并分泌孕激素,引起效应器官发生一系列类似排卵周期的改变,临床以月经周期长,有类似排卵表现但持续不孕为主要特征。

3.【答案】B

【解析】月经稀发、多毛、痤疮、肥胖等均提示多囊卵巢综合征(B项)。子宫内膜异位症(A项)主要症状为下腹痛、痛经、不孕及性交不适。高催乳素血症(C项)临床特征为溢乳及月经紊乱、不孕、头痛等。输卵管炎(E项)若未能得到及时正确的治疗,则可由于盆腔粘连、输卵管堵塞而导致不孕,患者既往急性盆腔炎病史,正规治疗后无复发,且外院行输卵管通液术示双侧输卵管通畅,故可排除。单纯性肥胖(D项)患者无内分泌紊乱现象及代谢障碍性疾病。

4.【答案】B

【解析】该患者月经延长,提示排卵稀发,最适合的方案为在生活方式调整、抗雄激素及改善胰岛素抵抗后诱发排卵,指导同房(B项)。

提问1:【答案】ABCD

【解析】不孕常见的三个因素为输卵管因素、排卵障碍、男方精液异常。该患者输卵管造影正常,可暂排除输卵管因素;月经周期规律,提示排

【A3/A4 型题】

(1~2 题共用题干)

患者,女,27 岁,婚后足月顺产 1 子,之后未避孕未孕 3 年。平素月经规律,$\frac{5}{30}$d,痛经,近年呈进行性加重,诉有同房痛。基础性激素检查正常。输卵管通液术示双侧输卵管通而不畅。B 型超声附件区液性暗区伴密集光点。男方精液正常。

1. 为进一步明确不孕的原因,首选的检查是
   A. 子宫输卵管碘油造影　　B. 抗精子抗体
   C. 宫腔镜检查术　　　　　　D. 抗心磷脂抗体检查
   E. 腹腔镜检查术

2. 最可能的诊断是
   A. 急性盆腔炎　　　　　　　B. 子宫内膜异位症
   C. 多囊卵巢综合征　　　　　D. 黄体囊肿
   E. 未破卵泡黄素化综合征

(3~4 题共用题干)

患者,女,25 岁,婚后未避孕未孕 16 个月。平素月经不规律,$\frac{3~5}{45~90}$d,无痛经,无性交痛。BMI 26kg/m²,伴多毛、痤疮。既往有急性盆腔炎病史,正规治疗后无复发。外院行输卵管通液术示双侧输卵管通畅。现来我院进行生育咨询。

3. 最可能的诊断是
   A. 子宫内膜异位症　　　　　B. 多囊卵巢综合征
   C. 高催乳素血症　　　　　　D. 单纯肥胖
   E. 输卵管炎

4. 若男方精液正常,子宫输卵管碘油造影示双侧输卵管通畅,首选助孕方案为
   A. 监测排卵 + 指导同房
   B. 基础治疗后诱发排卵 + 指导同房
   C. 夫精人工授精
   D. 体外受精胚胎移植术
   E. 卵细胞质内单精子注射

【案例分析题】

案例　患者,女,28 岁,婚后性生活正常,未避孕未孕 4 年。平素月经规律,$\frac{5}{28}$d,无痛经。人工流产 1 次。输卵管造影提示双侧输卵管通畅。

提问 1:以下检查哪些**不作为**首选
   A. 基础性激素测定　　　　　B. 腹腔镜检查
   C. 宫腔镜检查　　　　　　　D. 阴道镜检查

E. 男方精液检查

提问 2:男方查精液结果示:精液量 2.0ml,液化时间正常,精子总数 5×10^6/ml,密度 2.5×10^6/ml,快速前向运动 4.3%,非快速前向运动 0.8%,正常形态 2%。患者拟行辅助生殖技术助孕治疗,以下哪些属于体外受精胚胎移植术的适应证

A. 输卵管性不孕症

B. 排卵障碍

C. 子宫内膜异位症

D. 精液液化不良

E. 男方中重度少弱精症

（全松）

卵正常;且既往有妊娠史;因此,需检查男方精液情况(E 项)。

提问 2:【答案】ABCDE

【解析】根据 WHO 人类精液实验室检验手册(第五版),精液主要参考值下限包括:精液量 1.5ml,精子总数 39×10^6/ml,密度 15×10^6/ml,存活率 58%,快速前向运动 32%,总活力 40%,正常形态 4%,该患者丈夫为严重弱精症。输卵管性不孕症(A 项)、子宫内膜异位症(C 项)、排卵障碍(B 项)、男性因素不育症(D、E 项)等通过其他常规治疗无法妊娠,均为体外受精胚胎移植术的适应证。

第二十七章 计划生育

第一节 避　孕

【A1 型题】

1. 含孕激素的宫内节育器是
   A. 吉妮环
   B. 曼月乐
   C. 母体乐
   D. TCu-IUD
   E. VCu-IUD

2. 有关复方短效口服避孕药副反应的叙述,正确的是
   A. 类早孕反应是因为雄激素刺激胃黏膜产生
   B. 白带增多是因为孕激素作用导致
   C. 雄激素引起水钠潴留,导致体重增加
   D. 复方短效口服避孕药如果发生类早孕反应,通常需要积极处理
   E. 服药期间阴道流血又称突破性出血,多数发生在漏服避孕药后

3. 关于紧急避孕药的说法中,不正确的是
   A. 紧急避孕药主要有雌孕激素复方制剂,单孕激素制剂和抗孕激素制剂
   B. 复方左炔诺孕酮片是单孕激素制剂
   C. 服用紧急避孕药可出现恶心、呕吐
   D. 服用紧急避孕药可出现月经紊乱
   E. 紧急避孕药激素剂量大

4. 关于安全期避孕哪些说法不正确
   A. 又称自然避孕
   B. 包括日历表法、基础体温法、宫颈黏液观察法
   C. 十分可靠,适宜推广
   D. 基础体温的曲线变化与排卵时间的关系并不恒定

1. 【答案】B
   【解析】吉妮环是含铜无支架宫内节育器(IUD),母体乐也是含铜 IUD,以聚乙烯为支架,呈伞状。TCu-IUD 是带铜 T 形 IUD,以聚乙烯为支架,VCu-IUD 是带铜 V 形 IUD,由不锈钢作 V 型支架。曼月乐是左炔诺孕酮 IUD,以聚乙烯作为 T 形支架,人工合成孕激素(左炔诺孕酮)储存在纵管内,主要的作用是使子宫内膜变化不利于受精卵着床,宫颈黏液变稠不利于精子穿透。

2. 【答案】E
   【解析】类早孕反应是因为雌激素刺激胃黏膜所致,一般无需特殊处理,坚持服药数个周期后副作用自然消失,症状严重需更换制剂或停药改用其他措施,在服用长效避孕药及探亲避孕药中最为常见。白带增多系雌激素作用。雌激素引起水钠潴留,导致体重增加。服药期间阴道流血又称突破性出血,多数发生在漏服避孕药后,少数未漏服避孕药也能发生。

3. 【答案】B
   【解析】复方左炔诺孕酮片属于复方短效避孕药,是雌孕激素复方制剂。服用紧急避孕药可出现恶心、呕吐、不规则阴道流血及月经紊乱等症状,一般不需要处理。紧急避孕药激素剂量大,副作用亦较大,不能代替常规避孕。

4. 【答案】C
   【解析】安全期避孕又称自然避孕,

E. 安全期避孕是根据女性生殖生理的知识推测排卵日期,在判断周期中的易受孕期进行禁欲而达到避孕的目的

5. 下列哪些**不属于**复方短效口服避孕药的副作用
   A. 类早孕反应
   B. 不规则阴道出血
   C. 体重增加
   D. 乳房胀痛
   E. 增加卵巢癌的发病率

6. 关于复方短效口服避孕药,哪些说法**错误**
   A. 是雌、孕激素组成的复合制剂
   B. 正确使用避孕药的有效率接近 100%
   C. 服药初期大部分女性会出现类早孕反应
   D. 服药期间出现闭经的患者,既往常伴有月经不规律
   E. 年龄大于 35 岁的吸烟女性,不宜长期服用复方短效口服避孕药

【A2 型题】

1. 女性,47 岁,患慢性肾炎多年。1 年前曾因早孕行人工流产,现要求避孕指导。本例选择最适当的避孕措施是
   A. 安全期避孕   B. 皮下埋植
   C. 复方短效口服避孕药   D. 紧急避孕药
   E. 避孕套

2. 女性,26 岁,已婚未孕,准备 1 年后生育,平时月经规律。最适合的避孕方法是
   A. 安全期避孕
   B. 宫内节育器
   C. 皮下埋植
   D. 复方短效口服避孕药
   E. 长效避孕药

【A3/A4 型题】

(1~3 题共用题干)

周某,女性,35 岁,二胎生育完成后,放置金属环避孕,2 个月前因带器妊娠而行人工流产术,要求再次放环,患者平素月经量大,并伴有痛经。

1. 首选的宫内节育器是
   A. 惰性宫内节育器   B. 母体乐
   C. 吉妮环   D. 曼月乐

是根据女性生殖生理知识推测排卵日期,推测易受孕期进行禁欲而达到避孕目的。包括日历表法、基础体温法、宫颈黏液观察法。日历法适用于周期规则的女性,排卵通常发生在下次月经前 14d 左右,据此推算出排卵前后 4~5d 为易受孕期。其余时间视为安全期。基础体温的曲线变化与排卵时间的关系并不恒定,宫颈黏液观察需要经过培训才能掌握,因此,安全期避孕法并不十分可靠,不宜推广。

5.【答案】E
【解析】甾体激素避孕药的副作用包括类早孕反应、不规则阴道出血、闭经、体重增加、改善皮肤痤疮、乳房胀痛等副作用,长期服用复方短效口服避孕药可减少卵巢癌、子宫内膜癌的发病率。

6.【答案】C
【解析】复方短效避孕药是雌孕激素复方制剂,服药初期约 10% 的女性出现食欲缺乏、恶心、呕吐、乏力、头晕等类早孕反应,1%~2% 女性发生闭经,常发生于月经不规则女性。年龄 >35 岁的吸烟女性服月避孕药可增加心血管疾病发病率,不宜长期服用。

1.【答案】E
【解析】安全期避孕和紧急避孕药不推荐作为常规的避孕方式。严重心脑血管疾病、血栓疾病、急慢性肝炎或肾炎、恶性肿瘤及癌前病变、内分泌疾病、哺乳期、精神病患者、严重偏头痛患者不宜服用甾体激素避孕药。此患者为围绝经期女性,合并慢性肾炎多年,不适合含有激素的避孕方式(复方短效口服避孕药和皮下埋植),所以适合采用避孕套。

2.【答案】D
【解析】安全期避孕不推荐为常规的避孕方式。患者准备一年后生育,不适合宫内节育器、长效避孕药和皮下埋植这类长效的避孕方式,复方短效口服避孕药的有效率接近 100%,所以作为首选。

1.【答案】D
【解析】曼月乐是含有左炔诺孕酮的避孕环,在子宫局部释放孕激素,可抑制子宫内膜生长,减少月经量,缓解痛经。惰性宫内节育器由惰性材料如金属、硅胶、塑料等制成,由于脱落率及带器妊娠率高,已停产。母体乐以聚乙烯为支架,呈伞状,两弧形臂上各有 5 个小齿,具有

可塑性,铜表面积 375mm²。吉妮环是含铜无支架宫内节育器,为 6 个铜套串在一根尼龙线上,顶端有一个结固定于子宫肌层,使宫内节育器不易脱落,悬挂在宫腔中,铜表面积 330mm²。TCu-IUD 是带铜 T 形宫内节育器,以聚乙烯为支架。除曼月乐外,其他几种宫内节育器仅有避孕效果,无减少月经、改善痛经的功能。

2.【答案】E
【解析】宫内节育环放置的禁忌证为:①妊娠或妊娠可疑。②生殖道急性炎症。③人工流产出血多,怀疑妊娠物残留或感染可能;中期妊娠引产、分娩或剖宫产胎盘娩出后,子宫收缩不良有出血或潜在感染可能。④生殖器肿瘤。⑤生殖器畸形如纵隔子宫、双子宫等。⑥宫颈内口过松、重度陈旧性宫颈裂伤或子宫脱垂。⑦严重全身性疾病。⑧宫腔<5.5cm 或 >9.0cm(除足月分娩后、大月份引产后或放置含铜无支架 IUD)。⑨近 3 个月内有月经失调、不规则流血史。⑩有铜过敏史。月经量多不是放置宫内节育器的禁忌,曼月乐可以减少月经量。

3.【答案】E
【解析】术后休息 3d,1 周内忌重体力劳动,2 周内忌性交及盆浴,保持外阴清洁。术后第一年 1,3,6,12 个月进行随访,以后每年随访一次直至停用,特殊情况随时就诊。

4.【答案】A
【解析】紧急避孕、体外射精、安全期避孕不推荐为常规的避孕方式。重度陈旧性宫颈裂伤属于放环的禁忌证,因此此选择口服复方短效避孕药。

5.【答案】F
【解析】放置宫内节育器的并发症包括节育器异位、节育器嵌顿或断裂、节育器下移或脱落、带器妊娠。

6.【答案】D
【解析】紧急避孕包括放置宫内节育器和口服紧急避孕药。但本患者的重度陈旧性宫颈裂伤属于放环的禁忌证。皮下埋植剂、肌内注射甲氢蝶呤不是紧急避孕措施。

提问 1:【答案】ABCE
【解析】患者步入围绝经期,患糖尿病、高血压多年,应选避孕套避孕。安全期避孕和体外射精的避孕失败率相对较高。含有甾体激素的避孕方式(复方短效口服避孕药、皮下埋植)不适合步入围绝经期及有内科合并症的女性。

提问 2:【答案】A
【解析】早孕终止妊娠的方式包括药物流产和人工流产。药物流产禁忌包括患有心血管疾病、青光眼、哮喘、癫痫、结肠炎等使用前列腺素药物

E. TCu-IUD
2. 宫内节育器放置术的禁忌证**不包括**
 A. 生殖道急性炎症
 B. 怀疑有妊娠组织物残留
 C. 双子宫
 D. 严重的全身性疾病
 E. 月经量多
3. 放环术后随访注意事项中**不正确**的是
 A. 术后休息 3d
 B. 1 周内忌重体力劳动
 C. 2 周内忌性交及盆浴
 D. 术后第一年 1,3,6,12 个月进行随访
 E. 从放环术后第 3 年开始,无需随访,准备取环前就诊即可

(4~6 题共用题干)
女性,30 岁,足月分娩 2 次。月经周期正常。查体发现阴道前后壁明显膨出,重度陈旧性宫颈裂伤。
4. 患者要求避孕,最合适的避孕方法是
 A. 复方短效口服避孕药 B. 紧急避孕药
 C. 曼月乐 D. 带铜 T 形宫内节育器
 E. 安全期避孕 F. 体外排精
5. 下面哪些**不是**放置宫内节育器的并发症
 A. 节育器异位 B. 节育器嵌顿
 C. 节育器断裂 D. 节育器下移
 E. 带器妊娠 F. 宫颈粘连
6. 如果本患者未采取任何避孕措施,发生了性生活,为了防止发生非意愿性妊娠,首选的补救措施是
 A. 曼月乐 B. 惰性宫内节育器
 C. 含铜宫内节育器 D. 口服紧急避孕药
 E. 皮下埋植剂 F. 肌内注射 MTX

【案例分析题】

案例 女性,46 岁,患糖尿病、高血压多年。半年前曾行人工流产手术,现要求避孕指导。
提问 1:下列选项,哪些避孕方式**不合适**
 A. 安全期避孕 B. 体外射精
 C. 复方短效口服避孕药 D. 避孕套
 E. 皮下埋植
提问 2:如果患者再次意外妊娠,孕周 6 周,首选的流产方式为
 A. 人工流产 B. 药物流产
 C. 钳刮 D. 普贝生引产

E. 缩宫素引产　　　　F. 水囊引产

(万希润)

第二节　避孕失败的补救措施

【A1 型题】

1. 人工流产负压吸宫术适用于
   A. 妊娠 10 周以内者　　　B. 妊娠 12 周以内者
   C. 妊娠 13 周以内者　　　D. 妊娠 14 周以内者
   E. 妊娠 16 周以内者

2. 关于人工流产并发症,**错误**的说法是
   A. 子宫穿孔是人工流产术的严重并发症
   B. 感染可发生急性子宫内膜炎、盆腔炎等
   C. 术中出血应立即停止操作
   D. 羊水栓塞少见,其症状及严重性不如晚期妊娠发生凶猛
   E. 远期并发症包括宫颈粘连、宫腔粘连、慢性盆腔炎等

3. 手术流产的禁忌证**不包括**
   A. 生殖道炎症
   B. 各种疾病的急性期
   C. 哮喘患者
   D. 术前两次体温在 37.5℃ 以上
   E. 全身情况不良,不能耐受手术

4. 药物流产的适应证**不包括**
   A. 瘢痕子宫　　　　　　　B. 宫颈发育不良
   C. 多次人工流产术史　　　D. 严重骨盆畸形
   E. 妊娠剧吐

【A2 型题】

1. 人工流产后 4 个月,一直未来月经,但有周期性下腹痛。妇科检查:宫颈轻度柱状上皮异位,宫体略大,轻压痛,双侧附件无异常。首先考虑诊断的疾病是
   A. 慢性盆腔炎　　　　　　B. 人工流产后月经失调
   C. 子宫内膜异位症　　　　D. 宫颈粘连
   E. 漏吸

2. 女性,36 岁,孕 3 产 2,采用避孕套避孕。1d 前性交时避孕套突然破裂。要求指导补救方法。下列哪种方法最合适
   A. 服用复方短效口服避孕药

禁忌。本例患者 46 岁,且患高血压多年,不适合药物流产,适合人工流产。普贝生也是前列腺素制剂,缩宫素以及水囊引产适用于大月份引产,妊娠 ≥ 10 周的早期妊娠应采用钳刮术。

1.【答案】A
【解析】人工流产负压吸宫术适应证:妊娠 10 周内要求终止妊娠而无禁忌证,或患有某种严重疾病不宜继续妊娠。

2.【答案】C
【解析】术中出血应尽快将宫腔妊娠组织物吸出,可适当使用缩宫素,不需立即停止操作。子宫穿孔是人工流产术的严重并发症;感染可发生急性子宫内膜炎、盆腔炎等,予抗生素治疗;羊水栓塞少见,注往往由于宫颈损伤,胎盘剥离使血窦开放,为羊水进入创造条件,即使并发羊水栓塞,其症状及严重性不如晚期妊娠发病凶猛。远期并发症包括宫颈粘连、宫腔粘连、慢性盆腔炎、月经失调、继发性不孕等。

3.【答案】C
【解析】手术流产的禁忌证包括:生殖道炎症、各种疾病的急性期、全身情况不良,不能耐受手术、术前两次体温在 37.5℃ 以上。哮喘是药物流产的禁忌证。

4.【答案】E
【解析】药物流产的适应证包括人工流产术高危因素者,如瘢痕子宫、宫颈发育不良或严重骨盆畸形、多次人工流产术史等。妊娠剧吐是药物流产的禁忌证。

1.【答案】D
【解析】患者人工流产术后出现闭经和周期性腹痛首先考虑宫颈粘连。慢性盆腔炎和子宫内膜异位症一般不引起闭经。人工流产后月经失调引起的闭经,一般不伴有周期性下腹痛。如漏吸 4 个月后,妇科查体应发现子宫增大符合孕周。

2.【答案】C
【解析】口服紧急避孕药和放置宫内节育器可作为紧急避孕措施。患者已生育两孩,可考虑采用长效可逆避孕方式——宫内节育器。复方短效口服避孕药、人工月经周期不能作为紧急避孕措施;预防性刮宫不能作为避孕措施;无保护性生活 120h 内口服米非司酮 10mg 可作为紧急避孕措施,不需口服米索前列醇。

B. 行人工月经周期

C. 放置宫内节育器

D. 服用米非司酮 + 米索前列醇

E. 预防性刮宫

1.【答案】D

【解析】患者人工流产后有性交史,腹痛发热,子宫及双侧附件均有压痛,血象高,均表明急性盆腔炎的可能。阑尾炎和肠炎多有消化道症状。肾盂肾炎和膀胱炎多有泌尿系统症状。

2.【答案】E

【解析】对生殖道感染疾病,应做病原学检查,以便选择有效的抗生素。盆腔炎患者可见血沉升高,盆腔超声可伴或不伴盆腔积液,均无特异性。尿 hCG 及胸片对盆腔炎的鉴别诊断无明显意义。

3.【答案】E

【解析】生殖道感染可以是多种细菌的混合感染,首选抗生素药物治疗。经恰当的抗生素积极治疗,绝大多数盆腔炎性疾病能彻底治愈;止痛片仅能短效缓解症状,不能作为治疗盆腔炎的处理措施;输血、腹部加压包扎对盆腔炎治疗无效;手术治疗主要用于抗生素控制不满意的输卵管卵巢脓肿或盆腔脓肿。

4.【答案】B

【解析】青光眼病史是药物引产的禁忌证,患者孕周小于 10 周可以行人工流产。水囊引产、依沙吖啶引产适合中期引产,缩宫素引产适合晚期引产。

5.【答案】A

【解析】患者宫体后倾后屈,容易漏吸,并且吸出组织未见绒毛,通常吸出的组织物为蜕膜。受精卵着床后,在孕激素和雌激素作用下子宫内膜腺体增大,腺上皮细胞内糖原增加,结缔组织细胞肥大,血管充血,此时的子宫内膜成为蜕膜。增殖期指月经周期第 5~14d,在雌激素作用下,内膜表面上皮、腺体、间质、血管均呈增殖性变化。分泌期指月经周期第 15~28d,黄体分泌的孕激素、雌激素使增殖期内膜继续增厚,腺体更增长弯曲,出现分泌现象,血管迅速增加,更加弯曲,间质疏松并水肿。子宫内膜基底层靠近肌层,不受卵巢激素的周期性调节,不发生剥脱。

6.【答案】B

【解析】血 hCG 和尿 hCG 测定只能检测患者是否妊娠,无法判断患者受精卵着床的位置。白带常规主要用来检测患者是否有阴道炎症。后穹窿穿刺通常用于检查患者是否存在腹腔内出血。妇科 B 型超声是一种无创检查,可以明确胎囊位置,是首选的检查。

【A3/A4 型题】

(1~3 题共用题干)

女性,27 岁,人工流产后一周,发热 5d,下腹痛 2d。追问病史,术后有性交史。查体:体温 39℃,血压 100/70mmHg,心率 100 次/min。下腹部有压痛、反跳痛。妇科检查:阴道有少量血性分泌物,子宫正常大小,压痛(+),双侧附件增厚,压痛(+)。白细胞 150×10^9/L,中性粒细胞百分比 90%。

1. 最可能的诊断是

   A. 阑尾炎　　　　　　　　B. 肾盂肾炎

   C. 肠炎　　　　　　　　　D. 急性盆腔炎

   E. 膀胱炎

2. 对治疗最有帮助的诊断检查是

   A. 红细胞沉降率　　　　　B. 尿 hCG 检查

   C. 胸片　　　　　　　　　D. 盆腔超声

   E. 病原体检查

3. 在实验室检查报告出来之前最合适的处理是

   A. 服用止痛片　　　　　　B. 少量输血

   D. 手术　　　　　　　　　E. 抗生素药物治疗

   F. 腹部加压包扎

(4~6 题共用题干)

女,26 岁,因停经 42d,尿 hCG(+),有青光眼病史,要求终止妊娠。

4. 适合采用何种方式终止妊娠

   A. 药物流产　　　　　　　B. 人工流产

   C. 水囊引产　　　　　　　D. 依沙吖啶引产

   E. 缩宫素引产

5. 患者要求做人工流产。术前妇科检查:宫体后倾后屈,妊娠 6 周大小,软;双附件(−)。术中测宫腔深 10cm,吸出组织物 20g,未见绒毛,出血少,术毕宫腔深 9.5cm。吸出的组织物最可能是

   A. 蜕膜　　　　　　　　　B. 绒毛

   C. 增殖期子宫内膜　　　　D. 分泌期子宫内膜

   E. 子宫内膜基底层

6. 为排除宫外孕,下列各项中首选的是

   A. 尿 hCG 测定　　　　　　B. 妇科 B 型超声

   C. 白带常规　　　　　　　D. 后穹窿穿刺

   E. 血 hCG 测定

(7~9 题共用题干)

女性,27 岁,现停经 9 周,超声确定宫内妊娠,患者既往人工流产 3 次。目前在哺乳期,现要求终止妊娠。

7. 建议终止妊娠的首选方法为
   A. 药物流产　　　　　　B. 人工流产
   C. 依沙吖啶羊膜腔内注射　D. 钳刮
   E. 水囊引产

8. 患者在人工流产手术中发生面色苍白、胸闷、大汗淋漓,患者最可能发生了哪种人工流产手术并发症
   A. 出血　　　　　　　　B. 子宫穿孔
   C. 人工流产综合反应　　D. 漏吸
   E. 吸宫不全

9. 此时应该如何处理
   A. 继续手术
   B. 停止手术
   C. 给予缩宫素
   D. 一边安慰一边继续手术
   E. 根据出血情况判断是否继续手术

【案例分析题】

案例一 女性,41 岁,现停经 7 周,超声确定宫内妊娠。患者有剖宫产史,癫痫史,现要求行人工流产术。

提问 1:哪些措施**不能**减少人工流产综合反应
   A. 抗炎治疗,预防感染
   B. 术中操作快
   C. 术前充分交代手术须知及风险
   D. 使用缩宫素
   E. 使用止血药
   F. 手术中减少不必要的反复吸刮

提问 2:患者行人工流产负压吸宫术,吸出绒毛后,再次探查宫腔 12cm,未感到底。一般情况好,阴道流血不多,无腹痛,无压痛及反跳痛,血压 110/80mmHg,心率 85 次/min。**不可能**的诊断是
   A. 漏吸　　　　　　　　B. 感染
   C. 人工流产综合反应　　D. 羊水栓塞
   E. 子宫穿孔　　　　　　F. 出血

提问 3:以下处理措施,可行的有哪些
   A. 停止手术
   B. 监测患者生命体征
   C. 立即剖腹探查
   D. 使用缩宫素
   E. 抗炎治疗,预防感染
   F. 精神安慰

7.【答案】B
　【解析】药物流产适合妊娠 49d 内,人工流产适合妊娠 10 周内,钳刮适合妊娠 11~14 周,依沙吖啶羊膜腔内注射和水囊引产适合中孕引产。因患者目前处于哺乳期,不适合采用药物流产。

8.【答案】C
　【解析】人工流产综合反应是手术疼痛或局部刺激,使受术者在术中或术后出现恶心呕吐、心动过缓、心律不齐、面色苍白、头昏、胸闷、大汗淋漓,严重者甚至出现血压下降、昏厥、抽搐等迷走神经兴奋症状。题干中未描述出血情况,子宫穿孔时术中突然感到无宫底感觉,或手术器械进入深度超过原来所测深度。施行人工流产术未吸出胚胎及绒毛而导致继续妊娠或胚胎停止发育,称为漏吸。吸宫不全指人工流产术后部分妊娠组织物的残留。

9【答案】B
　【解析】人工流产综合反应与受术者情绪、身体状况及手术操作有关。发现症状应立即停止手术,给予吸氧,一般能自行恢复。严重者可加用阿托品 0.5~1mg 静脉注射。给予缩宫素不能缓解人工流产综合反应。出现人工流产综合反应应立即停止手术,与出血情况无关。

提问 1:【答案】ABDE
　【解析】术前重视精神安慰,术中动作轻柔,吸宫时掌握适当负压,减少不必要的反复吸刮,均能降低人工流产综合反应的发生率。

提问 2:【答案】ABCDF
　【解析】人工流产手术中出现"无底"感觉,探宫腔深度明显大于孕周,应该考虑子宫穿孔。施行人工流产术未吸出胚胎及绒毛而导致继续妊娠或胚胎停止发育,称为漏吸。感染一般发生于术后,可发生急性子宫内膜炎、盆腔炎等。人工流产综合反应是手术疼痛或局部刺激,使受术者在术中或术毕出现恶心呕吐、心动过缓、心律不齐、面色苍白、头昏、胸闷、大汗淋漓,严重者甚至出现血压下降、昏厥、抽搐等迷走神经兴奋症状。羊水栓塞往往由于宫颈损伤,胎盘剥离使血实开放,为羊水进入创造条件,即使并发羊水栓塞,其症状及严重性不如晚期妊娠发病凶猛,典型临床表现为骤然出现低氧血症、低血压、凝血功能障碍。

提问 3:【答案】ABDEF
　【解析】患者生命体征正常,应严密观察病情变化。若破口大、有内出血或怀疑脏器损伤才考虑剖腹探查或腹腔镜检查,根据情况做相应处理。

提问1:【答案】ABCDE

【解析】药物流产的禁忌证包括:①有使用米非司酮禁忌证,如肾上腺及其他内分泌疾病、妊娠期皮肤瘙痒史、血液病、血管栓塞等病史;②有使用前列腺素药物禁忌证,如心血管疾病、青光眼、哮喘、癫痫、结肠炎等;③带器妊娠、宫外孕;④其他:过敏体质、妊娠剧吐、长期服用抗结核、抗癫痫、抗抑郁、抗前列腺素药等。瘢痕子宫是药物流产的适应证,其他几项是药物流产的禁忌证。

提问2:【答案】ABCEF

【解析】除服药过程中可出现恶心、呕吐、腹痛、腹泻等胃肠道症状外,出血时间长、出血多是药物流产的主要副作用。宫外孕破裂时可出现腹腔内出血,该患者已经B型超声确定宫内妊娠。

提问3:【答案】ABCDE

【解析】流产后关爱是一种标准化的服务流程,包括流产并发症的医疗服务、流产后计划生育服务、流产后咨询服务、流产后社区服务和流产后生殖健康综合服务。

案例二　女性,31岁,现停经6周,超声确定宫内妊娠,患者既往人工流产3次。对手术流产有恐惧心理,选择药物流产。

提问1:下面哪些是药物流产的禁忌证

A. 过敏体质
B. 妊娠剧吐
C. 长期服用抗结核药
D. 长期服用抗抑郁药
E. 结肠炎
F. 瘢痕子宫

提问2:服药过程中可能发生的副作用是

A. 恶心
B. 呕吐
C. 腹痛
D. 腹腔内出血
E. 腹泻
F. 出血

提问3:患者完成药物流产后,医生对其应进行流产后关爱服务,此项服务包括

A. 流产并发症的医疗服务
B. 流产后计划生育服务
C. 流产后咨询服务
D. 流产后社区服务
E. 流产后生殖健康综合服务
F. 流产后社会工作服务

(万希润)

第二十八章　妇科手术前准备及术后处理

【A1 型题】

1. 宫外孕患者急性大量失血时常需输血,以下关于输血的说法中**不正确**的是
   A. Hb<70g/L 时,可输浓缩红细胞
   B. 大量输血是指 24h 内超过 4 000ml
   C. 大量输血可造成患者暂时性高钙血症
   D. 溶血反应是最严重的输血并发症
   E. 发热反应是最常见的早期输血并发症之一

2. 急诊行输卵管妊娠破裂或流产手术时应遵循的首要原则是
   A. 尽快钳夹出血处,切除或保留患侧输卵管
   B. 切除子宫
   C. 进行对侧输卵管整形术
   D. 切除患侧附件
   E. 尽量吸出腹腔血液作自体血回输

【A2 型题】

1. 35 岁女性,因子宫肌瘤拟择期行手术治疗,术前需禁食时间为
   A. 4~8h　　　　　　　　B. 6~8h
   C. 8~12h　　　　　　　 D. 10~12h
   E. 12h 以上

2. 某适龄女性,行人工流产时突然出现人工流产综合征症状。以下**不属于**人工流产综合征临床表现的是
   A. 心动过速,血压上升
   B. 昏厥,抽搐
   C. 心动过缓
   D. 面色苍白,大汗淋漓
   E. 症状于手术接近结束时加重,术后几分钟内逐渐恢复

1.【答案】C
【解析】大量含枸橼酸钠的血制品进入体内,可以与血浆中钙离子结合(枸橼酸是螯合剂),导致血浆游离钙离子降低,诱发低钙血症,故 C 错误,其余说法正确。

2.【答案】A
【解析】急诊行输卵管妊娠破裂或流产手术时,首要原则是尽快止血,因此,应当尽快钳夹出血处,行保守手术或根治手术。对于无生育要求的患者,可切除患侧输卵管;对于有生育要求的年轻患者输卵管妊娠包块直径<3cm,术后输卵管长度≥ 5cm 者可保留患侧输卵管,故本题选 A。题干已明确为输卵管妊娠,病灶未涉及同侧卵巢及子宫,故不予切除子宫、同侧卵巢,故可排除 B、D。输卵管妊娠破裂或流产需急诊手术患者通常失血多,且多伴有休克,在积极纠正休克的同时,手术中首要原则是尽快止血,再根据术中情况酌情处理对侧输卵管,故排除 C。当腹腔内出血量较大时,腹腔游离血液可作自体输血,但回输腹腔内血液必须符合以下条件:妊娠<12周,胎膜未破、出血时间 <24h;血液未受污染、红细胞破坏率 <30%。故不作为首选手术原则,排除 E。综上,本题选择 A。

1.【答案】D
【解析】经腹部非恶性肿瘤手术,一般性胃肠道准备为:术前 10~12h 开始禁食,术前 6h 开始禁水。故选 D。

2.【答案】A
【解析】人工流产综合征是指,因手术疼痛或局部刺激,使受术者在术中或术毕出现心动过缓(C 项)、心律不齐、面色苍白、大汗淋漓(D 项)、呕吐、头晕、胸闷等症状,严重者可发生血压下降、昏厥、抽搐(B 项)等迷走神经兴奋症状。一般症状于手术接近结束时加重,术后几分钟内逐渐恢复(E 项)。故本题选择 A。

1.【答案】A

【解析】患者年轻女性,因不孕症就诊,检查发现:宫体增大,双附件囊肿,因子宫内膜异位症是常见的女性不孕因素,结合患者病史及辅助检查,考虑双侧卵巢子宫内膜异位症及子宫腺肌病可能性较大,有手术指征。手术目的为全面了解患者盆腹腔情况,以指导患者后续受孕方式选择;如术中发现病变,予以相应处理。有条件最好加做宫腔镜,以便了解患者宫腔形态、内膜情况及宫腔有无畸形等。患者有生育要求,非恶性肿瘤,故不考虑子宫及附件切除术,故可排除C、D、E三个选项,且术中应注意保护患者卵巢功能,避免电灼卵巢导致卵巢功能降低,排除B。为排除是否有双侧输卵管因素引起的不孕症,应加行双侧输卵管通液术。因此A选项是最佳的处理方法。

2.【答案】E

【解析】卵巢囊肿常见的并发症为蒂扭转、破裂、感染及恶变。选项(A项)出血不属于卵巢肿瘤的并发症,可排除。约10%卵巢肿瘤可发生蒂扭转(E项),约3%卵巢肿瘤会发生破裂(B项),感染(C项)较少见,对于肿瘤迅速生长尤其双侧性,应考虑有恶变可能(D项)。综上,卵巢肿瘤最常见的并发症是蒂扭转,故选E。

3.【答案】B

【解析】良性肿瘤以手术治疗为主,恶性肿瘤则选择综合治疗,包括手术、化疗、放疗。故选项A、C正确。卵巢囊肿蒂扭转的治疗原则是:一经确诊,尽快行手术治疗。术时应先在扭转蒂部靠子宫的一侧钳夹后,再切除肿瘤和扭转的蒂部,钳夹前不可先将扭转的蒂回复,以防血栓脱落造成重要的器官栓塞。故B选项是不正确的。卵巢囊肿破裂,可能会导致腹腔内出血、腹膜炎及休克,因此一旦怀疑,应立即手术,选项D正确。卵巢肿瘤感染多继发于蒂扭转或破裂,也可来自邻近器官感染灶的扩散,治疗原则是抗感染治疗后,手术切除肿瘤,选项E正确。综上,不正确的是B。

4.【答案】D

【解析】根据病史及妇科检查,考虑宫颈病变,宫颈液基细胞学检查提示:ASC-US(无明确诊断意义的鳞状上皮细胞病变)。人乳头状瘤病毒(human papilloma virus,HPV)感染能够引起子宫颈上皮内瘤变(CIN)及子宫颈癌的发生,高危型HPV的持续感染是促使宫颈癌发生的最主要因素。本例需进一步完善HPV检测(D项),这对ASC-US可进行有效的分流(D项)。患者体检已行宫颈液基细胞学检查,没有必要再重复进行宫颈刮片检查,故C选项错误。B型超声、MRI、CT、阴道分泌物检查,不能反映子宫颈的早期病变情况,故A、B、E、F均可排除。综上,D为正确选项。

【A3/A4 型题】

(1~3 题共用题干)

患者 26 岁,未避孕未怀孕 2 年,孕产史"0-0-0-0"。妇科检查:外阴、阴道未见异常;宫颈光滑,子宫后位,稍大,活动不好;双附件增厚。CA125正常。B 型超声见子宫稍大,子宫肌层可见多发小结节,双附件囊肿,大小分别为左侧 5cm×4cm×6cm,右侧 4cm×4cm×5cm,内可见密集点状回声。

1. 如选择腹腔镜手术治疗,下列哪种处理方法为最佳
   A. 双侧卵巢囊肿剥除 + 双侧输卵管通液术
   B. 电灼双侧卵巢囊肿
   C. 剥除双侧卵巢囊肿,切除子宫
   D. 子宫及一侧附件切除
   E. 子宫及双附件切除

2. 下列关于卵巢肿瘤最常见的并发症是
   A. 出血
   B. 破裂
   C. 感染
   D. 恶变
   E. 蒂扭转

3. 下列有关卵巢肿瘤的手术治疗方法中,说法**不正确**的是
   A. 良性肿瘤以手术治疗为主
   B. 卵巢肿瘤蒂扭转手术需切除附件时,先回复扭转,后钳夹,再切除肿瘤
   C. 恶性肿瘤手术 + 放疗 / 化疗综合治疗
   D. 一旦疑有囊肿破裂,应立即手术
   E. 合并感染时,在抗感染治疗后,手术切除肿瘤

(4~6 题共用题干)

女性患者,37 岁。因"体检行宫颈液基细胞学检查发现 ASC-US"就诊。月经情况:14 岁 $\frac{7}{28}$ d,月经量中,色暗红,伴少许血块,偶有痛经。孕产史"1-0-3-1",足月顺产 1 女,人工流产 2 次,自然流产 1 次。全身体检无特殊。妇科检查:外阴及阴道发育正常;宫颈正常大小,表面呈糜烂样改变,并见数个子宫颈腺囊肿;子宫前位,正常大小,无压痛;双附件区及宫旁未及异常。

4. 本例恰当的进一步处理是
   A. B 型超声
   B. MRI
   C. 重复宫颈刮片细胞学检查
   D. HPV 检测
   E. CT

F. 阴道分泌物检查
5. 如果 HPV 检测高危型阳性,恰当的进一步处理是
   A. 半年后复查　　　　　B. 阴道镜检查,必要时活检
   C. 子宫颈电灼　　　　　D. 子宫颈锥切
   E. B 型超声检查　　　　F. 宫腔镜检查
6. 若宫颈活检结果为 HSIL,本例首选的治疗方法是
   A. 子宫颈电灼
   B. 子宫颈锥切
   C. 全子宫切除
   D. 改良广泛性子宫切除术
   E. 阴道放射治疗
   F. 宫颈环扎术

(7~9 题共用题干)
患者,女,30 岁,孕 1 产 0。平素月经规律。月经增多、经期延长 1 年余。妇科检查:外阴阴道无异常,宫颈散在腺囊肿,子宫近 11 周妊娠大小,表面有多个质硬突起,最大直径约 6cm,附件未触及异常。辅助检查:血红蛋白为 90g/L。
7. 首先考虑的诊断是
   A. 子宫内膜癌
   B. 子宫颈癌
   C. 子宫畸形
   D. 子宫肌瘤
   E. 子宫腺肌病
   F. 子宫内膜息肉
8. 根据患者情况,术前拟定的最恰当手术方案为
   A. 筋膜内子宫切除术
   B. 筋膜外子宫切除术
   C. 子宫肌瘤剥除术
   D. 经阴道子宫切除术
   E. 次广泛子宫切除术
   F. 服用激素类药物
9. 术后合理的处理为
   A. GnRH-a 治疗半年
   B. 米非司酮治疗半年
   C. 达那唑治疗半年
   D. 孕激素治疗半年
   E. 随访观察
   F. 缩宫素治疗半年

(10~12 题共用题干)
女性,42 岁,身高 158cm,体重 75kg,平素月经规则,无痛经,孕 2

5.【答案】B
【解析】阴道镜检查并行病理组织活检是诊断宫颈癌前病变或宫颈癌的金标准。若液基细胞学检查为 ASC-US 并高危 HPV DNA 检测阳性,或者低度鳞状上皮内病变(LSIL)以上者,应做阴道镜检查,根据醋白试验及碘染色等方法观察宫颈情况,必要时行活检。该患者液基细胞学检查为 ASC-US,且 HPV 高危型阳性,需行阴道镜检查,明确宫颈病变的性质,再决定下一步治疗方案。不可在病变性质没有明确的情况下直接行子宫颈电灼、子宫颈锥切或宫腔镜检查。综上,本题选择 B 项。

6.【答案】B
【解析】宫颈高度鳞状上皮病变(HSIL)阴道镜检查不充分者通常采用子宫颈锥切术(B 项),包括子宫颈环形电切术和冷刀锥切术。宫颈锥切目的为排除活检可能遗漏的更高一级病变或可疑浸润癌,明确病变累及程度及决定手术范围,同时还有治疗作用。经子宫颈锥切确诊、年龄较大、无生育要求,合并其他有手术指征的妇科良性疾病的 HSIL 也可行全子宫切除术。故根据本例病史,选择 B 项。

7.【答案】D
【解析】患者为年轻女性,经量多,经期长,这是子宫肌瘤最常见的症状。同时妇科检查可扪及子宫增大,表面不规则单个或多个结节突起。辅助检查提示贫血。根据患者年龄、症状、体征、辅助检查,应首先考虑的诊断是子宫肌瘤。子宫内膜癌多发于老年女性,常见症状为绝经后阴道流血,子宫颈癌的典型症状是接触性出血,子宫腺肌病的典型症状是进行性加重的痛经,子宫增大呈球状,该患者没有这些症状,均可排除;子宫畸形不会引起经量增多、经期延长,亦可排除。子宫内膜息肉可能会引起经量增多、经期延长,该患者不能排除内膜息肉诊断,但该患者妇科检查提示子宫增大,凹凸不平,可触及质硬结节,首先还是考虑子宫肌瘤。综上,本题 D 是正确答案。

8.【答案】C
【解析】子宫肌瘤的治疗一般根据患者的年龄、症状、生育要求以及肌瘤的类型、大小、增长速度、有无合并贫血全面考虑。希望保留生育功能的,应选择子宫肌瘤剥除术;不要求保留生育功能或疑有恶变者,可行子宫切除术。本例患者为年轻女性,未生育,无恶变表现,但有月经量多、经期延长表现,并已继发贫血,有手术指征,应选择子宫肌瘤剥除术。对于有生育要求的患者行子宫切除术是不合适的。子宫肌瘤较大的患者不能服用激素类药物。综上,本题 C 选项正确。

9.【答案】E
【解析】非特殊类型的子宫肌瘤术后无需辅助治疗,定期随访即可。促性腺激素释放激素抑制剂(GnRH-a)、米非司酮、达那唑、孕激素适合用于子宫内膜异位症的治疗。缩宫素能促进子宫收缩,多在术中及术后以减少手术创面出血为目的的使用,在肌瘤剥除术后使用缩宫素治疗半年不合适。因此,本题选择 E。

10.【答案】D

【解析】腹腔镜手术绝对禁忌证包括:①严重的心脑血管疾病及肺功能不全(选项C);②严重的凝血功能障碍;③绞窄性肠梗阻;④大的腹壁疝或膈疝;⑤腹腔内大出血(选项A)。相对禁忌证包括:①盆腔肿物过大,超过脐水平(选项E);②妊娠>16周;③腹腔内广泛粘连(选项B);④晚期或广泛转移的妇科恶性肿瘤。因此,选项D是术前不需要排除的禁忌证。

11.【答案】C

【解析】患者心率加快,面色潮红,PCO_2 由35mmHg逐渐上升至76mmHg,这是高碳酸血症的临床表现。皮下气肿轻度一般不会出现明显临床症状,严重时可能出现心率加快、血压下降、呼吸困难及术后"CO_2 麻醉"现象,一般出现在手术刚开始不久,较少出现在手术进行数小时后,故排除A。气体栓塞是临床罕见而致命的并发症,可引起心律失常、缺氧、血压下降甚至心血管功能衰竭,一般不出现面色潮红,且二氧化碳分压及氧饱和度均降低,故排除B。脏器损伤及大出血可引起患者心率加快,但不出现面色潮红及二氧化碳分压改变,故排除D、E。因此,本题选C选项。

12.【答案】A

【解析】该患者为中年女性,BMI 30kg/m^2,肥胖,腹腔术后易发生静脉血栓。在术后第二天出现下肢肿胀,行走加剧,直腿伸踝试验(Homans征)为阳性。Homans征阳性是血栓性静脉炎的一个表现,故可能发生了下肢血栓形成,选项A正确。该患者左下肢肿胀疼痛,Homans征为阳性不支持"皮下气肿"的诊断。神经损伤、麻醉不当也会导致肢体感觉麻木或者运动障碍。高碳酸血症为腹腔镜中人工气腹时出现,现患者为术后第2天,且表现为下肢肿胀疼痛,不支持高碳酸血症的诊断。综上,本题选择A。

提问1:【答案】CE

【解析】当子宫内膜腺体及间质侵入子宫肌层时,称为子宫腺肌病。其典型症状为进行性加重的痛经,常伴有经量过多、经期延长。疼痛常位于下腹正中,多于经前一周开始直至月经结束。根据患者症状及查体提示子宫球形增大,首先考虑子宫腺肌病。患者月经量多,有贫血症状,故可诊断贫血。子宫肌瘤可导致经量多、经期长、贫血,子宫增大,但是该患者同时有痛经,子宫呈球形增大的特征不支持子宫肌瘤的诊断。子宫肉瘤、子宫内膜癌可能导致腹痛、经量多、经期长、子宫增大,但腹痛与月经无关,不是经期也会出现腹痛,因此,可排除这两个诊断。子宫内膜息肉不会引起子宫增大。综上,本题选择C、E。

提问2:【答案】CDF

【解析】关于子宫腺肌病的定义、症状、腹痛的特征详见本案例提问1解析。妇科检查可发现子宫呈均匀增大或有局限性结节隆起,质硬且有压痛。对于子宫腺肌病,目前无根治性的有效药物。对症状较轻、有生育要求者及近绝经期可首先考虑药物治疗,对症状严重、无生育要求或药物治疗无效者,才考虑手术。因此,本题选择C、D、F。

产1,因二孩政策开放欲生二胎,目前备孕1年余未孕。妇科检查:右侧附件增厚,余正常。超声检查示右侧输卵管积液可能。

10. 腹腔镜术前需排除的禁忌证**不包括**

A. 腹腔内大出血

B. 腹腔内广泛粘连

C. 严重心肺功能不全

D. 宫腔粘连

E. 盆腔肿物过大,超过脐水平

11. 若患者行腹腔镜检查过程中见盆腔粘连广泛,予逐步分离,手术进行2h,患者突然发生心率加快,面色潮红,PCO_2 由35mmHg逐渐上升至76mmHg,该患者最有可能发生的并发症是

A. 皮下气肿

B. 气体栓塞

C. 高碳酸血症

D. 脏器损伤

E. 大出血

12. 若患者术后第二天出现左下肢肿胀,伴疼痛,行走加剧,Homans征为阳性。该患者最有可能的诊断是

A. 下肢血栓形成　　　　B. 皮下气肿

C. 神经损伤　　　　　　D. 麻醉不当

E. 高碳酸血症

【案例分析题】

案例一　女性患者,48岁,孕3产2,顺产2次,因"经期下腹痛5年,呈进行性加重"就诊,既往服用止痛药止痛。近6个月来伴经量增多,经期延长,予药物保守治疗未见明显缓解。目前痛时服用止痛药无效。查体:贫血貌,子宫呈球形增大,质硬,轻压痛。双附件未扪及异常。

提问1:该患者初步诊断为

A. 子宫肌瘤

B. 子宫肉瘤

C. 子宫腺肌病

D. 子宫内膜癌

E. 贫血

F. 子宫内膜息肉

提问2:关于该病,下列说法中**错误**的是

A. 该病是由于子宫内膜腺体侵入子宫肌层所致

B. 常伴有经量增多,经期延长,进行性痛经

C. 子宫多无增大

D. 下腹痛常位于左下腹

E. 目前无根治性特效药物

F. 手术切除是首选治疗方法

提问 3：下列辅助检查中，对该患者来说最有价值的是

    A. 血常规   B. 生化检查

    C. 出凝血时间   D. CA125

    E. CA19-9   F. 超声检查

提问 4：对该患者首选的治疗方案是

    A. 期待疗法

    B. GnRH-α 治疗

    C. 口服达那唑治疗

    D. 口服甲羟孕酮

    E. 全子宫 + 双侧附件切除 + 盆腔淋巴结清扫术

    F. 全子宫 + 双侧附件切除术

案例二 女，31 岁，孕 1 产 0。平素月经规律，$\frac{5}{30}$ d，量中，色暗红，少许血块，无痛经。2 年余前无明显诱因出现经量增多为原来 2 倍，经期延长至 7~8d。妇科检查：外阴：已婚已产式，阴毛分布女型，大小阴唇发育正常；阴道畅，少量白色分泌物；宫颈常大，尚光滑，无举痛、摇摆痛；子宫增大如孕 2 个月余，表面凹凸不平，活动度尚可。双附件未触及异常。辅助检查：Hb 90g/L。

提问 1：暂**不考虑**的诊断是

    A. 宫颈息肉   B. 子宫畸形

    C. 子宫颈癌   D. 子宫腺肌病

    E. 子宫肌瘤   F. 子宫脱垂

提问 2：若该患者拟手术治疗，则以下术前准备中**错误**的是

    A. 术前对患者进行人文关怀

    B. 术前做好血型鉴定、交叉配血，备好一定数量血制品

    C. 术前谈话签署相关同意书

    D. 术前 4~6h 开始禁食，术前 2h 开始禁止饮水

    E. 手术前夜予镇静剂

    F. 术前患者活动义齿可不取下

提问 3：对于该患者，**不恰当**的手术方式有

    A. 筋膜内子宫切除术 B. 筋膜外子宫切除术

    C. 经阴道子宫切除术 D. 子宫肌瘤切除术

    E. 次广泛子宫切除术 F. 分段诊刮术

案例三 患者，34 岁女性，已婚，平素月经规律。10 年前妇科检查发现有"宫颈糜烂"，曾间断阴道上药，未复查。6 个月前出现阴道不规则出血，量少，色鲜红，同房后出血明显，未诊疗。既往体健，21 岁结婚，孕产史"1-0-1-1"，足月顺产 1 女，女儿体健。平素工具避孕。体格检查：一般检查（—）。妇科检查：外阴经产型，未见异常赘生物；阴道通畅，见少许血性分泌物，未见明显异常赘生

提问 3：【答案】F

【解析】对于子宫腺肌病，影像学可有特异性的表现，对其诊断有一定价值。因此超声检查是最有价值的辅助检查，其诊断敏感性和特异性均在 96% 以上。此类患者血清 CA125、Ca19-9 水平可能会升高，但变化范围很大，且在其他疾病如卵巢癌、盆腔炎性疾病中也可能升高，所以 CA125、CA19-9 诊断子宫腺肌病的敏感性和特异性均较低，不作为独立诊断依据，但有助于监测病情变化、评估疗效和预测复发。血常规、生化检查、出凝血时间作为常规检查，对子宫腺肌病的价值和意义不大。因此，本题选择 F。

提问 4：【答案】F

【解析】子宫腺肌病的治疗目前无根治性的有效药物，药物治疗目的是抑制卵巢功能，阻止疾病继续发展。对于症状轻、有生育要求及无卵巢囊肿形成患者，可试用达那唑、甲羟孕酮、孕三烯酮、GnRH-α 等药物治疗。对症状严重、无生育要求或药物治疗无效者，应行手术治疗。该患者 48 岁，无生育要求，予药物保守治疗未见明显缓解，因选择根治性手术治疗，方式为全子宫、双附件切除，并对盆腔所有内异症病灶予以切除和清除。因此本题选择 F。

提问 1：【答案】ABCDF

【解析】子宫肌瘤是女性生殖器常见良性肿瘤，常见于 30~50 岁女性，以经量增多、经期延长，下腹包块、子宫不规则增大、白带增多等为主要症状。应与妊娠子宫、子宫腺肌症、子宫内膜癌、子宫颈癌、子宫畸形、子宫肉瘤等引起下腹部包块、子宫增大及阴道异常出血的疾病相鉴别。本例患者妇科检查宫颈常大，尚光滑，因此不考虑宫颈病变；患者无明显痛经，子宫表面为凹凸不平，因此不考虑子宫腺肌病。子宫畸形和子宫脱垂不会引起经量增多。综上，本题选择 A，B，C，D，F。

提问 2：【答案】DF

【解析】患者在手术前要做术前准备，包括：术前立做好术前谈话；签署相关同意书；备血；术前 10~12h 禁食、术前 6h 禁水；予患者人文关怀；术前应将患者活动义齿应取下，以免麻醉或手术过程中造成脱落而导致误咽或误吸；手术前夜酌情镇静。因此，本题选择 D，F。

提问 3：【答案】ABCEF

【解析】该病例虽然子宫较大，肌瘤为多发，且合并贫血，但患者年轻，未生育，应选择子宫肌瘤切除术。子宫切除术适用于无生育要求、有恶变可能的患者。分段诊刮术不能治疗子宫肌瘤。因此，本题选择 A，B，C，E，F。

提问1:【答案】ABDE

【解析】该患者诊断为:宫颈癌 IA2 期。目前已知 HPV 共有 120 多个型别，30 余种与生殖道感染有关，其中 10 余种与 SIL 和子宫颈癌发病密切相关，故选项 A 正确。已在接近 90% 的 SIL 和 99% 以上的组织发现高危型 HPV 感染，其中约 70% 与 HPV16 和 18 型相关，故选项 B 正确。高危型 HPV 产生病毒癌蛋白，其中 E6 和 E7 分别作用于宿主细胞的抑癌基因 P53 和 Rb，使之失活或降解，继而通过一系列分子事件导致癌变，故选项 C 错误。青春期子宫颈发育尚未成熟，对致癌物较敏感，过早性生活可增加子宫颈癌患病危险性，故选项 E 正确。分娩次数越多，子宫颈创伤概率也增加，分娩及妊娠内分泌及营养也有改变，患子宫颈癌的危险增加，故选项 D 正确。吸烟可增加感染 HPV 效应，屏障避孕法有一定保护作用。综上，本题选择 A,B,D,E。

提问2:【答案】BCEF

【解析】浸润型宫颈癌的主要治疗方法为手术、放疗及化疗，可根据具体情况进行选择。其中手术治疗主要用于 I A~ II A 期的早期患者。① I A1 期:无淋巴脉管间隙浸润者行筋膜外全子宫切除术，有淋巴脉管间隙浸润者按 I A2 期处理。对要求保留生育功能的 I A1 期患者，可行宫颈锥形切除术。② I B1~ II A1 期:行广泛子宫切除术及盆腔淋巴结切除术，年轻患者卵巢正常可保留。③ I A1~ I B1 期，肿瘤直径 <2cm 的有生育要求年轻患者，可选用广泛宫颈切除术及盆腔淋巴结切除术，保留患者生育功能。根据患者术前查体及病理结果，诊断为宫颈癌 IA2 期，根据其有无生育要求可选择广泛子宫切除术及盆腔淋巴结切除术，或广泛宫颈切除术及盆腔淋巴结切除术。因此，本题选择 B,C,E,F。

提问3:【答案】ABD

【解析】子宫颈癌淋巴转移途径主要为直接蔓延和淋巴转移，其中淋巴转移一级组包括宫旁、子宫颈旁、闭孔、髂内、髂外、髂总、骶前淋巴结;二级组包括腹股沟深浅淋巴结、腹主动脉旁淋巴结。因此，本题选择 A,B,D。

提问4:【答案】CD

【解析】子宫颈癌治疗后有 50% 可在 1 年内复发，75%~80% 在两年内复发。治疗后 2 年内，每 3~6 个月复查 1 次;3~5 年内每 6 个月复查 1 次;第 6 年开始每年复查 1 次。随访内容应包括妇科检查、子宫颈鳞状细胞癌抗原、血常规、胸部 X 线、阴道脱落细胞学。因此，本题选择 C,D。

提问1:【答案】EF

【解析】B 型超声、CT 与 MRI 属于辅助检查方法，对盆腔肿瘤发生部位、肿瘤累及范围及恶性的判断有提示作用，为临床选择合理的治疗方案提供依据，但不能确诊肿瘤性质。如需确诊，明确包块性质则需行剖腹探查或腹腔镜手术，取得病理方才能明确肿瘤性质。薄层液基细胞学检测技术(thin-cytologic test，TCT)、阴道镜是检查子宫颈癌的早期诊断、早期治疗，是降低宫颈癌死亡率的有效方法。宫颈癌高发年龄为 50~55 岁，且不

物;宫颈糜烂样改变，肥大，质硬，有息肉状赘生物，接触性出血;宫体前位，常大，质地中等，活动好;双侧附件未扪及包块，无压痛。辅助检查:宫颈 TCT 提示 HSIL，HPV-DNA(+)。阴道镜活检病理:宫颈 3 点、6 点 HSIL。宫颈锥切连续切片病理:镜下浸润癌，间质浸润 3.5mm，宽度 6.5mm。

提问1:下列关于本病发病因素的相关描述中，正确的是

A. 目前已知的 HPV 型别中与宫颈癌发病密切相关的有 10 余种

B. 高危型 HPV 感染中，约 70% 与 HPV16 和 18 型相关

C. 高危型 HPV 产生的病毒癌蛋白 E6 主要作用于抑癌基因 Rb，使之失活

D. 分娩次数增多可增加子宫颈癌的患病危险性

E. 初次性生活早于 16 岁，可增加子宫颈癌的患病率

F. 吸烟不增加感染 HPV 效应

提问2:对本病的进一步治疗，以下治疗方案不正确的是

A. 广泛宫颈切除术及盆腔淋巴结切除术

B. 单纯腔内放射治疗

C. 全子宫切除术后行体外放疗

D. 广泛性全子宫切除术及盆腔淋巴结清扫术

E. 化疗后行全子宫切除术

F. 广泛子宫加双侧附件切除术

提问3:子宫颈癌发生淋巴转移时，淋巴转移一级组不包括

A. 腹股沟深淋巴结　　B. 腹股沟浅淋巴结

C. 闭孔淋巴结　　　　D. 腹主动脉旁淋巴结

E. 骶前淋巴结　　　　F. 髂总淋巴结

提问4:关于子宫颈癌治疗后相关随访内容的描述，不正确的是

A. 治疗后 2 年内，每 3~6 个月复查 1 次

B. 治疗后 3~5 年内每 6 个月复查 1 次

C. 治疗后第 3 年开始每年复查 1 次

D. 随访内容只需做盆腔检查、子宫颈鳞状细胞癌抗原

E. 治疗后须随访

案例四 患者女性，19 岁，未婚。因"发现盆腔肿块 3 个月"入院。患者自觉扪及下腹部肿块，3 月前体检 B 型超声发现盆腔肿块，无腹痛，无月经改变，无尿频、尿急，无排便困难。B 型超声检查提示左卵巢有一 6cm×6cm×8cm 不均质包块。血甲胎蛋白为 190μg/L。

提问1:关于明确盆腔肿块性质选用检查方法是

A. B 型超声

B. 阴道镜

C. 薄层液基细胞学检测

D. CT

E. 剖腹探查术 + 包块切除病理检查

F. 腹腔镜探查术 + 包块切除病理检查

提问2：诊断首先考虑

 A. 左卵巢浆液性囊腺瘤

 B. 左卵巢未成熟畸胎瘤

 C. 异位妊娠

 D. 左卵巢内胚窦瘤

 E. 肝癌

 F. 子宫内膜息肉

提问3：该病例首先选择的处理方法中**不恰当**的是

 A. 手术

 B. 放疗

 C. 化疗

 D. 免疫治疗

 E. 随访

 F. 口服药物治疗

提问4：若选择手术，其最佳手术方式是

 A. 双附件切除术

 B. 全子宫及双侧附件切除术

 C. 保留生育功能的全面分期手术

 D. 单侧附件切除术

 E. 宫颈锥切术

 F. 全面分期手术的基础上单侧附件切除术

案例五　张某，女性，55 岁。51 岁自然绝经，孕 2 产 1，有 2 型糖尿病史。绝经后阴道流血 2 个月余，无明显腹痛，无排便困难。凝血功能正常。

提问1：有阴道流血症状患者，一般**不考虑**以下哪种可能

 A. 卵巢内分泌功能失调

 B. 前庭大腺囊肿

 C. 阴道炎

 D. 宫颈息肉

 E. 处女膜闭锁

 F. 再生障碍性贫血

提问2：该患者可能的病变有

 A. 萎缩性阴道炎

 B. 宫颈癌

 C. 子宫内膜癌

 D. 卵巢囊腺瘤

 E. 子宫肌瘤

 F. 输卵管积水

形成盆腔内左卵巢肿块，对于确诊盆腔肿物性质不选用该检查。故本题选择 E，F。

提问2：【答案】BD

 【解析】患者为 19 岁未婚女性，左卵巢不均质包块大小为 6cm×6cm×8cm，AFP 为 190μg/L，提示升高，对内胚窦瘤有特异性诊断价值。未成熟畸胎瘤、混合性无性细胞瘤中含卵黄囊成分者，AFP 也可升高。因卵巢浆液性囊腺瘤彩超声像多为附件区囊性包块、边界清晰、囊壁纤薄、囊内为无回声区、可伴囊间分隔，且 AFP 多不升高，故不考虑 A 选项。彩超提示属于左卵巢不均质包块，故不考虑肝癌、子宫内膜息肉可能，排除 E、F 选项。患者无停经病史，发现盆腔包块 2 个月，无明显增大，无腹痛、阴道流血等，故不考虑异位妊娠可能。因此，本题选择 B，D。

提问3：【答案】BCDEF

 【解析】确定肿物性质以及去除病灶最佳的方式为手术治疗。根据手术 - 病理分期，决定术后是否需补充治疗。该患者一般情况好，无明显手术禁忌证，首选手术治疗。故本题选择 B，C，D，E，F。

提问4：【答案】CF

 【解析】该患者年轻，未生育。对于恶性生殖细胞肿瘤，年轻并希望保留生育功能者，只要对侧卵巢和子宫未被肿瘤浸润，均可行保留生育功能的全面分期手术。根据国际妇产科联盟(FIGO)卵巢癌分期系统，通过全面手术探查，多点活体组织检查及病变切除等步骤对病变范围进行详细评估。全面分期手术是早期卵巢癌评估预后及制订治疗计划的重要依据。通过全面分期手术评估分期后，可行单侧附件切除术。宫颈锥切术为宫颈病变所行手术方式，不适用于卵巢病变。综上，本题选择 C，F。

提问1：【答案】BE

 【解析】该患者症状为绝经后阴道流血。引起阴道流血的常见原因有：①卵巢内分泌功能失调，包括有、无排卵性功能失调性子宫出血。②与妊娠相关的子宫出血，常见的有流产、异位妊娠、葡萄胎等。③生殖器炎症，如阴道炎、急性子宫颈炎、宫颈息肉。④生殖器肿瘤，如子宫肌瘤、阴道癌、子宫颈癌、子宫内膜癌、输卵管癌等。⑤损伤、异物和外源性激素等。⑥全身疾病相关的阴道流血，如血小板减少性紫癜、再生障碍性贫血、白血病等。前庭大腺囊肿多表现为大阴唇囊肿，可有外阴坠胀感或性交不适感，无阴道流血症状。处女膜闭锁多表现为原发性闭经及周期性腹痛，无阴道出血症状。故本题选择 B，E。

提问2：【答案】ABC

 【解析】患者为绝经后女生，绝经 2 年后出现阴道流血 2 个月。绝经后阴道出血应考虑萎缩性阴道炎、宫颈癌、子宫内膜癌。卵巢囊腺瘤、输卵管积水一般不引起阴道流血症状，可排除 D，F。子宫肌瘤多在绝经后可自行缩小，且不引起绝经后阴道流血症状，可排除 E。因此，本题选择 A，B，C。

提问3:【答案】DEF

【解析】要明确诊断,需进一步明确出血来源以及病变范围,获得病理结果。阴道脱落细胞学检查、宫颈刮片细胞学检查、阴道镜检查均是筛查手段,不是确诊方法;宫颈活检和分段诊刮所获取的标本送检病理检查才是确诊方法。宫腔镜检查可直接观察宫腔及宫颈管内有无病灶存在,可在直视下活检,直观准确。故选择D,E,F项。

提问4:【答案】CE

【解析】FIGO 2009 年子宫内膜癌手术 - 病理分期标准:Ⅰ期,肿瘤局限于子宫体;ⅠA 期,肿瘤浸润深度 <1/2 肌层;ⅠB 期,肿瘤浸润深度 ≥ 1/2 肌层;Ⅱ期,肿瘤侵犯宫颈间质,但无宫体外蔓延,Ⅲ,肿瘤局部和 / 或区域扩散;ⅢA 期,肿瘤累及浆膜层和 / 或附件;ⅢB 期,阴道和 / 或宫旁受累;ⅢC 期,盆腔淋巴结和 / 或腹主动脉旁淋巴结转移;ⅢC1 期,盆腔淋巴结阳性;ⅢC2 期,腹主动脉胖淋巴结阳性和 / 或盆腔淋巴结阳性;Ⅳ期:肿瘤侵及膀胱和 / 或直肠黏膜,和 / 或远处转移;ⅣA 期,肿瘤侵及膀胱或直肠黏膜;ⅣB 期,远处转移,包括腹腔内和 / 或腹股沟淋巴结转移。故本题选择 C,E。

提问3:确诊需要做下列哪些检查

A. 阴道脱落细胞学检查

B. 宫颈刮片细胞学检查

C. 阴道镜检查

D. 宫颈活检

E. 分段诊刮

F. 宫腔镜检查

提问4:该患者通过上述检查诊断为子宫内膜癌 Ⅱ 期,请问按现行 FIGO 2009 年的子宫内膜癌手术 - 病理分期标准,Ⅱ 期是指肿瘤

A. 侵犯肌层 ≥ 1/2　　　B. 累及宫颈黏膜腺体

C. 侵犯宫颈间质　　　D. 侵犯子宫浆膜层

E. 无宫体外蔓延　　　F. 肿瘤局限于子宫体

(陈捷)

第二十九章 妇产科内镜

【A1 型题】

1. 以下哪项是属于腹腔镜下全子宫切除术的相对手术禁忌证
   A. 子宫及肌瘤体积大于孕 16 周
   B. 年龄小于 45 岁需保留生育功能
   C. 下肢畸形无法置膀胱截石位
   D. 宫颈浸润癌或Ⅱ期以上
   E. 子宫内膜癌合并严重盆、腹腔粘连无法置镜或镜下难以分离

2. 宫腔镜检查适应证除外下列哪项
   A. 异常子宫出血的诊断
   B. 宫腔粘连的诊断
   C. 宫颈瘢痕,不能充分扩张
   D. IUD 的定位及取出
   E. 子宫造影异常

【A2 型题】

1. 45 岁女性,因同房后阴道少量流血就诊,查宫颈呈糜烂样改变,HPV 分型检测为 16 型阳性,宫颈 TCT 结果提示 ASC-US,该患者应进一步检查
   A. 严密观察随访
   B. 再次宫颈涂片
   C. 阴道镜指导下活检
   D. 分段诊刮术
   E. 宫颈锥切术

2. 女性患者,19 岁,以自觉腹部胀满,食欲减退为主诉。查体:身高 158cm,体重 85kg,心肺检查未见异常,腹部膨隆如孕 3⁺ 个月。超声示:盆腔巨大肿物(大小约 16cm×13cm)。拟腹腔镜下肿物切除术,现腹腔镜中转开腹,以下哪一项错误
   A. 选择性中转开腹不增加手术危险性和并发症
   B. 中转开腹只是手术治疗手段由首选向次选的转变,并非手术治疗失败

1.【答案】A
【解析】腹腔镜下全子宫切除术的相对手术禁忌证:①子宫及肌瘤体积大于孕 16 周;②患者全身状况不能耐受腹腔镜手术;③腹腔镜下全子宫切除术操作技巧不熟练者。绝对手术禁忌证:①年龄小于 45 岁需保留生育功能;②下肢畸形无法置膀胱截石位;③宫颈浸润癌或Ⅱ期以上子宫内膜癌;④合并严重盆、腹腔黏连无法置镜或镜下难以分离。因此,本题中 B、C、D、E 属于绝对手术禁忌证,A 属于相对手术禁忌证。

2【答案】C
【解析】宫腔镜检查适应证:①异常子宫出血;②疑似宫腔粘连及畸形;③超声检查宫腔异常回声及占位病变;④节育器定位及取出;⑤原因不明的不孕;⑥子宫造影异常;⑦复发性流产。因此,本题中 A、B、D、E 均为宫腔镜检查适应证;而宫颈瘢痕,不能充分扩张为宫腔镜的相对禁忌证。

1.【答案】C
【解析】根据宫颈癌筛查指南,HPV 高危 16 型阳性,且宫颈 TCT 提示 ASC-US,应进一步行阴道镜下宫颈活检,故选 C。

2.【答案】C
【解析】在手术中 为降低腹腔镜中转开腹率,减少手术并发症,应严格掌握腹腔镜手术指征,熟练掌握腹腔镜手术技巧,遇到困难或意外情况时及时中转。因此,腹腔镜手术中转开腹率与手术适应证的选择有关。中转开腹并不是治疗失败,只是治疗方式的改变。腹腔镜中转开腹与多方面因素有关,不完全表示医师技术不佳。本题选 C。

C. 腹腔镜手术和中转开腹率与术者技术有关,与术者选择手术适应证无关

D. 被动性中转开腹增加手术危险性和并发症

E. 腹腔镜中转开腹不完全表示手术医师技术不佳

【A3/A4 型题】

(1~3 题共用题干)

54 岁女性,绝经 9 年,近一周白带中带血丝,无腹痛,无外阴瘙痒,阴道窥视见宫颈呈假性糜烂样改变。妇科检查子宫稍小,无压痛,双附件区未见异常。

1. 确诊本患者的辅助检查手段应是
   A. 宫颈碘试验及阴道镜检查
   B. 阴道镜指导下宫颈多点活组织检查
   C. 高危型 HPV-DNA 检测
   D. 宫颈刮片细胞学检查
   E. 分段刮宫活组织检查

2. 若确诊为宫颈癌 ⅠB 期,治疗原则是
   A. 激光治疗
   B. 宫颈锥形切除
   C. 子宫全切除术
   D. 次全子宫切除术
   E. 根治性子宫切除及盆腔淋巴结切除术

3. 手术后随访手段应是
   A. 定期作妇科检查和阴道脱落细胞检查
   B. 定期行盆腔 CT 检查
   C. 定期检测血尿常规
   D. 定期行腹部 X 线平片
   E. 定期行血 CA125 检测

(4~6 题共用题干)

30 岁女性,婚后 3 年未孕,月经规则,近 2 年出现进行性痛经,曾行输卵管通液检查显示通畅。妇科检查:子宫正常大小,后位,不活动,后壁有触痛性小结节,左附件可触及 4cm×3cm×3cm 包块,不活动,有压痛。

4. 以下处理**不正确**的是
   A. 行 B 型超声检查
   B. 行腹腔镜检查
   C. 试用假孕疗法
   D. 试用炔诺酮治疗
   E. 行宫腔镜检查

5. 为进一步确诊,应首选的检查为
   A. 子宫内膜病理检查
   B. 基础体温测定
   C. 腹腔镜检查
   D. 输卵管碘油造影
   E. 剖腹探查

1. 【答案】B
   【解析】该患者绝经后白带中带血丝,妇科检查提示宫颈呈糜烂样改变,应排除宫颈癌。HPV 检测和细胞学适用于初步筛查,阴道镜指导下宫颈多点活组织检查才可以确诊。分段刮宫活组织检查用于诊断子宫内膜癌及子宫内膜病变。因此,本题选择B。

2. 【答案】E
   【解析】根据宫颈癌 FIGO 2009 年分期,宫颈癌 ⅠB 期指临床肉眼可见病灶局限于宫颈,或是临床前病灶大于 ⅠA 期,选用应行根治性子宫切除术及盆腔淋巴结切除术。激光治疗(A 项)是对宫颈腺囊肿、宫颈息肉等良性妇科疾病进行治疗的一种手术方法;宫颈锥形切除(B 项)是由外向内呈圆锥形的形状切下一部分宫颈组织,可切除病变组织及送检病理分期;子宫全切除术(C 项)范围未覆盖盆腔周围淋巴结,且单纯切除子宫,手术范围不够;次全子宫切除术(D 项)术式保留宫颈,无法达到治疗目的。因此本题选择E。

3. 【答案】A
   【解析】手术后应检查阴道断端有无癌复发,应作妇科检查和阴道脱落细胞检查,可早期发现残端复发。CT(B 项)检查对于早期识别阴道残端复发的价值不大;C、D 选项无特异性;E 选项主要针对卵巢上皮性肿瘤。因此本题选择A。

4. 【答案】E
   【解析】根据题干,进行性痛经及查体见子宫后壁触痛性结节、左附件固定包块伴压痛,可初步考虑子宫内膜异位症。行宫腔镜检查仅能观察子宫内膜病变,不能观察盆腔内的结构异常,故 E 选项不正确。B 型超声检查(A 项)可了解子宫及附件情况;腹腔镜检查(B 项)可在直视下检查子宫、附件及盆腔情况。试用假孕疗法(C 项)是指外源性给予高效孕激素及相对较小量的雌激素,模拟妊娠期间体内激素的状态来治疗子宫内膜异位症的方法。炔诺酮(D 项)是一种口服有效的孕激素,可外源性提高孕激素,即假孕疗法,可用于子宫内膜异位症的治疗。因此本题选E。

5. 【答案】C
   【解析】本病例初步诊断为子宫内膜异位症,首选的检查是腹腔镜检查。子宫内膜病理检查(A 项)只能排查子宫内膜病变。基础体温测定(B 项)可监测月经周期内有无排卵,但在此无意义。输卵管碘油造影(D 项)用于观察双侧输卵管是否通畅。腹腔镜检查可充分暴露盆腔术野,便于手术操作优于剖腹探查(E 项)。因此本题选择C。

6. 若已确诊为子宫内膜异位症,该患者的治疗方式中**错误**的是
    A. 药物治疗控制病情后,使用人工授精助孕
    B. 直接行体外受精胚胎移植术助孕
    C. 一直口服避孕药
    D. 使用孕三烯酮治疗 3~6 个月后指导其自然怀孕
    E. 使用亮丙瑞林皮下注射治疗 3~6 个月后指导其自然怀孕

(7~9 题共用题干)

女性,30 岁,已婚,停经 48d,少量阴道出血 3d,突然右下腹剧烈撕裂样疼痛,血压 80/40mmHg,右下腹压痛,反跳痛明显,但肌紧张不明显。妇科检查:后穹窿饱满,宫颈举痛(+),宫口闭,子宫正常大小,呈飘浮感,双附件触诊不满意。

7. 本病例最可能的诊断是
    A. 输卵管妊娠   B. 黄体破裂
    C. 卵巢囊肿蒂扭转   D. 急性阑尾炎
    E. 先兆流产

8. 经初步诊断后,拟行腹腔镜手术治疗,下列**不是**腹腔镜检查适应证的是
    A. 生殖器发育异常   B. 子宫内膜异位症
    C. 宫外孕   D. 子宫穿孔
    E. 卵巢癌合并肠梗阻

9. 现患者术中发现为输卵管妊娠破裂、且有出血性休克征象,应采取的紧急措施是
    A. 扩容   B. 输血
    C. 给血管活性药物   D. 立即手术
    E. 边抗休克,边进行手术

(10~12 题共用题干)

某女性,60 岁,自然绝经 10 年,以"小腹胀痛 3 个月余"就诊妇科。妇科检查:阴道畅,未见异常;宫颈光滑,宫体正常大小,质软,左附件可扪及肿块。

10. 为进一步确定肿块性质,以下哪种检查最具有确诊作用
    A. 妇科 B 型超声检查   B. 腹部 X 线平片
    C. MRI/CT   D. 腹腔镜检查
    E. 肿瘤标志物

11. 术中冰冻病理提示卵巢恶性肿瘤,其的主要转移途径是
    A. 直接侵犯和腹腔种植
    B. 腹腔种植
    C. 淋巴转移
    D. 血行转移
    E. 血行与淋巴转移为主

6.【答案】C
【解析】治疗子宫内膜异位症应该根据不同年龄需求制订个体化治疗方案。本列患者有生育要求,诊断为不孕症,首先要进行全面的不孕症检查,排除其他不孕因素。对于子宫内膜异位症,腹腔镜检查是首选的手术治疗方式。可在药物治疗控制病情后给予生育指导。对于有高危因素者(年龄在 35 岁以上、不孕年限超过 3 年,尤其是原发性不孕者;重度内异症、盆腔粘连、病灶切除不彻底者;输卵管不通者),应积极行辅助生殖技术助孕。如一直口服避孕药使患者一直处于避孕状态,则无法受孕。因此本题选 C。

7.【答案】A
【解析】该患者有停经史,阴道不规则流血,突发右下腹剧烈疼痛;血压下降,有休克表现;妇科检查示后穹窿饱满,宫颈举痛(+),宫口闭,子宫正常大小,呈飘浮感。符合输卵管妊娠表现,因此,本题选 A。

8.【答案】E
【解析】腹腔镜检查适应证包括:
(1)诊断腹腔镜:①子宫内膜异位症(腹腔镜是该病最准确的诊断方法);②明确腹盆腔肿块性质;③确定不明原因急慢性和盆腔痛的原因;④明确或排除引起不孕的盆腔疾病,如生殖器发育异常;⑤计划生育并发症的诊断,如寻找和取出异位宫内节育器、确诊吸宫术导致的子宫穿孔等。
(2)手术腹腔镜:①有适应证实施经腹手术的各种妇科良性疾病,如宫外孕;②早期子宫内膜癌的分期手术和早期子宫颈癌治术;③中晚期子宫颈癌化放疗前后腹膜淋巴结取样;④计划生育节育术,如异位宫内节育器取出、绝育术等。
A,B,C,D 均为腹腔镜检查的适应证。而卵巢癌合并肠梗阻提示肿瘤广泛转移,不适合进行腹腔镜检查,因此本题选 E。

9.【答案】E
【解析】输卵管妊娠的治疗原则是以手术为主,酌情应用保守治疗。术中发现输卵管妊娠破裂,且有休克,应在积极抢救休克的同时进行手术,快速止血。A,B,C 为抗休克的治疗方法,因此本题选 E。

10.【答案】D
【解析】妇科 B 型超声检查、MRI/CT 可了解肿块大小、部位、囊性或实性、囊内有无乳头、肿物的血流情况等情况,但无法确诊。腹部 X 线对盆腔肿物诊断价值不大。肿瘤标志物可帮助判断肿瘤的性质,但无法确诊。肿瘤的确诊需要病理学检查。腹腔镜检查不仅可以明确肿瘤来源,同时可行病理学检查进行确诊。因此,本题选 D。

11.【答案】A
【解析】卵巢恶性肿瘤的主要转移途径为直接侵犯和腹腔种植转移,也可发生血行转移,但少见,因此本题选 A。

12.【答案】E

【解析】盆腹腔肿瘤腹腔镜分期的突出优点包括:诊断治疗一体化;创伤小、痛苦轻;可避免不必要的开腹;可直观直接地获取诊断依据。但能否使用腹腔镜来进行分期手术在术前要经过严格的评估。对于病变转移范围广、病灶大的病例不适合进行采用腹腔镜分期手术。因此本题选E。

提问1:【答案】ABCDF

【解析】据题干信息:该患者不规则阴道流血,同时合并肥胖、糖尿病、高血压病,首先考虑子宫内膜的病变,但需排除宫颈病变。妇科彩超检查、盆腔MRI检查可了解子宫、附件及盆腔情况。分段诊刮及病理可明确子宫内膜及宫颈管的病变。宫颈细胞学检查可判断宫颈是否存在异常细胞。宫腔镜检查可明确宫颈管及宫腔内的病变,并行病理检查。腹腔镜检查(E项)为有创性检查,且对于子宫内膜及宫颈病变的诊断价值不大。因此本题选E。

提问2:【答案】ABCEF

【解析】病理结果提示子内膜腺体高度异常增生,上皮复层,细胞异形性明显,核大,不规则,核分裂活跃。这是子宫内膜样腺癌的病理改变,约占子宫内膜癌的80%~90%。因此,本题选A,B,C,E,F。

提问3:【答案】CE

【解析】子宫内膜癌分为两种类型:Ⅰ型是雌激素依赖型,可能是在无孕激素拮抗的雌激素长期作用下,发生子宫内膜增生、不典型增生、继而癌变。这种类型多见,常伴有肥胖、高血压、糖尿病、不孕或不育及绝经延迟,或伴有无排卵性疾病、功能性卵巢肿瘤、长期服用单一雌激素或他莫昔芬等病史。Ⅱ型子宫内膜癌是非雌激素依赖型,与雌激素无明确关系。因此本题选C,E。

提问4:【答案】ABC

【解析】根据2015年FIGO子宫内膜癌手术期的标准:Ⅰ期:肿瘤局限于宫体;ⅠA期:肿瘤浸润深度<1/2肌层;ⅠB期:肿瘤浸润深度≥1/2肌层。据此可判断该患者分期属于ⅠA期,Ⅰ期患者的基本术式是筋膜外全子宫切除及双侧附件切除术,对于伴有高危因素者同时行盆腔和腹主动脉旁淋巴结清扫术。因此本题选择A,B,C。

提问1:【答案】ACF

【解析】该患者系年轻女性,有停经史,尿hCG阳性,有阴道流血、左下腹痛及休克征象,诊断考虑为"异位妊娠"可能性大,不能完全排除妊娠合并"卵巢囊肿蒂扭转"。卵巢黄体破裂发生于月经周期的黄体期,表现为腹痛,也可出现休克征象,该患者hCG阳性,可考虑为妊娠合并"黄体破裂"。患者无消化道症状,如恶心、呕吐、腹泻;无胃溃疡病史,可排除"急性胃肠炎""胃肠穿孔"。患者腹痛表现为左下腹痛,没有典型的转移性右下腹痛,可排除"阑尾炎"。因此本题选择A,C,F。

12. 腹部肿瘤腹腔镜分期的突出优点有
   A. 诊断治疗一体化　　　　　B. 创伤小、痛苦轻
   C. 可避免不必要的开腹　　　D. 可直观直接地获取诊断依据
   E. 以上均正确

【案例分析题】

案例一　女性患者,反复阴道不规则流血2个月余。查体:身高158cm,体重85kg,糖尿病、高血压病史。心肺检查未见异常,腹部未及肿块。妇科检查:外阴及阴道未见异常,宫颈光滑,子宫大小正常,附件未及肿块。

提问1:下列哪些检查有助于本病例的诊断
   A. 妇科彩超检查　　　　　　B. 盆腔MRI检查
   C. 分段诊刮及病理检查　　　D. 宫颈细胞学检查
   E. 腹腔镜检查　　　　　　　F. 宫腔镜检查

提问2:该患者的分段诊刮及病理回报:内膜腺体高度异常增生,上皮复层,细胞异形性明显,核大、不规则,核分裂活跃。关于该患者的诊断,**不正确**的是
   A. 老年性阴道炎　　　　　　B. 子宫肌瘤
   C. 子宫颈癌　　　　　　　　D. 子宫内膜癌
   E. 萎缩性子宫内膜炎　　　　F. 原发性输卵管癌

提问3:下列哪些与本病的发病**无关**
   A. 肥胖　　　　　　　　　　B. 高血压病
   C. 心脏病　　　　　　　　　D. 不孕或不育
   E. 子宫肌瘤　　　　　　　　F. 糖尿病

提问4:腹腔镜术中冰冻病理提示子宫内膜样腺癌,高分化,未侵及肌层,该患者**不应**选取下列哪种手术方案
   A. 腹腔镜全子宫切除术
   B. 腹腔镜全子宫切除+右附件切除术
   C. 腹腔镜次全子宫切除+右附件切除术
   D. 腹腔镜全子宫切除+双附件切除术
   E. 腹腔镜全子宫切除+双附件切除+盆腔淋巴结清扫术

案例二　患者系25岁女性,左下腹疼痛4h,伴头晕、恶心,无发热、腹泻、呕吐。既往月经规则:$\frac{3\sim4}{28}$ d。已2个周期月经未来潮,自测尿妊娠(+),孕1产1。查体:体温37.8℃,心率120次/min,呼吸26次/min,血压98/60mmHg。妇检:外阴正常,阴道:见少量血性分泌物,宫颈:轻糜,轻举痛,轻摆痛。子宫:软,略大,轻压痛。附件:右附件未及异常,左附件可及一包块,触痛明显。

提问1:该患者可能的临床诊断是
   A. 异位妊娠

B. 阑尾炎

C. 卵巢囊肿蒂扭转

D. 急性胃肠炎

E. 胃肠穿孔

F. 卵巢黄体破裂

提问2：患者应行下列哪些检查

A. 阴道后穹窿穿刺　　B. 血 hCG　　C. 妇科彩超

D. 血常规　　E. 出凝血检查　　F. 磁共振

提问3：超声结果提示左附件处一大小约 4cm 的包块，内可见原始心管搏动，盆腔见积液，下列哪项选择是正确的

A. 腹腔镜探查　　B. 甲氨蝶呤治疗

C. 米非司酮治疗　　D. 心电血压监护

E. 开通静脉通路扩容　　F. 注意阴道流血情况

提问4：哪些部位较少发生异位妊娠

A. 输卵管壶腹部　　B. 输卵管峡部

C. 输卵管间质部　　D. 输卵管伞端

E. 子宫颈　　F. 卵巢

案例三　患者，女，35 岁，经期延长伴经量增多 1 年余。检查：贫血貌，宫颈外观正常，子宫增大如孕 50 余天，双侧附件未见异常。B 型超声检查提示宫腔内有一直径约 2.5cm 团块。

提问1：经期延长伴经量过多常见于

A. 子宫黏膜下肌瘤　　B. 子宫浆膜下肌瘤

C. 卵巢恶性肿瘤　　D. 输卵管肿瘤

E. 子宫腺肌症　　F. 阔韧带肌瘤

提问2：应做的辅助检查包括

A. 盆腔 CT 检查　　B. 腹腔镜检查

C. 血常规　　D. 宫腔镜检查

E. 血 hCG 检查　　F. 阴道镜检查

提问3：下列哪项**不是**宫腔镜治疗的适应证

A. 异常子宫出血　　B. 宫颈裂伤

C. 子宫内膜息肉　　D. 宫颈瘢痕

E. 宫腔粘连　　F. 宫内节育器嵌顿

提问4：有关宫腔镜检查，下列哪项是**错误**的

A. 宫腔镜检查能够直接窥视宫腔内的生理及病理变化

B. 宫腔镜检查能够直视下观察输卵管壶腹部及输卵管伞端

C. 宫腔镜检查可以直视下行宫腔内手术治疗

D. 宫腔镜检查可以直接针对病变组织直观、准确取材

E. 宫腔镜检查能够直视下观察宫颈管、宫颈内口、子宫内膜

F. 宫腔镜检查的膨宫介质可以用 10% 葡萄糖液

案例四　患者，女，25 岁，未婚。右下腹痛 2d，加剧 2h，伴头晕、

提问2：【答案】ABCDE

【解析】患者暂无需行 MRI 检查。可选择做以下检查：①阴道后穹窿穿刺，简单可靠，适用于疑有腹腔内出血的患者。可以了解腹腔积液的性状，是否凝固。如抽出红色不凝血液，说明有腹腔积血。②血 hCG 检查，可了解 hCG 水平，对早期诊断异位妊娠至关重要。③妇科彩超，对诊断必不可少，明确宫内、附件、腹腔积血情况。④血常规、出凝血检查：检查患者是否贫血，有助于评估出血量；检查凝血功能，判断是否有凝血障碍引起的腹腔内出血。因此本题选择 A,B,C,D,E。

提问3：【答案】ADEF

【解析】根据病史、症状及超声结果，诊断异位妊娠。异位妊娠治疗方法有：保守治疗、手术治疗。异位妊娠手术指征：①生命体征不稳定或有腹腔内出血征象者；②异位妊娠有进展者（如血 hCG>3 000IU/L 或持续升高、附件区大包块等）；③随诊不可靠者；④药物治疗禁忌证或无效者；⑤持续性异位妊娠者。该患者有腹腔内出血、附件包块提示原始心管搏动，不适合采用保守治疗，故排除 B,C；需在抗休克同时急诊行手术治疗。因此本题选择 A,D,E,F。

提问4：【答案】BCDEF

【解析】异位妊娠以输卵管妊娠最常见，占 95% 左右。其中输卵管壶腹部妊娠最常见，约占 78%。而输卵管其他部位包括：输卵管峡部、间质部、伞端较少发生异位妊娠。卵巢妊娠及宫颈妊娠发病率更低。因此，本题选择 B,C,D,E,F。

提问1：【答案】AE

【解析】经期延长、经量过多是子宫肌瘤最常见的症状，多见于大的肌壁间肌瘤及黏膜下肌瘤。子宫腺肌症、排卵性月经失调等也可引起经期延长经量过多。子宫浆膜下肌瘤因肌瘤向子宫浆膜面生长，并突出于子宫表面；阔韧带肌瘤突向阔韧带内，这两种类型的子宫肌瘤不会引起月经过多。卵巢恶性肿瘤早期常无症状，晚期表现为腹胀、腹部肿块、腹腔积液及其他消化道症状。功能性肿瘤可出现不规则阴道流血或绝经后出血，一般不会引起经量过多，且这种类型的卵巢恶性肿瘤不常见。输卵管肿瘤少见，且不会引起经量过多。因此，本题选择 A,E。

提问2：【答案】CDE

【解析】该患者考超声提示宫腔占位病变，要明确病变，可行宫腔镜检查。宫腔镜是一种用于宫腔及宫颈病变诊断和治疗的妇科内镜。术前应完善血常规，了解贫血情况；行血 hCG 检测，排除妊娠相关疾病。盆腔 CT 价格贵，且对于宫腔占位的诊断意义不大。腹腔镜及阴道镜检查均无法明确宫腔情况。因此本题选择 C,D,E。

提问3：【答案】BD

【解析】宫腔镜治疗适应证详见本章 A1 型第 2 题解析。宫颈瘢痕、宫颈裂伤是宫腔镜相对禁忌证，因此本题选 B,D。

提问4：【答案】BF

【解析】宫腔镜能够直接窥视宫颈管及宫腔内情况，针对病变组织直观、准确取材，并且进行宫腔内手术治疗。能直视下观察输卵管壶腹部和输卵管伞端的是腹腔镜检查。宫腔镜检查常用的膨宫介质是生理盐水和 5% 葡萄糖液。10% 葡萄糖液黏滞度高，不适合用于宫腔镜的膨宫介质。因此本题选 B,F。

提问 1：【答案】ABCDEF

【解析】该患者为年轻女性，出现右下腹疼痛，要考虑该侧输卵管或卵巢病变，如卵巢囊肿蒂扭转、输卵管卵巢急性炎症、异位妊娠、卵巢囊肿破裂、卵巢黄体破裂。同时，右下腹痛还应考虑急性阑尾炎，从该患者的病史来看不能排除"阑尾炎"的诊断。因此本题选 A，B，C，D，E，F。

提问 2：【答案】ABDEF

【解析】白细胞计数可了解是否有感染存在；妇科超声检查可明确子宫及附件包块的情况；尿妊娠试验可明确是否为妊娠相关的疾病；血红蛋白检测可了解是否存在贫血；血清 CA125 可帮助判断附件区包块性质；MRI 通常不作为急诊辅助检查手段。因此本题选择 A，B，D，E，F。

提问 3：【答案】DE

【解析】患者为急腹症，B 型超声提示右侧卵巢混合性包块，同时有盆腔积液，血常规提示白细胞及中性粒细胞稍增高、中度贫血。诊断考虑为卵巢肿瘤，有手术指征，应尽快手术，术中送冰冻病理检查，待术中检查结果后酌情处理，术后抗生素预防感染。仅使用抗生素或观察随访无法明确诊断，因此，本题选 D，E。

提问 4：【答案】BCDEF

【解析】卵巢癌全面分期手术，包括：足够大的腹部正中直切口；留取腹腔积液或腹腔冲洗液行细胞学检查；全面探查全部腹膜和腹腔脏器表面，活检和或切除任何可疑病灶、包块和粘连部位；正常腹膜随机盲检，包块右半横膈下面、膀胱返折、直肠子宫陷凹、左右侧结肠旁隐窝和双侧盆壁；全子宫和双附件切除术；结肠下网膜切除；选择性盆腔淋巴结及腹主动脉旁淋巴结清扫术；黏液性肿瘤者应行阑尾切除术。该患者为卵巢浆液性囊腺癌，无须行阑尾切除术。因此，本题选 B，C，D，E，F。

提问 5：【答案】AC

【解析】HPV 持续感染是宫颈癌的高危因素；多次妊娠、哺乳和服用避孕药是卵巢癌的保护因素；遗传因素、持续排卵、遗传性息肉病结直肠癌综合征、遗传性卵巢癌综合征为卵巢癌的高危因素，因此，本题选 A，C。

提问 6：【答案】ABE

【解析】卵巢上皮性肿瘤包括：①浆液性肿瘤；②黏液性肿瘤；③子宫内膜样肿瘤；④透明细胞肿瘤；⑤移行细胞肿瘤；⑥鳞状细胞肿瘤；⑦混合性上皮性肿瘤；⑧未分化和未分类肿瘤。畸胎瘤属于生殖细胞肿瘤，颗粒细胞、卵泡膜细胞瘤属于性索 - 间质肿瘤。因此，本题选 A，B，E。

恶心，呕吐胃内容物一次，无发热。

提问 1：该病变可能为

 A. 卵巢肿瘤破裂   B. 卵巢黄体破裂

 C. 急性阑尾炎   D. 卵巢肿瘤蒂扭转

 E. 输卵管炎   F. 妊娠相关疾病

提问 2：妇科检查：右附件区可扪及一直径约 6cm 的肿块，活动度欠佳，压痛明显；左附件区触诊不满意，压痛。有助于诊断的检查有

 A. 白细胞计数   B. 妇科超声检查

 C. MRI   D. 尿妊娠试验

 E. 血红蛋白检测   F. 血清 CA125 测定

提问 3：影像学检查示①右侧附件区可见 6cm 的混合性包块，考虑来源于卵巢；②盆腔积液（最深约 4cm）。血常规示白细胞计数 12.1×10^9/L，中性粒细胞 9.7×10^9/L，中性粒细胞百分比 79.9%，血红蛋白 86g/L，其余正常。最合适的处理为

 A. 观察随访

 B. 抗生素治疗 2d 后腹腔镜探查

 C. 抗生素治疗及随访

 D. 术后抗生素预防感染

 E. 立即腹腔镜或剖腹探查，待术中冷冻切片病理检查后酌情处理

 F. 立即腹腔镜或剖腹探查，术中不必要做冷冻切片病理检查

提问 4：术中冷冻切片病理检查为右侧卵巢浆液性囊腺癌，根据 2009 年 FIGO 分期建议，卵巢恶性肿瘤分期的手术内容为

 A. 阑尾切除

 B. 横膈、左右腹腔及盆腔冲洗液进行细胞学检查

 C. 横结肠下大网膜切除

 D. 盆腔及腹主动脉旁淋巴结选择性切除

 E. 可疑病灶或肿瘤粘连处组织学检查

 F. 膀胱反折、左右结肠旁沟、直肠子宫陷凹以及左右盆壁处腹膜的随机活检

提问 5：卵巢上皮性肿瘤的高危因素包括

 A. 遗传因素   B. HPV 感染

 C. 持续排卵   D. 不孕

 E. 促排卵药物   F. 服用避孕药

提问 6：下列属于卵巢上皮性肿瘤的病理类型有

 A. 黏液性肿瘤   B. 子宫内膜样肿瘤

 C. 颗粒细胞瘤   D. 畸胎瘤

 E. 移行细胞肿瘤 F. 卵泡膜细胞瘤

（陈捷）

第三十章 妇科恶性肿瘤化学治疗和放射治疗

【A1 型题】

1. 细胞周期特异性药物对哪个细胞周期较为敏感
   A. S 期
   B. G0 期
   C. G1 期
   D. G2 期
   E. M 期

2. 肿瘤的下列临床情况中,对放射治疗敏感性低的是
   A. 肿瘤体积小
   B. 肿瘤血运好
   C. 肿瘤乏氧细胞多
   D. 肿瘤未转移
   E. 患者全身状况良好

【A2 型题】

患者 22 岁,术后病理诊断为卵巢无性细胞瘤,对于此类疾病描述正确的是
   A. 无性细胞瘤对放疗高度敏感
   B. 无性细胞瘤对化疗敏感性高
   C. 无性细胞瘤可产生 AFP
   D. 无性细胞瘤好发于绝经期女性
   E. 无性细胞瘤有恶性程度逆转现象

【A3/A4 型题】

(1~2 题共用题干)
患者,女性,55 岁,因"盆腔包块"经手术后诊断为卵巢浆液性腺癌Ⅱ期,给予紫杉醇 + 卡铂方案化疗。
1. 在治疗过程中,患者突然出现全身荨麻疹、呼吸困难,血压

1. 【答案】A
【解析】肿瘤不断增大是肿瘤细胞分裂增殖的结果。肿瘤细胞一次分裂结束后到下一次分裂结束的时间称细胞周期 (Tc)。肿瘤细胞的细胞周期在本质上与正常细胞相同。细胞周期可分为合成前期 (G1 期)、DNA 合成期 (S 期)、合成后期 (G2 期) 以及有丝分裂期 (M 期)。在这一系列分裂增殖过程中,需要蛋白质为原料。要合成蛋白质,需要先合成 DNA,然后以 DNA 为模板转录合成 RNA,再翻译合成蛋白质。直接作用于 DNA 的药物,如烷化剂、抗肿瘤抗生素以及激素药物等对整个增殖中的细胞均有杀灭作用,因而称为周期非特异性药物。而抗代谢类药物主要作用于 S 期,植物类抗癌药主要作用于 M 期,称之为周期特异性药物。不同增殖期肿瘤细胞对化疗的敏感性不同,S 期细胞 (A 项) 对周期特异性药物敏感性较强,而 M(E 项)、G1 (C 项)、G2(D 项) 期细胞则对细胞周期非特异性药物较敏感。另一部分处于静止状态的 G0(B 项) 期细胞,对各类药物均不敏感,是目前化疗的难题之一。因此,本题选择 A。

2. 【答案】C
【解析】肿瘤的临床情况与放射治疗敏感性的关系包括:
   (1) 肿瘤的临床区别:早期肿瘤体积小、血运好,乏氧细胞少,放射治疗效果好,肿瘤容易被消灭;反之,晚期肿瘤体积大、血运差,乏氧细胞多,肿瘤转移率也高,都将影响放疗效果 (A,D 项)。
   (2) 以往的治疗情况:曾做过不彻底的放射治疗,或是足量放疗后复发,不正确的手术,这都会使肿瘤组织的结构发生变化,纤维组织增多,血运差,细胞乏氧增加,放射治疗疗效较未治疗过的肿瘤为差 (C 项)。
   (3) 局部感染:感染可使局部出现水肿或坏死,肿瘤组织内乏氧增加,影响放射治疗的敏感性。
   (4) 肿瘤生长的部位和形状:瘤床部位的血运好坏会影响到它上面的肿瘤组织乏氧细胞的多少,生长于肌肉等血运好的部位的肿瘤,放射敏感性高于血运差的肿瘤,如生长于脂肪、骨骼等血运差的部位的肿瘤 (B 项)。
   (5) 患者的全身状况:患者的营养状况和有无贫血都能影响放疗的疗效,一般情况好的,放疗能顺利进行,而贫血患者因血运差、乏氧细胞增加,放射治疗敏感性降低 (E 项)。
   (6) 合并症:肝、肺及心脏疾病,糖尿病等都能影响放射治疗的顺利进行及最终疗效。
综上,本题选择 C。

【答案】A
【解析】无性细胞瘤对放疗高度敏感 (A 项)、颗粒细胞瘤次之,上皮癌敏感性较低,恶性畸胎瘤、内胚窦瘤等放疗敏感性最差。无性细胞瘤好发于青春期及生育期女性 (D 项)。未成熟畸胎瘤有恶性程度逆转现象 (E 项),内胚窦瘤可产生 AFP(甲胎蛋白)(C 项)。因此本题选择 A。

1. 【答案】E

【解析】该患者在使用化疗药物后出现过敏反应。化疗过程中可导致过敏反应的常见药物为紫杉醇,紫杉醇不良反应有过敏反应,用药数分钟后出现荨麻疹、呼吸窘迫、支气管痉挛、低血压。故化疗前多采用系统脱敏,化疗前给予地塞米松、西咪替丁、苯海拉明预防性用药。顺铂的副反应包括肾功损害,中度骨髓抑制,神经毒性;而卡铂(CBP)克服了顺铂(DDP)消化道不良反应和肾毒性反应,但骨髓抑制较重,于化疗后7~10d达最低,临床可表现为疲乏、无力和发热等。实验室检查主要为血常规指标的下降。综上,本题选择E。

2. 【答案】B

【解析】化疗药物按对生物大分子的作用分类包括(以下为妇科肿瘤常用化疗药物):

(1)影响核酸(DNA,RNA)生物合成的药物。这一类型作用的药物又可分为:①阻止嘧啶类核苷酸形成的抗代谢药,如5-氟尿嘧啶(5-FU)等;②阻止嘌呤类核苷酸形成的抗代谢药,如6-巯嘌呤(6-MP)等;③抑制二氢叶酸还原酶的药,如甲氨蝶呤(MTX)等;④抑制DNA多聚酶的药,如阿糖胞苷(Ara-C);⑤抑制核苷酸还原酶的药,如羟基脲(HU)等。

(2)直接破坏DNA并阻止其复制的药物:烷化剂(环磷酰胺,即CTX)、丝裂霉素C(MMC)、博来霉素(BLM)、铂类(顺铂、卡铂)等(B项)。

(3)干扰转录过程阻止RNA合成的药物:多为抗癌抗生素,如放线菌素D(ACD)及蒽环类的柔红霉素(DNR)、阿霉素(ADM)等。

(4)影响蛋白质合成的药物。可分为:①影响微管蛋白的形成。纺锤丝是一种微管结构,由微管蛋白的亚单位聚合而成。长春碱类(长春新碱VLB)和紫杉类(紫杉醇PTX)属本类药物。②干扰核蛋白体功能的药物,如三尖杉酯碱。③干扰氨基酸供应的药物,如L-门冬酰胺酶。

(5)激素类:包括肾上腺皮质激素、雄激素、雌激素、孕激素等。

因此,卡铂对生物大分子的作用是直接破坏DNA并阻止其复制。本题选择B。

3. 【答案】E

【解析】患者肿瘤超越子宫,浸润宫旁,并引起肾积水,考虑诊断ⅢB期,治疗方案为体外照射+腔内照射放疗+同步化疗(E项)。

4. 【答案】C

【解析】宫颈癌放疗的副作用包括:皮肤反应、骨髓抑制、淋巴水肿、放射性直肠炎、放射性膀胱炎等,少数患者可有恶心、呕吐,少数晚期患者可出现较严重的并发症,如肠梗阻、肠出血、肠穿孔,需专科医生治疗。因此,"肾脏毒性"不是放疗的副作用。本题选择C。

5. 【答案】B

【解析】放射治疗原则是最大程度消灭肿瘤,同时又最大程度保护正常组织。要遵循:①诊断清晰原则。②对患者一般情况进行Karnofky评分,掌握重要生命器官、肿瘤周围组织功能状况及其他合并症。③细致计划原则,充分进行放疗前的准备。④个体化原则。因此,本题选择B。

80/50mmHg。关于化疗药物的副反应,下列说法正确的是

A. 紫杉醇的心脏毒性反应

B. 卡铂的心脏毒性反应

C. 卡铂引起的骨髓抑制

D. 卡铂引起的过敏反应

E. 紫杉醇引起的过敏反应

2. 治疗方案中卡铂对生物大分子的作用是

A. 影响核酸(DNA,RNA)生物合成

B. 直接破坏DNA并阻止其复制

C. 干扰转录过程阻止RNA合成

D. 影响蛋白质合成的药物

E. 激素作用

(3~5题共用题干)

患者68岁,绝经15年,阴道分泌物增多,伴腰疼2个月,偶有少量阴道出血。妇科检查:宫颈结节状增大,直径5cm,质硬,接触性出血(+),左侧主韧带条索状增粗超过1/2,右侧主韧带条索状增粗1/2。B型超声提示左侧肾盂积水,宫颈活检病理提示:鳞状细胞癌。

3. 最适合的治疗方案为

A. 单纯放疗　　　　　　B. 单纯化疗

C. 单纯腔内照射放疗　　D. 体外照射+化疗

E. 体外照射+腔内照射放疗+同步化疗

4. 此类治疗的副作用**不包括**

A. 皮肤反应　　　　　　B. 骨髓抑制

C. 肾脏毒性　　　　　　D. 淋巴水肿

E. 治疗性膀胱炎

5. 此类治疗原则**不包括**

A. 诊断清晰原则

B. 根治性原则

C. 对患者一般情况进行Karnofky评分,掌握重要生命器官、肿瘤周围组织功能状况及其他合并症

D. 细致计划原则,充分进行放疗前的准备

E. 个体化原则

【案例分析题】

案例一 患者,女性,65岁,因"绝经10余年,发现血性白带1个月"来院。患者既往有子宫肌瘤病史。查体:生命体征平稳,妇检:阴道通畅,宫颈表面光滑,宫口内可见血性白带,子宫稍大,双侧附件区未及异常,双侧主骶韧带无明显增厚,直肠黏膜光滑,检查时指套无血染。

提问1:进一步确诊的检查方法是

  A. B 型超声   B. TCT

  C. 阴道镜检查   D. 分段诊断性刮宫

  E. 宫颈活检

提问2:患者入院后查 TCT,未见上皮内瘤变细胞和恶性细胞。妇科超声示子宫体积增大,子宫内膜厚度 18mm,内膜回声不均,血流信号丰富,子宫右后壁向外突出低回声区直径 31mm。双侧卵巢萎缩。行活组织检查提示(宫腔内)子宫内膜样腺癌。目前需进行的手术治疗方案是

  A. 全子宫切除术   B. 双附件切除术

  C. 盆腔淋巴结切除术   D. 广泛性子宫切除术

  E. 腹主动脉旁淋巴结切除术

提问3:该类疾病手术分期及评估原则中,以下哪些情况需行大网膜切除活检

  A. 累及深肌层   B. 浆液性腺癌

  C. 高级别癌   D. 有盆腔淋巴结转移

  E. 透明细胞癌

提问4:如本患者最后病理提示为"子宫内膜样腺癌Ⅲ级",病灶直径 2.5cm,浸润深度 >1/2 肌层,宫颈未见癌累及;子宫肌瘤;双侧卵巢及输卵管未见肿瘤;盆腔淋巴结及腹主动脉旁淋巴结未见肿瘤。该患者的术后诊断为

  A. 子宫内膜样腺癌ⅠA 期,G1

  B. 子宫内膜样腺癌ⅠB 期,G1

  C. 子宫内膜样腺癌ⅠA 期,G3

  D. 子宫内膜样腺癌ⅠB 期,G3

  E. 子宫内膜样腺癌Ⅱ期,G1

提问5:该患者术后治疗计划是

  A. 观察   B. 内分泌治疗

  C. 放疗   D. 化疗

  E. 放疗,酌情化疗

案例二 患者,39 岁,女性,同房后阴道出血 1 个月。妇科检查:外阴正常,宫颈肥大,表面呈重度糜烂样改变,直径 4.5cm,质地脆,病灶累及后穹窿。子宫萎缩,双侧附件未及异常。双侧宫旁柔软,无增厚,未及浸润结节。肛诊无异常。阴道镜宫颈活检提示:宫颈鳞状细胞癌。

提问1:该患者目前临床分期为

  A. ⅠA1 期

  B. ⅠA2 期

  C. ⅠB1 期

  D. ⅠB2 期

  E. ⅡA1 期

提问1:【答案】ABD

  【解析】绝经后阴道出血有多种病因。其中包括良性病变和恶性病变。及早对其做出病因诊断,对于改善患者预后非常重要。而作为确诊手段的是活组织检查。该患者查体时阴道、宫颈未见异常,出血来源于宫口内,因此子宫体及宫颈管病变可能性较大,应行 B 型超声(A 项)、TCT(B 项)及分段诊刮(D 项)明确诊断,阴道镜检查及宫颈活检主要用于宫颈外观明确病变及 TCT/HPV 检查异常时,明确宫颈疾病的检查。

提问2:【答案】ABCE

  【解析】子宫内膜癌的治疗以手术治疗为主,辅以放疗、化疗和激素等综合治疗。应结合患者的年龄、全身状况和有无内科合并症等,综合评估选择和制订治疗方案。患者无既往内外科病史,根据术前评估考虑子宫内膜癌Ⅰ期(子宫体外无转移证据),应以手术为主。手术一为切除病变,二为分期,因此需行全面分期手术(留取腹腔冲洗液 + 全子宫及双附件切除 + 盆腔淋巴结及腹主动脉旁淋巴结切除术),宫颈癌或子宫内膜癌转移到宫颈可行广泛性子宫切除术。该患者未发现子宫内膜病变转移到宫颈,因此无须行广泛性子宫切除术,本题选择 A,B,C,E。

提问3:【答案】BE

  【解析】子宫内膜癌手术分期及评估原则中:深肌层浸润、高级别癌、浆液性腺癌、透明细胞癌和癌肉瘤需切除主动脉旁淋巴结;而浆液性腺癌、透明细胞腺癌和癌肉瘤需行大网膜切除活检。因此本题选择 B,E。

提问4:【答案】D

  【解析】子宫内膜癌手术病理分期(FIGO,2009)指出:Ⅰ期,癌局限于宫体;ⅠA,无或 <1/2 肌层浸润;ⅠB ≥1/2 肌层浸润。分化程度:Ⅰ级,高分化,G1;Ⅱ级,中分化,G2;Ⅲ级,低分化,G3。因此,本题选择 D。

提问5:【答案】E

  【解析】《2017 NCCN 子宫内膜癌指南》指出,关于术后补充治疗与否,Ⅰ期患者需结合高危因素。Ⅰ期患者高危因素包括:①年龄 >60 岁;②淋巴脉管间腺浸润;③肿瘤直径大于 2cm;④子宫下段或宫颈表面腺体浸润。ⅠB 期无高危因素者,G1 和 G2 级可观察或阴道近距离放疗;G3 级可观察(2B 类证据)或阴道近距离放疗和/或盆腔放疗。ⅠB 期有高危因素者,G1 和 G2 级可观察或阴道近距离放疗和/或盆腔放疗。G3 级可盆腔放疗和/或阴道近距离放疗±化疗(支持化疗的证据质量等级为 2B)。本患者为宫内膜样腺癌ⅠB 期,G3,有高危因素,因此应行盆腔放疗和/或阴道近距离放疗±化疗(E 项)。

提问1:【答案】F

  【解析】患者宫颈可见病灶 >4cm,肿瘤侵犯阴道 1/3(后穹窿受累),宫旁无明显浸润,因此诊断为ⅡA2 期(F 项)。

提问2：【答案】ACD

【解析】Ⅰ B至Ⅱ A期宫颈癌,放疗和手术疗效相似。Ⅰ B2及Ⅱ A2期可选择：①盆腔外照射+顺铂同期化疗+阴道近距离放疗,A点剂量≥85Gy(1级证据)。②广泛性子宫切除术+盆腔淋巴结切除±主动脉旁淋巴结取样(2B级证据)。③盆腔外照射+顺铂同期化疗+近距离放疗,A点剂量75~80Gy,放疗后行辅助性子宫切除术(3级证据)。以上3种推荐中,首选同期放化疗。

提问3：【答案】DE

【解析】局部晚期子宫颈癌(主要指宫颈局部肿瘤≥4cm早期子宫颈癌),由于局部肿瘤病灶大,可能存在脉管浸润,局部肿瘤不易控制,更容易发生淋巴结转移或远处转移,容易复发,是具有不良预后因素的一类宫颈癌,如需手术应尽量行根治性手术(至少为广泛性子宫切除+盆腔淋巴结切除±主动脉旁淋巴结取样),不宜行保留生育功能手术。因子宫颈鳞状细胞癌转移卵巢概率低,45岁以下的鳞癌患者可保留卵巢。因此,本题选择D、E。

提问4：【答案】BDE

【解析】淋巴结阳性、切缘阳性和宫旁浸润性被认为是"高危因素"。具备任何一个"高危因素"均推荐术后补充盆腔外照射+顺铂同期化疗(1级证据)±阴道近距离放疗。阴道切缘阳性者,阴道近距离放疗可以增加疗效。因此,本题选择B、D、E。

提问5：【答案】C

【解析】见本案例提问4,患者选择的治疗方案为盆腔外照射+同期化疗+阴道近距离放疗。其中放射治疗的常见毒副反应主要为：放射性肠炎、放射性膀胱炎、骨髓抑制、皮肤黏膜反应等,其中放射性肠炎的表现为：腹泻、黏液便或血便、里急后重等症状,可致肠梗阻、肠穿孔。而同期化疗首选顺铂,其治疗剂量低,顺铂引起的胃肠道反应以恶心呕吐为主。患者术前检查肛诊无异常,短期转移扩散机会小。因此,本题选C。可参考：《2017 NCCN子宫内膜癌临床实践指南》《2017 NCCN宫颈癌临床实践指南》。

提问1：【答案】ABC

【解析】围绝经期女性,盆腔单侧囊实性包块,短期内生长迅速,伴有腹水,CA125升高,高度考虑卵巢恶性肿瘤,B型超声提示多房肿瘤,因此黏液性囊腺瘤恶变为首要考虑。但同时不除外卵巢浆液性囊腺瘤及黏液性囊腺瘤等良性疾病,需要病理明确诊断。需与以下疾病进行鉴别：①结核性腹膜炎。常合并腹水,盆、腹腔内粘连性块物形成,多发生于年轻、不孕女性。多有肺结核史,全身症状有消瘦、乏力、低热、盗汗、食欲缺乏、月经稀少或闭经。妇科检查肿块位置较高,形状不规则,界不清,固定不动。叩诊时鼓音和浊音分界不清。②卵巢库肯勃瘤。有消化道癌、乳癌病史,在附件区扪及双侧性、中等大、肾形、活动的实性肿块。根据患者病史、妇科检查及辅助检查,可排除"结核性腹膜炎""卵巢库肯勃瘤"。因此本题选A、B、C。

提问2：【答案】ABCDE

【解析】初治浸润性上皮性卵巢癌局限于卵巢或盆腔的手术步骤包括：①抽吸腹水或腹腔冲洗液行细胞学检查;②对腹膜表面进行全面诊视;③切除子宫和双附件;④切除大网膜;⑤盆腔淋巴结切除术。患者盆腔肿物内为胶冻状物,考虑卵巢黏液性囊腺癌可能,须全面评估上下消化道,必须切除阑尾。因此本题选择A、B、C、D、E。

F.　Ⅱ A2期

G.　Ⅱ B期

提问2：此类分期的宫颈癌患者首先推荐的治疗方案为

A. 盆腔外照射　　　　B. 手术

C. 阴道近距离放疗　　D. 同期化疗

E. 内分泌治疗

提问3：如患者选择手术,应实行的手术方案是

A. 全子宫切除术

B. 双附件切除术

C. 广泛性宫颈切除术

D. 广泛性子宫切除术

E. 盆腔淋巴结切除术

提问4：如患者术后病理提示：宫颈鳞状细胞癌,累及后穹隆,阴道黏膜切缘(+),盆腔淋巴结及腹主动脉旁淋巴结未见肿瘤转移。后续的治疗方案为

A. 随访

B. 盆腔外照射

C. 主动脉旁淋巴结外照射

D. 阴道近距离放疗

E. 同期化疗

提问5：患者在上述治疗中出现腹泻及血便,应首先考虑的原因为

A. 骨髓抑制　　　　　B. 溃疡性结肠炎

C. 放射性肠炎　　　　D. 结肠癌

E. 化疗性肠炎

案例三　患者,52岁,女性,发现左侧卵巢包块6年,近半年腹部坠胀,伴尿频。查体：腹部膨隆,子宫正常大小,子宫左侧可及10cm×8cm×7cm肿物,囊实性,边界清晰,活动差。B型超声提示：左附件区肿物,多房,可见实性区,中等量腹水。CA125 200IU/ml。

提问1：目前考虑可能的诊断有

A. 卵巢浆液性囊腺瘤

B. 卵巢黏液性囊腺瘤

C. 卵巢黏液性囊腺瘤恶变

D. 结核性腹膜炎

E. 卵巢库肯勃瘤

提问2：如患者行手术,术中探查发现子宫表面可见粟粒状结节,右侧卵巢外观正常,子宫左侧肿物,表面有破口,其内流出胶冻状物,余盆腹腔探查未见异常。术中冰冻回报为恶性,下一步处理恰当的是

A. 全子宫切除术

B. 双附件切除术

C. 大网膜切除术

    D. 阑尾切除术

    E. 盆腔淋巴结清扫术

提问3:若患者术后病理提示子宫浆膜肿瘤浸润,腹水细胞学检查阳性,淋巴结(-),其分期为

    A. Ⅰ C 期　　　　　　　　B. Ⅱ A 期

    C. Ⅱ C 期　　　　　　　　D. Ⅲ B 期

    E. Ⅲ C 期

提问4:根据上述疾病类型进行分期,后续治疗方案为

    A. 静脉化疗 3~4 个疗程

    B. 静脉化疗 6~8 个疗程

    C. 静脉化疗 6~8 个疗程 + 盆腔外照射

    D. 盆腔外照射

    E. 观察

提问5:此类肿瘤的一线化疗方案为

    A. 紫杉醇　　　　　　　　B. 博来霉素

    C. 环磷酰胺　　　　　　　D. 氟尿嘧啶

    E. 铂类

案例四　患者,21 岁,女性,停经 60d,阴道少量流血 2d,停经 40d 自测尿 hCG(+)。妇科检查:宫颈着色,子宫增大如孕 3 个月,质软,双侧附件区触及手拳头大小肿物,囊性,活动良好。

提问1:目前考虑双侧附件囊肿的病因可能是

    A. 输卵管结核　　　　　　B. 妊娠合并卵巢良性肿瘤

    C. 卵巢癌　　　　　　　　D. 子宫肌瘤

    E. 卵巢黄素化囊肿

提问2:进一步检查血 hCG 44 929IU/L,B 型超声检查:宫内充满不均质蜂窝状回声,双侧附件区囊性包块。进一步处理方案为

    A. 备血　　　　　　　　　B. 清宫术

    C. 全子宫切除术　　　　　D. 化疗

    E. 开放静脉

提问3:清宫病理诊断为:水泡状胎块。术后不定期随访 2 次。清宫术后 3 个月,外院查血 hCG 1 500IU/L,其后一周 hCG 3 860IU/L。妇科检查:阴道壁见 2cm×1cm 紫蓝色结节,宫颈光滑,宫体如孕 2 个月大。B 型超声提示:子宫内膜厚 7mm,前壁见直径 2cm 无回声,血流丰富。X 线胸片和胸部 CT 阴性。目前考虑诊断为

    A. 妊娠　　　　　　　　　B. 葡萄胎

    C. 滋养细胞肿瘤　　　　　D. 子宫内膜癌

    E. 滋养细胞疾病

提问4:该患者的 FIGO 分期及 FIGO/WHO 预后评分为

    A. Ⅰ 期 1 分　　　　B. Ⅰ 期 2 分　　　　C. Ⅱ 期 1 分

    D. Ⅱ 期 2 分　　　　E. Ⅲ 期 2 分

提问3:【答案】B

【解析】患者肿瘤累及一侧卵巢与子宫,卵巢表面有包膜破裂,子宫浆膜肿瘤浸润,腹水细胞学阳性,因此期别为 Ⅱ A 期。

提问4:【答案】B

【解析】卵巢上皮性恶性肿瘤的化疗指征:①全面分期手术后的 Ⅰ A 或 Ⅰ B 期/G1,术后可仅观察;②Ⅰ A 或 Ⅰ B 期/G2 术后可选择观察或化疗;③Ⅰ A 或 Ⅰ B 期/G3 和 Ⅰ C 期术后需化疗,Ⅰ 期推荐静脉化疗 3~6 疗程;④Ⅱ ~ Ⅳ 期推荐 6~8 疗程。

提问5:【答案】AE

【解析】卵巢上皮性恶性肿瘤常用药物有顺铂、卡铂、紫杉醇、环磷酰胺、依托泊苷等,其中铂类联合紫杉醇为"金标准"一线化疗方案。一线静脉化疗方案细分为:①紫杉醇 + 卡铂 3 周化疗;②紫杉醇周疗 + 卡铂 3 周化疗;③低剂量紫杉醇 + 卡铂单周化疗;④多西紫杉醇 + 卡铂 3 周化疗;⑤紫杉醇 + 卡铂 + 贝伐单抗。

提问1:【答案】BE

【解析】患者停经后阴道出血,尿 hCG(+),子宫大于停经周数,双侧附件区有包块,因此考虑葡萄胎,附件区以葡萄胎伴卵巢黄素化囊肿的可能性最大,同时也不除外正常妊娠合并卵巢良性肿瘤。输卵管结核及卵巢癌一般表现为冰冻骨盆,附件区包块活动差。子宫浆膜下肌瘤可表现为附件区包块,但多为实性肿物。因此本题选择 B,E。

提问2:【答案】ABE

【解析】根据病例特点,考虑诊断为葡萄胎。葡萄胎一经确诊,应及时在备血、开通静脉条件下行清宫术。

提问3:【答案】C

【解析】葡萄胎清宫术后血 hCG 持续升高,子宫前壁占位,阴道壁可见转移病灶,诊断为妊娠滋养细胞肿瘤。妊娠滋养细胞肿瘤包括侵蚀性葡萄胎、绒癌和胎盘部位滋养细胞肿瘤,其中侵蚀性葡萄胎全部继发于葡萄胎妊娠,而绒癌可以继发于葡萄胎,也可以继发于流产、足月妊娠或者异位妊娠。妊娠滋养细胞肿瘤是唯一不需要组织病理学依据就能诊断的恶性肿瘤。

提问4:【答案】D

【解析】滋养细胞肿瘤 FIGO 分期:肿瘤局限于子宫为 Ⅰ 期,肿瘤扩散,但仍局限于生殖器(卵巢、输卵管、阴道、阔韧带)为 Ⅱ 期,肺转移为 Ⅲ 期,所有其他部位的远处转移为 Ⅳ 期。该患者阴道壁见 2cm×1cm 紫蓝色结节,病变扩散至阴道,X 线胸片和胸部 CT 阴性,因此,FIGO 分期为 Ⅱ 期。根据 FIGO/WHO 预后评分:转移病灶 1 个,1 分;治疗前 hCG 为 10^3~10^4,1 分;共计 2 分。因此,本题选择 D。

提问5：【答案】A

　　【解析】滋养细胞肿瘤的主要治疗方案为化疗，化疗方案取决于分期及预后分级，低危妊娠滋养细胞肿瘤（预后评分 <7 分）首选单药化疗，包括甲氨蝶呤和放线菌素 D。

提问 5：该患者的进一步治疗方案为

A. 化疗　　　　　　B. 放疗

C. 化疗联合放疗　　D. 子宫切除术

E. 随诊

（王颖）

53检